铁路职工岗位培训教材

铁 路 线 路 工

铁路职工岗位培训教材编审委员会

中国铁道出版社有限公司

2023年·北 京

内 容 简 介

本书为铁路职工岗位培训教材之一，全书共分基本知识和职业技能两大部分。基本知识部分主要介绍铁路基础知识、轨道、曲线、道岔、无缝线路、线路设备修理、施工作业安全与道口、养路机械等；职业技能部分主要介绍对铁路线路工初级工、中级工、高级工、技师、高级技师的资格性和适应性职业技能要求。

本书针对铁路职工岗位培训、职业技能鉴定进行编写，是各单位组织各级各类职工培训、技能鉴定的必备用书，对各类职业学校相关师生也有重要的参考价值。

本书内容如有不符最新规章标准之处，以最新规章标准为准。

图书在版编目（CIP）数据

铁路线路工/铁路职工岗位培训教材编审委员会编．—北京：中国铁道出版社，2010．5（2023．2 重印）

铁路职工岗位培训教材

ISBN 978-7-113-11284-4

Ⅰ．①铁…　Ⅱ．①铁…　Ⅲ．①铁路线路-技术培训-教材　Ⅳ．①U21

中国版本图书馆 CIP 数据核字（2010）第 059414 号

书　　名： 铁路职工岗位培训教材
铁路线路工

作　　者： 铁路职工岗位培训教材编审委员会

责任编辑： 傅希刚　　**编辑部电话：**（010）51873142　　**电子邮箱：** fxg711@163.com

封面设计： 薛小卉

责任校对： 张玉华

责任印制： 高春晓

出版发行： 中国铁道出版社有限公司（100054，北京市西城区右安门西街 8 号）

网　　址： http://www.tdpress.com

印　　刷： 三河市兴博印务有限公司

版　　次： 2010 年 5 月第 1 版　　2023 年 2 月第 30 次印刷

开　　本： 787 mm × 1 092 mm　1/16　**印张：** 28.75　**字数：** 670 千

书　　号： ISBN 978-7-113-11284-4

定　　价： 75.00 元

前 言

党的十六大以来，铁路事业蓬勃发展，大规模铁路建设全面展开，技术装备现代化实现重大跨越，尤其在高原铁路、机车车辆装备、客运专线、既有线提速和重载运输技术方面达到了世界先进水平。铁路职工队伍素质得到了相应提高，但距离铁路现代化发展的要求还有一定差距，铁路人才队伍建设和职工教育培训工作任重道远。

教材是劳动者终身教育和职业生涯发展的重要学习工具，教材建设是职业教育培训工作的重要组成部分，是提高教育培训质量的关键。加快铁路职工岗位培训教材建设，已成为加强和改进铁路职工教育培训工作的当务之急。为适应铁路现代化发展对技能人才队伍建设的需要，加快铁路职工岗位培训教材建设，铁道部决定按照铁道行业特有职业(工种)国家职业标准，结合铁路现代化发展的实际，组织开发铁路职工岗位培训教材。

本套教材由铁道部劳动和卫生司、运输局共同牵头组织，相关铁路局分工负责，集中各业务部门的专家和优秀工程技术人员编写及审定，多方合作，共同完成，涵盖了铁路运输(车务、客运、货运、装卸)、机务、车辆、工务、电务部门的77个铁路特有职业。教材坚持继承与创新相结合，充分体现了近几年来铁路新技术、新设备的大量运用及其发展趋势，特别是动车组系列教材填补了教材建设的空白，为动车组司机和机械师等铁路新职业员工提供了岗位培训教材；教材坚持科学性与规范性，依据铁道行业国家职业标准中的基本要求和工作要求编写，力争准确体现国家职业标准和有关作业标准、安全操作等规章、规范的要求；教材坚持实用可行的原则，重点突出实作技能、应急处理和新技术、新设备、新规章、新工艺等四新知识，对职业技能部分按照技能等级分层编写，便于现场职工的培训与自学。

本套教材适用于工人新职、转职(岗)、晋升的岗位资格性培训，也适用于各类岗位适应性培训，同时为职业技能鉴定提供参考。

《铁路线路工》一书由上海铁路局负责主编，主编人员：宋友富，参加编写人员：杭前军、盛东亮、吴吉连、夏裕农、韩殿科，主要审定人员：罗国伟、朱定波、靳圣明、许营军、刘云汉。本书在编写、审定过程中得到了上海铁路局职工教育处的大力支持，在此一并表示感谢！

铁路职工岗位培训教材编审委员会

2010年4月

目 录

基本知识

职 业 技 能

基本知识

第一章 铁路基础知识

第一节 铁路线路

一、铁路线路的组成及等级划分

铁路线路是由轨道、路基和桥隧建筑物(桥梁、隧道和涵洞)等组成的总称。

新建和改建铁路(或区段)的等级,应根据其在铁路网中的地位、作用、性质、旅客列车设计行车速度和客货运量来确定。我国铁路线路共分为四个等级,即Ⅰ级、Ⅱ级、Ⅲ级和Ⅳ级,如表1—1所示。

表1—1 铁路等级

线路等级	铁路在铁路网中的作用	近期年客货运量
Ⅰ级铁路	在铁路网中起骨干作用	≥20 Mt
Ⅱ级铁路	在铁路网中起联络、辅助作用	<20 Mt但≥10 Mt
Ⅲ级铁路	为某一地区或企业服务	<10 Mt但≥5 Mt
Ⅳ级铁路	为某一地区或企业服务	<5 Mt

注:(1)近期指交付运营后第10年。
(2)年客货运量为重车方向的货运量与客车对数折算的货运量之和。每天1对旅客列车按1.0 Mt货运量折算。

二、铁路线路的分类

铁路线路按其用途可分为正线、站线、段管线、岔线及特别用途线。

正线是指连接车站并贯穿或直股伸入车站的线路。

站线是指到发线、调车线、牵出线、货物线及站内指定用途的其他线路。

到发线是为办理列车到达或出发的线路。

调车线是为进行列车解体与编组作业的线路。

牵出线设在调车场的一端,并与到发线相连接,专供列车解体、编组及转线等作为牵出车辆的线路。

货物线为进行货物装车和卸车的线路。

站内指定用途的其他线路是指站内救援列车停留线、机车走行线、机待线、机车整备线、禁止溜放车辆停留线、轨道衡线、加水线、倒装货物线、车辆洗刷线、驼峰迂回线及车辆站修线等线路。

段管线是指机务、车辆、工务、电务、供电等段专用并由其管理的线路。

岔线是指在区间或站内接轨并通向路内外单位的专用线路。

特别用途线是指安全线和避难线。

第二节　桥隧建筑物

桥隧建筑物包括桥梁、隧道、涵洞等。

一、桥　　梁

(一) 桥梁分类

1. 按桥梁的长度分类

(1)特大桥:桥梁长度在500 m以上;

(2)大桥:桥梁长度在100 m以上至500 m;

(3)中桥:桥梁长度在20 m以上至100 m;

(4)小桥:桥梁长度在20 m及以下。

2. 按桥跨结构所用建筑材料分类

(1)钢桥:钢桥桥跨结构的主体是钢梁。钢桥的钢梁由型钢拼接而成,常见的有钢桁梁及钢板梁两种。钢桥的质量轻,强度大,安装方便,多用于跨度较大的桥梁。

(2)混凝土桥:用钢筋混凝土或预应力混凝土制造梁部结构或刚构结构的桥。这种桥梁经济实用,易于维修养护,使用广泛。

(3)石桥:用石料建造的桥。这种桥经久耐用,可就地取材,造价低。

3. 按桥梁结构形式分类

(1)梁式桥:桥梁上部结构的主体部分是梁,梁由支座支承在墩台上。梁可以是实腹梁或桁梁。梁式桥根据其结构形式分为简支梁桥、连续梁桥和悬臂梁桥。

(2)拱桥:拱桥桥跨结构的主体是拱。拱桥根据其拱上结构分为实腹拱桥和空腹拱桥。

(3)刚构桥:刚构桥的梁部结构与桥墩(台)连成一个整体。刚构桥根据墩台与桥跨的形式分为门式刚构桥和斜腿刚构桥。

(4)斜拉桥:斜拉桥由梁、斜拉索和高出桥面的墩塔组成。斜拉桥适用于较大跨度的连续梁桥。

(5)悬索桥:用柔性缆索或链作为主要承载杆件的桥。悬索桥的桥面用吊索或链、吊杆挂在缆索上,设有特殊的加劲桁架或加劲梁,以增强其刚度,链式缆索在垂直荷载下承受拉力。

4. 按桥面所在位置分类

(1)上承式桥:桥面位于主要承重结构(梁、拱、桥梁)上部的桥。

(2)下承式桥:桥面位于两主梁(桁架或板梁)或两拱肋之间,荷载先传至其下部的桥。

(3)中承式桥:在桥跨全长中,桥面在桥跨结构中部通过,即部分桥面位于主要承重结构上部,另一部分桥面位于主要承重结构下部的桥。

(二)桥梁构造

铁路桥梁主要由桥面、桥跨结构、墩台及基础等组成。

(1)桥面是桥梁上部铺设的通过机车车辆的轨道和供人行走部分。

(2)桥跨结构是桥梁上部结构的主体部分,它支承桥面及由桥面传来的活载。

(3)桥梁墩台包括桥墩和桥台,它是支承桥梁上部结构的建筑:桥墩是中间支承,它将相邻两孔桥跨连通起来,由顶帽及墩身组成;桥台是桥梁两端与路基相连部位的支承,它使桥梁与路堤相连接,并起着挡土墙的作用。

(4)基础是支承桥梁墩台的,主要有明挖基础、沉井基础、桩基础和管桩基础四种。

桥涵结构构造应便于检查与养护,根据需要设置检查设施。桥面两侧或桥梁一侧地面设置维修作业通道。线路设计速度为300～350 km/h 客运专线路段,桥长超过3 km 时,每隔3 km(单侧6 km)左右应在线路两侧交替设置1处可上下桥的救援疏散通道。

二、隧　　道

隧道是埋置于地层内的一种地下建筑物。隧道可分为山岭隧道、水底隧道和地下铁道等。

1. 隧道的组成

隧道的构造包括主体建筑物和附属设备两部分。主体建筑物由洞身和洞门组成,附属设备包括避车洞和防排水设施,长大隧道还有专门的通风和照明设备。

高速铁路隧道内不设置供养护维修人员待避的洞室,但应考虑设置存放维修工具和其他业务部门需要的专用洞室。

高速铁路隧道内应设置安全空间和贯通的救援通道。安全空间应设在距线路中心处3.0 m以外,单线隧道在救援通道一侧设置,多线隧道在双侧设置。安全空间的高度不应小于2.2 m,宽度不应小于0.8 m。救援通道设置在安全空间一侧,距线路中心不应小于2.3 m。救援通道的宽度不宜小于1.5 m,高度不应小于2.2 m。

高速铁路长度大于50 m 的隧道,应在洞内设置余长电缆腔,并应与专用洞室结合设置。余长电缆腔沿隧道两侧交错布置,每侧间距宜为500 m。长度500～1 000 m 的隧道,可只在其中部设置一处。长度500 m 以上的隧道应设置作业照明设置,长度5 km 及以上的隧道还应设置应急照明。

高速铁路长隧道及特长隧道应结合辅助坑道情况设置紧急出口,紧急出口上方应设标示牌和紧急照明设施。紧急出口通道的设置应符合相关规定。

2. 隧道分类(按长度)

(1)特长隧道:全长10 000 m 以上;

(2)长隧道:全长3 000 m 以上至10 000 m;

(3)中隧道:全长500 m 以上至3 000 m;

(4)短隧道:全长500 m 及以下。

三、涵　　洞

为铁路线路通过小溪、渠道、干沟、人行小路修建的完全埋在路基下面的建筑物称为涵洞。

(1)涵洞的构造:涵洞一般由出入洞口、基础和洞身等组成,其中洞口由端墙、翼墙、横墙和帽石等部分组成。

(2)涵洞的类型:涵洞按其结构形式分为圆涵、箱涵和拱涵;按其建造所用建筑材料分为石涵、混凝土涵和钢筋混凝土涵。

第三节 限 界

为了确保机车车辆在铁路线路上运行的安全,防止机车车辆撞击邻近线路的建筑物和设备,而对机车车辆和接近线路的建筑物、设备所规定的不允许超越的轮廓尺寸线,称为限界。铁路基本限界可分为建筑限界和机车车辆限界两种。

一、建筑限界

为了保证列车运行安全,要求靠近铁路线路修建的建筑物及设备,不得侵入规定的与线路中心线垂直断面的轮廓尺寸线,称为建筑限界。《铁路技术管理规程》(以下简称《技规》)规定:一切建筑物、设备,在任何情况下均不得侵入铁路的建筑限界。与机车、车辆有直接互相作用的设备,在使用中不得超过规定的侵入范围。建筑限界包括:

(1)客货共线铁路建筑限界($v \leqslant 160$ km/h);

(2)客货共线铁路建筑限界(160 km/h $< v \leqslant 200$ km/h);

(3)铁路双层集装箱运输装载限界及客货共线铁路双层集装箱运输建筑限界;

(4)客运专线铁路建筑限界(200 km/h $< v \leqslant 350$ km/h)。

建筑限界的基本尺寸,必须符合《技规》的有关规定。

二、机车车辆限界

为了确保行车安全,要求机车、车辆本身及其装载的货物,不得超过规定的轮廓尺寸线,称为机车车辆限界。《技规》规定:机车、车辆无论空重状态,均不得超出机车车辆限界。机车车辆限界包括:

(1)机车车辆限界($v < 200$ km/h);

(2)机车车辆限界($v \geqslant 200$ km/h)。

机车车辆限界的基本尺寸,必须符合《技规》的有关规定。

第四节 车 站

车站是铁路运输生产的基地。旅客乘降、货物承运、列车到发及解编、机车和乘务组的整备和换乘、列检和货装检查,都在车站办理,车站集中了与行车有关的技术设备。

一、车站的分类

根据车站所担负的任务和在国家政治上、经济上的地位,车站分为六个等级:特等站、一等站、二等站、三等站、四等站和五等站。

车站按其技术作业的不同分为中间站、区段站和编组站。

车站按其业务性质的不同分为客运站、货运站和客货运站。

二、股道、道岔编号及股道有效长

(一)站　　界

车站和它两端所衔接区间的界限为站界。站界范围内与行车有关的各项技术设备属车站管辖。

在单线铁路上,车站的范围以两端进站信号机柱的中心线为界。在双线铁路上,站界是按上、下行正线分别确定的。一端以进站信号机柱中心线,另外一端以站界标的中心线为界。

(二)股道、道岔编号

为了作业和维修管理方便,站内线路和道岔都进行统一编号。

1. 股道编号

站内正线用罗马数字(Ⅰ,Ⅱ,Ⅲ…)编号,站线用阿拉伯数字(1,2,3…)编号。

(1)单线区段内的车站,从靠近站舍的线路起,向远离站舍方向顺序编号,如图1—1所示。

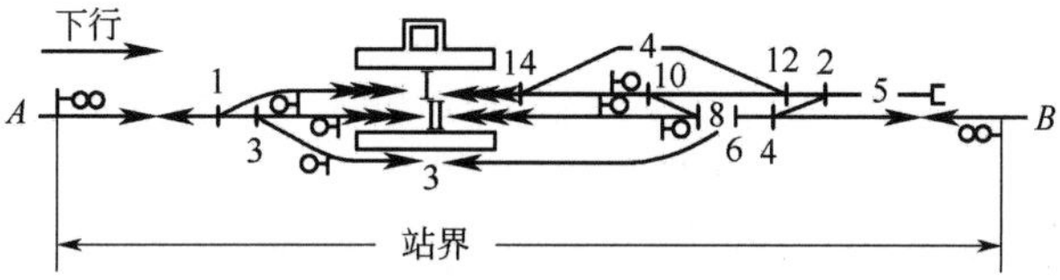

图1—1　单线铁路车站股道编号

(2)双线区段内的车站,从正线起顺序编号,上行为双号,下行为单号,如图1—2所示。

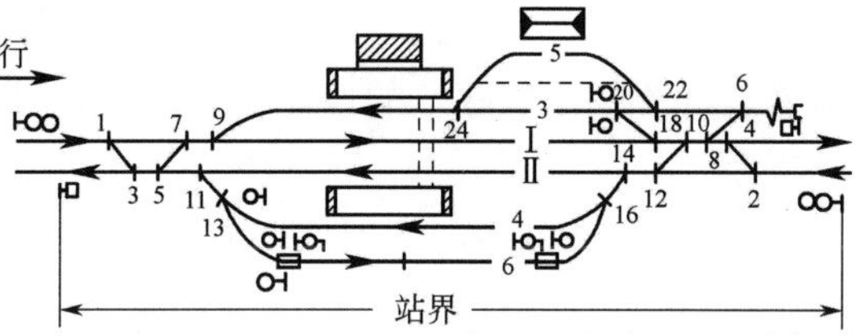

图1—2　双线铁路车站股道编号

(3)尽头式车站,向终点方向由左侧开始编号。如站舍位于线路一侧时,从靠近站舍的线路起,向远离站舍方向顺序编号。

2. 道岔编号

(1)从列车到达方向起顺序编号,上行为双号,下行为单号。一般以车站站舍中心线作为划分单号、双号的分界。

(2)对于渡线、交分道岔等联动道岔,应编为连续的单号或双号。

(3)车站划分车场时,每个车场的道岔单独编号。一个车站不准有相同的编号。

(三)股道有效长

1. 股道全长

股道全长是指股道的实际长度,即从股道一端的道岔基本轨接头至另一端的道岔基本轨接头沿线路中心线的长度(尽头线为至车挡的长度)。

2. 股道有效长

股道有效长是指在股道全长范围内可以停留机车车辆而不影响邻线行车的一段长度。股道有效长的起止范围根据警冲标、道岔的尖轨尖端、出站信号机、轨道绝缘节和车挡的位置分别确定。

我国铁路采用的到发线有效长度为 1 250 m、1 050 m、850 m、750 m、650 m 及 550 m。

三、线 间 距

区间及站内两相邻线路中心线间的距离为线间距。线间距是根据有关限界、相邻线路间设置的与行车有关的技术设备和办理不同性质作业而确定的。铁路线间距包括客货共线铁路线间距和客运专线铁路线间距，其大小应符合《技规》的有关规定。

第五节　电 务 常 识

一、铁路信号

铁路信号是指示列车运行及调车工作的命令，通常用不同颜色灯光或不同臂板位置来显示。铁路信号分为视觉信号和听觉信号。

(1)视觉信号：红色——停车；黄色——注意或减低速度；绿色——按规定速度运行。

(2)听觉信号：号角、口笛、响墩发出的音响和机车、轨道车的鸣笛声。

二、固定信号

1. 色灯信号机

色灯信号机是指昼间和夜间都用不同颜色的灯光显示信号的固定设备。

2. 臂板信号机

臂板信号机是指昼间用臂板的不同位置、夜间用不同颜色灯光显示信号的固定设备。臂板信号机大都用人力操纵，导线传动。

3. 机车信号机

机车信号机主要是把运行前方接近地面的色灯信号机的显示状况反映到机车信号机上，便于司机操纵列车运行。机车信号机可分为连续式机车信号机和接近连续式机车信号机。它们的显示方式相同。如机车信号显示一个绿色灯光，准许列车按规定速度运行；显示一个黄色灯光，要求列车注意运行。机车信号上述几种显示，均与其所接近的地面信号显示相同。

按照其用途的不同，常用的固定信号机有进站、出站、接车和发车进路色灯信号机，进站、出站和进路色灯复示信号机，通过、预告和调车色灯信号机，遮断及其预告色灯信号机，还有驼峰色灯信号机等。

三、联　　锁

为了保证站内列车运行和调车作业的安全，在有关道岔与信号机之间，以及道岔与道岔、信号机与信号机之间，须有互相制约的联锁关系。实现联锁关系所安装的技术设备为联锁设备。

联锁设备分为集中联锁设备和非集中联锁设备。集中联锁设备有继电联锁和计算机联锁;非集中联锁设备有臂板电锁器联锁和色灯电锁器联锁。

站内正线及到发线上的道岔,均须与有关信号机联锁。区间内正线上的道岔,须与有关信号机或闭塞设备联锁。

集中联锁设备应保证:当进路建立后,该进路上的道岔不可能转换;当道岔区段有车占用时,该区段的道岔不可能转换。列车进路向占用线路上开通时,有关信号机不可能开放(引导信号除外);能监督是否挤岔,并于挤岔的同时,使防护该进路的信号机自动关闭。被挤道岔未恢复前,有关信号机不能开放。

非集中联锁设备应保证车站值班员能控制接、发车进路和信号机的开放与关闭。

四、闭　　塞

为了保证列车运行安全,在同一区间、同一时间内,一般只允许一列列车运行,这种采取空间间隔控制列车运行的技术措施叫闭塞。闭塞分为自动闭塞、自动站间闭塞和半自动闭塞。

半自动闭塞是出站信号机在办理闭塞后开放,用出站信号机的开放作为列车占用区间的凭证。驶离车站的列车占用轨道电路区段后,出站信号机即自动关闭。

自动闭塞是由运行中的列车自动完成闭塞作用的一种闭塞方法,以出站或通过信号机的开放显示作为列车占用区间的凭证。在自动闭塞区段,一个区间由轨道电路划分为若干闭塞分区,当列车占用或离开闭塞分区时,在每个闭塞分区安装的色灯信号机能自动变换显示,用以指示追踪列车的运行。

五、轨道电路

轨道电路就是把线路上的两股钢轨当作导线用,在它的两端用绝缘物隔断与邻接钢轨的电气联系,一端接上电源设备供电,另一端装上电源的接受设备(轨道继电器),构成一段一段的电气回路。轨道电路由钢轨线路、供电端和受电端三个部分组成。它的用途主要是保证列车运行安全和提高列车通过能力,主要包括:

(1)实现列车与信号显示的自动联系;

(2)检查线路区段是否空闲;

(3)监督钢轨的完整性。

第六节　线路标志及信号标志

线路标志有公里标、半公里标、百米标、曲线标、圆曲线和缓和曲线的始终点标、桥梁标、隧道标、涵渠标、坡度标及铁路局、工务段、线路车间、线路工区和供电段的界标(各种标志一般均用钢筋混凝土制,个别的也可用石制)。

与工务有关的信号标志,有警冲标、站界标、司机鸣笛标、减速地点标和作业标。

一、线路标志

(1)公里标、半公里标、百米标,设在一条线路自起点计算每一整公里、半公里、百米处,用钢筋混凝土制作。

(2)曲线标,设在曲线中点处,标明曲线中心里程、半径大小、曲线和缓和曲线长度以及曲线超高和加宽值。

(3)圆曲线和缓和曲线始终点标,设在直缓、缓圆、圆缓、缓直各点处,标明所指方向为直线、圆曲线或缓和曲线。

(4)桥梁标,设在桥梁两端桥头处,标明桥梁编号、中心里程和长度。

(5)涵渠标,设在涵渠两端处,标明涵渠孔跨式样和中心里程。

(6)隧道(明洞)标,直接标注在隧道(明洞)两端洞门端墙上,标明隧道号或名称、中心里程和长度。

(7)坡度标,设在线路坡度的变坡点处,两侧各标明其所指方向的上、下坡度值及其长度。

(8)铁路局、工务段、线路车间、线路工区和供电段的管界标,设在各该单位管辖地段的分界处,两侧标明所向的单位名称。

二、信号标志

(1)警冲标的设置位置见本书"职业技能"部分"线路标志的埋设及刷新作业"。埋设警冲标时应注意油漆白色的半边朝向道岔辙叉方向,油漆红、白相间的半边背向道岔辙叉方向。

(2)站界标设在双线区间列车运行方向左侧最外方的顺向道岔(对向出站道岔的警冲标)外不少于50 m处,或邻线进站信号机相对处。

(3)司机鸣笛标设在道口、大桥、隧道及视线不良地点的前方500~1 000 m处。司机见此标志,须长声鸣笛。

(4)减速地点标设在需要减速地点的两端各20 m处。减速地点标的正面表示列车应按规定限速通过地段的始点,背面表示列车应按规定限速通过地段的终点。

(5)减速信号牌设在施工及限速区段。减速信号牌应标明每小时限速公里数,减速信号牌背面的绿色圆牌,为减速防护地段终端信号。

(6)作业标设在施工线路及其邻线距施工地点两端500~1 000 m处(单线在列车运行方向左侧,双线在线路外侧列车运行正方向的路肩上)。司机见此标志须提高警惕,长声鸣笛。

第七节 路　　基

一、路基的组成与技术标准

(一)路基横断面基本形式

路基横断面是指垂直于线路中心线截取的断面。依其所处的地形条件不同,路基分为路堤、路堑、半路堤、半路堑、半路堤半路堑、不填不挖等基本形式,如图1—3所示。

(二)路基的组成

路基由路基本体(如路堤、路堑)、路基排水设备、防护和加固设备等三部分组成。路基基床分为表层和底层。基床范围是指设计标准道床底面以下部分。时速200 km区段,基床厚度2.5 m,其中表层为0.6 m、底层为1.9 m;时速250 km区段,基床厚度3.0 m,其中表层为0.7 m、

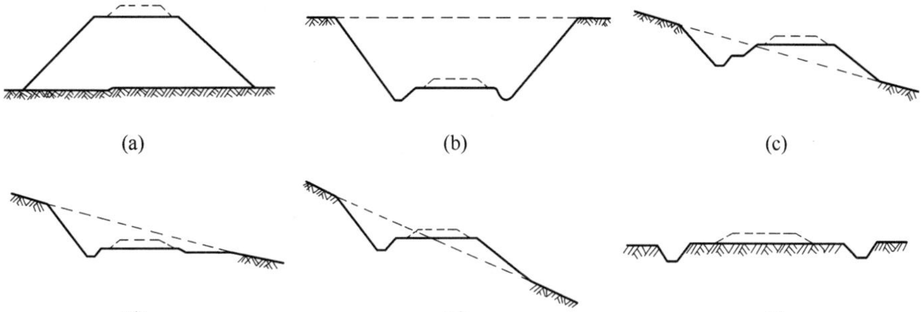

图 1—3 路基横断面形式

(a)路堤;(b)路堑;(c)半路堤;(d)半路堑;
(e)半路堤半路堑;(f)不填不挖

底层为 2. 3 m;时速 300 ~ 350 km 区段的基床表层厚度,无砟轨道为 0. 4 m,有砟轨道为 0. 7 m;基床底层厚度为 2. 3m。基床应有足够的刚度、强度和稳定性。

1. 路　　堤

路堤由路基面、路堤边坡、天然护道和取土坑等组成,如图 1—4 所示。

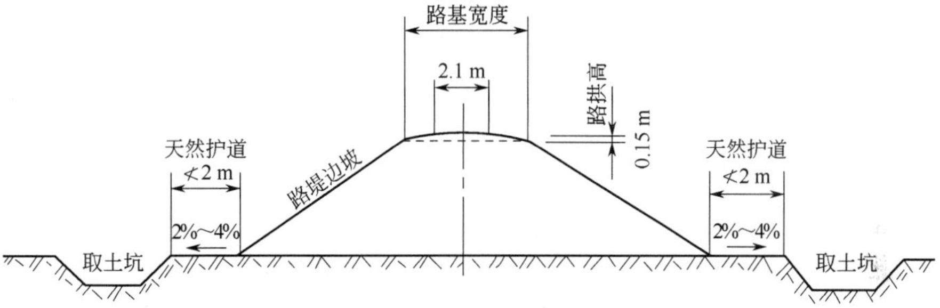

图 1—4 路堤组成示意图

(1)路基面是指路基顶面,包括铺设轨道的部分。从路基面边缘向中间拱起的部分称为路拱,路拱大部分或全部被道砟覆盖。非渗水土路基均需设路拱,以利横向排水。单线路基采用梯形拱,拱高 0. 15 m,顶宽为 2. 1 m,底宽等于路基面宽。双线路基采用三角形拱,拱高为 0. 2 m。渗水土路基一般不设路拱。

(2)路基面宽度是指路基面两侧边缘间的距离。路基面宽度按铁路等级、轨道类型及土质情况等确定。曲线地段路基外侧应按要求加宽,加宽值要在缓和曲线范围内递减。

(3)路基面两侧未被道砟覆盖的部分为路肩。路肩宽度:线路设计速度为 300 ~ 350 km/h 客运专线路段,有砟轨道路基两侧的路肩宽度,双线不应小于 1. 4 m,单线不应小于 1. 5 m;线路设计速度为 250 km/h 路段,不应小于 1. 2 m;线路设计速度为 200 km/h 路段,不应小于 1. 0 m;线路设计速度为 160 km/h 及以下的铁路路堤不应小于 0. 8 m,路堑不应小于 0. 6 m。牵出线的中心线至路肩边缘的宽度不得小于 3. 5m。

路肩的标高不低于设计洪水位加波浪侵袭高(或斜水流局部冲高)加壅水高再加 0. 5 m。

路肩的作用是防止土体在荷载作用下向两侧挤动,并加强路基的稳固性;防止道砟散落于路基下,保持道床的完整;供铁路员工行走、避车;存放线路上部材料、作业机具,便于进行养护维修作用;在路肩上设置必要的线路标志和信号标志。

(4)路堤边坡坡度是指路肩边缘至路堤坡脚的垂直高度与路肩边缘至路堤坡脚的水平距离之比。路堤边坡坡度应按有关要求设置。

(5)为确保路堤稳定,在路堤坡脚和取土坑(或排水沟)之间留出一道天然地面,称为护道。护道宽度不少于2 m,并向外做成2% ~4% 的斜坡。在护道内不许开垦或引水灌溉,以保持路堤边坡稳定。

(6)取土坑为填筑路堤而取土挖出的坑,可用作排水沟,坑底应保持平顺,纵向设置不少于2‰的坡度,困难地段不少于1‰。

2. 路　　堑

路堑由路基面侧沟、路堑边坡、路堑隔带和弃土堆等组成,如图1—5 所示。

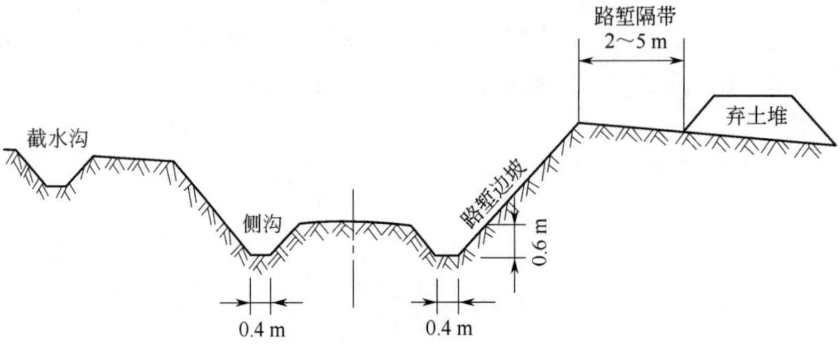

图1—5　路堑组成示意图

路堑的路基面技术标准均与路堤相同,此处不再叙述。

(1)侧沟为路基面两侧的排水沟,用以排除路堑边坡和路基面上的地表水。侧沟的深度和宽度均不应小于0.4 m;土质边坡为1:1 ~1:1.5,沟底纵向坡度应不小于2‰,困难地段应不小于1‰。

在侧沟与路堑坡脚间留出的带状地面为侧沟平台。平台宽度一般为0.5 ~1.0 m,并向侧沟方向做成2% ~4% 的斜坡。当路堑边坡比较稳定时,也可不设侧沟平台。

(2)路堑边坡坡度应根据路堑深度和地层构造等综合因素确定。

(3)在堑顶与弃土堆之间留出的带状地面为路堑隔带,其宽度一般为2 ~5m。

(4)弃土堆为挖掘路堑堆放在隔带外的弃土。在路堑上坡方向的弃土堆要连续堆放,使之起拦水作用;在路堑下坡方向的弃土堆要分段堆放,适当地留出缺口,以利排水。

二、路基设备及养护

(一)路基排水设备及养护

路基排水设备是为了排除路基本体及其附近的地面水和地下水,保证路基经常处于干燥状态,避免因排水不良而造成路基沉陷、边坡滑坍、翻浆冒泥和寒冷地区的路基冻害等病害的设备。

路基排水设备分为地面排水设备和地下排水设备两种。

1. 地面排水设备

常用的地面排水设备有排水沟、侧沟、天沟、截水沟、矩形水槽、跌水沟和急流槽等。

(1)侧沟:设置于路堑的路肩外侧,用以汇集及排除路堑边坡面及路基面范围内的地表水。在线路不挖不填地段亦须设置侧沟。侧沟的纵坡一般与铁路纵坡相同,但在线路坡度小于2‰的平坦地带,侧沟与截水沟、天沟的出水标高又不受控制时,纵坡用2‰;出水口受标高度控制时,可不小于1‰。

(2)天沟:位于堑顶边缘以上适当距离处,用以截排堑顶上方流向路堑的地表水。堑顶上方有弃土堆时,天沟应改在弃土堆坡脚以外不少于1~5 m;无弃土堆时,离堑顶边缘不少于5 m。

(3)截水沟:设在天沟的上方,设置一道或几道。

(4)排水沟:位于路堤护道外侧,用以排除路堤范围内的地面水及截排自田野方面流向路堤的地面水。一般当地面横坡明显时,设置于路堤上方一侧;地面横坡不十分明显时,设置于路堤的两侧。

排水沟纵坡的特点基本上与天沟相同。

(5)矩形水槽:当水沟所在地段的地质不良、易变形、不能保持水沟的稳定时,就可以采用浆砌片石或混凝土修筑的矩形水槽,这样既可保持稳定,又可防渗漏。其断面形式如图1—6所示。

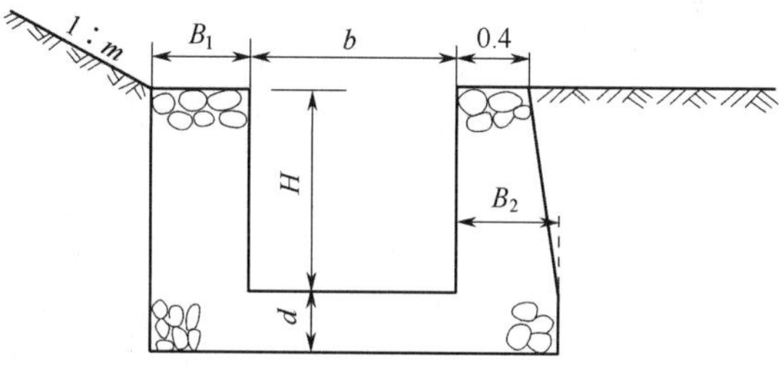

图1—6　浆砌片石矩形水槽(单位:m)

(6)跌水沟与急流槽:在地形较陡地段的排水沟,当其地层易受水冲刷而不能采用较陡的纵坡时,就需要建成一段一段分开的缓坡段,而以不高的跌水连接。

2. 地下排水设备

处理地下水的常用措施有拦截排除、引出排除(包括降低地下水位和疏干土体)、封闭隔水三种类型,主要设备有明沟与槽沟、渗沟、渗水隧洞和渗井等。

(1)明沟与槽沟:是敞开的地下排水设备,用于拦截、引排埋藏不深的地下水,并可兼排地面水。明沟断面常用梯形;槽沟断面常采用矩形。

(2)边坡渗沟:适用于坡度不陡于1:1的土质路堑边坡,也用于加固潮湿容易发生表土坍滑的土质路堤边坡。

(3)支撑渗沟:用来支撑可能滑动的不稳定土体或山坡,并排除在滑动面附近的地下水和疏干潮湿土体。

(4)渗水隧洞:用于截断或引出深层地下水。渗水隧洞与立式渗井(或渗管)配合使用,接受并排出立式设备等集引的地下水。

(5)立式集水渗井与渗管:用于集引多层含水层和潮湿土体中的地下水。一般成群布置成与地下水流方向垂直,并与渗水隧洞配合使用。

(二)坡面防护设备及养护

路基坡面防护的方法很多,这里仅介绍铺草皮、单层干砌片石护坡、浆砌片石护坡和浆砌片石护墙等常用的防护方法。

1. 铺 草 皮

铺草皮就是用草皮覆盖边坡表面的局部或全部，防止地表水冲刷，防止坡面风化剥落，以达到固结土壤、稳定边坡的目的。铺草皮常用于坡度不陡于 1:1 或局部不陡于 1:0.75 的各种土质边坡和严重风化的岩石及软质岩石边坡的防护。

铺草皮常用的形式有以下三种：

(1)平铺草皮——在需要加固的边坡，将整个坡面以草皮作平行覆盖。

(2)叠砌草皮——以草皮水平铺设，并沿着坡面作台阶式的叠加，稳定性好。

(3)铺方格式草皮——将草皮在边坡上铺成与边坡缘线成 45°的斜方格；也可采用土工格网，在格网内植草。

2. 干砌片石护坡

干砌片石它适用于坡度不陡于 1:1.25 的土质或土夹石的边坡防护，在土质路堑边坡的下部也可用作嵌补。为了防止冲蚀和保持坡面平整，需要在片石的下面铺设不小于 0.1 m 厚的碎石或砂垫层。

3. 浆砌片石护坡

在路基边坡高度缓于 1:1 的各种岩石和土质边坡的坡面因风化剥落，或被地表水流冲刷冲沟、塌滑等病害，而且当地石料又多，就宜采用浆砌片石护坡，以增强其路基的稳定性。

浆砌片石护坡的厚度一般为 0.3 ~ 0.4 m，常用等截面。若边坡较高，应设浆砌片石护坡的分级平台，其宽度不少于 1 m，每级高度不超过 20 m。

4. 浆砌片石骨架护坡

在易受冲刷的土质边坡或风化极严重的岩石路堑边坡上（坡度不陡于 1:0.5），当其坡面潮湿、容易坍塌或边坡较高、防护范围较大时，为了节约圬工，可采用浆砌片石骨架护坡的加固措施。其骨架形式可用方格形、人字形或拱形三种。

5. 浆砌片石护墙

为防止土质边坡和易风化剥落较破碎的岩石边坡，以及防治较严重的边坡变形或路堑坡顶上部的危石支顶等，宜采用浆砌片石护墙。护墙一般用于路堑边坡坡度在 1:1 ~ 1:0.3 之间的土质或破碎岩石边坡。

护墙可分为实体护墙、孔窗式护墙和拱式护墙三种。

(三)路基冲刷防护

路基冲刷防护措施主要有草皮护坡、干砌片石护坡、浆砌片石护坡、抛石护坡及柔性混凝土板等防护措施。

1. 草皮护坡

草皮护坡多用于周期性浸水路堤的边坡防护、适用于洪水容许流速小于 1.8 m/s、波浪高小于 0.4 m 的地段。草皮护坡一般采用叠砌式铺设。

2. 抛石护坡

抛石防护可解决水下施工的困难，还可以防止水下边坡遭受水流冲刷和水浪的侵袭破坏与掏空坡脚的作用。抛石宜在枯水季节进行，采用大小不同的石块掺杂投抛，以保证抛石的密实度，如图 1—7 所示。

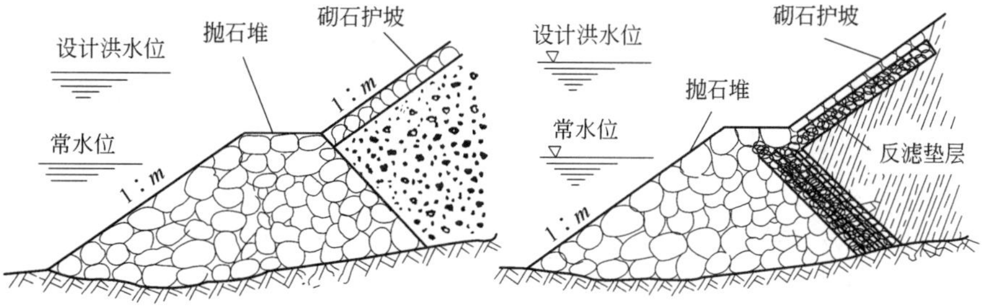

(a)　　(b)

图 1—7　抛石防护

3. 干砌片石护坡

干砌片石护坡适用于水流较平顺，既不遭受主流冲刷也不遭受波浪冲刷的地段。

护坡的厚度在 30 cm 及以下时采用单层片石，厚度在 35 cm 及以上时可采用双层干砌，如图 1—8 所示。

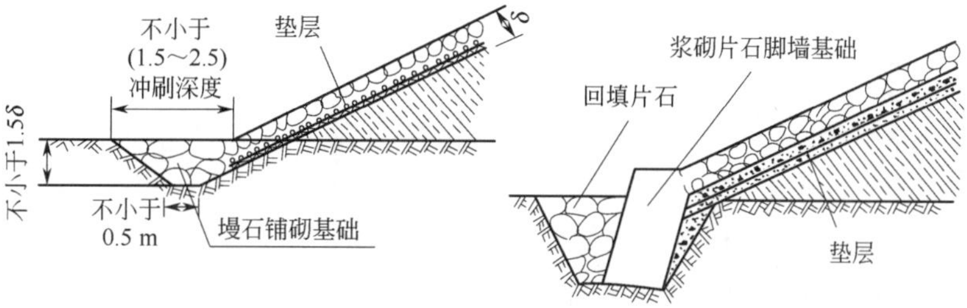

图 1—8　干砌片石护坡及基础

4. 浆砌片石护坡

浆砌片石护坡适用于经常浸水并受主流冲刷或受波浪强烈侵袭作用的路基边坡。浆砌片石厚度一般不小于 35 cm，并采用双层砌筑，护层下面要放厚度为 0. 1 ~ 0. 5 m 的碎石垫层。常用浆砌片石护坡如图 1—9 所示。

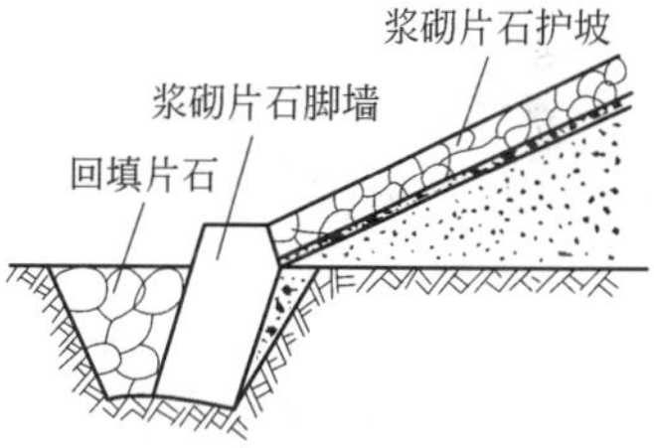

图 1—9　浆砌片石护坡

第八节　安全用电常识

生产和生活都离不开电，电为人类造福不浅，但是如果使用不当，就会触电，造成人身伤亡、设备损坏，甚至波及供电系统安全运行，导致大面积停电或引起火灾等事故。因此，学习安全用电知识，认真执行有关各项安全技术规程是十分必要的。

一、几个有关电的基本概念

1. 电　　路

电路就是电流的通路，它是为了某种需要由某些电工设备或元件按一定方式组合起来的。一般电路由电源、负载、开关和连接导线四个基本部分组成。电路通常有三种状态，即通路、开路和短路。

2. 电流(I)

电荷有规则地定向移动称作电流。在导体中,电流是由各种不同的带电粒子在电场作用下有规则的运动形成的。电流常用单位安培,用“A”表示。

3. 电压(U)

电压又称电位差,是衡量电场力做功本领大小的物理量。电压常用单位为伏特,用“V”表示。

4. 电阻(R)

导体对电流的阻碍作用称为电阻。电阻单位为欧姆,用符号“Ω”表示。一段电路的欧姆定律公式如下:

$$I = \frac{U}{R}$$

5. 电动势(E)

在电源内部外力将单位正电荷从电源的负极移动到电源正极所做的功称为电动势,简称电势。其单位为伏特,用“V”表示。电流、电势和电阻三者之间的关系如下:

$$I = \frac{E}{R}$$

6. 多相制电路

单相交流电路中的电源只有两根输出线,即电源只有一个交变电动势。如果在交流电路中有几个电动势同时供电,每个电动势的最大值相等、频率相同,只有初相位不同,那么就称这种电路为多相制电路。其中每个电动势所构成的电路称为多相制的一相。目前应用最为广泛的是三相制电路,其电动势是由三相发电机产生的。单相电路电压为 220 V,三相电路电压为 380 V。

7. 电容(C)

两金属导体中间以绝缘介质相隔,并引出两个电极,就形成了一个电容器。电容器具有隔断直流、通过交变电流的作用。电容单位为法拉,用“F”表示。

8. 电功率(P)

电流流过负载时,负载将电能转换成其他形式的能量,这一过程称之为电流做功,简称电功(W)。电功单位为焦耳,用“J”表示。电流在单位时间(t)内所做的功称为电功率,简称功率。电功率单位为瓦特,用“W”表示,即

$$P = \frac{W}{t}$$

二、常见的触电方式

根据触电者接触的导线数目不同,触电可分为单相触电和两相触电两种。

1. 单相触电

单相触电是指人体某一部分触及一相电源或接触到漏电的电气设备,电流通过人体流入大地造成触电,而单相触电又分为中性点接地的单相触电和中性点不接地的单相触电两种。

(1)中性点接地的单相触电

人站在地面上,如果人体触及一根相线,电流便会经导线流过人体到大地,再从大地流回电源中性线形成回路(如图 1—10 所示),这时人体承受 220 V 的相电压。

(2)中性点不接地的单相触电

人站在地面上,接触到一根相线,这时有两个回路的电流通过人体,如图 1—11 所示。一个回路的电流从 L_3 相相线出发,经人体、大地、对地电容到 L_2 相;另一个从 L_3 相出发,经人体、大地、对地电容到 L_1 相。

单相触电大多是由电气设备损坏或绝缘不良,使带电部分裸露而引起的。

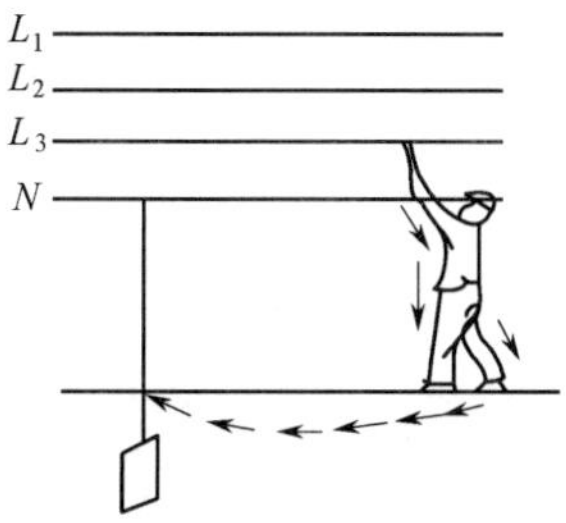

图 1—10　中性点接地的单相触电

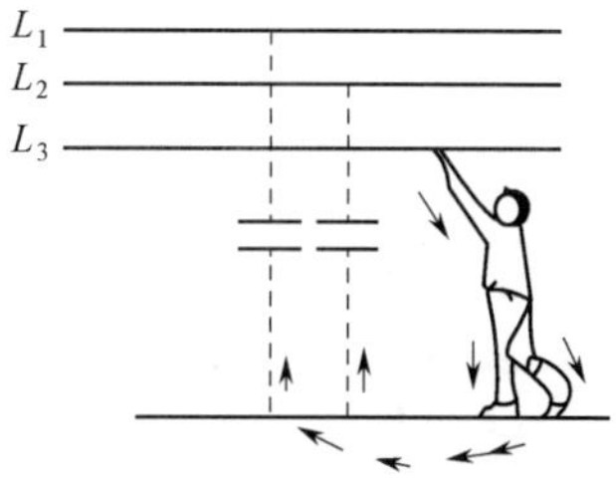

图 1—11　中性点不接地的单相触电

2. 两相触电

如图 1—12 所示,两相触电是人体的两个部分分别触及两根相线,这时人体承受 380 V 的相电压,危险性比单相触电更大。

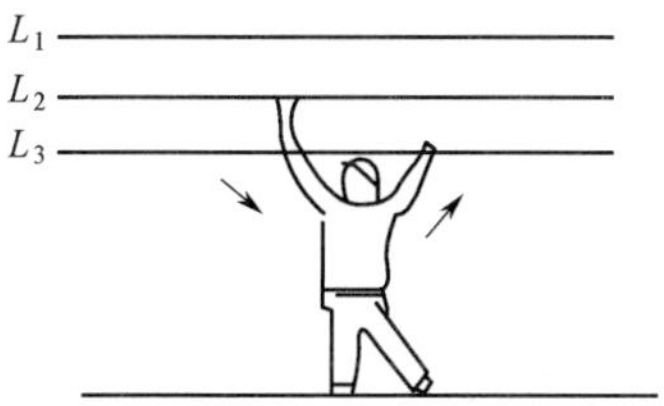

图 1—12　两相触电

图 1—13　跨步电压

3. 跨步电压电击

在高压电网接地点或防雷接地点及高压火线断落或绝缘损坏处,有电流流入地下时,强大的电流在接地点周围的土壤中产生电压降。因此,当人走近接地点附近时,两脚因站在不同的电位上承受跨步电压,即两脚之间的电位差,如图 1—13 所示。

跨步电压能使电流通过人体造成伤害。因此,当设备外壳带电或通电导线断落在地面时,应立即将故障地点隔离,不能随便触及,也不能在故障地点附近走动。

已受到跨步电压威胁者应采取单脚或双脚并拢方式迅速跳出危险区域。

三、常用的安全用电措施

1. 安全电压

一般情况下,36 V 电源对人体的安全不会构成威胁,所以通常称 36 V 以下的电压为安全电压。根据工作场地的情况,可使用 36 V、24 V、12 V 安全电压。

2. 保护用具

保护用具是保证工作人员安全操作的工具。设备带电部分应有防护罩,或置于不易触电的高处,或采用联锁装置。此外,使用受电钻等移动电器时,应使用橡胶手套、橡胶垫等保护工具,不能赤脚或穿潮湿的鞋子站在潮湿的地面上使用电器。

3. 保护接地和保护接零

在正常情况下,电器设备的外壳是不带电的,但当绝缘损坏时,外壳就会带电,人体触及就会触电。为了保证操作人员的安全,必须对电器设备采用保护接地或保护接零措施。这样即使在电器设备因绝缘损坏而漏电,人体触及时也不会触电。

4. 注意事项

(1)判断电线或用电设备是否带电,必须用试电器(或试电笔等),决不允许用手去触摸。

(2)在检修电器设备或更换熔断器时,应切断电源,并在开关处挂上“严禁合闸”的牌子。

(3)安装照明电路时,开关和插座一般离地不低于1.3 m。有必要时,插座可以装低,但离地不应低于15 cm。不要用湿手去摸开关、插座、灯头等,也不要用湿布去擦灯泡。

(4)在电力线路附近,严禁使用钢板尺、钢卷尺进行测量工作。

(5)发现电线或电器设备起火,应迅速切断电源,在带电状态下,决不能用水或泡沫灭火器灭火。

(6)雷雨天尽量不外出;遇雨时不要在大树下躲雨或站在高处,而应就地蹲在凹处,并且两脚尽量并拢。

第九节　工 程 制 图

一、制图基本知识

(一)制图工具

制图工具有图板、丁字尺、三角板、比例尺、圆规和绘图铅笔等。此外,还有曲线板、擦图片、直线笔、绘图钢笔和分规等。

(二)图纸幅面

1. 图幅及图框

为了便于保管和裱订图纸,制图标准对图纸的幅面及图框尺寸作了统一规定,如表1—2和图1—14所示。

表1-2　幅面及图框尺寸

尺寸代号 \ 幅面代号	A0	A1	A2	A3	A4
$b \times l$	841×1 189	594×841	420×594	297×420	210×297
c	10			5	
a	25				

2. 标 题 栏

每张图纸的右下角都应设一个标题栏(如图1—15所示),用来填写图名、制图人姓名、设

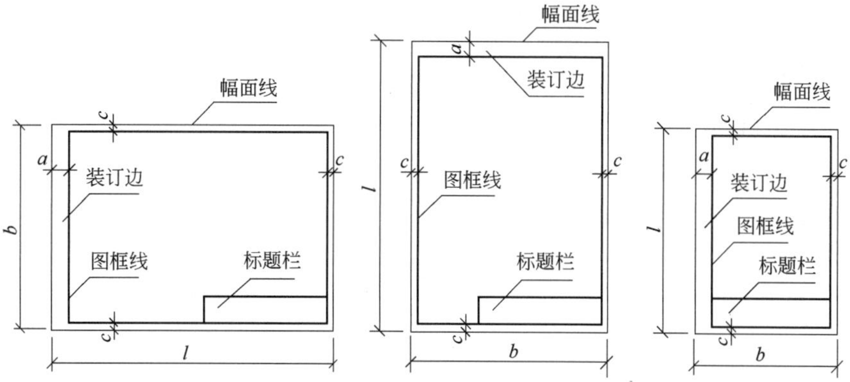

A0～A3横式幅面　　A0～A3立式幅面　　A4幅面

图 1—14　图幅格式

计单位和图纸编号等内容。标题栏在图纸中的位置如图 1—15 所示。

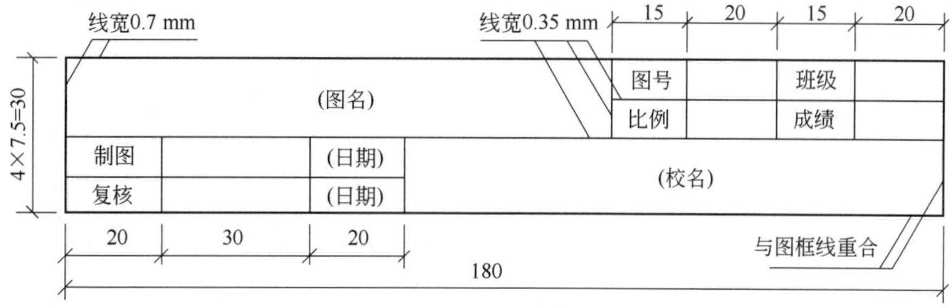

图 1—15　标题栏格式

（三）图线、字体

图形是由图线组成的，制图标准规定了图线的种类和画法。

字体应采用仿宋体，书写必须做到：笔画清晰、字体端正、排列整齐、标点符号清楚、正确。

（四）尺寸标注

尺寸用来确定图形所表达物体的实际大小，是图样的重要组成部分。

（五）比例和比例尺的用法

（1）比例是指图形与实物相对应的线性尺寸之比。比例的大小是指比值的大小，如 1:50 大于 1:100。

（2）比例尺的用法一般有直接量距和比例变换两种方法。当比例尺上刻有所需要的比例时，可按尺面上的刻度直接量取，不用作任何计算。当比例尺上没有所需的比例时，可以通过比例变换的方法，将一个适当的比例尺改造成一个新的比例尺，再直接量距。

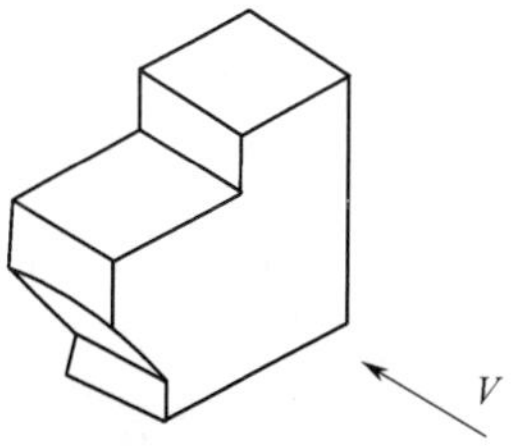

图 1—16　形体直观图

二、三视图的画法和尺寸标注

【例题】　根据形体的直观图（如图 1—16 所示），画其三面投影图，并标注尺寸。

分析：作投影图时，应使正面投影较明显的反映形体的外形特征，故将形体具有特征的一面平行 V 面，并照顾其他投影图的虚线尽量少。图中箭头所示为正面投影的方向，此时反映形体特征的前、后面平行 V 面，正面投影反映实形，形体的其他表面垂直 V 面，其正面投影均积在前、后面投影的轮廓线上，同理，可分析 H 面、W 面的投影。

作图：一般先从反映实形的投影作起，再依据三面投影规律画出其他投影。其方法和步骤如表 1—3 所示。

表 1—3　画三面投影图的方法步骤

<table>
<tr><td>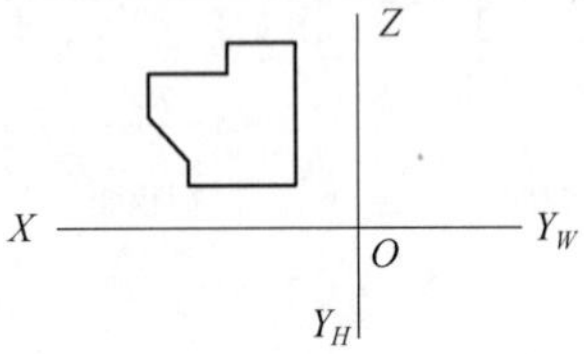
</td><td>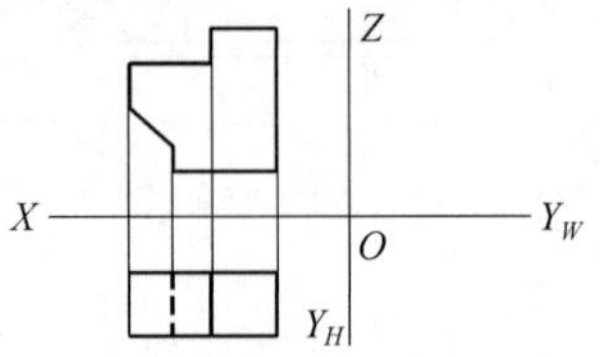
</td></tr>
<tr><td>(a)画投影轴，按尺寸作正面投影(反映前面实形)</td><td>(b)画水平投影(量取宽度尺寸)</td></tr>
<tr><td>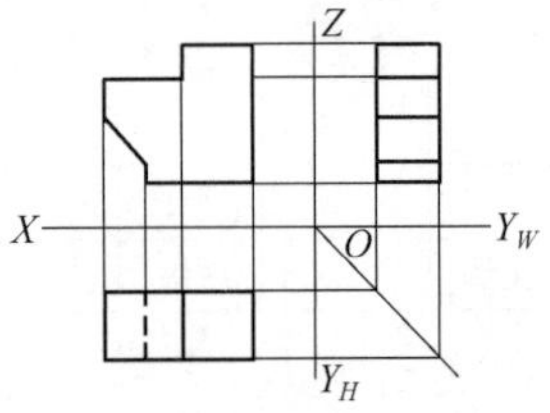
</td><td>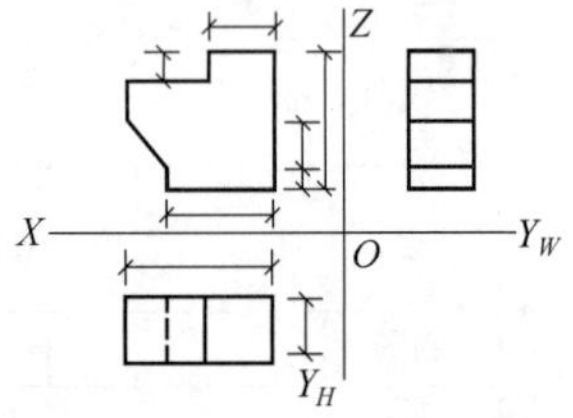
</td></tr>
<tr><td>(c)根据正面投影、水平投影，作侧面投影</td><td>(d)去掉作图线，整理加深，标注尺寸</td></tr>
</table>

尺寸标注：在投影图中，需注出形体的长、宽、高三个方向的大小及有关部分的位置尺寸。在正面投影中可标注形体的长度和高度，在水平投影中可标注长度和宽度，在侧面投影中可标注其高度和宽度，但同一尺寸不必重复，且尺寸最好注在反映实形和位置关系明显的投影图上。

三、线路平面图

铁路线路在空间的位置是用它的线路中心线表示。线路中心线在水平面上的投影，叫做铁路线路平面图。用一定的比例尺把线路中心线以及它两侧的地面情况投影到水平面上，就得到线路平面图。

图 1—17 为某段线路的平面图，图中表明以下内容：

1. 地形部分

根据图 1—17 中等高线的形态和标注的高度数字可以看出，该段线路经行地区的地形为：K11 +110 以前为山坡，地形较为平坦，适宜修建车站。K11 +300 处为山沟，为了防止路堤堵截水道，该处设有一座涵洞以将路堤上侧的雨水排至下侧。K11 +500 ~ K12 +000 为山，为了避免开挖路堑，设置曲线绕行。从 K12 +100 开始，过大青河桥后一路上坡，至 K13 +700 处达最高点，为避免深路堑工程，开挖了一座长 400 m 的隧道。

2. 线路部分

(1)线路中心：图中的粗实线为路线中心，该段线路包含两个转向点(JD_9、JD_{10})、两段曲线、三段直线。虚线地段为隧道。

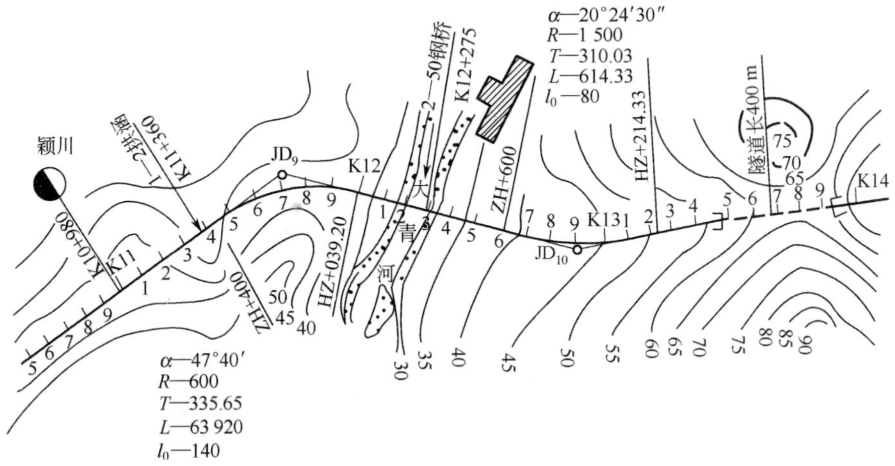

图 1—17　线路平面图

(2)线路里程:自线路起点至终点,在每一千米处设置千米标,注明千米数;在千米标之间的每百米处设百米标,注明百米标数,如 K12 +073.30 表示该处距线路起点的距离为 12 千米 73.3 米(K 代表千米,"+"号前为千米数,后为米数)。

(3)曲线要素及起、终点里程:在各曲线的内侧注有曲线半径(R)、转向角(α)、切线长度(T)、曲线外矢距(E)、曲线长度(L)和缓和曲线长度(l_0)等曲线要素,以及直缓点(ZH)、缓圆点(HY)、曲中点(QZ)、圆缓点(YH)、缓直点(HZ)和交点(JD)。

(4)地物和主要建筑物。图中用规定的图例注明铁路沿线的河流、道路、村镇、车站及桥隧建筑物等。

四、线路纵断面图

用一定的比例尺,把线路中心线展直后投影到铅垂面上,并标明线路平面和纵断面的各项有关资料的图纸,叫做线路纵断面图。它将线路中线经过之处的地形起伏、地质等自然条件以及设计资料以图示表示出来,如图 1—18 所示。

图 1—18,横向表示线路长度,竖向表示高度。该图由两部分组成。上半部为线路纵剖面,其中粗实线表示地面线,细实线表示设计线,还用符号和数字注明主要建筑物的位置、类型和大小。设计线上面的为挖方,下面的为填方,单位为米。纵断面图的下半部为资料表,注明有关资料和数据。

(1)线路公里标:一般以线路起点车站的旅客站房中心处为零公里算起,在整公里处注明里程。

(2)线路平面:将线路平面用示意的方法表示出来,上凸、下凹的部分表示曲线,上凸表示该线为右转向角,下凹表示该曲线为左转向角,上凸、下凹的转折处依次为直缓点、缓圆点、圆缓点和缓直点,两相邻曲线间的水平线表示直线段。

在纵断面图上用示意图注明线路的直线和曲线位置,可以表明坡道与曲线的重叠情况。比如,列车行驶于 K12 +600 ~ K13 +214.33 地段时,将会遇到两种阻力,即坡道阻力和曲线附加阻力。

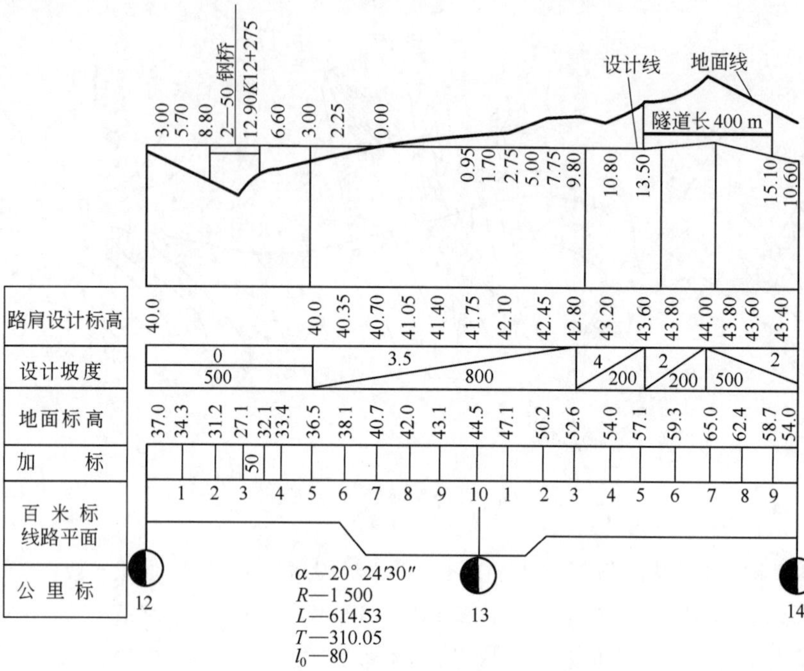

图 1—18　线路纵断面

(3)百米标:在整百米标处注上百米数。在百米标之间地形变化点,应设置加标(如 K12 + 350),以使绘出的地面线更符合实际情况,加标处的数字为距离百米标的距离。

(4)地面标高:在各百米标和加标处注明地面标高。

(5)设计坡度:坡度栏中竖线为变坡点的位置,两竖线间向上或向下的斜线分别表示上坡或下坡,平线表示平坡。线上所注数字为坡度值,单位为‰;线下数字为坡段长度,单位为米。

(6)路肩设计标高:在各变坡点、百米标和加标处注明路肩设计标高,单位为米。

(7)路基的填挖高度:在设计线路的上方或下方注明路基的填挖高度。路基填挖高度等于地面标高与路肩设计标高之差。地面标高大于路肩设计标高时为路堑;地面标高小于路肩设计标高时为路堤。K12 + 700 处为不填不挖路基,该点前为路堤,该点后为路堑。

图 1—17 和图 1—18 分别为同一段线路的平面图和纵断面图(纵断面仅画出 K12 + 000 ~ K14 + 000),因而两图中的有关数据都是互相吻合的。

五、线路横断面图

横断面图,也就是垂直于线路中线的横剖面图。横断面图是根据横断面方向上各侧点至中桩的距离和测点的高程等资料绘制的,水平方向表示距离,竖直方向表示高程。图 1—19 为图 1—17 中

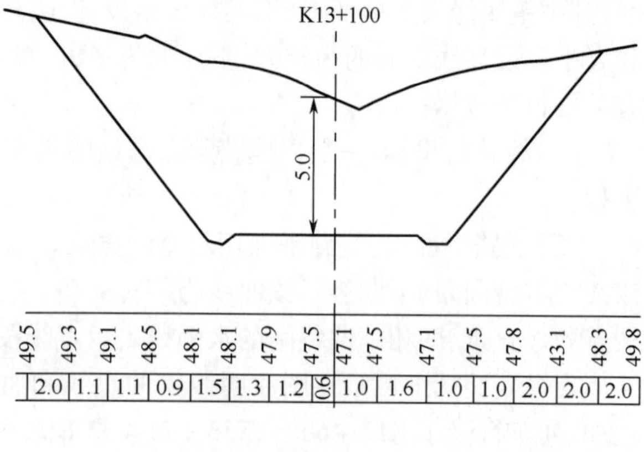

图 1—19　线路横断面

K13 +000 处的路基横断面图。图中用细实线画出与线路中线垂直的地面线,图下的数字表明地形变化点的标高和各点之间的水平距离。由线路纵断面图(图 1—18)知道,该点的挖方深度为5.0 m。根据路基顶面宽度、侧沟及边坡等有关规定尺寸,用粗实线绘出路基设计断面的形状。路基横断面图是计算土石方开挖数量和建筑施工的资料。

线路平面图、线路纵断面图和线路横断面图统称为线路工程图,用以上三个侧面表示线路的空间位置。

六、车站平面图

车站平面图一般应绘有线路、信号、站台、道口等设备。图 1—20 是某车站站场平面图。

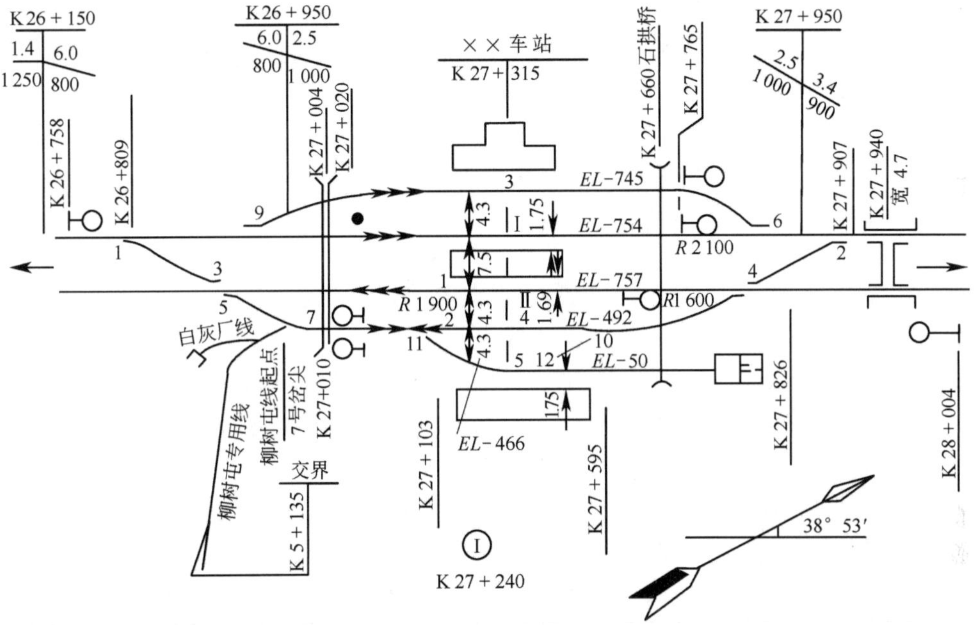

图 1—20　车站平面示意图

从线路设备状况图上可以看出,该站场工区的管辖范围从 K26 + 150 ~ K28 + 004 处,在 K27 +004 处有一个钢筋混凝土圬工梁,在 K27 +660 处有一个石拱涵,在 K27 +940 处有一个宽 4.7 m 道口,有站线道岔 12 副及专用线等设备。

第十节　测量基本知识

一、水准测量

(一)基本概念

(1)大地水准面:人们在海岸设置潮汐观察所,长年累月的记录海水面的涨落,取得海水面的平均高度,具有这一高度的海水面称为平均海水面,或叫做大地水准面。

(2)高程:地面上一点沿铅垂线方向到大地水准面的距离,称为该点的绝对高程,通常称为标高或海拔,用“H”表示。我国以黄海平均海水面作为绝对高程的起算面。

(3)高差:地面上两点高程之差称为高差,以“h”表示。

(4)高程测量:为确定地面点的高程所进行的测量工作,称为高程测量。高程测量按所使用的仪器和施侧方法不同,可分为水准测量、三角高程测量和气压高程测量,其中水准测量是最准确,也是最普遍使用的。

(二)水准测量的原理

1. 两点距离较近且高差不大时的水准测量

如图1—21所示,当A、B两点距离较近且高差较小时,若已知A点高程为H_A,欲求B点的高程H_B,则只需测出B点对A点的高差h_{AB},便可根据高差的定义求得B点的高程,即$H_B = H_A + h_{AB}$。

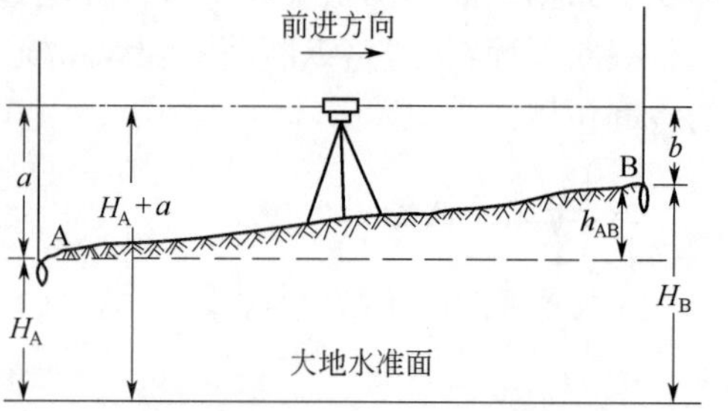

图1—21　两点距离较近且高差不大时的水准测量

如图1—21所示,分别在A、B两点上竖立有分划的标尺——水准尺,并在A、B两点的中间安置一个能提供水平视线的仪器——水准仪,根据该水平视线在A、B两点水准尺上读出的数字a、b,由图示几何关系求得B点对A点的高差,即$h_{AB} = a - b$。

由此可计算B点的高程H_B。

当$a > b$时,h_{AB}为“+”,$H_B > H_A$,说明前视点B高于后视点A,如图1—21所示;反之,当$a < b$时,h_{AB}为“-”,$H_B < H_A$,说明前视点B低于后视点A。

由于测量是由A点向B点进行(如图1—21中箭头所示),因A点在后、B点在前,则A点叫做后视点,B点叫做前视点。在后视点A水准尺上的读数称为后视读数,简称为后视;在前视点B水准尺上的读数称为前视读数,简称为前视。

可见,水准测量的基本原理就是利用水准仪所提供的水平视线测得高差而计算高程的。

2. 两点距离较远或高差较大时的水准测量

当A、B两点距离较远或高差较大时,不能一次测得两点的高差,必须在两点间加设若干个临时点(如图1—22所示),分成若干段,依次在各段中间安置仪器,分别测出各段的高差,把各段所得高差相加,就得出A、B两点的高差。图1—22中各段得高差分别为

$$h_1 = a_1 - b_1, h_2 = a_2 - b_2, h_3 = a_3 - b_3 \cdots h_n = a_n - b_n$$

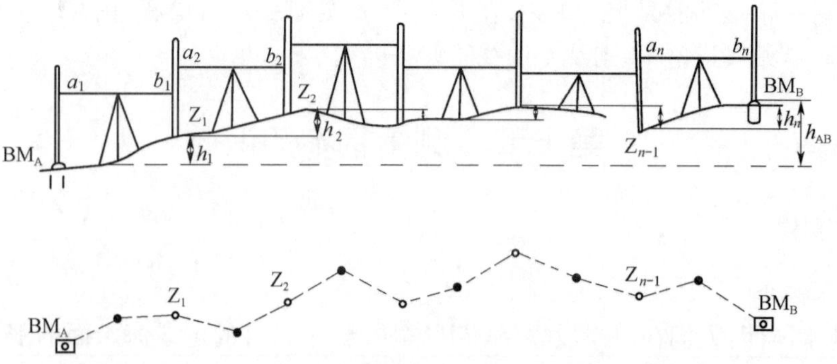

图1—22　两点距离较远或高差较大时的水准测量

将各段高差相加得:$h_{AB} = \sum h = (a_1 - b_1) + (a_2 - b_2) + \cdots + (a_n - b_n) = \sum a - \sum b$,即终点

对于始点的高差等于各段高差的代数和，又等于后视读数总和减去前视读数总和。

从始点 A 测到终点 B 所经过的路线称为水准测量长度。Z_1，Z_2，Z_3…Z_{n-1}等各个临时立尺点，在水准测量中起着传递高程的作用，这些点叫转点，用“Z”表示，转点的特点是既有前视读数又有后视读数。

（三）水准测量的仪器与工具

水准测量使用的仪器是水准仪，工具有水准尺和尺垫。

（1）水准仪：水准仪是提供一条水平视线来测定两点间高差的仪器，由望远镜、水准器、基座和三脚架构成。水准仪的种类很多，按结构分为定镜、活镜、自平三大类，按精度分为 $S_{0.5}$、S_1、S_3、S_{10}四个等级，如 1—23 所示。

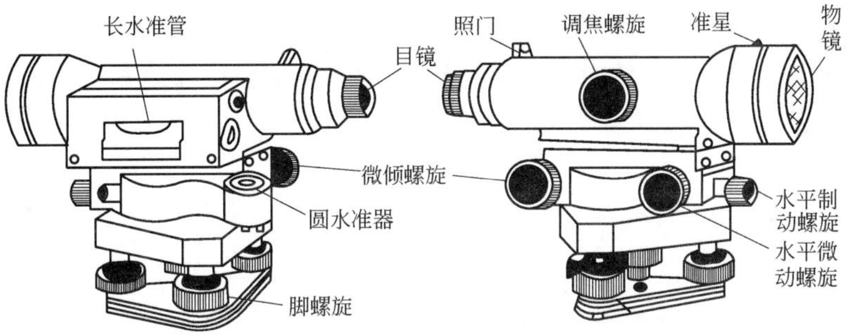

图 1—23　S_3 型水准仪构造

（2）水准尺：水准尺简称标尺，供仪器读数用。水准尺常见的形式有直尺和塔尺两种形式。直尺长 3 m；塔尺全长 5 m，由三段尺套插而成，携带方便，但接合处易损坏，造成尺长不准，而影响测量精度。

（3）尺垫：尺垫分地钉和尺台两种形式，用铁铸成。不同等级的水准测量，规定用不同重量的尺垫。尺垫中间凸出部位为立尺点。在水准测量中，为使高程得到可靠的传递，转点在前后视中不能位移，故常用尺垫作转点。

（四）水准测量的操作方法

用水准仪进行水准测量时，仪器的安置和使用按下列步骤进行。

（1）安置三脚架：测量仪器所安置的地点称为测站，在测站上松开脚架螺旋，按需要调整脚架的长度，将脚架螺旋拧紧。放好三脚架，把三脚架的脚尖踩入土中，并使三脚架大致水平。然后把水准仪从箱中取出，放在三脚架头上，细心地将三脚架的中心螺旋旋入仪器的基座内拧紧。

（2）粗平：粗平就是使圆水准器的气泡居中，使支架大致水平即竖轴大致铅垂，从而使望远镜视线的倾斜程度在倾斜螺旋可以调节的范围内，为精平创造条件。

粗平的操作方法如图 1—24 所示。若气泡没有居中而位于 a 处，则先按图上箭头所指的方向，相对转动两个脚螺旋使气泡移到 b 的位置，然后转动第三个脚螺旋气泡居中。在整平过程中，气泡移动方向与左手大拇指转动脚螺旋的方向一致。

（3）瞄准：仪器粗平之后，首先进行目镜对光，使十字丝清晰，然后松开望远镜，用镜筒上的准星照准水准尺，当水准尺的影像进入望远镜视场后，将望远镜制动，再进行物镜对光，使水准尺的影像清晰。最后用微动螺旋使十字丝的竖丝靠近水准尺的影像。在瞄准工作做完之后，还要检查是否有十字丝视差存在，如图 1—25（a）所示。如果有相对移动，就表明有视差存

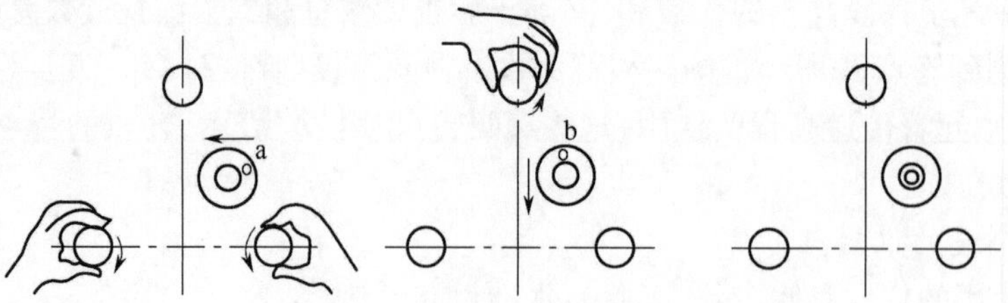

图 1—24　粗平的操作方法

在，如图 1—25(b)所示。十字丝视差存在的原因是由于目标在望远镜内形成的像没有落在十字丝平面上。十字丝视差对读数影响很大，必须注意消除。

(4)精平：精平时转动倾斜螺旋使符合水准器的两半影相符合，这时视线就成水平，便可读数了。倾斜螺旋旋转的方向如图 1—26 所示，气泡左侧的影像移动方向和转动倾斜螺旋的右手拇指方向一致。

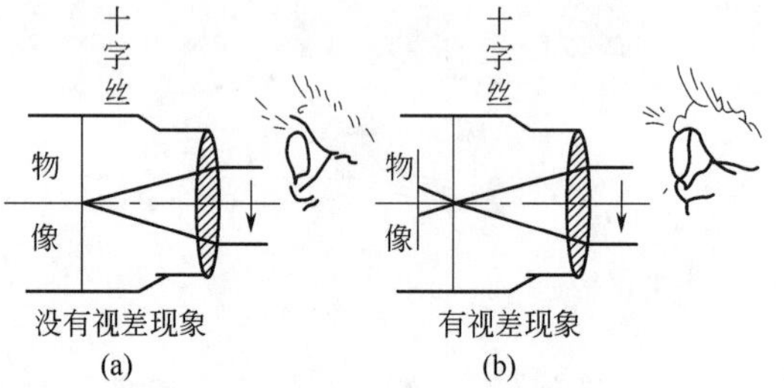

图 1—25　检查和消除视差的方法

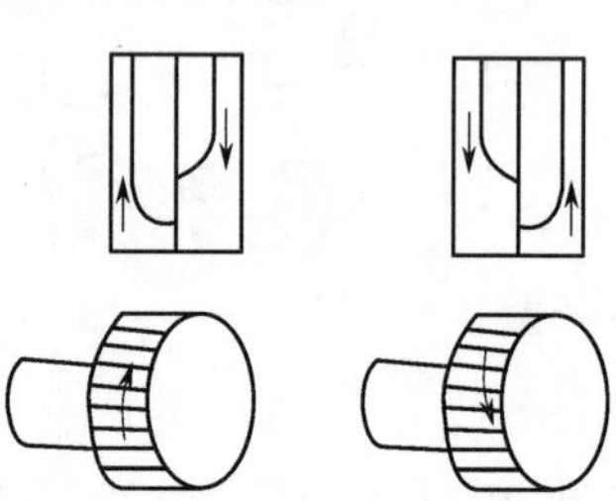

图 1—26　精平的方法

(5)读数：读数是读取十字丝横丝所截的水准尺的分划数。读数时应先读 m、dm、cm，最后估读出 mm。

综合以上所述，水准仪的基本操作可以简单归纳如下：

安置—粗平—瞄准—精平—读数。

【例题】 如图 1—27 所示，往、返水准测量的记录和高程、高差的计算见表 1—4。

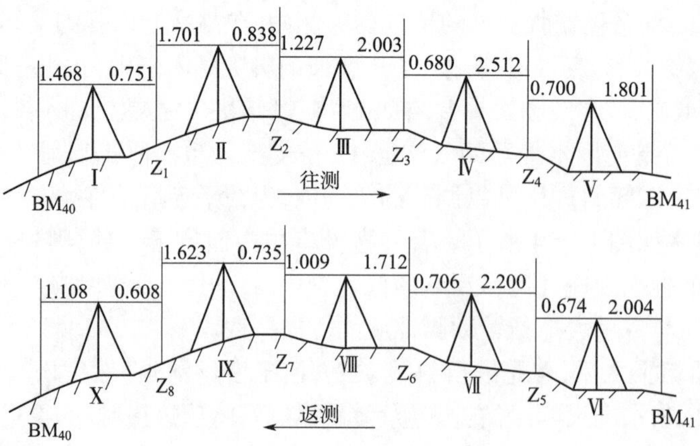

图 1—27　往返测量

表 1—4　水准测量记录表

日期　××××××　　　　观测者　×××

天气　××　　　　　　记录者　×××

测点	后视（m）	前视（m）	高差（m） +	高差（m） −	计算高程（m）	采用高程（m）	备注
BM_{40}	1.468		0.717		576.508	576.508	BM_{40}在 DK62 + 935 左 25 m 柳树坪水泥桩上
Z_1	1.701	0.751	0.863		577.225		
Z_2	1.227	0.838		0.776	578.088		
Z_3	0.680	2.003		1.832	577.312		
Z_4	0.700	2.512		1.101	575.480		
BM_{41}		1.801			574.379		
$\sum$	5.776	7.905	1.580	3.709			
$h_{往}$	$\sum a-\sum b=-2.129$　$\sum h=-2.129$　$H_{41}-H_{40}=-2.129$（计算无误）						
BM_{41}	2.004		1.330		574.379	574.374	BM_{41}在 DK63 + 830 右 15 m 刘家湾王利民房边水泥桩上
Z_5	2.200	0.674	1.494		575.709		
Z_6	1.712	0.706	0.703		577.203		
Z_7	0.735	1.009		0.888	577.906		
Z_8	0.608	1.623		0.500	577.018		
BM_{40}		1.108			576.518		
$\sum$	7.259	5.120	3.527	1.388			
$h_{返}$	$\sum a-\sum b=+2.139$　$\sum h=2.139$　$H_{40}-H_{41}=+2.139$　（计算无误）						
$f_h=h_{往}+h_{返}=-2.129+2.139=0.010(m)=10(mm)$ $H_{40}-H_{40知}=576.518-576.508=0.01(m)=10(mm)$ $F_h=\pm30\sqrt{L}=\pm30\sqrt{0.9}\approx\pm28(mm)$　　$f_h<F_h$（合格） 故 $h_{平均}=\frac{h_{往}-h_{返}}{2}=\frac{-2.129-2.139}{2}=-2.134(m)$ 得 $H_{41}=H_{40}+h_{平均}=576.508-2.134$ $=574.374(m)$（BM_{41}采用高程）							允许误差 $F_h=\pm30\sqrt{L}$（L 为 A、B 两点间单程长度）

二、距离丈量

用钢尺直接丈量水平距离，铁路现场均叫“拉链”。

当所量的水平距离不超过一整尺长，只需将钢尺的零点对准一地面点，钢尺的另一端抬高，使尺成水平，并用垂球将地面点投影在尺面上，便可读出数字，即为该段的水平距离 D。

当所丈量的直线水平距离超过一整尺长时，则需在测量过程中边定线边丈量。具体方法如下：丈量前在直线 A、B 两端点树立花杆，明显地标志出丈量方向，在清除地面上的障碍物后，就可开始丈量。丈量工作需三人，分工是前尺手（站在丈量前进方向前端，也称前链）和后尺手（站在丈量前进方向后端，也称后链）各一人，观测一人（站在起点 A 后面，目视定线或用经纬仪定线）。开始丈量时，后尺手站在起点旁边，持钢尺的零点及测钎一根、垂球一个，前尺手持钢尺的终端及花杆一根、测钎十根、垂球一个，自起点沿丈量方向前进，行至大约一整尺长的位置上停下来，听从观测者指挥定线，将手中所持的花杆插在 A、B 的连线方向上。随后两人同时将尺抖直，后尺手将尺的零点对准起点的位置时，即呼“预备”，此时前尺手将尺抬高，紧贴花杆一侧，保持钢尺在一个水平的位置上，右手拉紧钢尺，左手将垂球线精确对准钢尺终端的刻划线，两人同时用力将尺拉平稳，后尺手钢尺的零点准确对倒“A”点时，呼“好”，此时前尺手将垂线放开，并呼“好”，则在垂球尖端着地点插下一根测钎，是为第1点，再经观测者校核测钎确在AB的连线时，第一整尺就量好了。此后二人抬尺前进，待后尺手行至1点处，停止前进时，经定线后，再同前法丈量第二整尺段，得第2点，继续前进时，后尺手将地面上1点测钎拔起，持在手中，此时已量完两个整尺段，后尺手手中已持有两根测钎（原有一根），依次量下去，直至第 n 点。最后一段如不足一整尺长，称为余长 q，要量出其长度，精确到厘米。因为每量完一整尺段（设长度为 l），后尺手就拔起一根测钎，所以丈量到 n 点后，后尺手手中的测钎数就是量过的整尺段数，则AB的水平距离 $D=n\times l+q$。

三、既有线横断面的测绘

1. 横断面方向的测定

在直线地段，横断面方向是与线路中线垂直的方向；在曲线地段，横断面方向是与线路施测点的切线相垂直的方向。横断面方向可用方向架或经纬仪测定。

2. 既有线横断面的测量工作方法

（1）选择横断面的测量位置，如百米标、由填方变为挖方的零点处、纵向地形的边坡点、路堤和路堑的最高与最低处、隧道洞口等处；

（2）安置水准仪并进行整平，水准测量时，须先后视轨顶求出仪器高程；

（3）使用水准尺读出下面各点的读数，主要有既有线中点、轨顶标高、道床的砟肩、道床的坡脚、路肩、侧沟或排水沟的沟底、路堤和路堑边坡变化点等；

（4）使用钢尺测出每两点之间的距离；

（5）绘制横断面图。

四、角度测量

地面上两条相交直线在水平面上的投影所夹的角称为水平角，一般用“β”表示。为了测量水平角 β 的大小，可假想在通过角顶点铅垂线上的某一点，放置一个刻有角度分划的水平圆盘，根据两条相交直线的投影在此圆盘上的读数，即可求出所夹的水平角 β。

在同一竖直面内，倾斜视线与水平视线之间的夹角为竖直角，一般用“α”表示。在竖直面内，倾斜视线在水平视线之上，竖直角称为仰角，角值规定为正值；倾斜视线在水平视线之下，竖直角称为俯角，角值规定为负值。

（一）经纬仪的安置

角度测量应用的仪器是经纬仪。经纬仪有光学经纬仪和电子经纬仪两类，其中光学经纬仪目前广泛使用，其代号“J”，按精度划分为 J_1、J_2、J_6、J_{15} 四级。

光学经纬仪主要由基座、照准部、度盘三部分组成，如图1—28所示。

用经纬仪测量水平角，包括两步工作：第一是安置经纬仪，第二是测量水平角。

1. 经纬仪的安置

根据测量水平角的原理，把经纬仪放在欲测角的顶点时，必须使仪器中心线和角顶点铅垂

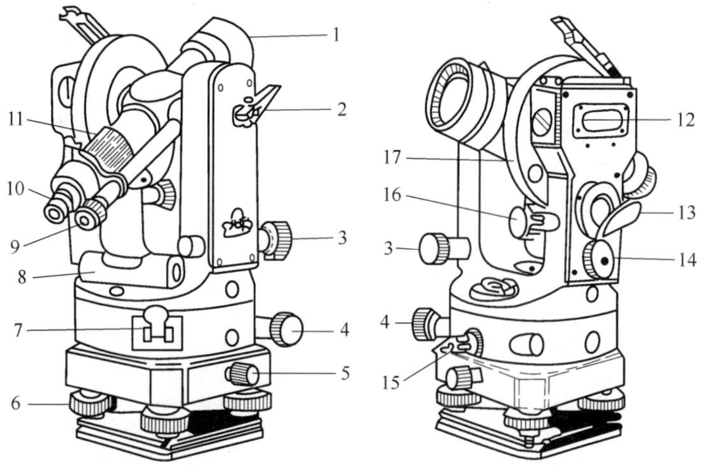

图 1—28 DJ_6 型光学经纬仪构造

1—望远镜;2—望远镜制动扳手;3—望远镜微动螺旋;4—水平微动螺栓;5—轴座固定螺旋;6—脚螺旋;7—复测机钮;8—水准管;9—读数显微镜;10—望远镜目镜;11—对光螺旋;12—竖盘指标水准管;13—反光镜;14—测微轮;15—水平制动螺旋;16—竖盘指标水准管微动螺旋;17—竖盘外壳

线方向重合,使水平度盘成一个水平面,仪器竖轴处于铅直位置。因此经纬仪必须进行对中和整平。

(1)对中:对中就是把经纬仪的中心安置在通过角顶点的铅垂线上。先将经纬仪的三脚架打开,放在测角顶点的标志上。如在地面平坦处,使三脚腿大约成等边三角形,且架头大致水平,高度适当,中心大约在角顶点的标志上。若在倾斜地面处,可将三脚架的两条腿放在下坡,一条腿放在上坡,以防倾倒。三脚架放稳后,再打开仪器箱,取出仪器,放在架顶上,用连接螺旋将经纬仪和架头连接牢固,挂上垂球,看垂球尖是否对角顶点标志上。若相距较远(大于 3 cm),就需要移动三脚架,可将位于垂球与角顶点连线方向上的三脚架的那条腿前后位移,以调整之,直至偏差小于 2 cm。移动后若架顶倾斜太大,可左右移动距倾斜方向较远的一条腿,使架顶大致水平,再将三条腿均匀插入土中。然后放松连接螺旋,将经纬仪在三脚架头上移动,使垂球尖精确地对准地面角顶点标志中心,随即轻轻将连接螺旋拧紧。

(2)整平:整平就是把经纬仪的水平度盘安置成一个水平面,使仪器的竖轴处于铅垂位置。一般先用圆水准器大致整平,其方法与水准仪的精平方法相同,然后再用水准管精确整平。精确整平时,首先使水准管轴大致平行于两个脚螺旋的连线,如图 1—29(a)所示,两手以相反方向旋转这两个脚螺旋,此时气泡移动方向与左手大拇指转动脚螺旋的方向一致。使水准管气泡居中,如图 1—29(b);然后将照准部再水平方向约转 90°,再旋转另一个脚螺旋,使气泡居中,如图 1—29(c)。如此反复几次,直至水准管在任何位置气泡都居中,则说明水平度盘已成水平面,仪器竖轴在铅直位置。

应用光学对点器对中时,应先将仪器整平,然后移动仪器,实行对中,此时整平又受到影响。因此,应使对中和整平反复进行,直至两项目的均达到为止。

2. 瞄　准

将望远镜制动螺旋和照准部制动螺旋松开,转动目镜对光螺旋,使十字丝清晰,然后利用望远镜上的照门和准星去瞄准目标。从望远镜内观看,如果目标在视场内,即旋紧望远镜和照

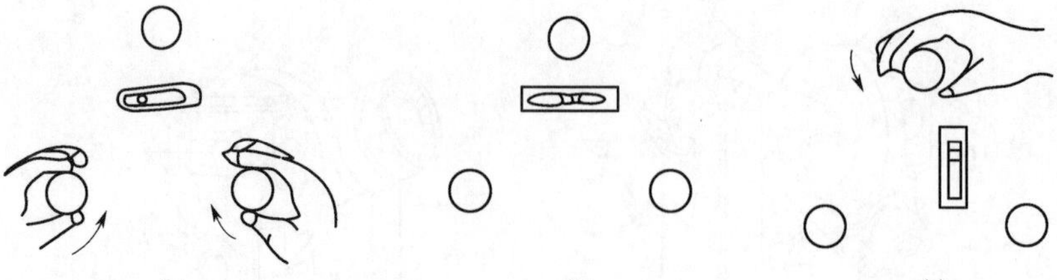

图1—29 整 平

准部制动螺旋，转动望远镜和照准部的微动螺旋，精确瞄准目标。再转动物镜对光螺旋，使物体的像清晰，并注意消除视差。

3. 读 数

DJ_{6-1}型光学经纬仪的水平角度盘刻划是从0°到360°，按顺时针方向每度注字，度盘分划值为30′。小于分划值的部分则采用测微分划尺读出来。测微分划尺的刻划是从0′到30′，每分又分三格，即每格为20″。

当目标瞄准后，揭开并转动光路照明反光镜，使读数目镜中光亮充足，调节读数目镜，使影像清晰。转动测微轮，使一条度盘分划线精确地夹在双线中间，则这条分划线的注字即为读数的整数部分，再在测微分划尺上读取不足30′的分和秒，加在一起即为全部读数。如图1—30所示，上部是测微轮分划尺，中间是竖盘，下部是水平度盘。水平度盘读数如下：

水平度盘读数窗：

$$\begin{array}{r} 4^\circ30'00'' \\ +\quad 12'20'' \\ \hline 4^\circ42'20'' \end{array}$$

（二）测回法测量水平角

测回法是观测水平角的一种基本方法，通常用以观测两个方向所夹的水平角，如图1—31所示。为了测出∠AOB的角值，先安置经纬仪于角顶O点上，进行对中、整平，并在A、B两点树立标杆或测钎，或用简易的小竹架吊挂垂球，作为照准标志，然后即可进行测角。其观测步骤如下：

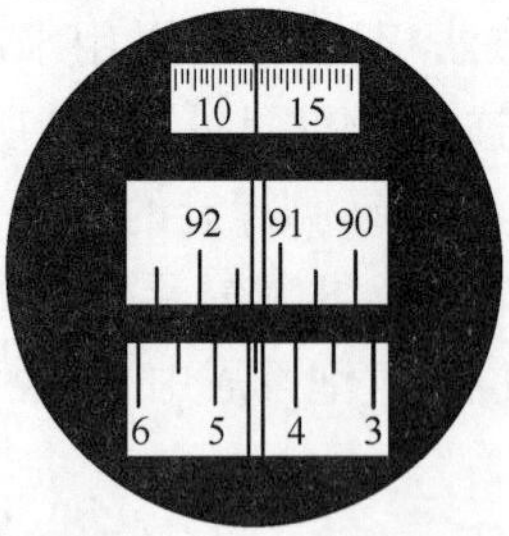

图1—30 读 数 窗

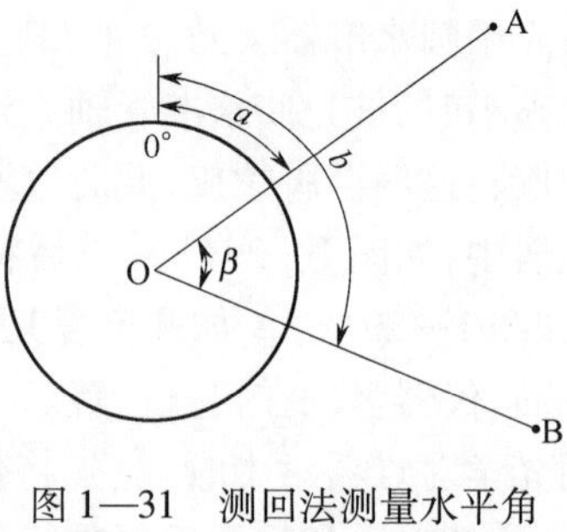

图1—31 测回法测量水平角

（1）先用盘左位置（竖盘位于望远镜的左侧，又称正镜）松开照准部制动螺旋，顺时针方向旋转照准部，使望远镜瞄准左边观测点A，固定制动螺旋旋转照准部微动螺旋和望远镜微动螺旋，使十字丝交点精确地对准A点（对光、消除视差），读取水平度盘读数a_1，设为0°02′30″，记入记录表格中，如表 1—5 所示。

(2)松开照准部制动螺旋(同时松开望远镜制动螺旋)按顺时针方向转动照准部，瞄到右观测点 B，固定制动螺旋，旋转微动螺旋，精确对准 B 点，读取水平度盘读数 b_1，设为95°20′48″，记入记录表格中。

水平角等于右观测点读数减左观测点读数，即

$$\beta_1 = b_1 - a_1 = 95°20'48'' - 0°02'30'' = 95°18'18''$$

以上用盘左位置进行观测，称为前(上)半个测回。

为了消除仪器误差和提高测角精度，再用盘右位置(竖盘位于望远镜的右侧，也称倒镜)观测后(下)半个测回。

(3)纵向旋转望远镜成盘右位置转动变换水平度盘手轮，变换水平度盘读数约为 2°～3°。

(4)先瞄准右观测点 B，读取水平度盘读数 b_2，设为 277°21′12″，记入记录表格中。瞄准左观测点 A，读取水平盘读数 a_2，设为 182°02′42″，记入记录表格中。水平角 $\beta_2 = b_2 - a_2 = 277°12'21'' - 182°02'42'' = 95°18'30''$。

表 1－5　水平角观测记录(测回法)

测站	目　标	盘位	水平度盘读数	角　　值	平均角值	备　　注
O	A	左	0°02′30″	95°18′18″	95°18′24″	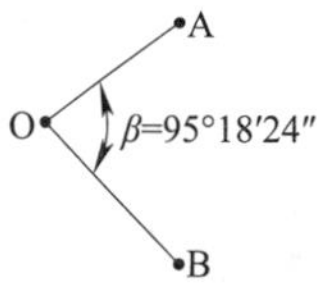
	B		95°20′48″			
	A	右	182°02′42″	95°18′30″		
	B		277°21′12″			

两个半测回合称为一测回，按相关铁路测量规定：用 J_6 级经纬仪测水平角，两个半测回之较差不超过 ±30″；用 J_2 级经纬仪测水平角，两个半测回之较差不超过 ±20″。若在此规定范围内，则取其平均值作为角的观测结果，即

$$\beta = \frac{\beta_1 + \beta_2}{2}$$

若两个半测回之差超过规定限值时，为不合格，需重新测量。在计算角值时，若被减数小于减数时，应先在被减数加 360°，然后再减，绝不能出现负的角值。

(三)竖直角测量

1. 竖盘读数与竖直角的关系式

以 $DJ_{6\text{-}1}$ 型经纬仪为例说明：

(1)盘左时，竖盘读数与竖直角的关系式为 $\alpha_{左} = L_{左} - 90°$；

(2)盘右时，竖盘读数与竖直角的关系式为 $\alpha_{右} = 270° - L_{右}$。

式中 $\alpha_{左}$、$\alpha_{右}$ 分别为盘左、盘右时观测目标点的竖直角，$L_{左}$、$L_{右}$ 分别为盘左、盘右时观测目标点的竖盘读数。

2. 竖直角的观测方法

(1)进行经纬仪的对中和整平；

(2)用盘左以十字丝交点瞄准目标，转动竖盘水准管微动螺旋，使气泡居中，读取竖盘读数 $L_{左}$；

(3)将仪器转到盘右位置,以同法再观测目标,读出盘右读数 $L_{右}$;

(4)每次读数均需当时记录,并及时计算。

记录格式如表1—6。

表1—6　竖直角观测记录

测站	目　标	盘位	竖　盘　读　数	竖　直　角	平均竖角值	备　注
O	M	左	108°23′40″	+18°23′40″	+18°24′20″	$X=-40''$
	M	右	251°35′00″	+18°25′00″		

第十一节　机车车辆设备

一、铁路机车

机车是铁路运输的牵引动力。由于铁路车辆大都不具备动力装置,需要把客车或货车连挂成车列,由机车牵引在钢轨上运行;在车站上,车辆的转线以及取送货物车辆等各项作业,也都要机车完成。

1. 机车分类

(1)按所用动力分为内燃机车和电力机车两大类。

内燃机车是由柴油机、燃气轮机通过传动装置驱动的机车,为自带能源式机车。目前国产内燃机车的主型车为东风系列(DF)。电力机车是由车顶上装的受电弓从外界获得电能,由电动机通过传动装置驱动的机车,为非自给式机车。它的代表机型是韶山系列(SS)。

(2)按机车用途分为货运机车、客运机车、调车机车、客货通用机车、工矿机车五类。

(3)按动力配置分为动力集中型和动力分散型两类。动力集中型是将动力设备集中在机车上,像东风、韶山系列等机车均采用动力集中式;动力分散型是将部分动力设备安装在不带动力的车辆上,带动力设备的车辆叫动车,不带动力的车辆叫拖车。大多数高速客运列车(动车组)采用动力分散方式。

2. 内燃机车的基本组成

内燃机车是以内燃机作为原动力,通过传动装置驱动车轮的机车。内燃机车有机械传动、液力传动和电力传动三种传动方式。我国内燃机车目前以电力传动为主,代表车型是东风型电力传动内燃机车。尽管内燃机车的类型很多,但其主要组成和工作原理基本相同。其基本结构都是由柴油机、传动装置、车体走行部、车钩缓冲装置、制动装置、辅助装置和控制设备等组成。

3. 电力机车的基本组成

电力机车是利用电能由电动机驱动运行的机车或动车。电力机车按照传动方式分为直流传动电力机车和交流传动电力机车。直流传动电力机车又分为直流供电和交流供电两种。我国主要采用交流供电直流传动电力机车,典型机型是韶山系列电力机车。电力机车由机械部分、空气管路系统和电气部分组成。机械部分主要由车体、走行部、车底架、车钩缓冲装置和制动装置组成。空气管路系统除了供给空气制动外,受电弓、主断路器等电气设备的操作也要用压缩空气。电气部分包括受电弓、牵引变压器、牵引电机、整流柜机组、接触器、继电器和转换开关等。

二、铁路车辆

1. 车辆种类

铁路车辆按其用途分为客车、货车及特种用途车三类。

(1)客车可分为运送旅客、为旅客服务和特殊用途三种。运送旅客的车辆有软座车、硬座车、软卧车、硬卧车、双层客车、简易客车等;为旅客服务的车辆有餐车、行李车等;特殊用途的车辆有邮政车、空调发电车、公务车、医疗车等。

(2)货车是供运送货物的车辆,原则上编组在货物列车中使用,按用途可分为通用货车、专用货车和特种货车。通用货车主要有敞车、棚车和平车;专用货车主要有罐车、冷藏车、煤车、矿石车、水泥车等;特种用途车主要有试验车、除雪车、救援车、维修车和检衡车等。

2. 车辆标记

为便于对客、货车辆的运用和管理,在车辆指定部位涂打用于标明车辆配属、车型、用途、编号等的文(数)字和代号。车辆标记分为共同标记和特殊标记。

(1)共同标记有路徽、制造厂名及日期标牌、车号(车种、车型、号码)、自重、载重、容积、换长、配属标记和检修标记。如 C_{80B}4375210:C 为基本型号,代表车种;80B 为辅助型号,代表装载重量;4375210 为号码。又如 YZ_{25G}40322:YZ 为基本型号,代表车种;25G 为辅助型号,代表长和结构;40322 为号码。

(2)特殊标记有:人⃝——具有车窗和车顶烟囱的棚车;关⃝——货车活动墙板及其他活动部分翻下超过车辆限界者,必须关好后才准运行;特⃝——可以装运坦克及特殊货物的车辆。

3. 车辆构造

铁路车辆种类繁多,但其构造一般由车体、车内设备、走行装置、车钩缓冲装置和制动装置等五部分组成。

三、铁路动车组

1. 动车组的基本概念

动车组是由动力车和拖车或全部由动力车长期固定地连挂在一起组成的车组。动车组中带有动力的车辆称为动车,不带有动力的车辆称为拖车。列车两端都带有司机室,可在线路上往复运行。

2. 动车组的分类

动车组按动力源可分为内燃动车组和电力动车组;按动力配置可分为动力集中式和动力分散式。动力分散配置有两种模式:一种是完全分散式,即高速列车编组中的车辆全部为动力车;另一种是相对分散模式,即高速列车编组中大部分是动力车,小部分为无动力的拖车。动力分散动车组具有牵引功率大、最大轴重小、启动加速性能好、可靠性高、列车利用率高、编组灵活、运用成本低等诸多优点。

3. 动车组的特点

相对于传统的机车车辆模式,动车组在旅客运输方面有很多突出的优点。由于列车在运行中固定编组,车站折返或换向时无需摘挂机车,节约停站时间,提高列车使用效率,减少车站

咽喉压力,在保证安全的前提下可明显提高行车密度,提高整个铁路网的运输能力。动车组的主要技术如下:

(1)头型设计流线化;(2)车体结构轻量化;(3)转向架性能高速化;(4)制动技术复合化;(5)车钩缓冲装置密接化;(6)交流传动技术科学化;(7)自动控制及故障诊断先进化;(8)车体技术倾摆化。

复习思考题

1. 铁路线路有哪几部分组成?
2. 铁路等级主要是根据什么确定的?
3. 铁路正线是指什么?
4. 桥梁按长度划分为哪几种类型?
5. 铁路桥梁主要有哪几部分组成?
6. 铁路隧道按长度划分为哪几种类型?
7. 什么是建筑限界?
8. 什么是机车车辆限界?
9. 车站内线路、道岔是怎样进行编号的?
10. 什么是线间距?
11. 铁路信号分为哪几种?
12. 司机鸣笛标的设置位置有何规定?
13. 路基是由哪几部分组成的?
14. 路堤是由哪几部分组成的?
15. 路肩宽度有何规定?
16. 路肩的作用是什么?
17. 路堑是由哪几部分组成?
18. 路基排水设备分为哪几种?
19. 安全电压是怎样规定的?
20. 简单叙述画三面投影图的方法及步骤。
21. 何谓高差?
22. 何谓绝对高程?
23. 简单叙述水准测量的原理。
24. 水准仪的基本操作可以简单归纳为几点?
25. 光学经纬仪主要由哪几部分组成?
26. 铁路动车组的特点有哪些?

第二章　轨　　道

第一节　轨道组成及类型

一、轨道组成

铁路轨道是线路的上部建筑，包括钢轨、轨枕、联结零件、道床、防爬设备和道岔。

轨道的作用是引导列车行驶方向，支承其载重及其冲击力，并将其传递至路基或桥隧等建筑物。

二、轨道类型

轨道类型的划分有两种方法：一种是按铁路等级划分，另一种是按运营条件划分。按铁路等级划分的轨道，要求同一等级的铁路必须采用同一种类型的轨道。按运营条件划分的轨道，根据年通过总质量可采用不同类型的轨道。

划分轨道类型和制订轨道标准的主要依据是轨道年通过总质量。轨道年通过总质量是在铁路运营线路上，某一运营区段平均每一千米线路在一年内通过线路的所有质量，其单位为Mt，它是表征轨道承受荷载情况的重要指标，也是线路运营繁忙程度的主要标志。

为提高轨道结构的承载能力，应积极发展无缝线路、无砟轨道及弹性扣件。

1. 正线轨道类型

我国铁路正线轨道类型划分为特重型、重型、次重型、中型和轻型。设计轨道时，应按由轻到重逐步加强的原则，根据路段旅客列车设计行车速度及近期预测运量等主要运营条件按表2—1的规定选用。

表2—1　正线轨道类型

<table>
<tr><td colspan="5">项　　目</td><td>单位</td><td>特重型</td><td colspan="3">重　　型</td><td>次重型</td><td>中型</td><td>轻型</td></tr>
<tr><td rowspan="2">运营条件</td><td colspan="4">年通过总质量</td><td>Mt</td><td>>50</td><td colspan="3">50～25</td><td>25～15</td><td>15～8</td><td><8</td></tr>
<tr><td colspan="4">路段旅客列车设计行车速度</td><td>km/h</td><td>160～120</td><td>160～120</td><td colspan="2">≤120</td><td>≤120</td><td>≤100</td><td>≤80</td></tr>
<tr><td rowspan="5">轨道结构</td><td colspan="4">钢　　轨</td><td>kg/m</td><td>75</td><td>60</td><td colspan="2">60</td><td>50</td><td>50</td><td>50</td></tr>
<tr><td rowspan="2">轨枕</td><td colspan="2" rowspan="2">混凝土枕</td><td>型　号</td><td></td><td>Ⅲ</td><td>Ⅲ</td><td>Ⅲ</td><td>Ⅱ</td><td>Ⅱ</td><td>Ⅱ</td><td>Ⅱ</td></tr>
<tr><td>铺枕根数</td><td>根/km</td><td>1 667</td><td>1 667</td><td>1 667</td><td>1 760</td><td>1 667 或 1 760</td><td>1 600 或 1 680</td><td>1 520 或 1 640</td></tr>
<tr><td rowspan="2">碎石道床</td><td rowspan="2">土质路基</td><td rowspan="2">双层</td><td>表层道砟</td><td>cm</td><td>30</td><td>30</td><td colspan="2">30</td><td>25</td><td>20</td><td>20</td></tr>
<tr><td>底层道咋</td><td>cm</td><td>20</td><td>20</td><td colspan="2">20</td><td>20</td><td>20</td><td>15</td></tr>
</table>

续上表

<table>
<tr><th colspan="4">项　　目</th><th>单位</th><th>特重型</th><th colspan="2">重　　型</th><th>次重型</th><th>中型</th><th>轻型</th></tr>
<tr><td rowspan="5">轨道结构</td><td rowspan="2">厚度</td><td>土质路基</td><td>单层</td><td>道砟</td><td>cm</td><td>35</td><td>35</td><td>35</td><td>30</td><td>30</td><td>25</td></tr>
<tr><td>硬质岩石路基</td><td>单层</td><td>道砟</td><td>cm</td><td>30</td><td>30</td><td>—</td><td>—</td><td>—</td><td>—</td></tr>
<tr><td rowspan="3">无砟道床</td><td colspan="2">板式轨道</td><td rowspan="3">混凝土底座厚度</td><td rowspan="3">cm</td><td colspan="6" rowspan="2">≥15</td></tr>
<tr><td colspan="2">轨枕埋入式</td></tr>
<tr><td colspan="2">弹性支承式</td><td colspan="6">≥17</td></tr>
</table>

注:①年通过总质量包括净载、机车和车辆的质量,单线按往返总质量计算,双线按每一条线的通过总质量计算。
②年通过总质量大于 50 Mt 的线路,根据实际的运营条件,经技术经济比选可采用 60 kg/m 的钢轨。
③货物列车设计行车速度 120 km/h 时,应采用特重型或重型轨道,且重型轨道应采用Ⅲ型混凝土枕。
④设计行车速度小于 160 km/h 的改建铁路轨道,可采用Ⅱ型混凝土枕。
⑤明桥面铺设木桥枕时,每千米铺设根数按《铁路桥涵设计基本规范》(TB10002.1)进行设计。
⑥弹性支承块式混凝土底座厚度系指支承块下混凝土厚度。
⑦特殊情况下采用木枕时,铺设根数可根据设计确定。

2. 站线轨道类型

站线轨道类型应根据站线的类别按表 2—2 所列规定选用。

表 2—2　站线轨道类型

<table>
<tr><th colspan="5">项　　目</th><th>单　位</th><th>到 发 线</th><th>驼峰溜放部分线路</th><th>其他站线及次要站线</th></tr>
<tr><td colspan="5">钢　　轨</td><td>kg/m</td><td>60、50 或 43</td><td>50 或 43</td><td>50 或 38</td></tr>
<tr><td rowspan="4">轨枕</td><td colspan="3" rowspan="2">混凝土枕</td><td>型　　号</td><td>—</td><td>Ⅰ</td><td>Ⅰ</td><td>Ⅰ</td></tr>
<tr><td>铺枕根数</td><td>根/km</td><td>1 520 ~ 1 667</td><td>1 520</td><td>1 440</td></tr>
<tr><td colspan="3" rowspan="2">防腐木枕</td><td>型　　号</td><td>—</td><td>Ⅱ</td><td>Ⅱ</td><td>Ⅱ</td></tr>
<tr><td>铺枕根数</td><td>根/km</td><td>1 600</td><td>1 600</td><td>1 440</td></tr>
<tr><td rowspan="15">道砟道床厚度</td><td rowspan="10">土质路基</td><td rowspan="5">双层道砟</td><td rowspan="15">相应正线轨道类型</td><td>特 重 型</td><td rowspan="3">cm</td><td rowspan="3">表层道砟 20
底层道砟 20</td><td rowspan="5">表层道砟 25
底层道砟 20</td><td rowspan="5">—</td></tr>
<tr><td>重　　型</td></tr>
<tr><td>次 重 型</td></tr>
<tr><td>中　　型</td><td rowspan="2">cm</td><td rowspan="2">表层道砟 15
底层道砟 15</td></tr>
<tr><td>轻　　型</td></tr>
<tr><td rowspan="5">单层道砟</td><td>特 重 型</td><td rowspan="3">cm</td><td rowspan="3">35</td><td rowspan="5">35</td><td rowspan="5">其他站线 25
次要站线 20</td></tr>
<tr><td>重　　型</td></tr>
<tr><td>次 重 型</td></tr>
<tr><td>中　　型</td><td rowspan="2">cm</td><td rowspan="2">25</td></tr>
<tr><td>轻　　型</td></tr>
<tr><td rowspan="5">硬质岩石路基、级配碎石或级配砂砾石基床</td><td rowspan="5">单层道砟</td><td>特 重 型</td><td rowspan="3">cm</td><td rowspan="3">25</td><td rowspan="5">30</td><td rowspan="5">20</td></tr>
<tr><td>重　　型</td></tr>
<tr><td>次 重 型</td></tr>
<tr><td>中　　型</td><td rowspan="2">cm</td><td rowspan="2">20</td></tr>
<tr><td>轻　　型</td></tr>
</table>

注：①钢轨系指新轨或再用轨。
②到发线(含到达线、出发线和编发线，下同)的钢轨，当正线为 50 kg/m 时，到发线采用 43 kg/m；当正线为 60 kg/m 及以上时，到发线应采用 50 kg/m 及以上的钢轨。
③驼峰溜放部分线路(系指自峰顶至调车线减速器或铁鞋脱落器出口的一段线路)及延伸一节钢轨，宜采用 50 kg/m，作业量较小的小能力驼峰也可采用 43 kg/m 钢轨。
④其他站线系指调车线、牵出线、机车走行线及站内联络线，次要站线系指除到发线及其他站线以外的站线。
⑤到发线采用无缝线路轨道时，宜采用与到发线连接的道岔同类型钢轨。
⑥采用 18 号单开道岔且铺设混凝土枕的线路上，应采用Ⅱ型及以上混凝土枕。

在轨道构造中，钢轨是最主要的部件。选定钢轨类型的主要因素是运量和行车速度、最大轴重、合理的大修换轨周期和养护维修工作量。

第二节　轨道几何尺寸

一、轨　　距

轨距是指钢轨踏面下 16 mm 范围内两股钢轨工作边之间的最小距离。

轨距分为标准轨距、宽轨距和窄轨距三种。我国《技规》规定，线路直线地段的标准轨距为 1 435 mm，曲线地段按不同半径给予加宽。轨距的允许误差应符合《铁路线路修理规则》(以下简称《修规》)规定。

轨距变化应和缓、平顺。允许速度大于 120 km/h 的线路，轨距变化率不得大于 1‰；其他线路正线及到发线，轨距变化率不得大于 2‰(不含规定的递减率)；其他站线，轨距变化率不得大于 3‰(不含规定的递减率)。

【例题】 如图 2—1 所示直线轨道，计算轨距变化率。

【解】 AA′—BB′轨距变化率 = (1 438 − 1 436)/2 000 = 1‰

BB′—CC′轨距变化率 = (1 441 − 1 438)/6 250 = 0.48‰

CC′—DD′轨距变化率 = (1 441 − 1 435)/3 000 = 2‰

轨距的大小是由机车车辆的轮对宽度确定的。轮对是机车车辆的基本走行部分，由轮轴和两个车轮组成，如图 2—2 所示。

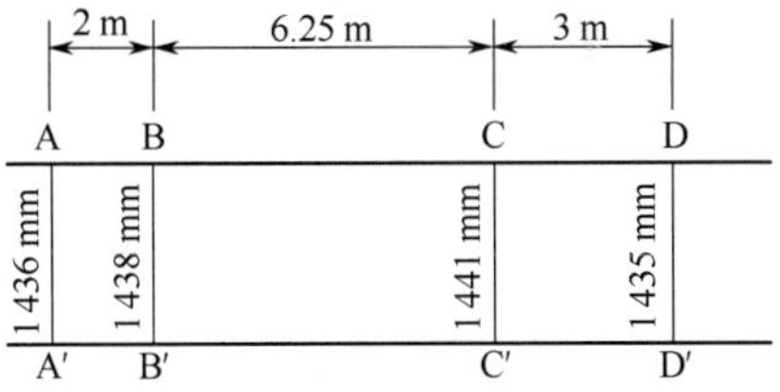

图 2—1　轨距变化率计算图

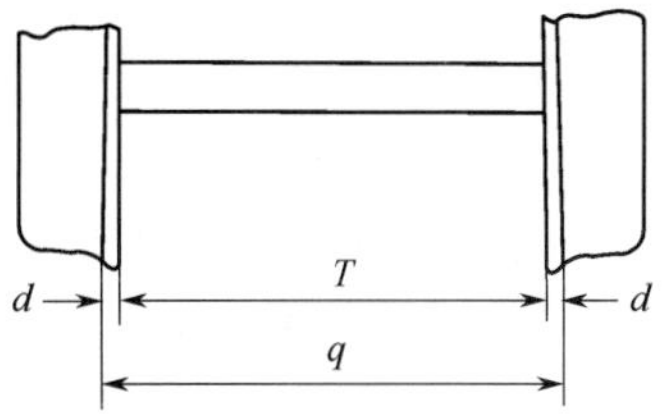

图 2—2　车轮轮对

q—轮对宽度；T—轮背内侧距；d—轮缘厚度

车轮和钢轨接触的面称为踏面。为防止车轮脱轨，在车轮踏面内侧制成的凸缘称为轮缘。为了使轮对沿两钢轨滚动时不被楔住，轨道的轨距须稍大于轮对宽度，轮缘与钢轨之间有一定的间隙，亦称游间。

车辆轮对在直线钢轨上运行时，由于轮缘与轨侧存在间隙，且车轮踏面具有锥度，当运行速度提高后，轮对一方面会产生垂直于钢轨的横向运动，同时会产生垂直于路面的回转运动，如图2—3所示。

图中曲线是车轴中心的运动轨迹。在某一运动速度下，如果轮对运动时，位移既不增大也不减小，呈正弦曲线，那么这个速度就称为蛇行临界速度。蛇行临界速度是列车提速的主要障碍，一般车辆的最大运行速度应控制在蛇行临界速度之下，并留有一定的余量，以保证安全运行。若车辆运行速度超过蛇行临界速度（称为蛇行失稳），轮对会产生剧烈横向振动而冲击钢轨，甚至引起脱轨。夏天时，由于轮轨摩擦系数大，车辆的蛇行临界速度相应降低，增加了车辆脱轨的可能性。例如，从1997年5月9日至8月6日的三个月间，津浦线南段连续6次发生货物列车车辆脱轨事故，其中有5次发生在夏天，因此夏天应加强轨道内侧涂油等防范措施。

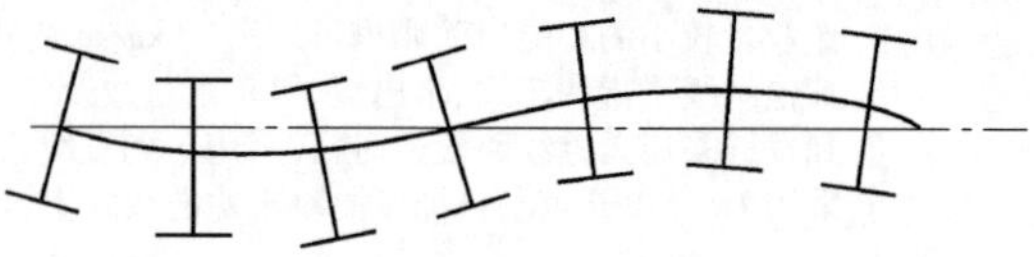

图2—3　车轴中心运动轨迹

二、水平、三角坑

水平是指轨道上左右两股钢轨顶面的高差。它必须满足均匀承受车辆传来的力量和车辆运行平稳的要求。

线路上实际存在两种形式的钢轨水平误差：一种是水平差，就是在较长的距离内，一股钢轨顶面始终高于另一股；另一种是三角坑（扭曲），就是在一段不太长的距离内，钢轨顶面连续出现两个正负不同的水平差。检查三角坑时，基长为6.25 m，但在延长18 m的距离内应无超过《修规》规定的三角坑。

通常水平差即使超过允许误差标准，也只是引起车辆的摇晃和两股钢轨的不均匀受力及磨耗。但如果在18 m的距离内有超过允许偏差的三角坑管理值（尽管水平都不超限），就有可能使车辆的四个车轮只有三个正常压紧钢轨，另一个悬空。如果此时再有一个巨大的横向力作用，悬空的车轮就有可能爬上钢轨顶面，造成脱轨事故。因此，线路上如发现超限三角坑，须及时消除。

为了使两股钢轨均匀承受荷载，保证车辆平稳运行，线路两股钢轨顶面，在直线地段应保持同一水平，在曲线地段按规定设置超高。水平、三角坑允许误差应符合《修规》的规定。

【例题】 图2—4所示为某直线线路两股钢轨水平检查结果，试计算三角坑值。

【解】 由图可知，AA′处水平偏差为 −2 mm，BB′处水平偏差为 +3 mm，CC′处水平偏差为 −1 mm，则

AA′—BB′段三角坑值 = | −2 − (+3) | = 5 mm

BB′—CC′段三角坑值 = | +3 − (−1) | = 4 mm

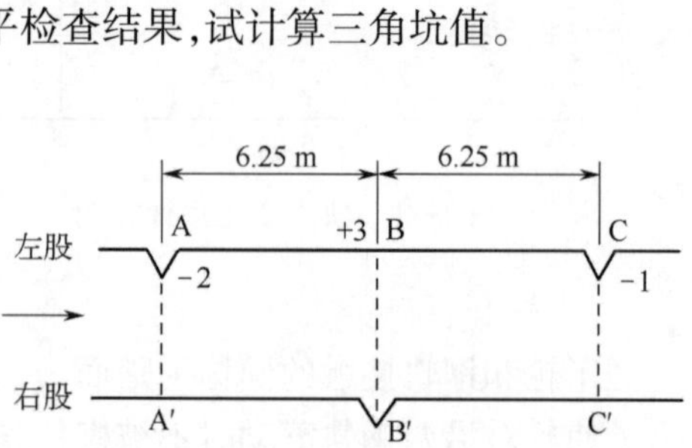

图2—4　三角坑计算图

三、轨　　向

轨向是指钢轨头部内侧面沿钢轨方向的横向凹

凸不平顺,即直线上轨道是否直, 曲线上轨道是否圆顺。直线上以 10 m 弦在轨头内侧顶面下 16 mm 处量取最大矢度。轨道的中心线位置,应与它的设计位置一致。直线不直,必然会引起列车的蛇行运动。相对于轨距来说,轨道方向往往是控制性的。只要方向偏差保持在允许范围内,轨距变化对车辆的影响就不会很大。所以,轨道方向对行车平稳有着特别重要的意义。线路轨向允许偏差应符合《修规》的规定。

四、高　低

高低是指钢轨顶面沿钢轨方向的竖向凹凸不平顺。

轨道高低不平顺,主要是路基沉陷、捣固不良、扣件松动、枕木腐朽和钢轨磨耗等因素造成的。有些地段,表面上看轨面是平顺的,但实际上轨底与铁垫板或轨枕之间存在间隙(间隙超过 2 mm 时称为吊板)或轨枕与道砟之间存在空隙(空隙超过 2 mm 时称为空板或暗坑),当列车通过时,这些地段的轨道下沉较大,也会产生不平顺。

轨道高低不平顺,危害甚大。列车通过这些地方时,冲击力增加,使道床变形加速,从而又进一步扩大不平顺,使机车车辆对轨道的破坏力增大。所以,对轨道来说,这是一个恶性循环过程。线路高低允许偏差应符合《修规》的规定。

五、轨 底 坡

车轮踏面设计成锥形,踏面上有两个坡度。经常与钢轨顶面接触的车轮踏面是 1∶20 坡度的圆锥面,1∶10 的坡度只在小半径曲线上才与钢轨接触。所以在直线上,钢轨不应该竖直铺设,而应在轨底设置一个坡度,人为地使得两股钢轨顶面向线路中心线倾斜。钢轨中心线与垂直线之间的倾斜度称为轨底坡。在木枕地段,轨底坡是通过楔形垫板设置的;在混凝土枕地段,轨枕槽事先已按轨底坡的规定做成斜面,不需另设楔形垫板。

我国铁路线路上直线轨底坡采用 1∶40,曲线轨底坡根据需要调整。

轨底坡是否正确,可以从钢轨顶面上的光带位置判定。如果光带偏向内侧,说明轨底坡不足;如果光带偏向外侧,则说明轨底坡过大;如果光带居中,则说明轨底坡合适。线路养护维修时,可根据光带位置对轨底坡进行调整。

第三节　钢　　轨

一、钢轨的作用、类型及长度

1. 钢轨的作用

钢轨是轨道的主要组成部件。钢轨的功用在于引导机车车辆的车轮前进,直接承受来自车轮和其他方面的各种力,且传递给轨下基础,并为车轮的滚动提供连续平顺和阻力最小的表面。在电气化铁路或自动闭塞区段,钢轨还可兼供轨道电路之用。

2. 钢轨的类型

钢轨类型习惯上用每米钢轨大致质量的千克整数(kg/m)表示。我国铁路标准钢轨有 75 kg/m、60 kg/m、50 kg/m、43 kg/m、38 kg/m 等。

线路上的钢轨类型应与运量、允许速度和轴重相适应。钢轨类型的选择要根据运输条件综合考虑。在技术上，要能保证足够的强度、韧性、耐磨性和稳定性；在经济上，要能保证合理的大修周期，减少养护维修工作量。决定钢轨质(重)量的主要因素：一是钢轨质量与机车车辆轴重必须匹配，轮轴比一般在2.75以上较为合理，钢轨质量提高要与轴重增加相适应；二是在一定的行车速度条件下，车轮对钢轨的冲击作用、轨道各部件及道床振动加速度和钢轨质量成反比，要提高行车速度，又要保证良好的线路质量，就必须提高钢轨质量；三是年通过总质量愈大，愈容易引起轨道部件的疲劳折损，加剧轨道几何位置的变化，为此必须根据年通过总质量合理选用与之匹配的钢轨，这样才不致影响钢轨使用寿命、缩短线路大修换轨周期。

3. 钢轨长度

我国钢轨的标准长度有12.5 m和25.0 m两种。特重型、重型轨采用25.0 m标准长度钢轨，其他类型轨道可采用12.5 m、25.0 m标准长度钢轨。

《250 km/h客运专线60 kg/m钢轨暂行技术条件》规定，250 km/h客运专线(兼顾货运)钢轨标准轨定尺长度为100 m。

曲线缩短轨长度有比12.5 m标准轨短40、80、120 mm的三种，有比25.0 m标准轨短40、80、160 mm的三种。

二、钢轨断面形状和尺寸

在直线地段，钢轨所受的力主要是竖直力，其结果是使钢轨产生挠曲。由于钢轨被视为支承在连续弹性基础上的无限长梁，而梁抵抗挠曲的最佳断面形式为工字形。因此，钢轨采用工字形断面，由轨头、轨腰和轨底三部分组成。其断面尺寸应满足下列要求：

钢轨头部是直接和车轮接触的部分，为改善轮轨接触条件，提高其抵抗压陷和耐磨的能力，轨头宜大而厚，具有和轮箍踏面相适应的外形，并具有足够的面积，以备磨耗；为使钢轨有较大的承载能力和抗弯能力，钢轨腰部必须有足够的厚度和高度，轨腰的两侧或为直线或为曲线，而以曲线为最常用；钢轨底部直接支承在轨枕顶面上，为保持钢轨稳定，轨底应有足够的厚度和宽度，并有必要的刚度和抵抗锈蚀的能力。轨底顶面的斜坡可为单坡和折线坡。

钢轨的头部顶面宽(b)、轨腰厚(t)、轨身高(H)及轨底宽(B)是钢轨的四个主要参数，它们的面积分配应根据各方面条件综合考虑，选择一个最适当的比例。目前的几种主要钢轨标准断面和轨端侧面尺寸如图2—5及表2—3所示。

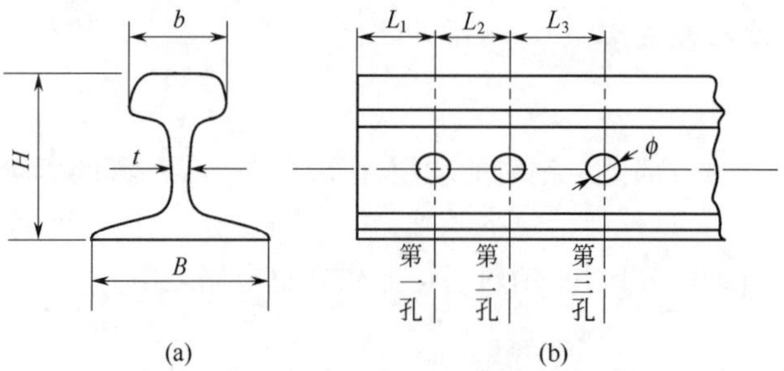

图2—5　钢轨断面及侧面图

(a)钢轨断面图；(b)钢轨侧面图

表 2—3 钢轨截面各部尺寸

项 目	钢 轨 类 型(kg/m)			
	43	50	60	75
每米钢轨质量 m(kg)	44.653	51.514	60.64	74.414
钢轨高度 H(mm)	140	152	176	192
轨头宽度 b(mm)	70	70	73	75
轨底宽度 B(mm)	114	132	150	150
轨腹厚度 t(mm)	14.5	15.5	16.5	20
螺栓孔直径 ϕ(mm)	29	31	31	31
轨端至 1 孔中心距 L_1(mm)	56	66	76	96
1 孔至 2 孔中心距 L_2(mm)	110	150	140	220
2 孔至 3 孔中心距 L_3(mm)	160	140	140	130
截面积(cm^2)	57	65.8	77.45	95.04
钢轨长(m)	$\frac{12.5}{25}$	$\frac{12.5}{25}$	$\frac{12.5}{25}$	25

60 kg/m 钢轨断面尺寸如图 2—6 所示。

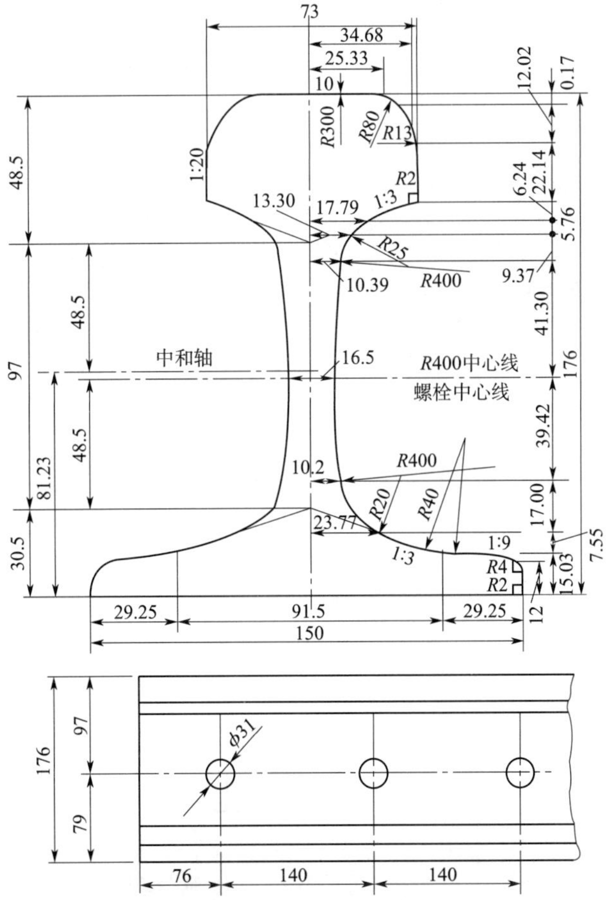

图 2—6 60 kg/m 钢轨横断面及侧面图

三、钢轨伤损标准

钢轨伤损是指钢轨在使用过程中发生钢轨折断、钢轨裂纹以及其他影响和限制钢轨使用性能的伤损。钢轨伤损分为轻伤、重伤和折断三类。

(一)钢轨轻伤和重伤标准

钢轨轻伤和重伤标准如表2—4、表2—5和表2—6所示。探伤人员、线路(检查)工长认为钢轨有伤损时,也可判为轻伤或重伤。

表2—4 钢轨轻伤和重伤标准(v_{max}≤200 km/h)

伤损项目	伤损程度						备注
	轻伤			重伤			
	v_{max}>160 km/h	160 km/h≥v_{max}>120 km/h	v_{max}≤120 km/h	v_{max}>160 km/h	160 km/h≥v_{max}>120 km/h	v_{max}≤120 km/h	
钢轨头部磨耗	磨耗量超过表2—5所列限度之一者			磨耗量超过表2—6所列限度之一者			
轨端或轨顶面剥落掉块	长度超过15 mm且深度超过3 mm	长度超过15 mm且深度超过3 mm	长度超过15 mm且深度超过4 mm	长度超过25 mm且深度超过3 mm	长度超过25 mm且深度超过3 mm	长度超过30 mm且深度超过8 mm	
钢轨顶面擦伤	深度超过0.5 mm	深度超过0.5 mm	深度超过1 mm	深度超过1 mm	深度超过1 mm	深度超过2 mm	
钢轨低头	超过1 mm	超过1.5 mm	超过3 mm	超过1.5 mm	超过2.5 mm	超过3.5 mm	用1 m直尺测量最低处矢度,包括轨端踏面压伤和磨耗在内
波浪形磨耗	谷深超过0.3 mm	谷深超过0.3 mm	谷深超过0.5 mm	—	—	—	
钢轨表面裂纹	—	—	—	有	有	有	包括螺孔裂纹、轨头下颚水平裂纹(透锈)、轨腰水平裂纹、轨头纵向裂纹、轨底裂纹等(不含轮轨接触疲劳引起轨顶面表面或近表面的鱼鳞裂纹)
钢轨内部裂纹	—	—	—	有	有	有	包括核伤(黑核、白核)、钢轨纵向裂纹等
钢轨变形	—	—	—	有	有	有	轨头扩大、轨腰扭曲或鼓包等,经判断确认内部有暗裂
钢轨锈蚀	—	—	—	经除锈后,轨底厚度不足8 mm或轨腰厚度不足14 mm		经除锈后,轨底厚度不足5 mm或轨腰厚度不足8 mm	

表 2—5 钢轨头部磨耗轻伤标准(v_{max}≤200 km/h)

钢轨(kg/m)	总磨耗(mm)				垂直磨耗(mm)				侧面磨耗(mm)			
	v_{max}>160 km/h 正线	160 km/h≥v_{max}>120 km/h 正线	v_{max}≤120 km/h 正线及到发线	其他站线	v_{max}>160 km/h 正线	160 km/h≥v_{max}>120 km/h 正线	v_{max}≤120 km/h 正线及到发线	其他站线	v_{max}>160 km/h 正线	160 km/h≥v_{max}>120 km/h 正线	v_{max}≤120 km/h 正线及到发线	其他站线
75	9	12	16	18	8	9	10	11	10	12	16	18
75 以下~60	9	12	14	16	8	9	9	10	10	12	14	16
60 以下~50			12	14			8	9			12	14
50 以下~43			10	12			7	8			10	12
43 以下			9	10			7	8			9	11

注:①总磨耗=垂直磨耗+$\frac{1}{2}$侧面磨耗。

②垂直磨耗在钢轨顶面宽$\frac{1}{3}$处(距标准工作边)测量。

③侧面磨耗在钢轨踏面(按标准断面)下 16 mm 处测量。

表 2—6 钢轨头部磨耗重伤标准(v_{max}≤200 km/h)

钢轨(kg/m)	垂直磨耗(mm)			侧面磨耗(mm)		
	v_{max}>160 km/h 正线	160 km/h≥v_{max}>120 km/h 正线	v_{max}≤120 km/h 正线、到发线及其他站线	v_{max}>160 km/h 正线	160 km/h≥v_{max}>120 km/h 正线	v_{max}≤120 km/h 正线、到发线及其他站线
75	10	11	12	12	16	21
75 以下~60	10	11	11	12	16	19
60 以下~50			10			17
50 以下~43			9			15
43 以下			8			13

《既有线提速 200~250 km/h 线桥设备维修规则》规定的钢轨轻伤和重伤标准如表 2—7、表 2—8 和表 2—9 所示。

表 2—7 钢轨轻伤和重伤标准(v_{max}≥200 km/h)

伤损项目	伤损程度		备注
	轻伤	重伤	
钢轨头部磨耗	磨耗量超过表 2—8 所列限度之一者	磨耗量超过表 2—9 所列限度之一者	
轨端或轨顶面剥落掉块	长度超过 15 mm(允许速度 200 km/h 时长度超过 15 mm 且深度超过 3 mm)	长度超过 25 mm 且深度超过 3 mm	
钢轨顶面擦伤	深度超过 0.5 mm	深度超过 1 mm	
波浪形磨耗	谷深超过 0.2 mm(允许速度 200 km/h 时为 0.3 mm)	—	1 m 波长范围内

续上表

伤损项目	伤损程度		备注
	轻伤	重伤	
钢轨表面裂纹	—	有	包括螺孔裂纹、轨头下颚水平裂纹（透锈）、轨腰水平裂纹、轨头纵向裂纹、轨底裂纹等（不含轮轨接触疲劳引起轨顶面表面或近表面的鱼鳞裂纹）
钢轨内部裂纹	—	有	包括核伤（黑核、白核）、钢轨纵向裂纹等
钢轨变形	—	有	轨头扩大、轨腰扭曲或鼓包等，经判断确认内部有暗裂
钢轨锈蚀	—	经除锈后，轨底厚度不足 8 mm 或轨腰厚度不足 14 mm	

表 2—8　钢轨头部磨耗轻伤标准

总磨耗（mm）	垂直磨耗（mm）	侧面磨耗（mm）
9	8	10

表 2—9　钢轨头部磨耗重伤标准

垂直磨耗（mm）	侧面磨耗（mm）
10	12

（二）钢轨折断标准

钢轨折断是指发生下列情况之一者：

（1）钢轨全截面断裂；

（2）裂纹贯通整个轨头截面；

（3）裂纹贯通整个轨底截面；

（4）允许速度不大于 160 km/h 区段钢轨顶面上有长度大于 50 mm 且深大于 10 mm 的掉块，允许速度大于 160 km/h 区段钢轨顶面上有长度大于 30 mm 且深度大于 5 mm 的掉块。

（三）钢轨病害整治限度

应做好钢轨养护维修工作，预防和整治钢轨病害，延长钢轨使用寿命。当钢轨出现表 2—10 的病害时，应及时处理。应对轨面擦伤和剥落掉块进行焊补，打磨钢轨肥边、马鞍形磨耗等，加强接头错牙、硬弯等病害的处理，并结合更换道砟、垫砟、垫枕下大胶垫等方法，综合整治钢轨接头病害。应有计划地采用钢轨打磨列车进行预防性打磨，当钢轨顶面轮轨接触处出现鱼鳞裂纹或波浪形磨耗达到轻伤时，应安排修理性打磨。

表 2—10　钢轨病害整治限度

钢轨病害	$v_{max}>120$ km/h	$v_{max}\leqslant 120$ km/h	测量方法
钢轨接头顶面或内侧错牙（mm）	>1	>2	直尺测量
工作边或轨端肥边（mm）	>1	>2	
擦伤或剥落掉块、钢轨低头	接近或达到轻伤	接近或达到轻伤	

续上表

钢 轨 病 害	$v_{max}>120$ km/h	$v_{max}\leqslant 120$ km/h	测 量 方 法
硬弯(mm)	>0.3	>0.5	1 m 直尺测量矢度
焊缝凹陷(mm)	>0.3	>0.5	
钢轨母材轨顶面凹陷或接头马鞍形磨耗(mm)	>0.3	>0.5	
波浪形磨耗	达到轻伤	达到轻伤	

曲线地段应根据钢轨状况合理安排润滑,易受浸蚀地段可在钢轨上涂抹防锈剂。

曲线地段钢轨侧面磨耗在未达到轻伤标准前,应有计划地调边或与使用地段钢轨倒换使用。常备轨应有计划地与线路上的钢轨倒换使用。

普通线路(道岔)和无缝线路缓冲区的重伤和折断钢轨应及时更换。换下的重伤和折断钢轨应有明显的标记,防止再用。无缝线路钢轨重伤和折断,应按《修规》有关规定处理。在桥上或隧道内的轻伤钢轨,应及时进行更换。

四、钢轨伤损特征和形成机理

钢轨伤损从其宏观特征与形成机理分类,可分为核伤、螺孔裂纹、水平裂纹、纵向裂纹、擦伤裂纹和焊接接头伤损等。

1. 核　　伤

钢轨核伤又称黑核或白核,多数发生在钢轨轨头内,是轨头横断面裂纹,表现了典型的疲劳特征,危害性极大。

当核伤面积占轨头 5% ~10% 时,静力强度只有正常钢轨的 16% ~40% ;当核伤面积占轨头 10% ~15% 时,疲劳强度将下降 90% 以上;当核伤面积发展到轨头截面的 20% ~30% (相当于直径 21 ~40 mm)时,将发生断轨。

根据目前我国的运输特点和轨道条件,钢轨核伤主要是接触疲劳形成的。钢轨轮轨接触面反复承受轮轨接触应力和摩擦力作用,形成了以塑性变形、疲劳磨耗、疲劳裂纹(表面疲劳裂纹和内部疲劳裂纹)三者共存,相互影响或制约为特征的接触疲劳伤损现象。钢轨的使用条件、钢轨的性能和质量都明显影响或控制塑性变形程度、疲劳磨耗速率及疲劳核伤的萌生部位和扩展速率。接触疲劳核伤按其形成机理有以下几种形式:

(1)纵横裂型核伤

纵横裂型核伤是钢轨轨头内部疲劳裂纹,其特点是当裂纹发展到较大面积或发展到快速扩展阶段时,裂纹才会发展到轨头表面,造成断轨。

(2)轨面塑性变形形成的核伤

轮轨接触面表层金属发生塑性变形使钢轨断面的几何形貌发生变化,表现为轨头踏面压宽、碾边、垂直磨耗和侧面磨耗。

(3)轨面剥离形成的核伤

钢轨表面的塑性变形达到一定深度时,会在钢轨作用边(特别是在曲线上股)出现程度不同的鱼鳞状裂纹和剥离掉块。这种鱼鳞状的剥离裂纹的裂纹方向与行车方向一致,一般与轨面水平夹角为15°左右。在小半径曲线上,车辆的振动、蛇行摆动及轮轨黏着和蠕动现象更为明显,轮轨接触应力更大,轨面的塑性变形可达2 mm以上,剥离裂纹的深度和剥离掉块也在2 mm左右。钢轨踏面表层或亚表层存在非金属夹杂物时,将会加速剥离裂纹的萌生和扩展,剥离掉块的深度可达4~5 mm。剥离裂纹和剥离坑底部的残余裂纹有可能向深度方向疲劳扩展,导致形成轨头横向疲劳核伤。

(4)擦伤或焊补形成的核伤

在长大坡道、信号机前后线路上,列车爬行、制动、启动,轮轨剧烈摩擦,使钢轨踏面表层产生淬火马氏体金相组织,马氏体组织高硬度低强度的机械性能决定了它在轮轨接触应力作用下的金属破碎,产生龟裂和剥离。剥离裂纹的尖端极有可能成为疲劳源,扩展成轨头核伤。

轨面擦伤、剥离掉块后的焊补修理,因焊面打磨清理不干净或焊补工艺掌握不当,常在焊补层下形成水平核伤造成轨头大掉块或横向疲劳核伤导致断轨。

2. 螺孔裂纹

在弯曲应力作用下,钢轨螺孔的周边应力是指水平和垂直方向的剪应力及这两方向的合力的主应力。螺孔周边应力是螺孔产生裂纹的受力条件,同时螺孔周围的非金属夹杂物材质缺陷,接头夹板连接上下受力的不合理结构,孔壁不倒棱、毛刺,孔位高低差或接头扭矩不足,钢轨串动造成螺杆与孔壁受力,以及在养护维修不当接头错牙、大轨缝、低扣、空吊、道床板结等使接头区域附加动力加剧,都是螺孔裂纹萌生和发展的不可忽视的重要因素。

实际发生的螺孔裂纹的裂纹方向一般呈水平37°角。统计表明,第一孔裂纹居多(占77.2%),其中一孔向轨端上方为22.8%、一孔向轨端下方为23.1%、一孔向二孔上方为37.0%、一孔向二孔下方为4.4%、一孔向二孔水平方向为43.7%,并发现迎列车端螺孔裂纹发生的频率更高。

3. 水平裂纹和纵向裂纹

钢轨的水平裂纹和纵向裂纹是指沿钢轨纵向水平状和垂直状的裂纹。水平裂纹发生的部位一般在轨腰近中和轴处,部分发生在轨头下颚处;纵向裂纹是呈钢轨中心线的劈裂。早期的水平裂纹、纵向裂纹的产生是由于钢轨钢在冶炼产生的严重偏析、非金属夹杂物,在轧制过程中沿轧制方向延展而成的。钢轨在运营过程中所受到的偏心载荷、水平力、弯曲应力的复合作用也加速了水平裂纹源的形成和扩展。

4. 焊缝伤损

焊缝伤损是在焊缝处(包括热影响区)的伤损,一般的焊缝伤损是钢轨在焊接中留下的原始缺陷发展而成。目前我国的无缝线路焊接方法有:接触焊、气压焊和铝热焊三种。接触焊和气压焊是通过加热、熔化、顶锻、塑变及再结晶工艺过程将钢轨焊接而成。两者的不同之处,一个是电加热,另一个是氧乙炔火焰加热。它们都是锻造型焊接工艺。铝热焊工艺是根据铝和铁还原反应产生的热量使焊接填充金属材料和两端钢轨熔化、融合、再结晶的过程。它是一种铸造型焊接工艺。焊接工艺不同,所产生的伤损也不同。

铝热焊的主要伤损有夹渣、气孔、缩孔、疏松、未焊透和裂纹等。接触焊的主要伤损有灰斑、裂纹、烧伤等。气压焊的伤损主要有光斑、过烧、未焊透等。这些焊接缺陷不同程度地降低了焊缝的机械性能,也是运营过程中产生早期疲劳裂纹的裂纹源。

五、钢轨防断

(一)钢轨防断指导思想

钢轨防断必须贯彻“预防为主,全面防断”的指导思想。钢轨防断工作不仅仅局限于钢轨伤损的检查、监视、处理过程,还应把钢轨防断工作延伸到整个工务设备大、中、维修领域,延伸到钢轨全寿命质量控制过程。

(二)钢轨防断工作体系

“全员、全过程、全方位、全天候”的钢轨防断管理标准化体系,要求把钢轨防断工作贯彻于养护维修、新轨焊接、新线验交、大修铺轨、钢轨焊修、伤轨检查、监视、处理等各个环节。在抓住干线、正线、到发线、道岔曲线、桥梁、隧道及铝热焊接头、绝缘接头、异型接头等设备防断重点的同时,不放过支线、其他站线和冷线的钢轨防断工作;在突出寒冷季节防断的同时,其他季节也不松懈;逐步建立起良性工作循环,使钢轨防断工作始终处在整体受控状态。

1. 注重线路养修质量,改善钢轨受力条件

长期的线路养修生产实践经验证明,线路养护质量的好坏直接影响着钢轨的使用寿命。质量良好、平顺的线路可以明显地改善钢轨的受力条件,可以推迟钢轨伤损的发生,减缓钢轨伤损发展。在线路养修工作中,铁路局、工务段应特别注重以下几个方面:

(1)线路维修要坚持钢轨接头打磨、道床轮筛、全起全捣“三大程序”,通过维修作业使道床的弹性得以改善,使线路从结构到轨面经常保持在均衡、良好状态,坚持大型机械维修作业和安排好钢轨打磨车的打磨工作,确保线路维修作业质量和消除引起钢轨受力严重不良的钢轨不平顺振动源。

(2)注重轨道结构的养护,控制轨枕的连三失效,特别应加强接头养护,消灭轨端肥边,及时处理空吊板和翻浆冒泥,保持接头和扣件扭力矩,控制大轨缝,有缝线路应保持轨缝均匀,25 m钢轨地段做到在 T_z+30 ℃ ~ T_z-30 ℃范围内无大轨缝,无缝线路地段应控制线路爬行。

(3)在日常养护工作中,应抓轨道几何状态控制,建立、健全控制制度和动静态检查、控制及信息反馈体系,及时消灭超限处所,确保轨面平顺。

(4)无缝线路地段,应做到锁定轨温准确和明确。高温轨条和锁定轨温不明轨条,应在冬季前完成应力放散,降低钢轨应力水平,最大限度地预防冬季焊缝及钢轨断裂。

(5)严禁在钢轨上用钢锯锯、剁子剁痕标示曲线正矢点、道岔矢距点等及钢轨非规定范围内钻眼等严重影响钢轨受力、导致钢轨断裂的有害作业。

2. 合理安排大修周期,提高轨道结构强度

按照钢轨防断系统管理的要求,合理、及时地进行线路大修,更换疲劳钢轨,根据运输强度的需求恢复或提高钢轨强度性能是钢轨防断全过程中最根本、最重要的环节。它的工作重点是两个方面:一是合理安排大修周期,二是提高大修施工线路的质量。

(1)把握钢轨状态,合理安排大修周期

衡量钢轨疲劳、进行换轨大修的标准有两条:一是累计疲劳伤损平均达 2 根/km;二是累计通过总重达到《修规》规定的标准。因此,工务部门各管理层应认真做好钢轨伤损的统计分析工作,掌握钢轨状态,合理提出线路大修的建议,合理安排好线路大修计划。

(2)严格各工序的质量把关,提高大修施工的线路质量

线路大修换轨是全过程防断的第一关,这一关的钢轨质量、焊接质量、施工质量把得好坏将影响钢轨上道后的使用寿命。

工厂焊接、胶结、整修等钢轨加工阶段应对原材料质量检验、加工工艺及工艺过程中的质量进行检验。

线路大修施工阶段应对现场焊接、钢轨(包括其他配件)的质量检验及线路大修施工的质量保证。

3. 加大探伤力度,增强伤轨检测能力

(1)强化管理,深化安优活动。

(2)完善作业标准,强化自我控制。

(3)加强仪器检修,确保探测质量。

(4)加大探伤力度,狠抓薄弱环节。

①以轨道结构、运输强度为依据制定各等级线路的探伤周期标准,并规定对疲劳钢轨(按大修标准)、新轨地段增加检查遍数,缩短探伤周期的具体要求。应确保重点地段、重点处所的检查遍数。

②科学地查定探伤仪器和人员的配备标准。

③有计划地组织探伤仪器的更新,做到统一计划、统一机型、统一采购、统一管理。

④实施对重点地段探伤的控制。每年入冬前,从工务段到铁路局根据管辖内钢轨状态,研究、制定和落实局控重点地段和探伤检查方案,有重点地保证伤损轨的检测。

在加强仪器探伤检查的同时,要严格按规定做好对异型接头、绝缘接头、尖轨跟接头等薄弱处所,以及冷线钢轨锈蚀、长期压车仪器无法作业地段的养路工区的手工检查;在入冬前对钢轨严重疲劳地段、隧道、大桥线路上的钢轨进行手工拆检;对钢轨疲劳地段的接头、大站场、道岔前后引轨接头组织养路工区使用螺孔裂纹探测仪探伤。

(5)加强培训工作,提高人员素质。

4. 严格监控制度,正确、及时处理伤损钢轨

(1)重点监控是钢轨防断工作的重要环节

①薄弱区段的监控

根据季节的特点,把每年的冬季(如上海铁路局规定为11月15日至次年4月15日)定为钢轨的重点防断期。首先认真分析管内钢轨技术状态,确定防断的重点薄弱监控区段和部位,提出防断目标,制定防断措施,做到目标明确、措施落实,对重点区段采取必要的缩短探伤周期、增加探伤遍数、备用轨料到位、探伤人员调整等措施。在日常生产活动中,强调专业的钢轨探伤要和养路工区的手工检查密切相结合,特别是在重点防断期内,工务调度对重点薄弱区段的钢轨伤损发展势态、探伤进度、备料储备等实行管理。

②伤损钢轨的监控

a. 线路上发现钢轨伤损,应根据伤损程度分别用油漆标上轻伤(△)、轻伤有发展(△△)、重伤(△△△)符号,并在伤损处正确划上箭头。探伤人员应填写钢轨伤损通知报养路工区和工务调度。

b. 养路工长和巡道人员应正确掌握管内钢轨伤损情况,并由工长及时填写钢轨伤损登记表(簿)。

c. 巡道人员对伤损焊接接头要执行划号检查制，并使加固夹板的螺栓扭矩经常保持在规定范围内。线路车间、工区应在每年 1 月 15 日以前对加固夹板和隧道内钢轨夹板完成一遍拆检工作。

d. 探伤人员必须携带伤损钢轨登记簿（伤损监控卡），对在上一个检查周期内未达到重伤的伤轨进行认真复查，并做好波形记录，严密监视伤损发展。对已上夹板加固的伤损焊缝也应认真进行复查，做好记录，尤其要注意加固接头螺孔裂纹的检查。

（2）断轨和重伤钢轨的处理是防断工作最后关键的一个环节

普通线路发生断轨或发现重伤钢轨时，必须立即组织更换，做到两个“不过夜”，即换轨不过夜、向上级汇报换轨结果不过夜。在桥上或隧道内的轻伤钢轨，应及时更换。

无缝线路发生断轨或钢轨母材发现重伤时，必须立即组织处理，做到插入短轨临时处理或重新焊接永久处理不过夜；焊缝发现重伤时，做到钻眼上夹板紧急处理不过夜。处理结束后应做到向上级汇报处理不过夜。

无缝线路曲线内发现母材疲劳伤损或鱼鳞伤已达重伤时，除按上述规定处理外，还应有计划地更换整个曲线钢轨。

（3）发现断轨和重伤轨的要求

①发生断轨，采用急救器紧急处理加固后，必须派人看守。

②检查人员发现重伤钢轨已危及行车安全时，应立即设防护，派人看守，必要时应拦停列车。

（4）下道后的重伤钢轨的处理

更换下道的重伤轨，必须在两端轨面上用钢剁打上明显的“×××”标记，并集中堆放，按废轨处理。

六、钢轨打磨

（一）钢轨表面伤损形式及其危害

1. 钢轨表面伤损形式

钢轨在运营过程中，由于轮轨作用及钢轨材质、线路条件和人员操作等原因，在钢轨轮轨接触的表面或次表面产生接触疲劳裂纹、变形、剥离、磨耗和擦伤等伤损。

（1）钢轨纵向变形

①钢轨焊接接头不平顺

图 2—7 所示为由于钢轨焊接后焊缝处轨顶面金属的强度、硬度的差异及接头原始不平顺引起的过大的轨道附加动荷载，所产生的磨耗、变形。

图 2—7 钢轨焊接接头不平顺

②钢轨波浪形磨耗（周期性纵向变形）

钢轨波浪形磨耗如图 2—8 所示。轮轨接触的黏滑现象是解释钢轨波浪形磨耗的典型理论。当轮轨接触时，产生黏着和滑动交替、往而复始的过程，在这过程中表面摩擦力也出现大小交替变化，从而磨损量在此过程中也不一样，波浪磨耗也就出现了。

波浪形磨耗依波长长度分为波纹（波长 30 ~ 80 mm）、短波波浪（波长 80 ~ 300 mm）、长波波浪（波长 300 ~ 1 000 mm）。波纹多发生于直线线路上，短波波浪常发生在铁路的曲线下股钢轨上，长波波浪通常是由于线路上只有单一型号的车辆运行造成的。在现场，往往几种波长波浪同时出现在钢轨同一部位。

由于钢轨轧制工艺问题造成的周期性纵向变形称为波浪弯曲，波长在 3 000 mm 左右。

（2）表面疲劳

根据著名的赫兹理论，当两个滑动体在高应力作用下发生接触时，接触体表面或次表面会产生极高的接触剪应力。这种接触剪应力就是产生钢轨轮轨接触表面疲劳的原因。钢轨轮轨接触表面疲劳主要表现形式有：

①鱼鳞裂纹

如图 2—9 所示是鱼鳞裂纹的发生前期，它的发展结果会出现剥离或掉块（图 2—10），甚至会发展为轨头横截面上的核伤而导致断轨（图 2—11）。

图 2—8　钢轨波浪形磨耗

图 2—9　鱼鳞裂纹发生前期

图 2—10　剥离或掉块

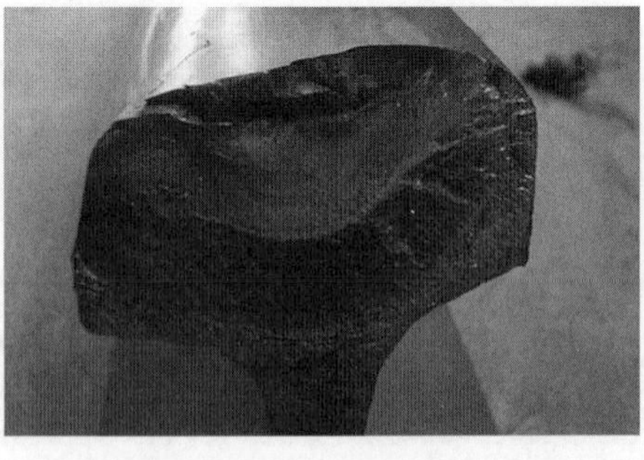

图 2—11　轨头横截面上核伤

图 2—12　轨头肥边

②轨头肥边

轨头肥边如图 2—12 所示，肥边处的细裂纹可扩展为横向裂纹而断轨。

③塌陷(蠕变、黑色斑点)

图 2—13 所示是一种典型的接触疲劳的表现形式,发展结果是严重剥落掉块。

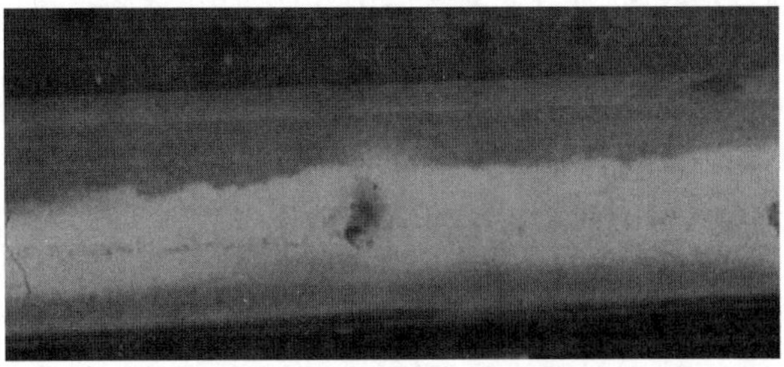

图 2—13 塌陷(蠕变、黑色斑点)

(3)擦 伤

在长大坡道、信号机前后线路上,列车爬坡、制动、启动或司机操作不当,轮轨产生剧烈的滑动摩擦,使钢轨踏面表层产生淬火马氏体金相组织,马氏体组织高硬度低强度的机械性能决定了它在轮轨接触应力作用下的金属破碎,产生龟裂和剥离。剥离裂纹的尖端极有可能成为疲劳源,扩展成轨头核伤。

2. 钢轨表面伤损的危害

(1)动态过载

周期性的长波变形会产生低频高能量的振动,这种振动向下延伸到次级频率,会给轨道和车辆带来永久性的损坏。

(2)振动危害

钢轨周期性的变形会产生有规律的振动。这就存在着共振的危险。当振动频率与系统构件的固有频率相同时,就会发生共振。振动的振幅得到加强,释放出巨大的能量,铁路构件会因此而迅速被损坏。

钢轨的振动还会导致构件承受过多的载荷,造成紧定螺栓断裂、枕木伤损、道砟过度粉化等,从而加大轨道部件的修理和道砟的清筛工作量。

(3)能量损耗

有试验表明,钢轨周期性变形将明显增加机车的燃料消耗。研究表明,在 0.8 mm 深波纹的钢轨上,机车需要付出大于三倍的牵引力。对无波浪变形的轨面,可以减少能耗到 30%左右。

(4)噪声危害

线路纵向周期性变形的影响结果就是噪声,它普遍可以使噪声升高 12 dB。路基的振动也能产生较高级别的噪声。极端情况下(比如在砖砌的隧道中),振动能导致结构的损伤。

(二)钢轨打磨的作用和打磨作业手段

1. 钢轨打磨的作用

世界各国铁路轨道修理的理论和实践表明,钢轨打磨是整治钢轨表面伤损的有效措施。随着我国铁路提速达 200 ~ 250 km/h,达到和保持钢轨表面的高平顺性十分重要,因此,钢轨打磨已引起我国铁路线路维修人员的高度重视,钢轨打磨的作用及其技术经济性被逐步认识。

(1)消除或减少钢轨表面的微细裂纹和塑性变形层,提高材料的抗疲劳性能;

(2)改善轮轨接触条件,从而减少轮轨接触应力,减少钢轨的接触疲劳伤损;

(3)通过优化轮轨接触表面,提高轮轨接触的几何性能,提高轮对的导向作用,减少列车运行时的轮缘力;

(4)提高钢轨表面平顺度,减小轮轨间附加动力,减小钢轨及联结零件的伤损率;

(5)减小轮轨噪声,有利于环境保护。

钢轨打磨改善了钢轨的技术性能,延长了钢轨的使用寿命,降低了轨道的维修成本。研究和实践还表明,实施新钢轨的预打磨和钢轨的预防性打磨,有着更好的技术经济效果。

对新钢轨进行有计划的预打磨,可以清除钢轨表面的脱碳层,矫正微小的钢轨轮廓形变,修复在钢轨铺设过程中所产生的轨道表面损坏。提高钢轨表面接触疲劳强度,并从一开始就保证车轮和钢轨的良好接触,可延期初期钢轨接触疲劳的萌生。

等待钢轨接触疲劳伤损发展严重再进行打磨,就意味着增加轨道维修的总费用。打磨间隔过于频繁,就意味着要额外增加打磨费用。有关研究已经显示,在钢轨接触疲劳伤损产生的初期就实施预防性打磨,即“少切削量和频繁打磨”,其经济效益更为显著。

2. 钢轨打磨的作业手段

钢轨打磨作业分小型钢轨打磨机打磨和大型钢轨打磨列车打磨。

(1)小型钢轨打磨机打磨

小型钢轨打磨机是一种常用的小型养路作业机械。小型钢轨打磨机的种类、型号很多,目前使用较普遍、性能较理想的是仿型打磨机。小型钢轨打磨机的特点是作业灵活、携带方便,其作业对象主要是零星的、非连续性钢轨不平顺和钢轨表面伤损,适用于钢轨接头、道岔基本轨、尖轨、心轨及翼轨肥边和不平顺的打磨。

小型钢轨打磨机作业靠人工操作,作业质量的优劣基本依赖于操作人员的技能水平。一个一般技能水平的操作人员操作小型钢轨打磨机打磨钢轨焊接接头,平顺性的作业质量基本可达到 0.2 ~ 0.3 mm。

(2)大型钢轨打磨列车打磨

大型钢轨打磨列车是一种具有先进技术装备的大型养路机械,其作业对象主要是连续性的钢轨不平顺和钢轨表面伤损,适用于钢轨波浪形磨耗、鱼鳞裂纹等的打磨。钢轨打磨列车所具备的波浪形磨耗及轨廓测量系统和打磨控制系统能保证高质量的作业质量。

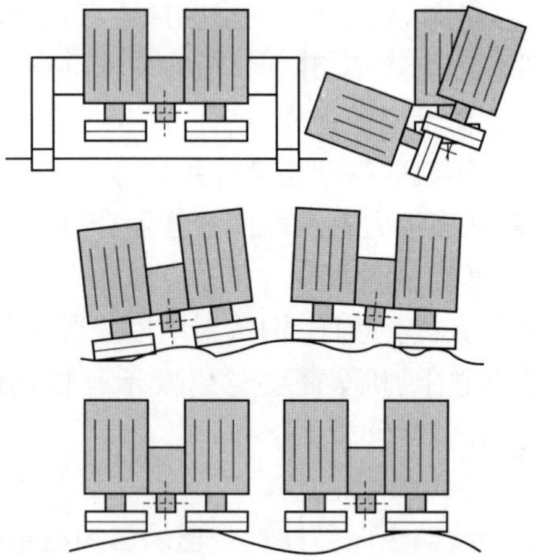

图 2—14　大型钢轨打磨列车作业控制原理

大型钢轨打磨列车作业控制原理如图 2—14 所示。砂轮成对地和一个中心圆轴安装在一起,砂轮悬挂于两个转轴上:一个转轴允许这对砂轮纵向移动,移动可以被控制,以便在长波形上工作;另一个转轴是横向移动的,转轴和支架能被控制,以使砂轮以不同的角度作用在钢轨上,以此得到一组打磨小平面围成的钢轮轮轨接触轮廓。

（三）钢轨打磨标准

1. 我国铁路的钢轨打磨标准

我国铁路制定的钢轨打磨病害整治状态标准和打磨作业验收标准如表 2—11 和表 2—12 所示。

表 2—11 钢轨轨顶面病害整治标准

<table>
<tr><th>钢轨轨顶面病害</th><th>允许速度≤120 km/h
（mm）</th><th>120 km/h < 允许速度
≤200 km/h
（mm）</th><th>200 km/h≤允许速度
≤250 km/h
（mm）</th><th>测量方法</th></tr>
<tr><td>工作边肥边</td><td>>2</td><td>>1</td><td>>1</td><td rowspan="2">直尺测量</td></tr>
<tr><td>擦伤或剥落掉块、钢轨低头</td><td>接近或达到轻伤</td><td>接近或达到轻伤</td><td>接近或达到轻伤</td></tr>
<tr><td>焊缝凹陷</td><td>>0.8</td><td>>0.5</td><td>>0.3</td><td rowspan="4">1 m 直尺测量矢度</td></tr>
<tr><td>钢轨母材轨顶面凹陷或鞍形磨耗</td><td>>0.8</td><td>>0.5</td><td>>0.3</td></tr>
<tr><td>波浪形磨耗</td><td>达到轻伤</td><td>达到轻伤</td><td>达到轻伤</td></tr>
<tr><td>硬 弯</td><td>—</td><td>—</td><td>>0.3</td></tr>
</table>

表 2—12 钢轨轨顶面不平顺打磨作业验收标准

<table>
<tr><th rowspan="2">钢轨轨顶面病害</th><th colspan="2">允许速度≤120 km/h
（mm）</th><th colspan="2">120 km/h < 允许速度
≤200 km/h
（mm）</th><th>200 km/h < 允许
速度≤250 km/h
（mm）</th><th rowspan="2">测量方法</th></tr>
<tr><th>打磨列车</th><th>小型打磨机</th><th>打磨列车</th><th>小型打磨机</th><th>打磨列车</th></tr>
<tr><td>工作边肥边</td><td><0.3</td><td><0.5</td><td><0.3</td><td><0.3</td><td>≤0.2</td><td>直尺测量</td></tr>
<tr><td>焊缝凹陷</td><td><0.3</td><td><0.5</td><td><0.3</td><td><0.3</td><td>≤0.2</td><td rowspan="3">1 m 直尺测量矢度</td></tr>
<tr><td>钢轨母材轨顶面凹陷或鞍形磨耗</td><td><0.3</td><td><0.5</td><td><0.3</td><td><0.3</td><td>≤0.2</td></tr>
<tr><td>波浪形磨耗</td><td><0.2</td><td>—</td><td><0.2</td><td>—</td><td>≤0.2</td></tr>
</table>

2. 欧洲铁路钢轨打磨标准简介

欧洲高速铁路对不同波长的波浪形磨耗有不同的打磨作业验收要求，规定了切削量、横断面和轨面轮廓打磨小平面宽度的验收标准，并制定了验收方法的标准。

适合于最高行车速度 200 km/h 以上的欧洲铁路钢轨打磨技术标准作了如下要求：

（1）允许打磨偏差

纵向轨面：短波（0.03 ~ 0.30 m）——最大幅值 0.02 mm；长波（0.30 ~ 1 m）——最大幅值 0.2 mm。

切削量：轨头全断面（ −70° ~ +5°）范围至少磨削 0.2 mm，但不超过既有钢轨病害（裂纹、疲劳、波磨等）以下 0.1 mm。

横断面：目标断面——有轨底坡倾斜的设计断面。允许偏差：±0.3 mm；钢轨外侧 0° ~ +5°：正偏差同钢轨内侧，负偏差不限。横断面检测范围为从钢轨外侧 +5°至内侧 −65°。

轨面：最大小平面宽度——*R*13 区域为 5 mm；*R*80 区域为 7 mm；*R*300 区域为 10 mm。最大粗糙度——R_{amax} 为 0.008 mm（轨顶 *R*300 处）。不得有连续或过度发蓝。

(2)打磨偏差检查

纵向轨面:测量记录检查。

最后一遍打磨以后,测量小车全程测量。无法使用测量小车时,用三联 RM1 200 检测仪(便携式检查仪,检查长度 1 200 mm)检测,每个打磨区段测一处,打磨区段超过 1 000 m 时每 1 000 m测一处。

短波记录比例:纸宽 1 mm 等于 0. 01 mm 波磨;长波记录比例:1 mm 等于 0. 1 mm 长波深度。

横断面:用横断面检测仪检测每股钢轨,每个打磨区段查一处,至少每 1 000 m 测一处。

轨面:三联粗糙度检测,每班一次,肉眼观测检查不少于 20% 。

以上检测记录需保存 6 个月。

(3)清　　理

绝缘接头需喷水冲洗,清除周围金属磨屑。

打磨起止点、信号设备处遗留的磨屑堆渣应予清除。

第四节　钢轨接头、联结零件及轨缝

一、钢轨接头类型

钢轨接头是线路三大薄弱环节之一。接头处轨面不连续,增加行车阻力达 25% 之多,造成多种接头病害,加大了线路维修费用的投资。

1. 按轨枕支承形式分

(1)悬空式:即钢轨接头悬于两根轨枕之间。目前我国铁路上均采用这种接头形式。它受力条件好,结构简单,便于维修。

(2)承垫式:即钢轨接头放在轨枕之上。这种形式的接头刚度大,捣固困难,只在特殊情况下使用。

2. 按两股钢轨接头相互位置分

(1)相对式:即两股钢轨的接头左右相对。它的优点是列车运行比较平稳,两股钢轨受力均匀。我国铁路广泛采用悬空相对式钢轨接头。

(2)相错式:即两股钢轨接头左、右错开,但相错不能小于 3 m。这种形式使列车冲击次数增加一倍,而且冲击偏心,会增大列车摇摆,易造成三角坑等病害。

3. 按钢轨接头性能分

(1)普通接头:即标准钢轨或非标准钢轨铺设时两根钢轨的联结接头,使用夹板和螺栓进行联结。

(2)异型接头:即不同类型钢轨相互联结的接头。为使不同钢轨顶面及头部内侧相吻合,使用相应的异形夹板和异形垫板联结。正线钢轨异型接头必须使用异型钢轨。

(3)导电接头:供传导轨道电流或作为牵引电流回路之用的接头,用于自动闭塞区段及电力牵引地段。轨间传导联结装置用两根直径 5 mm 的镀锌铁丝,插于两轨端轨腰的圆孔内组成——塞钉式;或用一条断面 100 mm^2 左右的钢丝索焊接于钢轨头部的钢套中组成——焊接式。

(4)绝缘接头:在自动闭塞区段上,相邻闭塞分区两端钢轨接头处设绝缘接头,以保证轨道电路不能从一个闭塞分区传到另一闭塞分区。一般绝缘接头是用尼龙轨头片、尼龙夹板和尼龙螺栓套把钢轨、夹板和螺栓隔开,阻止电流通过,起到绝缘作用,如图 2—15 所示。

为了提高无缝线路的整体性和稳定性,增强钢轨接头阻力,改善钢轨的绝缘性能,目前,国内推广使用了钢轨胶接绝缘接头,如图 2—16 所示。它由胶接绝缘夹板、轨端绝缘板、高强度螺栓、防松螺母和高强度平垫圈组成,先通过胶接车间预制而成,用铺轨列车运到现场,直接焊接在两根钢轨之间。在现场安装时,需在胶接绝缘夹板与钢轨腹部之间涂抹高强度胶粘剂,使其成为胶接绝缘接头。胶接绝缘夹板由槽形钢板、绝缘槽板及加强型夹板经加温固化而成。国外研制的本克拉绝缘接头也在我国铁路线上试用。

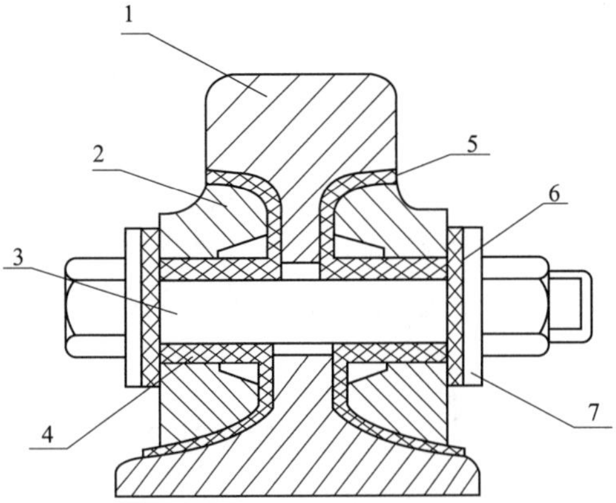

图 2—15　高强绝缘接头断面

1—钢轨; 2—接头夹板;3—高强绝缘螺栓;4—绝缘套管;
5—槽形绝缘板;6—高强绝缘垫圈;7—高强钢平垫圈

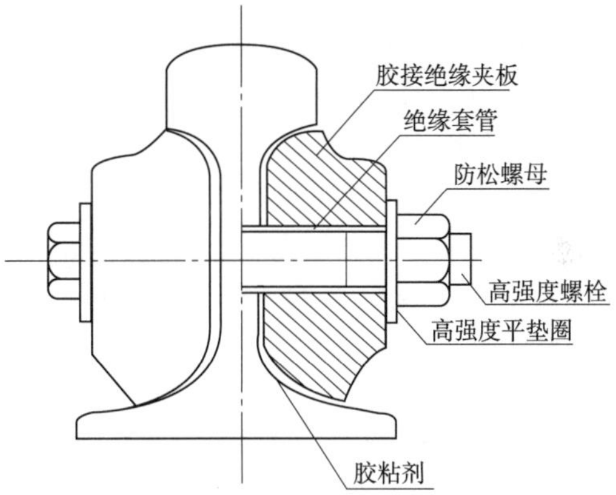

图 2—16　钢轨胶接绝缘接头

(5)焊接接头:用电阻焊、小型气压焊或铝热焊的方法将钢轨焊接形成的接头,多用于无缝线路。

(6)冻结接头:这种接头是用提高摩擦阻力的方法实现的冻结钢轨接头。其特点是:它不改变现行接头的结构,不使用胶粘剂,也不使用附加机械零件,接头阻力高,足以在大多数地区的铁路轨道上冻结钢轨接头。

(7)尖轨接头(即温度调节器):用于连接轨端伸缩量很大的普通轨道或温度跨度大于 100 m 的明桥面活动端轨道的钢轨接头。尖轨接头按构造平面形式的不同,可分为斜线型、折线型及曲线型三种。目前使用的主要为曲线型温度调节器,设计的最大伸缩量为 1 000 mm。

二、钢轨接头位置的要求

1. 钢轨接头相错

线路两股钢轨接头,一般应采用相对式。曲线地段外股应使用标准长度钢轨,内股应使用厂制缩短轨调整钢轨接头位置。剩余少量相错量,应利用钢轨长度误差量在曲线内(有困难时可在直线上)调整。直线地段应按钢轨误差量配对使用。在每节轨上相差量一般应不大于 3 mm,并应前后、左右抵消。在两股钢轨上,累计相差量最大不得大于 15 mm。

铺设非标准长度钢轨或再用轨,无厂制缩短轨时,钢轨接头可采用相错式,其相错量不得小于3 m。采用相错式接头的两曲线之间直线长度短于300 m时,该直线段亦可采用相错式。采用相错式时个别插入的短轨,宜铺设在曲线两端的直线上,在困难条件下可铺设在曲线内股。

2. 线路上插入个别短轨规定

线路上个别插入短轨,在正线上不得短于6 m,在站线上不得短于4. 5 m,并不得连续插入两根及以上。个别插入短轨线路的允许速度不得大于160 km/h。

3. 不得有钢轨接头的位置

(1)明桥面小桥的全桥范围内;

(2)钢梁端部,拱桥温度伸缩缝和拱顶等处前后各2 m范围内;

(3)设有温度调节器的钢梁的温度跨度范围内;

(4)钢梁的横梁顶上;

(5)平交道口铺面范围内。

钢轨接头若恰在上列位置并铺设25 m长度标准轨时,可插入一根12. 5 m长度的标准轨,以调整接头位置;铺设12. 5 m长度的标准轨时,可更换成一根25 m长度的标准轨以调整接头位置,也可挤严轨缝后将接头用高强螺栓拧紧冻结或焊接。困难时,才准予插入个别短轨来调整接头位置。

三、钢轨接头联结零件

接头联结零件包括夹板、螺栓、螺母、垫圈等。它的主要作用是保持两根钢轨的连续性,使钢轨接头前后与完整的钢轨一样,并传递和承受钢轨的挠曲力、横向力,同时满足钢轨热胀冷缩的要求。

1. 夹　　板

夹板的作用是夹紧钢轨,使钢轨轨端不能横向及上下单独移动。每个钢轨接头有左、右两块夹板,通过拧紧螺栓夹紧两端钢轨,因此要求它有足够的强度和抗冲击能力,并便于拆装和维修。

夹板的形式很多,我国主要采用斜坡支承双头对称型夹板(简称双头式夹板)。60 kg/m钢轨用双头夹板的形式及尺寸如图2—17所示。

表2—13为常用夹板及其尺寸。

表2—13　夹板尺寸(mm)

钢轨类型(kg/m)	全　长	两中间孔距离	第一孔至第二孔距离	第二孔至第三孔距离	第三孔至端部距离	圆孔直径
75	1 000	220	220	130	40	26
60	820	160	140	140	50	26
50	820	140	150	140	50	26
43	790	120	110	160	65	24

除双头夹板以外,还有平形夹板、角形夹板、鱼尾形夹板、裙边式夹板及异形夹板等。

2. 螺　　栓

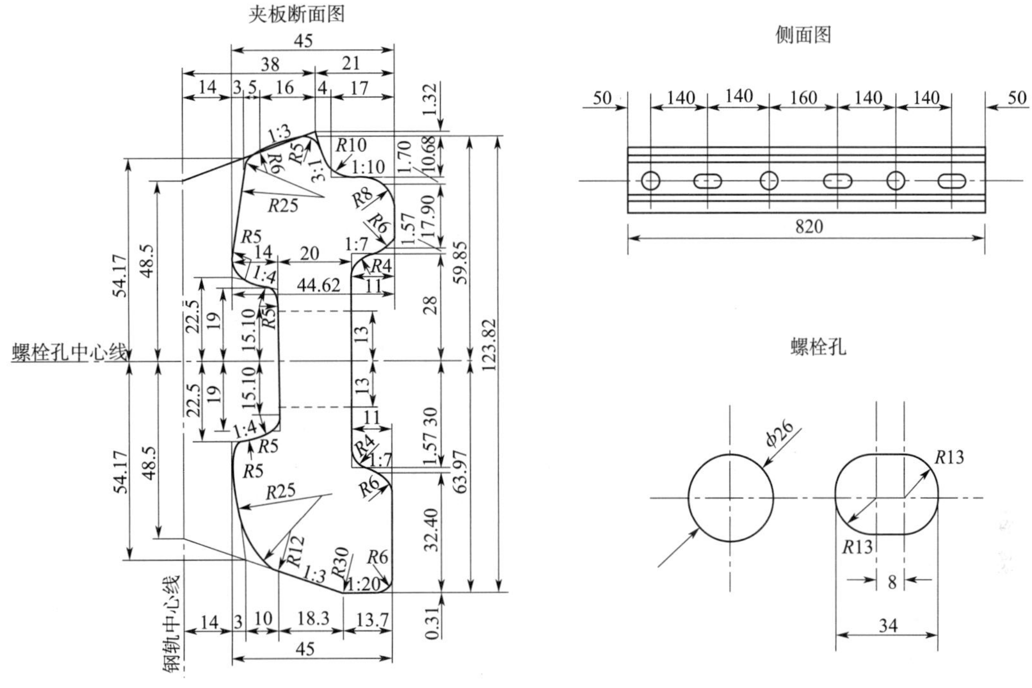

图 2—17　60 kg/m 钢轨用夹板图

夹板与钢轨用螺栓来夹紧。高强度螺栓在螺帽上铸有“⊙”的标记，遵照国际标准按抗拉强度划分为 10.9 级和 8.8 级两种。10.9 级有纹部分直径为 24 mm，8.8 级有纹部分直径为 24 mm 和 22 mm 两种。螺母采用 10 级高强度螺母。

钢轨接头阻止钢轨端部自由伸缩的阻力称为接头阻力。接头阻力是由钢轨与夹板之间的摩擦力产生的。摩擦力越大，接头阻力越大。摩擦力取决于夹板的螺栓孔数、螺栓直径、强度及拧紧程度。一副六孔夹板，使用普通螺栓的接头阻力可达 235 ~ 265 kN，使用高强度螺栓时可达 292 ~ 588 kN。要达到这个要求，接头螺栓必须保持紧固状态。接头螺栓扭力矩的标准值如表 2—14。

表 2—14　普通线路接头螺栓扭矩标准

项　目	单　位	25 m　钢　轨						12.5 m 钢轨	
		最高、最低轨温差 >85 ℃			最高、最低轨温差≤85 ℃				
钢　轨	kg/m	60 及以上	50	43	60 及以上	50	43	50	43
螺栓等级	—	10.9	10.9	8.8	10.9	8.8	8.8	8.8	8.8
扭　矩	N·m	700	600	600	500	400	400	400	400
c 值	mm	6			4			2	

注：①*c* 值为接头阻力及道床阻力限制钢轨自由伸缩的数值。
②小于 43 kg/m 钢轨比照 43 kg/m 钢轨办理。
③高强度绝缘接头螺栓扭矩不小于 700 N·m。

接头防松紧固件的扭矩标准如表2—15。

表2—15　接头防松紧固件扭矩标准

防松螺母类型	8级	10级	12级
扭矩(N·m)	400～600	600～1 000	900～1 100

3. 垫　　圈

为防止螺栓松动,需要安装垫圈。垫圈类型应根据所确定的轨道类型按表2—16选用。

表2—16　垫圈类型选用表

轨道类型	特重型、重型		次　重　型		中型、轻型
	无缝线路	25 m轨	无缝线路	25 m轨	
接头螺栓等级	10.9级	10.9级	10.9级	10.9级/8.8级	8.8级
垫圈类型	高强度平垫圈	高强度平垫圈	高强度平垫圈	高强度平垫圈/单层弹簧垫圈	单层弹簧垫圈

四、钢轨接头联结零件伤损标准

(一)接头夹板

接头夹板伤损达到下列标准,应及时更换:

(1)折断;

(2)中央裂纹(中间两螺栓孔范围内),正线、到发线有裂纹;其他站线平直及异型夹板超过5 mm,双头及鱼尾型夹板超过15 mm;

(3)其他部位裂纹发展至螺栓孔。

(二)接头螺栓及垫圈

接头螺栓及垫圈伤损达到下列标准,应及时更换:

(1)螺栓折断,严重锈蚀,丝扣损坏或杆径磨耗超过3 mm不能保持规定的扭力矩;

(2)垫圈折断或失去弹性。

接头螺栓应齐全,作用良好,缺损时应及时补充和更换。普通线路接头螺栓扭矩应达到规定值,并应保持均匀。扭矩不足时,不得低于规定值100 N·m以上。

五、预留轨缝计算

普通线路钢轨接头,应根据钢轨长度与钢轨温度预留轨缝。轨缝的标准尺寸按下列公式计算:

$$a_0 = \alpha L(t_z - t_0) + \frac{1}{2}a_g$$

式中　a_0——更换钢轨或调整轨缝时的预留轨缝(mm);

α——钢轨线膨胀系数,为0.011 8 mm/(m·℃);

L——钢轨长度(m);

t_z——更换钢轨或调整轨缝地区的中间轨温(℃),

$$t_z=\frac{1}{2}(T_{max}+T_{min})$$

T_{max},T_{min}——当地历史最高和最低轨温(℃);

t_0——更换钢轨或调整轨缝时的轨温(℃);

a_g——构造轨缝,38、43、50、60、75 kg/m 钢轨 a_g 均采用 18 mm。

最高、最低轨温差不大于 85 ℃地区,在按上式计算以后,可根据具体情况将轨缝值减小 1 ~2 mm。

25 m 钢轨铺设在当地历史最高、最低轨温差大于 100 ℃的地区应个别设计。

各地区(或区段)采用的最高、最低轨温,由铁路局规定。

【例题】 某地区 $T_{max}=60$ ℃,$T_{min}=-10$ ℃,在轨温为 20 ℃时调整轨缝,钢轨长度为 25 m,求预留轨缝 a_0。

【解】 $t_z=\frac{1}{2}(T_{max}+T_{min})=\frac{60-10}{2}=25$ ℃

$$a_0=aL(t_z-t_0)+\frac{1}{2}a_g=0.0118\times25\times(25-20)+\frac{1}{2}\times18=10.5\text{ mm}$$

预留轨缝采用 10.5 mm。

12.5 m 钢轨地段,更换钢轨或调整轨缝时的轨温不受限制。25 m 钢轨地段,更换钢轨或调整轨缝时的轨温限制范围为(t_z+30 ℃)~(t_z-30 ℃);最高、最低轨温差不大于 85 ℃地区,如将轨缝值减小 1 ~2 mm,轨温限制范围相应地降低 3 ℃ ~7 ℃;特殊情况下,在轨温限制范围以外更换的 25 m 钢轨必须在轨温限制范围以内时调整轨缝。

轨缝应设置均匀,每千米线路轨缝总误差:25 m 钢轨地段不得大于 80 mm;12.5 m 钢轨地段不得大于 160 mm。绝缘接头轨缝不得小于 6 mm。最大轨缝不得大于构造轨缝。

六、轨缝调整计算

轨缝的标准尺寸应按照《修规》规定的公式计算确定。轨缝过大,不仅给列车通过时增加额外的冲击和阻力,加速轨道结构的破坏,而且在温度降低时,还有可能把夹板螺栓拉弯或剪断。轨缝过小,轨温升高时就会形成瞎缝,此时若轨温继续升高,钢轨内部将产生很大的压力,就有可能发生胀轨跑道。

(一)调整轨缝的条件

(1)原设置的轨缝不符合每千米线路轨缝总误差的规定;

(2)轨缝严重不均匀;

(3)线路爬行量超过 20 mm;

(4)轨温在《修规》规定的更换钢轨或调整轨缝轨温限制范围以内时,出现连续 3 个及以上瞎缝或轨缝大于构造轨缝。

(二)调整轨缝作业要求

(1)不拆开接头调整轨缝,只松动接头螺栓,放行列车时,每个接头至少拧紧 4 个螺栓(每端 2 个)。

(2)拆开接头成段调整轨缝:

①拉开空隙不超过 50 mm,放行列车时,应把拉开的尺寸均匀到其他接头内,每个接头至

少拧紧 4 个螺栓(每端 2 个)。

②拉开空隙超过 50 mm,放行列车时(限速),插入短轨头(带轨底),配合使用长孔夹板,并垫短枕,每个接头至少拧紧 4 个螺栓(一端 2 个,另一端 1 个,短轨头上 1 个)。

③使用短轨头时,拉开的最大空隙不得超过 150 mm。短轨头(带轨底)的长度有 50、70、90、110、130 mm 五种。

(三)调查轨缝和接头错差

用方尺和楔形轨缝尺,量接头错差和左右股轨缝,记录在轨缝调整计算表中。一般由始点向终点量,以左股为基准,用方尺量右股的接头,向始点错为“+”号,反之为“-”号。

(四)轨缝调整计算

【例题】 直线地段轨缝调整,实测轨缝、实测直角错差、计划轨缝值如表 2—17 所示,调整轨缝时的轨温为 45 ℃,最高轨温为 60 ℃,最低轨温为 -10 ℃,标准轨长 12.5 m,要求完成轨缝调整计算。

【解】 1. 计算计划轨缝

$$中间轨温:t_z=\frac{1}{2}(T_{max}+T_{min})=\frac{60-10}{2}=25\ ℃$$

$$\begin{aligned}计划轨缝:a_0&=\alpha L(t_z-t_0)+\frac{1}{2}a_g\\&=0.0118\times 12.5\times(25-45)+\frac{18}{2}\\&=6.05\ \text{mm}\qquad 取\ 6\ \text{mm}\end{aligned}$$

2. 编制整正轨缝计算表

表 2—17 整正轨缝计算表

轨号	左股				右股				两股串动量差	实量接头错差	计算串动后的错差	原有钢轨长度差	左股修正				右股修正				修正后错差	附注
	实量轨缝	实量轨缝累计	计划轨缝累计	计算串动量	实量轨缝	实量轨缝累计	计划轨缝累计	计算串动量					换轨修正	轨缝修正	修正后串动量	修正后轨缝	换轨修正	轨缝修正	修正后串动量	修正后轨缝		
(1)	(2)	(3)	(4)	(5)	(6)	(7)	(8)	(9)	(10)	(11)	(12)	(13)	(14)	(15)	(16)	(17)	(18)	(19)	(20)	(21)	(22)	(23)
1	1	1	6	-5	1	1	6	-5	0	0	0				-5	6			-5	6	0	
2	2	3	12	-9	8	9	12	-3	-6	+6	0	+2			-9	6			-3	6	0	
3	0	3	18	-15	3	12	18	-6	-9	+7	-2				-15	6			-6	6	-2	
4	3	6	24	-18	7	19	24	-5	-13	+11	-2	+20	-20		-18	6			-5	6	-2	左股抽换-20钢轨
5	4	10	30	-20	8	27	30	-3	-17	-5	-22		+20		0	6			-3	6	-2	
6	2	12	36	-24	3	30	36	-6	-18	-4	-22		+20		-4	6			-6	6	-2	
7	5	17	42	-25	10	40	42	-2	-23	+1	-22		+20		-5	6			-2	6	-2	
8	2	19	48	-29	10	50	48	+2	-31	+5	-26		+20		-9	6			+2	6	-6	

续上表

轨号	左股				右股				两股串动量差	实量接头错差	计算串动后的错差	原有钢轨长度差	左股修正				右股修正				修正后错差	附注
	实量轨缝	实量轨缝累计	计划轨缝累计	计算串动量	实量轨缝	实量轨缝累计	计划轨缝累计	计算串动量					换轨修正	轨缝修正	修正后串动量	修正后轨缝	换轨修正	轨缝修正	修正后串动量	修正后轨缝		
9	0	19	54	-35	11	61	54	+7	-42	+16	-26		+20		-15	6			+7	6	-6	
10	4	23	60	-37	15	76	60	+16	-53	+27	-26	+20	±20		-17	6			+16	6	-6	左投抽换-20钢轨
11	0	23	66	-43	9	85	66	+19	-62	+16	-46		+40		-3	6		-1=+1	+20	5	-7	
12	3	26	72	-46	9	94	72	+22	-68	+22	-46	+2	+40		-6	6		-1=+2	+24	5	-8	
13	3	29	78	-49	10	104	78	+26	-75	+27	-48		+40		-9	6		-1=+3	+29	5	-11	
14	2	31	84	-53	4	108	84	+24	-77	+29	-48	-2	+40		-13	6		-1=+4	+28	5	-12	
15	1	32	90	-58	3	111	90	+21	-79	+33	-46	+20	±20		-18	6		-1=+5	+26	5	-11	左股抽换-20钢轨
16	5	37	96	-59	1	112	96	+16	-75	+9	-66		+60	+1=-1	0	7		-1=+6	+22	5	-13	
17	2	39	102	-63	0	112	102	+10	-73	+7	-66		+60	+1=-2	-5	7		-1=+7	+17	5	-15	
18	0	39	108	-69	0	112	108	+4	-73	+7	-66		+60	+1=-3	-12	7		-1=+8	+12	5	-17	
19	3	42	114	-72	0	112	114	-2	-70	+4	-66		+60	+1=-4	-16	7			+6	6	-18	左股抽换-20钢轨
20	2	44	120	-76	0	112	120	-8	-68	+2	-66		+60		0	6			0	6	2	
合计	44	120-44=76			112	120-112=8																

注：①(13)项＝本点(12)项－后点(12)项。

②安排调换钢轨位置和数量：

左股钢轨计算缩短76 mm，现决定用－20 mm缩短轨解决，并将左股较右股长20 mm左右的4号、10号、15号换掉，另换19号一根，以解决轨缝不足。

③(14)栏和(18)栏为更换钢轨后对钢轨串动量的影响量，换短轨时，影响量为"＋"号，反之为"－"号。

④(15)栏和(19)栏为轨缝修正值及对钢轨串动量的影响量，增大计划轨缝对串动量的影响为"－"(即向前进方向串动)，反之为"＋"号。

⑤(16)栏和(20)栏为修正后的钢轨串动量，即采用的钢轨串动量。

(16)栏＝(5)栏＋(14)栏＋(15)栏的等号后面数值

(20)栏＝(9)栏＋(18)栏＋(19)栏等号后面数值

⑥(17)栏和(21)栏为调整后的实留轨缝。

(17)栏＝计划轨缝＋上一点(15)栏的后项－本点(15)栏的后项

(21)栏＝计划轨缝＋上一点(19)栏的后项－本点(19)栏的后项

⑦(22)栏为调整后的直角错差。

(22)栏＝(16)栏－(20)栏＋(11)栏

⑧(23)栏为附注栏，注明换轨位置。

第五节　钢轨接头病害

一、钢轨常见几种接头病害

1. 淬火钢轨端部的鞍形磨耗

磨耗深度一般为 2.5 ~ 6 mm，长度一般为 200 ~ 300 mm，在铺设混凝土枕的地段比较明显，发展也较快。

2. 低接头（或打塌）

这种病害一般发生在捣固不良地段，尤以曲线下股比较多见。

3. 钢轨破损

主要是淬火区钢轨顶面剥落、掉块和螺栓孔裂纹。这类病害多数发生在淬火层分界处和轨端，以曲线上多见。

4. 夹板弯曲或断裂

主要是顶部中央出现细小裂纹，以后逐渐扩大。

5. 混凝土枕破裂

主要发生在轨下断面。

6. 道床结硬、溜坍和翻浆冒泥

前者主要发生在铺设混凝土枕并有鞍形磨耗的地段。

二、钢轨接头病害产生的原因

1. 接头处存在轨缝、台阶和折角

引起接头冲击动力的过程主要有轨缝、台阶和折角三个因素，如图 2—18 所示。

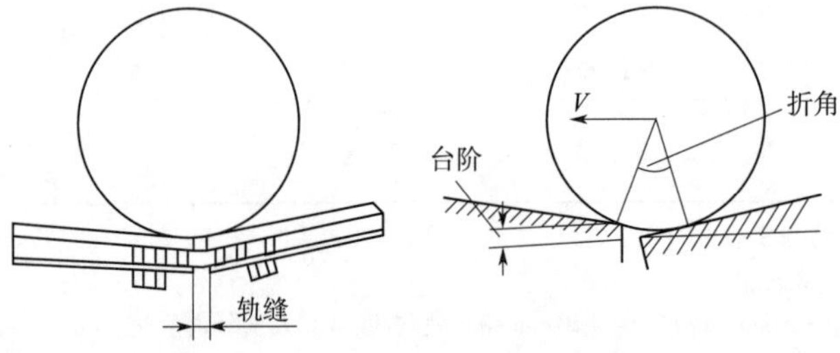

图 2—18　轨缝、台阶和折角

由于接头破坏了钢轨的整体性，故可以把接头看成是线路上先天性的不平顺。这种不平顺是潜在的，只是在车轮通过时才出现，车轮通过以后便不存在了。即使是良好的接头，这种不平顺也是存在的。

2. 接头受到较大的破坏力

这是由它本身的特点所决定的，列车通过时产生较其他部分更大的挠度，车轮通过接头时所产生的冲击动力过程，与车轮通过一段很短的轨道不平顺所引起的冲击力过程是一致的，因轨道不平顺而引起较大的冲击力。

3. 线路养护不良

作用于接头上的较大破坏力，导致线路病害的发生，增加养护维修工作的困难。养护维修不当或质量不好，更增加冲击动力对接头的破坏作用，由此造成接头破坏力增加和接头病害扩大的恶性循环。因此，接头养护的首要任务是加强接头，减少冲击动力，防止接头破坏。

三、钢轨接头病害的整治方法

(1)加强接头捣固，保持道床饱满并加以夯实，及时更换接头处的失效轨枕，接头处相邻的两根轨枕应同时更换，以保持支承条件一致。

(2)及时清筛接头范围内的道床(接头5空)，更换接头处的道砟，以免造成板结、失去弹性，或引起翻浆冒泥，造成显著的不平顺。

(3)使用钢轨打磨机对鞍形接头进行打磨，是消灭接头不平顺的有效办法。使用碗形砂轮研磨时，先研磨中部到要求深度，再向两端侧研磨，最后整修圆弧。使用平形砂轮研磨时，可从一侧向另一侧来回进行研磨。研磨后轨面高度相当于小腰部位的钢轨高度。用1 m直尺检查，要求达到平整、均匀。

(4)及时消灭轨头高低、左右错牙。轨面及轨距线内侧错牙不得超过1 mm，可采用液压直轨器矫直接头小硬弯，上紧接头螺栓，达到规定扭力矩，保持接头坚固。

(5)适当使用上弯夹板整治低接头。上弯夹板的上弯量以2～4 mm为宜。当换上上弯夹板后，接头处2～6根轨枕范围内轨面抬高，容易出现空吊板及螺栓松动，因此应加强捣固，拧紧螺栓。

(6)及时调整轨缝。大轨缝是造成接头病害的重要原因，因此轨缝必须符合规定要求。

(7)枕底下垫胶垫整治低接头。利用特制的枕底大胶垫整治低接头，效果显著。翻浆冒泥接头先要进行清筛，枕底稳定后方可垫入。特制大胶垫垫入一年后必须撤出，重新捣固好。

(8)拧紧轨枕扣件，更换失效轨底大胶垫。整修木枕轨底坡，使之保持1:40的轨底坡。

(9)根据支嘴程度，适当增加外股道床宽度，并分层次夯拍，以增加道床阻力。调换支嘴处里外口夹板，利用夹板的反弯控制接头支嘴。拨道作业中，对支嘴接头只能压，不能挑。如必须上挑时，要采用拨动小腰带动接头的方法，不要直接拨动接头，以防止支嘴扩大。

第六节　轨　　枕

在轨道结构中，轨枕的功用是承受来自于钢轨上的各种力，且传递至道床，同时轨枕还起着保持钢轨方向、轨距和位置等作用。

轨枕按其材质分为木枕、混凝土枕和钢枕。

一、木枕特点及规格尺寸

木枕根据其在线路上使用部位的不同，分为普通木枕、道岔木枕(岔枕)和桥梁木枕(桥枕)三种。

(一)木枕特点

木枕具有弹性好、形状简单、制造容易、质量轻、铺设及更换方便等优点，但也有消耗量大、易腐蚀、使用寿命短、在列车动力作用下容易产生轨向不良和轨距扩大的缺点。

(二) 木枕的规格尺寸

木枕的断面形式为矩形,允许枕面两角为坡形。各种木枕规格如表2—18所示。

表2—18　各种木枕规格(cm)

<table>
<tr><th colspan="2">种　类</th><th>长　度</th><th>面　宽</th><th>底　宽</th><th>侧　宽</th><th>厚　度</th></tr>
<tr><td rowspan="2">普通木枕</td><td>Ⅰ类</td><td>250</td><td>16～22</td><td>22</td><td>11～16</td><td>16</td></tr>
<tr><td>Ⅱ类</td><td>250</td><td>15～20</td><td>20</td><td>10～14.5</td><td>14.5</td></tr>
<tr><td colspan="2">道岔木枕</td><td>260～480
(每20 cm进级)</td><td>18</td><td>24</td><td>11～16</td><td>16</td></tr>
<tr><td colspan="2" rowspan="4">桥梁木桥</td><td>300</td><td rowspan="4">宽×高</td><td colspan="4">20×22,20×24,22×26</td></tr>
<tr><td>320</td><td colspan="4">22×28,24×30</td></tr>
<tr><td>340</td><td colspan="4">24×30</td></tr>
<tr><td>420,480</td><td colspan="4">20×22,20×24,22×26,22×28,24×30</td></tr>
</table>

二、木枕扣件及其伤损标准

(一)木枕扣件

扣件的作用是把钢轨与轨枕或其他类型轨下基础联结在一起,保证钢轨在轨枕上位置稳定,阻止横向位移并防止爬行。扣件还应起到缓冲和减震作用。

木枕轨道上扣件的形式主要有不分开式和分开式两种。

1. 不分开式扣件

不分开式扣件是用道钉将钢轨、垫板共同钉于木枕上,如图2—19所示。

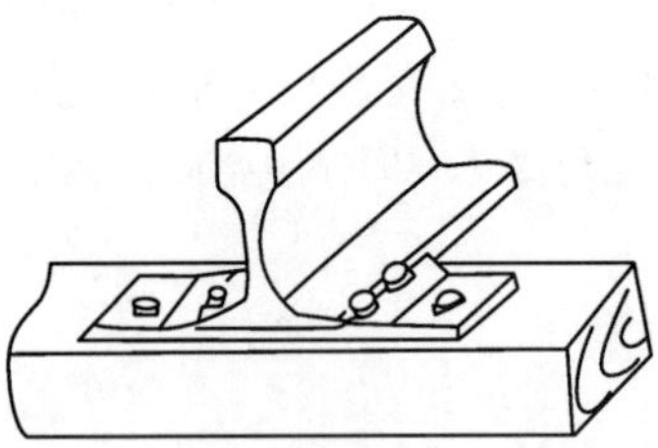

图2—19　不分开式扣件

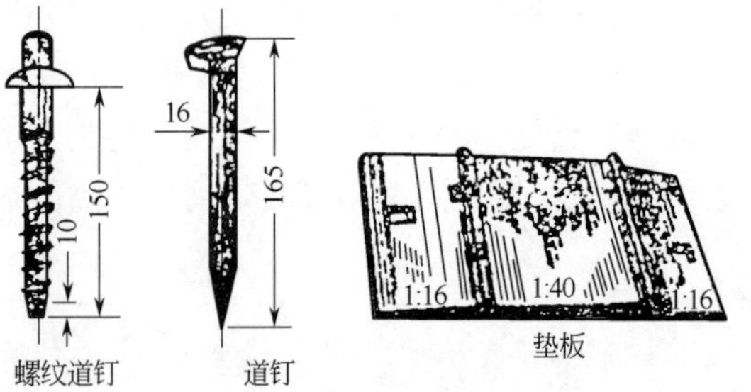

图2—20　刚性扣件(单位:mm)

木枕联结零件有道钉、螺纹道钉、铁垫板,如图2—20所示。

(1)道钉:普通道钉采用韧性较好的1、2、3号钢制成,标准长度为165 mm,截面为16 mm×16 mm。铁路冻害地段,因垫板与枕木之间垫入不同厚度的冻害垫板,使用的道钉长度有205、230、255、280 mm四种。钉道钉时必须符合以下规定:

①有铁垫板时,直线及半径800 m以上的曲线地段,每根木枕上每股钢轨内外侧各钉一个道钉;半径在800 m及以下的曲线(含缓和曲线)地段,内侧加钉一个道钉。铁垫板与木枕的联结道钉,必须钉齐(冻害地段、明桥面除外)。

②无铁垫板时,每根枕木上每股钢轨的内外侧各钉一个道钉,四个道钉位置呈八字形,道钉中心至枕木边缘的距离大于 50 mm,钢轨内外侧道钉错开 80 mm 以上。

(2)螺纹道钉:螺纹道钉采用 3 号钢制造,标准长度为 150 mm,由于其不便于改道作业,一般木枕线路不用,多用于道岔和木枕分开式扣件上。

(3)铁垫板:铁垫板的主要作用是增大钢轨对木枕的受力面积,以免钢轨应力集中压坏木枕。双肩式垫板可以卡住轨底两侧,以保持轨距。由于垫板设有向内的 1:40 坡度,使钢轨形成向内倾斜的轨底坡,可使钢轨面与车轮踏面相吻合,减少钢轨磨耗。铁垫板面上设计有 5 个钉孔。

2. 分开式扣件(K 式扣件)

分开式扣件的构造如图 2—21 所示,将垫板分别与轨枕和钢轨单独扣紧。先用四个螺纹道钉将垫板固紧在木枕上,再用轨卡及轨卡螺栓将轨底扣紧在垫板上。

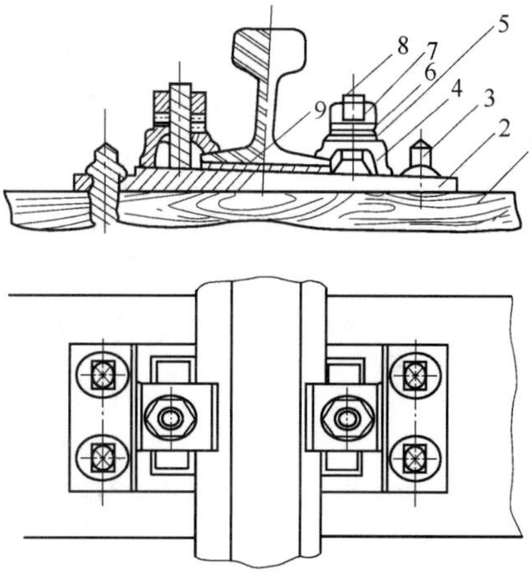

图 2—21 分开式扣件

1—木枕;2—轨卡垫板;3—螺纹道钉;4—轨卡;5—弹簧垫圈;6—平垫圈;7—螺母;8—螺栓;9—轨下垫板

(二)木枕扣件的伤损标准

铁垫板和道钉应齐全,作用良好,缺少时应及时补充,道钉浮起或松动时应及时整治(道钉连续浮起或松动不得超过三根枕木)。伤损达到下列标准,应有计划地更换:

(1)道钉钉头脱落、严重锈蚀或下颚磨耗达 3 mm 及以上;

(2)铁垫板折断、变形、严重锈蚀或丧失固定立柱螺栓功能。

三、木枕使用要求及失效标准

(一)木枕使用要求

使用木枕(含木岔枕)应遵守下列规定:

(1)木枕宽面在下,顶面与底面同宽时,应使树心一面向下。

(2)接头处使用质量较好的木枕。

(3)劈裂的木枕,铺设前应捆扎或钉组钉板。

(4)使用新木枕应用直径为 12.5 mm 木钻钻孔,孔深有铁垫板时为 110 mm,无铁垫板时为 130 mm。使用螺纹道钉时,应比照道钉办理。

(5)改道用的道钉孔木片规格,长为 110 mm,宽为 15 mm,厚为 5 ~ 10 mm,并经过防腐处理。

(二)木枕(含木岔枕)失效标准

(1)腐朽失去承压能力,钉孔腐朽无处改孔,不能持钉;

(2)折断或拼接的接合部分离,不能保持轨距;

(3)机械磨损,经过削平或除去腐朽木质后,允许速度大于 120 km/h 的线路,其厚度不足 140 mm,其他线厚度不足 100 mm;

(4)劈裂或其他伤损,不能承压、持钉。

四、混凝土枕特点及规格尺寸

(一)混凝土枕特点

混凝土枕材料来源较广,对轨道稳定性好,可满足干线铁路高速度、大运量的要求,不受气候、腐朽、虫蛀及失火影响,使用寿命长,但它容易因发生裂纹而失效,质量大,更换困难,弹性差。

(二)混凝土枕分类

(1)按制造工艺,可分为普通混凝土枕、预应力钢筋混凝土枕两类。

(2)按配筋直径大小可分为钢弦(高强度钢丝,简称弦)和钢筋(高强度钢筋,简称筋)两种。

(3)我国现行混凝土枕分三类,分别与不同轨道类型配套使用。

①Ⅰ型混凝土枕

Ⅰ型混凝土枕的承载能力是按轴重 23 t、最高速度 85 km/h、铺设密度 1 840 根/km 设计的,适用于中型、轻型轨道。随着国民经济和铁路运输发展,机车车辆轴重不断提高,年通过总重也不断增长,Ⅰ型混凝土枕的承载能力已不能适应这些条件的变化,破损加剧,寿命缩短。因此,在我国铁路线路上,Ⅰ型混凝土枕正逐步被淘汰下道。

②Ⅱ型混凝土枕

Ⅱ型混凝土枕的设计是根据重载线路承受荷载大,重复次数多的特点,采用疲劳可靠性进行设计的,设计标准是按年运量 60 Mt,轴重机车 25 t、货车 23 t,最高行车速度 120 km/h,铺设 60 kg/m 钢轨,适用于重型、次重型轨道。与Ⅰ型轨枕相比,轨下截面正弯矩的计算承载能力提高 13% ~25%,中间截面正弯矩提高 8. 8%,中间截面负弯矩提高 14% ~41%。J-2 型轨枕是采用 4 根直径 10 mm 的高强度钢筋,C60 级混凝土。Ⅱ型轨枕是我国铁路的主型轨枕。图 2—22 为新Ⅱ型枕的外形、截面尺寸和配筋示意图。

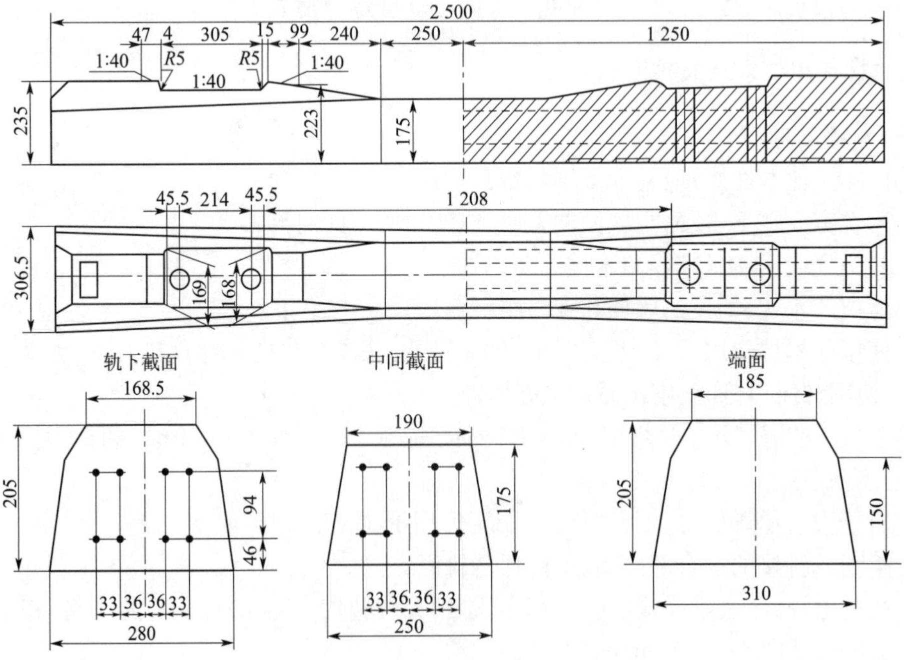

图 2—22 新Ⅱ型混凝土枕

③Ⅲ型混凝土枕

由于Ⅱ型轨枕在重型、次重型轨道上使用时，某些区段出现轨枕中顶面横向裂缝、沿螺栓孔纵向裂缝、枕端龟裂、侧面纵向水平裂缝、挡肩斜裂等病害，轨枕年失效下道率平均1.2%，难以适应重型和特重型轨道的承载条件，为了适应强轨道结构的要求，又研制了Ⅲ型轨枕。Ⅲ型混凝土枕有挡肩和无挡肩两种形式。长度有2.6 m和2.5 m两种，目前使用的主要是2.6 m，如图2—23所示。设计参数采用机车(三轴)最大轴重23 t、最高速度160 km/h、轨枕配置1 760根/km设计，主要适用于特重型轨道。

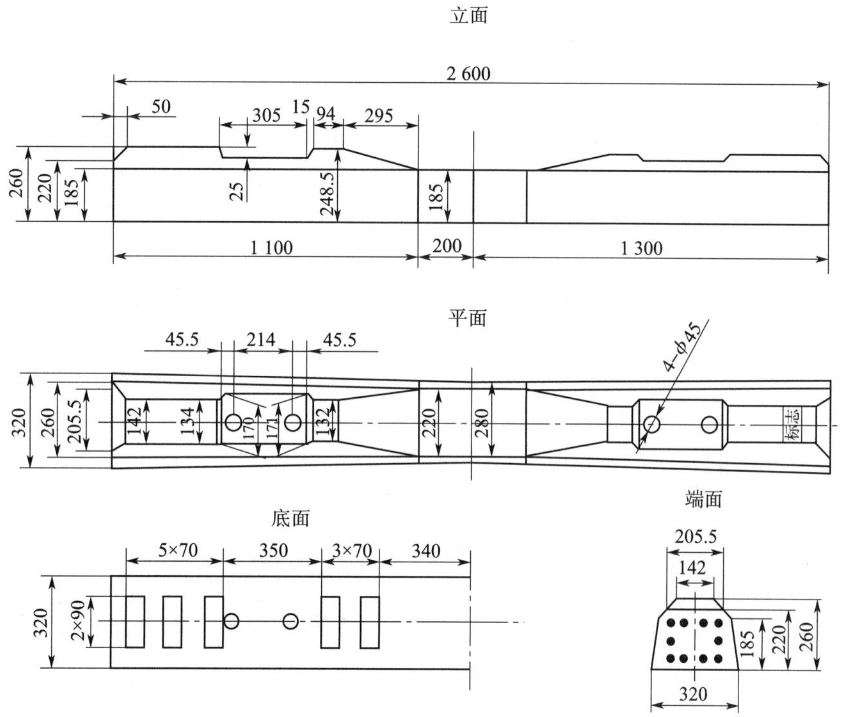

图2—23 Ⅲ型有挡肩混凝土枕

(三)混凝土枕规格尺寸

混凝土枕规格尺寸如表2—19所示。

表2—19 混凝土枕尺寸

类 型	轨枕长(m)	截面高度(mm)			枕头外形	承轨槽坡度	质量(kg)
		轨 下	中 部	端 部			
S-1(弦79型)	2.5	200	175	200	斜	1:40	233
S-2(弦81型)	2.5	200	165	200	平	1:40	250
J-2(筋81型)	2.5	200	165	200	平	1:40	250
新Ⅱ型	2.5	205	175	200	平	1:40	273
S-3(有挡肩)	2.6	230	185	260	平	1:40	353
S-3(无挡肩)	2.6	230	185	235	平	1:40	349

五、混凝土枕扣件及其伤损标准

（一）混凝土枕扣件

目前我国铁路轨道常用混凝土枕扣件如表2—20所示。

表2—20 混凝土枕扣件类型及性能表

扣件性能 \ 扣件名称	70型扣板式	弹条Ⅰ型	弹条Ⅰ型调高	大秦线分开式	弹条Ⅱ型	弹条Ⅲ型
单个弹条初始扣压力(kN)	7.8	8.9	8.2	8.9	≥10	≥11
弹条变形量(mm)	刚性	8	9	8	10	13
纵向防爬阻力(kN)	12.5	14.3	13.1	14.3	16	17.6
扣压节点垂直静刚度(kN/mm)	110～150	90～120	90～120	60～80	60～80	60～80
调轨距量(mm)	0～+16	-4～+8	-4～+8	-12～+8	-8～+12	-3～+4
调高量(mm)	0	≤10	≤20	≤15	≤10	≤0
备　注		B型弹条	A型弹条	B型弹条	Ⅱ型弹条	Ⅲ型弹条

1. 扣板式扣件

(1)扣板式扣件的联结形式如图2—24所示。

(2)扣板号码配置

扣板的作用是扣压钢轨，并根据需要调整轨距。每块扣板都有两个不同号码，可以翻转使用，调整两种轨距。

我国生产的扣板以2 mm为一级，共有六种，即0—2、4—6、8—10、12—14、16—18、20—22。扣板号码是以螺纹道钉中心至轨底边的距离L不同来划分的。0号扣板$L=33$ mm，2，4，6…22号扣板的L依次递增2 mm。扣板以不同的种类和号码适应不同类型的钢轨和不同的轨距。

扣板分中间扣板和接头扣板。中间扣板靠轨底端切去12 mm可代替接头扣板使用。扣板式扣件构造简单，调整轨距方便，但刚性大，易松动，造成扣压力不足。扣板号码配置如表2—21所示。

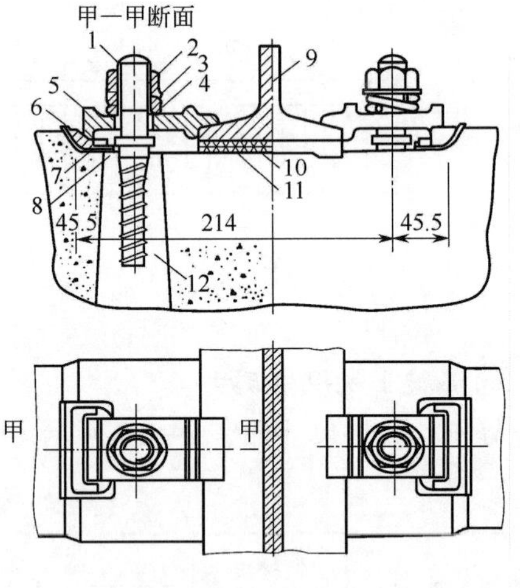

图2—24　扣板式扣件

1—螺旋道钉；2—螺母；3—平垫圈；4—弹簧垫圈；5—扣板；6—铁座；7—绝缘缓冲垫片；8—绝缘防锈涂料；9—钢轨；10—绝缘缓冲垫板；11—衬垫；12—硫磺水泥砂浆

表 2—21 混凝土枕扣板号码配置

钢轨类型 / 轨距(mm)	50 kg/m				43 kg/m			
	左股		右股		左股		右股	
	外侧	内侧	外侧	内侧	外侧	内侧	外侧	内侧
1 435	10	6	6	10	20	14	14	20
1 437	10	6	8	8	18	16	14	20
1 439	8	8	8	8	18	16	16	18
1 441	6	10	8	8	18	16	18	16
1 443	6	10	10	6	16	18	18	16
1 445	6	10	12	4	16	18	20	14
1 447	4	12	12	4	14	20	20	14
1 449	4	12	14	2	12	22	20	14
1 451	2	14	14	2	12	22	22	12

(3)扣板号码计算

①50 kg/m 钢轨扣板号码计算公式

轨距 = 1 423 + 左股内侧扣板号码 + 右股内侧扣板号码

内侧扣板号码 = (轨距 - 1 423)/2

外侧扣板号码 = 16 - 内侧扣板号码

②43 kg/m 钢轨扣板号码计算公式

轨距 = 1 407 + 左股内侧扣板号码 + 右股内侧扣板号码

内侧扣板号码 = (轨距 - 1 407)/2

外侧扣板号码 = 34 - 内侧扣板号码

【例题】 在铺设 50 kg/m 钢轨的曲线线路上,轨距要求为 1 440 mm 时,试求扣板号码。

【解】 由以上公式得:

内侧扣板号码 = (1 440 - 1 423)/2 = 8……余 1

因得数不是整偶数,又无单奇数号码,所以采用:

左股内侧扣板号码 = 8

右股内侧扣板号码 = 10

左股外侧扣板号码 = 16 - 8 = 8

右股外侧扣板号码 = 16 - 10 = 6

实际轨距 = 1 423 + 8 + 10 = 1 441 mm

较要求轨距 1 440 mm 仅大 1 mm,在轨距允许误差以内。

用调整扣板整治轨距过大时,可加大钢轨外侧的扣板号码,相应减少内侧扣板的号码;用调整扣板整治轨距过小时,则应减小外侧扣板号码,相应地增大内侧扣板的号码。但应注意,50 kg/m 钢轨每股内外扣板号码之和必须等于 16;43 kg/m 钢轨每股内外扣板号码之和必须等于 34。

2. Ⅰ型弹条扣件

(1) Ⅰ型弹条扣件的联结形式如图 2—25 所示。

(2) Ⅰ型弹条扣件的配置

Ⅰ型弹条扣件有 6、10、14、20 四种不同号码的轨距挡板和 0—6、2—4 两种挡板座。每块挡板座有两个号码，可按需要旋转使用。根据不同的钢轨类型和轨距，采用不同的轨距挡板和挡板座。Ⅰ型弹条扣件的弹条分 A、B 两种型号。50 kg/m 钢轨中间扣件采用 A 型弹条，接头扣件在安装 20 号轨距挡板处用 A 型弹条，安装 14 号轨距挡板处用 B 型弹条。60 kg/m 钢轨一律采用 B 型弹条。Ⅰ型扣件轨距挡板及挡板座号码配置如表 2—22 所示。

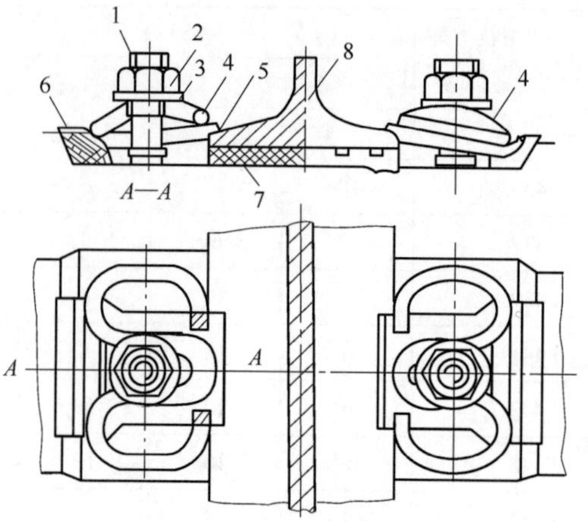

图 2—25 Ⅰ型弹条扣件

1—螺旋道钉；2—螺母；3—平垫圈；4—弹条；5—轨距挡板；6—挡板座；7—绝缘缓冲垫板；8—钢轨

表 2—22 Ⅰ型弹条扣件轨距及挡板座号码配置

钢轨类型	轨距（mm）	左股钢轨				右股钢轨			
		外侧		内侧		内侧		外侧	
		挡板座	挡板	挡板	挡板座	挡板座	挡板	挡板	挡板座
50	1 427	6	20	14	0	0	14	20	6
	1 429	4	20	14	2	0	14	20	6
	1 431	4	20	14	2	2	14	20	4
	1 433	2	20	14	4	2	14	20	4
	1 435	2	20	14	4	4	14	20	2
	1 437	4	14	20	2	2	14	20	4
	1 439	4	14	20	2	4	14	20	2
	1 441	2	14	20	4	4	14	20	2
	1 443	4	14	20	2	2	20	14	4
	1 445	2	14	20	4	2	20	14	4
	1 447	2	14	20	4	4	20	14	2
	1 449	0	14	20	6	4	20	14	2
	1 451	0	14	20	6	6	20	14	0
60	1 431	4	9	5	2	2	5	9	4
	1 433	2	9	5	4	2	5	9	4
	1 435	2	9	5	4	4	5	9	2
	1 437	4	5	9	2	4	5	9	2
	1 439	4	5	9	2	2	9	5	4
	1 441	2	5	9	4	2	9	5	4
	1 443	2	5	9	4	4	9	5	2

3. Ⅱ型弹条扣件

目前我国普遍使用的与Ⅱ型、Ⅲ型有挡肩混凝土枕配套的Ⅱ型弹条扣件，适用于重型、特重型轨道结构。Ⅱ型弹条扣件的外形与组装类同Ⅰ型弹条扣件。

弹条Ⅱ型扣件适用于标准轨距直线及半径 $R \geqslant 300$ m 曲线上铺设 60 kg/m 钢轨的预应力混凝土枕轨道，运营条件为机车轴重不大于 250 kN、货车速度不大于 120 km/h、客车速度不大于 160 km/h。挡板座和轨距挡板同弹条Ⅰ型扣件，接头和中间扣件通用。调整轨距如表 2—23 和表 2—24 所示。

表 2—23 Ⅱ型弹条扣件轨距挡板座号码配置

轨距(mm)	轨距调整量(mm)	左股钢轨				右股钢轨			
		外侧		内侧		内侧		外侧	
		挡板座号码	轨距挡板号码	轨距挡板号码	挡板座号码	挡板座号码	轨距挡板号码	轨距挡板号码	挡板座号码
1 435	-12	6	10	6	0	0	6	10	6
	-10	6	10	6	0	2	6	10	4
	-8	4	10	6	2	2	6	10	4
	-6	2	10	6	4	2	6	10	4
	-4	2	10	6	4	4	6	10	2
	-2	4	6	10	2	4	6	10	2
	0	4	6	10	2	2	10	6	4
	+2	2	6	10	4	2	10	6	4
	+4	2	6	10	4	4	10	6	2
	+6	0	6	10	6	4	10	6	2
	+8	0	6	10	6	6	10	6	0

注：配合Ⅲ型轨枕使用。

表 2—24 Ⅱ型扣件道岔不同轨距值使用的轨距块号码

轨距误差(mm)		0	-2	-4	-6	-8	-10	-12	+2	+4	+6	+8
一 股	非作用边	11	13	13	15	15	17	17	9	9	7	7
	作用边	13	11	11	9	9	7	7	15	15	17	17
另一股	作用边	13	13	11	11	9	9	7	13	15	15	17
	非作用边	11	11	13	13	15	15	17	11	9	9	7

注：11—13 号轨距块为常用标准块，另需加工 9—15、5—17 号轨距块和 2 mm 厚调整片。2 mm 厚调整片与 5 号轨距块组合可成 7 号轨距块；2 mm 厚调整片与 17 号轨距块组合可成 19 号轨距块。使用Ⅲ型扣件道岔可调整最大负轨距 12 mm；使用Ⅱ型扣件道岔可调整最大负轨距 16 mm。

4. Ⅲ型弹条扣件

Ⅲ型弹条扣件是一种无螺栓、无挡肩的弹条扣件，联结形式如图 2—26 所示。Ⅲ型弹条扣件利用预埋铁座的挡肩承受横向力，保持轨距，以弹条扣压钢轨，以尼龙挡块作为绝缘部件及调整轨距。其扣压力大，弹性好，养护工作量少。由于取消了混凝土挡肩，消除了轨底在横向力作用下发生横移导致轨距扩大的可能，因此保持轨距的能力很强。

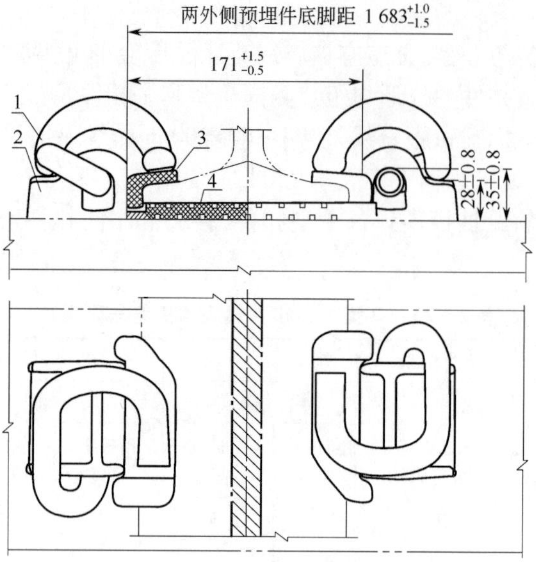

图 2—26　Ⅲ型弹条扣件

1—弹条;2—预埋件;3—绝缘轨距块;4—橡胶垫板

弹条Ⅲ型扣件适用于高速铁路的 PC 枕和无砟轨道,也适用于标准轨距直线及半径 R≥350 m 曲线上铺设 60 kg/m 钢轨和Ⅲ型轨枕的无缝线路轨道。每个弹条初始扣压力≥11 kN,弹程为 13 mm。这两个指标均高于弹条Ⅱ型扣件。弹条Ⅲ型扣件轨距调整为 +4 ~ -8 mm,轨面调高量为零。因为预埋件的技术标准较高,使生产难度加大。每根轨枕使用扣件零件数量如表 2—25 所示,不同轨距绝缘轨距号码配置见表 2—26 和表 2—27 所示。

表 2—25　每根轨枕用扣件数量

序号	名　　称	单位	数量	材　　料	质量或体积	备　　注
1	弹　条	个	4	60 Si2Mn	3. 3 kg	
2	预埋件	件	4	KTH350—10	6. 04 kg	
3	绝缘轨距块	块	4	玻纤增强聚酰胺 6 或聚酰胺 66	219. 92 cm^3	9 号、11 号各 2
4	橡胶垫板	块	2	橡　胶	496 cm^3	

表 2—26　Ⅲ型弹条扣件不同轨距时绝缘轨距块号码配置

轨　距 (mm)	轨距调整量	左　股　钢　轨		右　股　钢　轨	
		外　　侧	内　　侧	内　　侧	外　　侧
1435	-8	13	7	7	13
	-6	13	7	9	11
	-4	11	9	9	11
	-2	11	9	11	9
	0	9	11	11	9
	+2	7	13	11	9
	+4	7	13	13	7

表 2—27 使用Ⅲ型扣件,道岔不同轨距值使用的轨距块号码

轨距误差(mm)		0	-2	-4	-6	-8	-10	-12	+2	+4	+6	+8
一 股	非作用边	9	11	11	13	13	15	15	7	7	5	5
	作用边	11	9	9	7	7	5	5	13	13	15	15
另一股	作用边	11	11	9	9	7	7	5	11	13	13	15
	非作用边	9	9	11	11	13	13	15	9	7	7	5

5. 调高扣件

弹条Ⅰ型调高扣件适用于60 kg/m 钢轨混凝土枕、混凝土宽枕和整体道床,允许调高量为20 mm,调整轨距量为 -8 ~ +12 mm。其构件与弹条Ⅰ型扣件基本相同。采用A型弹条。轨距挡板分6、10号两种,挡板座分0、2、4、6号四种,调高垫板厚有2、3、4、6、10、15 mm六种。常用的调高垫板为胶合竹或木材制成。

除弹条Ⅰ型调高扣件外,还有用于50 kg/m 钢轨整体道床曲线地段的TF-Y型弹条扣件,其允许调高量为20 mm,调整轨距量为 -8 ~ +20 mm。

(二)混凝土枕扣件伤损标准

扣件应经常保持设备齐全、位置正确、作用良好,缺少时应及时补充。分开式弹性扣件与木枕联结应紧密。当钢轨受车轮横向力作用时,不得产生相对位移和扭转离缝。扣板、轨距挡板应靠贴轨底边;扣板(弹片)扣件扭矩应保持在80 ~ 140 N·m;弹条扣件的弹条中部前端下颚应靠贴轨距挡板(离缝不大于1 mm)或扭矩应保持在80 ~ 150 N·m。Ⅲ型扣件后拱内侧距预埋件端部应不大于10 mm,扣压力应保持在8 ~ 13.2 kN。

当扣件伤损达到下列标准,应有计划地修理或更换:

(1)螺旋道钉折断、浮起,螺帽或螺杆丝扣损坏,严重锈蚀。

(2)垫圈损坏或作用不良。

(3)弹条、扣板(弹片)损坏或不能保持应有的扣压力。

(4)扣板、轨距挡板严重磨损,扣板、轨距挡板前后离缝超过2 mm。

(5)挡板座、铁座损坏或作用不良。

钢轨接头两端各两根轨枕应铺设高弹性橡胶垫板。橡胶垫板压溃或变形(两侧压宽合计:厚度为7 mm的橡胶垫板超过15 mm,厚度为10 mm的橡胶垫板超过20 mm)丧失作用,橡胶垫片损坏时,应进行更换。

六、混凝土轨枕使用要求及失效标准

(一)混凝土枕使用要求

(1)铺设混凝土枕地段,钢轨有接头病害时必须整治(焊补、打磨等);路基有翻浆、不均匀下沉及超过15 mm的冻害时必须整治。

(2)承轨槽坡度不一致的轨枕应分别成段铺设,不宜交杂混铺。伤损轨枕应修理后才能铺设。

(3)螺纹道钉应用硫磺水泥砂浆锚固。

(4)混凝土枕质量大,在搬运、装卸和铺设时要使用适当工具,尽量避免砸、摔、撞、碰。

(5)混凝土枕截面为梯形,不便安装防爬器,要注意拧紧扣件,增加钢轨与轨枕的联结强度,防止钢轨爬行。

(6)混凝土枕的扣件要合理使用。无缝线路和60 kg/m及以上钢轨必须采用弹条扣件;使用70型扣板式扣件时,在800 m及以下的曲线地段,钢轨外侧应使用加宽铁座。

(7)在下列地段,不宜铺设混凝土枕:

①铺设木岔枕的普通道岔两端各5根,铺设木岔枕的提速道岔两端各50根轨枕。

②铺设木枕的有砟桥和无砟桥的桥台挡砟墙范围内及其两端各不少于15根轨枕(有护轨时应延至梭头外不少于5根轨枕)。

(二)混凝土枕伤损标准

正线及到发线接头轨枕应保持无失效,其他处所无连续失效(含岔枕)。轨枕失效及混凝土枕严重伤损标准如下:

1. 混凝土枕(含混凝土宽枕、混凝土岔枕及短轨枕)失效标准

(1)明显折断。

(2)纵向通裂:

①挡肩顶角处缝宽大于1.5 mm;

②纵向水平裂缝基本贯通(缝宽大于0.5 mm)。

(3)横裂(或斜裂)接近环状裂纹(残余裂缝宽度超过0.5 mm或长度超过2/3枕高)。

(4)挡肩破损,接近失去支承能力(破损长度超过挡肩长度的1/2)。

(5)严重掉块。

2. 混凝土枕严重伤损标准

(1)横裂裂缝长度为枕高的1/2~2/3。

(2)纵裂:

①两螺栓孔间纵裂(挡肩顶角处缝宽不大于1.5 mm);

②纵向水平裂缝基本贯通(缝宽不大于0.5 mm)。

(3)挡肩破损长度为挡肩长度的1/3~1/2。

(4)严重网状龟裂和掉块。

(5)承轨槽压溃,深度超过2 mm。

(6)钢筋(或钢丝)外露(钢筋未锈蚀,长度超过100 mm)。

(7)斜裂长度为枕高的1/2~2/3。

七、其他类型轨枕

(一)混凝土宽枕(轨枕板)

混凝土宽枕是我国继混凝土枕大量推广以后,在轨下基础方面的一个新的重要发展,维修养护工作量少,是一种“少维修”的轨道结构。

1. 混凝土宽枕的优缺点

(1)混凝土宽枕一般都是密铺的,几乎将道床顶面全部覆盖,因此可以防止道床污染,使道床长期保持清洁;

(2)混凝土宽枕与道床的接触面较大,可以减少列车对道床的压应力;

(3)混凝土宽枕轨道的道床变形较小,轨道稳定,适合重载和高速铁路要求;

(4)混凝土宽枕轨道维修工作量少,可以减轻劳动强度,减少作业次数;

(5)混凝土宽枕轨道外表整齐、美观。

目前,混凝土宽枕轨道在应用中存在的主要问题是:基床或道床发生翻浆时整修困难;缺乏配套维修机具;宽枕产生纵裂和龟裂。

2. 混凝土宽枕的铺设条件

(1)路基必须稳定,如有翻浆冒泥、不均匀下沉及冻害,要彻底整治后方可铺设;

(2)道床应全面清筛并夯实,排水要良好;

(3)枕下垫层应用瓜子石,厚度不少于 5 cm(碎石粒径为 15 ~ 20 mm),下部碎石道床厚度不少于 30 cm;

(4)经过明桥面时,混凝土宽枕可直接铺到明桥面的桥头,经过圬工桥时,应对增加的恒载进行强度检算,合格后方可铺设;

(5)应使用扣压力较大、弹性好的扣件,采用弹条扣件和 10 mm 的橡胶垫板效果较好。

3. 混凝土宽枕的铺设方法

混凝土宽枕采用密铺式,板宽 55 cm,每千米铺 1 760 根,两相邻宽轨枕的中心距离为 56. 8 cm。混凝土宽枕一般铺设在站场和长大隧道内。

4. 不宜铺设混凝土宽枕地段

(1)《修规》规定不宜铺设混凝土枕的地段。

(2)路基有翻将冒泥、不均匀下沉、冻害等病害的地段。

(二)混凝土岔枕

目前,预应力混凝土岔枕已大量上道铺设。采用预应力混凝土岔枕可提高道岔的稳定性,轨距、水平、方向等几何尺寸容易保持,并可消除导曲线反超高及道岔爬行的病害,减少维修工作量约三分之一。岔枕长度为 2. 6 ~ 4. 8 m,级差为 0. 1 m,岔枕底面宽度为 300 mm,顶面宽度为 260 mm,高度为 220 mm,全部道岔均按垂直于道岔直股钢轨布置。但混凝土岔枕的联结零件较复杂,损坏后不易更换和处理,混凝土岔枕自重较大,不易单根抽换,弹性也较差。

(三)混凝土桥枕

有砟桥上由于需要设置护轨,所以不能使用普通断面的混凝土枕。混凝土桥枕上除有设置基本轨的承轨槽外,还必须有设置护轨的承轨槽。另外,桥梁外端左右两护轨要向道心弯折(弯折部分长度不小于 5 m)交合于轨道中心,将轨端切斜成梭头。因此,有砟桥面带护轨的混凝土桥枕分平直段部分桥枕和护轨梭头部分桥枕。

平直段部分桥枕形式是一样的,从护轨内侧螺孔中心到枕端距离为 850 mm。梭头部分桥枕的护轨承轨槽与基本轨承轨槽距离每根都不一样,护轨螺孔的位置是变化的,从 889. 5 ~ 1 172. 5 mm,这部分轨枕共有 10 根。

铺设混凝土桥枕时,其护轨与基本轨相对位置的规定与木桥枕是一样。当有砟桥采用混凝土枕又铺设无缝线路时,要遵照无缝线路设计所采用的扣件布置,该紧的扣件要按规定的扭矩拧紧,该松的扣件要充分松动。混凝土桥枕枕中部分应保持浮砟,既不能掏空,也不能进行捣固。

八、轨枕配置

1. 轨枕配置根数、间距的规定

(1)无缝线路轨枕的间距应均匀布置,如表 2—28 所示,普通线路的轨枕间距如表 2—29 所示。

表 2—28　无缝线路的轨枕间距尺寸

轨枕配置根数(根/km)	轨　枕　间　距(mm)
1 667	600
1 760	568. 2
1 840	543. 5
1 920	520. 8

表 2—29　普通线路的轨枕间距尺寸

轨　型	钢轨长度(m)	每千米配置根数	每节钢轨配置根数	木　枕(mm)			混凝土枕(mm)		
				c	*b*	*a*	*c*	*b*	*a*
75 kg/m 60 kg/m 或 50 kg/m	12. 5	1 600	20	440	594	640	540	587	635
		1 680	21	440	544	610	540	584	600
		1 760	22	440	524	580	540	569	570
		1 840	23	440	534	550	540	544	544
		1 920	24	440	469	530	—	—	—
	25. 0	1 600	40	440	537	635	540	579	630
		1 680	42	440	487	605	540	573	598
		1 760	44	440	497	575	540	549	570
		1 840	45	440	459	550	540	538	544
		1 920	48	440	472	525	—	—	—
43 kg/m 或 38 kg/m	12. 5	1 440	18	500	604	720	500	604	720
		1 520	19	500	604	675	500	604	675
		1 600	20	500	564	640	500	564	640
		1 680	21	500	559	605	500	559	605
		1 760	22	500	541	575	500	541	575
		1 840	23	500	504	550	500	504	550
		1 920	24	500	513	523	—	—	—
	25. 0	1 440	36	500	622	705	500	622	705
		1 520	38	500	617	665	500	617	665
		1 600	40	500	599	630	500	599	630
		1 680	42	500	554	600	500	554	600
		1 760	44	500	569	570	500	569	570
		1 840	46	500	537	545	500	537	545
		1 920	48	500	509	522	—	—	—

非标准长度钢轨的轨枕配置根数和间距，比照表 2—29 的规定，通过计算采用接近值，但 a 值不得比标准值大 20 mm。

(2)线路上的轨枕类型及配置根数，应根据运量、线路允许速度及线路设备条件等确定。

允许速度大于120 km/h的线路应铺设Ⅲ型混凝土枕，既有Ⅱ型混凝土枕应逐步更换为Ⅲ型混凝土枕。普通线路换轨大修及铺设无缝线路前期工程，除应将失效的轨枕和严重伤损的混凝土枕更换掉外，还应根据运输发展的需要，按表2—30所列标准，更换为与运营条件相适应的轨枕并补足配置根数。

表2—30　轨枕类型和配置根数标准

五年内年计划通过总重（Mt）			$W_{年} \geqslant 25$	$25 > W_{年} \geqslant 15$	$W_{年} < 15$
轨枕配置数量（根/km）	木　枕		1 840	1 840 ~ 1 760	1 760 ~ 1 680
	Ⅱ型混凝土枕		1 840	1 760	1 760 ~ 1 680
	Ⅲ型混凝土枕	无缝线路	1 667	—	—
		普通线路	1 680	—	—
	混凝土宽枕		1 760	1 760	1 760

（3）符合下列条件之一的正线木枕或Ⅱ型混凝土枕地段，线路设备大修时应增加轨枕配置数量：

①半径为800 m及以下的曲线地段；

②坡度大于12‰的下坡制动地段；

③长度300 m及以上的隧道内。

按表2—29所列轨枕配置数量，Ⅱ型混凝土枕每千米增加80根，木枕每千米增加160根，条件重合时只增加一次，但每千米轨枕最多铺设根数标准为：Ⅱ型混凝土枕1 840根，木枕1 920根。

2. 轨枕间距尺寸计算

（1）每节钢轨轨枕配置根数按下列公式计算：

$$n = \frac{NL}{1\,000}$$

式中　n——每节钢轨轨枕配置根数；

N——每千米轨枕标准配置根数；

L——每节钢轨长度（m），不含轨缝。

上式计算所得的 n 值，采用整数（四舍五入）。

（2）如图2—27所示，每节钢轨轨枕间距 a、b、c 值按下列公式计算：

$$a = \frac{L' - c - 2b}{n - 3}$$

式中　L'——每节钢轨长度（mm），含一个轨缝（一般采用9 mm），钢轨接头采用相错式时为两股相错接头之间的长度；

b——a 与 c 之间的过渡间距（mm）；

c——钢轨接头两根轨枕间距（mm），其值系根据钢轨接头构造而定；

a——除接头轨枕间距（c）和过渡间距（b）外的其余轨枕间距（mm）。

一般 $a > b > c$。如采用 $b = \frac{a+c}{2}$，则

$$a=\frac{L'-2c}{n-2}$$

将计算所得的 a 值,采用整数。如 a 值大于表 2—29 的规定,则每节钢轨(或两股相错接头之间)轨枕配置根数应增加 1 根。由于 n 值的改变,重新计算 a 值(仍采用整数),再根据 a 及 c 按下式求出 b 值:

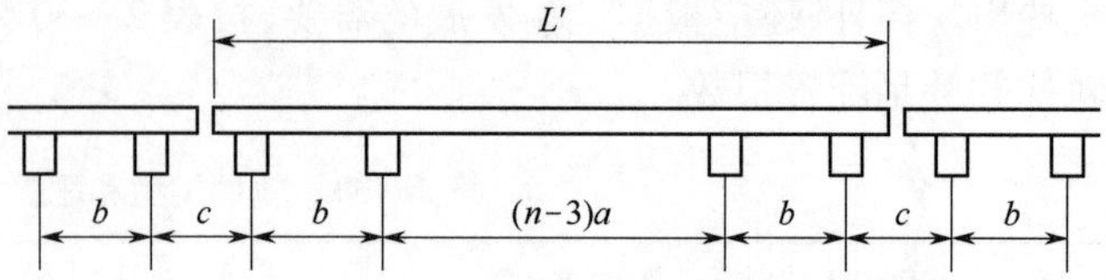

图 2—27　轨枕间距计算图

$$b=\frac{L'-c-(n-3)a}{2}$$

【例题】　某线路铺设 50 kg/m 钢轨,长度为 21 m 合拢短轨一根,每千米铺设轨枕标准为 1 760根混凝土枕,试计算轨枕间距 a 及 b。

【解】

$$①\ n=\frac{NL}{1\,000}=\frac{1\,760\times21}{1\,000}\approx37(\text{根})$$

$$②a=\frac{L'-2c}{n-2}=\frac{21\,009-2\times540}{37-2}\approx569(\text{mm})$$

$$③\ b=\frac{L'-c-(n-3)a}{2}=\frac{21\,009-540-(37-3)\times569}{2}\approx561(\text{mm})$$

计算结果:$a>b>c$,且 a 值与值 570 mm 相比小 1 mm,符合规定要求。

九、轨枕铺设规定

轨枕应按设计技术条件规定的标准铺设,非同类型轨枕不得混铺(除道岔内专用钢枕外)。

(1)混凝土枕与木枕、混凝土枕与混凝土宽枕的分界处,距钢轨接头不得少于 5 根轨枕。木枕与混凝土宽枕之间,应用混凝土枕过渡,其长度不得少于 25 m。

(2)提速道岔铺设木岔枕时,应用 2 600 mm × 260 mm × 160 mm 的木枕过渡;两端过渡均不得少于 50 根。

(3)铺设混凝土岔枕时,应用Ⅲ型混凝土枕过渡。

①道岔直向过渡枕

$v_{max}\leqslant120$ km/h 时,道岔直向两端过渡枕均不得少于 50 根;$160\ \text{km/h}\geqslant v_{max}>120$ km/h 时,道岔直向两端过渡枕不得少于 75 根。

②道岔侧向过渡(含岔后长岔枕)

18 号道岔侧向过渡枕不得少于 38 根;30 号和 38 号道岔侧向过渡枕不得少于 65 根。

(4)同一岔区道岔与道岔之间应铺设与过渡枕同规格的轨枕。

十、混凝土枕的主要病害及整治措施

1. 混凝土枕伤损分类

(1)轨下截面出现过大的横向裂缝

由于混凝土枕受不稳定重复荷载的作用,在使用期内,轨下截面有可能出现大于该截面抗裂强度的荷载弯矩，产生横向裂缝。当这种裂缝较小时，不致引起轨枕的失效。但在轨下截面的荷载弯矩远远大于轨枕的抗裂强度时，就会出现过大的横向裂缝，导致轨枕失效。

(2)轨下截面压溃

轨枕轨下部分由于橡胶垫板损坏或伸出，使钢轨直接作用于承轨槽，引起轨下部分混凝土压溃。有些轨枕由于轨下截面横向裂缝过大，混凝土受压区产生过大的压应力使混凝土压溃。

(3)轨枕中间部分出现过大的横向裂缝

轨枕中间部分出现的裂缝包括中间上部裂缝和下部裂缝。轨枕中间上部出现裂缝，是由于轨枕中部产生较大的负弯矩所致；轨枕中间下部出现裂缝，是由于中部产生较大的正弯矩所致。通过调查得知，因轨枕中部出现过大的横向裂缝而失效的轨枕多于因轨下截面出现横向裂缝而失效的轨枕，因轨枕中间下部出现过大横向裂缝而失效的轨枕多于因轨枕中间上部出现横向裂缝而失效的轨枕。

(4)轨枕中间部分压溃

轨枕中间部分如果受了过大的正弯矩，不仅会使轨枕中间部分的下部产生过大的裂缝，而且还会引起截面受压区的过大压应力，致使混凝土压溃。这种情况一般发生在钢轨接头。有些轨枕由于中间部分承受了过大的负弯矩，不但引起中间部分的上部裂缝，而且还使中间截面下部受到过大的压应力以致压溃，甚至出现钢筋外露。

(5)轨枕纵向裂缝

轨枕沿长轴线方向的裂缝统称纵向裂缝。纵向裂缝一般有端头裂缝、端部上表面裂缝、侧面水平纵向裂缝、钉孔纵裂和贯通纵裂等。纵向裂缝较多的部位是沿螺栓孔的两侧或应力钢筋处发生，并向端头及中部发展。1968～1973 年制造的轨枕多出现这种裂缝，它严重地影响了轨枕的使用寿命。

(6)轨枕龟裂

龟裂是轨枕表面纵横交错的细小裂纹，多发生在轨枕端部及中部顶面和侧面处。龟裂对轨枕的使用寿命影响很大。

(7)轨枕中间部分斜裂及扭伤

轨枕中间部分斜裂及扭伤是指沿对角方向的破损。线路维修工作中的捣固作业不当，如在轨枕两侧进行对角捣固，过车时容易使轨枕中间部分产生斜裂或扭伤。

(8)轨枕挡肩破损

轨枕挡肩承受由扣件传来的水平推力而产生破损，特别在小半径曲线上这种现象十分普遍，有的采用加宽铁座仍不能解决问题。据统计，在半径 400 m 的曲线上，挡肩破损高达 70%。另外，垫片损坏或在轨枕制造过程中挡肩部分的缺陷也可能造成挡肩破损。

(9)轨枕的腐蚀

在长期浸水地段和车辆装载有害介质散落在轨枕上，都会造成轨枕的腐蚀，轻者混凝土表面出现麻点、脱层等现象，重者钢筋锈蚀，并逐渐向内部延伸。

(10)轨枕底边掉块

手工捣固冲击轨枕底边使混凝土掉块，严重时掉块面积可达 100 cm^2，其结果是轨枕受力状况恶化，容易出现应力集中而造成其他各种伤损，并且削弱轨道的稳定性。

在轨枕的伤损中，钢轨接头轨枕伤损率比非钢轨接头部位高 10 倍以上。

2. 混凝土枕伤损原因

(1)制造工艺、质量不良等方面的原因。

(2)养护维修作业方面的原因。

作业中影响轨枕的支承条件和轨枕受力状态,出现轨枕某截面的弯曲应力大于轨枕抗拉强度,导致轨枕伤损,而捣固作业又没有及时恢复原有几何状态。

(3)轨枕支承条件不同,轨枕各个截面所受的弯矩有很大的变化。特别是中间截面上,有时出现正弯矩,有时出现负弯矩。其中起决定作用的是捣固不均匀引起轨枕荷载弯矩的变化。同时,它也是在养护维修作业中造成轨枕伤损最主要的影响因素。因此对于混凝土枕线路,枕下道床必须捣固均匀、密实,使轨枕受力均匀。

3. 改善养护作业,延长轨枕使用寿命

(1)改善道床的支承条件,减少轨枕伤损

应使混凝土枕端部埋入道床深度为 15 cm,其中部 60 cm 范围内道床顶面应低于枕底 3 cm。力求轨枕反力的合力中心与荷载中心接近,防止发生中部因道砟承垫而形成过大的负弯矩。养护时在轨枕 80 cm 范围内进行捣固。

(2)加强接头养护,及时整治接头病害

机车车辆的轮子通过接头时,由于轨面的不平顺和大轨缝而产生强大的冲击,如果存在病害,就会加剧振动,引起更大的附加动力作用,从而加速轨枕伤损。因此在养护中必须做到:经常拧紧接头螺栓,保持规定扭矩;不起高道,加强捣固,消灭接头空吊板,夯拍道床;接头垫双层胶垫或高弹性胶垫,枕下套大胶垫;更换磨圆石砟,对脏污、翻浆、板结道床要及时清筛。总之,要综合整治接头病害,以延长混凝土轨枕使用寿命。

(3)以垫代捣,充分利用和延长道床稳定期,保持轨枕良好支承

根据道床残余变形的规律(如图 2—28 所示),其中初期为压密期,道床下沉发展较快,轨面变化较多。进入稳定期后,砟粒之间已咬合得很紧,并互相适应了,下沉变形是非常缓慢的,在此期间可做恢复轨面几何状态的保养作业。如果又进行一次捣固作业,则道床又要经历一次轨面变化急剧的压密期。若在稳定期内不扰动枕底道床,而是随时在轨面出现坑洼及接头低落地段用竹(胶)片垫入轨底来处理轨道高低不平顺的病害,这样可以大大减少维修工作量,也不至于因频繁改变轨枕的道床支承条件而导致轨枕伤损。

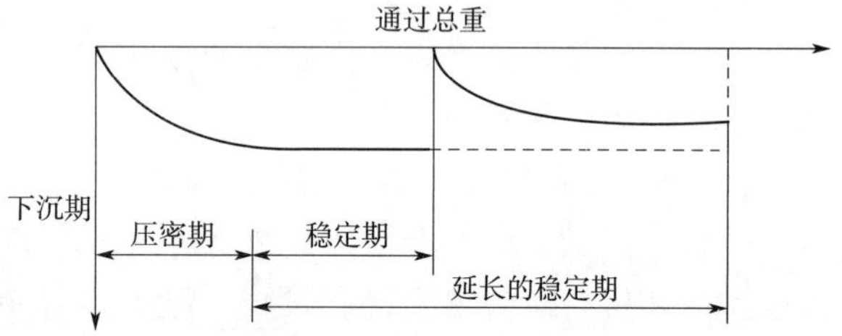

图 2—28　道床变形图

轨下垫层不仅使线路具有弹性,起到绝缘作用,而且可以缓和列车通过时对轨枕的冲击,以保护轨枕。测试发现,当垫板厚度从 1 mm 增厚到 14 mm 时,轨枕各截面的弯矩值都下降;当垫板厚度从 14 mm 增厚到 20 mm 时,各截面的弯矩值又上升了,同时钢轨挠曲应力也有所上升。因此应防止:一是单纯强调弹性垫层的作用,过分增加轨下弹性垫层厚度,弹性垫板以不超过 14 mm 为宜;二是擅自采用弹性较差的非标准垫板,或为了落道而抽掉垫板,这是不允许的。有些工区铺设旧胎做的轨下垫板,这种垫板存在弹性不足、几何尺寸相差悬殊、垫板厚薄

不一、胶片厚度不均、不平和破损占的比例大等缺点。为了延长混凝土轨枕的使用寿命，线路上应禁止铺设类似废旧轮胎的非标准垫板。

随着铁路的发展，以捣为垫的养护作业形式已发现存在一些问题，有待修改。

(4)正线及到发线尽量采用机械捣固

如采用手工捣固作业，一定要做到五够（捣固的力量够、镐的高度够、八面镐够、镐数够、捣固宽度够），使道床密实、均匀，避免轨枕因受力不均而产生断裂。所以必须做到：根据列车间隔时间确定起道长度，要求在列车到来前完成捣固和顺撬，同时禁止用大石砟打塞，导致过车时轨枕伤损，要使轨枕底支承情况尽量符合设计要求。

(5)加强道床养护

道床给轨枕提供弹性、吸振、减振和缓冲性能，但是线路在运营过程中，道床中不可避免地混入煤灰、砂、土等脏物以及捣固时产生粉末充填在道砟颗粒中。这些物质在水的作用下形成道床板结硬层，会大大降低轨道弹性，特别是在钢轨接头处更为严重，很容易伤损轨枕。因此，应及时清筛脏污、板结道床，定期起道维修，恢复轨道弹性，保持轨枕有良好的支承能力，从而延长使用寿命。

十一、线路上轨枕的修理

(1)用削平、捆扎、腻缝或钉组钉板等方法修理木枕；

(2)用环氧树脂修补局部破损的混凝土枕；

(3)用锚固法修理松动或失效的螺旋道钉。

十二、旧轨枕分类

(1)一类为再用轨枕：可不经修理或稍加修理即能使用的轨枕；

(2)二类为待修轨枕：经过修理才能再用的轨枕；

(3)三类为废轨枕：不能修理再用的轨枕。

从线路上更换下来的旧轨枕，应及时回收，分类堆码，集中存放，合理使用。

第七节 轨道加强设备

列车运行时，车轮作用于钢轨，不仅产生竖向力和横向力，还由于车轮的阻力及制动力等原因而产生纵向力。这些作用力由钢轨基础的抵抗力来克服。如果抵抗力小于作用力，钢轨就会纵向移动，扣件阻力大于道床阻力时，还会带动轨枕一起移动，这种移动叫轨道爬行。作用于钢轨上的纵向水平力称为爬行力。

铁路线路容易发生爬行的地方是单线线路的重车方向、双线线路的区间正线、长大坡道的下坡道，线路爬行最为严重的地段是进站时的制动距离范围内。

一、线路爬行

1. 线路爬行原因

(1)钢轨在动荷载作用下的波浪形挠曲：钢轨受机车车辆动荷作用而发生挠曲时，钢轨断面发生转动，轨顶被缩短，轨底被拉长。

若钢轨与轨枕联结不牢，在受到车辆轴重时，钢轨产生挠曲，车轮前钢轨断面的转动引起轨底在垫板上顺着行车方向而滑动，造成爬行。

(2)列车制动：机车车辆的制动，也在运行的方向上产生爬行力。列车减速、限速或停车、制动往往会产生一些车轮沿钢轨滑行现象，引起与列车运行方向一致的爬行。

(3)列车运行阻力：列车运行时，机车要克服许多阻力，如车轮滚动和滑动摩阻力、曲线运行附加阻力等，速度高、轴重大的地段，容易产生爬行。

(4)钢轨温度变化：钢轨在温度应力作用下，钢轨伸缩也能造成线路爬行。

(5)轨道几何状态不良：列车通过时会引起轨道弹跳，降低道床阻力，增加轮对阻力，产生爬行。

2. 线路爬行的危害

爬行是轨道被破坏的重要原因之一，它能引起轨枕位置歪斜、间距不正和轨缝不匀等现象，对线路的破坏性很大。钢轨爬行不仅带动接头枕木产生接头病害，而且其他枕木的位移也使线路几何尺寸发生变化。为防止线路爬行而采取的轨道辅助设备，通称为轨道加强设备。

二、轨道加强设备

(一)轨道防爬设备

防止线路爬行的措施是加强轨道中间扣件的扣压力和接头夹板的夹紧力，同时采用以防爬器和防爬支撑组成的防爬设备来共同抵抗钢轨爬行，还可以安装轨距杆或轨撑。

1. 防 爬 器

我国目前广泛使用的是穿销式防爬器。这种防爬器每个可以承受 30 kN 的爬行力。防爬器是由带挡板的轨卡和穿销组成，如图 2—29 所示。

穿销式防爬器与轨枕之间设置木制承力板。承力板的面积应不小于防爬器挡板的面积，厚度为 50 mm，允许误差为 ±10 mm；混凝土枕地段承力板呈楔形，窄面厚度为 50 mm，允许误差为 ±10 mm。防爬器可以和防爬支撑同时使用。

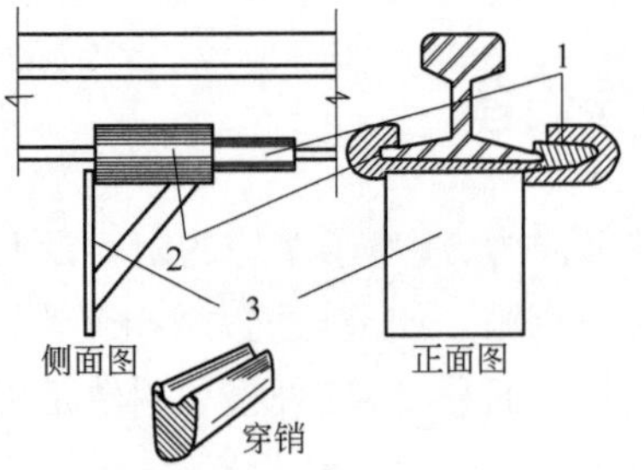

图 2—29 穿销式防爬器

1—穿销；2—轨卡；3—挡板

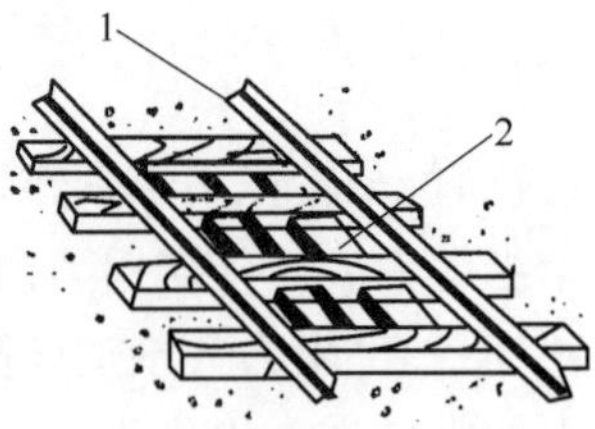

图 2—30 防爬设备安装图

1—防爬器；2—防爬支撑

2. 防爬支撑

为了充分发挥防爬器的作用，在线路上使用时，在 3 ~ 5 根轨枕之间安装防爬支撑，形成一个整体，组成一组防爬设备，共同抵抗线路爬行力，如图 2—30 所示。

防爬支撑可用木质、石料或钢筋混凝土等制造。防爬支撑断面积一般不小于 120 cm^2，安装时防爬器与轨枕之间应设承力板。混凝土枕地段安装防爬支撑时，如用混凝土或石料支撑，应在两端加楔形垫木，垫木斜面与混凝土枕坡面一致；如用木料支撑，应按轨枕间距与其斜坡面锯制。

3. 轨 距 杆

曲线地段受列车横向力作用，钢轨会发生横移式向外倾斜，导致轨距扩大。为保证曲线轨道稳定，可以安装一定数量的轨距杆和轨撑。

除采用上述防爬措施外，现场有时也采用地锚拉杆的方法来加强线路防爬。

(二)防爬设备安装规定及防爬措施

1. 安装规定

(1)曲线地段应按下列条件安装轨距杆或轨撑：

①铺设木枕时，正线半径为800 m及以下和站线半径为450 m及以下的曲线，按表2—31的规定安装。

表2—31 轨距杆或轨撑安装数量

曲线半径(m)	轨 距 杆(根)		轨 撑(对)	
	25 m钢轨	12.5 m钢轨	25 m钢轨	12.5 m钢轨
$R \leqslant 350$	10	5	14	7
$350 < R \leqslant 450$	10	5	10	5
$450 < R \leqslant 600$	6~10	3~5	6~10	3~5
$600 < R \leqslant 800$	根据需要安装			

半径为350 m及以下的曲线和道岔导曲线，可根据需要同时安装轨距杆和轨撑。

②铺设混凝土枕时，在行驶电力机车区段半径为600 m及以下的曲线，其他区段半径为350 m及以下的曲线可根据需要比照表2—31安装，或采用保持轨距能力较强的弹性扣件。

设有轨道电路的线路安装轨距杆时，应使用绝缘轨距杆。

(2)铺设木枕采用道钉联结的线路、道岔，防爬器安装数量和方式如表2—32和表2—33所示。正线、到发线上的道岔、绝缘接头、桥梁前后各75 m地段及驼峰线路，应增加防爬设备数量。其他站线的线路、道岔，应根据爬行情况，适当安装防爬设备。

表2—32 正线防爬设备安装数量和方式

线路及运营特征	安 装 方 向	非制动地段(对)		制 动 地 段(对)	
		25 m钢轨	12.5 m钢轨	25 m钢轨	12.5 m钢轨
复线单方向运行线路	顺向/逆向	6/2	3/1	8/2	4/1
单线两方向运量接近	顺向/逆向	4/4	2/2	6/4	3/2
单线两方向运量显著不同	运量大/运量小	6/2	3/1	8/2	4/1
	运量小/运量大	—	—	4/6	2/3

注：①表中分子表示制动方向安装对数，分母表示另一方向安装对数。
②到发线比照正线处理。
③非标准长度钢轨，可比照本表安装。

表 2—33　正线道岔防爬器安装数量和方式

安装位置	安装方向	9 号道岔(对)		12 号道岔(对)		18 号道岔(对)	
		单　线	双　线	单　线	双　线	单　线	双　线
尖轨跟后	正方向/反方向	4/4	4/4	6/6	8/4	6/6	6/6
中间部分	正方向/反方向	—	—	—	—	4/4	6/2
辙叉趾前	正方向/反方向	4/4	6/2	4/4	6/2	6/6	8/4

注:①到发线道岔比照正线道岔办理。
　②其他型号道岔,可比照上表安装。

(3)采用分开式扣件的木枕线路道岔,如无爬行时,可不安装防爬设备。

(4)铺设混凝土枕的线路、道岔,使用弹条扣件时,可不安装防爬设备。使用其他扣件时,对线路坡度大于6‰地段、制动地段、驼峰线路和正线、到发线上的道岔、绝缘接头、桥梁(明桥面)前后各 75 m 地段,可按具体情况适当安装防爬设备。

(5)在碎石道床地段,每组防爬设备的组成:单方向锁定为 1 对防爬器和 3 对支撑;双方向锁定为 2 对防爬器和 3 对支撑。

防爬设备应安装在钢轨中部,接头附近两根轨枕不宜安装。防爬支撑一般安装在钢轨底下,也可安装在与轨底边净距不小于 350 mm 的道心内。

2. 爬行观测桩的设置

普通线路正线(不含站内)应设置爬行观测桩。有防爬设备地段每 0.5 km 设置 1 对;无防爬设备地段每 1 km 设置 1 对。爬行观测桩应埋设牢固,标记清楚,便于检查,经常保持状态良好。

有固定建筑物可利用时,亦可在建筑物上设置观测标记。

线路爬行量大于 20 mm 时应及时整正。

三、轨道加强设备的伤损标准

轨道加强设备应保持数量齐全,作用良好,缺少时应有计划地补充。防爬设备的安装数量和方式与线路锁定要求不相适应时,应及时调整。

轨道加强设备伤损达到下列标准,应有计划地修理或更换:

(1)轨距杆折断或丝扣损坏,螺帽、垫圈、铁卡损坏或作用不良。

(2)轨撑损坏或作用不良。

(3)防爬器折损,穿销不紧或作用不良。

(4)防爬支撑断面小于 110 cm^2,损坏、腐朽或作用不良。

四、线路爬行病害产生的原因及整治方法

(一)线路爬行病害

(1)连续多处挤瞎轨缝能发生胀轨跑道,拉大轨缝能造成钢轨、夹板、螺栓伤损或拉断螺栓,爬行易产生和加剧钢轨接头病害;

(2)拉斜轨枕造成轨距、轨向不良,扣件(道钉)和轨枕损坏;

(3)捣固质量不能保持,轨枕吊板增多,产生和加大轨面坑洼;

(4)在道岔上会影响尖轨与基本轨靠贴或尖轨的扳动,甚至涉及联锁装置;

(5)在桥上会带动桥枕,扩大桥枕间距,甚至会带动钢梁并涉及支座和墩台。

线路爬行是线路的主要病害,对轨道结构的整体和稳定性起破坏作用,因此,必须从设备上采取措施防止爬行。

(二)预防线路爬行的措施

(1)及时补充、更换缺少和损坏的防爬设备,打紧失效的防爬器,整修失效的防爬支撑,切实发挥防爬设备的作用。对于已安防爬设备仍不能锁定线路处,应增加防爬设备的数量。

(2)及时调整轨缝,按规定拧紧接头螺栓和轨枕扣件螺栓,打紧浮起道钉,对损坏的螺栓道钉和扣件及时更换和整修。

(3)线路维修时应做好捣固和回填作业,保持轨枕盒内道砟丰满并夯实,整好大平,保持线路平顺。

(4)及时整治接头病害,减少列车对钢轨的冲击力。

(三)预防道岔爬行的措施

道岔爬行是引起枕木偏斜、轨缝不均、螺栓拉弯等病害的主要因素之一。因此,必须及时更换、补充失效和缺少的防爬设备,拧紧螺栓,消灭浮离道钉,使各部分联结零件经常处于良好状态。对主要道岔和绝缘接头前后 75 m 加强锁定,预防道岔爬行, 同时应对道岔采用加强措施。

(1)先对单侧进路,曲线通过的方向易变的道岔转辙部分,使用钢轨桩式的可调防横移桩。从尖轨尖端后第四根岔枕开始,每隔两根岔枕埋设有基础的钢轨桩一根,可以调节,便于作业。

(2)采用绝缘可调式螺杆控制转辙部轨距,尖轨尖端处、尖轨中部、尖轨根端处各一根。

(3)导曲线部分,改装 70 型扣板,用弹条Ⅰ型和 K 型分开式扣件加固板代替道钉联结,以增加轨道框架刚度,防止导曲线横向移动,控制道岔纵爬、横移。

(4)导曲线部分支距点,用连二加固板或利用短轨距杆加固,有效地控制导曲线支距的变化。

(5)辙叉部分,安装叉心压板和防横移绝缘螺栓杆。压板是比照混凝土枕尺寸,用扣板控制叉心,每个叉心安装 6 个,自叉心 40 mm 断面处开始,前后每隔两根枕木用木螺旋道钉固定,用扣板调整。绝缘螺栓杆是可调试的,每组道岔安装两根,直股一根,曲股一根,安装在叉心 40 mm 断面处,这两种加固形式都是控制查照间隔、防止叉心横移的。

(6)全面或重点安设弹性垫层,一般采用厚度为 10 mm 左右的胶垫。

(7)改善道岔道床状态,对正线、到发线道岔,在维修时坚持清筛道床和清土作业,必要时在岔枕空内换填 20 ~ 40 mm 优质小石砟。

(8)整体防爬锁定,正线、到发线道岔,包括前后 25 m 线路,全部采用连排锁定。

(9)绝缘接头处更换高强绝缘螺栓及配件代替普通螺栓。

第八节 道 床

一、道床的功用

(1)道床是轨道的重要组成部分,它承受轨枕传来的压力,并把这个力均匀传布于较大的路基面上。

(2)清洁的道床可顺利排除线路上的雨水和地表水,以保持轨枕及路基面的干燥,防止路基松软、翻浆而引起轨道下沉。

(3)道床具有一定弹性,可缓和列车对线路的冲击,并可减缓水平、方向的变化,以保持轨道的稳定性。

(4)饱满密实的道床,可防止轨道横向移动和线路爬行。

(5)道床是捣固整治水平的材料,也是拨正方向、阻止回弹的材料。

二、道床的材料及规格

道床材料以质地坚韧、不易风化的碎石为最好。目前我国多采用碎石、砂子为主要道床材料,干线上主要采用优质碎石一级道砟。允许速度 200 km/h 的线路应采用一级碎石道砟,允许速度大于 200 km/h 的线路应采用特级碎石道砟。道床材料要求质地坚固,吸水度低,排水性能强,不易风化。

一般土质筑成的路基面上道床可分为砂垫层和普通道砟两层。砂垫层采用粗砂和中砂,厚度为 20 cm。它可使道砟不至于压入路基面,有利于排水,并可阻止路基翻浆冒泥。

上道道砟必须有"碎石道砟产品合格证"。混凝土枕线路的道床由面砟带和底层组成,均采用一级碎石道砟,其粒径级配如表 2—34 所示。

表 2—34　碎石道砟粒径级配(v_{max}≤200 km/h)

方孔筛边长(mm)	63	56	45	35.5	25	16
过筛质量百分率(%)	97~100	92~97	55~75	25~40	5~15	0~5

《既有线提速 200~250 km/h 线桥设备维修规则》对碎石道砟粒径级配的要求如表 2—35 和表 2—36。

表 2—35　碎石道砟粒径级配(v_{max}=200 km/h)

方孔筛边长(mm)	63	56	45	35.5	25
过筛质量百分率(%)	97~100	92~97	55~75	25~40	0~5

表 2—36　碎石道砟粒径级配(200 km/h<v_{max}≤250 km/h)

粒　径	筛分机底筛孔边长 31.5~50 mm					
级　配	方孔筛孔边长(mm)	22.4	31.5	40	50	63
	过筛质量百分率(%)	0~3	1~25	30~65	70~99	100
颗粒分布	方孔筛孔边长(mm)	31.5~50				
	颗粒质量百分率(%)	≥50				

三、道床横断面

道床横断面包括道床厚度、顶面宽度及道床边坡坡度,如图 2—31 所示。

(1)道床厚度是指直线地段钢轨中心处轨枕底面至路基面的高度值或曲线地段内轨中心处轨枕底面至路基面的高度值。

道床厚度应以保证路基顶面不发生永久变形为原则。道床厚度根据运量、轴重等运营条件和道砟质量、路基强度及轨枕间距等轨道条件确定。

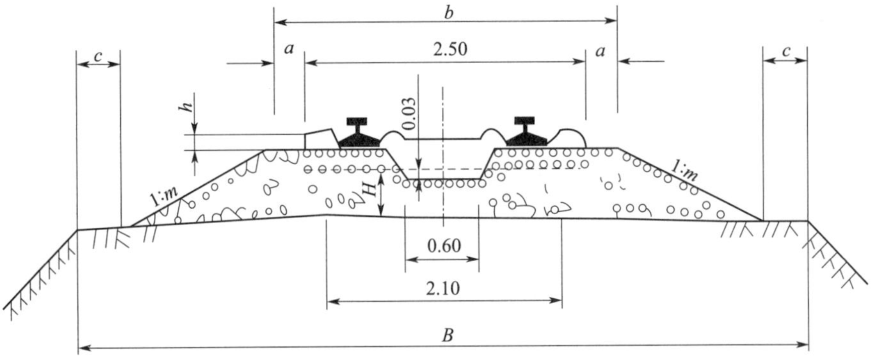

图 2—31 直线地段道床横断面(单位:m)

正线标准道床厚度见表 2—1;站线道床厚度见表 2—2。

线路大、中修时,必须清筛道床,补充道砟,并对基床翻浆冒泥地段进行整治。枕下道床厚度应符合表 2—37 的规定。

表 2—37 道床厚度(mm)标准

五年内年计划通过总重(Mt)		$W_{年} \geqslant 50$	$50 > W_{年} \geqslant 25$	$25 > W_{年} \geqslant 15$	$W_{年} < 50$
无垫层的碎石道床	一般路基	450	450	400	350
	不易风化的岩石、碎石路基	350	350	300	300
有垫层的碎石道床(碎石/垫层)		300/200	300/200	250/200	250/200
有砟桥面上的碎石道床	$v_{max} \leqslant 120$ km/h	250			
	$v_{max} > 120$ km/h	300			

线路大、中修后,无垫层的碎石道床,枕下清砟厚度不得小于 300 mm;特殊困难条件下道床厚度不足 300 mm 时,应清筛至路基面,并做好排水坡。

运量小、允许速度低的线路或在隧道内、桥梁上和车站内受建筑物限制时,可酌情降低道床厚度。但正线木枕地段碎石道床厚度不得小于 200 mm,混凝土枕地段不得小于 250 mm,站线不得小于 200 mm。

《既有线提速 200 ~ 250 km/h 线桥设备维修规则》规定的道床厚度如表 2—38。

表 2—38 道床厚度(mm)标准

速 度			$v_{max} = 200$ km/h	200 km/h < $v_{max} \leqslant 250$ km/h
道床厚度(mm)	无垫层的碎石道床	一般路基	450	450
		不易风化的岩石、碎石路基	350	350
	有垫层的碎石道床(碎石/垫层)		300/200	350/200
桥上及隧道内道床厚度(mm)			350	350

注:①既有线提速 200 ~ 250 km/h 地段,有垫层的碎石道床的碎石厚度和桥上及隧道内道床厚度可暂时保留为 300 mm,并应结合更改或大修进行改造;200 km/h 地段桥上道床厚度困难条件下不得小于 250 mm。由于条件限制道床厚度不能满足要求时,可采取铺设弹性轨枕等措施。
②既有线提速 250 km/h 地段的桥梁上及隧道内,应结合更改或大修采取弹性过渡措施。

(2)道床顶面宽度决定于线路种类。不同种类的线路,其道床顶面宽度也不同。道床在轨枕两端的伸出部分称为道床肩宽。道床顶面宽度等于轨枕长度与两端道床肩宽之和。为了保证道床有足够的横向阻力和防止道砟从轨枕端部下面被挤出,我国铁路规定道床肩宽为20~30 cm,在曲线上,还应在曲线外侧适当加宽道床,如表2—39所示。

表2—39 道床顶面宽度及边坡度

线路类别			顶面宽度(m)	曲线外侧道床加宽		砟肩堆高(m)	边坡坡度
				半径(m)	加宽(m)		
正线	无缝线路	200 km/h≥v_{max}>160 km/h	3.5			0.15	1:1.75
		v_{max}≤160 km/h	3.4	≤600		0.15	1:1.75
	普通线路	年通过总重不小于8 Mt	3.1	≤800	0.10		1:1.75
		年通过总重小于8 Mt	3.0	≤600	0.10		1:1.75
站线			2.9				1:1.50

轨底处道床顶面应低于轨枕顶面20~30 mm。Ⅰ型混凝土枕中部道床应掏空,其顶面低于枕底不得小于20 mm,长度为200~400 mm;Ⅱ型和Ⅲ型混凝土枕中部道床可不掏空,但应保持疏松。

《既有线提速200~250 km/h线桥设备维修规则》规定的道床顶面宽度及边坡坡度如表2—40。

表2—40 道床顶面宽度及边坡度

线路类别	顶面宽度(m)	砟肩堆高(m)	边坡坡度
v_{max}=200 km/h	3.5	0.15	1:1.75
200 km/h<v_{max}≤250 km/h	3.6	0.15	1:1.75

Ⅲ型轨枕中部道床顶面与轨枕顶面平齐。允许速度为200 km/h时,轨底处道床顶面应低于轨枕承轨面20~30 mm;允许速度大于200 km/h时,轨底处道床顶面应低于轨枕承轨面30~40 mm。

有砟桥上无缝线路应设挡砟板。

《铁路客运专线技术管理办法(试行)》规定:正线有砟轨道应采用特级碎石道砟,上道前必须进行清洗。正线单线道床顶面宽度3.6 m,道床厚度350 mm,道床坡度1:1.75。双线道床顶面宽度应分别按单线计算。道床顶面应低于轨枕承轨面不得小于40 mm,且不应高于轨枕中部顶面。桥上的道床标准与路基地段相同。砟肩至防护墙或边墙之间以道砟填平。

(3)道床边坡坡度与行车速度有关。边坡太陡了,在列车动力作用下,道砟普遍坍落,会引起方向和水平发生变化。因此,道床边坡坡度应按规定设置。

(4)混凝土宽枕线路道床

混凝土宽枕线路的道床由面砟带和底层组成,均应用一级道砟。有垫层时道床厚度不得小于250 mm,无垫层时不得小于350 mm;在岩石、渗水土路基上,隧道内及有砟桥面上,不得小于200 mm。面砟带道砟粒径级配如表2—41,厚度为50 mm,每股轨下两侧宽度应各为450~500 mm,底层为普通碎石道砟。道床顶面宽度不得小于2.9 m,允许速度大于120 km/h的线路，道床顶面应与宽枕顶面平齐，其他线路枕端埋入道床深度应不少于 80 mm。

表 2—41 面砟粒径级配

方孔筛孔边长(mm)	10	16	20	25	30	35.5
过筛质量百分率(%)	0 ~ 5	5 ~ 15	25 ~ 40	55 ~ 75	95 ~ 100	100

垫砟起道用的道砟，采用火成岩材料，粒径为 8 ~ 20 mm。

道砟必须有"碎石道砟产品合格证"，作为竣工验收和评定道床质量的依据。线路修理补充的道砟应采用一级道砟，既有线二级道砟应结合线路大、中修逐步更换为一级道砟。碎石道砟粒径级配见表 2—42。

表 2—42 道砟粒径级配

方孔筛孔边长(mm)	25	35.5	45	56	63
过筛质量百分率(%)	0 ~ 5	25 ~ 40	55 ~ 75	92 ~ 97	97 ~ 100

道床应保持饱满、均匀和整齐，并应根据道床不洁程度有计划地进行清筛，保持道床弹性和排水良好。道床应保持密实，防止轨枕空吊、道床翻浆。

四、道床病害及整治

(一)道床病害成因

1. 道砟材质不良

未采用优质道砟，道砟强度低，耐磨性和抗冲击性、抗压碎性能差，而且磨损后呈粉末状，容易出现翻浆、板结等病害，对行车安全威胁极大。道砟在列车动载的反复作用下，颗粒间相互挤压、磨损，道砟棱角磨圆，丧失弹性。

2. 道砟级配原因

道砟的片状和针状颗粒都会减小道床颗粒间的咬合力，从而减小道床的弹性和道床阻力。

3. 路基基床翻浆病害引发道床病害

路基基床翻浆发生在非渗水性或弱渗水性填料填筑的路基地段。

(1)路基基床密实度不足。在列车长期动载作用下，道砟颗粒嵌入基床形成道砟囊，致使地表水无法排出，形成翻浆、积水等路基基床病害。由于道砟囊分布比较复杂，其深度和范围随着形成时间的延长而不断加深和扩大。

(2)维修作业不当。日常维修作业或中修清筛道床作业中，将路基基面的平顺度破坏或将原有的路拱破坏，导致基床表面坑洼不平或反坡，路基表面排水不畅。

(3)外物脏污影响。刮风下雨将空气中的沙尘流入道床，货物列车粉状物散落在道床肩部与边坡上，客车的垃圾及粪便落入道床，这些物质严重污染道床，会减小道床的渗水性和弹性，形成板结、翻浆等道床病害。

(二)道床病害防治

1. 改善道床质量

(1)坚持正线道砟使用一级花岗岩或石英岩道砟，严格控制片状和针状颗粒含量，最大限度降低含污量,使道砟的材质和级配符合标准。

(2)适时安排中修,清筛不洁道床。

(3)结合维修,对边坡污染严重区段进行边坡清筛,改善道床的渗水性,预防积水、翻浆病害的发生。

2. 整治基床病害,恢复基床的密实度和排水顺畅

(1)对基床病害的现状进行调查、分析,然后采取相应措施进行整治。

(2)对基床填料不良或基床密实度不足引起的翻浆病害应采取基床土换填,改善基床填料的土质条件,彻底恢复路拱,设足横向排水坡,确保基面排水顺畅,有条件时可用氯丁橡胶、橡胶排水板、土工布等新型材料封闭路基面,隔绝地表水对路基面的浸泡,避免因基床土含水量大而导致路基基床承载力不足引发的基床病害。

(3)对因路拱破坏而引起的基床排水不畅、翻浆、积水等病害,应采取在路基一侧或两侧设横向的渗沟,用卵石和粗砂作反滤层,在路堑地段还应加深侧沟,以保证横向渗沟流水能顺利排走。

(4)对道砟囊引起的道床病害应根据道砟囊的深度和路堤或路堑等条件采取不同措施。

(5)对道砟囊较浅的路堤地段或侧沟有条件加深的路堑地段,应采取设横向渗沟的办法,此方法对行车干扰小、成本低、难度小,便于实施。

3. 加强标准化作业,避免在中修和维修作业中对原有路基的破坏

在线路中修中,尤其是在人工清筛中,一定要避免对原有路拱造成破坏。在维修作业边坡清筛和整理道床作业时,要注意保持路基面的平顺,确保路基面不积水,排水顺畅。

4. 综合整治接头病害,避免引发道床病害,形成恶性循环

对伤损钢轨接头、低接头进行焊补打磨,严重的进行更换,采用高弹性的胶垫,对失效轨枕进行更换,对坍砟接头、翻浆进行清筛及路基综合整治措施,保持接头线路的平顺和轨枕、道床状态良好。

5. 改善外部条件,减小对道床的污染

建设绿色长廊,减小砂、尘污染;加强粉状货物列车管理,避免粉状货物散落入道床;严格客车垃圾回收和到站统一清理,杜绝粪便直接流入道床,从而改善工务工作的环境,减小对道床的污染。

第九节 无砟轨道

无砟轨道是以混凝土或沥青混合料等取代散粒道砟道床而组成的轨道结构形式。高速铁路的轨道结构从总体上可分为两类:一类为传统的有砟轨道;另一类为无砟轨道。实践表明,两种轨道结构均可保证高速列车的安全运营。但由于两类轨道结构在技术经济方面的差异,各国均根据自己的国情、铁路的特点合理选用,以取得最佳的技术经济效益。我国已经运营的京津城际铁路、武广客运专线和正在建造的京沪高速等都采用无砟轨道结构形式。

一、无砟轨道的特点

(一)无砟轨道的优点

1. 轨道稳定性好,平顺性高,舒适性好

无砟轨道结构的几何形位能持久保持,横向阻力较高,轨道稳定性好,增加了运营的安全性;无砟轨道长波不平顺小,平顺性高;无砟轨道可通过轨道刚度的合理匹配,提高乘坐舒适性,尤其是通过不同结构物过渡段和道岔区的舒适性。

2. 养护维修工作量少,使用寿命长

随着列车运行速度的不断提高,有砟轨道道砟粉化及道床累积变形的速度加快,为了满足高速铁路对线路的高平顺性、稳定性的要求,必须通过轨道结构的强化及频繁的养护维修来保持轨道的几何状态。与有砟轨道相比,无砟轨道养护维修工作量小,结构耐久性好,轨道使用寿命长。

3. 初期土建工程投资相对较小,节省工程总造价

无砟轨道在圆曲线地段可实现超出有砟轨道高达 25% 的超高,这就有可能在保持规定速度的情况下选择较小的曲线半径,同时无砟轨道可以采用较大的线路纵坡,提高线路平纵断面对地形、地物的适应性,减少对景观的破坏,可缩短桥梁、隧道结构物的长度,减少投资;结构高度低,自重轻,可减少桥梁二期恒载、降低隧道净空,从而降低工程总造价。

4. 整洁美观,利于环保

无砟轨道道床整洁美观,解决了有砟轨道在列车高速运行下道砟飞溅带来的一系列问题,利于环保。

(二)无砟轨道的缺点

(1)初期建设投资相对较大。

(2)基础变形要求高,必须建于坚实、稳定、不变形或有限变形的基础上,无砟轨道的高低调整能力有限(主要通过扣件系统),一旦下部基础变形下沉超出其调整范围,或导致上部轨道结构裂损,其修复非常困难。

(3)道床面相对平滑,轮轨产生的辐射噪声较大。

二、无砟轨道铺设要求

基于无砟轨道的特点,其适于铺设的范围和条件主要有:

(1)基础变形相对较小、维修作业困难的长大桥梁、隧道区段。

(2)维修作业频繁、路基基础坚实的道岔区段。

(3)减振降噪与环境要求高的区段。

(4)优质道砟短缺、人工费用高的国家和地区。

三、国外铁路无砟轨道结构

国外无砟轨道结构主要有轨枕埋入式(如德国 Rheda 型)和板式(如日本新干线板式轨道、德国博格板式轨道)两大类。

(一)轨枕埋入式无砟轨道

1. 德国 Rheda(雷达)型无砟轨道

Rheda 型轨道就是长枕埋入式轨道结构,是当前德国较为成功的一种无砟轨道,主要用于高速铁路和城市轨道交通。

1972 年,德国在 Rheda 车站试铺了枕式无砟轨道,轨下基础是由整体混凝土枕和现浇钢筋混凝土板组合而成的。这种轨道是在路基上先铺一层厚度为 15 cm 的水泥混合土层,其上又铺有 20 cm 厚的聚苯乙烯泡沫混凝土层,主要起保温作用,但也能承重。在该层之上直接灌注厚度为 14 cm 的连续配筋式混凝土。再在其上放置 B70S 型混凝土枕,枕长 2. 2 m,轨枕中设有四个横向预置孔,轨道纵向钢筋从孔中穿过,在两枕之间再绑扎横向钢筋,浇灌混凝土后使之成为整体。整体式混凝土枕与现浇混凝土槽板之间留有 3 ~ 5 cm 的间隙用作调整水平,混凝土枕间隔和枕下部分填充混凝土。运营实践表明,试铺在 Rheda 车站的枕式无砟轨道,除调整钢轨扣件作业以外,几乎没有其他作业,维修工作量很少。这种无砟轨道经过不断改进和完善,现已把它标准定型为 Rheda 型无砟轨道。此种轨道结构广泛应用于土质路基上、隧道内和高架桥上。在隧道内,混凝土道床槽板直接铺设在隧道基础上;在高架桥上道床板与桥面底座之间有一层隔离层,底座表面与道床板板底互设凹凸形榫槽,以控制道床板相对于梁面的位移。

为使得轨枕与整体道床有最好的结合,在 20 世纪 90 年代末,德国开发了 Rheda2000 型轨道结构。Rheda2000 型比 Rheda 型有较大的改进。Rheda2000 型是用三角型钢筋框架连接起来的两块支承块,现场铺设时,三角型钢筋框架与道床的纵横向钢筋连成一体,从而使得轨枕与道床具有较好的整体性。

Rheda2000 型无砟轨道结构的主要优点:

(1)系统成套技术较为成熟,且有长期运营实践考验;

(2)轨道建设成本相对较低;

(3)其与不同类型的扣件结构适应性强。

Rheda2000 型无砟轨道结构的主要缺点:

(1)路基上连续道床板的混凝土裂纹难以有效控制;

(2)与预制板式轨道相比,其道床面外观质量相对要差;

(3)施工工效较低,施工速度慢(一般 100 m/d 工班);

(4)可修复性较差。

2. 日本轨枕埋入式弹性轨道

由于板式轨道优点明显,但一般情况下噪声较高。日本为了降低高速铁路的噪声,试验了轨枕埋入式的弹性轨道。此种轨道是在轨枕两端套上橡胶套,置入混凝土道床的凹槽内,橡胶套为轨道结构提供弹性。

(二)板式无砟轨道

1. 日本板式无砟轨道

日本板式无砟轨道的标准定型有普通 A 型、框架型、土质路基上的 RA 型及特殊减振区段用的减振 G 型等。其中 A 型板式轨道作为基本轨道结构推广应用。

A 型板式轨道主要由轨道板、水泥沥青砂浆填充层、混凝土凸形定位柱、混凝土基床等组成。

(1)轨 道 板

轨道板是把来自钢轨和扣件的轮载均匀地传给水泥沥青砂浆垫层，并且把轨道纵向荷载和横向荷载传递给混凝土凸形定位柱。板式轨道的结构的设计，是把水泥沥青砂浆作为弹性垫层，并把钢轨和轨道板作为弹性支承上的叠合梁处理的，或者采用把钢轨作为梁，轨道板作为平板的有限元法处理。

轨道板的外形分为承轨槽式和铁垫板式两种。承轨槽式用于隧道内直线地段，而铁垫板式用于高架结构和曲线地段。日本新干线用轨道板沿钢轨纵向长为 4 950 mm，宽为 2 340 mm，轨下截面厚度为 160 mm，两端和中间截面厚度为 200 mm；板中预埋了钢轨扣件的螺栓套管，位置要求十分准确。

(2)水泥沥青砂浆填充层

在轨道板与混凝土基床之间填充的乳化沥青水泥砂浆垫层(CA 砂浆或 CAM)，相当于有砟轨道的轨道的道砟层，以与枕下道砟层有同样弹性作用为宜，作为有此作用的材料，应以对列车走行的破坏影响极小，耐久性强，成本低廉为 CA 砂浆的开发原则。水泥灰浆虽具有强度高和耐久性长的优点，但弹性效果差；而乳化沥青的耐久性虽差，但具有黏性和富于弹性。因此，采用了将两者结合起来的 CA 砂浆，其材料是由特殊沥青乳剂、水、水泥和细骨料拌和而成的半刚性体，这样，它不仅给轨道以适当的弹性，可填充轨道板与混凝土基床之间的间隙，还能同钢轨扣件一起用以调整轨道高低不平顺部分。

CA 砂浆最大厚度为 40 mm，建造时 CA 砂浆的施工厚度为 50 mm ± 10 mm。在轮重的作用下，轨道板的中部挠度为 0. 061 mm，该值即为 CA 砂浆垫层的受压变形。作为设计值用的 CA 砂浆的弹性系数采用 122. 5 MPa，因而 CA 砂浆的压应力为 9. 8 MPa。另外，要求轨道板与 CA 砂浆之间的摩擦系数至少为 0. 35。

(3)混凝土凸形定位柱

对于板式轨道，为把轨道的纵向荷载和横向荷载传给基础，在轨道两端的中间，设有直径 400 mm、高 200 mm 的混凝土凸形定位柱，与混凝土基床灌筑成为一个整体。轨道板与凸形定位柱之间用 CA 砂浆填充。设置凸形定位柱，有助于固定轨道板的纵向和横向位置，同时又可作为板式轨道铺设和整正时的基准点。

(4)混凝土基床

混凝土基床按弹性基础梁或板计算，并且在现场就地灌筑而成。混凝土基床仅仅是在露天区间的曲线地段为调整和设置超高才修，而在直线地段上则没有。但考虑到隧道超挖、回填辗压不够等因素，基床更是不可缺少的。至于混凝土基床下的结构，对地质不良的岩体应修建仰拱或底盘，对地质条件良好的地段可在均匀混凝土上直接修建混凝土基床。

2. 德国博格板式无砟轨道

德国 Max-Bögl 公司从 1996 年开始研发 FF Bögl(博格)预制板板式轨道系统。这种板式轨道其结构类似于日本的板式轨道，板的外形尺寸为 6 450 mm × 2 550 mm × 200 mm，是横向预应力的预制板，为 C45 或 C55 钢纤维混凝土，纵向接头由螺栓连接。在路堤、路堑、隧道和桥梁都可使用这种轨道结构。但在路堤上铺设这种轨道结构时，则必须要求路基完成初始沉降，并要求路基的残余下沉量在允许的范围内。在隧道内和路堑上铺设这种轨道结构时，就没有路基下沉问题。为保护天气变化对路基的影响，在路基表面铺设有砾石保护层，以阻隔毛细作用。

预制板铺设时，接缝间距为 5 cm，以调整板的位置。板的位置调整完毕后，用螺栓将两块板的纵向钢筋连接起来，然后注浆，最后将注浆孔密封。两块板连接完毕后，在接缝处用混凝土填实。在轨道板表面横向锯槽，以防板的热胀冷缩引起开裂。

博格板式轨道系统结构的特点如下：

(1)轨道板结构按650 mm宽的预应力轨枕设计，混凝土强度等级为C55；

(2)轨道板间通过6根20 mm的精轧螺纹钢筋纵向连接；

(3)轨道板上设10对扣件，间距650 mm；轨道板每隔650 mm预设横向假缝；

(4)轨道板出厂利用数控磨床对承轨槽进行高精度(0.1 mm)打磨处理，打磨参数由布板设计软件根据线路平面和纵断面参数预先计算确定；

(5)每块轨道板在线路的位置是固定的，出厂前进行编号对应；

(6)轨道板铺设精度高(0.3 mm)；

(7)现场混凝土灌注工作量少，施工速度较快。

四、国内铁路无砟轨道结构

与先进国家相比，我国针对高速客运专线无砟轨道的试验研究起步相对较晚。为满足我国客运专线的建设需要，2005年我国全面引进了国外无砟轨道先进技术，通过消化吸收，结合我国实际情况，进行了创新与自主开发，形成了具有自主知识产权的无砟轨道结构：CRTSⅠ型(武 广)、CRTSⅡ型(京津城际)和CRTSⅢ型。

1. 普通铁路无砟轨道的早期研发与应用

20世纪50年代末~1984年，在成昆线、京原线、京通线、南疆线等长度超过1 km的隧道内铺设，累计铺设各种形式的整体道床300 km以上。结构形式以混凝土支承块式为主，其他形式为板式、沥青道床、整体灌注式等。应用范围主要在隧道内、大型客站、货物装卸线上，而在正线桥上、路基上铺设较少。铁路桥上无砟轨道采用的结构形式为无砟无枕结构，如九江长江大桥的引桥。

由于无砟轨道初期造价较高，线路下部基础的处理、轨道制造和施工的技术水平和管理水平相对较低，在个别地段出现了由于基础沉降引起轨道结构的损坏问题，导致在无砟轨道系统研究和推广应用方面的认识程度不一，在一定程度上延缓了无砟轨道的发展进程。

1985~1995年，我国的无砟轨道的研究和应用工作基本中断。

2. 高速铁路无砟轨道的试验研究与小规模试铺

表2—43为我国前期无砟轨道小规模试铺概况。图2—32所示为秦沈线双何桥板式轨道，图2—33为秦沈线沙河桥长枕埋入式轨道。

表2—43 无砟轨道小规模试铺概况

试铺段		无砟轨道结构形式	铺设长度(m)	备注
秦沈线	沙河桥	轨枕埋入式	692	直线、24 m简支箱梁
	狗河桥	板式	741	直线、24 m简支箱梁
	双何桥	板式	740	曲线、32 m简支箱梁
赣龙线	枫树排隧道	板式	719	直线
渝怀线	鱼嘴2号隧道	轨枕埋入式	710	曲线

图 2—32 秦沈线双何桥板式轨道(CRTS Ⅰ型)

图 2—33 秦沈线沙河桥长枕埋入式轨道

3. 无砟轨道结构的自主研发与成区段试铺

为研发无砟轨道成套技术,积累成区段铺设无砟轨道的经验,2004 年底铁道部决定在遂渝线建立无砟轨道综合试验段。试验段全长 12.837 km,其中路基长 5.38 km,隧道 4 座计长 6.98 km,桥梁 3 座计长 260.72 m,道岔 8 组(12 号、18 号道岔各 4 组);试验段范围内铺设了多种无砟轨道结构形式,包括双块式、板式(单元、连续)、轨枕埋入式(岔区)。

遂渝线无砟轨道试验段取得的主要成果包括:

(1)首次在正线路基上、岔区、主跨 168 m 的连续刚构桥上铺设无砟轨道;

(2)研发了双块式、单元板式(平板、框架板)、纵连板式、岔区轨枕埋入式无砟轨道结构;

(3)针对客运专线 ZPW-2000 轨道电路,试验研究了多种无砟轨道绝缘措施,基本掌握了轨道电路传输特性的影响因素和技术处理对策;

(4)不同形式无砟轨道的规模制造和施工技术水平有较大提高。

《客运专线铁路 CRTS Ⅰ型板式无砟轨道混凝土轨道板暂行技术条件》规定,标准轨道板长度为 4 962 mm,扣件间距为 629 mm。

4. 无砟轨道扣件

无砟轨道扣件主要有 WJ-7 型和 WJ-8 型两种。

(1)WJ-7 型扣件

WJ-7 型扣件由 T 形螺栓、螺母、平垫圈、弹条(分 W1 型和 X2 型)、绝缘块、铁垫板、绝缘缓冲垫板、轨下垫板(分橡胶垫板和复合垫板)、锚固螺栓、重型弹簧垫圈、平垫块和定位于混凝土轨枕或轨道板的预埋套管组成。钢轨高低调整时采用调高垫板(分轨下调高垫板和铁垫板下调高垫板)。

扣件对轨枕或轨道板接口的技术要求主要是轨枕或轨道板中预埋套管的埋设位置和精度,轨枕或轨道板承轨面下不设轨底坡。

WJ-7 型扣件,一般地段,每组扣件(采用 W1 型弹条和橡胶垫板)钢轨纵向阻力大于 9 kN。

小阻力地段,每组扣件(采用 X2 型弹条和复合垫板)钢轨纵向阻力为 4 kN。

扣件单股钢轨轨头动态横移量一般小于 3 mm。

单股钢轨左右位置调整量为: −6 ~ +6 mm;轨距调整量为: −12 ~ +12 mm。

钢轨高低位置调整量为:30 mm。

预埋套管抗拨力不小于 100 kN。

(2)WJ-8 型扣件

WJ-8 型扣件由螺栓道钉、平垫圈、弹条(分 W1 型和 X2 型)、绝缘块、轨距挡板、轨下垫板(分橡胶垫板和复合垫板)、铁垫板、铁垫板下弹性垫板和定位于混凝土轨枕或轨道板的预埋套管组成。钢轨高低调整时采用调高垫板(分轨下调高垫板和铁垫板下调高垫板)。

扣件对轨枕或轨道板的技术要求主要是轨枕或轨道板中承轨槽尺寸、位置及预埋套管的埋设位置精度,承轨面设 1:40 轨底坡。

WJ-8 型扣件,一般地段,每组扣件(采用 W1 型弹条和橡胶垫板)钢轨纵向阻力大于 9 kN。

小阻力地段,每组扣件(采用 X2 型弹条和复合垫板)钢轨纵向阻力为 4 kN。

扣件单股钢轨轨头动态横移量一般小于 3 mm。

单股钢轨左右位置调整量为:-5 ~ +5 mm;轨距调整量为:-10 ~ +10 mm。

钢轨高低位置调整量为:30 mm。

预埋套管抗拔力不小于 60 kN。

5. 京津城际桥上无砟轨道简介

针对京津城际桥梁比例多的工程特点,为给既有路基上标准轨道板在桥上铺设创造条件,京津城际首次采用了跨梁缝的钢轨、底座板、轨道板三层连续结构,如图 2—34 所示。

图 2—34 京津城际无砟轨道(CRTS Ⅱ型)

其轨道结构组成(自上至下)如下 :

(1)钢轨;

(2)扣件;

(3)预制轨道板——200 mm;

(4)乳化沥青水泥砂浆层——30 mm;

(5)现浇钢筋混凝土底座板——190 mm;

(6)硬质泡沫塑料板——50 mm(梁缝两侧 310 mm);

(7)滑动层(两布一膜)——粘贴在梁面(减小桥梁温度伸缩对无砟轨道的影响,底座板与梁面通过滑动层的设置保持滑动状态,在每孔桥梁的固定支座上方,通过在梁体预设锚固销钉和齿槽与梁体固结);

(8)梁面喷涂防水层;

(9)侧向挡块——轨道板、底座限位。

复习思考题

1. 轨道的组成及其功用是什么?
2. 我国铁路划分轨道类型和制定轨道标准的主要依据是什么?
3. 我国铁路正线轨道分为几类?其对应的钢轨类型和适应的运量如何?
4. 决定钢轨重量的主要因素是什么?
5. 何谓轨距、水平、三角坑、轨向、高低、轨底坡?
6. 钢轨的功用是什么?
7. 试述轻伤和重伤钢轨的标准。

8. 测得某处钢轨头部的垂直磨耗为 7 mm,侧面磨耗为 10 mm,问其总磨耗是多少?

9. 试述钢轨病害整治限度标准。

10. 钢轨折断标准是什么?

11. 钢轨防断工作重点监控的内容有哪些?

12. 钢轨打磨的作业手段有哪些?

13. 钢轨轨顶面病害整治标准有哪些规定?

14. 线路上插入个别短轨是怎样规定的?

15. 线路上哪些部位铺设钢轨不得设置钢轨接头,若不可避免当如何处理?

16. 接头联结零件的功用是什么?

17. 夹板有几种形式?

18. 按强度分类夹板螺栓有几种?弹簧垫圈起什么作用?

19. 上海地区某地调整 25 m 长的 60 kg/m 钢轨轨缝,钢轨线膨胀系数为 0.011 8 mm/(m℃),已知最高轨温是 61 ℃,最低轨温为 −15 ℃,求预留轨缝为多少?

20. 普通线路轨缝总误差是怎样规定的?

21. 为什么要进行轨缝检算?

22. 轨缝应经常保持均匀,在哪些情况下应进行调整?

23. 钢轨接头病害有哪些类型?

24. 钢轨接头病害的整治方法有哪些?

25. 铺设木枕应符合哪些规定?

26. 木枕失效标准有哪些?

27. 在铺设 50 kg/m 钢轨的直线地段,轨距要求为 1 435 mm 时,试求扣板号码。

28. Ⅲ型弹条扣件的适用范围?

29. 混凝土枕使用要求有哪些?

30. 混凝土轨枕失效标准是什么?

31. 宽轨枕轨道具有哪些特点?

32. 整体道床的主要特点有哪些?

33. 设每节钢轨的长度为 25 m,每千米线设置轨枕应为 1 840 根,试问每节钢轨的轨枕配置根数为多少?

34. 某段线路钢轨为 60 kg/m,每根长为 25 m,配置 46 根轨枕,接头轨枕间距为 540 mm,求其他轨枕间距是多少?

35. 混凝土枕的伤损原因有哪些?

36. 线路上为什么要安装防爬器?又为什么要在曲线地段加装轨距杆或轨撑?

37. 线路爬行是哪些主要原因造成的?

38. 轨道加强设备的伤损标准是什么?

39. 简述防止线路爬行的措施。

40. 道床病害的原因有哪些?

41. 道床病害的防治方法有哪些?

42. 无砟轨道有哪些优点?

第三章　曲　　线

铁道线路在平面上由一个方向转向另一个方向时，中间必须用曲线来连接，这种曲线通称平面曲线。只有一个半径的曲线称为单曲线，由两个或两个以上不同半径组成的曲线称为复心曲线，线路上设置曲线时，应尽量采用单曲线，仅在困难条件下才设置复心曲线。

铁道线路在纵断面上由一个坡度转向另一个坡度，或由平坡与坡道连接时，当其代数差大于某一定值时，中间也必须用曲线连接，这种曲线通称竖曲线。竖曲线有圆曲线形和抛物线形两种。

第一节　曲线要素与技术条件

一、曲线的基本要素

如图 3—1 所示，曲线的基本要素是：

(1)曲线的转向角 α(转向角和线路中心角相等)；

(2)曲线半径 R(即圆曲线半径)；

(3)曲线切线长 T；

(4)曲线外矢距 E；

(5)曲线全长 L；

(6)缓和曲线长 l_0。

图中虚线为无缓和曲线的情况，实线为有缓和曲线的情况。

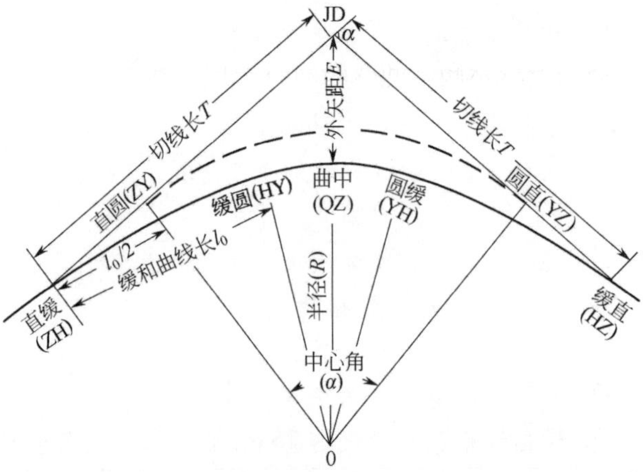

图 3—1　曲线各要素

ZY—单圆曲线始点(直圆点)；YZ—单圆曲线终点(圆直点)；
ZH—缓和曲线始点(直缓点)；HZ—缓和曲线终点(缓直点)；
HY—缓和曲线接圆曲线之交点(缓圆点)；
YH—圆曲线接缓和曲线之交点(圆缓点)；
QZ—整个曲线的中央点(曲中)

二、曲线种类

(1)单曲线：只有一个半径的曲线称单曲线。

(2)复曲线：由两个或两个以上不同半径组成的曲线称复曲线。

(3)同向曲线：两相邻曲线转向角方向相同的曲线称同向曲线。

(4)反向曲线：两相邻曲线转向角方向相反的曲线称反向曲线。

三、曲线半径

根据所经地区不同的地形条件，铁路线路可选择一定的交角(转向角)和曲线半径。转向角愈小,列车运行条件愈好。因此,若地形条件允许,应尽量采用大半径、小转向角曲线,但半径太大了,又难以保持正确的位置。

(一)曲线半径的选择

曲线半径的选择与铁路等级有关,一般宜采用下列数值:12 000、10 000、8 000、7 000、6 000、5 000、4 500、4 000、3 500、3 000、2 800、2 500、2 000、1 800、1 600、1 400、1 200、1 000、800 、700、600、550 和 500 m。特殊困难条件下,可采用上列半径间 10 m 整数倍的曲线半径。改建既有线或增建第二条线时,最小曲线半径应结合既有线标准比选确定。困难条件下,按上述标准改建将引起巨大工程的个别小曲线半径可予保留。

(二)最小曲线半径

曲线半径也不能太小,否则将影响行车速度,因此《技规》规定,不同等级的铁路,有不同的最小曲线半径。

客货共线Ⅰ、Ⅱ级铁路区间线路最小曲线半径如表 3—1 所示。

表 3—1 客货共线Ⅰ、Ⅱ级铁路区间线路最小曲线半径

铁 路 等 级	Ⅰ			Ⅱ	
路段设计行车速度(km/h)	200	160	120	120	80
一般地段	3 500	2 000	1 200	1 200	600
特殊困难地段	2 800	160	800	800	500

客运专线铁路区间线路曲线半径如表 3—2 所示。

表 3—2 客运专线铁路区间线路最小曲线半径和最大曲线半径

设计速度(km/h)	最小曲线半径(m)		最大曲线半径(m)	
	一 般	困 难	一 般	困 难
200	2 200	2 000	10 000	12 000
250	4 000	3 500	10 000	12 000
300	5 000	4 000(无砟) 4 500(有砟)	12 000	12 000
350	7 000	5 500(无砟) 6 000(有砟)	12 000	12 000

车站必须设在曲线上时,不得设在反向曲线上,其曲线半径不得小于该区段内的最小曲线半径,且不得小于表 3—3 所示数值。

表 3—3 车站平面最小曲线半径

路段设计行车速度(km/h)	最小曲线半径(m)		
	编组站、区段站	中 间 站	
		一 般	困 难
200	2 000	3 500	2 800
160	1 600	2 000	1 600
120	800	1 200	800
80	800	600	600

四、缓和曲线

为了使列车从直线进入圆曲线时不致因离心加速度和垂直加速度突然发生而使旅客不适，同时也不致因曲线外轨超高突然增加而使列车颠覆，要求直线与圆曲线间有一个曲率渐变的过程。直线与圆曲线间应采用缓和曲线连接。

（一）缓和曲线的作用

（1）为使列车从直线驶入曲线或从曲线驶入直线时离心力不致突然产生或消失，就需要在圆曲线和直线之间增加一段相当长的曲线，其曲率从零逐渐增大到与圆曲线相同的曲率$\frac{1}{R}$，或从圆曲线的曲率$\frac{1}{R}$逐渐减小到零。

（2）为平衡离心力，曲线外轨需要设置超高。为了使超高逐渐增加或减小，也需要有一段相当长的曲线（缓和曲线）来完成。

（3）对于半径小于350 m的曲线，轨距需要加宽，其加宽值也需要逐渐增加，因此也需要一段曲线来实现。

（4）缓和机车车辆对钢轨的冲击。

（5）使机车车辆在曲线上行驶平稳，保障旅客乘坐的舒适度。

（二）缓和曲线的线形

缓和曲线的线形有螺旋线、三次抛物线和更多级的抛物线线形等。我国铁路目前主要考虑平面形状的要求，采用三次抛物线形缓和曲线，而立面形状则采用直线形外轨超高顺坡，如图3—2所示。

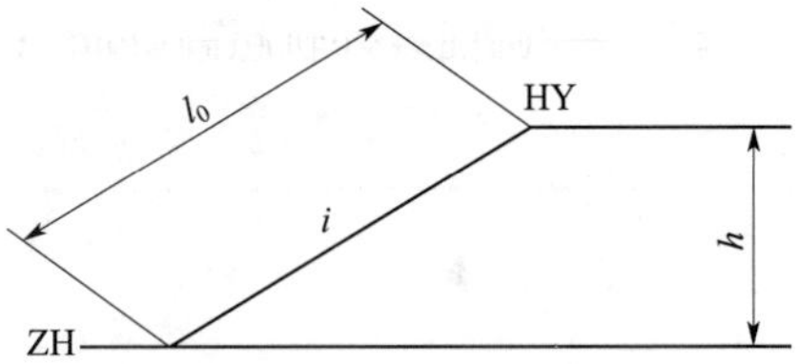

图3—2　缓和曲线超高顺坡

h—外轨超高；l_0—缓和曲线长；i—超高坡度

（三）缓和曲线长度与最小圆曲线半径长度

缓和曲线长度主要根据圆曲线半径和列车运行速度来确定。其长度应满足以下条件：

1. 满足旅客舒适度要求

列车在缓和曲线上运行时，沿外轨滚动的车轮逐渐升高（或逐渐降低），为满足旅客舒适度要求，这个升高速度不能超过一定数值。

满足旅客舒适度要求的缓和曲线长度按以下公式计算：

$$l_0 \geqslant \frac{hv_{max}}{3.6f}$$

式中　l_0——缓和曲线长（m）；

h——圆曲线外轨超高（mm）；

v_{max}——列车通过曲线最高运行速度（km/h）；

f——为保证旅客列车的舒适度要求所允许的外轮升高速度（mm/s）。

在选用缓和曲线长时，我国铁路规定，Ⅰ、Ⅱ级铁路一般采用$f=32$ mm/s，困难情况下采用$f=36$ mm/s，而在行车速度较高，但受桥隧、车站等限制或在小半径曲线地段等，Ⅲ级铁路采用$f=40$ mm/s，以便通过适当降低旅客舒适度来减少工程数量。

200 km/h 提速线路缓和曲线外轮升高速度一般地段为 $f=28$ mm/s，困难地段为 $f=35$ mm/s。

2. 满足车轮轮缘不爬越内轨要求

在次要线路上，由于行车速度较低，缓和曲线较短，超高顺坡一般较陡。当列车进入或驶出缓和曲线时，转向架上前后两轴只有三个车轮支承在钢轨上，另一个车轮悬浮在内轨顶面上，在诸如列车震动等不利条件下，有可能导致脱轨。因此，要求车轮悬空的高度不得大于车轮轮缘的高度，保证车轮轮缘不爬越内轨，如图 3—3 所示。

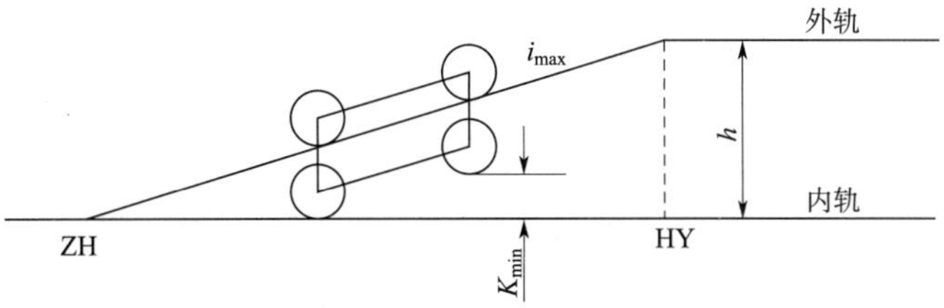

图 3—3 车轮爬越内轨

满足车轮轮缘不爬越内轨条件的缓和曲线长度按以下公式计算：

$$l_0 \geqslant \frac{h}{i_{max}}$$

式中 l_0——缓和曲线长(m)；

h——圆曲线外轨超高(mm)；

i_{max}——超高顺坡坡度最大值，$i_{max}=2‰$。

我国铁路规定的缓和曲线长度如表 3—4 所示。

表 3—4 缓和曲线长度

v_{max}(km/h) / 半径(m)	140		120		100		80	
	一 般	困 难	一 般	困 难	一 般	困 难	一 般	困 难
10 000	30	20	20	20	20	20	20	20
8 000	40	20	30	20	20	20	20	20
6 000	50	30	30	20	20	20	20	20
5 000	60	40	40	30	20	20	20	20
4 000	60	40	50	30	30	20	20	20
3 000	70	50	50	40	40	20	20	20
2 500	80	70	60	40	40	30	30	20
2 000	90	80	60	50	50	40	30	20
1 800	100	80	70	60	50	40	30	20
1 600	110	100	70	60	50	40	40	20
1 400	130	110	80	70	60	40	40	20
1 200	150	130	90	80	60	50	40	30

续上表

v_{max}(km/h) 半径(m)	140		120		100		80	
	一 般	困 难	一 般	困 难	一 般	困 难	一 般	困 难
1 000			120	100	70	60	40	30
800			150	130	80	70	50	40
700					100	90	50	40
600					120	100	60	50
550					130	110	60	50
500							60	60
450							80	70
400							90	80
350							100	90

《新建时速200公里客货共线铁路设计暂行规定》规定：Ⅰ、Ⅱ级铁路缓和曲线长度应优先采用推荐缓和曲线长度，慎用最小缓和曲线长度，如表3—5所示。改建铁路可参照执行。

表3—5　缓和曲线长度

曲 线 半 径	200 km/h		160 km/h	
	推荐缓和曲线长度	最小缓和曲线长度	推荐缓和曲线长度	最小缓和曲线长度
12 000	50	40	40	40
10 000	60	50(40)	40	40
8 000	70	60(50)	40	40
7 000	80	70(60)	—	—
6 000	90	80(70)	50	50(40)
5 000	110	90(80)	60	50(40)
4 500	120	100(90)	—	—
4 000	140	110(100)	70	60(50)
3 500	160	120(110)	80	70(60)
3 000	180	140(120)	100	80(70)
2 800	200	160	—	—
2 500	—	—	120	100(90)
2 000	—	—	150	130(110)
1 800	—	—	170	150(130)
1 600	—	—	190	160

第二节 曲线轨道外轨超高

一、设置曲线外轨超高的目的

列车由直线进入曲线时所产生的离心力的大小,取决于列车前进的速度和曲线半径。速度越高,半径越小,则离心力就越大,作用在外轨的力也越大,外轨磨耗加剧,钢轨外挤。为了克服离心力对车辆的影响,应该有一个与离心力相反、大小相等的向心力。这就需要将曲线外轨抬高(即设置超高),使车体内倾产生一个向心力,来平衡这个离心力。

设置曲线外轨超高能达到下列三个目的:

(1)减少曲线外股钢轨所受的垂直力和水平力,使两股钢轨受力均匀、垂直磨耗均匀等;

(2)保证轨道稳定,防止车辆倾覆;

(3)将离心力限制在一定范围内,保证旅客的舒适度。

二、曲线外轨超高计算公式

1. 运营线上设置超高计算公式

列车在曲线上运行时产生的离心力以 F 表示。为防止车辆向外倾倒,在外轨设置超高度,使列车产生向心力 P(如图 3—4 所示),则

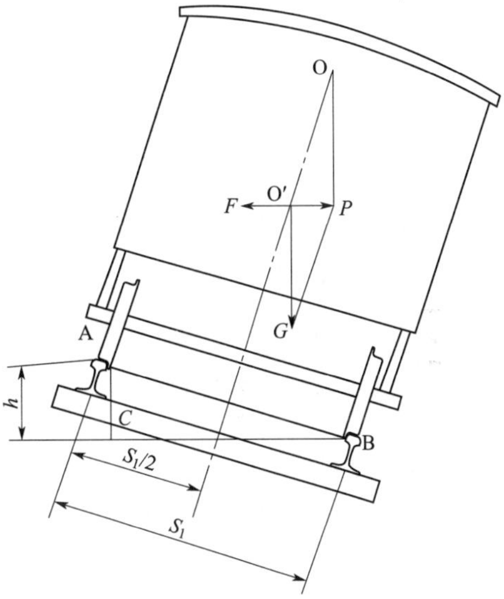

图 3—4 外轨超高

$$F=\frac{Gv^2}{gR}$$

式中 G——车辆质量(kg);

v——运行速度(m/s);

R——曲线半径(m);

g——重力加速度(9.81 m/s²)。

$$P=G\tan\alpha$$

α 的数值很小,可采用 $\tan\alpha\approx\sin\alpha=\frac{h}{S_1}$,故

$$P=G\times\frac{h}{S_1}$$

式中 h——外轨超高(mm);

S_1——两轨头中心间距(1 500 mm)。

当离心力和向心力相等(即 $F=P$)时,则

$$\frac{Gv^2}{gR}=\frac{Gh}{S_1}$$

$$h=\frac{S_1v^2}{gR}$$

将 $S_1=1\,500$ mm 和 $g=9.81$ m/s² 代入上式(上式行车速度单位为 m/s,如速度单位为 km/h 时,则应将 km/h 换算为 m/s,须乘以$\frac{1}{3.6}$,再代入上式),则

$$h=\frac{1\,500\times\left(\frac{1}{3.6}\right)^2 v^2}{9.81R}=11.8\frac{v^2}{R}$$

式中 h——外轨超高度(mm);

v——经实测计算而得的平均速度(km/h);

R——曲线半径(m)。

为了使算得的超高能适应各种列车运行,采用各次列车的平均速度 v_0。

计算曲线外轨超高值采用5 mm的整倍数。

2. 新线上设置超高计算公式

在新线上设置超高时,无法用测速方法计算平均速度,一般采用最高速度(允许速度)的80%作为平均速度进行计算,即

$$h=\frac{11.8\times(0.8v_{max})^2}{R}\approx\frac{7.6v_{max}^2}{R}$$

三、曲线最大超高度的规定

外轨超高的数值应以保证行车安全为前提。超高不能太小,要保证列车以较高速度通过时不致因离心力发生脱轨和倾覆事故;外轨超高也不能太大,要保证低速列车通过曲线时产生的向心力,即使有侧向大风也不致有向内侧倾覆的危险。《修规》规定,超高按公式 $h=\frac{11.8v^2}{R}$ 计算。实设最大超高,在单线上不得大于125 mm,在双线上不得大于150 mm。所规定的是实际设置超高的最大限度,不包括水平误差在内。

两线路中心距离在5 m以下的曲线地段,内侧曲线的超高不得小于外侧曲线超高的一半,否则,必须根据计算加宽两线的中心距离。

四、曲线外轨超高检算

1. 计算未被平衡欠超高和未被平衡过超高

由于各次列车通过曲线时的速度不可能完全相同,且与计算超高时的平均速度也不相同,因此,外轨超高不可能与行车速度完全适应,必定会产生未被平衡的离心力或向心力。为了保证旅客舒适,要限制这些力的大小,一般是把这些力换算成未被平衡的超高加以限制。超高不足部分称为欠超高,超高剩余部分称为过超高。欠超高和过超高统称为未被平衡超高。

《修规》规定:最大允许未被平衡欠超高一般应不大于75 mm,困难情况下应不大于90 mm;但允许速度大于120 km/h线路个别特殊情况下已设置的90(不含)~110 mm的欠超高可暂时保留,但应逐步改造;未被平衡过超高不应大于30 mm,困难情况下也不应大于50 mm,允许速度大于160 km/h线路的个别特殊情况下不应大于70 mm。在按公式计算出超高以后,对未被平衡过超高和欠超高按下列公式计算:

$$h_c=\frac{11.8v_{max}^2}{R}-h$$

$$h_g=h-11.8\frac{v_H^2}{R}$$

式中 h_c——未被平衡的欠超高(mm);

h_g——未被平衡的过超高(mm);

v_{max}——实测最高行车速度(km/h);

v_H——货物列车平均行车速度(km/h);

R——曲线半径(m);

h——曲线外轨超高(mm)。

实设超高在满足上述要求的条件下,货物列车较多时应尽量减小 h_g,快速旅客列车较多时应尽量减小 h_c。

行车条件有较大变化,或曲线发生木枕压切、混凝土枕挡肩破损、钢轨不正常磨耗等情况,应通过实测行车速度重新计算和调整超高。允许速度大于 120 km/h 的线路宜按旅客的舒适度条件进行检算和调整超高值。

允许的过超高比允许的欠超高为小,原因是过超高的危害比欠超高大。过超高太大,容易使货物移位,由于外轨荷载的减小,使外轮可能爬上钢轨而造成脱轨事故。

《既有线提速 200~250 km/h 线桥设备维修规则》规定:客货分线的客运线路未被平衡欠超高不应大于 40 mm,困难情况下不应大于 80 mm;未被平衡过超高不应大于 40 mm,困难情况下不应大于 80 mm。实设最大超高不得大于 180 mm。

2. 通过曲线的允许速度

超高设置好后,可用下列公式计算通过曲线的最大允许速度:

$$v_{max} = \sqrt{\frac{(h + \Delta h_c)R}{11.8}}$$

式中 v_{max}——通过曲线的最大允许速度(km/h);

h——曲线实设超高(mm);

Δh_c——允许最大未被平衡欠超高(mm);

R——曲线半径(m)。

五、计算平均速度

《修规》规定,采用列车速度平方及列车重量加权平均方法计算速度,并依此设置超高,即

$$v_0 = \sqrt{\frac{N_1P_1v_1^2 + N_2P_2v_2^2 + \cdots + N_iP_iv_i^2}{N_1P_1 + N_2P_2 + \cdots + N_iP_i}} = \sqrt{\frac{\sum N_iP_iv_i^2}{\sum N_iP_i}}$$

式中 v_0——平均速度(km/h);

P_i——各类列车重量(t);

v_i——实测各类列车速度(km/h);

N_i——一昼夜各类列车次数(列)。

实测各类列车速度宜在列车按运行图比较正常运行条件下进行。为使测得的列车速度具有普遍性,如一昼夜的车次很少,可实测几个昼夜的车速。每类列车重量为牵引重量加上机车重量,可由各类区段的统计资料中查得,或按列车运行图牵引重量及机车重量计算确定。

六、计算超高算例

【例题】 某单线区间曲线半径为 800 m,线路允许速度为 100 km/h,两端缓和曲线长各为

100 m，一昼夜各类列车行车情况统计如表 3—6 所示。

表 3—6　各类列车行车情况统计表

顺　号	列车种类	列　数	每列列车重量(kN)	实测行车速度(km/h)
1	特快旅客列车	4	8 000	95、94、88、85
2	直快旅客列车	4	9 000	90、89、86、83
3	普通旅客列车	2	7 000	73、69
4	直达货物列车	13	33 000	69、68、64、63、70、67、65、65、63、61、60、58、57
5	区段货物列车	5	22 000	72、67、70、69、56
6	排空货物列车	6	11 000	73、67、71、66、68、69

求平均速度和计算超高，并检算曲线超高。

【解】　1. 求平均速度

(1)特快旅客列车

$N_1P_1v_1^2=(95^2+94^2+88^2+85^2)\times 8\,000=262\,640\,000$

$N_1P_1=4\times 8\,000=32\,000$

(2)直快旅客列车

$N_2P_2v_2^2=(90^2+89^2+86^2+83^2)\times 9\,000=272\,754\,000$

$N_2P_2=4\times 9\,000=36\,000$

(3)普通旅客列车

$N_3P_3v_3^2=(73^2+69^2)\times 7\,000=70\,630\,000$

$N_3P_3=2\times 7\,000=14\,000$

(4)直达货物列车

$$N_4P_4v_4^2=(69^2+68^2+64^2+63^2+70^2+67^2+65^2+65^2+63^2+61^2+60^2+58^2+57^2)\times 33\,000=1\,755\,336\,000$$

$N_4P_4=13\times 33\,000=429\,000$

(5)区段货物列车

$N_5P_5v_5^2=(72^2+67^2+70^2+69^2+56^2)\times 22\,000=494\,340\,000$

$N_5P_5=5\times 22\,000=110\,000$

(6)排空货物列车

$N_6P_6v_6^2=(73^2+67^2+71^2+66^2+68^2+69^2)\times 11\,000=314\,600\,000$

$N_6P_6=6\times 11\,000=66\,000$

各类列车平均速度为

$$v_0=\sqrt{\frac{N_1P_1v_1^2+N_2P_2v_2^2+N_3P_3v_3^2+N_4P_4v_4^2+N_5P_5v_5^2+N_6P_6v_6^2}{N_1P_1+N_2P_2+N_3P_3+N_4P_4+N_5P_5+N_6P_6}}$$

$$=\sqrt{\frac{262\,640\,000+272\,754\,000+70\,630\,000+1\,755\,336\,000+494\,340\,000+314\,600\,000}{32\,000+36\,000+14\,000+429\,000+1100\,000+66\,000}}$$

$$=\sqrt{\frac{3\,170\,300\,000}{687\,000}}=67.9\ \text{km/h}$$

货物列车平均速度为

$$v_H=\sqrt{\frac{N_4P_4v_4^2+N_5P_5v_5^2+N_6P_6v_6^2}{N_4P_4+N_5P_5+N_6P_6}}=\sqrt{\frac{1\,755\,336\,000+494\,340\,000+314\,600\,000}{429\,000+110\,000+66\,000}}$$

$=65$ km/h

2. 计算超高

$$h=11.8\frac{v_0^2}{R}=11.8\times\frac{67.9^2}{800}=68\text{ mm}$$

为便于管理,超高按 5 mm 倍数设置,此曲线可设置超高为 70 mm(或 65 mm)。

3. 曲线超高检算

未被平衡的欠超高为

$$h_c=11.8\times\frac{v_{max}^2}{R}-h=11.8\times\frac{100^2}{800}-70=77.5\text{ mm}>75\text{ mm}$$

未被平衡的过超高为

$$h_g=h-11.8\frac{v^2}{R}=70-11.8\times\frac{65^2}{800}=7.7\text{ mm}<30\text{ mm}$$

因欠超高 $h_c>75$ mm,可将拟设置的超高调为 75 mm,重新检算欠、过超高如下:

$$h_c=11.8\times\frac{100^2}{800}-75=72.5\text{ mm}<75\text{ mm}$$

$$h_g=75-11.8\times\frac{65^2}{800}=12.7\text{ mm}<30\text{ mm}$$

根据检算结果,该曲线超高按 75 mm 设置。

七、超高顺坡

曲线上的超高是采取抬高外轨来实现的,所以称为外轨超高。超高顺坡不能太急,否则会影响列车行驶的平稳,使旅客感觉不舒适。

(一)单 曲 线

曲线超高应在整个缓和曲线内顺完,如图 3—5 所示。允许速度大于 120 km/h 的线路,顺坡坡度不应大于$\frac{1}{10v_{max}}$,其他线路不应大于$\frac{1}{9v_{max}}$;如缓和曲线长度不足,顺坡可延伸至直线上;如无缓和曲线,允许速度大于 120 km/h 的线路,在直线上顺坡坡度不应大于$\frac{1}{10v_{max}}$,其他线路不应大于$\frac{1}{9v_{max}}$。允许速度大于 160 km/h 的线路,超高必须在整个缓和曲线内完成;允许速度为 120 km/h(不含)~160 km/h 的线路,在直线上顺坡的超高不得大于 8 mm;其他线路,有缓和曲线时不应大于 15 mm,无缓和曲线时不应大于 25 mm。

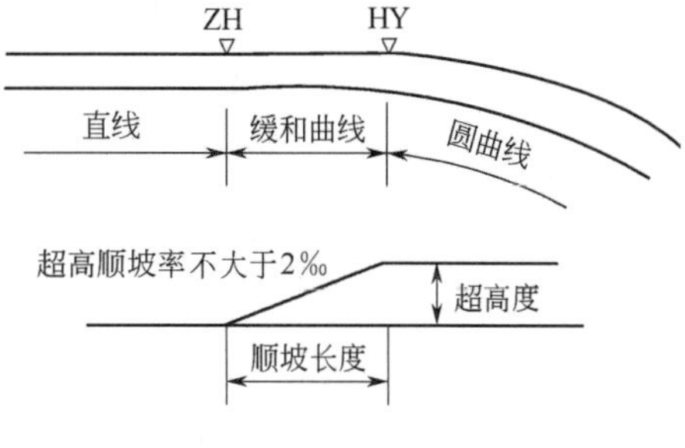

图 3—5 有缓和曲线时超高顺坡

在困难条件下,可适当加大顺坡坡度,但允许速度大于 120 km/h 的线路不应大于$\frac{1}{8v_{max}}$,其他线路不应大于$\frac{1}{7v_{\max}}$。当$\frac{1}{7v_{\max}}$大于2‰时，按2‰设置。

最大顺坡坡度2‰，只适用于线路允许速度为70 km/h及以下的曲线。经计算顺坡坡度小于2‰时，不得采用2‰，大于2‰时则按2‰设置。在一个缓和曲线上，超高顺坡、正矢递减和轨距加宽递减三者最好是同步的，超高顺坡一般应在整个缓和曲线内顺完。

（二）复 曲 线

允许速度大于120 km/h的线路，不得采用复曲线；其他线路不宜采用复曲线，在个别特殊困难情况下可保留复曲线。复曲线两圆曲线的曲率差大于表3—7规定的数值时，应设置中间缓和曲线。中间缓和曲线的长度应根据计算确定，不得短于20 m。复曲线每个圆曲线的长度不得短于50 m，其超高应在正矢递减范围内，从较大超高向较小超高均匀顺坡。

特殊困难条件下，可保留复曲线。

表3—7 复曲线可不设中间缓和曲线的两圆曲线最大曲率差

行车速度(km/h)	140	120	100	80
可不设中间缓和曲线的两圆曲线的最大曲率差	1/6 000	1/4 000	1/2 000	1/1 000

“正矢递减范围”即半径变化点前后各10 m范围。如两超高不相等，则应在这个范围内从较大超高向较小超高均匀顺坡。

（三）同向曲线

为了使列车运行平稳，防止列车由于突然转向而引起摇摆和震动，就必须在相邻曲线或缓和曲线间设置一段直线，这段直线就叫夹直线。夹直线要有一定的长度。如夹直线太短，则列车通过时，因频繁转换方向，列车对钢轨的横向推力加大，线路正确位置不易保持。维修实践证明，夹直线长度不宜短于2～3节钢轨长，即50～70 m，困难条件下也不应少于1节轨长，即不短于25 m。客车从第一个曲线进入第二个曲线时，因两曲线超高不同，未被平衡的横向加速度频繁变化，将引起车辆左右摇晃，反向曲线路段更为严重。为保证行车平稳和旅客舒适，延缓其摇摆过程，夹直线长不宜短于2～3节客车长度。

客车通过夹直线时要跨过两个直缓点，直缓点处轮轨冲击加剧，引起转向架弹簧振动。为了保证列车通过两个直缓点时产生的振动不致叠加，保证旅客舒适，夹直线应有足够长，以使客车通过夹直线的时间不小于弹簧振动消失的时间。我国铁路规定的夹直线最小长度如表3—8所示。

表3—8 圆曲线或夹直线最小长度

线路允许速度(km/h)		200 km/h < $v_{\max}$ ≤250 km/h	200	160	140	120	100	80
圆曲线或夹直线最小长度(m)	一 般	175	140	130	110	80	60	50
	困 难	125	100	80	70	50	40	30
	既有线保留地段困难条件	100	80	—	—	—	—	—

线路大中修时，两曲线间的夹直线长度，原则上应不低于原线路标准。

允许速度不大于160 km/h的特殊困难地段，夹角线长度不应短于25 m。允许速度不大于120 km/h的线路的极个别情况下，不足25 m时，可在直线部分设置不短于25 m的相等超高段。这一规定的必要条件是夹直线长度不短于25 m，因为25 m相等超高段只限于设在直线部分，不宜向缓和曲线内延伸，避免加大超高顺坡与正矢递减的不同步程度。

如设置相等超高段困难，可在直线部分从较大超高向较小超高均匀顺坡。

(四)反向曲线

反向曲线两超高顺坡终点间的夹直线长度应满足表3—8的规定，允许速度不大于160 km/h的特殊困难地段不应短于25 m。允许速度不大于120 km/h的线路的极个别情况下，夹直线长度不足25 m时，正线不应短于20 m，站线不应短于10 m；困难条件下，可按不大于$\frac{1}{7v_{max}}$顺坡，特殊困难条件下超高顺坡可延伸至圆曲线上，但圆曲线始终点的未被平衡欠超高，不得超过《修规》的规定。

(五)圆曲线最小长度

圆曲线最小长度应满足表3—8的规定，允许速度不大于160 km/h的特殊困难地段不应短于25 m。

《铁路客运专线技术管理办法(试行)》规定：两相邻曲线间的夹直线和两缓和曲线间的圆曲线最小长度，一般条件下不小于0.8v，困难条件下不小于0.6v。正线上缓和曲线与道岔间的直线段长度，一般条件下不小于0.6v，困难条件下不小于0.5v(350 km/h区段为170 m)。

(六)相邻两线间不设缓和曲线时最小圆曲线半径

相邻两线采用反向曲线变更线间距时，如受圆曲线最小长度限制，允许速度不大于160 km/h的线路，可不设缓和曲线，但圆曲线半径不应小于表3—9规定的数值。困难条件下的圆曲线最小半径，160 km/h≥v_{max}>140 km/h时，不得小于8 000 m；140 km/h≥v_{max}>120时，不得小于6 000 m。

表3—9 采用反向曲线变更线间距可不设缓和曲线的最小圆曲线半径

线路速度(km/h)	160	140	120	100	80
可不设缓和曲线的最小圆曲线半径(m)	12 800	10 000	5 000	4 000	3 000

相邻两线采用反向曲线变更间距时，若受曲线偏角限制难以采用表3—8所列的圆曲线最小长度标准，允许速度不大于160 km/h的线路，可采用较短的圆曲线长度，但不得短于25 m。

(七)超高顺坡

允许速度不大于120 km/h的线路在特殊条件下的超高顺坡，铁路局可根据具体情况规定，但不得大于2‰。

第三节 曲线轨道轨距加宽

一、曲线轨道轨距加宽的目的

为使机车车辆平稳和安全地通过曲线，避免卡住并尽可能地减少轮轨磨耗及机车车辆对轨道的破坏，在半径小到一定数值的曲线上，必须将轨距适当加宽。因为机车车辆主要由曲线外股钢轨导向，为保持曲线外股钢轨圆顺，故规定曲线轨距加宽值加在里股，即将里股钢轨向曲线内侧横移，使其与线路中线的距离等于S_0的一半加上轨距加宽值。

二、曲线轨道轨距加宽的技术标准

曲线轨距按表 3—10 规定的标准加宽。

表 3—10　曲线轨距加宽标准

曲线半径(m)	$R\geqslant350$	$350>R\geqslant300$	$R<300$
轨　　距(mm)	1 435	1 440	1 450
加 宽 值(mm)	0	5	15

三、曲线轨道的最大允许轨距

为确保行车安全,在最不利的情况下,即在轮对的一个车轮的轮缘紧靠一股钢轨的情况下,另一车辆的踏面的 1/10 坡面与 1/20 坡面的变坡点仍在轨头侧面小圆弧之上而不脱轨,此时的轨距即为最大轨距。曲线轨道实设最大轨距为 1 450 mm。

四、曲线轨道轨距加宽递减

(1)曲线轨距加宽应在整个缓和曲线内递减,如图 3—6 所示。如无缓和曲线,则在直线上递减,递减率一般不得大于 1‰。

(2)复曲线应在正矢递减范围内从较大轨距加宽向较小轨距加宽均匀递减。

(3)两曲线轨距加宽按 1‰递减,其终点间的直线长度应不短于 10 m。不足 10 m 时,如直线部分的两轨距加宽相等,则直线部分保留相等的加宽。如不相等,则直线部分从较大轨距加宽向较小轨距加宽均匀递减。

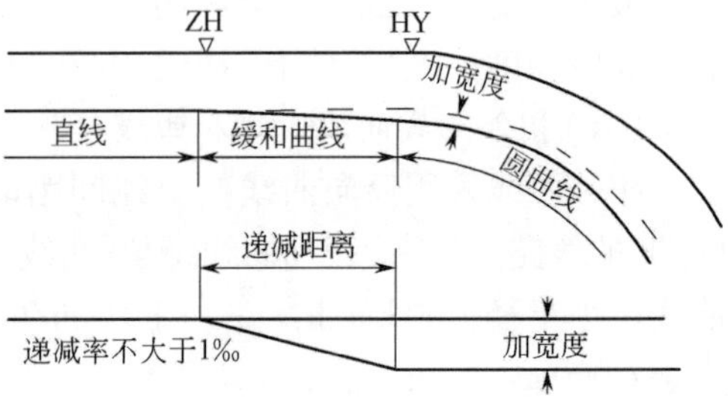

图 3—6　有缓和曲线时轨距加宽递减

在困难条件下,站线上的轨距加宽允许按 2‰递减。

(4)特殊条件下的轨距加宽递减,铁路局可根据具体情况规定,但不得大于 2‰。

五、曲线限界加宽计算

列车通过曲线时,转向架转动,而上面的车体不能弯曲,因而车体两端突出于曲线外侧而中部伸入曲线内侧。同时,两相邻曲线超高不等时,由于车体倾斜,车体上部净空减小。若限界仍和直线上相同,就无法保证行车安全,因而曲线限界要加宽。其内侧加宽值和外侧加宽值取决于车辆长度、两转向架中心销的距离和曲线半径。我国车辆最长为 26 m,两转向架中心销相距 18 m,根据这些条件,曲线内侧加宽(mm)为

$$W_1=\frac{40\,500}{R}+\frac{H}{1\,500}h$$

曲线外侧加宽(mm)为

$$W_2=\frac{44\,000}{R}$$

曲线内外侧加宽共计(mm)为

$$W = W_1 + W_2 = \frac{84\,500}{R} + \frac{H}{1\,500}h$$

式中　R——曲线半径(m)；

H——计算点自轨面算起的高度(mm)；

h——曲线超高(mm)。

【例题】　双线曲线半径为500 m，超高为70 mm，计算高出轨面1 100 mm处限界的加宽量。

【解】　$W_1 = \frac{40\,500}{R} + \frac{H}{1\,500}h = \frac{40\,500}{500} + \frac{1\,100}{1\,500} \times 70 = 132.3 \approx 132\text{(mm)}$

$W_2 = \frac{44\,000}{R} = \frac{44\,000}{500} = 88\text{(mm)}$

$W = W_1 + W_2 = 132 + 88 = 220\text{(mm)}$

故曲线内侧加宽为132 mm，外侧加宽为88 mm，共加宽220 mm。

第四节　曲线绳正法拨道基本原理及要求

一、曲线整正基本原理

(一)两条假定

(1)假定曲线两端切线方向不变，即曲线始终点拨量为零；

(2)曲线上某一点拨道时，其相邻测点在长度上并不随之移动。

(二)四条基本原理

(1)现场正矢的合计等于计划正矢的合计；

(2)曲线上任意点的拨动，对相邻点正矢的影响量为拨动点拨动量的二分之一，其方向相反；

(3)曲线上各点正矢之和为一常数；

(4)曲线上各点正矢差之代数和为零，即曲线终点的拨量等于零。

二、绳正法拨正曲线的基本要求

(1)曲线两端直线轨向不良，一般应事先拨正，两曲线间直线段较短时，可与两曲线同时计算、拨正；

(2)在外股钢轨上用钢尺丈量，每10 m设置一个测点(曲线头尾是否在测点上不限)；

(3)在风力较小条件下，拉绳测量每个测点正矢，测量三次，取平均值；

(4)按绳正法计算拨道量，计算时不宜为减少拨道量而大量调整计划正矢；

(5)设置拨道桩，按桩拨道。

三、曲线整正外业测量

测量现场正矢是曲线整正计算前的准备工作。这项工作的质量好坏，直接关系到计算工作，并影响到拨后曲线的圆顺，因此应注意以下几点：

(1)测量现场正矢前，先用钢尺在曲线外股按计划的桩距丈量，并划好标记和编出测点号，测点应尽量与直缓、缓圆、圆缓、缓直点重合。

(2)测量现场正矢时，弦线必须拉紧，弦线的两端位置和量尺位置要正确。量时应在轨距线处量，有肥边应在肥边处量，肥边大于 2 mm 时应铲除之。

(3)尺在下，弦在上，尺不要顶弦也不要离开。读数时，视线、弦线、量尺三者应保持垂直；要读弦线靠钢轨一侧的数，如图 3—7 所示。

(4)如果直线方向不直就会影响整个曲线，应首先将直线拨正后再量正矢；如果曲线头尾有反弯(鹅头)应先进行整正；如果曲线方向很差，应先粗拨一次，但应在新拨动部分经列车滚压后再量取现场正矢，以免现场正矢发生变化而影响拨道量计算的准确性。

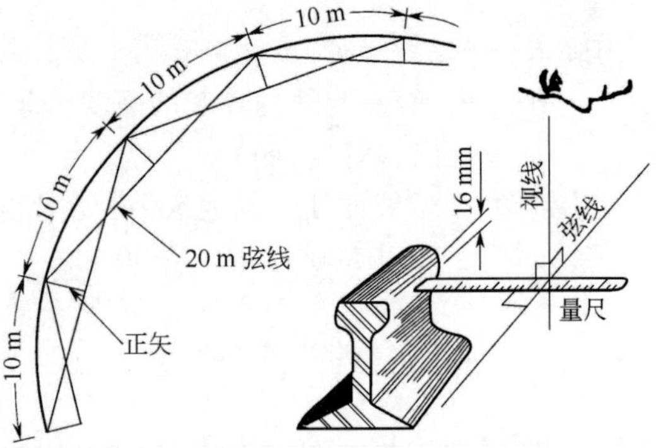

图 3—7　曲线正矢测量

(5)在测量现场正矢的同时，应注意线路两旁建筑物的界限要求，注意桥梁、隧道、道口等建筑物的位置，以供计划时考虑。

四、曲线正矢允许偏差

曲线应保持圆顺。正矢用 20 m 弦在钢轨踏面下 16 mm 处测量。曲线正矢作业验收允许偏差管理值如表 3—11，正矢允许偏差经常保养管理值如表 3—12。

表 3—11　曲线正矢作业验收允许偏差管理值(v_{max}≤200 km/h)

曲线半径 R(m)		缓和曲线的正矢与计算正矢差(mm)	圆曲线正矢连续差(mm)	圆曲线正矢最大最小差(mm)
R≤250		6	12	18
250＜R≤350		5	10	15
350＜R≤450		4	8	12
450＜R≤800		3	6	9
R＞800	v_{max}≤120 km/h	3	6	9
	v_{max}＞120 km/h	2	4	6

表 3—12　曲线正矢经常保养允许偏差(v_{max}≤200 km/h)

曲线半径 R(m)	缓和曲线的正矢与计算正矢的差(mm)		圆曲线正矢连续差(mm)		圆曲线正矢最大最小值差(mm)	
	正线及到发线	其他站线	正线及到发线	其他站线	正线及到发线	其他站线
R≤250	7	8	14	16	21	24
250＜R≤350	6	7	12	14	18	21
350＜R≤450	5	6	10	12	15	18
450＜R≤800	4	5	8	10	12	15
R＞800	3	4	6	8	9	12

注：专用线按其他站线办理。

《既有线提速 200 ~ 250 km/h 线桥设备维修规则》规定的曲线正矢允许偏差如表 3—13 所示。

表 3—13　曲线正矢允许偏差

项　目	实测正矢与计算正矢差(mm)		圆曲线正矢连续差(mm)	圆曲线的最大最小正矢差(mm)
	缓和曲线	圆 曲 线		
作业验收	2	3	4	5
经常保养	3	4	5	6
临时补修	5	6	7	8

在复心曲线的大小半径连接处，正矢与计算正矢的允许差，按大半径曲线的缓和曲线规定办理，缓和曲线与直线连接处不得有反弯或“鹅头”。

现场曲线的始终点、缓和曲线长度、曲线全长、曲线半径、实设超高均应与设备图表保持一致。

第五节　曲线绳正法拨道正矢计算

一、曲线半径、弦长、正矢之间的关系

在曲线上两点连一条直线，这条直线叫弦。弦上任一点到曲线上的垂直距离叫做矢距，在中央点的矢距叫做正矢，如图 3—8 所示。

曲线半径、弦长、正矢之间的关系为

$$f=\frac{L^2}{8R}$$

当 $L=20$ m 时，$f=\frac{50\,000}{R}$(mm)

当 $L=10$ m 时，$f=\frac{12\,500}{R}$(mm)

式中　f——圆曲线正矢(mm)；

R——圆曲线半径(m)。

现场一般取弦长为 20 m 计算正矢值。

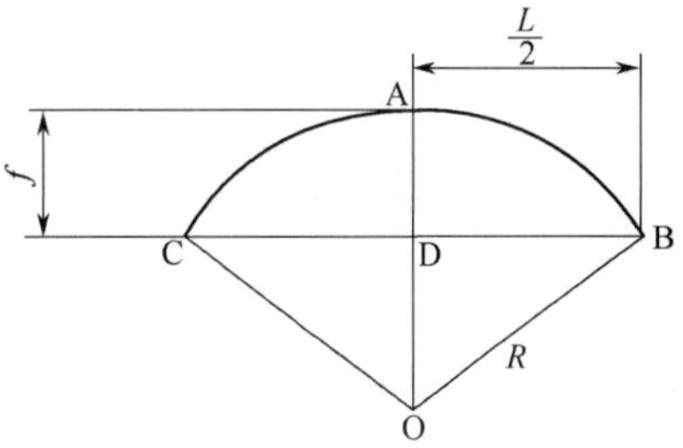

图 3—8　曲线半径、弦长、正矢

二、头尾标桩齐全的曲线计划正矢计算

(一) 圆曲线上各测点计划正矢

1. 圆曲线计划正矢的计算

$$\text{圆曲线计划正矢}(f_c)=\frac{50\,000}{R}(\text{mm})$$

圆曲线计划正矢也可以根据现场实量正矢计算确定。

$$\text{圆曲线计划正矢}(f_c)=\frac{\text{现场实量正矢合计}}{\text{圆曲线的分段数}}$$

【例题】　如图 3—9 所示，求无缓和曲线时圆曲线计划正矢值。

【解】

现场实量正矢合计 $=67+113+121+126+123+109+119+124+127+74+11-3-2$

$=1\,109$ mm

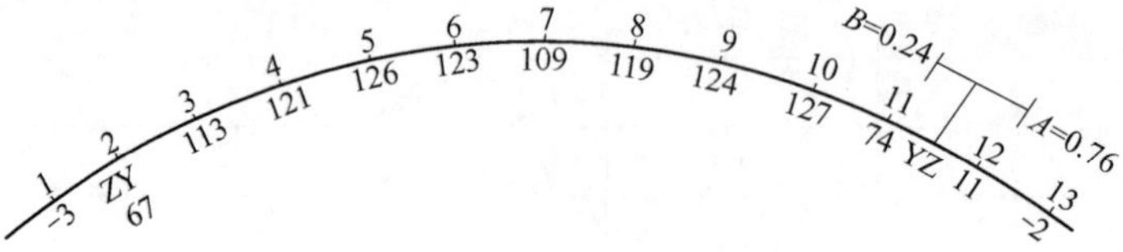

图 3—9　各测点实量正矢

圆曲线分段数 = 圆直测点(YZ) − 直圆测点(ZY)

$=11.24-2=9.24$

圆曲线计划正矢(f_c) $=\dfrac{1\,109}{9.24}=120$ mm

2. 测点正好在圆曲线始终点时的计划正矢计算

圆曲线始终点正矢为

$$f_{始(终)}=\frac{f_c}{2}$$

3. 测点在圆曲线始终点附近时的计划正矢计算(图 3—10)

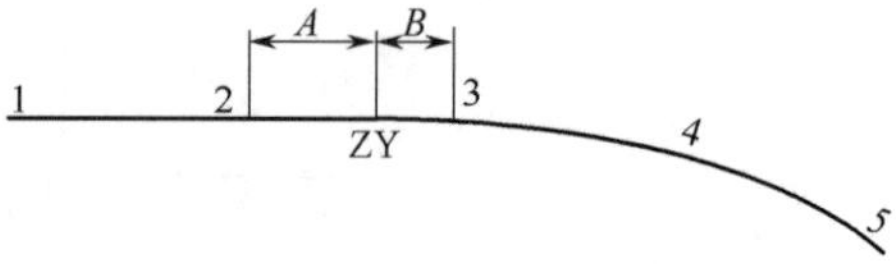

图 3—10　测点在圆曲线始终点附近

A—圆曲线始点(或终点)到直线侧测点分段数

B—圆曲线始点(或终点)到曲线侧测点分段数

为简化计算手续,可以运用圆曲线始终点纵距率表,如表 3—14 所示。

表 3—14　圆曲线始终点纵距率表

始终点位置		纵距率		始终点位置		纵距率		始终点位置		纵距率		始终点位置		纵距率	
A	B	测点 2	测点 3	A	B	测点 2	测点 3	A	B	测点 2	测点 3	A	B	测点 2	测点 3
0.00	1.00	0.50	1.00	0.13	0.87	0.38	0.99	0.26	0.74	0.27	0.97	0.39	0.61	0.19	0.92
0.01	0.99	0.49	1.00	0.14	0.86	0.37	0.99	0.27	0.73	0.27	0.96	0.40	0.60	0.18	0.92
0.02	0.98	0.48	1.00	0.15	0.85	0.36	0.99	0.28	0.72	0.26	0.96	0.41	0.59	0.17	0.92
0.03	0.97	0.47	1.00	0.16	0.84	0.35	0.99	0.29	0.71	0.25	0.96	0.42	0.58	0.17	0.91
0.04	0.96	0.46	1.00	0.17	0.83	0.35	0.99	0.30	0.70	0.25	0.96	0.43	0.57	0.16	0.91
0.05	0.95	0.45	1.00	0.18	0.82	0.34	0.98	0.31	0.69	0.24	0.95	0.44	0.56	0.16	0.91
0.06	0.94	0.44	1.00	0.19	0.81	0.33	0.98	0.32	0.68	0.23	0.95	0.45	0.55	0.15	0.90
0.07	0.93	0.43	1.00	0.20	0.80	0.32	0.98	0.33	0.67	0.23	0.95	0.46	0.54	0.15	0.90
0.08	0.92	0.42	1.00	0.21	0.79	0.31	0.98	0.34	0.66	0.22	0.94	0.47	0.53	0.14	0.89
0.09	0.91	0.41	1.00	0.22	0.78	0.30	0.98	0.35	0.65	0.21	0.94	0.48	0.52	0.14	0.89
0.10	0.90	0.41	1.00	0.23	0.77	0.30	0.97	0.36	0.64	0.21	0.94	0.49	0.51	0.13	0.89
0.11	0.89	0.40	0.99	0.24	0.76	0.29	0.97	0.37	0.63	0.20	0.93	0.50	0.50	0.13	0.88
0.12	0.88	0.39	0.99	0.25	0.75	0.28	0.97	0.38	0.62	0.19	0.93	0.51	0.49	0.12	0.88

续上表

始终点位置		纵距率		始终点位置		纵距率		始终点位置		纵距率		始终点位置		纵距率	
A	B	测点 2	测点 3	A	B	测点 2	测点 3	A	B	测点 2	测点 3	A	B	测点 2	测点 3
0.52	0.48	0.12	0.87	0.65	0.35	0.06	0.78	0.78	0.22	0.02	0.70	0.91	0.09	0.00	0.59
0.53	0.47	0.11	0.87	0.66	0.34	0.06	0.77	0.79	0.21	0.02	0.69	0.92	0.08	0.00	0.58
0.54	0.46	0.11	0.86	0.67	0.33	0.06	0.77	0.80	0.20	0.02	0.68	0.93	0.07	0.00	0.57
0.55	0.45	0.10	0.85	0.68	0.32	0.05	0.76	0.81	0.19	0.02	0.67	0.94	0.06	0.00	0.56
0.56	0.44	0.10	0.84	0.69	0.31	0.05	0.76	0.82	0.18	0.02	0.66	0.95	0.05	0.00	0.55
0.57	0.43	0.09	0.83	0.70	0.30	0.05	0.75	0.83	0.17	0.02	0.66	0.96	0.04	0.00	0.54
0.58	0.42	0.09	0.83	0.71	0.29	0.04	0.75	0.84	0.16	0.01	0.65	0.97	0.03	0.00	0.53
0.59	0.41	0.08	0.82	0.72	0.28	0.04	0.74	0.85	0.15	0.01	0.64	0.98	0.02	0.00	0.52
0.60	0.40	0.08	0.81	0.73	0.27	0.04	0.73	0.86	0.14	0.01	0.63	0.99	0.01	0.00	0.51
0.61	0.39	0.08	0.81	0.74	0.26	0.03	0.73	0.87	0.13	0.01	0.62	1.00	0.00	0.00	0.50
0.62	0.38	0.07	0.80	0.75	0.25	0.03	0.72	0.88	0.12	0.01	0.61				
0.63	0.37	0.07	0.80	0.76	0.24	0.03	0.71	0.89	0.11	0.01	0.60				
0.64	0.36	0.07	0.79	0.77	0.23	0.03	0.70	0.90	0.10	0.01	0.60				

从表中查出纵距率后，就可以根据下式计算出直圆点（或圆直点）左右测点的计划正矢。

$$圆曲线始终点附近测点的计划正矢 = f_c \times 该点纵距率$$

【例题】 如图 3—11 所示，圆曲线计划正矢 f_c = 100 mm，A = 0.15，B = 0.85，求测点 2、3 的计划正矢。

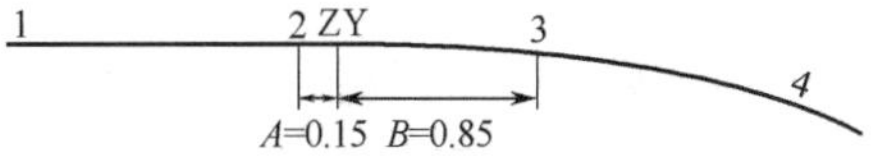

图 3—11　圆曲线始点位置图

【解】 由 A = 0.15 及 B = 0.85　查表 3—14 得测点 2 的纵距率为 0.36，测点 3 的纵距率为 0.99，则

$$f_2 = f_c \times 2\ 测点纵距率 = 100 \times 0.36 = 36\ \text{mm}$$

$$f_3 = f_c \times 3\ 测点纵距率 = 100 \times 0.99 = 99\ \text{mm}$$

（二）缓和曲线正矢

缓和曲线正矢是从直线往圆曲线方向逐渐由小变大的。由直缓点向缓圆点方向变化的大小，叫缓和曲线的正矢递增率。

$$缓和曲线的正矢递增率(f_N) = \frac{圆曲线计划正矢(f_c)}{一端缓和曲线分段数(N)}$$

1. 圆曲线计划正矢计算

$$f_c = \frac{现场实量正矢合计}{圆曲线分段数 + 缓和曲线总分段数的一半}$$

如果两端缓和曲线同样长度时，可按下式计算：

$$f_c = \frac{现场实量正矢合计}{圆缓点(\text{YH})号数 - 直缓点(\text{ZH})号数}$$

如果知道圆曲线的半径，也可以用下列公式进行计算：

$$f_c = \frac{50\,000}{R}$$

【例题】 如图 3—12 所示，求圆曲线计划正矢值。

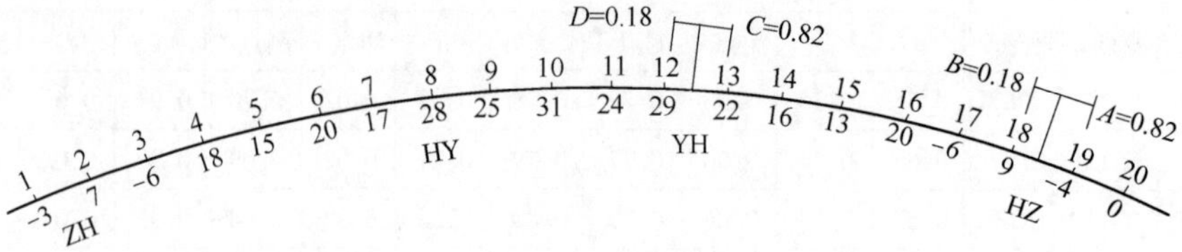

图 3—12　圆曲线上各测点实量正矢

【解】 现场实量正矢合计 =7 +18 +15 +20 +17 +28 +25 +31 +24 +29 +22 +16 +13 +20 +9 -3 -6 -6 -4 =275 mm

$$f_c=\frac{\text{现场实量正矢合计}}{\text{圆缓点(YH)号数}-\text{直缓点(ZH)号数}}=\frac{275}{12.18-2}=27\ \text{mm}$$

2. 测点正好在缓和曲线始终点时的计划正矢计算

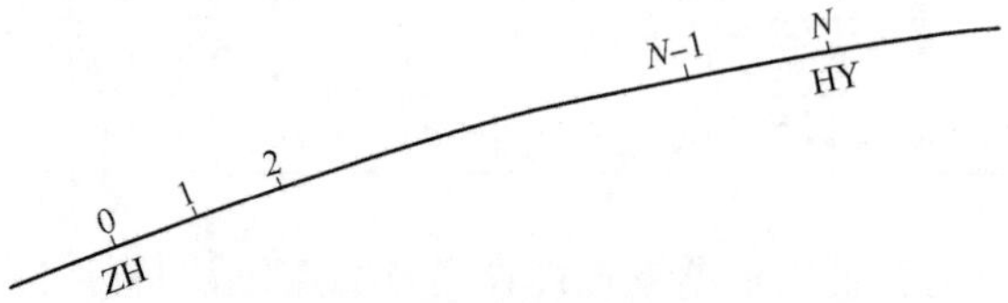

图 3—13　测点在缓和曲线始终点

（1）缓和曲线始终点计划正矢

$$\text{缓和曲线始点正矢}(f_{\text{始}})=\frac{\text{缓和曲线正矢递增率}(f_N)}{6}$$

$$\text{缓和曲线终点正矢}(f_{\text{终}})=f_c-\text{缓和曲线始点正矢}(f_{\text{始}})$$

（2）缓和曲线中间各测点计划正矢

$$f_i=N_if_N$$

式中　f_i——缓和曲线中间各测点的计划正矢（$i=1,2,3\cdots N-1$）；

N_i——测点距缓和曲线始点的段数；

f_N——缓和曲线的正矢递增率。

【例题】 已知曲线半径 $R=300$ m，缓和曲线长为 70 m（图 3—14），求缓和曲线上各测点的计划正矢值。

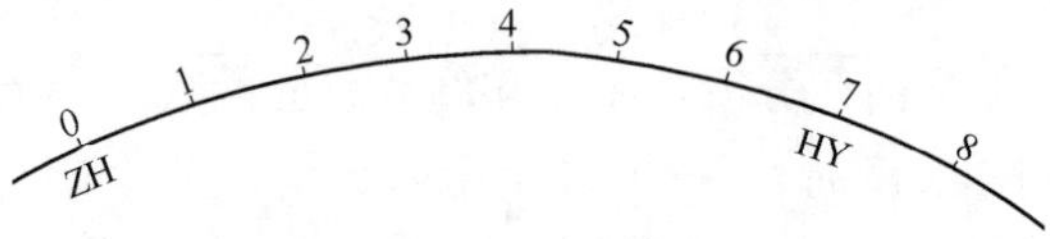

图 3—14　一侧缓和曲线图

【解】 $f_c=\frac{50\,000}{R}=\frac{50\,000}{300}\approx167$ mm

$$f_N=\frac{\text{圆曲线计划正矢}(f_c)}{\text{一端缓和曲线分段数}(N)}=\frac{167}{7}\approx 24\ \text{mm}$$

直缓点(ZH)正矢($f_{始}$) $=\frac{f_N}{6}=\frac{24}{6}=4\ \text{mm}$

缓圆点(HY)正矢($f_{终}$) $=f_c-f_{始}=167-4=163\ \text{mm}$

缓和曲线中间各测点的计划正矢为

$f_1=N_1f_N=1\times24=24\ \text{mm}$

$f_2=N_2f_N=2\times24=48\ \text{mm}$

$f_3=N_3f_N=3\times24=72\ \text{mm}$

$f_4=N_4f_N=4\times24=96\ \text{mm}$

$f_5=N_5f_N=5\times24=120\ \text{mm}$

$f_6=N_6f_N=6\times24=144\ \text{mm}$

3. 测点在缓和曲线始终点附近时的计划正矢计算

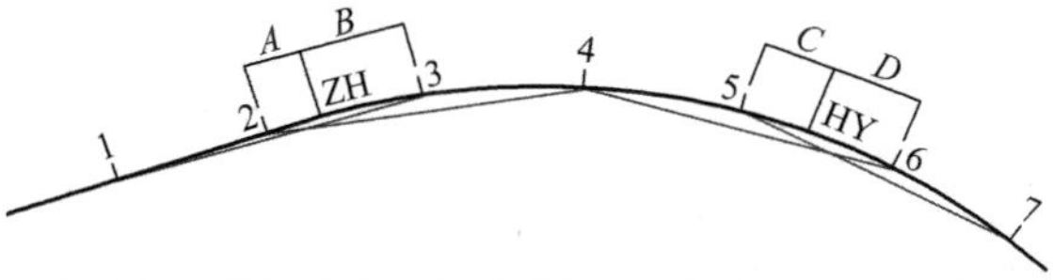

图 3—15　测点在缓和曲线始终点附近

A—缓和曲线始点到直线侧测点分段数

B—缓和曲线始点到缓和曲线侧测点分段数

C—缓和曲线终点到缓和曲线侧测点分段数

D—缓和曲线终点到圆曲线侧测点分段数

(1)缓和曲线始终点附近测点计划正矢

为简化计算手续,可以运用缓和曲线始终点纵距率表,如表 3—15 所示。

表 3—15　缓和曲线始终点纵距率表

始终点位置		纵距率		始终点位置		纵距率		始终点位置		纵距率		始终点位置		纵距率	
A	*B*	测点 2	测点 3	*A*	*B*	测点 2	测点 3	*A*	*B*	测点 2	测点 3	*A*	*B*	测点 2	测点 3
D	*C*	测点 6	测点 5	*D*	*C*	测点 6	测点 5	*D*	*C*	测点 6	测点 5	*D*	*C*	测点 6	测点 5
0.00	1.00	0.17	1.00	0.09	0.91	0.13	0.91	0.18	0.82	0.09	0.82	0.27	0.73	0.07	0.73
0.01	0.99	0.16	0.99	0.10	0.90	0.12	0.90	0.19	0.81	0.09	0.81	0.28	0.72	0.06	0.72
0.02	0.98	0.16	0.98	0.11	0.89	0.12	0.89	0.20	0.80	0.09	0.80	0.29	0.71	0.06	0.71
0.03	0.97	0.15	0.97	0.12	0.88	0.11	0.88	0.21	0.79	0.08	0.79	0.30	0.70	0.06	0.71
0.04	0.96	0.15	0.96	0.13	0.87	0.11	0.87	0.22	0.78	0.08	0.78	0.31	0.69	0.06	0.70
0.05	0.95	0.14	0.95	0.14	0.86	0.11	0.86	0.23	0.77	0.08	0.77	0.32	0.68	0.06	0.69
0.06	0.94	0.14	0.94	0.15	0.85	0.10	0.85	0.24	0.76	0.07	0.76	0.33	0.67	0.05	0.68
0.07	0.93	0.13	0.93	0.16	0.84	0.10	0.84	0.25	0.75	0.07	0.75	0.34	0.66	0.05	0.67
0.08	0.92	0.13	0.92	0.17	0.83	0.10	0.83	0.26	0.74	0.07	0.74	0.35	0.65	0.05	0.66

续上表

始终点位置		纵距率		始终点位置		纵距率		始终点位置		纵距率		始终点位置		纵距率	
A	*B*	测点 2	测点 3	*A*	*B*	测点 2	测点 3	*A*	*B*	测点 2	测点 3	*A*	*B*	测点 2	测点 3
D	*C*	测点 6	测点 5	*D*	*C*	测点 6	测点 5	*D*	*C*	测点 6	测点 5	*D*	*C*	测点 6	测点 5
0.36	0.64	0.05	0.65	0.53	0.47	0.02	0.50	0.70	0.30	0.01	0.36	0.87	0.13	0.00	0.24
0.37	0.63	0.04	0.64	0.54	0.46	0.02	0.49	0.71	0.29	0.00	0.35	0.88	0.12	0.00	0.23
0.38	0.62	0.04	0.63	0.55	0.45	0.02	0.48	0.72	0.28	0.00	0.34	0.89	0.11	0.00	0.23
0.39	0.61	0.04	0.62	0.56	0.44	0.01	0.47	0.73	0.27	0.00	0.34	0.90	0.10	0.00	0.22
0.40	0.60	0.04	0.61	0.57	0.43	0.01	0.46	0.74	0.26	0.00	0.33	0.91	0.09	0.00	0.22
0.41	0.59	0.04	0.60	0.58	0.42	0.01	0.45	0.75	0.25	0.00	0.32	0.92	0.08	0.00	0.21
0.42	0.58	0.03	0.59	0.59	0.41	0.01	0.44	0.76	0.24	0.00	0.31	0.93	0.07	0.00	0.20
0.43	0.57	0.03	0.58	0.60	0.40	0.01	0.44	0.77	0.23	0.00	0.31	0.94	0.06	0.00	0.20
0.44	0.56	0.03	0.57	0.61	0.39	0.01	0.43	0.78	0.22	0.00	0.30	0.95	0.05	0.00	0.19
0.45	0.55	0.03	0.57	0.62	0.38	0.01	0.42	0.79	0.21	0.00	0.29	0.96	0.04	0.00	0.19
0.46	0.54	0.03	0.56	0.63	0.37	0.01	0.41	0.80	0.20	0.00	0.29	0.97	0.03	0.00	0.18
0.47	0.53	0.03	0.55	0.64	0.36	0.01	0.40	0.81	0.19	0.00	0.28	0.98	0.02	0.00	0.18
0.48	0.52	0.03	0.54	0.65	0.35	0.01	0.40	0.82	0.18	0.00	0.27	0.99	0.01	0.00	0.17
0.49	0.51	0.03	0.53	0.66	0.34	0.01	0.39	0.83	0.17	0.00	0.27	1.00	0.00	0.00	0.17
0.50	0.50	0.02	0.52	0.67	0.33	0.01	0.38	0.84	0.16	0.00	0.26				
0.51	0.49	0.02	0.51	0.68	0.32	0.01	0.37	0.85	0.15	0.00	0.25				
0.52	0.48	0.02	0.50	0.69	0.31	0.01	0.37	0.86	0.14	0.00	0.25				

从表中查出纵距率后，就可以根据下面的公式计算出直缓（或缓直）点、缓圆（或圆缓）点左右测点的计划正矢：

缓和曲线始点附近测点（2、3）正矢 $=f_N\times$（2、3）测点的纵距率

缓和曲线终点附近测点（5、6）正矢 $=f_c-f_N\times$（5、6）测点的纵距率

（2）缓和曲线中间各测点计划正矢

缓和曲线中间各测点正矢 $=f_N\times$ 自缓和曲线始点到所求点的分段数

为简化计算手续，从直缓（ZH）、圆缓（YH）点后第三个测点开始可用下列公式计算：

直缓点后其他各点正矢 = 前点正矢 $+f_N$

圆缓点后其他各点正矢 = 前点正矢 $-f_N$

【例题】 已知圆曲线计划正矢为 120 mm，缓和曲线长为 60 m，缓和曲线正矢递增率为 20 mm。如图 3—16 所示，设直缓点（ZH）为 2.75，即距测点 2 为 0.75，距测点 3 为 0.25，缓圆点（HY）为 8.75，即距测点 8 为 0.75，距测点 9 为 0.25，求缓和曲线上各测点的正矢值。

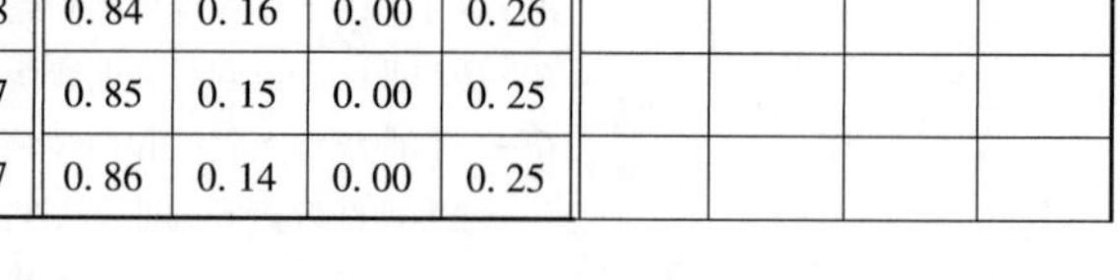

图 3—16　缓和曲线上各测点位置

【解】 由　$A=0.75$ 及 $B=0.25$　查表 3—15 得，测点 2 的纵距率为 0，测点 3 的纵距率为 0.32，则

$f_2=f_N\times$测点 2 的纵距率 $=20\times0=0$

$f_3=f_N\times$测点 3 的纵距率 $=20\times0.32=6.4\approx6$ mm

$f_4=f_N\times$直缓点到测点 4 的分段数 $=20\times1.25=25$ mm

$f_5=f_4+f_N=25+20=45$ mm

$f_6=f_5+f_N=45+20=65$ mm

$f_7=f_6+f_N=65+20=85$ mm

由　$C=0.75$ 及 $D=0.25$　查表 3—15 得，测点 8 的纵距率为 0.75，测点 9 的纵距率为 0.07，则

$f_8=f_c-f_N\times$测点 8 的纵距率 $=120-20\times0.75=105$ mm

$f_9=f_c-f_N\times$测点 9 的纵距率 $=120-20\times0.07=118.6\approx119$ mm

三、需要确定头尾标桩的曲线计划正矢计算

（一）确定曲线始终点位置

有的曲线因直线方向变化，头尾位置不对，以致测量出的现场正矢数很不正常。如果在此基础上去计算和拨正曲线，不仅拨道量大，而且曲线也不能圆顺。在这种情况下，应先通过计算找出曲线中央点，确定曲线头尾位置，再重新测量现场正矢与计算拨量。

1. 曲线中央点位置的计算

$$中央点位置=\frac{现场实量正矢倒累计合计}{现场实量正矢合计}$$

【例题】 某曲线实量正矢如表 3—16 所列，求曲线中央点的位置。

表 3—16　曲线实量正矢表

测 点 号	实量正矢(mm)	正矢倒累计(mm)	正矢倒累计的排列(mm)
(1)	(2)	(3)	(4)
1	45	400	55 + 110 + 100 + 90 + 45
2	90	355	55 + 110 + 100 + 90
3	100	265	55 + 110 + 100
4	110	165	55 + 110
5	55	55	55
合　计	400	1 240	1 240

【解】 实量正矢倒累计，即现场实量正矢按箭头方向用“斜加平记”的方法，由下往上累计，其累计数的合计即为实量正矢倒累计合计，如表 3—16 所示。

实量正矢倒累计合计 = 1 240 mm

实量正矢合计 = 400 mm

$$中央点位置 = \frac{现场实量正矢倒累计合计}{现场实量正矢合计} = \frac{1\,240}{400} = 3.1$$

中央点位置在测点 3 和测点 4 之间,距测点 3 为 1 m,距测点 4 为 9 m。

2. 圆曲线平均正矢计算

圆曲线平均正矢可以根据现场实量正矢求得,即

$$圆曲线平均正矢(f_{平}) = \frac{圆曲线实量正矢合计}{圆曲线测点数}$$

在曲线头、尾没有算出之前,可在曲线中部选择大致上相同的正矢数累加计算。如果知道曲线半径,也可以用下列公式进行计算:

$$圆曲线平均正矢(f_{平}) = \frac{50\,000}{R}$$

3. 曲线长分段数计算

$$曲线长分段数 = \frac{现场实量正矢合计}{圆曲线平均正矢}$$

4. 圆曲线头尾(ZY、YZ)位置的计算

$$曲线头(ZY) = 曲线中央点 - \frac{曲线长分段数}{2}$$

$$曲线尾(YZ) = 曲线中央点 + \frac{曲线长分段数}{2}$$

如果曲线有缓和曲线,那么曲线头(ZY)、曲线尾(YZ)就是曲线两端缓和曲线的中央点。

5. 缓和曲线长度的计算

允许速度大于 120 km/h 的线路采用 $10v_{max}h$,其他线路采用 $9v_{max}h$。

6. 直缓(ZH)、缓圆(HY)、圆缓(YH)、缓直(HZ)各点位置的计算

$$直缓点(ZH) = 曲线头(ZY) - \frac{缓和曲线长分段数}{2}$$

$$缓圆点(HY) = 曲线头(ZY) + \frac{缓和曲线长分段数}{2}$$

$$圆缓点(YH) = 曲线尾(YZ) - \frac{缓和曲线长分段数}{2}$$

$$缓直点(HZ) = 曲线尾(YZ) + \frac{缓和曲线长分段数}{2}$$

(二)计算各测点计划正矢

在计算出曲线位置以后,可以引用前面所讲的方法计算各测点的计划正矢。

【例题】 已知曲线半径为 320 m,缓和曲线长为 70 m,现场实量正矢如表 3—17,计算各测点的计划正矢值。

表 3—17 曲线计划正矢计算表

测 点	实量正矢倒累计（mm）	实量正矢（mm）	计划正矢（mm）	备 注	测 点	实量正矢倒累计（mm）	实量正矢（mm）	计划正矢（mm）	备 注
(1)	(2)	(3)	(4)	(5)	(1)	(2)	(3)	(4)	(5)
1	2013	4	4	ZH(1.01)	12	918	151	156	
2	2009	19	22		13	767	158	156	YH(13.98)
3	1990	47	45		14	609	150	151	
4	1943	62	67		15	459	132	132	
5	1881	92	89		16	327	106	109	
6	1789	108	111		17	221	92	87	
7	1681	146	134		18	129	66	65	
8	1535	145	152	HY(8.01)	19	63	43	42	
9	1390	158	156		20	20	20	20	HZ(20.98)
10	1230	162	156		21	0	0	3	
11	1070	152	156		∑	22046	2013	2013	

【解】

1. 确定曲线始终点位置

$$中央点位置=\frac{实量正矢倒累计合计}{现场实量正矢合计}=\frac{22\,046}{2\,013}=10.95$$

$$圆曲线平均正矢(f_{平})=\frac{50\,000}{R}=\frac{50\,000}{320}=156.3\ \text{mm}$$

$$曲线长分段数=\frac{现场实量正矢合计}{f_{平}}=\frac{2\,013}{156.3}=12.88$$

$$曲线头(ZY)=中央点位置-\frac{曲线长分段数}{2}=10.95-\frac{12.88}{2}=4.51$$

$$曲线尾(YZ)=中央点位置+\frac{曲线长分段数}{2}=10.95+\frac{12.88}{2}=17.39$$

$$缓和曲线长分段数=\frac{缓和曲线长}{10}=\frac{70}{10}=7$$

$$直缓点(ZH)=曲线头-\frac{缓和曲线长分段数}{2}=4.51-\frac{7}{2}=1.01$$

$$缓圆点(HY)=曲线头+\frac{缓和曲线长分段数}{2}=4.51+\frac{7}{2}=8.01$$

$$圆缓点(YH)=曲线尾-\frac{缓和曲线长分段数}{2}=17.39-\frac{7}{2}=13.89$$

$$缓直点(HZ)=曲线尾+\frac{缓和曲线长分段数}{2}=17.39+\frac{7}{2}=20.89$$

2. 计算各测点的计划正矢（图 3—17）

$$f_{c}=\frac{实量正矢合计}{圆曲线分段数+缓和曲线总分段数的一半}=\frac{2\,013}{5.88+7}=156.3\approx156\ \text{mm}$$

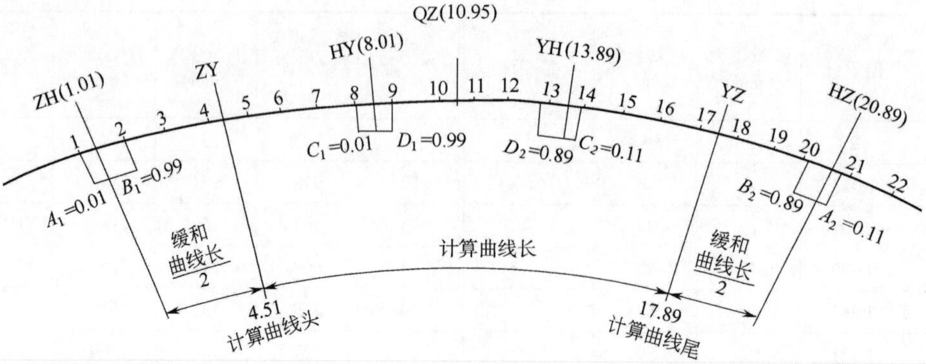

图 3—17　曲线测点位置图

$f_N=\frac{f_c}{N}=\frac{156.3}{7}\approx 22.3$ mm

由 $A_1=0.01$ 及 $B_1=0.99$ 查表 3—15 得，测点 1 的纵距率为 0.16，测点 2 的纵距率为 0.99，则

$f_1=f_N\times$测点 1 的纵距率 $=22.3\times 0.16=3.6\approx 4$ mm

$f_2=f_N\times$测点 2 的纵距率 $=22.3\times 0.99=22.1\approx 22$ mm

$f_3=f_N\times$测点 3 到 ZH 点的分段数 $=22.3\times 1.99=44.4\approx 44$ mm（调整为 45 mm）

$f_4=f_3+f_N=44.4+22.3=66.7\approx 67$ mm

$f_5=f_4+f_N=66.7+22.3=89$ mm

$f_6=f_5+f_N=89+22.3=111.3\approx 111$ mm

$f_7=f_6+f_N=111.1+22.3=133.6\approx 134$ mm

由 $C_1=0.01$ 及 $D_1=0.99$ 查表 3—15 得，测点 8 的纵距率为 0.17，测点 9 的纵距率为 0，则

$f_8=f_c-f_N\times$测点 8 的纵距率 $=156-22.3\times 0.17=152.2\approx 152$ mm

$f_9=f_c-f_N\times$测点 9 的纵距率 $=156-22.3\times 0=156$ mm

$f_{10}=f_{11}=f_{12}=156$ mm

由 $D_2=0.89$ 及 $C_2=0.11$ 查表 3—15 得，测点 13 的纵距率为 0，测点 14 的纵距率为 0.23，则

$f_{13}=f_c-f_N\times$测点 13 的纵距率 $=156-22.3\times 0=156$ mm

$f_{14}=f_c-f_N\times$测点 14 的纵距率 $=156-22.3\times 0.23=150.9\approx 151$ mm

$f_{15}=f_N\times$测点 15 到 HZ 点的分段数 $=22.3\times 5.89=131.4\approx 131$ mm（调整为 132 mm）

$f_{16}=f_{15}-f_N=131.4-22.3=109.1\approx 109$ mm

$f_{17}=f_{16}-f_N=109.1-22.3=86.8\approx 87$ mm

$f_{18}=f_{17}-f_N=86.8-22.3=64.5\approx 65$ mm

$f_{19}=f_{18}-f_N=64.5-22.3=42.2=42$ mm

由 $B_2=0.89$ 及 $A_2=0.11$ 查表 3—15 得，测点 20 的纵距率为 0.89，测点 21 的纵距率为 0.12，则

$f_{20}=f_N\times$测点 20 的纵距率 $=22.3\times0.89=19.9\approx20$ mm

$f_{21}=f_N\times$测点 21 的纵距率 $=22.3\times0.12=2.7\approx3$ mm

为了保证曲线头尾拨量为零,要求计划正矢合计与实量正矢合计数值相同。上例计算结果,正矢合计为 2 011 mm,与实量正矢合计比较差不足 2 mm,考虑在第 3、15 测点计划各调整 1 mm,以使计划正矢合计数与实量正矢合计数相等。计划正矢算出后,将其填入表 3—17 内,以备拨道计算。

四、公式法计算曲线始终点附近测点计划正矢

(一)测点在圆曲线始终点附近时正矢计算

$$f_2=\frac{B^2}{2}f_c$$

$$f_3=\left(1-\frac{A^2}{2}\right)f_c$$

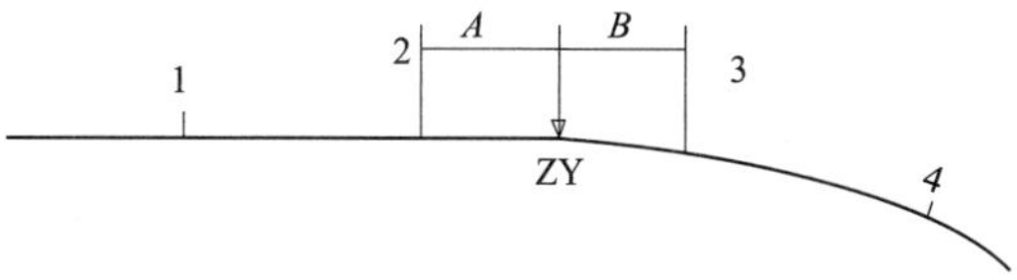

图 3—18　测点在圆曲线始终点附近

【例题】　如图 3—19 所示,圆曲线计划正矢为 25.8 mm,求曲线始终点附近测点计划正矢。

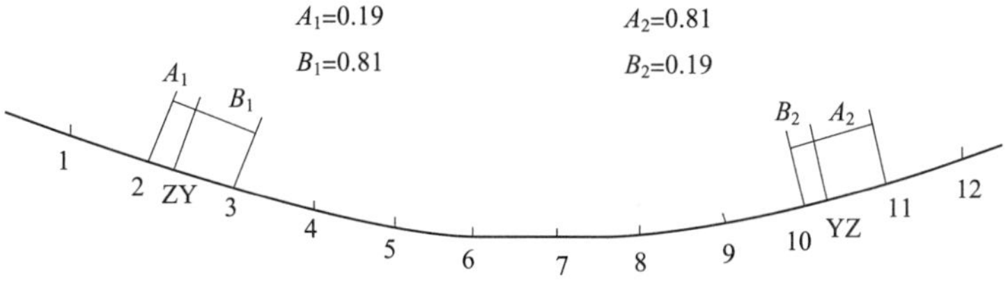

图 3—19　曲线始终点附近测点

【解】　$f_2=\frac{B_1^2}{2}f_c=\frac{0.81^2}{2}\times25.5=8.4\approx8$ mm

$$f_3=\left(1-\frac{A_1^2}{2}\right)f_c=\left(1-\frac{0.19^2}{2}\right)\times25.5=25\text{ mm}$$

$$f_{10}=\left(1-\frac{A_2^2}{2}\right)f_c=\left(1-\frac{0.81^2}{2}\right)\times25.5=17.1\approx17\text{ mm}$$

$$f_{11}=\frac{B_2^2}{2}\cdot f_c=\frac{0.19^2}{2}\times25.5=0.5\approx1\text{ mm}$$

(二)测点在缓和曲线始终点附近时的正矢计算

1. 缓和曲线始点附近测点正矢计算

$$f_0=\frac{b^3}{6}\cdot f_d$$

$$f_1=\left(b+\frac{a^3}{6}\right)\cdot f_d$$

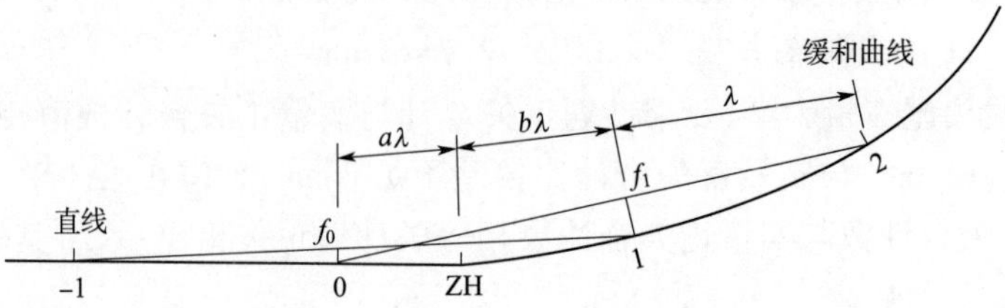

图 3—20　缓和曲线始点附近测点

2. 缓和曲线终点附近测点正矢计算

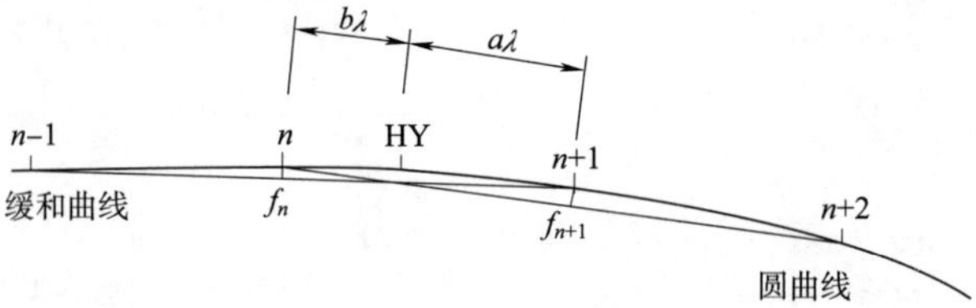

图 3—21　缓和曲线终点附近测点

$$f_n = f_{圆} - \left(b + \frac{a^3}{6}\right) \cdot f_d$$

$$f_{n+1} = f_{圆} - \frac{b^3}{6} \cdot f_d$$

【例题】　如图 3—22 所示，设圆曲线正矢为 90 mm，缓和曲线长 30 m，直缓点位置 $a_2 = 0.75$、$b_3 = 0.25$，缓圆点位置 $b_5 = 0.75$、$a_6 = 0.25$，试求 2、3、5、6 各测点的正矢。

【解】

$n = 30/10 = 3$

$$f_2 = \frac{b^3}{6} \cdot f_d = \frac{0.25^3}{6} \times \frac{90}{3} = 0.08 \approx 0$$

$$f_3 = \left(b + \frac{a^3}{6}\right) \cdot f_d = \left(0.25 + \frac{0.75^3}{6}\right) \times \frac{90}{3} = 9.6\ \text{mm},$$

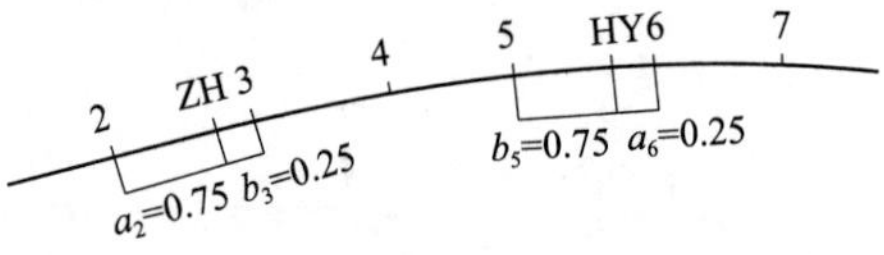

图 3—22　曲线正矢计算图

取 10 mm

$$f_5 = f_{圆} - \left(b + \frac{a^3}{6}\right) \cdot f_d = 90 - \left(0.75 + \frac{0.25^3}{6}\right) \times \frac{90}{3} = 67.4，取\ 67\ \text{mm}$$

$$f_6 = f_{圆} - \frac{b^3}{6} \cdot f_d = 90 - \frac{0.75^3}{6} \times \frac{90}{3} = 87.9\ \text{mm}，取\ 88\ \text{mm}$$

第六节　曲线绳正法拨道量计算

一、普通线路曲线拨量计算

曲线绳正法拨道量计算方法较多，下面以表 3—18 为例主要介绍梯形修正法。

【例题】　已知某曲线实测正矢、计划正矢如表 3—18 所示，试完成表中拨道量计算。

表 3—18 绳正法曲线拨道计算表(mm)

测点	实量正矢倒累计	实量正矢	计划正矢	正矢差	正矢差累计	修正量	半拨量	拨量	拨后正矢	记事
(1)	(2)	(3)	(4)	(5)	(6)	(7)	(8)	(9)	(10)	(11)
1	2 013	4	4	0	0		0	0	4	ZH
2	2 009	19	22	-3	-3		0	0	22	
3	1 990	47	45	+2	-1		-3	-6	45	
4	1 943	62	67	-5	-6	+1	-4	-8	66	-1
5	1 881	92	89	+3	-3	+1	-9	-18	89	
6	1 789	108	111	-3	-6		-11	-22	112	+1
7	1 681	146	134	+12	+6		-17	-34	134	
8	1 535	145	152	-7	-1		-11	-22	152	HY
9	1 390	158	156	+2	+1		-12	-24	156	
10	1 232	162	156	+6	+7		-11	-22	156	
11	1 070	152	156	-4	+3		-4	-8	156	
12	918	151	156	-5	-2		-1	-2	156	
13	767	158	156	+2	0		-3	-6	156	
14	609	150	151	-1	-1		-3	-6	151	YH
15	459	132	132	0	-1		-4	-8	132	
16	327	106	109	-3	-4		-5	-10	109	
17	221	92	87	+5	+1		-9	-18	87	
18	129	66	65	+1	+2		-8	-16	65	
19	63	43	42	+1	+3		-6	-12	42	
20	20	20	20	0	+3		-3	-6	20	
21	0	0	3	-3	0		0	0	3	HZ
Σ	22 046	2 013	2 013	+34 -34	+26 -28 -2	+2			2 013	

1. 计算正矢差

$$正矢差 = 实量正矢 - 计划正矢$$

当实量正矢大于计划正矢时,正矢差为“+”号;当实量正矢小于计划正矢时,正矢差为“-”号。正矢差的“+”号值和“-”号值分别加在一起,其数值必然相等,否则要复查和改正计算上的错误。

如表 3—18 计算结果,正矢差的正值与负值均为 34 mm。

2. 计算正矢差累计

计算正矢差累计可按表 3—18 箭头表示的方向,用“斜加平写”的方法进行累计。如表 3—18 中,第 4 测点的正矢差累计 = 第 4 测点的正矢差(-5)+第 3 测点的正矢差累计(-1)= -6。

每个测点的差累计数算出来以后，对其正号值与负号值分别累加比较。如数值相等，则不必修正，即可进行半拨量计算；如数值不等，说明曲线始点或终点将发生拨道量，故应进行修正。

3. 修正正矢差累计

用梯形修正法在一些测点上，加一些与正矢差累计合计的符号相反、总的数值相同的修正量。在本例中需要加正数，总的修正量为 2，即在测点 4、5 上各设修正量为 +1，其合计为 +2，与正矢差累计合计数相同、符号相反，这样就可以消去 −2，保证了曲线头尾位置不变的要求。

如果需要消去的差累计合计数值较大，可在多个测点上修正。为了保证曲线的圆顺性，相邻测点修正量应排列成梯形的渐变形式，渐变量为 1 mm，一般不要超过 2 mm，并且在相邻测点上修正量由增加转变为减少时，至少有两个相邻测点上的修正量相同，确保曲线圆顺。

4. 计算半拨量

半拨量可按表 3—18 中箭头所指的方向用“平加下写”的方法进行计算。

$$半拨量 = 前点正矢差累计 + 前点修正量 + 前点半拨量$$

表 3—18 中，第 5 测点的半拨量 = 4 测点的差累计 + 4 测点修正量 + 4 测点半拨量 = −6 + 1 − 4 = −9。

表 3—18 计算结果，第一个测点和最后一个测点的半拨量均等于零，符合始、终点半拨量等于零的要求。

如果半拨量很大，要求把它减少到许可程度，也可用梯形修正法。一般地，曲线的上半部半拨量“ − ”号值大，曲线轨道往下压得多，可先用正号梯形来修正，在下半部用负号梯形来反修正；反之，如曲线上半部半拨量“ + ”号值大，曲线轨道往上挑得多，可先用负号梯形来修正，在下半部用正号梯形来修正。但修正量的合计与正矢差累计的合计必须符号相反、绝对值相等。

5. 计算拨量

$$拨量 = 半拨量 \times 2$$

6. 计算拨后正矢

$$拨后正矢 = 实量正矢 + 拨量 - \frac{前点拨量 + 后点拨量}{2}$$

表 3—18 中，第 5 测点的拨后正矢 = 5 测点实量正矢 + 5 测点拨量 − (4 测点拨量 + 6 测点拨量)/2 = 92 + (−18) − (−8 − 22)/2 = 89 mm。

通过计算，拨后正矢合计应与实量正矢合计、计划正矢合计相等；若干点拨后正矢与计划正矢相比较的增减数，应和修正量的计算根据相吻合，否则应复查在计算上的错误。

对照拨后正矢与计划正矢值可以发现，在修正过程中，梯形修正法虽然没有考虑计划正矢，但实际上与调整计划正矢的原理是完全相同的，修正差累计实质是改变了计划正矢。

对于没有缓和曲线的圆曲线计算方法，与上例计算基本相同。

二、无缝线路曲线拨量计算

曲线拨道时，上挑曲线伸长，下压曲线缩短。普通线路曲线伸长或缩短，一般是通过曲线钢轨轨缝的变化来实现的。由于无缝线路曲线在一般情况下，曲线全长范围内可能遇到一处钢轨接头或遇不到钢轨接头，没有轨缝调节伸缩，为了避免钢轨内部应力变化，拨道时必须保持整个曲线的正负拨道量相等。

在无缝线路上,测量曲线正矢时的轨温和拨道时轨温要尽量相同,一般以不超过 ±5 ℃为宜,最好在锁定轨温时测量正矢和进行拨道。如果拨量的正数负数相差太大,不易调整时,应结合应力放散一道进行整正。

【例题】 在无缝线路上,有一曲线实量正矢如表 3—19 中第 2 栏,缓和曲线长为 60 m,曲线半径为 400 m,计算曲线的拨道量。

表 3—19 无缝线路曲线拨道计算表

测点号	实量正矢倒累计(mm)	实量正矢(mm)	计划正矢(mm)	正矢差	差累计	差累计修正	修正后半累计	修正后半拨距	修正后拨距	拨量调整数					调整后拨距(mm)	修正计划正矢(mm)	备注
										数列			计划正矢修正量	数列合计			
										1	2	3					
(1)	(2)	(3)	(4)	(5)	(6)	(7)	(8)	(9)	(10)	(11)					(12)	(13)	(14)
1	2681	0	0	0	0		0	0	0						0	0	ZH(1.75)
2	2681	7	7	0	0	+1	+1	0	0						0	6	
3	2674	24	26	−2	−2	+1	−1	+1	+2				−1		+2	25	
4	2650	50	47	+3	+1		+1	0	0		+2			+2	+2	48	
5	2600	67	69	−2	−1		−1	+1	+2		+4			+4	+6	69	
6	2533	88	90	−2	−3		−3	0	0		+6			+6	+6	90	
7	2445	110	111	−1	−4		−4	−3	−6		+8		−0.5	+8	+2	110.5	HY(7.75)
8	2335	130	126	+4	0		0	−7	−14		+10	+1	+0.5	+11	−3	126.5	
9	2205	129	127	+2	+2		+2	−7	−14		+12	+1	+1	+13	−1	128	
10	2076	127	127	0	+2		+2	−5	−10		+12	+1	+1	+13	+3	128	
11	1949	125	127	−2	0		0	−3	−6		+10	+1	+1	+11	+5	128	
12	1824	129	127	+2	+2		+2	−3	−6	−2	+8	+1		+7	+1	127	
13	1695	127	127	0	+2		+2	−1	−2	−4	+6	+1	+0.5	+3	+1	127.5	
14	1568	127	127	0	+2		+2	+1	+2	−6	+4		−0.5	−2	0	126.5	
15	1441	129	127	+2	+4		+4	+3	+6	−8	+2			−6	0	127	
16	1312	125	127	−2	+2		+2	+7	+14	−10			−1	−10	+4	126	
17	1187	126	127	−1	+1		+1	+9	+18	−12			−1	−12	+6	126	
18	1061	124	127	−3	−2		−2	+10	+20	−12			−1	−12	+8	126	
19	937	121	127	−6	−8		−8	+8	+16	−10			−1	−10	+6	126	
20	816	132	126	+6	−2		−2	0	0	−8	+2			−6	−6	126	
21	684	124	126	−2	−4		−4	−2	−4	−6	+4			−2	−6	126	
22	560	130	126	+4	0		0	−6	−12	−4	+6		+1	+2	−10	127	
23	430	119	121	−2	−2		−2	−6	−12	−2	+6			+4	−8	121	YH(22.9)
24	311	106	103	+3	+1		+1	−8	−16		+6		+1	+6	−10	104	
25	205	85	82	+3	+4		+4	−7	−14		+6		+1	+6	−8	83	

续上表

测点号	实量正矢倒累计(mm)	实量正矢(mm)	计划正矢(mm)	正矢差	差累计	差累计修正	修正后半累计	修正后半拨距	修正后拨距	拨量调整数 数列 1	2	3	计划正矢修正量	数列合计	调整后拨距(mm)	修正计划正矢(mm)	备　注
26	120	60	61	−1	+3	−1	+2	−3	−6		+4			+4	−2	62	
27	60	40	40	0	+3	−1	+2	−1	−2		+2			+2	0	40	
28	20	16	19	−3	0	−1	−1	+1	+2				−1		+2	18	HZ(28.91)
29	4	4	4	0	0		0	0	0						0	3	
∑	41 064	2 681	2 681	+29 −29	+29 −28 +1	+2 −3 −1	+28 −28	+41 −62 −21	+82 −124 −42	−84	+84 +36 +120	+6	+7 −7	+102 −60 +42	+54 −54	2 681	

【解】　在表3—19中：

(1)第(1)栏至第(6)栏的计算方法与前面所讲的内容相同。

根据实量正矢求得127 mm,根据原设计的曲线半径 $R=400$ m求得125 mm。考虑曲线的现有形状,在计算中将圆曲线的计划正矢采用127 mm。

通过计算,全曲线的计划正矢比实测正矢多3 mm,要进行调整。因圆曲线内上半部的实测正矢大于下半部,即上半部的实测正矢要往下半部赶,因此计划正矢多出3 mm,在圆曲线的下端测点20～22三点各减少1 mm(表中第4栏测点20～22三点计划正矢已作调整)。

(2)第(7)栏差累计修正数要集中在曲线的一端或上下两端来修正,以避免干扰曲线中部拨距的调整。本例因差累计的合计数很小,故只在曲线的下端修正即可,但为避免在一端排列"0,−1,0"或"+1,+1,0,−1,−1"之类的数列,也可在上下两端修正。

(3)第(8)至第(10)栏的计算方法与前面所讲的内容相同。

(4)第(11)栏拨距的调整,除要求抵消第(10)栏修正后拨距的合计数外,还要设法尽量减少各点的拨距,以利于拨道工作。在设计本栏各梯形数列时,尤要注意本栏的计划正矢修正值不得与第(7)栏中的计划正矢修正值和记事栏中的正矢调整量同号重复叠加。如果是异号互相抵消,当然更好。同理,在每一个数列之后,要随即将该数列所产生的计划正矢修正值填上,然后再安排下一个数列,以避免数列之间所产生的计划正矢修正值在同一点上同号重复叠加,这样才能保证拨后曲线的圆顺。

(5)第(12)、(13)两栏的计算方法与前面所讲的内容相同。

对于普通线路上曲线拨道计算,同样可用调整拨距法进行,但由于计算程序比较复杂,所以一般不采用该法。

第七节　曲线缩短轨配置及成段更换钢轨

一、曲线缩短轨缩短量计算和配置

(一)计算曲线缩短量

线路上两股钢轨的接头应当对齐,而曲线上,由于外股轨线要比里股轨线长一些,所以要铺设同样长度的钢轨，里股接头必然比外股钢轨接头错前。为了满足钢轨接头对接的要求，在曲线里股应适当铺设缩短轨。其里股缩短量与曲线半径和缓和曲线、圆曲线长度有关。

1. 整个曲线里股缩短量及缩短轨根数的计算

(1)圆曲线部分的缩短量

$$缩圆=\frac{1\,500\times 圆曲线长(m)}{曲线半径(m)}\quad (mm)$$

(2)一端缓和曲线的缩短量

$$缩缓=\frac{1\,500\times 一端缓和曲线长(m)}{2\times 曲线半径(m)}\quad (mm)$$

(3)缓和曲线里股任意点的缩短量

$$任意点的缩短量=\frac{1\,500\times[缓和曲线始点至计算点的长度(m)]^2}{2\times 曲线半径(m)\times 一端缓和曲线长(m)}(mm)$$

式中 1 500 mm 是两股钢轨中心线之间距离。

(4)整个曲线的缩短量

$$缩总=缩圆+缩缓_1+缩缓_2\quad (mm)$$

(5)缩短轨根数的计算

$$缩短轨根数=\frac{缩总}{一根缩短轨的缩短量}(根)$$

曲线缩短轨可根据表 3—20 选择使用。

表 3—20 曲线缩短轨选择表(mm)

曲线半径(m)	标准轨长(m)	
	12.5	25
4 000 ~ 1 000	40	40、80
800 ~ 500	40	80、160
450 ~ 300	80	160
250 ~ 200	120	

2. 确定缩短轨的铺设位置

使用缩短轨要做到曲线里股与相对外股的钢轨接头相错的距离，不超过所使用缩短轨缩短量的一半。

(二)配置缩短轨

【例题】 缓和曲线长 80 m，圆曲线长 28.27 m，曲线半径 400 m，第一根钢轨进入曲线的长度为 7.06 m，用 12.50 m 标准轨及 12.42 m 的缩短轨铺设(即缩短量为 80 mm)，如图 3—23 所示。

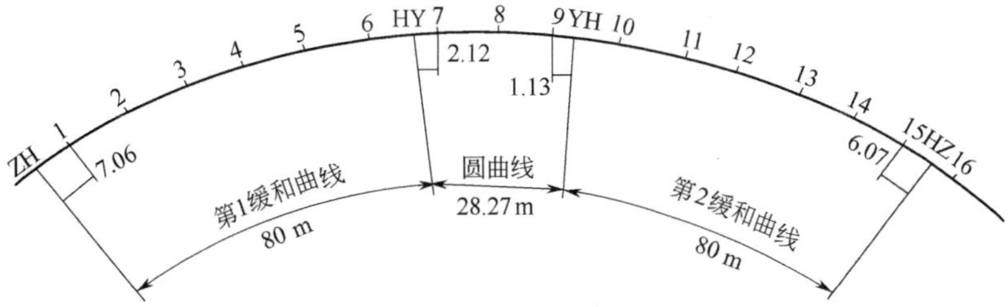

图 3—23 曲线缩短轨配置计算图

【解】

1. 计算缩短量及缩短轨

(1)圆曲线的缩短量

$$缩圆=\frac{1\,500\times 圆曲线长(m)}{曲线半径(m)}=\frac{1\,500\times 28.27}{400}=106\ mm$$

(2)一端缓和曲线的缩短量

$$缩缓=\frac{1\,500\times 一端缓和曲线长(m)}{2\times 曲线半径(m)}=\frac{1\,500\times 80}{2\times 400}=150\ mm$$

(3)整个曲线的总缩短量

$$缩总=缩圆+2\times 缩缓=106+2\times 150=406\ mm$$

(4)缩短轨根数

$$根数=\frac{缩总}{一根缩短轨的缩短量}=\frac{406}{80}=5.1\ 根(用5根)$$

2. 确定缩短轨的铺设位置

计算过程如表3—21所示。

表3—21　曲线缩短轨布置计算表

接头号数	由直缓或缓圆到接头的距离(m)	接头总缩短量(mm)	标准轨(○)或缩短轨(×)	实际缩短量(mm)	接头错开量(mm)	备注
(1)	(2)	(3)	(4)	(5)	(6)	(7)
1	7.06	缩(1) $=\frac{1\,500\times 7.06^2}{2\times 400\times 80}=0.023\,4\times 7.06^2=1$	○	0	−1	进入缓和曲线7.06 m
2	7.06+12.51=19.57	缩(2) $=0.023\,4\times 19.57^2=9$	○	0	−9	
3	19.57+12.51=32.08	缩(3) $=0.023\,4\times 32.08^2=24$	○	0	−24	
4	32.80+12.51=44.59	缩(4) $=0.023\,4\times 44.59^2=47$	×	80	+33	
5	44.59+12.51=57.10	缩(5) $=0.023\,4\times 57.10^2=76$	○	80	+4	
6	57.10+12.51=69.61	缩(6) $=0.023\,4\times 69.61^2=113$	○	80	−33	
7	69.61+10.39=80.00 2.12	缩(7) $=0.023\,4\times 80^2+\frac{1\,500\times 2.12}{400}=158$	×	160	+2	进入圆曲线2.12 m
8	2.12+12.51=14.63	缩(8) $=150+\frac{1\,500\times 14.63}{400}=205$	×	240	+35	
9	14.63+12.51=27.14	缩(9) $=150+\frac{1\,500\times 27.14}{400}=252$	○	240	−12	
10	1.13 80.00−11.38=68.62	缩(10) $=406-0.023\,4\times 68.62^2=296$	×	320	+24	进入缓和曲线11.38 m
11	68.62−12.51=56.11	缩(11) $=406-0.023\,4\times 56.11^2=332$	○	320	−12	
12	56.11−12.51=43.60	缩(12) $=406-0.023\,4\times 43.60^2=361$	×	400	+39	
13	43.60−12.51=31.09	缩(13) $=406-0.023\,4\times 31.09^2=383$	○	400	+17	
14	31.09−12.51=18.58	缩(14) $=406-0.023\,4\times 18.58^2=398$	○	400	+2	
15	18.58−12.51=6.07	缩(15) $=406-0.023\,4\times 6.07^2=405$	○	400	−5	

在表中：

①第(2)栏为每个接头到直缓点或缓圆点的距离。

例如:7.06——1 号接头到直缓点的距离(实地测量)。

19.57——2 号接头到直缓点的距离(计算得来)。

14.63——8 号接头到缓圆点的距离(计算得来)。

②第(3)栏为各接头处的总缩短量。

例如:第 7 号接头有 10.39 m 在缓和曲线上,有 2.12 m 进入圆曲线,其总缩短量应为一端缓和曲线总缩短量加 2.12 m 长的圆曲线缩短量。

③第(4)栏为缩短轨的布置。

"○"代表标准轨;"×"代表缩短轨。

当计算的缩短轨量大于缩短轨缩短量的一半时,插入一根缩短轨。

例如:4 号接头的缩短量为 47 mm,大于 $40(\frac{80}{2})$ mm,所以插入一缩短轨;7 号接头的缩短量为 158 mm,158 − 70 = 78 mm > 40 mm,所以插入第 2 根缩短轨。

④第(5)栏为实际缩短量。

当插入一根缩短轨时,实际缩短量就缩短 80 mm。

例如:4 号接头插入第 1 根缩短轨,实际缩短量 80 mm;7 号接头插入第 2 根缩短轨,实际缩短 160 mm。

⑤第(6)栏为接头错量。

接头错量 = 第 5 栏 − 第 3 栏

例如: 1 号接头错量 = 0 − 1 = −1。

4 号接头错量 = 80 − 47 = 33。

"+"表示上股在前;"−"表示下股在前。

二、曲线上成段更换钢轨时钢轨联组配置

曲线上的钢轨由于运量增加或磨耗严重,须成段更换钢轨。在更换前,先将新轨联成一定长度的轨组,布置在道心(距旧轨不小于 300 mm)或枕木头上(距旧轨不小于 150 mm),新轨组的两端均应钉固或卡死。

当新轨组布置在道心时,靠近外股的新轨组间有一搭头,靠近里股的新轨组间应有一空头,如图 3—24 所示。

当新轨组布置在枕木头上时,在外股外的新轨组间应有空头,在里股外的新轨组间应有一搭头,如图 3—25 所示。

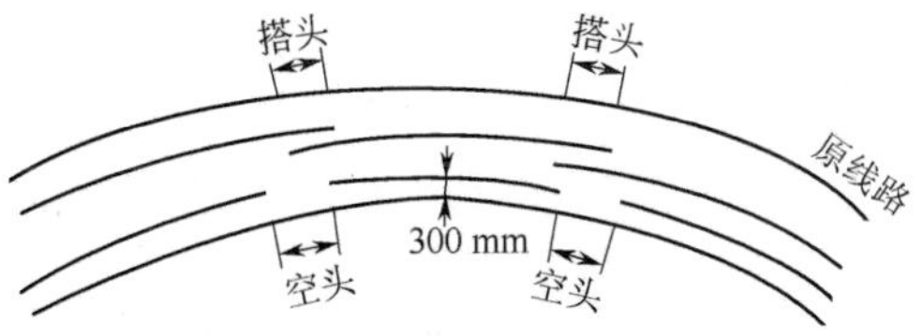

图 3—24 新轨组布置图一

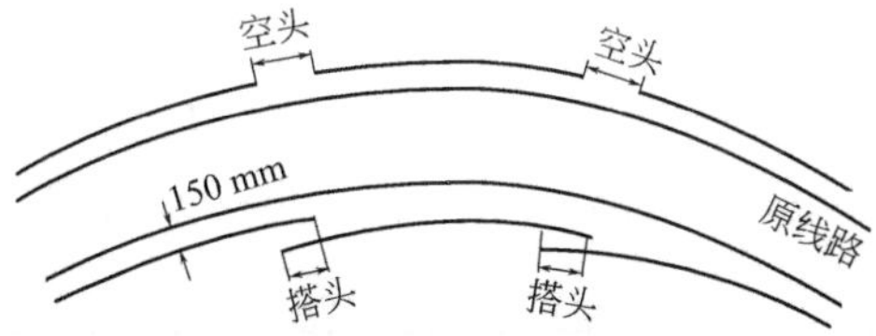

图 3—25 新轨组布置图二

根据曲线半径不同弧长不同的原理，空头和搭头长度的计算方法如下：

$$新旧轨组钢轨中心弧线差 = 轨组长 \times \frac{新旧轨组间距离 + 新旧轨头平均宽}{曲线半径}$$

计算轨组长、曲线半径单位为 m，轨组间距离、轨头宽单位均为 mm。

【例题】 在曲线半径为 800 m 的轨道内侧（道心）散布和连接 60 kg/m 钢轨，每段轨组长为 100 m，新旧轨之间的距离为 300 mm，旧轨头宽 70 mm，60 kg/m 钢轨轨头宽 73 mm，如预留轨缝为 8 mm 时，求空头和搭头的数值。

【解】 $$弧线差 = 轨组长 \times \frac{新旧轨组间距离 + 新旧轨头平均宽}{曲线半径}$$

$$= 100 \times \frac{300 + \frac{70 + 73}{2}}{800} = 46.4(\text{mm})$$

空头 = 新旧轨组弧线差 + 一个轨缝量 = 46.4 + 8 = 54.4（mm）

搭头 = 新旧轨组弧线差 − 一个轨缝量 = 46.4 − 8 = 38.4（mm）

第八节　曲线病害产生的原因及整治方法

一、曲线方向不良的原因及整治方法

（一）曲线方向不良的原因

（1）拨道方法不当，凭经验拨道，用眼睛看着估拨，经常采用简易拨道法，造成误差积累或曲线头尾出现方向不良。

（2）养护方法不当，拨道不结合水平、高低的整治，不预留回弹量；钢轨有硬弯，接头错牙，轨底坡不一致；拨道前不匀轨缝；拨后没有及时回填道床，捣固不均匀等。

（3）材料失效、腐朽，枕木腐朽，混凝土枕破损，防爬设备、轨距杆缺少、失效等引起曲线方向发生变化。

（4）路基病害：由于维修不当和不及时，造成路基存水、翻浆冒泥、下沉等现象，尤其在桥隧两头半填半挖处，还易造成溜坍等病害，带动线路位移。

（二）整治方向不良的方法

（1）保证正确的轨距、水平。按规定设置超高和轨距加宽，彻底锁定线路，防止爬行。矫直钢轨硬弯。更换磨耗超限的道钉、垫板和扣件，调整不合适的轨底坡，全面清筛不洁道床，消灭翻浆冒泥，加强捣固，消灭坑洼和吊板。

（2）保持正矢不超限。认真做好曲线整正计算及拨道工作，拨、改、捣有机地结合，对整个曲线要全面考虑，统一调整。拨道时要适当预留回弹量，下压时多留，上挑时少留，拨量大的多留，拨量小的少留。在拨量较大、行车繁忙的地段，可采用分次拨道法。每次只拨一部分，经过几次拨动后达到拨量要求。使用拨道器时，注意扒好拨道器窝，避免抬道，拨后正矢应满足《修规》要求。

（3）保持曲线头、尾的圆顺。在调查测量现场正矢前，先拨好曲线两端的直线方向，消灭反弯及“鹅头”，使曲线头、尾恢复到正确位置，最好用仪器确定曲线头、尾，然后再实量正矢。在拨道作业中，可从曲线两端向中间赶。在小半径曲线头、尾保持一定的道床厚度和宽度，并

夯实道床，使轨道方向稳定。另外，合理设置缓和曲线长度、超高、超高顺坡、轨距加宽及递减。

（4）清理污物，保持路基干燥。及时清理路基两侧有碍路基排水的废弃物，清理排水设备，保证排水畅通，消灭路基存水、翻浆、下沉等病害，做好桥隧两头路基的防护加固，防止边坡溜坍，使线路保持坚实、稳固。

二、曲线“鹅头”产生的原因及整治方法

曲线两端“鹅头”是曲线的头或尾偏离应有的平面位置，向曲线外侧凸出，越出直线方向，形成小反向曲线，状似鹅头。

（一）曲线“鹅头”产生的原因

曲线“鹅头”产生的原因是曲线附近直线方向不正，拨道作业的拨道量计划不当，目测拨道误差大等。在小半径曲线上，列车进入曲线头尾的冲击力较大、道床横向阻力不足也能产生“鹅头”。

曲线有“鹅头”，方向不圆顺，致使钢轨磨耗，行车摇晃，破坏线路质量，影响行车安全。

曲线“鹅头”病害可以分为以下几种情况：

（1）直线方向不是曲线的切线方向，偏里或偏外都在曲线头尾产生“鹅头”。

（2）曲线头尾不固定，标桩位置内移或外移，将直线拨成曲线或将曲线拨成直线，在曲线始、终点产生“鹅头”。

（3）经常盲目进行局部正矢小调整，把正矢赶到一起而产生“鹅头”。

（4）为了拨道时省工省力，长时期向上挑，任意减小半径，将正矢集中到直缓、缓直点附近而产生“鹅头”。

（二）整治曲线“鹅头”的方法

为预防产生和消除曲线“鹅头”病害，可以结合具体情况采用下列方法：

（1）在全面调整现场正矢以前，先拨好曲线两端的直线方向，用目测或简易拨道法压除“鹅头”，然后再实测正矢、计算拨道。每次拨道时，在一般情况下不得变更原来的直线方向。

（2）凡有“鹅头”的曲线，缓和曲线都不好，因此，缓和曲线应按规定计划正矢，将 ZH、HY、YH、HZ 各点固定在正确位置。

（3）曲线拨道必须用半拨距绳正法经过计算后彻底拨好，防止单纯为了减少拨道量，不考虑曲线的原设计条件，不根据计算数值盲目进行小调整，任意改变正矢而上挑、下压的作法。

（4）为避免拨道作业中所产生的一些误差赶到一头，可分别从曲线两端拨起，逐渐拨到圆曲线中点汇合。

（5）由于现场希望一次将曲线调整好，先拨正“鹅头”，再测量现场正矢，然后拨正整个曲线，这样做比较费工时，同时如果对“鹅头”认识不清，不但不能消灭“鹅头”，反而会使曲线头尾拨出很长的漫弯。

现将一次拨正有“鹅头”的曲线的整治方法介绍如下：

（1）如图 3—26 所示，在“鹅头”部分任意选

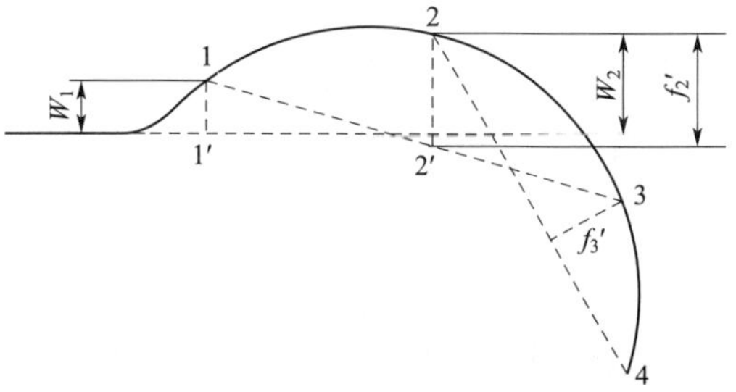

图 3—26 曲线鹅头正矢图

择 1、2 两点，使其距离为 10 m，用测钎找出 1、2 两点在线路直线方向上的投影点 1′、2′两点，量出 11′和 22′之长 W_1、W_2（均为负数，表示下压）。W_1、W_2 称为预拨量。

（2）和通常测量曲线正矢一样，测量出各测点正矢 $f_2, f_3, f_4, f_5 \cdots$ 其中 $f_1 = 0$，不必测量。

（3）求 f_2 和 f_3。因为 1、2 点已经向下预拨了 W_1、W_2，所以 2、3 两点的现场正矢要通过 W_1、W_2 和 f'_2、f'_3 之间的关系求算：

$$f_2 = f'_2 - \frac{W_1}{3} + W_2$$

$$f_3 = f'_3 - \frac{W_2}{2}$$

【例题】 一个有鹅头的曲线，测得 $W_1 = -12$ mm，$W_2 = -26$ mm，$f'_2 = 30$ mm，$f'_3 = 45$ mm，求 f_2 和 f_3。

【解】

$$f_2 = f'_2 - \frac{W_1}{3} + W_2 = 30 - \frac{-12}{2} + (-26) = 10 \text{ mm}$$

$$f_3 = f'_3 - \frac{W_2}{2} = 45 - \frac{-26}{2} = 58 \text{ mm}$$

于是现场正矢应写成如表 3—22 所示。

表 3—22 现场实量正矢

测 点	现场正矢(mm)
1	0
2	10
3	58
⋮	⋮

三、接头支嘴产生的原因及整治方法

钢轨接头“支嘴”是指曲线上的钢轨接头离开应有的圆弧位置，向曲线外侧支出。

（一）接头支嘴产生的原因

曲线上接头支嘴是由于钢轨弹性和硬弯引起的。这类病害多发生在小半径曲线上，特别是相对式接头的曲线上。同时，接头处道砟不足、轨缝不良等，将加剧支嘴的发展。

（二）整治接头支嘴的方法

（1）利用拨道整治接头支嘴，因支嘴处拨道时，可采用间接影响法。如向外拨动接头时，可拨两侧小腰，用小腰带动接头向外移动。如向里拨小腰时，用拨动接头带动小腰向里移动。这样可以减轻甚至消除接头支嘴。

（2）不准在接头处用起道机硬顶拨道。

（3）加强支嘴处的轨道联结，控制轨道横向移动。

（4）加宽上股道床，填足并夯实轨枕盒道砟，或在支嘴前后的轨枕盒的两股钢轨底下设置防爬支撑，以保持曲线稳定。

四、钢轨磨耗产生的原因及防治方法

（一）钢轨磨耗产生的原因

曲线上造成钢轨磨耗的原因很多，其中主要是机车、车辆轴重加大和运量增加。另外，内燃、电力机车的使用也会加大对曲线的横向水平力，致使曲线磨耗加剧。此外，线路状态不良也会加剧钢轨磨耗。

（1）曲线超高设置不当，轨底坡不正确，引起钢轨偏载和轮轨不正常接触，加剧钢轨的磨耗。

(2)曲线方向不圆顺,使列车产生摇晃;缓和曲线超高度递减距离不够,顺坡率过大,引起列车进入或驶出曲线时产生剧烈震动、摇晃和冲击,造成钢轨磨耗。

(3)曲线状态也会对钢轨磨耗产生影响。如轨距超限,道砟不足,线路上有三角坑、暗坑、空吊板,钢轨有硬弯,防爬设备、轨枕、联结零件短缺、失效等,都会使钢轨磨耗加剧。

钢轨缺乏涂油措施,以及单线线路上下行列车速度相差悬殊等因素,也是加剧钢轨磨耗的原因之一。

(二)防治钢轨磨耗的方法

(1)正确设置曲线外轨超高度,准确测量行车速度。平均速度的计算应按照《修规》规定的加权平均法进行。对曲线超高应进行检算。

(2)整正轨底坡。目测检查钢轨顶面光带是否在中心线上。偏里或偏外,都说明轨底坡不正常,应及时加以修正。在混凝土枕地段,可采用铺设坡形胶垫的方法来改变轨底坡,加大车轮与钢轨的接触面,使钢轨顶面光带处于轨顶中心线位置。

(3)曲线定期涂油。将润滑油涂在外轨头部内侧,可大大减少外轨磨耗。

五、曲线维修要求

(1)在电气化线路上拨道时,线路中心位移一次不得超过 ±30 mm;一侧拨道量年度累计不得大于 120 mm,并不得侵入限界。

(2)在电气化线路上起道时,起道量单股一次不得超过 30 mm,且隧道、桁架桥梁内不得超过限界尺寸线。

(3)在无缝线路上拨道时,严禁超温作业。拨道量的上挑与下压要均等,避免出现附加拉应力和压应力,影响无缝线路的稳定。起拨道器不得安放在铝热焊缝处。

(4)在曲线上作业,两端要设好防护。若有列车开来,应携带工具及时下道避车,人身及工具不得侵入限界。

(5)所使用的工具要采取绝缘措施,防止搭接联电。

复习思考题

1. 客货共线Ⅰ、Ⅱ级铁路区间线路最小曲线半径是怎样规定的?

2. 曲线最大超高是怎样规定的?

3. 允许未被平衡的欠超高是怎样规定的?

4. 测速点相距 200 m,实测时间为 10 s,试求列车速度。

5. 在某一铁路线上,曲线半径为 600 m,列车通过该曲线时的平均速度为 66.7 km/h,该线路允许速度为 90 km/h,货物列车的平均速度为 45 km/h,问该曲线应设超高是多少?并检算之。

6. 已知曲线半径为 400 m,超高为 125 mm,允许最大未被平衡超高采用 75 mm,求该曲线最高允许速度。

7. 曲线外轨超高及顺坡的设置有何规定?

8. 曲线轨距需要加宽的原因有哪些?

9. 曲线轨距加宽是怎样规定的?

10. 曲线轨距加宽递减有何规定?

11. 有一未改建的曲线,其半径为450 m,缓和曲线长度为50 m,求每10 m缓和曲线轨距应递减多少?

12. 已知连接曲线半径为500 m,超高度为10 mm,直线间警冲标应埋设在两线间距4 000 mm处,求连接曲线内警冲标的位置。

13. 已知甲线路曲线半径为1 000 m,超高度为50 mm,乙线路曲线半径为1 000 m,超高度为40 mm,两线的直线间距为4 000 mm,求在曲线地段甲、乙两线的线间距。

14. 连接曲线半径为300 m,求警冲标距连接曲线中心的距离。

15. 试述曲线整正的基本原理。

16. 曲线正矢允许偏差是怎样规定的?

17. 设某一曲线的圆曲线正矢为50 mm,缓和曲线长为50 m,试求缓和曲线各点的正矢。

18. 已知某曲线超高为120 mm,最高速度为80 km/h,求该曲线的缓和曲线长。

19. 已知某曲线半径为320 m,曲线长为200 m,缓和曲线长70 m,实测正矢21点,实测正矢合计2 013 mm,实测正矢倒累计合计为22 046 mm,试计算出曲线中央点位置及圆曲线长。

20. 已知曲线半径为400 m,缓和曲线长为70 m,现场实量正矢如表3—23所示,计算各测点的计划正矢值。

表3—23　现场实量正矢

测　点	现场实量正矢(mm)	测　点	现场实量正矢(mm)	测　点	现场实量正矢(mm)
1	3	9	124	17	114
2	20	10	124	18	102
3	45	11	132	19	83
4	55	12	127	20	55
5	83	13	124	21	40
6	90	14	121	22	19
7	100	15	130	23	2
8	122	16	123	24	0

21. 已知曲线半径为2 000 m,缓和曲线长度为60 m,曲线上各测点实测正矢记录于表3—24中,求:

(1)曲线上各测点计划正矢;

(2)曲线上各测点全拨量;

(3)曲线上各测点的拨后正矢;

(4)如全拨量要求不超过40 mm,且测点14在小桥上,求算修整后各测点的全拨量。

表3—24　曲线上各测点实测正矢表

测　点	现场实量正矢(mm)	测　点	现场实量正矢(mm)	测　点	现场实量正矢(mm)
1	0	4	9	7	22
2	3 (ZH)	5	6	8	30 (HY)
3	6	6	10	9	27

续上表

测 点	现场实量正矢(mm)	测 点	现场实量正矢(mm)	测 点	现场实量正矢(mm)
10	22	19	27	28	25
11	24	20	30	29	21 (YH)
12	27	21	24	30	16
13	26	22	19	31	13
14	28	23	24	32	9
15	18	24	29	33	10
16	20	25	28	34	7
17	26	26	29	35	2 (HZ)
18	31	27	22	36	0

22. 叙述整治曲线方向不良的方法。
23. 叙述整治接头支嘴的方法。
24. 防治钢轨磨耗的方法有哪些?
25. 在曲线上维修有哪些要求?

第四章　道　　岔

我国铁路道岔的发展大致经历了四个阶段，即 75 型、92 型、提速型、99 型及客运专线道岔。

75 型及以下各型道岔均为单一固定辙叉道岔，仅有道岔号数的不同。以采用矮型特种断面制造尖轨为代表的 92 型道岔，使我国道岔设计及制造水平有了提高，但由于工、电设备未能同步发展，92 型道岔仍未能突破时速 120 km 的限制。提速道岔是 1995 年为适应铁路提速的需要而研制设计，基本分为固定辙叉和可动心轨辙叉两类，基本适应时速 160 km 以下线路的需要，但也发现大量问题。从 1999 年起，又进一步优化了设计，采用了诸多新工艺，并且把用量大的 12 号道岔分为三类：Ⅰ型为分动外锁闭型，正线道岔采用可动心轨辙叉，轨底坡 1∶40，适应时速 160 km 及以上至时速 200 km 线路或货物轴重 25 t 的区段要求；Ⅱ型和Ⅲ型在结构和平面布置上是相同的。Ⅱ型采用分动外锁方式，正线道岔采用固定型辙叉，轨底坡 1∶40，用于时速 120 km 以上且小于 160 km 的区段；Ⅲ型采用内锁方式，适用于时速 120 km 以下区段。在此基础上，又研制了 18、30、38、42、62 号客运专线道岔。至此，道岔发展已开始系列化和标准化。

第一节　道岔的作用与分类

一、道岔的作用

道岔是指轨道在平面上的出岔、连接和交叉等设备，在我国铁路上习惯地把这些设备统称为道岔。道岔是铁路轨道的一个重要组成部分，它的作用是引导机车车辆由一条线路转向或跨越过另一条线路。道岔构造复杂，是线路的薄弱环节之一。

二、道岔分类

道岔的基本形式为轨道的连接、轨道的交叉以及轨道连接与交叉的组合。

根据道岔的构造特点、用途和平面的形状，标准道岔主要有：

1. 普通单开道岔

这种道岔保持主线为直线，侧线在主线的左侧或右侧岔出（面对道岔尖端而言）。侧线向右侧岔出的，称为右向单开道岔，简称“右开道岔”，如图 4—1 所示。侧线向左侧岔出的，称为左向单开道岔，简称“左开道岔”，如图 4—2 所示。

在各种类型道岔中，普通单开道岔使用最广泛，大约占总数的 90% 以上。

2. 单式对称道岔（又称双开道岔）

指自主线向左右两侧对称岔出两条线路的道岔，两辙叉角相等。

3. 复式对称道岔（又称三开道岔）

指主线为直线，用同一部位的两组转辙器将线路分为三条，两侧对称分支的道岔。

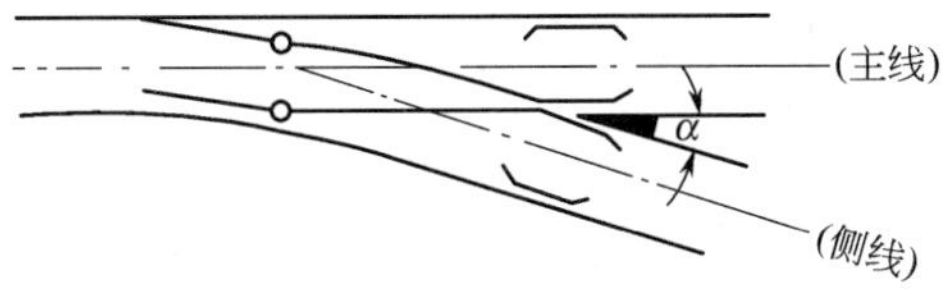

图 4—1 右开道岔

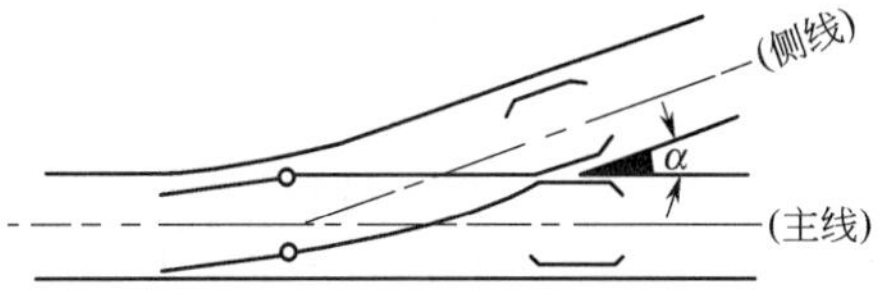

图 4—2 左开道岔

4. 交分道岔

指两条线路相互交叉，列车不仅能够沿着直线方向运行，而且能够由一直线转入另一直线的道岔。

5. 交叉渡线

指在两条相邻线路上互相交叉过渡的道岔设备。交叉渡线由四组单开道岔、一组菱形交叉及连接轨道组成。

各种道岔均以钢轨类型和辙叉号数区分其规格及标准类型，如 50 kg/m 钢轨 12 号单开道岔。

第二节 普通单开道岔构造

一组普通单开道岔（简称单开道岔），由转辙器、辙叉及护轨、连接部分组成，如图 4—3 所示。

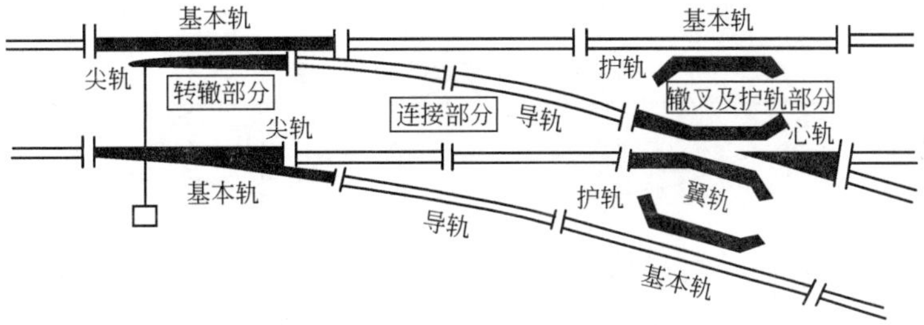

图 4—3 单开道岔的组成

一、转辙部分

转辙部分主要由两根基本轨、两根尖轨、各种零件及跟部结构组成。其作用是引导车轮从一线进入另一线，如图 4—4 所示。

1. 基 本 轨

(1) 在道岔中，接触尖轨和靠近护轮轨的钢轨叫基本轨。基本轨由标准钢轨断面的钢轨制成，一侧为直基本轨，一侧为曲基本轨。75 型及以前各型道岔尖轨采用贴尖式，基本轨轨头不刨切；92 型道岔尖轨采用藏尖式，基本轨轨头需要刨切。基本轨除承受车轮的垂直压力外，还与尖轨共同承受车轮的横向水平推力，故基本轨轨腰设有联结轨撑的螺栓孔，还有联结辙跟设备和顶铁的螺栓孔。92 型道岔基本轨实现了全长淬火。

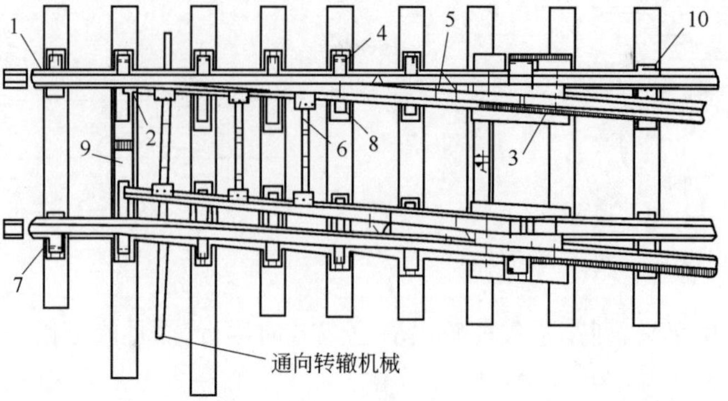

图 4—4　辙叉结构

1—基本轨;2—尖轨;3—跟部结构;4—轨撑;5—顶铁;6—连接杆;
7—辙前垫板;8—滑床板;9—通长垫板;10—辙后顺坡垫板

(2)为了使转辙器轨距、方向正确及尖轨和基本轨密贴,曲基本轨应按支距进行弯折。一般有两个曲折点:曲基本轨的尖轨尖端和导曲线始点(或附近)。曲折点的矢距以 2 m 弦线测量时,计算公式如下:

$$第一曲折点矢距=\frac{尖轨跟距+尖距跟轨距-尖轨尖轨距}{2\times 尖轨长}-\frac{尖轨尖轨距加宽值}{2\times 尖轨前递减距离}$$

$$第二曲折点矢距=\frac{导曲线轨距-尖轨跟轨距}{6}+\frac{尖轨尖轨距-尖轨跟轨距}{2\times 尖轨长}$$

单开道岔曲线基本轨弯折矢距如表 4—1 所示。

表 4—1　曲基本轨弯折矢距

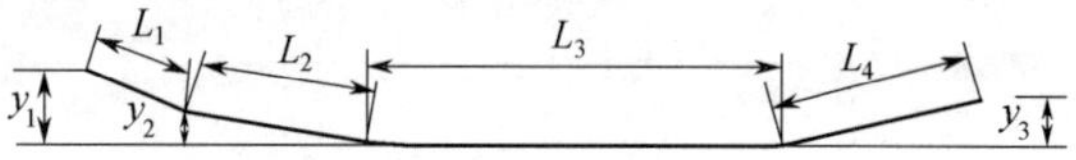

钢轨类型	道岔号数	设计年度	线段长(mm)				矢距值(mm)		
			L_1	L_2	L_3	L_4	y_1	y_2	y_3
60 50	18 18	1984 1987		3 873	7 317	7 780		37.6	66
75	12	1986		2 670	6 181	6 843		30.6	114
60 50	12	1981 1975	420	2 100	8 299	1 681	37	30	12
50 43 38	9	1981 1975 1957	420	2 100	6 842	3 138	41	32	55
60	9	1984	420	2 100	7 042	1 638	44	34	21

(3)基本轨有下列伤损或病害,应及时修理或更换:

①基本轨的弯折点位置或弯折尺寸不符合要求,造成轨距不符合规定。

②基本轨垂直磨耗:50 kg/m 及以下钢轨在正线上超过 6 mm,在到发线上超过 8 mm,在其

他站线上超过 10 mm;60 kg/m 及以上钢轨在允许速度大于 120 km/h 的正线上超过 6 mm,在其他正线上超过 8 mm,在到发线上超过 10 mm,在其他站线上超过 11 mm。

③其他伤损达到钢轨轻伤标准时。

2. 尖　　轨

尖轨起着引导列车进入直线或侧线的作用,采用与基本轨同类型标准钢轨或特种断面钢轨刨切制成。尖轨的长度根据道岔号数来确定。

(1)尖轨种类

①按平面形式分为直线型和曲线型

直线型指的是尖轨工作边为直线,这种尖轨制造简单,左右开道岔尖轨可以通用,普通单开道岔广泛采用;曲线型指的是尖轨工作边为曲线,制造麻烦,左右开道岔尖轨不能通用,但冲击角小,侧向通过速度高,一般大号道岔用之。

②按断面形式分为普通断面钢轨、高型特种断面钢轨和矮型特种断面钢轨等三种尖轨。

普通钢轨断面尖轨又分为不补强尖轨、补强尖轨及特殊补强尖轨,如图 4—5 所示。

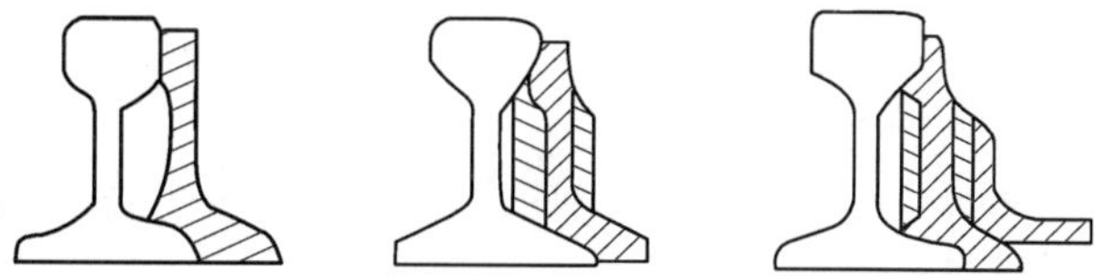

(a) 不补强　　(b) 补强　　(c) 特殊补强

图 4—5　尖　　轨

高型特种断面尖轨是用与基本轨等高的特种断面钢轨制做的尖轨,矮型特种断面尖轨是指较低于基本轨的特种断面钢轨制做的尖轨,如图 4—6 所示。

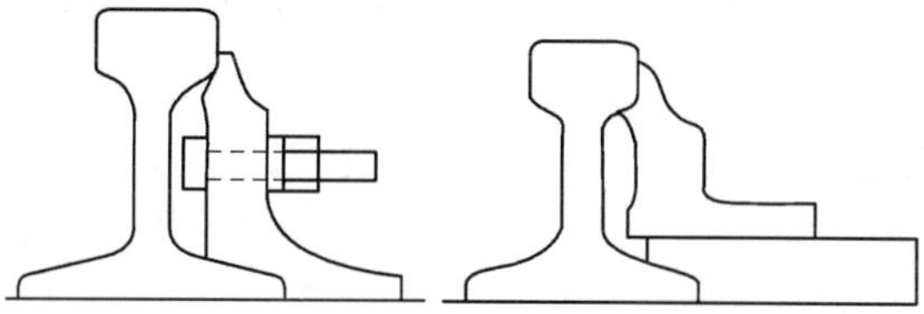

(a) 高型　　(b) 矮型

图 4—6　特种断面尖轨

(2)尖轨的制作和处理

尖轨是用普通钢轨将轨底刨切一部分,叠盖在基本轨的轨底上,称为爬坡式尖轨,如图 4—7 所示。它是我国目前广泛采用的形式。

75 型道岔尖轨由断面 5 mm 至整断面的长度范围内进行淬火处理,以提高耐磨性。75 型道岔尖轨顶纵坡如图 4—8 所示。

尖轨从 40 mm 宽断面向尖轨跟端方向的另一纵坡,在尖轨断面往后垂直刨切终点处,尖轨顶面完全高出基本轨顶面 6 mm。

AT 型尖轨的纵坡是在尖轨跟端和尖轨顶面宽 50 mm 一段长度内,尖轨与基本轨等高,完全承受车轮压力，尖轨顶宽 20 ~ 50 mm 范围内，是车轮荷载转移的过渡段，均匀顺坡式，使车轮逐渐转移到基本轨上。AT 型尖轨取消了普通型钢轨尖轨 6 mm 抬高量。尖轨跟端加工成普通钢轨断面，用标准夹板和间隔铁联结。

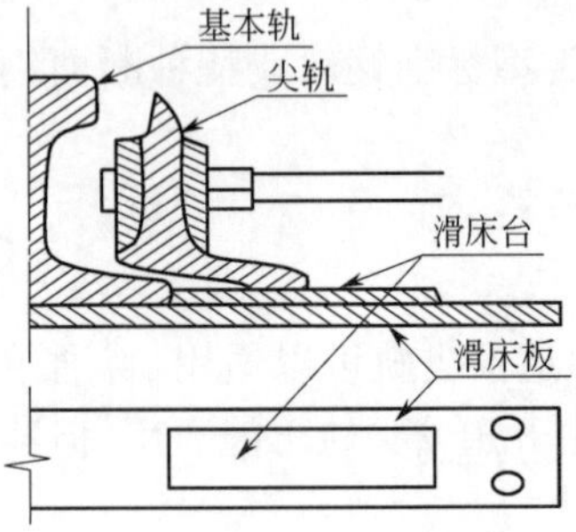

图 4—7　爬坡式尖轨

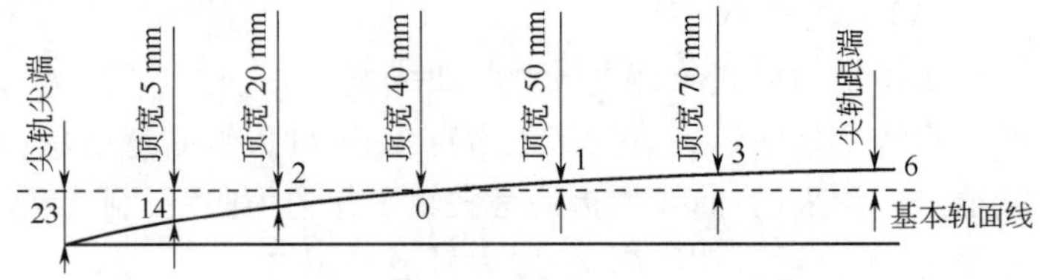

图 4—8　75 型道岔尖轨顶面纵坡

(3)尖轨、可动心轨修理或更换条件

①尖轨尖端与基本轨或可动心轨尖端与翼轨不靠贴大于 1 mm；

②尖轨、可动心轨侧弯造成轨距不符合规定；

③尖轨、可动心轨顶面宽 50 mm 及以上断面处，尖轨顶面低于基本轨顶面、可动心轨顶面低于翼轨顶面 2 mm 及以上；

④尖轨、可动心轨顶面宽 50 mm 及以下断面处，尖轨顶面高于基本轨顶面、可动心轨顶面高于翼轨顶面 2 mm 及以上；

⑤尖轨、可动心轨工作面伤损，继续发展轮缘有爬上尖轨、可动心轨的可能；

⑥内锁闭道岔两尖相互脱离时，分动外锁闭道岔两尖轨与连接装置相互分离或外锁闭装置失效时；

⑦其他伤损达到钢轨轻伤标准时。

3. 尖轨跟端结构

我国铁路尖轨跟端主要采用间隔铁式和弹性可弯式两种结构。间隔铁式尖轨跟端通常由间隔铁、辙跟夹板、轨撑、双头异径螺栓或双头螺栓和联结螺栓及跟端大垫板等组成。为使尖轨能够左右扳动，夹板与间隔铁之间必须保持一定的距离。

弹性可弯式尖轨跟端用普通钢轨接头与导曲线钢轨接头联结，在尖轨前 2 ~ 3 根岔枕处，把尖轨两侧轨底切掉一部分，形成弹性可弯段，实现尖轨的扳动。在可弯段的末端，用间隔铁把尖轨与基本轨相连，以保持间距。我国 AT 型尖轨就采用这种结构。

4. 转辙部分主要零件

(1)尖轨顶铁

顶铁有多种形式，有半圆形、锥体螺栓形、等腰梯形，如图 4—9 所示。

尖轨在其头部刨切长度内，当尖轨与基本轨靠紧密贴时，直接受基本轨的支撑，而在其余部分，尖轨与基本轨分开。为了固定这一部分的距离，在尖轨或基本轨上腹部安装 2 ~ 3 个顶铁，使尖轨的横向力通过顶铁传给基本轨。

(2)道岔拉杆、连接杆

道岔拉杆是指转辙器中与转辙设备相连接的杆件。其主要作用是连接两尖轨，并与转辙

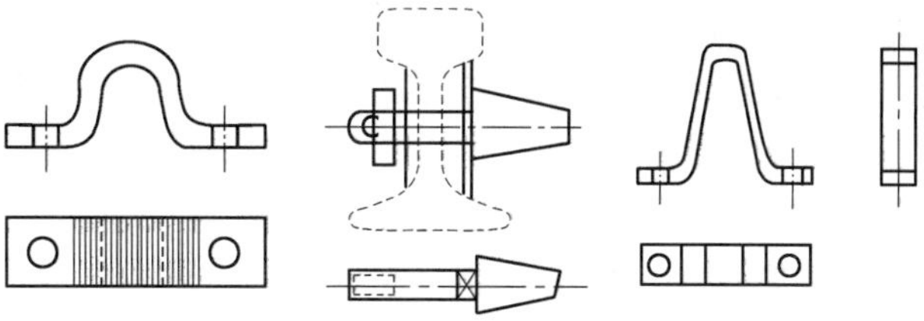

(a) 圆形顶铁 (b) 锥形顶铁 (c) 75 型顶铁

图 4—9 尖轨顶铁

设备相连,以实现尖轨的摆动。

道岔连接杆是指转辙器连接两根尖轨的杆件。其作用主要是增强尖轨间的框架,保持两尖轨同步动作,提高尖轨稳定性。

(3)轨　撑

转辙部分的轨撑是防止基本轨的倾覆、扭转和纵向移动的支撑件,安装在基本轨外侧。轨撑主要有三种形式,如图 4—10 所示。

(a) 双墙式轨撑 (b) 单墙式轨撑 (c) 单墙式轨撑

图 4—10 轨撑形式

(4)滑 床 板

滑床板有分开式和不分开式两种。不分开式用道钉将轨撑、滑床板直接与岔枕联结。分开式是轨撑由垂直螺栓先与滑床板联结,再用道钉或螺纹道钉将垫板与岔枕联结。

(5)辙跟间隔铁

间隔铁又称铁砖,是保持尖轨跟端轮缘槽尺寸和连接尖轨与导轨的设备,如图 4—11 所示。间隔铁为整块铸铁或铸钢,其长度决定于辙跟螺栓的数量,常用的有 4 孔和 5 孔,其构造形式有左右之分。

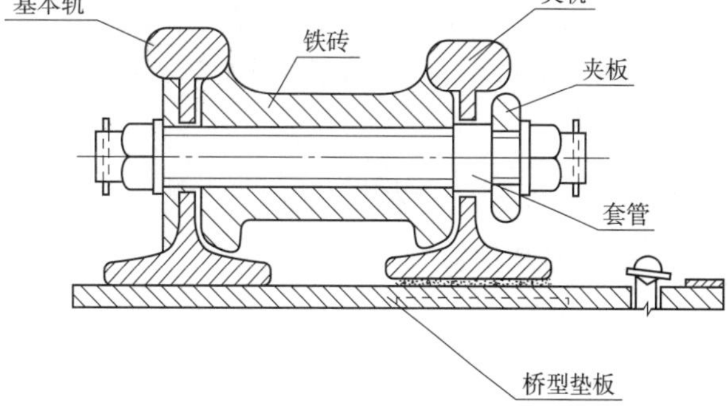

图 4—11 间隔铁

(6)辙跟夹板

辙跟夹板是尖轨跟端的联结零件。它与辙跟间隔铁共同配合,将尖轨、基本轨和连接部分的钢轨连成一体。辙跟夹板前半部略向线路中心弯折,最前端离开钢轨腹部约 8 mm。为防止车轮冲击夹板,弯折段的顶部进行了刨切。

(7)双头螺栓

为使尖轨扳动灵活,并防止窜动,旧型道岔可在尖轨跟端接头第一个螺栓孔内安设螺栓套管。

5. 道岔各种零件伤损或病害

道岔各种零件应齐全，作用良好，缺少时应及时补充。有下列伤损或病害，应有计划地进行修理或更换：

(1)各种螺栓、连杆、顶铁和间隔铁损坏、变形或作用不良；

(2)滑床板损坏、变形或滑床台磨耗大于 3 mm；

(3)轨撑损坏、松动，轨撑与轨头下颚或轨撑与垫板挡肩离缝大于 2 mm；

(4)护轨垫板折损；

(5)钢枕和钢枕垫板下胶垫及防切垫片损坏、失效；

(6)弹片、销钉、挡板损坏，弹片与滑床板挡肩离缝、挡板前后离缝大于 2 mm，销钉帽内侧距滑床板边缘大于 5 mm；

(7)其他各种零件损坏、变形或作用不良。

6. 尖轨动程

尖轨在道岔拉杆中心位置上扳动距离，即尖轨非作用边到基本轨作用边间的距离，称为尖轨动程(或称为摆度)。尖轨动程应保证在尖轨扳开后车轮对尖轨非工作边不发生挤压。尖轨动程在第一拉杆中心处测量。

尖轨在第一拉杆中心处的最小动程：直尖轨为 142 mm，曲尖轨为 152 mm，AT 型弹性可弯尖轨 12 号普通道岔为 180 mm，12 号提速道岔为 160 mm；18 号道岔允许速度大于 160 km/h 时为 160 mm，允许速度不大于 160 km/h 时为 160 mm 或 180 mm(具体按标准图或设计图办理)；其他型号道岔按标准图或设计图办理。

可动心轨第一拉杆中心处的动程按标准图或设计图办理。

二、连接部分

道岔的连接部分是用不同长度的钢轨，将前端转辙器与后端辙叉及护轨部分连接起来，以组成整组道岔。在单开道岔中，主线为直线，侧线为曲股(曲股称导曲线)。导曲线一般为圆曲线型，可根据需要设置 6 mm 超高，并在导曲线范围内按不大于 2‰顺坡。

垫板有滑床台，尖轨高于基本轨 6 mm，在辙跟后用带台(4. 5、3. 0、1. 5、0 mm)的过渡垫板均匀顺坡。

在连接部分，为防止道岔爬行、轨距扩大，还要设置一定数量的防爬设备、轨距杆和轨撑。

三、辙叉及护轨

辙叉由心轨和翼轨组成，是使车轮由一股钢轨越过另一股钢轨的设备。

1. 辙叉类型

辙叉分为固定型辙叉和可动心轨辙叉两种。

(1)固定型辙叉

按平面形式分为直线辙叉和曲线辙叉。

按构造形式分为钢轨组合式辙叉和高锰钢整铸辙叉。

①钢轨组合式辙叉

钢轨组合式(拼装式)辙叉的叉心由长心轨和短心轨组成，翼轨用普通钢轨经弯折、刨切而成。在翼轨和心轨间,用不同尺寸的间隔铁和螺栓连成一体,并在辙叉咽喉至心轨顶面宽50 mm断面间的轨底下设大垫板,前后接头处设桥型垫板。

②高锰钢整铸辙叉

整铸式辙叉是用含锰10% ~14%的高锰钢把心轨和翼轨铸造成整体的辙叉。这种辙叉坚固耐用,稳定性好,强度高,维修工作量少,零件少,安装方便。

(2)可动心轨辙叉

可动心轨型辙叉的心轨在翼轨框架范围内通过转换装置转换,保持两个方向转线连续,消除固定辙叉转线中断的有害空间,提高了列车运行的平顺性及道岔允许速度,使用寿命长,但结构较复杂,零件多,其长度一般长于固定型辙叉。

2. 辙叉构造

辙叉的前端称为趾端,后端称为跟端。心轨两作用边之间的夹角称辙叉角。辙叉角的交点称辙叉理论尖端。由于制造工艺的关系,不能把理论尖端制造出来,实际上的尖端有6~10 mm宽,称为辙叉实际尖端。两翼轨作用边间的最窄距离称为辙叉咽喉。从咽喉到心轨的实际尖端的这段距离,轮缘失去钢轨引导,所以叫做有害空间,如图4—12所示。从辙叉趾端到辙叉理论尖端的距离,称辙叉趾距;从辙叉跟端到辙叉理论尖端的距离称辙叉跟距。为了防止车轮进入异线或撞击叉尖,在另一股钢轨与辙叉相对应位置设置护轨,以引导车轮顺利通过辙叉。

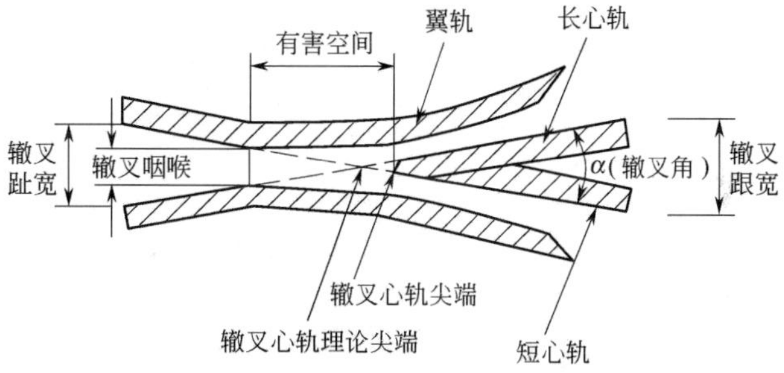

图4—12 辙 叉

护轨用普通钢轨经弯折刨切而成。护轨与基本轨之间用不同尺寸的间隔铁和螺栓连接,以保持轮缘槽的宽度。在护轨两端轮缘槽扩展部分设置护轨斜型垫板,以加强整体性。在护轨平直段安装轨撑垫板,以防止护轨轨头横向移动,保持"查照间隔"。

3. 道岔号码

我国道岔号码数是以辙叉号数N来表示的。辙叉的号数是以辙叉角的大小来衡量的,如图4—13所示。

辙叉号数 $$N=\frac{AE}{CE}=\cot\alpha$$

式中 N——辙叉号码(道岔号码);

α——辙叉角;

CE——叉心工作边上任一点至另一工作边的垂直距离;

AE——由辙叉尖端沿工作边至垂足点的长度。

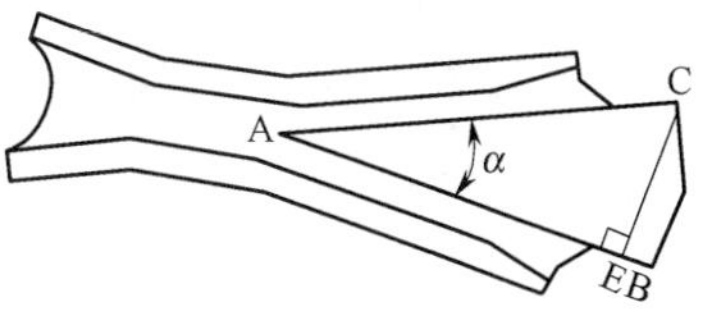

图4—13 道岔号码表示图

4. 查照间隔和护背距离

(1)查照间隔是指辙叉心作用面至护轨头部外侧的距离,如图4—14所示。查照间隔应保证车轮轮对在最不利情况下,护轨能够制约一侧轮对,使另一侧车轮不冲击辙叉心。通过计算,查照间隔应不得小于 1 391 mm,但也不能过大,否则会出现护轮槽宽度过小或轨距过大现象,故应保持在 1 391 ~ 1 394 mm 之间。

(2)护背距离是指辙叉翼作用面至护轨头部外侧的距离,如图 4—14 所示。护背距离应保证车轮轮对在最不利的情况下不被翼轨与护轨卡住。通过计算,护背距离应不得大于 1 348 mm,但不能过小,否则车轮轮缘通过时有撞击辙叉尖的危险,故应保持在 1 346 ~ 1 348 mm 之间。

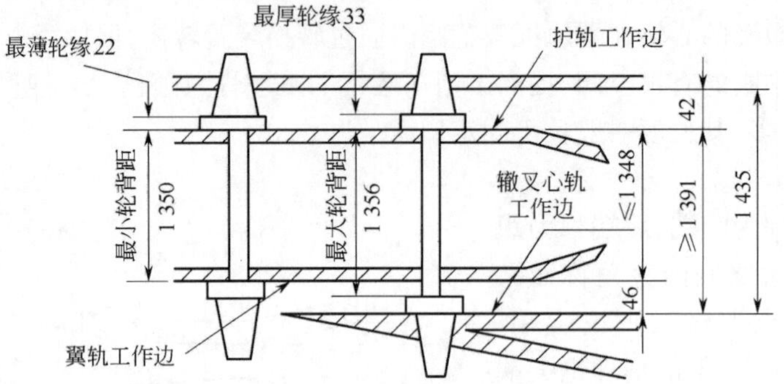

图 4—14　辙叉与护轨关系(单位:mm)

查照间隔和护背距离的测量位置,60 kg/m 钢轨 12 号普通道岔设计图纸规定为心轨顶宽 25 mm 断面处,60 kg/m 钢轨 12 号提速道岔设计图纸规定为心轨顶宽 20 ~ 30 mm 断面处,此外,一般道岔为心轨顶宽 50 mm 范围内。

5. 道岔轮缘槽宽度与深度

(1)护轨平直段轮缘槽标准宽度为 42 mm,如侧向轨距为 1 441 mm 时,则侧向轮缘槽标准宽度为 48 mm,允许误差为 $^{+3}_{-1}$mm。

(2)辙叉心理论尖端至心轨顶面宽 50 mm 处翼轨轮缘槽标准宽度为 46 mm,允许误差为 $^{+3}_{-1}$mm。

轮缘槽宽度的量取位置与轨距量取位置相同。

(3)尖轨非工作边与基本轨工作边的最小距离为 65 mm,允许误差为 −2 mm。

6. 辙叉伤损轻伤和重伤标准

(1)高锰钢整铸辙叉轻伤标准(含可动心轨辙叉中高锰钢整铸翼轨、叉跟座):

①辙叉心宽 40 mm 断面处,辙叉心垂直磨耗(不含翼轨加高部分),50 kg/m 及以下钢轨,在正线上超过 4 mm,到发线上超过 6 mm,其他站线上超过 8 mm;60 kg/m 及以上钢轨,在允许速度大于 120 km/h 的正线上超过 4 mm,其他正线上超过 6 mm,到发线上超过 8 mm,其他站线上超过 10 mm;可动心轨宽 40 mm 断面及可动心轨宽 20 mm 断面对应的翼轨垂直磨耗(不含翼轨加高部分)超过 4 mm。

②辙叉顶面和侧面的任何部位有裂纹。

③辙叉心、辙叉翼轨面剥落掉块,在允许速度大于 120 km/h 的线路上长度超过 15 mm,深度超过 1. 5 mm;在其他线路上长度超过 15 mm,深度超过 3 mm。

④钢轨探伤人员或线路(检查)工长认为有伤损的辙叉。

(2)高锰钢整铸辙叉重伤标准(含可动心轨辙叉中高锰钢整铸翼轨、叉跟座):

①辙叉心宽 40 mm 断面处，辙叉心垂直磨耗（不含翼轨加高部分），50 kg/m 及以下钢轨，在正线上超过 6 mm，到发线上超过 8 mm，其他站线上超过 10 mm；60 kg/m 及以上钢轨，在允许速度大于 120 km/h 的正线上超过 6 mm，其他正线上超过 8 mm，到发线上超过 10 mm，其他站线上超过 11 mm；可动心轨宽 40 mm 断面及可动心轨宽 20 mm 断面对应的翼轨垂直磨耗（不含翼轨加高部分）超过 6 mm（33 kg/m 及以下钢轨由铁路局规定）。

②垂直裂纹长度（含轨面部分裂纹长度）超过表 4—2 所列限度者。

表 4—2　垂 直 裂 纹

项　　目	辙　叉　心（mm）		辙　叉　翼（mm）
	宽 0～50	宽 50 以后	
一条裂纹长度	50	50	40
两条裂纹长度	60	80	60

③纵向水平裂纹长度超过表 4—3 所列限度者。

表 4—3　纵向水平裂纹

项　　目	辙 叉 心（mm）	辙 叉 翼（mm）	轮 缘 槽（mm）
一侧裂纹长度	100	80	200
一侧裂纹发展至轨面（含轨面部分裂纹长度）	60	60	—
两侧裂纹贯通（指贯通长度）	50	—	—
两侧裂纹相对部分长度	—	—	100

④叉趾、叉跟轨头及下颚部位裂纹超过 30 mm。

⑤叉趾、叉跟浇注断面变化部位斜向或水平裂纹长度超过 120 mm，或虽未超过 120 mm，但裂纹垂直高度超过 40 mm。

⑥底板裂纹向内裂至轨腰，并超过轨腰与圆弧的连接点。

⑦螺栓孔裂纹延伸至轨端、轨头下颏或轨底，两相邻螺栓孔裂通。

⑧辙叉心、辙叉翼轨面剥落掉块长度超过 30 mm，且深度超过 6 mm。

⑨钢轨探伤人员或线路（检查）工长认为有影响行车安全的其他缺陷。

（3）钢轨组合辙叉的垂直磨耗比照高锰钢整铸辙叉办理，其他伤损比照钢轨轻重伤标准办理。

辙叉有轻伤时，应注意检查观测，达到重伤标准时应及时更换。

第三节　普通单开道岔各部尺寸及道岔使用规定

一、普通单开道岔各部尺寸

普通单开道岔（图 4—15）中，直线线路中心线与侧线线路中心线的交点称为道岔中心，从道岔中心至基本轨前端轨缝中心的距离称为道岔前长，从道岔中心至辙叉尾端轨缝中心的距离称为道岔后长，从基本轨前端轨缝中心到辙叉尾端轨缝中心的距离称为道岔全长。道岔全长包括道岔前长和道岔后长。

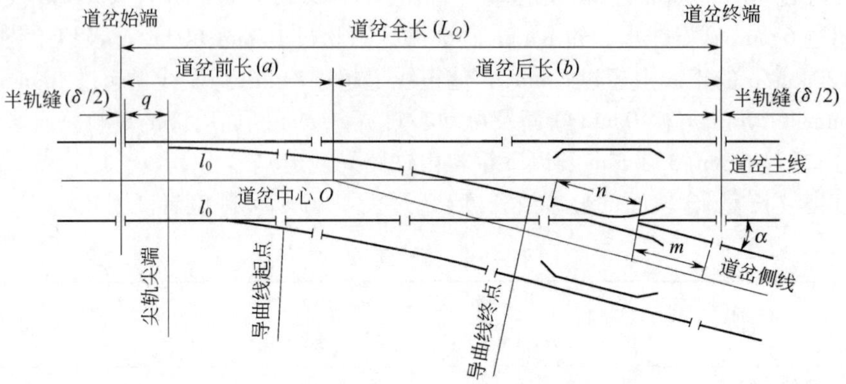

图 4—15 单开道岔主要尺寸和名词术语

单开道岔主要尺寸如表 4—4 所示。

表 4—4 普通单开道岔各部主要尺寸(mm)

钢轨类型(kg/m)	道岔号数	道岔全长	道岔前部实际长	道岔后部实际长	基本轨前端至尖轨尖(q)	尖轨长度	尖轨后直线长	辙叉尖前直线长	辙叉						转辙角 β	导曲线半径 R
									全长	趾距	跟距	趾宽	跟宽	辙叉角 α		
60	12	37 907	16 853	21 054	2 646	11 300	0	2 548	5 922	2 125	3 797	177	316	4°45′49″	尖轨尖端角	350 717.5
	12 过渡	37 907	16 853	21 054	2 646	7 700	0	2 483	5 922	2 125	3 797	177	316	4°45′49″	1°04′18″	330 717.5
	9	29 569	13 839	15 730	2 646	6 450	0	2 058	4 307	1 536	2 771	170	306	6°20′25″	1°21′56″	180 717.5
50	12	36 815	16 853	19 962	2 646	7 700	0	2 483	4 557	1 849	2 708	154	226	4°45′49″	1°04′18″	330 717.5
	9	28 848	13 839	15 009	2 646	6 250	0	2 115	3 588	1 538	2 050	171	228	6°20′25″	1°19′12.7″	180 717.5
43	12	36 815	16 853	19 962	2 646	7 700	0	2 483	4 557	1 849	2 708	154	226	4°45′49″	1°04′18″	330 717.5
	9	28 848	13 839	15 009	2 646	6 250	0	2 115	3 588	1 538	2 050	17	228	6°20′25″	1°19′12.7″	180 717.5

二、道岔各部分的轨距及其递减

道岔轨型应与线路钢轨轨型相同,轨型不同时应用异型轨过渡。

1. 单开道岔轨距

(1)尖轨尖端轨距如表 4—5 所示。

表 4—5 尖轨尖端轨距

尖轨种类	尖轨长度(mm)	轨距(mm)	附注
直线型尖轨	6 250 以下	1 453	
	6 250 ~ 7 700 以下	1 450	
	7 700	1 445	
12 号道岔 AT 弹性可弯尖轨	—	1 437	道岔允许提速大于 120 km/h 时为 1 435
其他曲线型尖轨	—	按标准图办理	无标准图时按设计图办理

(2)尖轨跟端轨距如表4—6所示。

表4—6 尖轨跟端轨距

尖轨种类	直向(mm)	侧向(mm)	附注
直线型尖轨	1 439	1 439	
12号道岔AT弹性可弯尖轨	1 435	1 435	尖轨轨头刨切范围内曲股轨距构造加宽除外
其他曲线型尖轨	1 435	按标准图办理	无标准图时按设计图办理

(3)导曲线中部轨距按标准图设置。

(4)辙叉部分轨距,直、侧向均为1 435 mm。

2. 道岔上各部分轨距加宽递减

(1)尖轨尖端轨距加宽,允许速度不大于120 km/h的线路按不大于6‰的递减率递减至基本轨接头。

(2)尖轨尖端与尖轨跟端轨距的差数,直尖轨应在尖轨全长范围内均匀递减,曲尖轨按标准图或设计图办理。

(3)尖轨跟端直向轨距加宽向辙叉方向递减,距离为1.5 m。

(4)导曲线中部轨距加宽,直尖轨时向两端递减至尖轨跟端为3 m,距辙叉前端为4 m;曲尖轨时按标准图或设计图办理。

(5)对口道岔尖轨尖端轨距递减:两尖轨尖端距离小于6 m,两尖端处轨距相等时不作递减,不相等时则从较大轨距向较小轨距均匀递减;两尖轨尖端距离大于6 m,允许速度不大于120 km/h的道岔应按不大于6‰的递减率递减,但中间应有不短于6 m的相等轨距段。

(6)道岔前端与另一道岔后端相连时,允许速度不大于120 km/h的线路,尖轨尖端轨距递减率应不大于6‰。如不能按6‰递减时,可将前面道岔的辙叉轨距加大为1 441 mm;仍不能解决时,旧有道岔可保留大于6‰的递减率。

三、单开道岔允许过岔速度

1. 直向允许过岔速度不应超过表4—7的规定。

表4—7 直向过岔最高速度(km/h)

钢轨	尖轨类型	辙叉类型	道岔号数				
			9	12	18	30	38
43 kg/m	普通钢轨尖轨	固定型	85	95	—		
50 kg/m	普通钢轨尖轨	固定型	90	110	120		
50 kg/m	AT弹性可弯尖轨	固定型	—	120	—		
50 kg/m	AT弹性可弯尖轨	可动心轨	—	160	—		
60 kg/m	普通钢轨尖轨	固定型	100	110	—		
60 kg/m	AT弹性可弯尖轨	固定型	—	120	—		

续上表

钢轨	尖轨类型	辙叉类型	道岔号数				
			9	12	18	30	38
60 kg/m	AT 弹性可弯尖轨	固定型(提速道岔)	140	160	—		
60 kg/m	AT 弹性可弯尖轨	可动心轨	—	160/200	160/200	160/200	200

注:具体根据道岔标准图或设计图规定。

2. 侧向过岔最高速度应不超过表4—8的规定。

表4—8 侧向过岔最高速度(km/h)

尖轨类型	道岔号数							
	8	9	10	11	12	18	30	38
普通钢轨尖轨	25	30	35	40	45	75/80		
AT 弹性可弯尖轨					50	75/80	140	140

注:具体根据道岔标准图或设计图规定。

四、道岔辙叉号数的选择

(1)用于侧向通过列车,速度80 km/h以上至140 km/h的单开道岔,不得小于30号;

(2)用于侧向通过列车,速度50 km/h以上至80 km/h的单开道岔,不得小于18号;

(3)用于侧向通过列车,速度不超过50 km/h的单开道岔,不得小于12号;

(4)用于侧向接发停车旅客列车的单开道岔,不得小于12号;

(5)用于侧向接发停车货物列车并位于正线的单开道岔,在中间站不得小于12号,在其他车站不得小于9号;

(6)其他线路的单开道岔,不得小于9号;

(7)狭窄的站场采用交分道岔不得小于9号,但尽量不用于正线,必须采用时不得小于12号;

(8)峰下线路采用对称道岔不得小于6号,采用三开道岔不得小于7号;

(9)段管线采用对称道岔,不得小于6号。

既有道岔的类型及辙叉号数不符合上述规定时,应按该道岔的号数限制行车速度,但应有计划地进行改造。驼峰下线路现有6.5号对称道岔,允许保留。

五、道岔的连接

道岔的连接有道岔与轨道的连接、道岔与道岔的连接两种情况。

1. 道岔与轨道的连接

正线上的道岔,其钢轨类型应与各该线路的钢轨类型一致。当道岔轨型高于与其连接的线路轨型时,应在道岔前后各铺设长度不小于6.25 m与道岔同类型的钢轨或异型轨,在困难条件下不应小于4.5 m,并不应连续插入两根及以上短轨。

2. 道岔与道岔的连接

(1)两对向单开道岔间插入钢轨的最小长度不应小于表4—9规定的值。

表 4—9 两对向单开道岔间插入钢轨的最小长度(m)

道岔布置	线别		有列车同时通过两侧线时(f) 一般情况	有列车同时通过两侧线时(f) 特殊情况	无列车同时通过两侧线时(f)
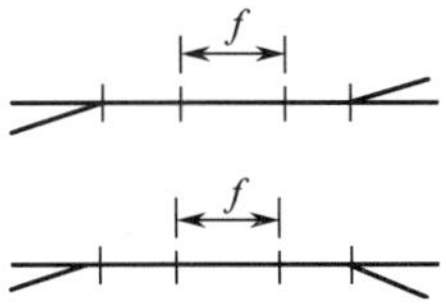	正线	直向通过速度 120 km/h < v ≤160 km/h	12.5	12.5	12.5
	正线	直向通过速度 v≤120 km/h	12.5	6.25	6.25
	到发线		6.25	6.25	0
	其他站线和次要站线		—	—	0

(2)两顺向单开道岔间插入钢轨的最小长度不应小于表 4—10 规定的值。

表 4—10 两顺向单开道岔间插入钢轨的最小长度(m)

道岔布置	线别		木岔枕道岔 (f)	混凝土岔枕道岔 (f)
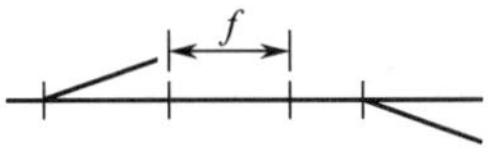	正线	直向通过速度 120 km/h < v ≤160 km/h	—	12.5
	正线	直向通过速度 v≤120 km/h	6.25	8.0
	到发线		4.50	
	其他站线和次要路线		0	
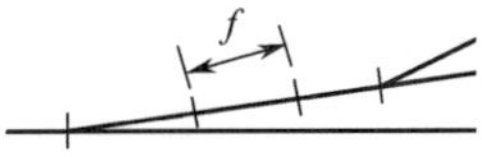	到发线		4.50	
	其他站线和次要站线		0	

注:①在其他站线和次要站线上,木岔枕与木岔枕相接时,如一组道岔后顺向并联两组 9 号单开或 6 号单式对称道岔,其中至少一个分路的前后两组道岔间,应插入不小于 4.5 m 长的钢轨;
②正线上两对向单开道岔有正规列车同时通过两侧线时,18 号单开道岔间插入钢轨长度不应小于 25 m;
③到发线上两对向单开道岔有旅客列车同时通过两侧线时,插入钢轨长度一般情况下不应小于 12.5 m;
④客车整备所线路采用 6 号对称道岔连接时,插入钢轨长度不应小于 12.5 m;
⑤当道岔的岔枕种类不同时,插入钢轨长度不应小于 12.5 m;
⑥道岔间插入钢轨的长度除应符合表 4—9、表 4—10 及以上的规定外,尚应满足道岔结构的要求。

《铁路客运专线技术管理办法(试行)》规定,相邻道岔间插入钢轨长度:正线上道岔对向设置,当有列车同向通过两侧线时,应插入长度不小于 50 m 的钢轨;当受站坪长度限制时,可插入长度不小于 33 m 的钢轨。当无列车同时通过两侧线时或道岔顺向布置时,可插入长度不小于 25 m 的钢轨。到发线上道岔顺向布置时,可插入长度不小于 12.5 m 的钢轨;对向布置时,可插入长度不小于 25 m 的钢轨。插入短轨长度尚应满足无缝线路应力检算要求。

3. 木岔枕方向布置

木岔枕断面的尺寸顶宽为 18 cm,底宽为 24 cm,厚度为 16 cm,岔枕长度为 2.6 ~ 4.8 m 不等,共分 12 级,每级长度相差 20 cm。

单开道岔的岔枕方向布置规定如下:

(1)在转辙器部分和连接部分的岔枕,应垂直于直股方向;

(2)辙叉部分的岔枕,应垂直于辙叉角的角平分线;

(3)上述两部分之间的岔枕,方向扭转过渡,应在辙叉趾前 3 ~ 5 根岔枕之间布置成扇形,如图 4—16 所示。

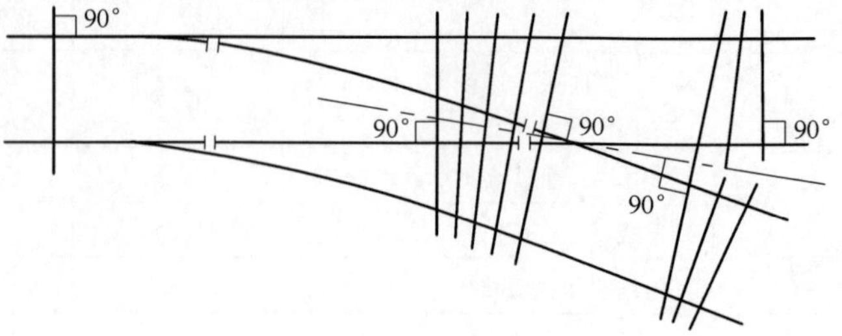

图 4—16　单开道岔的岔枕布置

第四节　导曲线支距计算

道岔导曲线支距是指道岔直股钢轨工作边按垂直方向量到导曲线上股钢轨工作边之间的距离。设置道岔导曲线和检查导曲线圆顺时，是以直股基本轨为基准方向，用支距法来进行的。支距计算方法很多，比例近似法就是常用的简易计算方法之一。

如图 4—17 所示，从导曲线起点 0′对应的直股 0 点开始，沿直股每 2 m 定一个测点，它们编号分别为 1，2，3…$n-1$，n。n 点和导曲线终点 n' 相对应，n 点到 $n-1$ 点的距离小于 2 m，是个余数。设相应各点的支距分别为 y_0，y_1，y_2…y_n。从 0′点作直股的平行线 $0'a$，再沿尖轨方向作该轨的延长线 $0'b$，则 $0'b$ 为导曲线始点 0′的切线。

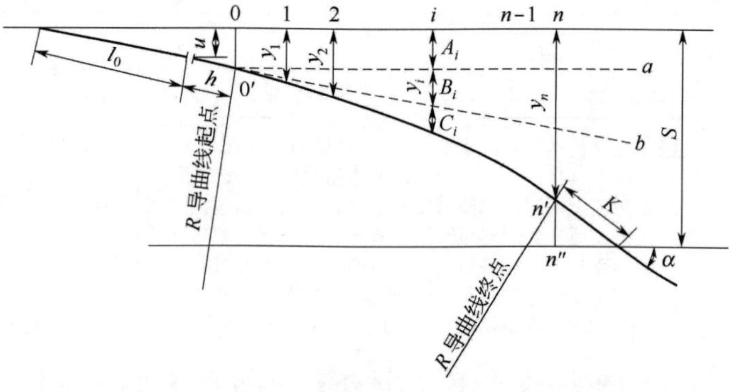

图 4—17　导曲线支距计算图

$$y_i = A_i + B_i + C_i$$

显然
$$A_i = 0'0 = u \times \frac{l_0 + h}{l_0} = A_1$$

B_i 是按直线比例变化的变值，即

$$B_i = \frac{u}{l_0} \times 2\,000 \times i = B_1 i$$

C_i 则按平方比例变化，即

$$C_i = \frac{2\,000^2}{2R_{外}} i^2 = C_1 i^2$$

导曲线终点 n 点的支距为

$$y_n = S - n'n'' = S - K\sin\alpha \approx S - \frac{K}{N}（\alpha 很小时）$$

式中 l_0——尖轨长度；

i——测量支距处的点号；

h——尖轨后直线段长；

u——尖轨跟距；

K——导曲线终端直线段长；

S——轨距 1 435 m；

α——辙叉角；

N——道岔号。

【例题】 标准 12 号道岔，$l_0=7\,700$ mm，$h=0$，$u=144$ mm，$S=1\,435$ mm，$R_{外}=330\,717.5$ mm，$K=2\,486$ mm，试计算各点支距。

【解】 $A_1=u\times\frac{l_0+h}{l_0}=144\times\frac{7\,700+0}{7\,700}=144$

$$B_1=\frac{u}{l_0}\times 2\,000\times 1=\frac{144}{7\,700}\times 2\,000\times 1=37.4$$

$$C_1=\frac{2\,000^2}{2\times R_{外}}\times 1^2=\frac{2\,000^2}{2\times 330\,717.5}\times 1^2=6.06$$

$$y_n=S-\frac{K}{N}=1\,435-\frac{2\,486}{12}=1\,228$$

各点支距计算结果见表 4—11。

表 4—11 导曲线支距(mm)计算表

点 号	$A_i=A_1$	$B_i=B_1 i$	$C_i=C_1 i^2$	$y_i=A_i+B_i+C_i$
(1)	(2)	(3)	(4)	(5)
0	144	0	0	144
1	144	37	6	187
2	144	75	24	243
3	144	112	55	311
4	144	150	97	391
5	144	187	152	483
6	144	224	218	586
7	144	262	297	703
8	144	299	388	831
9	144	337	491	972
10	144	374	606	1 124
终点 n				1 228

常用单开道岔导曲线支距见表 4—12。

表 4—12 常用单开道岔导曲线支距(mm)表

钢轨类型(kg/m)	道岔号	导曲线支距 y_0	导曲线支距(m) 2	4	6	8	10	12	14	16	18	20	22	24	26	导曲线终点支距 y_K	导曲线终点横距 x_K	辙叉前直线段 K
75、60	18	177	222	271	326	385	450	519	594	674	758	848	942	1 042	1 147	1 233	27 578	3 646
75	12	214	287	372	469	577	696	827	969	1 123						1 223	17 225	2 548
60 AT 尖轨	12	207	280	364	459	566	685	814	956	1 108						1 223	17 416	2 548
60 过渡型	12	144	188	243	311	391	483	587	703	831	972	1 125				1 229	21 280	2 483
50、43、38	11	144	189	248	321	408	510	626	757	902	1 061					1 248	20 165	2 068
50、43、38	10	144	199	271	361	468	592	734	894	1 071						1 228	17 641	2 081
60	9	154	213	294	397	522	670	840	1 032							1 208	15 650	2 058
50、43、38	9	144	201	281	382	506	652	820	1 011							1 201	15 793	2 115
50、43、38	8	144	204	291	406	549	719	917								1 231	14 717	1 648

第五节 道岔连接曲线

当道岔后两股轨道平行，且两平行股道的直线间距不大于 5. 2 m 时，道岔曲股岔尾后的曲线称为道岔连接曲线。

一、连接曲线养护维修规定

(1)为了保证列车安全、平稳、顺利地通过连接曲线，曲线半径不得小于连接道岔的导曲线半径，但也不宜大于导曲线半径的 1. 5 倍。

(2)连接曲线为圆曲线(不设缓和曲线)，其长度不小于 20 m。

(3)连接曲线可以设置超高，但超高值不应大于 15 mm，且向两端外的顺坡率不大于 2‰。

(4)连接曲线轨距加宽标准与其他曲线相同，并由曲线两端向外按不大于 2‰递减，直线段较短时不得大于 3‰。

(5)正线道岔(直向)与曲线超高顺坡终点之间的直线段长度：$v_{max}>200$ km/h 的线路，不应小于 150 m，困难条件下不应小于 100 m；200 km/h ≥ $v_{max}>160$ km/h 时不应小于 70 m，困难条件下不应小于 30 m；线路允许速度为 120 km/h(不含)～160 km/h 时不应小于 40 m，困难条件下不应小于 25 m；其他地段不应小于 20 m。

(6)站线道岔与曲线或道岔与其连接曲线之间的直线段长度，一般不应小于 7. 5 m，困难条件下不应小于 6 m。

(7)对连接曲线圆顺度的标准是：用 10 m 弦量，连续正矢差保养质量评定不超过 4 mm，综合维修验收不超过2 mm。当连接曲线的位置、状态及方向不符规定时,应进行整正。

二、连接曲线整正

为了保持连接曲线圆顺,当正矢超限时,必须及时整正。

用绳正法整正连接曲线,调查、计算、拨正都很方便,有条件时应对连接曲线进行整桩化改造。

1. 作业程序

(1)计算连接曲线中央点位置(桩位),即

$$Q_z = N + 1 - \frac{\sum\sum f}{\sum f}$$

式中 N——测点数;

$\sum f$——现场正矢合计;

$\sum\sum f$——现场正矢累计合计。

(2)确定连接曲线全长时,应满足连接曲线养护维修和行车要求的有关规定。连接曲线设计全长的测点数应为整数。

(3)计算连接曲线的正矢f_c

$$f_c = \frac{\sum f}{L_c}$$

式中 L_c——连接曲线设计全长的桩数。

(4)计算各点设计正矢、拨量。

(5)拨正后,将设计的ZY、YZ点位置标记在轨腹上,以ZY为第一测点,重新标记正矢各测点,ZY、YZ两点正矢为圆曲线正矢的一半。

2. 计算实例

【例题】 表4—13所列曲线为9号道岔后的连接曲线,O测点距岔尾2 m。

(1)计算曲线中央点

$$Q_z = N + 1 - \frac{\sum\sum f}{f} = 8 + 1 - \frac{1\,381}{258} = 3.65$$

(2)确定曲线长度

因为O点距岔尾2 m,为满足夹直线长度的要求,初步确定1点为曲线起点,则

$$\frac{L_c}{2} = Q_z - ZY = 3.65 - 1 = 2.65$$

$$L_c = 2.65 \times 2 = 5.3$$

为了使拨后曲线桩数为整数,取为5.0,故

$$f_c = \frac{\sum f}{L_c} = \frac{258}{5} = 51.6$$

对比计算结果进行检算,若满足不了有关要求和原则,应重新分析和计算。

连接曲线半径的检算:

$$R = \frac{12\,500}{f_c} = \frac{12\,500}{51.6} = 242$$

$R_{导}=180<242<1.5\times180=270$，满足连接曲线半径要求。

连接曲线头与道岔夹直线长度的检算：

$$ZY=Q_z-\frac{L_c}{2}=3.65-\frac{5}{2}=1.15$$

5 m×1.15＝5.75 m。因 0 点距岔尾为 2 m，故曲线头到道岔的直线长度为 7.75 m，满足大于 6 m 的要求。

经检算，$f_c=51.6$，$L_c=5$（可行）。

以上所述为连接曲线进行整桩化改造的方法。若连接曲线已改造好，再整正时只要根据表 4—14 的计算进行拨道即可。

表 4—13　道岔连接曲线整正计算表

桩位	测点号	桩位到相邻点距离	设计正矢计算（小数后一位）	正矢累计	现场正矢	设计正矢	正矢差	差累计	半拨量	修正差累计 一次	修正差累计 二次	修正差累计 合计	半拨距修正数	实施半拨	实施全拨	拨后正矢
(1)	(2)	(3)	(4)	(5)	(6)	(7)	(8)	(9)	(10)	(11)	(12)	(13)	(14)	(15)	(16)	(17)
	0			12	12	0	12	12	0					0	0	0
	1	0.15	$\frac{51.6}{2}\times(0.85)^2=18.6$	38	26	19	7	19	12					12	24	19
	2	0.85	$51.6-\frac{51.6}{2}\times(0.15)^2=51$	80	42	51	−9	10	31	0		0	0	31	62	51
	3			123	43	51	−8	2	41	−1		−1	0	41	82	52
	4			175	52	52	0	2	43	0		0	−1	42	84	51
	5			205	30	51	−21	−19	45				−1	44	88	51
	6	0.15	$51.6-\frac{51.6}{2}\times(0.85)^2=33$	239	34	33	1	−18	26				−1	25	50	33
	7	0.85	$\frac{51.6}{2}\times(0.15)^2=0.6$	251	12	1	11	−7	8				−1	7	14	1
	8			258	7	0	7	0	1				−1	0	0	0
				1 381	258	258	±38	+45 −44								258

表 4—14　连接曲线整正计算

测　点	实测正矢	计划正矢	正矢差	差累计	修正量	半拨量	拨　量	拨后正矢
1	2	3	4	5	6	7	8	9
0	20	25	−5	−5		0	0	25
1	60	52	+8	+3	+1	−5	−10	51
2	51	52	−1	+2	+1	−1	−2	52

续上表

测 点	实测正矢	计划正矢	正矢差	差累计	修正量	半拨量	拨 量	拨后正矢
3	50	52	-2	0	+1	+2	+4	52
4	48	51	-3	-3		+3	+6	52
5	29	26	+3	0		0	0	26
∑	258	258	±11	-8 +5	+3			

第六节 道岔常见病害的预防及整治

一、道岔方向不良

1. 造成道岔方向不良的原因

(1)忽视对道岔的整体维修,造成道岔前后方向不顺;

(2)铺设位置不正确,随弯就弯;

(3)加重钢轨及其零件磨损,作业方法不合理,硬性凑合支距和轨距,造成各接续部不圆顺;

(4)曲基本轨弯折点位置不对,造成转辙器部分轨向不良;

(5)捣固不实,使线路出现坑洼;

(6)道砟不良、夯实不好,降低道床阻力;

(7)钢轨及其零件联结不好,导致方向不正等等。

2. 预防整治道岔方向不良的措施

(1)做好道岔前后 50 m 线路的整体维修,经常保持轨面平、方向顺;

(2)做好直股基本轨方向,拨好道岔位置;

(3)弯好曲基本轨弯折点,做好轨距加宽递减;

(4)检查确认基本轨既有弯折量,按标准做好弯折段长度和矢量;

(5)加强捣固作业,除按规定捣固外,还应根据道岔构造的特点进行适当加强;

(6)补充夯实道床,道岔转辙部分设置转辙杆、连接杆,各枕木孔道砟应比岔枕顶面底 20 ~ 30 mm,并夯实道床;

(7)加强各部分零件的养护维修,充分发挥各种扣件固定钢轨位置的作用。

二、转辙部分常见病害

(一) 尖轨与基本轨不密贴

1. 尖轨与基本轨不密贴产生的原因

(1)加工制造时 50 mm 范围内刨切长度不够;

(2)尖轨顶铁过长,补强板螺栓凸出;

(3)转辙机位置与尖轨动作拉杆位置不在同一水平线上;

(4)基本轨弯折点有误;

(5)基本轨工作边及尖轨非工作边有"肥边"造成假密贴;

(6)基本轨横向移动;

(7)基本轨或尖轨本身有硬弯；

(8)基本轨、轨撑、滑床板挡肩之间存在“三道缝”；

(9)第一、二连接杆与尖轨耳铁连接的距离不合适。

2. 预防整治尖轨与基本轨不密贴的措施

(1)对刨切不足的尖轨再进行刨切；

(2)打磨焊补或更换顶铁和补强板螺栓；

(3)调整转辙机及尖轨拉杆位置，使其在同一水平线上；

(4)拨正基本轨方向，矫正弯折点位置和矢度；

(5)打磨基本轨和尖轨的“肥边”；

(6)打靠道钉，消除假轨距；

(7)调直尖轨或基本轨，拨正方向，改好轨距；

(8)调整连接杆长度，改变尖轨耳铁的孔位或加入绝缘垫板，误差较大时，可更换耳铁或方钢；

(9)焊补或更换磨损挠曲不平的滑床台、轨撑、滑床板挡肩，或用螺旋道钉将轨撑、滑床板与枕木联结成一整体，并用水平螺栓使轨撑与基本轨牢固地联结在一起，消灭“三道缝”。

(二) 尖轨跳动

1. 尖轨跳动产生的原因

(1)尖轨跟端轨缝过大，间隔铁和夹板磨耗，螺栓松动，过车时加大了冲击；

(2)跟部桥型垫板或凸台压溃；

(3)捣固不实，有吊板；

(4)尖轨拱腰。

2. 预防整治尖轨跳动的措施

(1)焊补或更换间隔铁、夹板，更换磨耗的双头螺栓；

(2)增补整修跟部桥型垫板和防跳卡铁，进一步采取尖轨防跳措施，如在基本轨轨底增设尖轨防跳器，或将尖轨连接杆两端安设防跳补强板，使其长出部分卡在基本轨轨底，以防尖轨跳动；

(3)加强转辙部分枕下的捣固，尤其是加强接头及尖轨跟端的捣固；

(4)调直拱腰的尖轨。

(三) 尖轨轧伤与侧面磨耗

1. 尖轨轧伤与侧面磨耗产生的原因

(1)尖轨与基本轨不密贴或假密贴；

(2)尖轨顶铁过短；

(3)基本轨垂直磨耗超限；

(4)尖轨前部顶面受车轮踏面和轮缘的轧、挤、辗作用。

2. 预防整治尖轨轧伤与侧面磨耗的措施

(1)防止尖轨跳动及确保尖轨竖切部分与基本轨之间的密贴；

(2)加长顶铁，使尖轨尖端不离缝；

(3)将垂直磨耗超限的基本轨及时更换；

(4)必要时安装防磨护轨，减少尖轨侧面磨耗。

（四）尖轨扳动不灵活

1. 尖轨扳动不灵活产生的原因

（1）尖轨爬行，两股前后不一致；

（2）拉杆或连接杆位置不正确；

（3）尖轨跟端双头螺栓磨损或间隔铁夹板磨耗严重，螺栓上紧后影响扳动；

（4）基本轨有小弯，滑床板不平直；

（5）拉杆、连接杆、接头铁螺栓孔壁磨耗扩大，螺杆磨细。

2. 预防整治尖轨扳动不灵活的措施

（1）串动尖轨、基本轨使之处于正确位置，将尖轨跟端螺栓方正，锁定爬行；

（2）调整拉杆或连接杆位置；

（3）焊补或更换磨损超限的双头螺栓、间隔铁和夹板；

（4）整正滑床板；

（5）保持尖轨跟端轨缝符合设计规定，不允许挤成瞎缝。

三、连接部分常见病害

（一）导曲线轨距扩大

1. 导曲线轨距扩大的原因

列车通过导曲线时，由于离心力、横向推力以及车轮冲击钢轨，致使道钉浮离，配件松动，钢轨有小反。

2. 预防整治导曲线轨距扩大的措施

（1）在导曲线外侧设置轨撑，可隔一根枕木或连续设置；

（2）整治轨撑离缝消除假轨距；

（3）在导曲线外股接头处安装桥型垫板；

（4）更换腐朽岔枕；

（5）混凝土岔枕要消除扣件挡肩和轨底边离缝，使其达到足够扭力矩。

（二）导曲线钢轨偏面磨耗

1. 导曲线钢轨偏面磨耗产生的原因

由于导曲线外股没有设置超高，长期受离心力作用，导致反超高和上股钢轨偏心磨耗。

2. 预防整治导曲线钢轨偏面磨耗的措施

（1）在导曲线上股铺设 1/20 的铁垫板；

（2）根据需要设 6 mm 超高，在导曲线范围内按不大于 2‰顺坡；

（3）保持连续部分钢轨无接头相错。

（三）导曲线不圆顺

1. 导曲线不圆顺产生的原因

尖轨跟端和辙叉前后开口尺寸不合标准，支距点位置不对，支距尺寸不标准和作业不细，维修不当以及列车车轮冲击作用，均可造成导曲线不圆顺。

2. 预防整治导曲线不圆顺措施

（1）保证支距点位置和跟端支距正确；

(2)保持支距尺寸并使递减率合乎要求；

(3)导曲线目测圆顺，消灭鹅头；

(4)个别处所，通过拨道和改正轨距解决。

四、辙叉及护轨部分常见病害

(一) 辙叉垂直磨耗和压溃

1. 辙叉垂直磨耗和压溃产生的原因

车轮通过有害空间时对心轨和翼轨产生冲击作用，辙叉心处的岔枕经常发生吊板；破坏道床坚实性是引起辙叉垂直磨耗和压溃的主要原因。

2. 预防整治辙叉垂直磨耗和压溃的措施

(1)加强辙叉底部捣固，特别是叉心和辙叉前后接头处的捣固；

(2)借助于更换岔枕的机会，彻底加强辙叉底捣固；

(3)在辙叉底岔枕顶面垫胶垫，以缓冲受力；

(4)用竖螺栓扣板把辙叉固定在垫板上，如AT型道岔那样，加强辙叉的整体稳定性，如图4—18所示；

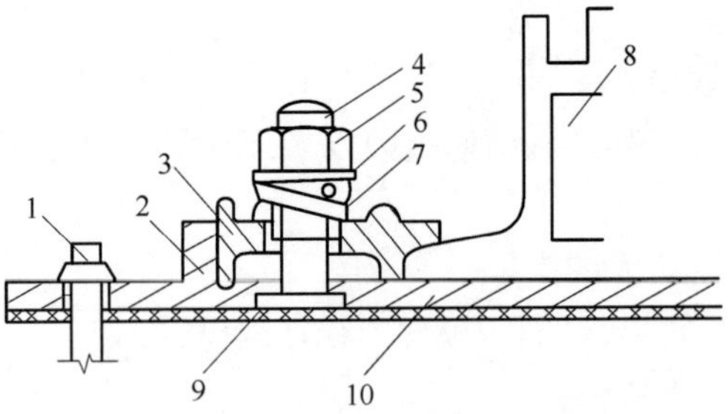

图4—18　辙叉加强

1—螺纹道钉；2—垫板挡肩；3—扣板；4—竖螺栓；5—螺帽；6—平垫圈；
7—弹簧垫圈；8—整组锰钢或钢轨组合辙叉；9—橡胶垫板；10—通长铁垫板

(5)可在辙叉部位的岔枕上安设特制铁座，用弹条扣件固定辙叉位置，如图4—19所示。

(二) 辙叉偏磨

1. 辙叉偏磨产生的原因

辙叉偏磨是由单侧通过列车次数较多造成的。

2. 预防整治辙叉偏磨的措施

(1)焊补偏磨辙叉；

(2)可倒换方向使用；

(3)加强偏磨部位捣固，且兼顾辙叉水平状态。

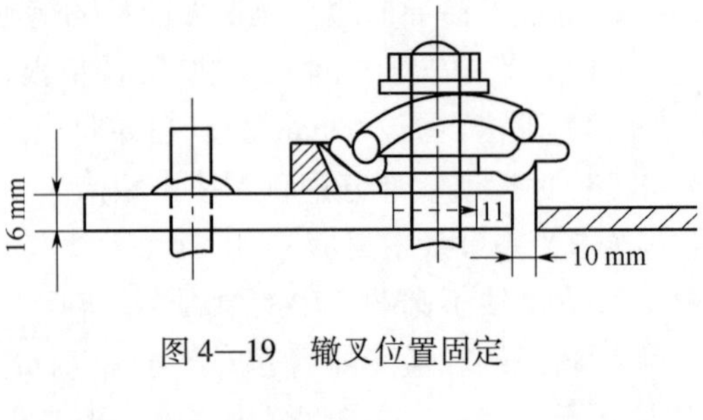

图4—19　辙叉位置固定

(三) 辙叉轨距不合标准

1. 辙叉轨距不合标准产生的原因

查照间隔和护背距离不合标准，护轨轮缘槽、辙叉轮缘槽尺寸不合标准是造成辙叉轨距失格的原因。

2. 预防整治辙叉轨距不合标准的措施

(1)拨正直股方向;

(2)调整辙叉及护轨轮缘槽尺寸,使其符合标准;

(3)打磨作用边“肥边”,焊补伤损心轨、翼轨;

(4)整修查照间隔、护背距离,使其符合规定。

第七节 提速道岔

一、提速道岔概述

1. 提速道岔应满足的允许通过速度

(1)直向:旅客列车为 160 km/h,货运列车 23 t 轴重时为 120 km/h。

(2)侧向:各类列车均为 50 km/h。

2. 提速道岔的特征

提速道岔在结构上有如下主要特征:

(1)尖轨长为 13.88 m。

(2)尖轨与辙叉的连接由普通活动连接改为非活动连接,减小了对车轮的冲击振动。

(3)尖轨上设两处牵引点,心轨处设两牵引点,增强了刨切部分的密贴。

(4)尖轨采用分动外锁闭装置,由外锁闭装置保证列车的过岔安全,减少了转换力和密贴力,消灭了危险空间,可大大提高转辙机的寿命及可靠性。

(5)采用三相交流大功率转辙机,减少了电缆投资及转辙机引起的故障。提速道岔外锁闭装置是指其锁闭地点在转辙机外部,分连动与分动两种。

连动指道岔两尖轨通过连接杆连在一起构成框架结构进行转换。

分动指道岔两尖轨间无连杆,靠外锁闭装置进行转换。

3. 提速道岔的主要特征(表 4—15)和主要尺寸(表 4—16)

表 4—15 60 kg m 钢轨 12 号单开道岔比较表

类型	转辙器			辙叉			扣件形式及初始扣压力	轨顶坡	岔枕截面	轨距
	尖轨形式及长度	跟部结构	尖轨转换方式	辙叉形式	护轨冲击	心轨转换方式				
提速道岔固定型辙叉	矮型特种断面尖轨长 13.88 m	弹性可弯	分动,外锁,二点牵引	高锰钢整铸辙叉	30′	—	弹条Ⅱ型初始扣压力为 21 kN,垫层压缩 1 mm 时为 19.3 kN	1:40	木岔枕 260 mm × 160 mm,混凝土岔枕 300(260)mm ×220 mm	各部均为 1435 mm
提速道岔可动心轨辙叉	矮型特种断面尖轨长 13.88 m	弹性可弯	分动,外锁,二点牵引	钢轨组合式可动心轨辙叉,长翼轨	—	外锁,二点牵引	弹条Ⅱ型初始扣压力为 21 kN,垫层压缩 1 mm 时为 19.3 kN	1:40	木岔枕 260 mm × 160 mm,混凝土岔枕 300(260)mm ×220 mm	各部均为 1435 mm

表 4—16　60 kg　m 钢轨提速道岔主要尺寸(mm)

道岔号数		30	18	12	12	12	12	9	38
钢轨类型		60	60	60	60	60	60	60	60
图　号		专线 4261	专线 4223	铁联线 001	铁联线 002	铁联线 003	铁联线 004	铁联线 051	铁联线 4272
设计年度		1998	1996	1996	1996	1996	1996	1997	2000
辙叉角度		0°54′33″	3°10′47″	4°45′49″	4°45′49″	4°45′49″	4°45′49″	6°20′25″	1°30′26. 8″
导曲线半径		2 700 000	800 000	350 000	350 000	350 000	350 000	360 000 190 000	3 300 000
道岔全长		102 400	60 000	43 200	43 200	37 800	37 800	29 740	136 200
道岔前长		42 701	22 744	16 592	16 592	16 592	16 592	14 015	48 771
道岔后长		59 699	37 256	26 608	26 608	21 208	21 208	15 725	87 429
尖轨前基本轨长度		3 620	3 520	2 920	2 920	2 920	2 920	2 980	3 165
辙叉趾距		7 938	4 146	2 346	2 346	2 038	2 038	直 1 526 曲 1 535	5 521
辙叉跟距		6 658	13 246	10 846	10 846	3 854	3 954	直 2 766 曲 2 783	23 871
辙叉长度		24 596	17 392	13 192	13 192	5 992	5 992	4 292	21 592
尖轨长度		27 980	15 680	13 880	13 880	13 880	13 880	直 13 456 曲 13 465	37 630
道岔跟端至末根岔枕中心距		10 500	9 900	3 900	5 100	9 300	10 500	7 500	14 300
岔枕根数	总　计	206	126	82	87	82	87	66	244
	道岔始端至辙叉跟端	160	100	72	72	63	63	49	203
	辙叉跟端至岔后最后一根长岔枕	18	8	4	3	13	12	9	24
	岔后最后一根长岔枕后的短岔枕	28	9 × 2	3 × 2	6 × 2	3 × 2	6 × 2	4 × 2	17
附　注		混凝土岔枕、可动心轨辙叉	混凝土岔枕、可动心轨辙叉	木岔枕可动心轨辙叉	混凝土岔枕,可动心轨辙叉	木岔枕,固定型辙叉	混凝土岔枕,固定型辙叉	混凝土岔枕,固定型辙叉	混凝土岔枕,可动心轨辙叉

二、提速道岔的结构特点

1. 转辙部分

(1)转辙器各部主要尺寸如图 4—20 所示。

(2)尖轨采用 60AT 轨制造,跟部为弹性可弯式,尖轨长度为 13. 88 m ,直向尖轨为直线

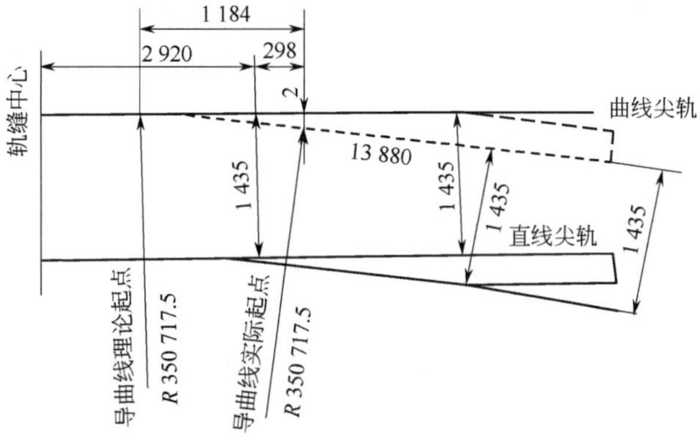

图 4—20 60 kg/m 钢轨 12 号提速道岔转辙器各部主要尺寸

型，侧向尖轨为曲线型。

（3）尖轨尖端为藏尖式结构如图 4—21 所示，从尖轨顶端 2 mm 处作藏尖补充刨切。尖轨藏于基本轨轨距线下 3 mm。尖轨刨切长度为 6 165 mm，尖轨跟部结构为普通夹板联结，并设置限位器，限位器活动间隙为 ±7 mm，如图 4—22 所示。

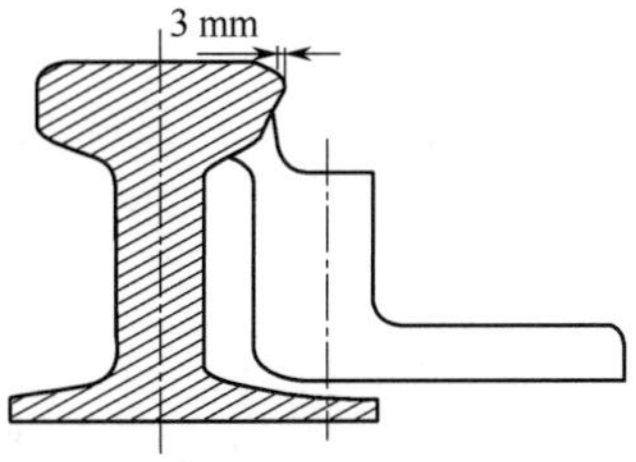

图 4—21 藏尖式尖轨

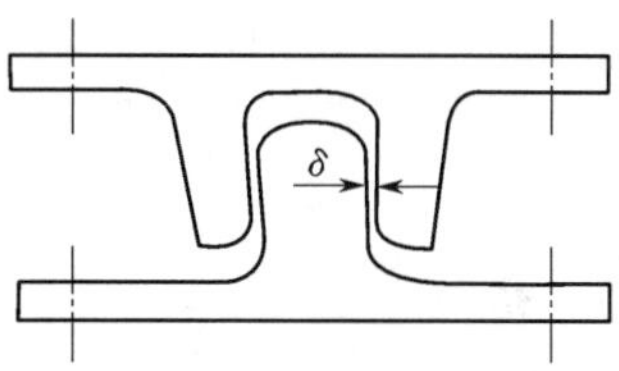

图 4—22 限位器

（4）尖轨设置两个牵引点，采用分动外锁闭转换装置，第一牵引点动程为 160 mm，第二牵引点动程为 75 mm。

（5）为便于捣固，牵引点转换装置各杆件安装在特制的钢岔枕内。

（6）滑床垫板采用弹片扣压基本轨，并穿入销钉压紧弹片，如图 4—23 所示。滑床垫板的安装要求：直股全部采用偏心距为 0 的滑床板，侧股按表 4—17 所示要求安装。

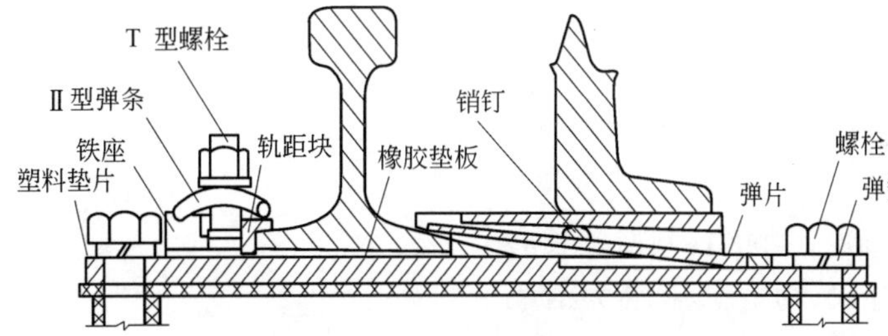

图 4—23 提速道岔滑床板结构

表 4—17　安装滑床垫板标准表

滑床板偏心距(mm)	0	3	6	9
铺设位置(岔枕号)	7	8 ~ 12	14、16 ~ 19	20 ~ 24

(7)顶铁、限位器采用防松螺母。

(8)基本轨轨头下颚在尖轨与之密贴的全长范围内轨距线以下,相应作 1:4.47 的斜切,以保证基本轨设 1:40 轨底坡后与尖轨的密贴。

2. 连接部分

(1)导曲线半径为 350 717.5 mm,实际起点在尖轨尖端后 298 mm 处,终点位于尖轨跟端后 14 363 mm 处。

(2)从尖轨跟端开始,每 2 m 设一支距点,如表 4—18 所示。

表 4—18　支 距 尺 寸

距离(m)	0	2	4	6	7	10	12	14	14.363
支距(mm)	311	401	502	615	739	875	1 023	1 181	1 211

(3)道岔连接部分及岔后部分垫板分为 A、B、C、D 四种,应定位安装。

3. 辙叉及护轨部分

(1)固定型辙叉

①固定型辙叉采用高锰钢整铸式,铸成 1:40 轨顶坡,趾端及跟端均采用接头夹板固定联结,辙叉下设垫板。辙叉断面如图 4—24 所示。

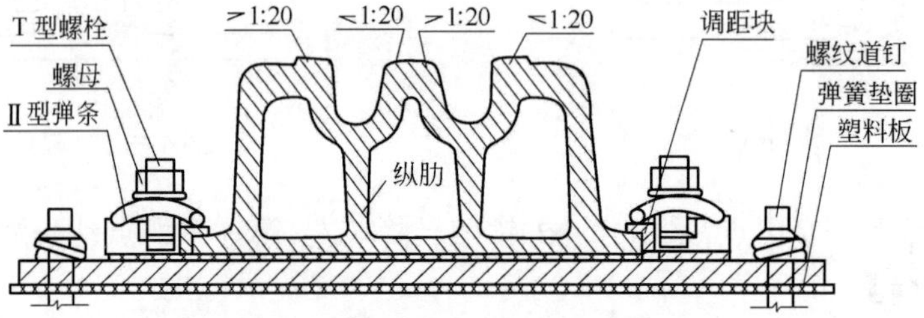

图 4—24　提速道岔辙叉

②辙叉翼轨缓冲段冲击角减小为 34′(图 4—25),以减小车轮对辙叉翼的水平冲击力,有利于提高直向过岔速度。

(2)可动心轨型辙叉

①可动心轨辙叉采用钢轨组合式,由长心轨、短心轨、叉跟尖轨、加长翼轨及联结零件组成,如图 4—26 所示。

②长、短心轨用 60AT 轨拼装制造。长心轨叉跟部为弹性可弯段,短心轨末端为滑动端。翼轨及叉跟尖轨用 60 kg/m 钢轨制造。可动心轨辙叉采用间隔铁式联结,并采用直径

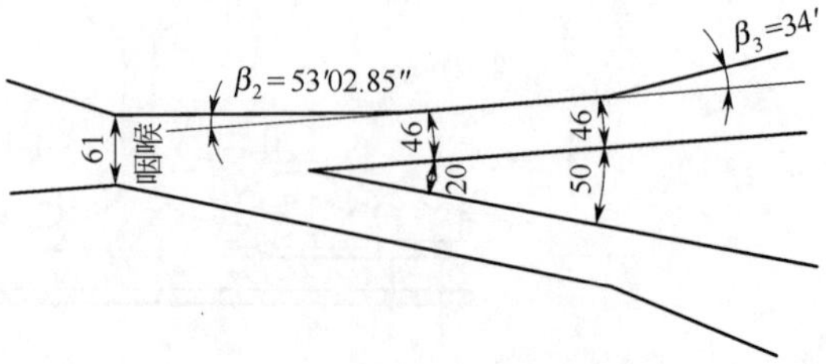

图 4—25　翼轨缓冲段冲击角

为 27 mm 的 10.9 级螺栓及防松螺母。

③长心轨尖端热加工锻出一段转换凸缘(图 4—27),直接与外锁闭装置接头铁拉板连接,实现可动心轨的转换。

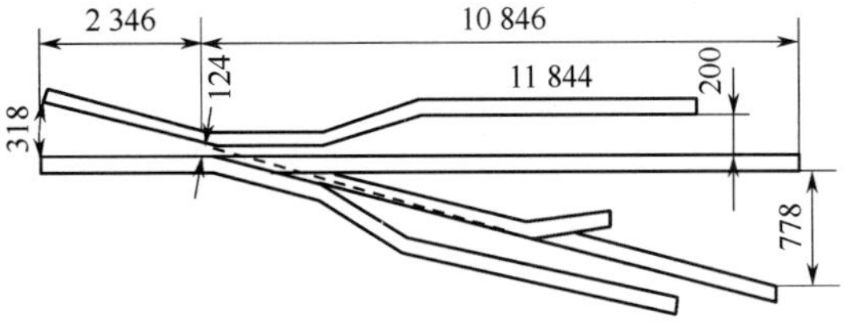

图 4—26 可动心轨辙叉

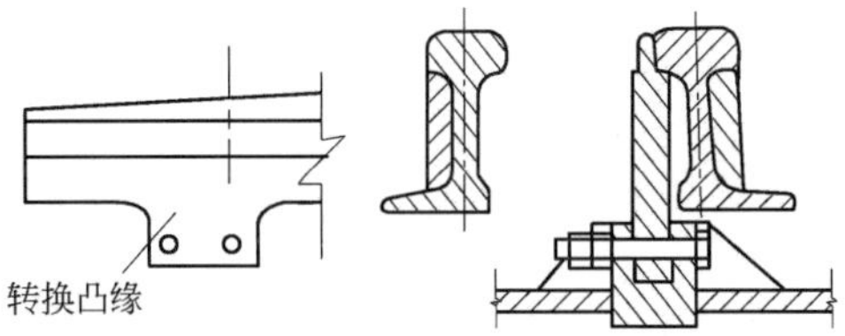

图 4—27 长心轨转换凸缘

④可动心轨设置两个牵引点,采用外锁闭装置。第一牵引点动程为 117 mm,第二牵引点动程为 68 mm,转换装置杆件安装在钢岔枕内,以便于捣固。

(3)护 轨

①护轨为分开式(图 4—28),采用 50 kg/m 钢轨制造。护轨顶面高出基本轨 12 mm,护轨垫板上设弹片扣压基本轨,并穿入销钉压紧弹片。

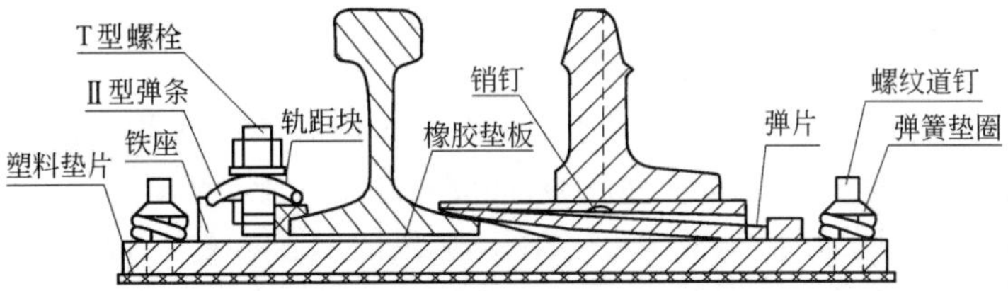

图 4—28 提速道岔护轨结构

②固定型辙叉道岔,直向、侧向采用不等长护轨,长度分别为 6 900 mm、4 800 mm;可动心轨辙叉道岔,只设侧向护轨,长度为 5 400 mm。护轨用的螺栓采用防松螺母。

③直向护轨缓冲段冲击角减小为 30′,以利于提高列车过岔速度。

4. 钢轨、轨枕及扣件

(1)道岔各钢轨件轨头顶面均进行全长淬火。

(2)道岔各钢轨件的车轮滚动轨面均设有 1:40 轨顶坡。

(3)钢轨轨缝均设计为 8 mm。

(4)铺设跨区间无缝线路时,道岔内及与两端线路联结的接头,根据设计可分别采取焊接、胶接、冻结方式。

(5)混凝土岔枕底宽为 300 mm,顶宽为 260 mm,高度为 220 mm;木岔枕宽度为 260 mm,高度为 160 mm,转辙部分木岔枕最短长度为 2 700 mm。

(6)岔枕一律按垂直于直股钢轨布置,岔枕间距为 600 mm。

(7)道岔扣件采用Ⅱ型弹条分开式可调扣件。轨距块设计安装:钢轨工作边一侧为 13 号,非工作边一侧为 11 号;辙叉一侧为 13 号,另一侧为 11 号。

(8)钢轨下设置 5 mm 厚橡胶垫板,混凝土岔枕道岔各垫板下设置 10 mm 厚橡胶垫板。护轨垫板厚度较辙叉其余垫板厚 6 mm，因此在岔枕号 51 ~ 62 号范围内的垫板（除护轨垫板外）的橡胶垫板下增设 6 mm 厚的塑料垫片。

（9）垫板与岔枕联结：混凝土岔枕采用预埋塑料套管与螺栓，不采用硫磺锚固；木岔枕采用螺纹道钉。

三、提速道岔养护维修作业

提速道岔养护维修作业应按照《修规》中有关道岔维修标准进行，同时还应符合以下各条规定：

（1）道岔内各部轨距均为 1 435 mm。侧股尖轨刨切范围中点轨距允许有构造加宽 13 mm，并向刨切范围两端递减为 0。

（2）12 号提速道岔尖轨刨切起点两基本轨内侧距离为 1 506 mm。尖轨非工作边与基本轨工作边的最小距离为 65 mm，允许误差"+"不限，"-"为 2 mm。

（3）尖轨与基本轨、可动心轨与翼轨、叉跟尖轨与短心轨应密贴，不密贴时缝隙不大于 1 mm。

（4）道岔两尖轨尖端相错量不大于 20 mm（无缝道岔相错量不大于 15 mm）。

（5）提速道岔尖轨限位器铺设间隙为 7 mm ± 1.5 mm；可动心轨实际尖端至翼轨趾端的距离（简称尖趾距离）为 2 396 mm，允许误差为 $^{+10}_{\ 0}$mm。

（6）查照间隔和护背距离在固定型或可动心轨辙叉的心轨顶宽 20 ~ 30 mm 处测量。

（7）顶铁与尖轨、可动心轨轨腰应顶严，有间隙时亦不大于 2 mm。

（8）尖轨及可动心轨轨底应与滑床台密贴，不密贴时缝隙不大于 2 mm。

（9）防松螺母的下螺母（凸锥螺母）为拧紧螺母，上螺母（凹锥螺母）为防松螺母，下、上螺母应按表 4—19 所示扭矩分别拧紧。

表 4—19　防松螺母扭矩

安装位置	A. 尖轨顶铁 B. 长心轨凸缘	A. 限位器 B. 护轨轨撑 C. 可动心轨顶铁及轨撑	长、短心轨联结	可动心轨辙叉间隔铁
螺母规格	M20	M24	M27	M27
下螺母拧紧扭矩（N·m）	150	250	380	700 ~ 900
上螺母拧紧扭矩（N·m）	为下螺母扭矩的 50% ~ 80%			

（10）道岔护轨螺栓、可动心轨咽喉和岔后间隔铁螺栓、长短心轨联结螺栓、咽喉钢枕立柱螺栓、可动心轨凸缘与接头铁联结螺栓必须齐全，作用良好，折断时必须立即更换。同一部位同时有两条螺栓或可动心轨凸缘与接头铁螺栓一条缺少或失效时，道岔应停止使用。

（11）可动心轨第一牵引点接头铁拉板与可动心轨转换凸缘安装时，要求接头铁与可动心轨转换凸缘之间的间隙小于 0.2 mm，间隙过大时应插入垫片。

（12）提速道岔弹片及其销钉、挡板损坏，或弹片与滑床板挡肩离缝大于 2 mm，挡板前后离缝大于 2 mm 及销钉帽内侧距滑床板边缘大于 5 mm 时，应进行修理或更换。

（13）弹条扣件的螺母拧紧程度要适当，以弹条达到三点接触为准。

(14)混凝土岔枕固定垫板的立螺栓(ϕ30 mm、长 165 mm)拧紧扭力矩为 250～300 N·m。

(15)岔枕的中心位置应用白铅油在钢轨上标记,岔枕位置、间距误差或偏斜不大于 10 mm。

(16)道床应采用一级道砟,岔枕下应有不少于 300 mm 厚度的清砟,砟肩宽度应不少于 400 mm,砟肩堆高由岔枕顶面往上 100 mm,枕盒道床丰满、密实,低于轨枕面 20～30 mm。

四、提速道岔主要作业要求

(1)在提速道岔上进行作业,要认真执行《修规》中的有关规定和要求。

(2)提速道岔养修作业方法及注意事项:

①道岔起道作业时,两股道要同时起平,保证可动心轨辙叉在一个平面上,并做好道岔前后及道岔曲股顺坡。道岔维修应使用机械捣固,加强接头、辙叉、尖轨弹性可弯段等部位和钢枕及其前后岔枕的道床捣固。

②道岔内个别处轨道水平不良,可采取调换不同厚度轨下垫板的方法进行。调高垫板数量不超过 1 块,厚度不超过 6 mm。

③道岔拨道作业时,应先扒开或刨松枕端道床,拨道后将枕端道床夯实。在转辙部分及可动心轨辙叉部分拨道时,应有电务部门配合。

④道岔改道作业时,应采用调整不同号码轨距块的方法进行。调整量不足时可加垫片调整,但厚度不得超过 2 mm。在转辙及护轨部分改道时,应先将销钉退出,改道完毕再将销钉打入。木岔枕严禁用改螺纹道钉孔的方法改道。

⑤滑床板及护轨垫板安装弹片时,要注意区分弹片正反面,正面(小斜面)朝上置于台板槽内,将销钉表面涂油后穿入滑床台(或台板),侧面钉孔,用手锤敲击钉头,使其就位。安装钢枕滑床台的销钉应由外往里装,以免碰电务表示杆的接头铁。在养护中发现弹片折断或残度过大,应及时更换。

⑥注意区分销钉的长度 L(不含钉帽的全长),$L = 142$ mm 的用于钢枕滑床板,$L = 147$ mm 的用于转辙器滑床板,$L = 167$ mm 的用于护轨垫板。

⑦进行养护维修作业时,应注意整正橡胶垫板、塑料垫片,发生丢失、破损时,应及时补充、更换。

⑧道岔垫板由于结构尺寸及偏心矩的不同,均应按图定位安装,不宜随便调换。更换垫板时应"对号入座",并注意轨底坡。

⑨要加强扣件及其他联结零件的养护维修工作,每月至少检查整修一次。对松动螺栓要及时复紧,有损坏、丢失的要及时更换、补充。各种联结螺栓及销钉每年至少涂油一次,混凝土岔枕立螺栓每半年涂防锈脂(或黄油)一次。拧紧立螺栓时,应使用专用工具,严格控制扭力矩,防止损坏尼龙套管。

⑩防松螺母松动后,应先松开上螺母,按扭矩拧紧下螺母后,再拧紧上螺母。严禁上、下螺母一起拧紧或者只拧紧上螺母。要严格控制上、下螺母的间隙不得挤死,否则将失去防松螺母的作用。

⑪应注意观察尖轨跟部限位器 A、B 块的间隙变化。道岔位于跨区间无缝线路区段,在锁定温度下,间隙应符合 7.0 mm ± 1.5 mm 的要求;道岔位于非无缝线路区段铺设时,A、B 块相

互顶紧，则应根据尖轨跟端轨缝大小适当串轨。

⑫应加强道岔及其前后钢轨接头和轨枕扣件的养护工作，定期复紧螺栓，进行道岔结构的锁定，以提高道岔的整体框架刚度和抵抗纵爬横移的能力。

⑬在绝缘接头进行扣件作业时，应注意弹条和轨距块不得顶住夹板，防止发生联电。

⑭根据调查情况，段、领工区、工区应有计划地安排钢轨、尖轨、辙叉的打磨、焊补及整治死弯轨的工作，提高道岔的平顺性，延长设备的使用寿命。

⑮提速道岔更换尖轨、辙叉、钢枕应按以下要求执行：

a. 伤损尖轨应与基本轨同时更换，同时更换确有困难的可单独更换尖轨，但在更换前应校核尖轨几何尺寸；更换后要进行基本轨、尖轨顺坡打磨，保证换后符合技术标准。

b. 钢轨组合式可动心轨辙叉必须整组更换；锰钢组合式可分件更换，并确保更换后可动心轨辙叉正常使用。

c. 钢轨及两侧相邻岔枕和短心轨转向轴处轨枕，应封锁线路后进行更换。

(3)可动心轨辙叉应加强下列部位的检修、维修：

①日常应注意检查和保持尖趾距离及侧股护轨与可动心轨的查照间隔。

②注意检查心轨与翼轨的密贴状态，发现不密贴时应会同电务部门进行调整，达到间隙不大于1 mm。

③注意检查叉跟尖轨与短心轨的密贴状态，发现不密贴时，可用调整片调整顶铁与轨腰之间的间隙，达到竖切部分间隙不大于1 mm。

④可动心轨辙叉咽喉钢枕及轨下胶垫和防切垫片损坏、失效时，应及时进行修理或更换。

⑤经常检查可动心轨辙叉各部配件工作状态，保证齐全、有效，并达到养护标准。工长和每班巡道工应注意检查第一牵引点长心轨凸缘与接头铁联结螺栓是否有松动、脱落，发现松动、脱落时，应立即复紧、补充。

⑥可动心轨与翼轨、顶铁挡墙之间及钢岔枕内均应保持清洁，及时清除石砟、砂土、冰雪及其他异物，以保证可动心轨的正常转换。

五、提速道岔的工、电分工

提速道岔的工、电分工执行原铁道部工务局、电务局联合下发的有关规定办理。

(1)可动心轨道岔的锁闭板、锁闭板下塑料绝缘垫片及锁闭板与钢轨的联结螺栓由电务部门负责。

(2)心轨一动和二动控板及其与心轨的联结螺栓、钢岔枕与钢轨间的联结螺栓由工务部门负责，但心轨一、二动拉板安装外锁闭块的方孔由电务部门维修。

(3)转辙部分比照上述两项办理。

(4)其他外锁闭道岔的分工比照提速道岔办理。

(5)工、电结合部应按铁道部《60 kg/m 钢轨提速道岔及转换设备铺设安装维护及验收技术条件(暂行)》(铁工务函〔1996〕313 号)文件精神认真执行。

六、提速道岔常见故障处理

(一)道岔转换卡阻

道岔转换卡阻主要反映为道岔转换杆件与钢岔枕间碰卡。

1. 道岔转换卡阻的原因

(1)设计和制造问题

由提速道岔的特性可知,提速道岔的各类转换杆件全部安装在钢岔枕内,钢岔枕的设计宽度为340 mm(原为320 mm),由于设计缝隙仅25 mm,制造中产生的误差又会使缝隙变小,因此使道岔在防止卡阻方面存在先天不足。

(2)铺设原因

①位置不对:铺设时心轨位置和钢岔枕不对,造成道岔上道时缝隙就小于15 mm,成为道岔卡阻的隐患。

②接头不焊接:如铺设时尖轨跟端或长心轨跟端不焊接,而采用普通接头夹板联结,当接头螺栓扭力不足时,使得尖轨仅靠4根岔枕上的扣件阻力阻止尖轨前后窜动,长心轨仅依靠6根岔枕上的扣件阻力和3块间隔铁间螺栓摩阻力来阻止心轨窜动,阻力不足,使得尖轨和心轨易爬行。

③道岔前后的木枕不及时更换为Ⅲ型混凝土枕,或更换Ⅲ型混凝土枕后未使用Ⅱ型扣件而使用Ⅰ型扣件,由于Ⅲ型混凝土枕的配置数为1 667根/km,小于原混凝土枕的配置数,如采用相同扣件,会使阻力反而降低,造成纵向阻力不足,使尖轨或心轨产生爬行。

(3)其他原因

60 kg/m钢轨38号道岔卡阻较多,60 kg/m钢轨18号道岔卡阻较少。卡阻故障主要发生在气候变化大时,如春秋季节或突降暴雨时。尖轨前三个牵引点处发生卡阻也较多。卡阻大多发生在尖轨从斥离向密贴转换时,如图4—29所示。

图4—29 卡阻后锁钩被敲打的痕迹

尖轨卡阻原因分析:由于温度变化造成尖轨爬行,特别是尖轨尖端部位的爬行量大,锁钩与尖轨同时移动,使得锁钩与锁闭杆不在同一直线,造成锁钩在锁闭铁导向槽内卡阻。心轨卡阻原因分析:由于心轨爬行造成锁钩与锁闭铁别劲发生卡阻。另外,在心轨二、三牵引点处由于长短心轨组装后两外侧轨腰的尺寸误差大,造成锁钩长度不足,解锁时锁钩不能落下出现卡阻。

2. 道岔转换卡阻故障的处理

在提速道岔铺设时:

(1)应确保各类转换杆件与钢岔枕上滑床板、耳板、钢岔枕边缘间的缝隙大于25 mm;

(2)尖轨跟端和心轨跟端应采用焊接、胶接或冻结技术,使跟端接头阻力大于1 700 kN,以发挥跟端后扣件的作用;

(3)道岔前后50 m范围内应铺设Ⅲ型混凝土枕,并使用Ⅱ型或Ⅲ型扣件;

(4)在钢岔枕与前后Ⅲ型岔枕间采用防爬钢板或木撑,防止钢岔枕窜动;

(5)对长心轨跟端与翼轨间联结的间隔铁,应采用胶接方法联结,以增强心轨阻力;

(6)在钢岔枕处的销钉,应由钢岔枕外向内敲入,以防销钉脱出时与转换杆件碰卡。

在提速道岔运营过程中,应经常检查各类转换杆件—钢岔枕上滑床板、耳板、钢岔枕边缘间的缝隙尺寸。发现缝隙小于5 mm时,应及时采取措施,预防故障发生。可采取的措施有:方正、调整钢岔枕位置;调整转换杆件的位置;进行拉轨并及时锁定扣件。

另外,由于外锁闭中滑动摩擦面多,同时有些零部件的摩擦面直接暴露在外,受外界环境影响较大,需要定期维护。特别对于外锁闭的接触摩擦面需要定期加油,下雨后需注油,冬季要清雪。

(二)道岔不密贴

道岔不密贴主要反映在单股行车的道岔上,原定位时道岔密贴,但在扳到反位时,往往扳不到位,严重的离缝达30 mm以上,回到定位时又造成定位不密贴。

1. 道岔不密贴的原因

道岔不密贴分为道岔尖轨、心轨扳不到位和道岔尖轨、心轨道岔不密贴。

引起道岔尖轨、心轨扳不到位的原因是转换力小于转换阻力。

(1)转换力过小

①电机的原因。

②转换杆件不平直,晃动严重,造成转换力被分解,垂直于尖轨或心轨的实际转换力小于电机输出的转换力。

(2)转换阻力过大

①滑床台板涂油不良或滑床台板被磨出台阶,摩擦力过大。

②尖轨或心轨与滑床板不密贴。

提速道岔由于采用分动外锁、两点牵引,尖轨间无连接杆,当尖轨牵引点密靠而牵引点之间不密靠时,应分析具体原因。根据现场调查,一方面是由电务部门调整不良引起的,另一方面是道岔框架尺寸不准或尖轨硬弯、顶铁碰卡引起的。

2. 道岔不密贴故障的处理

道岔扳不动时,工务部门应检查转换部分与钢岔枕是否卡阻。如未发现卡阻,则故障一般与工务部门无关,应由电务部门解决。

对于道岔不密贴,如是在各牵引点尖轨与基本轨或心轨与翼轨不密贴,则应由电务部门调整。如牵引点密靠而牵引点之间不密靠,则首先应检查牵引点的动程,对不满足第一牵引点动程160 mm ± 3 mm和第二牵引点动程75 mm ± 3 mm的,应督促电务部门调整,使之符合标准。其次应检查道岔框架尺寸。道岔框架尺寸经调整好后常不能保持而经常扩大,其原因是垫板和混凝土枕间联结螺栓扭力不足或弹簧垫圈失效,造成垫板外挤(垫板孔径33 mm,螺栓直径30 mm)引起的,需通过调整框架尺寸、更换弹簧垫圈、紧固螺栓的方法解决。孔径磨损严重的,还应在孔径内加垫片。再次是检查尖轨是否有硬弯和顶铁是否过长。对于尖轨硬弯,应通过矫直或更换等方法来解决;对于顶铁过长的,则应通过打磨或更换等方法来解决。

(三)道岔出现红光带

1. 道岔出现红光带的原因

由于道岔内各部绝缘是极性绝缘,因此在绝缘处钢轨是绝对不能导通的,工务部门必须严格注意。在提速道岔上,由于采用了钢岔枕,因而大大增加了绝缘处所,而设计中对绝缘接头不同，普通绝缘接头的钢轨、夹板、螺栓间相互不导通，而胶接绝缘钢轨的接头夹板与螺栓是导通的，个别工厂在出厂检验绝缘时，只检验钢轨与钢轨间的绝缘性能，不检验钢轨与夹板的绝缘性能，使得个别胶接绝缘钢轨的一端钢轨与夹板导通，减小了安全系数。

2. 道岔出现红光带故障的处理

在提速道岔预铺前，绝缘处所必须先由电务部门测试，确认合格后方可焊接铺设。发现跳信号时，工务部门应首先确定钢轨是否导通。如单股钢轨与夹板或与钢岔枕导通，只说明工务设备存在隐患，但不会出现红光带，应由电务部门寻找其他原因。

（四）道岔表示不良

1. 道岔表示不良的原因

道岔表示不良主要是电务调整的问题，但心轨一动拉板的严重晃动会影响道岔的表示。

2. 道岔表示不良故障的处理

道岔如出现一动拉板晃动严重现象，工务部门和电务部门应同时采取措施。工务部门可采取在一动拉板与心轨凸缘的横向联结螺栓靠螺母侧扩孔，增设套管的方法，限制一动拉板晃动。电务部门可在动作杆下增设滑轮，保持动作杆动作时水平。

（五）提速道岔其他常见故障及处理

（1）转辙部分顶铁不靠。转辙部分顶铁不靠的原因：一是由于尖轨与基本轨不密贴，此时首先要从解决尖轨与基本轨不密贴着手；二是由于顶铁太短，这时应采取在顶铁与基本轨间垫调整片的方法来解决。

（2）导曲线末端支距偏差过大，与直股轨距矛盾。其原因：岔枕位置不准确或辙叉位置不对，解决方法是，首先将辙叉位置以直股为标准拨正，其次对岔枕的位置由尖轨前基本轨接头量起，避免累积误差。

（3）铁垫板与混凝土枕联结的预埋尼龙套管丝口失效。其原因主要是野蛮施工造成的。对此，首先应严格控制作业，严禁用锤敲打螺栓。对已失效的尼龙套管，应先用钻孔机将尼龙套管顶出，再用环氧树脂将尼龙套管固定。

（4）防松螺栓失效。提速道岔使用的防松螺栓采用的是内外双螺母结构，内螺母起锁定作用，外螺母起防松作用。其安装标准是：先紧固内螺母，使其达到标准扭矩，再紧外螺母，使外螺母与内螺母基本密靠；拆卸时，先拆掉内螺母，不能内外螺母同时松紧。另外，可加垫弹簧垫圈来防止松动。

（5）提速道岔的斥离尖轨反弹，引起道岔无表示。由于提速道岔的斥离尖轨与密贴尖轨间无连接杆，因此斥离尖轨往外侧移动并无控制。目前现场多采用在尖轨中部增加限位铁的办法来限制斥离尖轨外移，取得了一定效果，但由于限位铁系通过螺栓固定在滑床板上，如螺栓松动，则不但不能控制斥离尖轨外移，而且限位铁容易造成尖轨不能正常到位。

七、60 kg m 钢轨 12 号（Vz200）I 型提速道岔构造特点

（一）技术特性

1. 道岔允许通过速度

直向：旅客列车为 200 km/h；货物列车为 90 km/h（轴重 23 t）；

侧向:50 km/h。

2. 道岔的主要尺寸

全长 $L=43\,200$ mm,前部长度 $a=16\,592$ mm,后部长度 $b=26\,608$ mm,尖轨尖端至基本轨始端 $q=2\,000$ mm。

3. 轨　　距

各部轨距均为 1 435 mm(直线尖轨刨切范围内的构造加宽除外)。

4. 岔　　枕

全部采用混凝土岔枕,且垂直于道岔直股方向布置,牵引点处岔枕间距为 650 mm,与牵引点相邻的两处岔枕间距为 575 mm,其他位置岔枕间距为 600 mm。

(二)结构特点

(1)尖轨为 60AT 藏尖式复曲线半切线型弹性可弯尖轨,用 60AT 钢轨制造,跟端固定部分设限位器。尖轨长度为 14 200 mm,基本轨长度为 16 192 mm。

(2)尖轨设三个牵引点,采用分动钩型外锁闭装置,各牵引点设计动程分别为 160 mm、114 mm、55 mm。转辙器第一、第三牵引点后安设尖轨限位防跳装置,辙叉心轨尖端锻制处防跳凸台与模锻翼轨配合防跳,翼轨轨腰安设防跳顶铁。

(3)辙叉为钢轨组合型可动心轨辙叉,心轨用 60AT 轨制造,短心轨后端为滑动端,翼轨采用模锻翼轨与 60 kg/m 钢轨焊接的长翼轨。

(4)为防止心轨侧磨,可动心轨辙叉侧股设置护轨。护轨采用分开式结构,用 50 kg/m 钢轨制造。护轨顶面高出基本轨顶面 12 mm,护轨垫板采用弹片扣压基本轨。

(5)心轨设置两个牵引点,采用分动外锁闭转换装置。第一牵引点设计动程为 100. 8 mm,第二牵引点设计动程为 57. 8 mm。

(6)为加强基本轨的稳定性,减小外倾和减小轨距扩张,在基本轨外侧牵引点附近设置新型弹性轨撑。

(7)扣件采用Ⅱ型弹条分开式可调扣件,利用轨距块调整轨距。

(8)转辙器设置弹片滑床板。滑床板压嘴内设调整片,以利于轨距调整。

(9)钢轨轨下设置 5 mm 厚橡胶垫板,护轨垫板下设置 5 mm 厚橡胶垫片,其他垫板下均设置 10 mm 厚橡胶垫板。

(10)轨撑调整片组装调整完毕后,向铁座方向弯折成“━”形。

(11)尖轨设置 1:40 轨顶坡,基本轨设置 1:40 轨底坡。

(12)道岔各钢轨均采用高强度钢种。

(13)道岔前后应铺设Ⅲ型混凝土枕不少于 25 根。

(三)技术条件

1. 轨道几何状态和各部间隔尺寸

(1)轨距:允许偏差为 $^{+4}_{-2}$mm。

(2)水平:允许偏差不大于 5 mm,导曲线下股不高于上股 2 mm。

(3)轨向:10 m 弦量允许偏差不大于 5 mm,导曲线支距允许偏差不大于 3 mm,连接曲线用 10 m 弦测量,连续正矢差不大于 4 mm。

(4)高低:10 m 弦量允许偏差不大于 5 mm。

(5)查照间隔不小于 1 391 mm,护背距离不大于 1 348 mm,查照间隔及护背距离在辙叉心心轨轨头宽 20 ~ 30 mm 断面范围内量取。

(6)护轨平直段轮缘槽宽度 42 mm,允许误差为 $^{+3}_{-1}$mm。

(7)辙叉心轮缘槽宽度 46 mm,允许误差为 $^{+3}_{-1}$mm。

(8)尖轨与基本轨应在整个竖切范围密贴,允许间隙不大于 1 mm;尖轨在斥离状态时,其非工作边与基本轨工作边间距应不小于 65 mm,允许误差为 -2 mm。

(9)有缝道岔不得有连续 3 个及以上瞎缝或轨缝大于构造轨缝,且绝缘接头轨缝应在 6 ~ 15 mm 之间。

2. 轨道结构

(1)尖轨和基本轨、翼轨和心轨间竖切部分肥边不大于 2 mm,钢轨轨端肥边不大于 2 mm。

(2)钢轨轨面或作用边错牙不大于 2 mm。

(3)钢轨无硬弯(不大于 1 mm)。

(4)尖轨无翘头、拱背,尖轨与滑床台密贴,每侧尖轨第一及第二牵引点岔枕上的滑床台必须保证 3 块密贴(有磨痕或缝隙不大于 1 mm)。

(5)爬行不大于 20 mm。

(6)联结零件紧固:扣件扭矩应保持在 80 ~ 150 N·m;无缝道岔导轨、辙叉的扣件扭矩应保持在 120 ~ 150 N·m,尖轨及其前后各 25 m 范围内的基本轨扣件扭矩应保持在 60 ~ 80 N·m。各种螺栓无松动、无缺少,接头及限位器螺栓扭矩应保持在 700 ~ 900 N·m,混凝土枕联结螺栓扭矩保持在 250 ~ 300 N·m,限位器、弹片、销钉、挡板、开口销、铁垫板、橡胶板及塑料垫片等各种道岔零部件作用良好,齐全、有效。

(7)顶铁与尖轨离缝不大于 1 mm,且不得顶弯尖轨。

(8)岔枕间距均匀,转换装置处岔枕间距误差不大于 10 mm,其他处不大于 20 mm。

(9)尖轨不得存在以下病害:

①在尖轨顶面宽 50 mm 及以上断面处,尖轨顶面低于基本轨顶面 2 mm 及以上;

②尖轨侧弯造成轨距不符合规定;

③尖轨工作面伤损,继续发展,轮缘有爬上尖轨的可能;

④其他伤损达到钢轨轻伤标准。

(10)基本轨不得存在以下病害:

①曲股基本轨的弯折点位置或弯折尺寸不符合要求,造成轨距不合规定;

②基本轨垂直磨耗,在允许速度大于 120 km/h 的正线上超过 6 mm,其他正线上超过 8 mm,到发线上超过 10 mm,其他站线上超过 11 mm;

③其他伤损达到钢轨轻伤标准。

(11)钢轨及辙叉无重伤。

(12)接头、转换装置处岔枕不得失效,其他处混凝土岔枕不得连续失效。

(13)辙叉心、尖轨尖端、跟端,钢轨接头、转换装置处岔枕不应空吊(2 mm 及以上)。

(14)道床洁净饱满,夯实排平,边坡整齐。

第八节　250 km/h 客运专线铁路道岔

一、客运专线道岔类型

客运专线道岔均为单开道岔，其种类可以按采用的技术系列、速度（包括直向允许通过速度和侧向允许通过速度）、轨下基础类型进行分类。

从技术系列上，客运专线道岔可以分为自主研发、德国技术和法国技术三种类型，如表4—20、表4—21 和表4—22 所示。

表 4—20　自主研发客运专线道岔系列表

道岔号数	18	42	62	备　注
时速 250 km 客运专线（有砟道床）	客运专线（07）004	客运专线（07）011	—	
时速 350 km 客运专线（无砟道床）	客运专线（07）009	客运专线（07）006	客运专线（08）013	
道岔侧向允许通过速度（km/h）	80	160	220	
道岔全长（m）	69. 000	157. 200	201. 000	
道岔前长（m）	31. 729	60. 573	70. 784	
道岔后长（m）	37. 271	96. 627	130. 216	
道岔角度（°）	3. 1798	1. 3639	0. 9240	

表 4—21　中铁山桥与 BWG（德国）合资生产道岔系列表

道岔号数	18	39. 113	50	备　注
有砟道岔	*	*	*	
无砟道岔	*	*	*	
道岔侧向允许通过速度（km/h）	80	160	220	

表 4—22　中铁宝桥引进法国技术生产道岔系列表

道岔号数	18	41	65	备　　注
有砟道岔	*	*	*	
无砟道岔	*	*	*	
道岔侧向允许通过速度（km/h）	80	160	220	

根据《客运专线道岔暂行技术条件》（铁科技〔2005〕135 号）的要求，客运专线道岔按直向允许通过速度分为 250 km/h 和 350 km/h 两种，按侧向允许通过速度分为 80、160、220 km/h 三种，其中规定侧向允许通过速度为 80 km/h 的道岔，应采用 18 号，并规定了主要尺寸。对于另外两种道岔，没有规定号数和主要尺寸，但侧向允许通过速度相同的道岔，平面线型和主要尺寸应相同。

道岔的轨下基础分为有砟道床和无砟道床，由于道床的类型与道岔结构设计相关，因而道岔按轨下基础的类型也分为有砟道岔和无砟道岔。

虽然客运专线道岔可以按上述类型分类,但由于技术体系不同,造成客运专线道岔种类并不统一。总体上讲,自主研发的道岔可基本按上述进行分类。德国、法国技术的道岔并不区分直向速度,时速 250 km 的同号道岔与时速 350 km 的道岔相同,即两者为一种道岔。国内由于时速 250 km 客运专线要考虑货物列车的运行(速度 120 km/h,轴重 23 t),根据目前的设计,两者结构不同。同时,德国技术的有砟道岔与无砟道岔钢轨件基本相同,而法国技术的有砟道岔与无砟道岔扣件系统差别较大。

大号码道岔的号数与道岔的平面线型密切相关。由于德、法大号码道岔的平面线型完全不同,因而两国高速大号码道岔的主要尺寸和道岔号数也不相同。

自主研发的客运专线道岔,除 18 号采用单圆曲线的平面线型外,大号码道岔采用圆曲线 + 缓和曲线的平面线型,与法国高速道岔相同,但由于导曲线半径等不同,因而道岔主要尺寸也与法国技术引进道岔不同。

根据目前的技术发展趋势,时速 350 km 客运专线采用无砟轨道,时速 250 km 客运专线采用有砟轨道。个别城际轨道交通,虽然最高运行速度不超过 250 km/h,采用无砟轨道,但列车轴重较轻,也宜采用时速 350 km 的客运专线道岔。下面主要介绍 60 kg/m 钢轨 18 号可动心轨辙叉单开道岔。

二、道岔技术特性

(1)通过速度:旅客列车直向通过速度为 250 km/h;货物列车直向为 120 km/h (轴重 23 t),侧向通过速度均为 80 km/h。350 km/h 客运专线轴重为 170 kN。

(2)设计参数:未被平衡的离心加速度 $\alpha \leqslant 0.5\ m/s^2$,未被平衡的离心加速度增量 $\psi \leqslant 0.4\ m/s^3$(尖轨尖端按 $1.0 \sim 1.3\ m/s^3$ 校核)。

道岔设计平面参数的选择以“旅客舒适度、道岔结构稳定性、列车运行的平稳性”及“降低车体对道岔的冲击,延长部件使用寿命”为前提,根据道岔平面设计理论研究,合理选取未被平衡的离心加速度及其增量。

(3)道岔使用允许温升为 45 ℃,允许温降分别为 50 ℃(尖轨跟端采用间隔铁)和 55 ℃(尖轨跟端采用限位器)的地区使用,道岔后端和道岔区间全部采用焊接接头,绝缘接头采用胶接。

(4)尖轨、心轨台板表面设置减磨涂层,以减少扳动阻力,解决道岔出现的不足位移现象。

(5)电务转换设备能够适应尖轨和心轨的自由伸缩,解决以往道岔在电务转换过程中出现的卡阻问题。最大转换力不大于 6 kN。

(6)扣件系统具备调高和调距的功能,调高范围为 0 ~ 30 mm(无砟轨道)、0 ~ 100 mm(有砟轨道),调距范围为 +4 ~ −8 mm。

(7)可动心轨辙叉侧线设置护轨。护轨为分开式,采用 33 kg/m 槽形钢制造,护轨高出基本轨顶面 12 mm,护轨基本轨内侧采用弹性扣件。

(8)线间距:350 km/h 客运专线为 5 m,250 km/h 客运专线为 4.6 m。侧向速度 160 km/h 的道岔用于 4.6 m 线间距的渡线时,两道岔可以对接。

(9)道岔适应有砟和无砟道床。

三、道岔线型和平面尺寸

道岔采用半径为 1 100 m 的相离单圆曲线线型。道岔前长 31.729 m，后长 37.271 m，全长 69 m；道岔各部轨距均为 1 435 mm，如图 4—30 所示。

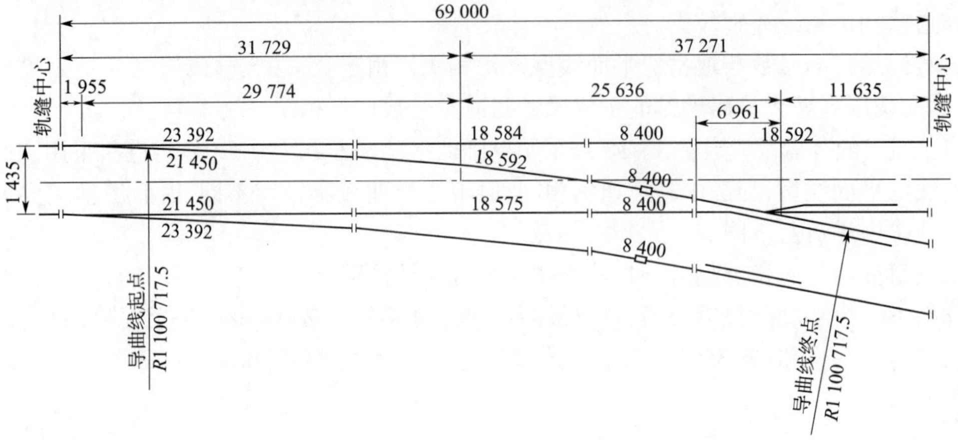

图 4—30　道岔平面

四、道岔主要结构

(1)转辙器为相离半切线线型，各部轨距均为 1 435 mm，侧股基本轨工作边设置为曲线，如图 4—31 所示。

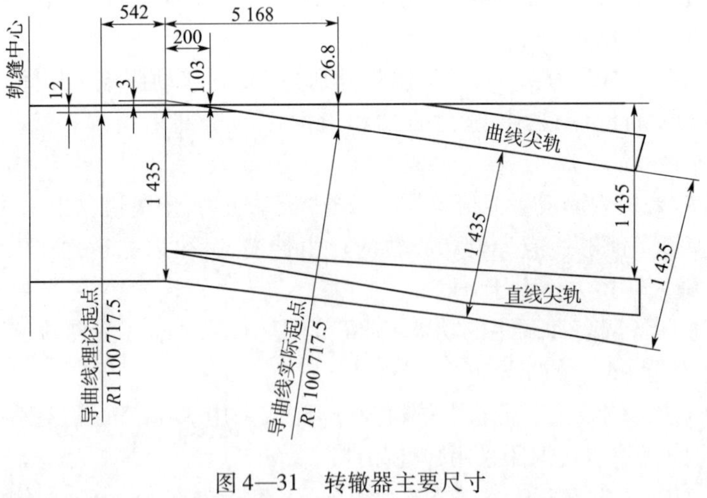

图 4—31　转辙器主要尺寸

(2)尖轨为跟端固定弹性可弯形式，采用 60D40 钢轨制造，全长 21 450 mm。为了防止车轮冲击，尖轨尖端设置 3 mm 藏尖式结构，以保证高速行车的安全性。

(3)转辙器设置三个牵引点：第一牵引点动程 160 mm，理论转换力 712 N；第二牵引点动程

118 mm，理论转换力 294 N；第三牵引点动程 71 mm，理论转换力 2 832 N，如图 4—32 和图 4—33 所示。

图 4—32　一机多点转换

图 4—33　多机多点转换

（4）尖轨各牵引点采用无卡阻设计的新型外锁闭装置。牵引点间设置密贴检查器监控尖轨状态。

（5）为了减小和防止尖轨在列车通过时跳动，设置了多对尖轨限位防跳结构及防跳顶铁，如图 4—34 和图 4—35 所示。

（6）为了适应不同的无缝线路的要求，尖轨跟端按采用限位器和间隔铁两种方案设计。

(7)道岔扣件系统采用Ⅱ型弹条扣件,为使得道岔区间刚度趋于一致,轨下和垫板下分别设置5 mm和20 mm厚的新型橡胶垫板,同时滑床板基本轨内侧采用引进弹性夹扣压,如图4—36所示。

图4—34　尖轨限位防跳结构

图4—35　尖轨限位防跳顶铁

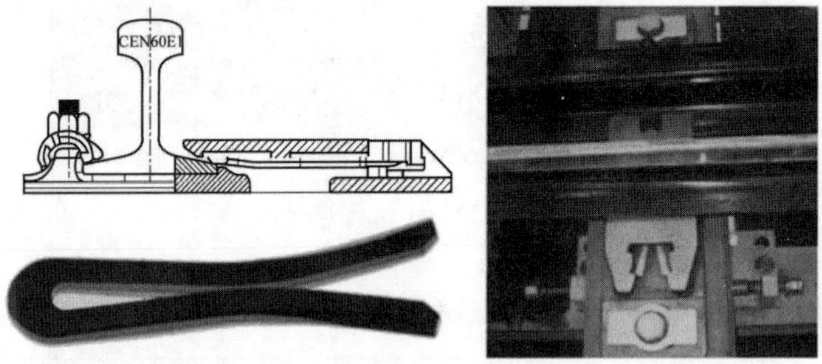

图4—36　弹性夹扣压

垫板和岔枕的联结采用可调距的弹性联结,平垫板采用硫化复合结构,如图4—37和图4—38所示。

图4—37　硫化复合弹性平垫板

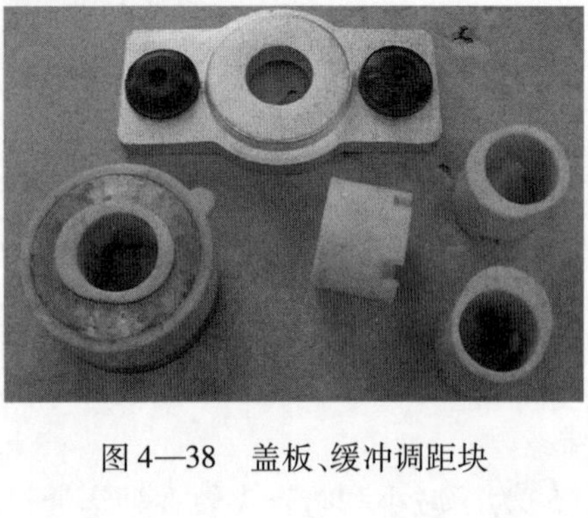

图4—38　盖板、缓冲调距块

(8)为了减少尖轨的扳动力,转辙器间隔(每隔3 m)设置带滚轮的滑床板、减磨涂层滑床板,如图4—39所示。

(9)长、短心轨采用 60D40 制造,短心轨后端为滑动端,长短心轨采用切底式高强螺栓联结。

(10)可动心轨辙叉设置两个牵引点:第一动牵引动程 115 mm,理论转换力 1 080 N;第二动牵引动程 64 mm, 理论转换力 4 536 N。

(11)翼轨采用模锻翼轨与 60 kg/m 钢轨焊接的长翼轨。

(12)为了解决心轨第一牵引点位置转换空间不足的问题,对特种断面模锻翼轨的插入段部位进行改进,如图 4—40 所示。

图 4—39 带滚轮的滑床板

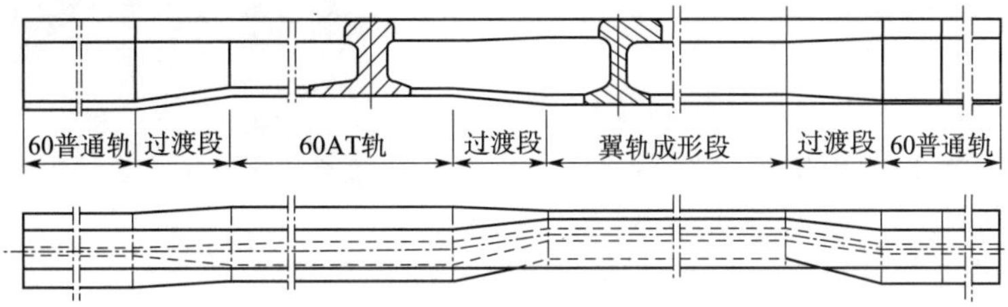

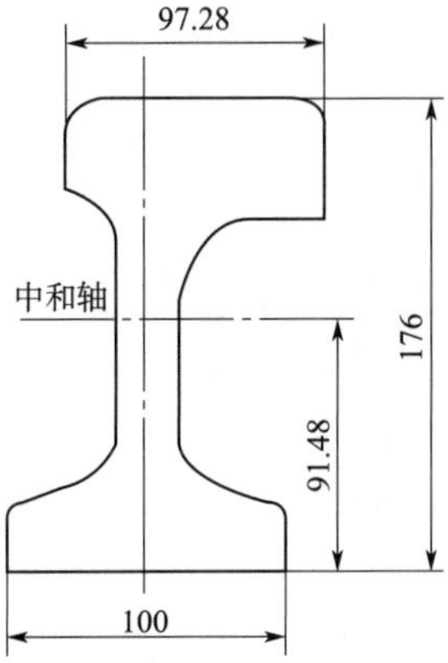

特别翼轨断面系数主要参数

项 目		数 量	单 位
每米质量		76	kg
总断面积		96.82	cm^2
重心距轨底底边距离		91.48	cm^2
对水平轴的惯性力矩		3 662.8	cm^2
对垂直轴的惯性力矩		600.2	cm^2
下部断面系数		400.4	cm^2
上部断面系数		433.4	cm^2
左部断面系数		104.4	cm^2
右部断面系数		101.7	cm^2
金属分配	轨头	45.14	%
	轨腰	21.45	%
	轨底	33.39	%

图 4—40 特种断面模锻翼轨

(13)道岔侧股设置护轨,防止车轮对长心轨曲股侧的磨耗,保证转换后长心轨与翼轨密贴。设计开发了新型护轨垫板,护轨长 7.5 m。

(14)为了降低列车通过辙叉时心轨的垂直跳动,心轨前部设置了防跳卡铁、中部设置防跳顶铁,后端在长、短心轨之间设置单、双边扣板,扣压心轨轨底。

(15)心轨第一牵引点采用新结构,提高心轨转换受力点,以解决心轨翻背影响 4 mm 锁闭的问题,如图 4—41 所示。

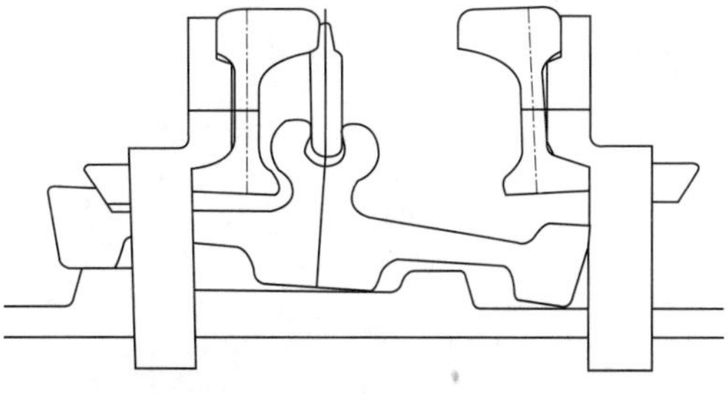

图 4—41 心轨第一牵引点结构

(16)无砟轨道岔枕采用埋入式长岔枕:

①岔枕结构为预应力混凝土加钢筋桁架的组合结构,其中螺纹钢筋组成的钢筋桁架露出混凝土截面的下方,这样使岔枕能够与道床很好地结合成为一体。

②为了避免岔枕端角过于尖锐引起此处的道床应力集中造成裂纹的出现,将岔枕端角在竖向也做成带圆弧的结构形式。

③对于转辙机区段的岔枕,为了满足安装需要,采用特殊端面设计。由于岔枕在道床中的受力不对称,对于受力薄弱一侧设计了岔枕侧面带预埋连接铁的方案,增强其稳定性。

④预埋套管采用钢套管与塑料套管组合的形式,可在不更换岔枕的情况下便于现场更换损坏的塑料套管。

⑤岔枕结构中布置有 $\phi7$ 螺旋肋预应力钢筋,采用 S 形钢筋桁架,钢筋桁架部分外露。

(17)为了防止道岔转换装置在冬季被雨雪冰冻,客运专线道岔上都安装了融雪装置,如图 4—42 所示。

图 4—42　融雪装置

第九节　时速 350 km 铁路道岔简介

一、时速 350 km 18 号道岔

平面尺寸与时速 250 km 18 号道岔一致,钢轨件、扣件、岔枕、钢管与尼龙组合套管、弹性夹、辊轮、转换及密贴检查设备等与时速 250 km 18 号道岔形式相同,充分吸取了时速 250 km 18 号道岔的研究成果,做到了平面尺寸可互换、大部分部件通用、可更换。

根据 350 km/h 高速行车及无砟轨道技术要求,主要在轮轨关系、轨道刚度、无缝道岔、转换设计等方面进行了以下创新研究:

(1)优化轮轨关系,创新地采用了心轨水平藏尖式结构、提前和缩短了直尖轨轮载转移过渡区域,提高了直向过岔时的平顺性,如图 4—43 所示。

图 4—43　心轨水平藏尖结构

图 4—44　弹性垫板

(2)确定了无砟轨道道岔合理轨道刚度(25 ± 10)kN/mm;对岔区轨道刚度进行了均匀化

设计，弹性垫板采用分块式设计及两级刚度设计，如图 4—44 所示，实现了等厚度不等刚度、低刚度高抗钢轨倾翻能力；岔区扣件采用全硫化设计，硫化垫板最长 1 452 mm，大大提高了垫板及硫化工艺质量，表面平整度达 0. 2 mm；采用原位炭黑改性接枝技术，动静刚度比低于 1. 5，扣件疲劳试验后刚度变化小，轨距扩大量小于 1 mm。

（3）采用特种断面翼轨，取消了翼轨热锻及焊接，提高了翼轨顶面平顺度，如图 4—45 和图 4—46 所示。

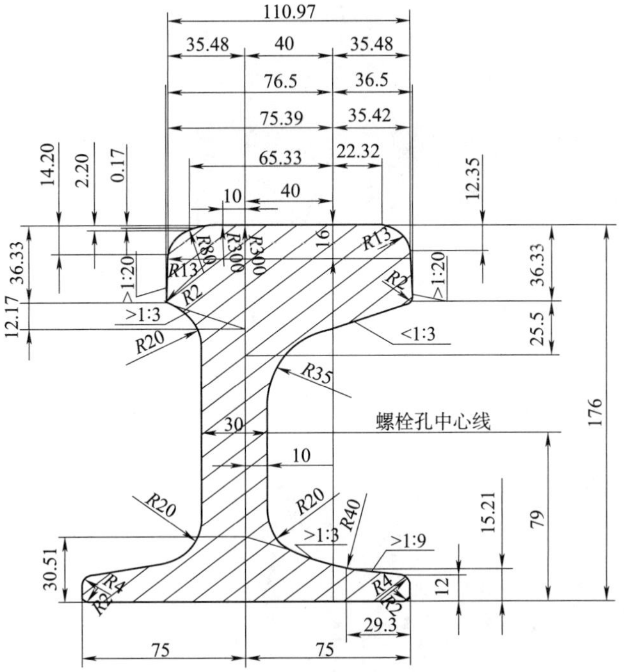

图 4—45 翼轨特种断面（单位：mm）

图 4—46 翼轨平面

（4）辙叉跟端结构进行了强化，提高在无缝线路温度力作用下抵抗横向变形能力。

（5）优化配轨设计，道岔钢轨接头由 20 个缩减为 16 个。

（6）优化牵引点动程、预设反拱，解决了尖轨转换不足位移问题，两组试制道岔尖轨转换不足位移均小于 1 mm。

（7）各部联结螺栓均采用了防松设计，钢轨、垫板、螺栓及扣件均进行了防锈处理。

（8）优化了转辙机、锁闭机构及密贴检查器结构设计，提高了设计标准。

（9）研制适用于无砟轨道的可调距、调高并具有高弹性的扣件系统。

（10）创建 350 km/h 道岔动力学设计理论，分析行车安全性、平稳性和舒适性，根据轮轨关系设计尖轨与基本轨、心轨与翼轨的匹配结构。

二、时速 350 km 42 号道岔

图 4—47 所示为大号码渡线道岔。

350 km/h 客运专线 18 号道岔的所有创新技术均在 42 号道岔得到应用，另有以下一些创新技术：

图4—47　大号码道岔

(1)通过试制和转换试验,采用优化牵引点动程、牵引点位置、预设反拱等技术,解决了长大尖轨转换不足位移及双肢弹性可弯心轨设计。

(2)研制了新型自适应伸缩外锁闭机构,经伸缩试验,可满足尖轨50 mm、心轨25 mm伸缩要求,如图4—48所示。

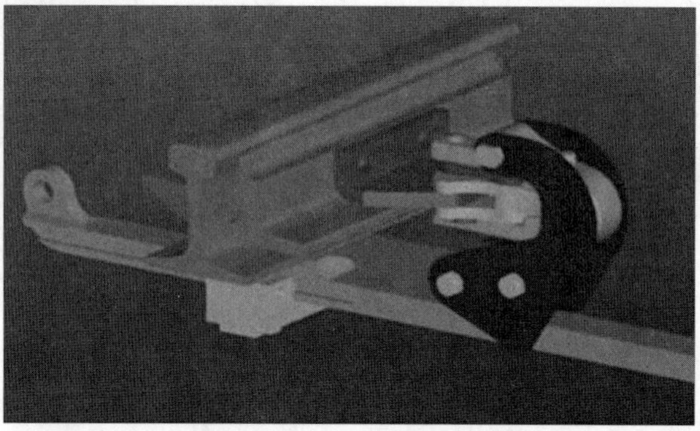

图4—48　外锁闭机构

(3)研制了并采用不同动程(220 mm、190 mm、170 mm、150 mm、120 mm五种)转辙机,解决了长大尖轨转换不同步问题。

复习思考题

1. 何谓道岔?
2. 试述普通单开道岔主要结构的组成及各组成部分的构造。
3. 简述曲股基本轨为什么要进行弯折。
4. 基本轨有哪些伤损或病害,应及时修理或更换?

5. 尖轨、可动心轨有哪些伤损或病害,应及时修理或更换?

6. 道岔各种零件有哪些伤损或病害,应有计划地进行修理或更换?

7. 何谓尖轨动程? 是怎样规定的?

8. 为什么护轨工作边到心轨工作边的距离应大于或等于 1 391 mm?

9. 为什么翼轨工作边到护轨工作边的距离应小于或等于 1 348 mm?

10. 道岔轮缘槽宽度与深度是怎样规定的?

11. 高锰钢整铸辙叉轻伤标准怎样规定的?

12. 高锰钢整铸辙叉重伤标准怎样规定的?

13. 普通单开道岔的岔枕方向布置是怎样规定的?

14. 道岔号数的选择应符合哪些规定?

15. 50 kg/m 钢轨,12 号道岔,辙叉前长为 1 849 mm,辙叉后长为 2 708 mm,试求辙叉前开口量、后开口量是多少?

16. 道岔与轨道连接时对钢轨类型有何要求?

17. 什么是导曲线的支距? 怎样量取?

18. 已知一组 12 号道岔,尖轨长度 $l_0 = 7\,700$ mm,尖轨跟距 $u = 144$ mm,尖轨后直线段长度 $h = 0$,导曲线终端直线段长度 $K = 2\,486$ mm,轨距 $S = 1\,435$ mm,$R_{外} = 330\,717.5$ mm,求该道岔导曲线起点和终点支距。

19. 什么叫道岔连接曲线?

20. 连接曲线养护维修有哪些规定?

21. 设某道岔号 $N = 12$,测定股道间距 3 处为 4 900、5 100、5 300 mm,测得连接曲线正矢 3 处为 25、26、27 mm,试求连接曲线的半径及平均股道间距。

22. 尖轨不密贴及"三道缝"是什么原因造成的? 怎样防治?

23. 尖轨跳动是什么原因造成的? 怎样防治?

24. 尖轨磨耗及轧伤是什么原因造成的? 怎样防治?

25. 辙叉轨距不合标准产生的原因是什么? 怎样防治?

26. 提速道岔有哪些特征?

27. 提速道岔转辙部分的结构特点有哪些?

28. 提速道岔护轨的结构特点有哪些?

29. 叙述提速道岔钢轨、轨枕及扣件的结构特点。

30. 提速道岔尖轨限位器的铺设有何要求?

31. 提速道岔对道床铺设有何要求?

32. 提速道岔改道作业有何要求?

33. 对可动心轨辙叉应加强哪些部位的检修及维修?

34. 提速道岔工电结合部常见故障有哪些?

35. 叙述提速道岔道岔转换卡阻的原因及处理方法。

36. 叙述提速道岔道岔不密贴的原因及处理方法。

37. 改进型提速道岔(Vz200)的构造特点有哪些?

38. 250 km/h 客运专线道岔有哪些技术特性?

第五章 无缝线路

第一节 无缝线路的基本概念

无缝线路是由许多根标准长度的钢轨焊接成为不小于500 m的长钢轨线路。

与普通线路相比较，无缝线路在相当长一段线路上消灭了钢轨接头，因而具有行车平稳，提高旅客舒适度，减少材料消耗，降低维修费用，延长线路设备、机车车辆使用寿命及维修周期，改善行车条件，适应高速行车的要求等优点，是铁路轨道的发展方向。

无缝线路轨道应采用50 kg/m及以上的焊接长钢轨，钢轨标准长度可为100 m、50 m或25 m，且优先采用100 m长定尺轨。焊轨厂根据生产条件，焊成125～500 m的长钢轨，利用长轨列车运往工地，按设计长度焊接后铺设。

第二节 无缝线路分类

无缝线路分为温度应力式和放散温度应力式两种类型。

一、温度应力式无缝线路

温度应力式无缝线路每股是由一根长钢轨及两端2～4根标准轨组成（含厂制缩短轨），包括固定区、伸缩区和缓冲区三部分，如图5—1所示。

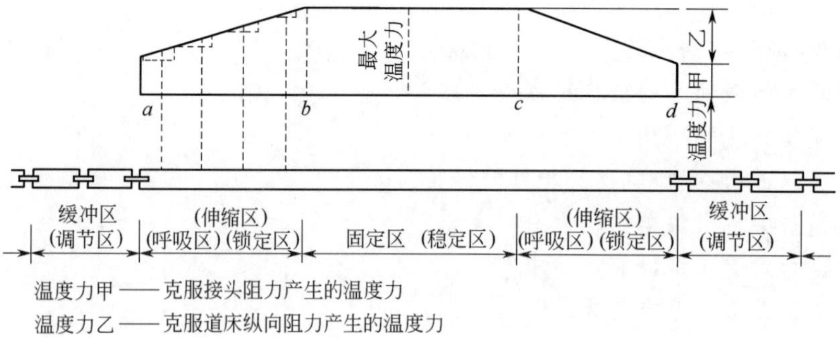

图5—1 温度应力式无缝线路

（1）固定区：长钢轨中间不能伸缩的部分称为固定区，其长度根据线路及施工条件确定，最短不得短于50 m。

（2）伸缩区：长钢轨两端能随轨温变化进行一定程度的伸缩，其伸缩量可以控制在构造轨缝允许范围内，称为伸缩区。伸缩区长度应根据年轨温差幅值、道床纵向阻力、钢轨接头阻力等参数计算确定，一般为 50 ~ 100 m。

伸缩区不应设置在道口或不作单独设计的桥上。有砟桥跨度不大于 16 m 时，伸缩区可设置在桥上，但轨条接头必须在护轨范围以外。

(3)缓冲区：2 ~ 4 根标准轨或厂制缩短轨地段，作为与下一根长钢轨或道岔等联结的过渡段，称为缓冲区。当采用普通绝缘接头时为 4 根，采用胶接绝缘接头时可将胶接绝缘钢轨插在 2 节或 4 节标准轨中间。

缓冲区不应设置在道口或不作单独设计的桥上。

温度应力式无缝线路结构简单，铺设维修方便，是一种较好的无缝线路结构形式。我国已铺无缝线路的绝大部分是温度应力式。

二、放散温度应力式无缝线路

放散温度应力式无缝线路分自动放散式和定期放散式两种。

在温差较大的地区和特大桥梁上，为了消除和减少钢轨温度力对钢梁伸缩的影响，采用自动放散温度应力式无缝线路。自动放散温度应力式无缝线路是在焊接长钢轨内设置桥用钢轨伸缩调节器，用以释放温度力。

定期放散温度应力式无缝线路的结构形式与温度应力式相同。根据当地轨温条件，对钢轨内部的温度应力每年调整 1 ~ 2 次。定期放散温度应力式无缝线路适用于温差较大的寒冷地区。

第三节 无缝线路的基本原理

一、温度应力和温度力

1. 温度应力

如果钢轨完全被固定，不能随轨温变化而自由伸缩，则在钢轨内部产生应力，这种由于轨温变化而在钢轨内部产生的应力称为温度应力。根据虎克定律，温度应力为

$$\delta_t = E \cdot \alpha \cdot \Delta t$$

式中 δ_t——温度应力(N/cm^2)；

E——钢轨钢的弹性模量，$E = 2.1 \times 10^7 N/cm^2$；

α——钢轨钢的线膨胀系数，$\alpha = 0.000\,011\,8/℃$；

Δt——钢轨温度变化值(℃)。

将已知 E、α 值代入上式得：

$$\delta_t = 2.1 \times 10^7 \times 0.000\,011\,8\Delta t \approx 250\Delta t (N/cm^2)$$

2. 温 度 力

当轨温变化时，整个钢轨断面所承受的力(拉力或压力)称为温度力，其计算式为

$$P_t = \delta_t \cdot F = 250\Delta t \cdot F$$

式中 P_t——温度力(N)；

F——钢轨断面积(cm^2)。

【**例题**】 一根长 1 500 m 的 60 kg/m 钢轨，当轨温变化 10 ℃时，钢轨内产生多大的温

度力?

【解】 $P_t = 250\Delta t \cdot F = 250 \times 10 \times 77.45 = 193\,625(N)$

由此可知,长钢轨内部温度应力和轨温变化幅度 Δt 成直线比例关系,而和钢轨长度 L 无关,这就是无缝线路得以铺设的主要理论依据。所以在一定轨温变化条件下,只要轨道稳定能够得到保证,钢轨长度可以不受任何限制。

普通无缝线路轨条长度应考虑线路平面纵断面条件及道岔、道口、桥梁、隧道所处的位置。总长度不足 1 km 的桥梁、隧道,轨条应连续布置。但在小半径曲线列车制动、停车、起动、钢轨顶面擦伤严重等地段,应单独布置轨条。

普通无缝线路长钢轨长度一般采用 1 000 ~ 2 000 m,轨条长度不应短于 200 m,特殊地段不应短于 150 m。

二、无缝线路的几种轨温

1. 钢轨温度

钢轨温度是指钢轨的实际温度。影响轨温的因素比较复杂,它不但受气温、风力、日照程度的影响,而且还与地形、线路方向、测量部位和测量条件有关。根据长期测定结果统计,最高轨温可高于同一时间最高气温约 20 ℃,一般最高轨温都出现在每日的 12 点到 15 点;最低轨温与同一时间最低气温接近。

2. 中和轨温

无缝线路必须有足够的强度和稳定性。铺设无缝线路应采用标准轨道结构,根据各地轨温幅度并按《铺设无缝线路允许温差表》(《修规》附录六)所列允许温升〔Δt_u〕和允许温降〔Δt_d〕计算中和轨温,确定设计锁定轨温。特殊情况需要加强轨道结构时,应根据行车条件和线路平面纵断面情况进行强度、稳定性及缓冲区轨缝检算。中和轨温按下式计算:

$$t_{中} = \frac{T_{max} + T_{min}}{2} + \frac{[\Delta t_d] - [\Delta t_u]}{2} + [\Delta t_k]$$

式中 〔Δt_d〕,〔Δt_u〕——允许温降和允许温升(《修规》附录六);

T_{max},T_{min}——当地历史最高、最低轨温;

〔Δt_k〕——中和轨温修正值,取 0 ~ 5 ℃。

3. 锁定轨温

锁定轨温是长轨条铺设施工时实际的锁定轨温。此时钢轨内部不存在温度应力。它是一项非常重要的资料,是保证无缝线路的正常养护和正常工作的前提,必须准确、可靠。一般以钢轨合龙、钢轨落槽后及拧紧接头螺栓时所测的轨温平均值作为锁定轨温。

4. 设计锁定轨温

设计锁定轨温是设计无缝线路时采用的锁定轨温。它通常是在保证无缝线路的强度与稳定的条件下由计算确定的。这样的锁定轨温要保证长轨在冬天不被拉断、夏天不发生胀轨跑道事故。

曲线半径小于 400 m 或当地最大轨温幅度超过《铺设无缝线路允许温差表》(《修规》附录六)中允许铺设无缝线路最大轨温幅度时,应作特殊设计。

长大坡道、制动地段及行驶重载列车区段铺设无缝线路时,可采取加强措施。

三、无缝线路上各种阻力

在无缝线路上,阻止钢轨及轨道框架移动的阻力有纵向阻力、横向阻力和竖向阻力。

1. 纵向阻力

纵向阻力是指阻止钢轨及轨道框架纵向伸缩的阻力,包括接头阻力、扣件阻力和道床纵向阻力。

(1)接头阻力

接头夹板阻止钢轨纵向伸缩的阻力称为接头阻力。接头扣件阻力,在不允许夹板螺栓承弯承剪的情况下,我国铁路只考虑夹板与钢轨接触面间的摩擦阻力。显然,接头阻力与螺栓个数、螺帽扭力矩大小和螺栓抗拉强度有关。不同扭力矩的接头阻力分别列于表5—1中。

表5—1 接头阻力表(kN)

条件	扭矩(N·m)								备注
	300	400	500	600	700	800	900	1000	
43 kg/m 钢轨 8.8 级 ϕ22 螺栓	140	180	220	250					
50 kg/m 钢轨 10.9 级 ϕ24 螺栓	150	200	250	300	370	430	490		
60 kg/m 钢轨 10.9 级 ϕ24 螺栓	130	180	230	280	340				普通线路
75 kg/m 钢轨 10.9 级 ϕ24 螺栓						490	510	570	无缝线路

(2)扣件阻力

扣件阻力是指各种中间扣件及防爬设备阻止钢轨相对于轨枕纵向位移的阻力。扣件阻力必须大于道床纵向阻力,否则,钢轨将沿轨枕移动。这是设计无缝线路必须考虑的一个基本要求。我国常用扣件阻力值列于表5—2中。

表5—2 扣件阻力值

扣件及防爬器类别		一股钢轨每套扣件阻力(N)	
		扭矩 80 N·m	扭矩150 N·m
弹条扣件	Ⅰ型	9000	12000
	Ⅱ型	9300	15000
	Ⅲ型	16000	16000
扣板式扣件		4000	6500
拱形弹片扣件		5500	9000
木枕“K”式扣件		7500	
木枕混合式道钉扣件		500	
穿销式防爬器		15000	

(3)道床纵向阻力

道床抵抗轨道框架沿线路方向纵向位移的力称道床阻力。它的大小受道砟材质、颗粒大小、道床断面、捣固质量、脏污程度、轨道框架重量等因素的影响,只要钢轨与轨枕之间的扣件阻力大于道床抵抗轨枕纵向移动的阻力,焊接长钢轨的温度应力和温度应变的纵向分布规律将完全由道床纵向阻力决定。

道床纵向阻力随轨枕位移的增加而增大。当位移达到一定值时，阻力即不在增加，取位移为 2 mm 的阻力值作为设计无缝线路时的计算阻力值，如表 5—3 所示。

表 5—3　道床纵向阻力

线路特征			单枕道床纵向阻力（N）	一股钢轨下单位道床纵向阻力（N/cm）		
				1 667 根枕/km	1 760 根枕/km	1 840 根枕/km
木枕		正常道床	7 000	—	61	64
木枕		清筛捣固后	4 000	—	35	37
混凝土枕	Ⅰ	正常道床	10 000	—	87	91
混凝土枕	Ⅰ	清筛捣固后	7 000	—	62	64
混凝土枕	Ⅱ	正常道床	12 500	—	109	115
混凝土枕	Ⅲ	正常道床	18 300	152	160	—

一股钢轨单位道床纵向阻力按下式求得：

$$p = \frac{P}{2a}$$

式中　p——一股钢轨单位道床纵向阻力（N/cm）；

P——单根轨枕下道床纵向阻力（N）；

a——轨枕间距（cm）。

2. 道床横向阻力

道床抵抗轨道框架横向位移的阻力叫道床横向阻力。它是阻止线路胀轨跑道的重要因素，对无缝线路的稳定起保证作用。

影响道床横向阻力的因素主要有：

（1）道床的饱满程度。道床的饱满程度，关系到轨枕与道砟接触面的大小，直接影响道床的横向阻力值。

（2）道床肩宽。道床肩部宽度所负担的道床横向阻力，在正常情况下约占横向阻力总值的 1/3。

（3）道床肩部堆高。道床肩部堆高有提高道床横向阻力的效应。肩部堆高比加宽肩部效果明显，且节约道砟。

（4）道砟种类及粒径尺寸。道砟的材质不同，道砟间的摩擦阻力也不同。

（5）线路维修作业影响。在线路维修作业中，凡影响道床道砟间相互咬合和道砟的轨枕接触状况的，都将导致道床阻力的下降。道床横向阻力的大小除与上述主要因素有关外，还与道砟类型、轨枕类型及维修作业情况有关。

3. 道床竖向阻力

道床抵抗轨道框架沿垂直方向移动的力称为道床竖向阻力。它由轨道框架重量及轨枕各侧面与碎石道砟之间摩擦阻力组成，也可以近似认为是轨道框架重量。

4. 轨道框架刚度

钢轨、轨枕连在一起称为轨道框架。轨道框架刚度是指轨道框架抵抗弯、扭曲能力，是保持轨道稳定的因素。在垂直面内,轨道框架刚度等于两钢轨刚度之和;在水平面内,轨道框架刚度是指两根钢轨在水平面内的刚度与钢轨结点扭矩之和。结点扭矩与轨枕类型、扣件类型、扣件压力及钢轨相对于轨枕的转角有关,因此扣件拧紧程度直接影响框架刚度的大小。

第四节 无缝线路的稳定性

一、稳定性的概念

1. 稳 定 性

无缝线路的稳定性,就是指由于温度升高,钢轨所产生的温度压力与道床阻力,轨道框架刚度反作用力之间的相对平衡。

2. 胀轨跑道

无缝线路“胀轨”和“跑道”是轨道框架横向弯曲变形的两种不同情况,主要表现为钢轨所处状态。其产生和发展的过程是:

当线路上钢轨内部的温度压力超过了轨道框架的抵抗能力时,在一些薄弱处所的钢轨会出现弯曲变形,并随轨温的升高而逐渐增大变形矢度,这种现象称胀轨。胀轨发展到一定程度,即达到临界状态时,如轨温继续升高,钢轨变形矢度会在最薄弱的位置迅速增大,轨道框架突然臌曲,偏离线路中心,向外产生位移,这种现象称为跑道。

二、温度力与纵向阻力的关系

长钢轨的纵向伸缩、轨道的纵向阻力和温度力三者之间存在互相联系、互相制约的关系,因此长钢轨两端的伸缩不同于自由伸缩时的情况。三者之间的关系可分两个阶段。

第一阶段,无缝线路铺设、锁定后,轨温由锁定轨温开始升降,由于接头阻力的抵抗,钢轨不能自由伸缩。在长钢轨全长范围内产生匀等的温度力,其大小可用公式计算。当轨温继续变化,温度力 P_t 达到接头阻力 P_H 时,接头阻力才能被克服,这时相应的轨温变化为

$$P_t = 250\Delta t \cdot F = P_H$$

$$\Delta t = \frac{P_H}{250F}$$

例如,50 kg/m 钢轨,6 孔 10.9 级 $\phi24$ 螺栓接头阻力为 400 kN,当轨温升降 $\Delta t = \frac{P_H}{250F} = \frac{400\,000}{250 \times 65.8} \approx 24.3$ ℃时,接头阻力就完全被克服。

第二阶段,轨温继续升降,在克服了接头阻力后,又遇到了道床纵向阻力阻止钢轨伸缩。假设道床单位纵向阻力为 p,且其沿钢轨长度均匀分布,则要使轨端 x 处的钢轨断面开始位移,温度力除克服接头阻力外,还必须克服 $p \cdot x$ 的道床纵向阻力。根据温度力与阻力平衡原则,有

$$P_t = P_H + p \cdot x$$

$$x = \frac{P_t - P_H}{p} = \frac{250\Delta t \cdot F - P_H}{p}$$

式中 P_H、F、p 对一定的线路结构是常数，则 x 随 Δt 而变化，轨温继续升降，x 随之增大，当达到当地最高（低）轨温时，x 最大，这就是通常所说的实际伸缩区长度，此时温度力也达到最大值。

第五节　伸缩区长度及预留轨缝的计算

一、伸缩区长度的计算

伸缩区长度根据轨温升、降的最大值，钢轨接头阻力和道床纵向阻力按下式计算：

$$l=\frac{P_{tmax}-P_H}{p}=\frac{250\Delta t_{max}\cdot F-P_H}{p}$$

式中　l——伸缩区长度（cm）；

P_{tmax}——最大温度力（N）；

Δt_{max}——从锁定轨温起，轨温的最大变化值（℃）；

F——钢轨断面积（cm^2）；

P_H——钢轨接头阻力（N）；

p——道床单位纵向阻力（N/cm）。

【例题】　某地区 60 kg/m 钢轨混凝土枕无缝线路，$F=77.45\ cm^2$，$P_H=460\,000\ N$，$p=91\ N/cm$，最高轨温为 60 ℃，最低轨温为 −30 ℃，锁定轨温为（20 ± 5）℃，计算伸缩区长度 l。

【解】　$\Delta t_{max压}=T_{max}-T_{smin}=60-(20-5)=45$ ℃

$\Delta t_{max拉}=T_{smax}-T_{min}=20+5-(-30)=55$ ℃

因为 $\Delta t_{max拉}>\Delta t_{max压}$，故 $\max P_{t拉}>\max P_{t压}$。

$$l=\frac{250\Delta t_{max拉}\cdot F-P_H}{p}=\frac{250\times55\times77.45-460\,000}{91}=6\,648\ cm=66.48\ m$$

为留有一定余量，要将计算出的长度适当加长一些，一般采用一节钢轨 25 m 的倍数，本例可采用 75 m。

二、缓冲区预留轨缝计算

缓冲区的轨缝尺寸与标准轨长度和伸缩区长度都有关。缓冲区钢轨接头必须使用不低于 10.9 级的螺栓，螺栓扭矩应保持在 700 ~ 1 100 N·m。绝缘接头轨缝不得小于 6 mm。在铺设长钢轨或应力放散时，缓冲区的预留轨缝与普通线路一样，应能保持夏季轨缝不顶严，冬季轨缝不大于构造轨缝。缓冲区标准轨之间的预留轨缝，按普通线路规定的公式计算。长钢轨与标准轨之间的预留轨缝，可根据实际锁定轨温计算。

（1）当轨温达到当地最低轨温时，轨缝不超过最大轨缝（或构造轨缝），长钢轨与标准轨间预留轨缝 δ_1 应满足：

$$\delta_1\leqslant\lambda_p-(\lambda_{1低}+\lambda_{2低})$$

式中　λ_p——最大允许轨缝或构造轨缝（cm）；

$\lambda_{1低}$——伸缩区长钢轨一端从锁定轨温到最低轨温时的缩短量（cm）；

$\lambda_{2低}$——缓和区标准轨一端从锁定轨温到最低轨温时的缩短量（cm）。

（2）当轨温达到当地最大轨温时，此处的轨缝也不能顶严，即 δ_2 应满足：

$$\delta_2 > \lambda_{1高} + \lambda_{2高}$$

式中 $\lambda_{1高}$——由锁定轨温到最高轨温时，长轨一端伸长量(cm)；

$\lambda_{2高}$——由锁定轨温到最高轨温时，标准轨一端伸长量(cm)。

无缝线路伸缩区长轨一端伸缩量 λ_1 为

$$\lambda_1 = \frac{(P_t - P_H)^2}{2EFp}$$

无缝线路缓冲区标准轨一端缩短量 λ_2 为

$$\lambda_2 = \frac{(P_t - P_H)L}{2EF} - \frac{pL^2}{8EF}$$

式中 L——标准轨长度(cm)。

【例题】 上海地区铺设 60 kg/m 钢轨无缝线路，$T_{max} = 60.3$ ℃，$T_{min} = -12.2$ ℃，$P_H = 460$ kN，$p = 91$ N/cm，$F = 77.45$ cm^2，$T_s = 24$ ℃ ±5 ℃，构造轨缝 18 mm，求预留轨缝值 δ。

【解】

①最大温度力

$$\max P_{t拉} = 250\Delta t_{max拉} \cdot F$$
$$= 250(T_{smax} - T_{min}) \cdot F = 250 \times (29 + 12.2) \times 77.45 = 797\,735\ \text{N}$$

$$\max P_{t压} = 250\Delta t_{max压} \cdot F$$
$$= 250(T_{max} - T_{smin}) \cdot F = 250 \times (60.3 - 19) \times 77.45 = 799\,671\ \text{N}$$

②长钢轨一端缩短轨量

$$\lambda_{1低} = \frac{(\max P_{t拉} - P_H)^2}{2EFp} = \frac{(797\,735 - 460\,000)^2}{2 \times 2.1 \times 10^7 \times 77.45 \times 91} = 0.39\ \text{cm} = 3.9\ \text{mm}$$

③标准轨一端缩短量

$$\lambda_{2低} = \frac{(\max P_{t拉} - P_H) \times L}{2EF} - \frac{pL^2}{8EF}$$
$$= \frac{(797\,735 - 460\,000) \times 2\,500}{2 \times 2.1 \times 10^7 \times 77.45} - \frac{91 \times 2\,500^2}{8 \times 2.1 \times 10^7 \times 77.45} = 0.22\ \text{cm} = 2.2\ \text{mm}$$

④长钢轨一端伸长量

$$\lambda_{1高} = \frac{(\max P_{t压} - P_H)^2}{2EFp} = \frac{(799\,671 - 460\,000)^2}{2 \times 2.1 \times 10^7 \times 77.45 \times 91} = 0.39\ \text{cm} = 3.9\ \text{mm}$$

⑤标准轨端伸长量

$$\lambda_{2高} = \frac{(\max P_{t压} - P_H) \times L}{2EF} - \frac{pL^2}{8EF}$$
$$= \frac{(799\,671 - 460\,000) \times 2\,500}{2 \times 2.1 \times 10^7 \times 77.45} \quad \frac{91 \times 2\,500^2}{8 \times 2.1 \times 10^7 \times 77.45} = 0.22\ \text{cm} = 2.2\ \text{mm}$$

⑥预留轨缝计算

最大预留轨缝 $\delta_{max} = \lambda_p - (\lambda_{1低} + \lambda_{2低}) = 18 - (3.9 + 2.2) = 11.9$ mm

最小预留轨缝 $\delta_{min} = \lambda_{1高} + \lambda_{2高} = 3.9 + 2.2 = 6.1$ mm

$$6.1\ \text{mm} < \delta \leqslant 11.9\ \text{mm}$$

然后选取中间一合适数值作为预留轨缝。

第六节　无缝线路胀轨跑道

一、标准轨地段胀轨跑道

1. 胀轨跑道的原因

(1)线路爬行、轨缝挤瞎是发生胀轨的基本原因；

(2)线路上有硬弯轨、方向不良及道砟不足是助长发生胀轨的原因；

(3)在瞎缝地段进行减弱或破坏线路稳定的作业，如扒开道砟、拨道、起道、拆开接头或改道，都可能造成胀轨跑道。

2. 预防措施

(1)有连续瞎缝时，禁止进行破坏线路稳定性的工作，应先调整轨缝；

(2)矫直硬弯轨，拨好方向；

(3)调整轨缝，预防胀轨。

二、无缝线路地段胀轨跑道

1. 胀轨跑道的原因

轨道温度压力增大；道床横向阻力和轨道框架刚度降低；铺设施工时锁定轨温偏低；低温焊复断缝；施工作业造成锁定轨温不明；违章作业；线路爬行；线路不平顺；各种附加力的影响。

2. 胀轨跑道的一般规律

(1)钢轨温度压力偏高的地段容易发生胀轨跑道

①在固定区或固定区与伸缩区交界处的钢轨温度压力偏高，当道床阻力减少时，容易发生胀轨跑道；

②在容易产生压力峰的平交道口和无砟桥前，以及曲线始终端、竖曲线的坡底、制动地段等处所，钢轨温度压力局部偏高，容易发生胀轨跑道。

(2)气温回升季节容易发生胀轨跑道

气温逐渐升高的季节，日间轨温接近于锁定轨温，在正常进行无缝线路养护维修作业时，由于日夜温差大，钢轨内部会产生较大的温度压力，影响线路的稳定，甚至发生胀轨跑道。

3. 防止胀轨跑道的措施

(1)严格按章作业

合理安排维修工作，在作业中要严格遵守《修规》中的各项规定，决不能超温作业，充分做好作业前的准备工作和作业后的观察工作。

(2)加强线路的防爬锁定，防止产生“应力集中”

全面拧紧扣件，消灭浮离道钉，及时补充缺少的防爬设备，做好道床的夯拍工作，以提高道床的纵向阻力。对易于产生“应力集中”处所，可适当增加防爬设备。

(3)加强设备整修，提高线路阻力

道床必须保持饱满、坚实、清洁，无翻浆冒泥、无坍塌松散现象。道床断面应符合标准，并加强夯拍，对线路薄弱地段应重点补充石砟。

增加道床横向阻力可采用增加道床肩宽，特种道床断面和轨枕两端部设置挡板等辅助措施。对暗坑、吊板处所应加强捣固,消灭失效枕木群。

(4)正确掌握锁定轨温

对于锁定轨温不明不准者,应有计划地安排在设计锁定轨温范围进行应力放散。凡更换过调节轨地段、不在设计锁定轨温进行的铝热焊或锯过轨、低温条件下拆开过接头、曲线地段改变过半径等,都应有计划地进行应力放散或应力调整工作。

(5)及时整治方向不良

矫直硬弯钢轨尤其对薄弱地段的原始弯曲,应注意在入夏前加以整治,维修养护中采用少拨道多改道的办法,及时消灭方向不良处所,注意捣固,加强夯拍。

(6)加强检查和观测

高温季节应增加巡道班次。巡道工应执行“三测”(测轨温、测轨缝、测爬行)制度和执行“蛇行”巡道法,把观察轨向作为重点。

①当发现线路连续出现碎弯并有胀轨迹象时,必须加强巡查或派专人监视,观测轨温和线路方向的变化。若碎弯继续扩大,应设慢行信号防护,进行紧急处理,待线路稳定后恢复正常行车。

②作业中如发现轨向、高低不良,起道、拨道省力,轨端道砟离缝等胀轨迹象,必须停止作业,及时采取防胀措施。

③无论作业中或作业后,发现线路轨向不良,用长 10 m 弦测量两股钢轨的轨向偏差。当平均值达到 10 mm 时,必须设置慢行信号,并采取夯拍道床、填满枕盒道砟和堆高砟肩等措施;当两股钢轨的轨向偏差平均值达到 12 mm 时,在轨温不变情况下,过车后线路弯曲变形突然扩大,必须立即设置停车信号,及时通知车站,并采取钢轨降温等紧急措施,消除故障后放行列车。

(7)加强对无缝线路的技术管理的技术教育。

三、胀轨跑道的处理

(1)无缝线路发生胀轨跑道时,首先应按线路故障防护办法设置停车信号防护,拦停列车。

(2)尽快通知就近车站,扣发或减速通行列车,同时报告工务段,并做好现场记录,将胀轨跑道地段两端各 50 m 范围内扣紧扣件,加强防爬锁定,迅速采取降温、拨顺线路等措施。

(3)浇水降温:在胀轨范围以外每侧不少于 50 ~ 100 m 的距离,向中间轻浇慢淋,有条件时可用草袋浸水临时覆盖,也可采用喷洒液态二氧化碳的办法降低钢轨的温度。轨温明显下降后,方可拨回线路,回填道砟,整正线路,夯拍道床,按 5 km/h 放行列车。现场派专人监视线路,并能不间断地采取降温措施,待轨温降至接近锁定轨温时,再恢复线路和正常行车速度。

(4)无降温条件或降温无效时,应立即截断钢轨(普通线路应拆开钢轨接头)放散应力,整正线路,夯拍道床,首列放行列车速度不得超过 5 km/h,并派人专人看守、整修线路,逐步提高行车速度。

(5)无缝线路发生胀轨跑道时,应对胀轨跑道情况按规定内容做好登记。

(6)详细调查研究发生胀轨跑道的原因,预防胀轨跑道的再次发生。

第七节　无缝线路长钢轨折断及其预防

一、钢轨折断的原因

钢轨折断多发生在冬季。钢轨在冬季除承受着巨大温度拉应力外，还要受到列车动弯应力及其他附加力作用，当这些力之和超过钢轨强度时，就要发生折断。引起长钢轨折断的原因有：

(1)钢轨本身材质不良，例如有核伤、裂纹等。

(2)钢轨焊缝不良，尤其是铝热焊接头缺陷较多(常见的有黑核、夹渣、夹砂、气孔、热裂、焊偏、光极等)，经过一段时间的运行后逐渐降低其强度，在温度力和动弯应力作用下拉断。

(3)线路维修不良，出现空吊板、三角坑、翻浆冒泥、轨枕间距过大等病害时，由于列车冲击力加大，钢轨拉断的可能性也就愈大。

(4)个别地段出现温度拉应力集中。如伸缩区和固定区衔接处、道口、曲线、桥头等处所很容易应力集中，加上车轮对钢轨的动力作用，超过了钢轨强度。

(5)由于作业不当，可能提高原锁定轨温，从而降低允许轨温变化的幅度。

二、防止钢轨折断的措施

(1)对高温锁定的无缝线路，要在设计锁定轨温范围内进行应力放散。

(2)提高焊接质量，加强钢轨探伤。

改进焊接工艺，严格遵守操作规程，提高焊缝质量，是防止钢轨折断的根本措施，要力求减少焊接缺陷，消灭高低不平上下错口，不合格者决不铺设。

加强钢轨探伤工作一般在入冬前，对接头及焊接两侧 1 m 范围内的钢轨，进行全面细致检查，鉴别伤痕类型，做好标记，注意观察。对一时不能判明的暗伤轨应用急救器。夹上特制的鼓包夹板，必要时应锯开重焊。

(3)整治焊缝病害。

对高低接头、错口接头、马鞍形接头等缺陷接头，要用磨、焊、垫、捣、筛等方法综合整治，轨面要平顺，对超过 1 mm 的高低不平应及时打磨、焊补，使无缝线路钢轨顶面和内侧保持平整光滑。有严重缺陷者要锯掉重新焊接。

(4)加强防爬锁定。

加强防爬锁定是防止钢轨过分收缩和钢轨折断后轨缝拉开太大的有利措施。为此，可在铝热焊缝两端增加防爬设备，以加大抗爬力，发现有残余爬行的附加力应及时加以调整。

(5)提高线路质量，加强养护维修。

消灭空吊板及三角坑，修整道床，补充石砟，保持线路弹性，方正焊缝两侧轨枕，整好钢筋混凝土轨枕胶垫。冬季钢轨冷脆，线路刚性又大，进行作业时，必须小心。起道时，起道机应放在距铝热焊缝 1 m 以外，避免用起道机直接顶起铝热焊接头，并避免做一些冷弯直轨工作。

三、长钢轨重伤的处理

(1)探伤检查发现钢轨或焊缝有重伤时，不待钢轨或焊缝断裂，即切除重伤部位，切除长度不超过 60 mm，用钢轨拉伸器张拉钢轨，用铝热焊法实施原位焊复焊成与切除长度等长的焊缝。

(2)钢轨或焊缝处折断，切除断口折损部位的长度不超过 60 mm 时，亦可进行原位焊复。原位焊复的无缝线路实际锁定轨温保持不变。

(3)原位焊复切除断口(或重伤部位)后应立即装上钢轨拉伸器进行拉伸，松开两侧适当长度的扣件，拉伸到位后即进行焊接。

(4)原位焊复时，应松开接头两侧各 200 ~ 250 m 范围内的钢轨扣件，并在此范围内每隔 50 m 设立一处位移观测点，用钢轨拉伸器张拉钢轨，辅以撞轨，观测钢轨位移情况，位移到位后即进行焊接。

四、长钢轨折断的紧急处理

当钢轨断缝不大于 50 mm 时，应立即进行紧急处理。

(1)按规定设置停车信号防护。

(2)在断缝处上好夹板或臌包夹板，用急救器固定(图 5—2)，在断缝前后各 50 m 拧紧扣件，并派人看守，限速 5 km/h 放行列车。如断缝小于 30 mm，放行列车速度为 15 ~ 25 km/h (既有线提速 200 ~ 250 km/h 线桥设备限速不超过 20 km/h 放行列车)。

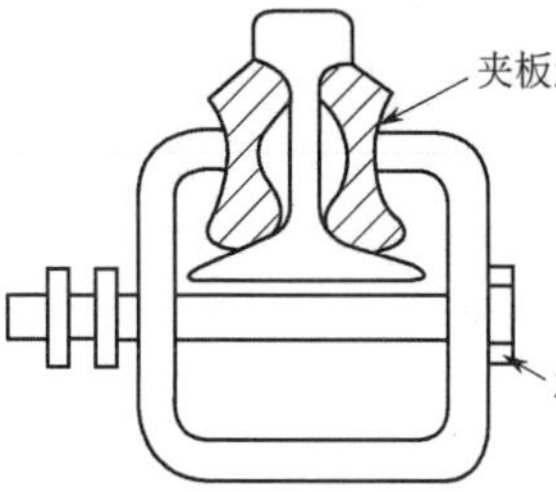

图 5—2　臌包夹板急救器

(3)有条件时，应在原位复焊，否则应在轨端钻孔，上好夹板或臌包，拧紧接头螺栓，然后可适当提高行车速度。

(4)在断缝两侧轨头非工作边上作出标记，标记间距离约为 8 m，并准确丈量两标记间的距离和轨头非工作边一侧的断缝值，做好记录。

(5)如折损严重或断缝拉开大于 50 mm 时，不得放行列车，应及时进行临时处理。

五、长钢轨折断的临时处理

无缝线路长钢轨(含焊缝)折损严重或断缝大于 50 mm，不论是否经过紧急处理(含重伤上夹板后折断)，如不能及时原位焊接短轨进行永久处理时，均应在不超过一周时间内进行临时处理。临时处理要求如下：

(1)临时处理时，在断缝两侧轨头非工作边上作出标记，标记间距离约为 8 m，并准确丈量两标记间的距离和轨头非工作边一侧的断缝值，做好记录。

(2)沿断缝两侧对称切除伤损部分，锯口距断缝不得小于 1 m，两锯口间插入长度不短于 6 m的同型钢轨，轨端钻孔，上接头夹板，用 10.9 级螺栓拧紧。

(3)在短轨前后各 50 m 范围内，拧紧扣件后，按伸缩区要求加装防爬设备，可按正常速度放行列车，但不得大于 160 km/h。

临时处理插入的短轨，不宜在线路上长时间保留，应在不超过一个月的时间内采取焊接短轨的方法进行永久处理。

六、长钢轨折断的永久处理

钢轨断缝处紧急处理或临时处理后，在原锁定轨温增减 5 ℃以内，插入短轨重新焊接修复,恢复无缝线路轨道结构。

无缝线路长钢轨(含焊缝)折断的永久处理要求如下:

(1)在接近锁定轨温的条件下,拆除插入的短轨,适当松开扣件和防爬器,按需要放散应力,使前后钢轨恢复应有位置。

(2)锯掉带有螺栓孔部分的钢轨,插入焊接短轨,焊后长轨条基本上恢复原有状态,保持原锁定轨温不变。

①采用小型气压焊时,插入短轨长度应等于切除钢轨长度加上 2 倍顶锻量。先焊好一端,焊接另一端时,先张拉钢轨,使断缝两侧标记的距离等于原丈量距离减去断缝值加顶锻量后再焊接。

②采用铝热焊时,插入短轨长度等于切除钢轨长度减去两倍预留焊缝值。先焊好一端,焊接另一端时,先张拉钢轨,使断缝两侧标记的距离等于原丈量距离减去断缝值加顶锻量后再焊接。

同时要注意焊接短轨的材质应与长钢轨相同。

(3)有条件时,可将垂直断缝直接采取宽焊缝铝热焊原位焊复。

(4)在线路上焊接时,轨温应不低于 0 ℃。放行列车时,焊缝处轨温应降至 300 ℃以下,不限速。

(5)进行焊复处理时,应保持无缝线路锁定轨温不变,并如实记录两标记间钢轨长度在焊复前后的变化量。

第八节　无缝线路的养护维修

一、无缝线路养护维修作业安排

安排维修计划时,应考虑以下几点:

(1)无缝线路应根据季节特点、锁定轨温和线路状态,合理安排全年维修计划。一般气温较低的季节,安排锁定轨温较低或薄弱地段进行综合维修;气温较高的季节,安排锁定轨温较高地段进行综合维修。

(2)高温季节应不安排综合维修和影响线路稳定性的工作。如必须进行综合维修或成段保养时,应有计划地先放散后作业,以后要在设计锁定轨温范围内,重新做好放散和锁定线路工作。其他保养和临时补修,可采取调整作业时间的办法进行。

高温季节可安排矫直钢轨硬弯、钢轨打磨、焊补等作业。在较低温度下,如需更换钢轨或夹板时,可采用钢轨拉伸器进行。

(3)无缝线路综合维修计划,以每段长轨条或单元轨条为单位安排作业。遇有跨工区的长轨条或单元轨条时,应由两工区协同安排。

(4)对于锁定轨温不明、不准、不匀、过低、过高等地段,应有计划地进行应力放散或调整。

(5)无缝线路上铺设的混凝土枕,应采用Ⅱ型或Ⅲ型混凝土枕及相应扣件和厚度为 10 mm 的橡胶垫板。木枕应采用分开式扣件,混凝土宽枕应采用弹条调高扣件。使用上述扣件可不安装防爬设备。有砟桥上的木枕应更换为有砟桥面混凝土枕。

(6)每年春、秋季应在允许作业轨温范围内逐段整修扣件及接头螺栓,整修不良绝缘接头,对接头螺栓及扣件进行除垢涂油,并复紧达到规定标准。使用长效油脂时,按油脂实际有效期安排除垢涂油工作。

(7)线路轨向应经常保持良好,对钢轨硬弯应及时矫直。

（8）长轨条及道岔内的焊缝部位要保持平直，出现凸凹应打磨、焊补。用1 m直尺测量，工作边矢度不得大于0.5 mm。钢轨顶面凹凸矢度，允许速度大于120 km/h的线路不得大于0.3 mm，其他线路不得大于0.5 mm。

（9）联合接头不得设置在道口、桥台、桥墩或不作单独设计的桥上，距桥台边墙不应小于2 m。位于中跨度桥上的联合接头应布置在1/4～1/2桥跨处，并避开边跨；在大跨度桥上，应远离纵梁断开处。允许速度大于160 km/h的线路，铝热焊缝距轨枕边不得小于100 mm，其他线路不得小于40 mm。

二、无缝线路作业轨温条件

（1）混凝土枕（含混凝土宽枕）无缝线路维修作业轨温条件见表5—4和表5—5。

表5—4　混凝土枕无缝线路维修作业轨温条件

线路条件	连续扒开道床不超过25 m，起道高度不超过30 m，拨道量不超过10 mm	连续扒开道床不超过50 m，起道高度不超过40 m，拨道量不超过20 mm	扒道床、起道、拨道、与普通线路相同
直线及 $R \geqslant 2\,000$ m	+20 ℃	+15 ℃ −20 ℃	±10 ℃
800 m $\leqslant R <$ 2 000 m	+15 ℃ −20 ℃	+10 ℃ −15 ℃	±5 ℃
400 m $\leqslant R <$ 800 m	+10 ℃ −15 ℃	+5 ℃ −10 ℃	

注：作业轨温范围按实际锁定计算。

表5—5　混凝土枕无缝线路维修作业轨温条件

顺号	作业项目	按实际锁定轨温计算				
		−20 ℃以下	−20 ℃～−10 ℃	−10 ℃～+10 ℃以内	+10 ℃～+20 ℃	+20 ℃以上
1	改　道	与普通线路同	与普通线路同	与普通线路同	与普通线路同	禁止
2	松动防爬设备	同时松动不超过25 m	同左	与普通线路同	同时松动不超过12.5 m	禁止
3	更换扣件或涂油	隔二松一，流水作业	同左	同左	同左	禁止
4	方正轨枕	当日连续方正不超过2根	隔二方一，方正捣固，恢复道床，逐根进行（配合起道除外）	与普通线路同	隔二方一，方正后捣固，恢复道床，逐根进行（配合起道除外）	禁止
5	更换轨枕	当日不连续更换	当日连续更换不超过2根（配合起道除外）	与普通线路同	当日连续更换不超过2根（配合起道除外）	禁止
6	更换接头螺栓或涂油	禁止	逐根进行	同左	同左	禁止
7	更换钢轨或夹板	禁止	同左	与普通线路同	禁止	禁止
8	不破底清筛道床	逐孔倒筛夯实	同左	同左	同左	禁止
9	处理翻浆冒泥（不超过5孔）	与普通线路同	同左	与普通线路同	禁止	禁止
10	矫直硬弯钢轨	禁止	同左	同左	与普通线路同	同左

(2)混凝土枕(含混凝土宽枕)无缝线路,当轨温在实际锁定轨温减 30 ℃以下时,禁止在伸缩区和缓冲区进行维修作业。

(3)木枕地段无缝线路作业轨温按表 5—4 和表 5—5 规定减 5 ℃。当轨温在实际锁定轨温减 20 ℃以下时,禁止在伸缩区和缓冲区进行维修作业。

(4)在跨区间无缝线路上的无缝道岔尖轨及其前方 25 m 范围内综合维修,按实际锁定轨温 ±10 ℃进行作业。

三、无缝线路维修作业要求

1. 作 业 前

(1)在维修地段按照需要备好石砟。

(2)测量钢轨位移,分析锁定轨温变化情况,并根据变化后的锁定轨温安排养护维修作业。

(3)拧紧扣件螺栓和接头夹板螺栓。

(4)拨直不良的轨向。

2. 作 业 中

(1)采用小起小拨,扒、起、捣、填、夯流水作业,实施"一准、二清、三测、四不超、五不走"作业制度,确保无缝线路的稳定。

一准:掌握实际锁定轨温要准。

二清:维修作业半日一清,临时补修作业一撬一清。

三测:作业前、作业中、作业后测量轨温。

四不超:作业不超温,扒砟不超长,起道不超高,拨道不超量。

五不走:扒开道床未回填不走,作业后道床未夯实不走,未组织回检不走,质量未达到作业标准不走,发生异状未处理不走。

(2)作业时应经常注意线路状态和行车情况,如发现起道省力、线路方向不良、碎弯增多、拨道拨不动或拨好一处附近又鼓出、高低水平不好、连续空吊板、一端轨枕头石砟离缝等胀轨预兆,应立即停止作业,设置防护,采取必要降温措施,防止胀轨跑道。

(3)在维修地段按需要备足道砟,起道前要先拨正线路方向;起、拨道机具不得安放在铝热焊缝处;列车通过前,起道要顺坡捣固,拨道要拨顺;扒开的道床,要及时回填饱满和夯实。

(4)在伸缩区和薄弱地段进行作业,应由工班长领导施工。

3. 作 业 后

作业后要组织全面回检。在炎热天气或作业地段方向不良时,要留人看守,注意变化,发现异状及时采取措施。

四、爬行观测桩的布置

普通无缝线路每段应设位移观测桩 5 ~7 对。固定区较长时,可适当增加对数(其中固定区中间点 1 对,伸缩区始、终点各 1 对,其余设置在固定区)。

跨区间和全区间无缝线路,单元轨条长度大于 1 200 m 时,设置 7 对位移观测桩(单元轨条起、讫点 100 m 及 400 m 和单元轨条中点各设置 1 对)；单元轨条长度不大于 1 200 m 时，设置 6 对位移观测桩(单元轨条起、讫点，距单元轨条起、讫点 100 m 及 400 m 各设置 1 对)。

无缝道岔设 3 对观测桩，在间隔铁或限位器处设 1 对，在岔头、岔尾各设 1 对。

位移观测桩必须预先埋设牢固，内侧应距线路中心不小于 3.1 m。在长轨条就位后或轨条拉伸到位后，应立即进行标记。标记应明显、耐久、可靠。

固定区累计位移量大于 10 mm 时，应及时上报工务段查明原因，采取相应措施。

应积极采用钢轨测标测量无缝线路锁定轨温技术，钢轨测标每 50 m 或 100 m 设 1 处。

五、桥上无缝线路维修要求

(1)按照设计文件规定，保持扣件布置方式和拧紧程度。

(2)单根抽换桥枕，在实际锁定轨温 +10 ℃ ~ −20 ℃ 范围内进行，允许起道量为 60 mm。

(3)上盖板油漆、更换铆钉或成段更换、方正桥枕等需要起道作业时，允许在实际锁定轨温 +5 ℃ ~ −15 ℃ 范围内进行。

(4)对桥上钢轨焊缝应加强检查，发现伤损应及时处理。

(5)对桥上伸缩调节器的伸缩量应定期检查，发现异常爬行应及时分析原因并整治。伸缩调节器的尖轨与基本轨出现肥边，应及时打磨。

(6)桥上无缝线路应定期测量长轨条的爬行量，并做好记录。固定区爬行量超过 10 mm 时，应分析原因并及时整治。

六、铺设无缝线路施工作业要求

(一)铺设无缝线路材料及设备要求

(1)路基。路基应稳定，无翻浆冒泥、冻害及下沉挤出等路基病害。

(2)道床。采用一级碎石道砟，碎石材质、粒径级配应符合标准，道床清洁、密实、均匀。跨区间无缝线路道岔范围内道床肩宽 450 mm。

(3)轨枕及扣件。采用混凝土枕、混凝土宽枕或有砟桥面混凝土枕，特殊情况可使用木枕。混凝土枕、混凝土宽枕应使用弹条扣件，木枕应使用分开式扣件。

(4)钢轨。普通无缝线路应采用 50 kg/m 及以上钢轨，全区间及跨区间无缝线路应采用 60 kg/m 及以上钢轨。

(二)无缝线路轨条装、运、卸

(1)轨条装、运、卸作业严禁摔、撞，防止扭曲、翻倒，以免造成硬弯。

(2)轨条装车时，应根据长轨列车运行途中线路的平面条件，严格控制轨条端头与长轨车承轨横梁间的距离，防止运行途中轨条端头顶、撞横梁，并安装好间隔铁和分层紧固约束装置，防止轨条前后串动和左右摆动。

(3)长轨列车运行必须执行有关规定，防止紧急制动，并应由专人负责，做好运行监护、停车检查工作，确保运行安全。

(4)卸轨前应清理线路的障碍，轨条应卸在轨枕端头外，并采取措施防止侵入限界。

(三)无缝线路工地焊接

钢轨焊接应严格执行《钢轨焊接技术条件》(TB/T1632.1~TB/T1632.4)的有关规定。

(1)气温在0 ℃以下时,不应进行工地焊接作业。

(2)工地焊接应对焊缝进行焊后热处理,并进行探伤检查,不符合质量要求的焊头必须锯切重焊。

(3)铝热焊缝距轨枕边缘不应小于40 mm,线路允许速度大于160 km/h时不应小于100 mm。

(4)轨条端头应方正,左右股轨端相错量不应大于40 mm。

(四)无缝线路铺轨前的准备

(1)撤除调高垫板,整修线路。

(2)铺设无缝线路前,必须埋设位移观测桩,并使其牢固、可靠。

(3)施工前应拨顺并串动轨条,放散初始应力。

(4)散布并连接缓冲区钢轨,备齐换轨终端龙口轨和钢轨切割工具。

(5)散布扣件及橡胶垫板和橡胶垫片。

(6)在封锁前的慢行时间(列车限速≤45 km/h),拆除轨道加强设备,卸除部分道钉及扣件和接头螺栓:

①接头两根轨枕和桥枕上,道钉及扣件齐全、有效;半径不大于800 m曲线地段混凝土枕隔三卸一,木枕隔六卸一;其他部位混凝土枕隔一卸二,木枕隔二卸一。

②接头螺栓每端卸一个(每端保证两个拧紧)。

(五)无缝线路轨条铺轨

(1)应使用换轨车铺设轨条,从轨条的一端向另一端依次拨入。

(2)必须准确确定无缝线路锁定轨温。

铺设锁定轨温取轨条始端入槽和终端入槽时轨温的平均值。如果铺设锁定轨温不在设计锁定轨温范围内(含轨条始端入槽或终端入槽时的轨温不在设计锁定轨温范围内),无缝线路铺设后必须进行应力放散或调整,并重新锁定。

(3)铺设无缝线路必须将轨条置于滚筒上,并配合撞轨确保锁定轨温均匀,低温铺设时应用拉伸器张拉轨条。

(4)严格采用氧炔焰切割钢轨进行合龙。

(5)左右两股轨条锁定轨温差不得超过5 ℃。

(6)无缝线路锁定后,应立即作好位移观测标记,并观测位移,同时在钢轨外侧腹部或观测桩上用油漆注明锁定日期和锁定轨温,并做好记录。

(7)线路开通后,应及时全面复紧接头及扣件螺栓,接头螺栓扭矩达到900~1 100 N·m;混凝土枕弹条的弹条中部前端下颚应靠贴轨距挡板(离缝不大于1 mm)或扣件螺栓扭矩达到120~150 N·m;调整轨距;复紧轨距杆;加固防爬设备;特殊设计的桥上,应检查扣件螺栓扭矩是非符合设计要求。

(六)桥上铺设无缝线路要求

(1)跨度不大于32 m的简支梁桥应位于无缝线路固定区。

(2)当地最大轨温变化幅度、桥长及其采用轨枕、扣件应符合表5—6的规定。

表 5—6 轨温变化幅度、桥长及其采用轨枕、扣件(v_{max}≤200 km/h)

钢轨类型(kg/m)	最大轨温幅度(℃)	允许桥梁长度(m)	扣件类型与扭矩	
			钢梁桥和混凝土梁无砟桥	混凝土梁有砟桥
50	60~70	≤300	钢梁桥:K 型扣件 混凝土梁无砟桥:WJ-2 型扣件 扣件扭矩:60~80 N·m 加强桥头线路的锁定	YJ-1型扣件 扣件扭矩:60~80 N·m 弹条Ⅰ型、弹条Ⅱ型扣件 扣件扭矩:与线路上相同 加强桥头线路的锁定
	71~80	≤240		
	81~90	≤200		
	91~100	≤160		
60	60~70	≤220		
	71~80	≤200		
	81~90	≤160		
	91~100	≤100		

《既有线提速 200~250 km/h 线桥设备维修规则》规定:

①位于无缝线路固定区、跨度不大于 32 m 的简支梁桥,其桥长、轨道结构及当地最大轨温幅度应符合表 5—7 的规定。

表 5—7 允许铺设无缝线路的最大轨温幅度和桥梁长度

最大轨温幅度(℃)	允许桥梁长度(m)	扣件类型	
		混凝土桥无砟桥	混凝土桥有砟桥
60~70	≤220	(1)混凝土梁桥采用无砟小阻力扣件 (2)桥头线路加强锁定	(1)可采用Ⅱ型弹条扣件或有砟小阻力扣件 (2)桥头线路加强锁定
71~80	≤200		
81~90	≤160		
91~100	≤100		

注:(1)Ⅱ型弹条扣件的螺母扭矩为 80~150 N·m;
(2)无砟或有砟小阻力扣件的螺母扭矩根据所采用扣件的性能及线路阻力确定。

②在桥梁两端路基上,无缝线路锁定长度均不应小于 100 m。

(3)无缝线路在桥梁两端路基上,每端锁定长度均不应小于 100 m。

不在上述规定之列的桥梁,应对钢轨、墩台的受力状态和冬季钢轨折断时断缝的大小进行检算。若各项检算结果未超过允许值,则可铺设。

桥梁有浅基、孔径不足、偏心超限、载重等级不足或支座、墩台病害等,铺设无缝线路前必须进行严格检算。

七、无缝线路常备材料、工具数量标准

无缝线路常备材料和备用工具是为处理故障应急使用的,一经动用,要求按标准及时补充。无缝线路常备材料和备用工具见表 5—8。

表 5—8　无缝线路常备材料、工具数量标准

项目	名　　称	常　备　数　量
材料	钢　轨	每个缓冲区备标准轨 1 根(有缩短轨时另备 1 根)(无缝线路与普通线路混铺的地段,比照普通线路执行)
	夹　板	每工区 4 块,钢轨不良时适当增加
	臌包夹板	每千米 1 套
	急救器	每千米 1 套
	螺栓及垫圈	每千米 12 套,钢轨不良时适当增加
	短　轨	6.0 m 钻孔及 7.0 m 无孔每工区各备 1 根,钢轨不良时适当增加
	轨　枕	每千米 2 根
	扣　件	每千米 10 套(钢轨里外口各 5 套)
	胶　垫	每千米 5 块
	防爬器	按无缝线路总长每千米 5 套(采用弹条扣件地段不备)
	胶接绝缘钢轨	每 100 千米 4 根
工具	切轨机和钻孔机	每工区 1 套
	砂轮片	每工区 12 片
	钻　头	每工区 8 个
	钢轨打磨机	每工区 1 套
	1 m 长平面直尺及塞尺	每工区 1 套
	钢轨温度计	每工区 3 个
	接头螺栓及扣件检测工具	每工区 1 套
	铝热焊设备	工务段配备
	气割设备	工务段配备

第九节　跨区间及全区间无缝线路

允许速度为 120 km/h(不含)~160 km/h 的线路应铺设跨区间或全区间无缝线路,允许速度大于 160 km/h 的线路应铺设跨区间无缝线路。

一、跨区间及全区间无缝线路的基本结构

跨区间无缝线路是指轨节长度跨越车站道岔的轨道结构;不跨越车站只跨越闭塞分区的无缝线路为全区间无缝线路。

跨区间无缝线路是在完善了桥上无缝线路、高强度胶接绝缘接头、无缝道岔等多项技术以后,把闭塞区间的绝缘接头乃至整区间甚至几个区间(包括道岔、桥梁、隧道等)都焊接(或胶接、冻结)在一起,取消缓冲区的无缝线路,是与高速重载铁路相适应的轨道结构,其结构形式如图 5—3 和图 5—4 所示。

1. 轨道结构标准

(1)采用 60 kg/m 及以上全长淬火钢轨或其他耐磨轨。

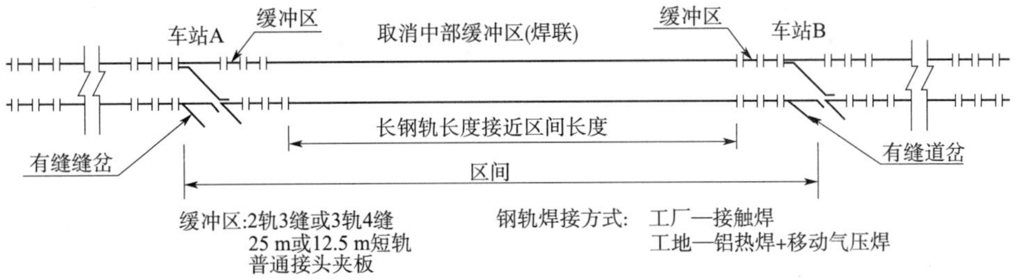

图 5—3　区间无缝线路结构

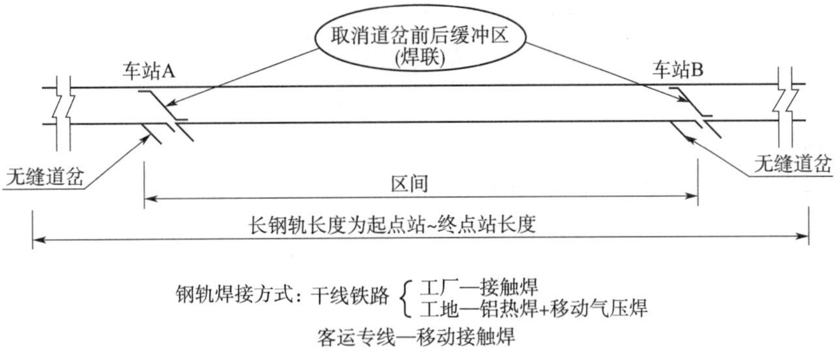

图 5—4　跨区间无缝线路结构

(2)轨枕：采用Ⅱ、Ⅲ型混凝土枕或混凝土宽枕，有砟桥上采用混凝土桥枕，特殊情况可使用Ⅰ类木枕。Ⅲ型混凝土枕配置 1 667 根/km，Ⅱ型及既有轨枕配置 1 840 根/km。

(3)扣件：混凝土枕使用Ⅱ、Ⅲ型扣件，木枕使用分开式扣件，明桥面使用 K 型分开式扣件，岔枕使用弹性分开式扣件。

(4)道岔：采用无缝道岔，并应作单独设计，道岔与长轨节直接联结。无缝道岔的钢轨接头采用胶接绝缘接头，高锰钢整铸辙叉前后 4 个接头采用冻结接头，其余接头全部焊接。

跨区间无缝线路内铺设的道岔必须设在固定区。

(5)道床：采用一级碎石道砟。Ⅲ型枕砟肩宽度为 400 mm，Ⅱ型枕及道岔范围内为 450 mm；边坡坡度为 1:1. 75；砟肩堆高 150 mm；轨枕盒内道床应填平，并低于承轨槽顶面 20 ~ 30 mm。

(6)绝缘接头：跨区间及全区间无缝线路和无缝道岔上的绝缘接头必须采用胶接绝缘接头，其质量应符合《钢轨胶接绝接头技术条件》(TB/T2975)的要求。

不同类型的钢轨应采用异型轨联结，所用异型轨应符合《异型钢轨技术条件》(TB/T3066)的要求。

2. 结构特点

(1)相邻两个单元轨节锁定轨温不同，因此经过应力调整，在两个单元轨节最终焊联接头前后，将会产生一段锁定轨温过渡段，在养护维修及进行爬行观测、分析时应予注意。

(2)跨区间无缝线路内铺设的道岔必须设在固定区。位于跨区间无缝线路的道岔，由于其自身结构的特点，在道岔的辙跟及叉跟附近存在较大的附加纵向力，因此在进行岔区养护维修作业时,应严格执行作业轨温条件。

(3)跨区间及全区间无缝线路需进行应力放散时,一般应采取钢轨切割、开口放散的方法。

二、铺设前的线路整修工作

(1)在无缝线路铺设之前,一般应根据铺轨安排,提前3~6个月停止综合维修,有计划地进行线路全面整修工作,并在铺轨前不少于15日完成。

(2)整修工作的主要内容:

①全面起好线路大平,消灭前后高低和水平不良处所,要求特别注意消灭低接头,对现有接头位置,在轨枕上作出标记,以便换轨后加强捣固。

②全面拨正线路方向,拨好曲线圆度,消灭曲线"鹅头"和反弯,测量、调整线路限界。

③整治路基病害,清筛不洁道床,消灭翻浆冒泥,解决岔区排水。

④翻修基础不良道口,疏通排水,加强捣固,做好几何尺寸。

⑤均匀补充道砟,村镇行人过道及桥头道床要采取挡护措施。

(3)要制定切实可行的作业计划,保证按期完成整修任务。在铺轨前,对线路整修工作进行全面检查验收。

三、铺设方法

跨区间和全区间无缝线路应按单元轨条长度依次分段铺设。轨温在设计锁定轨温范围及以下时采用连入铺设,轨温高于设计锁定轨温范围时采用插入法铺设。

(一)连入法铺设

(1)换轨作业中,将新铺单元轨条的始端与已铺相邻单元轨条的终端直接焊连。

(2)低温换轨作业中,轨条放槽后应先拉伸,使锁定轨温达到设计要求后再进行焊接。

(3)电气化区段如采用不停电换轨作业方式,使用待铺单元轨条作为接触网的临时回流通道时,钢轨胶接绝缘接头处必须设置临时连接线。

(二)插入法铺设

(1)换轨作业中,在新铺单元轨条与已铺相邻单元轨条之间,铺设临时缓冲轨。

(2)相邻单元轨条的锁定轨温不符合设计要求时,应先放散应力,然后与插入轨焊接,使锁定轨温符合设计要求。

(3)焊接后,应视具体情况调整插入段前后各100 m范围内钢轨的温度应力。

四、铺设初期的整修加强工作

(1)搞好铺设初期的线路整修是发挥无缝线路优越性的基础工作,必须高度重视。要做好以下三点:一是提前"介入",切实掌握铺设施工情况;二是铺设后早接早管,实施对无缝线路的有效控制;三是验交后针对设备存在的主要问题集中力量、集中时间、有计划地组织全面整修加强工作,促使无缝线路早日进入稳定状态。

(2)初期整修工作的主要内容:

①全面加强线路——组织力量及时安排以起道、拨道、改道、垫砟和夯拍道床为主要内容

的全面整修工作，使无缝线路尽快得到加强和稳固。

②成段综合整修扣件——在接管线路后，首先安排全面复紧一次轨枕扣件，以锁定线路。之后，要按照“全、正、靠、润、紧”的标准进行扣件整修，同时改正轨距和不良方向，可组织专业组逐根整修，按公里验收。

③整治钢轨原始弯曲——新铺钢轨存在大量原始弯曲，其中包括活弯和死弯，可组织专业组采用“一拨”（拨正不良方向）、“二改”（改正轨距和不合适扣件）、“三串”（串动影响扣件组装的轨枕）、“四调”（调直死弯）的方法，整治钢轨原始弯曲。调直死弯的工作可集中进行，作业时轨温不得低于25 ℃。

④进行应力放散——对锁定轨温偏高或偏低的地段，制定施工方案，适时进行应力放散或调整。

（3）检查验收——全面整修工作完成后，由工务段或线路车间组织一次检查验收。

五、养护维修工作重点

（1）跨区间及全区间无缝线路的维修管理，以一次铺设锁定的轨条长度为管理单元，无缝道岔以单组或相邻多组一次锁定的道岔及其间线路为管理单元。

（2）严格控制锁定轨温变化：进行无缝线路养护维修作业，必须测量和掌握轨温，观测钢轨位移，按实际锁定轨温安排作业，并严格遵守“无缝线路维修作业轨温条件”和“一准、两清、三测、四不超、五不走”制度，定期做好无缝线路锁定工作，保持无缝线路经常处于稳定状态。

（3）强化轨道整体结构：在养护维修作业中，要注重做好补充均匀道砟、堆高砟肩、夯拍道床、整修扣件、复紧螺栓等提高线路阻力的作业，以及进行必要的设备加强工作，强化轨道整体结构，提高轨道抗变形的能力。

（4）保持轨道的平顺性：在养护维修工作中，要坚持设备检查制度，根据实际状态安排作业计划，要注重整治道床板结翻浆、轨枕空吊板、轨向不良及几何尺寸超限等方面的作业，并有计划地安排钢轨打磨、焊补及整治死弯等修理作业，努力提高轨道的平顺性。

六、无缝道岔养护维修

1. 无缝道岔养护维修工作重点

（1）控制锁定轨温变化：每个岔区为一个单元轨节，应加强岔区的锁定工作，保持锁定轨温变化不超过±5 ℃。

（2）防止道岔纵爬横移：要经常保持道床断面，切实做好扣件养护，及时消除道床翻浆、排水不良、几何尺寸超限等病害，提高线路阻力，达到下部稳、上部准、纵不爬、横不移。

（3）保持道岔整体结构性能：要加强检查、养护工作，保证各部配件齐全、有效，经常处于工作状态。

（4）导轨、辙叉、心轨、翼轨的扣件扭矩应保持在120～150 N·m；尖轨及其前后各25 m范围内的基本轨扣件扭矩应保持在60～80 N·m；间隔铁采用直径为27 mm的10.9级螺栓，锰钢整铸辙叉接头采用直径为24 mm的10.9级螺栓，扭矩应保持在700～900 N·m。

2. 无缝道岔养护维修要求

（1）在执行现行道岔养护维修作业方法的同时，要参照无缝线路养护维修的方法安排作业，执行“一准、两清、三测、四不超、五不走”等有关制度，严禁违章蛮干。

(2)无缝道岔区的各项维修作业，应在实际锁定轨温 ±10 ℃范围内进行。无缝道岔的辙叉、尖轨及钢轨伤损或磨耗超限需要更换时，可更换为普通辙叉、尖轨及钢轨，采用冻结接头进行临时处理，并尽快恢复原结构。

(3)无缝道岔综合维修一般为 1 ~ 2 年安排一次，每年根据设备状态调查，由工务段下达生产计划。线路车间、工区安排月、日计划时，要根据锁定轨温和季节特点进行，一般应安排在 3 ~ 5 月、9 ~ 11 月份，岔区单元轨节养护维修要按实际锁定轨温掌握。

(4)清筛道床要采取逐孔倒筛的方法，间隔不少于 6 孔。凡进行扒开道床的作业，作业完毕应及时回填道床，必要时应进行道床夯拍，保持和提高道床阻力。

(5)起道时，连续扒开道床长度不超过 20 m，一次起道量不大于 30 mm，一次拨道量不大于 20 mm。

(6)有计划地安排扣件及各种联结零件的养护工作，要求每月至少检查、整修一次，做好涂油、复紧工作，有损坏、丢失的要及时更换、补充。进行整组扣件涂油时，应采取隔二松一的流水作业方法，其他各种联结螺栓涂油应逐个进行，各种螺栓涂油后应在当日及次日各复紧一次，达到并保持螺栓扭矩要求，提高道岔整体结构强度。

(7)要及时消除几何尺寸超限，尤其要注意整治方向不良和消灭空吊板。

(8)要根据调查有计划地安排钢轨、尖轨、辙叉的打磨、焊补及整治死弯轨工作，提高轨道的平顺性，延长设备使用寿命。

(9)要按照有关要求做好冻结接头的检查养护工作，保持冻结接头处于正常工作状态。

(10)在高温季节作业时，要注意道岔方向变化。发现方向不良时，必须分析原因并及时处理。

七、故障处理

1. 无缝道岔故障处理

(1)无缝道岔中尖轨、辙叉及钢轨发生重伤和磨耗需要更换时，应直接进行永久处理。当尖轨、钢轨损坏时，可临时更换普通尖轨、钢轨，采用夹板联结或冻结。当可动心轨辙叉损坏时，在岔枕上更换一组特制垫板，换入一根短轨(长度 13.26 m)，两端用夹板联结或冻结，开通直股，限速运行。在采取以上措施后，应尽快安排进行永久处理。

(2)当焊缝发生重伤时，可先用夹板加固，而后进行永久处理。当焊缝发生折断时，可先锯掉焊伤或折断部分，插入长度 6 m 的短轨，用普通夹板或插入短轨头用长孔夹板联结，并根据现场情况决定开通时是否限速。

2. 胶接绝缘接头故障处理

(1)应加强胶接绝缘接头的养护，做好轨端肥边打磨和捣固工作。胶接绝缘接头拉开时，应立即拧紧两端各 50 m 线路的扣件，并加强观测。当绝缘失效时，应立即更换，进行永久处理。暂不能永久处理时，可更换为普通绝缘，进行临时处理。进行永久处理时，应保证修复后无缝线路锁定轨温不变。

(2)当工、电双方共同确认胶接绝缘接头失效时，可先插入一根备用的胶接绝缘钢轨(线路上使用长度为 3.25 m + 3.75 m，两组道岔间使用长度为 3.00 m + 1.8m)进行临时处理。无备用胶接绝缘钢轨时,也可换入两根不短于 6 m 的钢轨,安装普通绝缘材料,用夹板联结进行临时处理。

(3)经临时处理之后,应尽快用较长的胶接绝缘钢轨进行永久处理。进行永久处理时,应严格掌握轨温、胶接绝缘钢轨长度和预留焊缝,确保修复后无缝线路锁定轨温不变。

(4)当胶接绝缘钢轨发生重伤或折断处距绝缘接头 1 m 以外时,可比照无缝线路钢轨重伤和折断的规定处理。

复习思考题

1. 无缝线路的优点是什么?
2. 何谓温度应力式无缝线路?
3. 什么是温度应力? 它是怎样产生的?
4. 什么叫锁定轨温?
5. 何谓纵向阻力?
6. 何谓接头阻力?
7. 何谓道床横向阻力?
8. 轨道框架刚度是指什么?
9. 胀轨跑道是什么原因造成的?
10. 简述无缝线路胀轨跑道的一般规律。
11. 简述无缝线路胀轨跑道的处理方法。
12. 产生钢轨折断的原因是什么?
13. 简述无缝线路钢轨折断时紧急处理办法。
14. 简述无缝线路钢轨折断时临时处理办法。
15. 简述无缝线路钢轨折断时永久处理办法。
16. 无缝线路作业应严格遵守的“一准、二清、三测、四不超、五不走”的内容是什么?
17. 何谓跨区间无缝线路?
18. 何谓全区间无缝线路?
19. 简述跨区间及全区间无缝线路的轨道结构标准。
20. 简述跨区间及全区间无缝线路的结构特点。
21. 简述跨区间及全区间无缝线路的养护维修工作重点。
22. 简述无缝道岔养护维修要求。
23. 简述无缝道岔故障处理方法。
24. 简述胶接绝缘接头故障处理方法。

第六章　线路设备修理

第一节　线路设备修理工作内容及工作组织

一、线路大修

（一）线路设备大修的基本任务、目的、原则及工作条件

1. 线路设备大修的基本任务

铁路线路设备大修的基本任务，就是根据运输需要及线路设备损耗规律，有计划、按周期地对损耗部分进行更新和修理，恢复和提高线路设备强度，增强轨道承载能力。

2. 线路设备大修的目的

线路大修应根据线路通过总重和线路破坏情况有计划地组织。线路大修的目的在于消灭由于列车通过而积累下来的一切永久变形，使大修后的线路质量完全恢复到原有标准或达到更高的标准。

3. 线路设备大修的原则

铁路线路设备大修应贯彻“运营条件匹配，轨道结构等强，修理周期合理，线路质量均衡”的原则，坚持全面规划、适度超前、区段配套的方针，并应采用无缝线路。

4. 线路设备大修的工作条件

铁路线路设备大修必须有正常的工作条件，应设置大修设计和施工专业队伍，装备必要的施工机械和工程运输车辆，在列车运行图中，安排与施工项目相适应的封锁“天窗”。凡影响行车的线路施工、维修作业均应在天窗内进行，用于线路大中修及大型养路机械作业的施工天窗不少于180 min，维修天窗根据维修作业需要合理安排，并应做到综合利用，并行作业。线路封锁时间，应考虑线路开通后因列车辗压造成的线路变形，必须进行整修，恢复质量标准的需要，原则上应该安排在上午，遇有特殊困难时，也应安排在日落前3小时封锁终了。有关部门应密切协作，相互配合，为线路大修工作的正常进行创造条件。

（二）线路设备大修工作分类及工作内容

线路设备大修共分为七类。

1. 线路大修

线路上的钢轨疲劳伤损、轨型不符合要求，不能满足铁路运输需要时，必须进行线路大修。

线路大修分为普通线路换轨大修和无缝线路换轨大修。无缝线路换轨大修按施工阶段可分为铺设无缝线路前期工程和铺设无缝线路。

（1）普通线路换轨大修主要内容

①清筛道床，补充道砟，改善道床断面，整治基床翻浆冒泥和超过15 mm的冻害，石灰岩道

砟应结合大修有计划地更换为一级道砟。

②校正、改善线路纵断面和平面。

③更换Ⅰ型混凝土枕、失效轨枕和严重伤损混凝土枕，补足轨枕配置根数，有计划地将木枕更换为混凝土枕（另列件名）。

④全面更换新钢轨、桥上钢轨伸缩调节器、联结零件、绝缘接头及钢轨接续线，更换不符合规定的护轨。

⑤成组更换新道岔和新岔枕（另列件名）。

⑥安装轨道加强设备。

⑦整修路肩、路基面排水坡，清理侧沟，清除路堑边坡弃土。

⑧整修道口及其排水设备。

⑨抬高因线路换轨大修需要抬高的道岔、桥梁，加高挡砟墙。

⑩补充、修理并刷新由工务管理的各种线路标志、信号标志、位移观测桩及备用轨架。

⑪回收旧料，清理场地，设置常备材料。

（2）铺设无缝线路前期工程主要内容

①清筛道床，补充道砟，改善道床断面，整治基床翻浆冒泥和超过15 mm的冻害，石灰岩道砟应结合大修有计划地更换为一级道砟。

②校正、改善线路纵断面和平面。

③更换Ⅰ型混凝土枕、失效轨枕和严重伤损混凝土枕，补足轨枕配置根数，有计划地将木枕更换为混凝土枕（另列件名）。

④抽换轻伤有发展的钢轨，更换失效的联结零件。

⑤均匀轨缝，螺栓涂油，锁定线路。

⑥整修路肩、路基面排水坡，清理侧沟，清除路堑边坡弃土。

⑦整修道口及其排水设备。

⑧抬高因线路换轨大修需要抬高的道岔、桥梁，加高挡砟墙。

⑨补充、修理并刷新由工务管理的各种线路标志、信号标志、位移观测桩及备用轨架。

⑩回收旧料，清理场地，设置常备材料。

（3）铺设无缝线路主要内容

①焊接、铺设新钢轨，更换联结零件、桥上钢轨伸缩调节器及不符合规定的护轨，铺设胶接绝缘钢轨（接头）并按设计锁定轨温锁定线路，埋设位移观测桩。

②整修线路，安装轨道加强设备。

③整修道口。

④回收旧料，清理场地，设置常备材料。

2. 成段更换再用轨（整修轨）

（1）普通线路更换再用轨（整修轨）主要内容

①更换再用轨（整修轨）、联结零件、绝缘接头及钢轨接续线，更换不符合规定的护轨。

②更换失效轨枕、严重伤损混凝土枕。

③整修线路，安装轨道加强设备。

④整修道口及其排水设备。

⑤回收旧料,清理场地,设置常备材料。

(2)无缝线路更换再用轨(整修轨)主要内容

①清筛道床,补充道砟,改善道床断面,整治基床翻浆冒泥,石灰岩道砟应结合大修有计划地更换为一级道砟。

②校正、改善线路纵断面和平面。

③更换失效轨枕、严重伤损混凝土枕,补足轨枕配置根数,有计划地将木枕更换为混凝土枕(另列件名)。

④焊接、铺设再用轨(整修轨),更换联结零件,更换不符合规定的护轨,铺设胶接绝缘钢轨(接头)并按设计锁定轨温锁定线路,埋设位移观测桩。

⑤整修线路,安装轨道加强设备。

⑥整修路肩、路基面排水坡,清理侧沟,清除路堑边坡弃土。

⑦整修道口及其排水设备。

⑧补充、修理并刷新由工务管理的各种线路标志、信号标志、位移观测桩及备用轨架。

⑨回收旧料,清理场地,设置常备材料。

3. 成组更换道岔和岔枕

(1)铺设新道岔和岔枕;铺设无缝道岔时,含焊接钢轨、铺设胶接绝缘钢轨(接头)并按设计锁定轨温锁定道岔,埋设位移观测桩。

(2)更换道砟。

(3)整修道岔及其前后线路,做好排水工作。

(4)回收旧料,清理场地。

4. 成段更换混凝土枕

(1)全面更换混凝土枕及扣件,螺栓涂油,修理伤损螺旋道钉。

(2)清筛道床,补充道砟,整治基床翻浆冒泥和超过 15 mm 的冻害。

(3)整修线路,安装轨道加强设备。

(4)整修路肩、道口及排水设备。

(5)回收旧料,清理场地,设置常备材料。

5. 道口大修

(1)整修道口平台。

(2)更换道口铺面板、护轨。

(3)改善防护设备。

(4)清筛道床,更换失效轨枕、严重伤损混凝土枕,整修线路及排水设备。

(5)回收旧料,清理场地。

6. 隔离栅栏大修

(1)更换隔离栅栏网。

(2)更换或整修隔离栅栏立柱。

(3)回收旧料,清理场地。

7. 其他大修(以上未涵盖的线路设备大修项目列其他大修)

二、线路中修

在线路大修周期内,道床严重板结或脏污,其弹性不能满足铁路运输需要时,应进行线路中修。

(一)线路中修的任务和目的

1. 线路中修的任务

线路中修的主要任务是全面清筛和补充道床,解决道床不洁及厚度不足问题,同时更换失效轨枕,整修钢轨,使线路质量基本上恢复到或接近于原来的标准。线路中修周期主要决定于道砟的使用寿命及道砟的清筛或更换期限。

2. 线路中修的目的

线路中修的目的是消灭上次线路大修以后由于列车通过而积累下来,但又不是经常维修所能消除的病害。

(二)线路中修主要内容

(1)清筛道床,补充道砟,改善道床断面,整治基床翻浆冒泥。

(2)校正、改善线路纵断面和平面。

(3)更换失效轨枕和严重伤损混凝土枕。

(4)普通线路(含无缝线路缓冲区)抽换轻伤有发展的钢轨,更换失效的联结零件。

(5)均匀轨缝,螺栓涂油,整修补充防爬器,对无缝线路进行应力放散或调整,按设计锁定轨温锁定线路。

(6)整修路肩、路基面排水坡,清理侧沟,清除路堑坡弃土。

(7)整修道口及排水设备。

(8)补充、修理并刷新由工务管理的各种线路标志、信号标志、位移观测桩及备用轨架。

(9)回收旧料,清理场地,设置常备材料。

三、线路设备维修

(一)线路设备维修任务

线路设备维修工作的基本任务是经常保持线路设备完整和质量均衡,使列车能以规定速度安全、平稳和不间断地运行,并尽量延长设备使用寿命。

线路设备维修工作必须掌握线路设备技术状态变化规律,应贯彻"预防为主,防治结合,修养并重"的原则。在线路维修工作中,应按线路设备技术状态变化规律和程度,相应地进行综合维修、经常保养和临时补修,有效地预防和整治线路病害,有计划地补偿线路设备损耗,以取得较好的技术经济效益。

线路设备维修应实行天窗修制度,并实行检修分开的管理体制。

线路设备修理工作要实行科学管理,开展标准化作业,改善检测手段,建立和健全责任制,严格执行检查验收制度。要采用新技术、新设备、新材料、新工艺和先进的施工作业方法,优化劳动组织,提高劳动生产率和施工作业质量,降低成本;改进检测方法,推行信息化技术,健全并严格执行安全管理和检查验收制度。

(二)线路设备维修分类

1. 综合维修

《铁路线路修理规则》(以下简称《修规》)规定,综合维修是指根据线路变化规律和特点,以全面改善轨道弹性,调整轨道几何尺寸和更换、整修失效零部件为重点,以大型养路机械为主要作业手段,按周期、有计划地对线路进行的综合性修理,以恢复线路完好的技术状态。

综合性修理是指由轨枕以下至钢轨顶面进行多项配合修理。要通过清筛枕盒道床和适当起道,改善轨道弹性。要通过全面调整轨道几何尺寸,恢复轨道平顺性。要整治由枕下至轨面的各种病害,更换不良的设备零部件。通过综合性修理,恢复线路完好的技术状态。

2. 经常保养

《修规》规定,经常保养是指根据线路变化情况,以养路机械为主要作业手段,对全线进行有计划、有重点的经常性养护,以保持线路质量处于均衡状态。

经常保养是在综合维修以外进行的日常养护。经常保养的时间是全年度,范围是线路全长。对经常保养既没有周期规定,又没有遍数要求,而是要根据线路变化情况,有计划、有重点地进行。在一年之中,除综合维修和临时补修以外,都属于经常保养。经常保养的目的是经常保持线路质量处于均衡状态。

经常保养不论是否当年综合维修,都要根据线路设备的实际状态,因时因地制宜,有计划、有重点地进行。对质量较差地段要多做经常保养,对较好地段可少做,要在线路全长范围内保持质量均衡。

3. 临时补修

《修规》规定,临时补修主要是指以小型养路机械为主要作业手段,及时对线路几何尺寸超过临时补修容许偏差管理值及其他不良处所进行的临时性修理,以保证行车安全和平稳。

临时补修是为保持轨道具有一定的平顺性和整体性而进行的临时性修理。通过临时补修,控制轨道几何尺寸和轨道结构的整体性,避免不良状态继续发展扩大,以保证行车平稳和安全。

(三)线路设备维修内容

1. 线路、道岔综合维修基本内容

(1)根据线路、道岔状态起道、拨道、改道,全面捣固。混凝土枕地段,捣固前撤除所有调高垫板;混凝土宽枕地段,垫砟与垫板相结合。

(2)调整线路、道岔各部尺寸,拨正曲线。

(3)清筛枕盒不洁道床和边坡,整治道床翻浆冒泥,补充道砟,整理道床。

(4)更换、方正和修理轨枕。

(5)整调轨缝,整修、更换和补充轨道加强设备,整治线路爬行,锁定线路、道岔。

(6)矫直、焊补、打磨钢轨,综合整治接头病害。

(7)有计划地采用打磨列车对钢轨、道岔进行预防性或修理性打磨。

(8)整修、更换和补充联结零件,并有计划地涂油。

(9)整修路肩,疏通排水设备,清除道床杂草和路肩大草。

(10)修理、补充和刷新线路标志,整修道口及其排水设备,收集旧料。

(11)其他病害的预防和整治。

综合维修基本内容,是要求通过清筛起道,改善轨道弹性;通过起道、拨道、改道,调整轨道几何尺寸;通过整修和更换设备零部件,恢复设备技术状态。专业性较强的(如焊补、喷焊等),或由专业工队负责的工作,亦应尽量结合综合维修做好。要通过综合维修整治各种线路病害,使线路质量明显有提高。

2. 线路、道岔经常保养基本内容

(1)根据轨道几何尺寸超过经常保养容许偏差管理值的状态,成段地整修线路。

(2)整治道床翻浆冒泥,均匀道砟,整理道床。

(3)更换和修理轨枕。

(4)调整轨缝,锁定线路。

(5)焊补、打磨钢轨,整治接头病害。

(6)有计划地成段整修扣件,螺栓涂油。

(7)无缝线路应力放散和调整。

(8)更换伤损钢轨,断轨焊复。

(9)整修防砂、防雪设备,整治冻害。

(10)整修道口,疏通排水设备,清除道床杂草和路肩大草。

(11)季节性工作、周期短于综合维修的其他单项工作。

在经常保养工作中,对各种线路病害要进行预防性的整治。例如对轨端肥边及时打磨,对轨面擦伤和剥落掉块地段有计划地焊补,对接头病害地段进行综合整治,对道床翻浆冒泥地段及时处理,对线路爬行地段及时调整轨缝锁定线路等。

3. 线路、道岔临时补修的主要内容

(1)整修轨道几何尺寸超过临时补修容许偏差管理值的处所。

(2)更换(或处理)折断、重伤钢轨及桥上、隧道内轻伤钢轨。

(3)更换达到更换标准的伤损夹板,更换折断的接头螺栓、道岔护轨螺栓、可动心轨凸缘与接头铁联结螺栓、可动心轨咽喉和叉后间隔铁螺栓、长心轨与短心轨联结螺栓、钢枕立柱螺栓等。

(4)调整严重不良轨缝。

(5)疏通严重淤塞的排水设备,处理严重冲刷的路肩和道床。

(6)整修严重不良的道口设备。

(7)其他需要临时补修的工作。

“严重不良轨缝”主要是指在《修规》规定的调整轨缝轨温限制范围以内时出现的连续三个及以上瞎缝或大于构造轨缝的大轨缝,应及时进行调整。

“严重不良的道口设备”是指道口设备接近规定的限界,护轨损坏或松动,铺面缺损或严重松动,拦木或拦门不能正常开闭等。

(四)季节性作业

在线路维修作业中,应针对地区特点,加强季节性工作。

(1)春融时期,应加强线路和山体检查,及时更换和撤除冻害垫板并重点捣固补修,调整轨缝和螺栓涂油,疏通排水设备,整治路基翻浆冒泥处所,消灭失效轨枕,回收路基边坡散存的道砟,巩固线路质量,防止春融乱道。

(2)防洪时期要从思想上、组织上、物资上全面落实防洪工作。

(3)天气炎热时期,应注意调整轨缝,防止跑道。

(4)入冬前,应做好防寒的组织领导工作,对线路养护人员进行防寒过冬教育及各项准备工作。全面整修线路和拨正曲线;加强线路排水工作。有地下排水设备的,必要时应进行防寒。对过冬用的材料、工具、信号等应及时补充、更换和修理。

冬季应着重整治线路冻害,检查、更换和倒换伤损钢轨及道岔联结零件、改道、除冰雪及预卸石砟等工作,保持线路状态良好。

(5)风沙地区应在风沙季节加强线路检查,及时清除线路上的积沙,必要时应设置防沙设备。

四、线路设备管理组织和工作计划

(一)线路设备维修管理组织、制度及形式

1. 线路设备维修管理组织

(1)工务段的管辖范围

正线延长单线以 500 ~ 700 km 为宜,双线以 800 ~ 1 000 km 为宜,特殊情况下由铁路局规定;山区铁路或管辖范围内有编组站或一等及以上车站时,管辖正线长度可适当减少。

(2)线路车间的管辖范围

正线延长单线以 60 ~ 80 km 为宜,双线以 100 ~ 120 km 为宜。

(3)线路工区的管辖范围

正线延长以 10 ~ 20 km 为宜。

工务段应按检修分开的原则,下设线路车间、检查监控车间和综合机修车间,根据需要还可设机械化维修、道口、路基等车间。

线路车间下设线路工区和机械化维修工区,未设检查监控车间的工务段应在线路车间设置检查监控工区。其他车间可根据需要设置工区。

2. 线路设备维修制度

线路设备维修实行检修分开制度。检修分开的基本原则是实行专业检查和机械化集中修理,实现检查与维修的异体监督。

检查监控车间(工区)应按规定的项目和周期进行设备检查分析,并及时传递检查信息;线路车间负责安全生产的组织实施;线路工区主要负责线路设备巡查、临时补修、故障处理;机械化维修车间(工区)主要负责综合维修、配合大机维修作业和经常保养;综合机修车间负责钢轨、道岔焊补,养路机械的维修保养,工具制作、修理及线路配件修理等工作。

3. 综合维修组织形式

(1)工务机械段负责综合维修的大型养路机械作业项目,工务段配合施工,并负责其他作业项目和质量验收。

(2)当大型养路机械维修不能覆盖时,由工务段按检修分开的原则组织综合维修和质量验收。

(二)路基维修管理组织

工务段设有路基工区时,路基维修工作由路基工区负责;未设路基工区时,路基维修工作由线路工区负责,并根据路基设备数量配置相应定员。

(三)线路设备大修管理组织

1. 线路设备大修施工管理组织

线路设备大修施工应由专业队伍承担，并有固定的生产人员作为基本队伍。

(1)铁路局应根据近、远期规划，统筹安排，修建必要的大修基地。大修基地应有足够的配线和场地，具备必要的生产和生活设施，交通便利。

(2)配备与大修施工任务相适应的施工机械、交通运输工具、通信设备和相应的检修设施。

(3)配备宿营车辆等必要的流动生活设施。

2. 线路设备大修施工组织设计

线路设备大修施工单位应依据设计文件进行现场调查和施工测量，研究制定施工方案；按工程件名及批准的施工计划编制施工组织设计。其主要内容如下：

(1)设备现状。

(2)施工技术条件和技术标准。

(3)工程数量及材料供应。

(4)施工方法、劳动组织、机具使用和施工配合。

(5)按工序编制施工进度图表。

(6)保证施工安全、质量和进度的措施。

(7)施工临时设施。

(8)职工生活安排。

3. 线路设备大修施工管理

线路设备大修施工必须认真贯彻执行"安全第一、预防为主"的方针，严格执行各项施工作业标准，科学组织施工，确保施工安全、质量和进度。

(1)施工单位应按照设计文件、有关技术标准和施工工艺流程组织施工，合理控制施工和慢行长度。

(2)施工负责人应深入现场，加强领导，落实安全责任制。

(3)线路设备大修施工实行安全监督制度。负责设备管理的工务段，必须派人常驻施工工地，加强与施工单位的联系，相互配合，密切协作，协助检查施工安全和施工质量。工务段应对施工全过程进行监督，发现施工安全隐患及质量问题时应责令施工单位立即纠正，危及行车安全时有权责令其停止施工。

(4)施工单位必须建立以下制度：

①施工三检制

在每次开工前、施工中和线路开通前，施工负责人应组织有关人员分别按分工地段对施工准备、施工作业方法和线路设备状态进行检查。

②巡查养护制

施工现场应设置巡养人员，对施工地段进行巡查和养护，发现并及时消除危及行车安全的处所。

③工序交接制

前一工序应给后一工序打好基础，在前一工序完成后，应由施工负责人组织工序负责人进行交接。

④隐蔽工程分阶段施工制度

每阶段完成后，施工单位应会同接管单位共同检查，并填写记录，确认符合设计要求，方准开始下一阶段施工。

⑤岗前培训制度

新工人上岗前必须经过安全教育和技术培训，经考试合格方准上岗。采用新工艺、使用新设备时，必须首先制定安全保证措施和操作规程，职工经培训后方准进行操作和调试。

⑥安全检查分析制度

施工安全工作应抓早、抓小、抓苗头、抓薄弱环节，应定期加强检查，重点加强季节性、节假日和工地转移前后的检查，及时消除隐患。应组织开展事故预想活动，预防事故的发生。对事故苗头和事故应及时分析、处理，吸取教训。

4. 线路设备大修施工机械管理

施工单位应建立健全各种施工、运输和装卸机械的管理制度，加强设备台账和技术档案的管理，实行岗位责任制，严格执行设备检修保养制度，保证配件储备，提高设备完好率。

5. 线路设备大修材料管理

(1)施工单位应建立健全材料管理制度，不得使用质量、规格不符合标准或出厂证件不符合要求的材料。

(2)材料应及时清点入库，堆码整齐，采取必要措施防止丢失或损坏。

(3)下道旧料应及时回收，做到工完料净。

(4)应按规定办理材料的回收、运送、使用和交接手续。

(四)线路设备大修施工工作计划

(1)线路设备大修施工必须编制年度、季度和月度施工计划。

(2)线路设备大修施工必须以正式批准的设计文件和施工计划为依据。封锁线路或限制行车速度的施工、长轨列车和工程列车运行、道砟运输等，均应纳入铁路局的运输方案。

(3)线路设备大修施工单位应向有关单位提报月度施工计划。经批准的施工计划，各单位均应严格执行。

(五)线路设备维修工作计划

(1)工务段应根据铁路局下达的年度计划，编制年度分月维修计划，下达各线路车间(机械化维修车间)。其主要内容包括：线路、道岔综合维修数量；经常保养工作重点安排；各项技术指标；劳力和主要材料计划。

工务机械段应根据铁路局下达的年度计划，编制年度分月维修计划。

线路设备状态和线路保养质量的主要技术指标如下：

①线路设备状态评定合格率；

②线路保养质量评定合格率；

③道岔保养质量评定合格率

④轨道检查车检测质量合格率。

(2)线路车间(机械化维修车间)应根据工务段下达的年度分月维修计划和各项技术指标，编制月度维修计划。其主要内容包括：

①综合维修及经常保养的主要项目、数量、地点、材料和人工数。

②工作量调查、验收的人工数。

③日常巡查的主要内容、材料和人工数。

④临时补修人工数。

⑤天窗计划。

(3)检查监控车间(工区)应根据有关规定和要求编制月度检查计划。其主要内容包括:

①检查的项目、范围、数量及时间。

②使用的仪器、量具、材料和人工数。

(4)检查监控工区、机械化维修工区、线路工区的日作业计划,由工长负责调查与编制。

在线路设备维修计划中,应根据线路设备条件和状态,结合季节特点,合理安排综合维修、经常保养和重点工作。

日常应全面掌握线路状态,根据线路动静态检查、设备病害和其他质量情况,安排经常保养和临时补修。

工务段可在不同季节根据线路具体情况,对经常保养的重点要求和工作进度以及检查办法,临时做出决定。

第二节 线路设备修理周期

《修规》规定:铁路线路大、中修周期应按照表 6—1 规定的线路累计通过总重确定,并可根据各线的实际设备状况、线路条件(如小半径曲线、大坡道或隧道等集中地段)、运输条件(如煤、沙、矿建等散装货物运输集中地段)和自然条件(如风沙危害地段)等具体情况适当规定。

表 6—1 线路设备修理周期表($v_{max} \leqslant 200$ km/h)

轨道条件			周期(通过总重,Mt)		
轨型	轨枕	道床	大修	中修	维修
75 kg/m 无缝线路	混凝土枕	碎石	900	400 ~ 500	120 ~ 180
75 kg/m 普通线路	混凝土枕	碎石	700	350 ~ 400	60 ~ 90
60 kg/m 无缝线路	混凝土枕	碎石	700	300 ~ 400	100 ~ 150
60 kg/m 普通线路	混凝土枕或木枕	碎石	600	300 ~ 350	50 ~ 75
50 kg/m 无缝线路	混凝土枕或木枕	碎石	550	300	70 ~ 100
50 kg/m 普通线路	混凝土枕或木枕	碎石	450	250	40 ~ 60
43 kg/m 及以下钢轨普通线路	混凝土枕或木枕	碎石	250	160	30

注:当钢轨累计疲劳重伤平均达到 2 ~ 4 根/km 时,应安排线路大修。

正线线路综合维修周期,由铁路局按照表 6—1 规定的线路累计通过总重,结合线路大、中修周期,根据各线的实际设备状况、线路条件、运输条件和自然条件等具体情况规定。

道岔和站线的综合维修周期由铁路局规定,其中正线、到发线道岔的综合维修周期可与线路同步,但不宜超过 2 年。

《既有线提速200~250 km/h线桥设备维修规则》规定:线路(道岔)设备维修周期如表6—2所示,但一般半年宜安排一次大型养路机械全面捣固稳定作业,一年宜安排一次钢轨预防性打磨。

表6—2 线路(道岔)设备维修周期

项 目	周期(通过总重)
综合维修	100~150 Mt
大型养路机械全面捣固稳定作业	50~80 Mt
钢轨预防性打磨	60~100 Mt

工务段应根据铁路规定的综合维修周期,结合线路大、中修计划和线路设备实际状态,因地制宜地安排线路维修。线路质量较差地段应适当缩短周期,薄弱地段可一年进行一遍。当年线路大、中修地段可不安排综合维修,但应加强经常保养。

第三节 线路设备修理标准

一、线路设备维修标准

(一)轨道静态几何尺寸允许偏差

《修规》规定:轨道静态几何尺寸允许偏差管理值,按行车速度、线路类别、作业类别划分为大于160 km/h正线、小于等于160~120 km/h正线、小于等于120 km/h正线及到发线、其他站线四级,并分为作业验收、经常保养和临时补修三个标准。

线路维修工作的特点是边运营边维修。一方面轨道几何尺寸处于不断地变化之中,另一方面养护维修作业又需要有一定的周期。故规定:作业验收管理值为综合维修验收,也是经常保养和临时补修作业质量的检查标准。这个标准是要求,凡是进行有关轨道几何尺寸的养护维修作业,在检查和验收时均按作业验收标准办理。

经常保养管理值为轨道应经常保持的质量管理标准。这个标准是要求,在综合维修及其他有关作业以后,在轨道几何尺寸不断变化的条件之下,日常应保持的基本状态。这个标准的管理目标是:使轨道保持较好的技术状态,具有一定的平顺性,并减少轨道几何尺寸变化至需要临时补修的程度。

临时补修管理值为应及时进行轨道整修的质量控制标准。这个标准的管理目标是:控制轨道几何尺寸误差的变化量,在少量超过临时补修允许误差时,就及时地进行整修,使其与危及行车安全程度保持一距离,防止误差量发展变化过大而接近危及行车安全的程度。日常对超过临时补修允许误差2~3 mm者,应在一周时间内整修好,对超过允许误差较大者,应根据具体情况尽早地进行整修。

线路轨道静态几何尺寸允许偏差管理值见表6—3。

表6—3 线路轨道静态几何尺寸允许偏差管理值

项 目	v_{max}>160 km/h正线			160 km/h≥v_{max}>120 km/h正线			v_{max}≤120 km/h正线及到发线			其他站线		
	作业验收	经常保养	临时补修	作业验收	经常保养	临时补修	作业验收	经常保养	临时补修	作业验收	经常保养	临时补修
轨 距(mm)	+2 −2	+4 −2	+6 −4	+4 −2	+6 −4	+8 −4	+6 −2	+7 −4	+9 −4	+6 −2	+9 −4	+10 −4
水 平(mm)	3	5	8	4	6	8	4	6	10	5	8	11

续上表

项目		v_{max} >160 km/h 正线			160 km/h≥ v_{max} > 120 km/h 正线			v_{max} ≤120 km/h 正线及到发线			其他站线		
		作业验收	经常保养	临时补修	作业验收	经常保养	临时补修	作业验收	经常保养	临时补修	作业验收	经常保养	临时补修
高　低(mm)		3	5	8	4	6	8	4	6	10	5	8	11
轨向(直线)(mm)		3	4	7	4	6	8	4	6	10	5	8	11
三角坑(扭曲)(mm)	缓和曲线	3	4	6	4	5	6	4	5	7	5	7	8
	直线和圆曲线	3	4	6	4	6	8	4	6	9	5	8	10

注:①轨距偏差不含曲线上按规定设置的轨距加宽值,但最大轨距(含加宽值和偏差)不得超过1 456 mm;
②轨向偏差和高低偏差为10 m弦测量的最大矢度值;
③三角坑偏差不含曲线超高顺坡造成的扭曲量,检查三角坑时基长为6.25 m,但在延长18 m的距离内无超过表列的三角坑;
④专用线按其他站线办理。

《既有线提速200～250 km/h线桥设备维修规则》规定:线路轨道静态几何尺寸允许偏差管理值如表6—4所示。

表6—4　线路轨道静态几何尺寸允许偏差管理值

项　目		作业验收	经常保养	临时补修	限速(160 km/h)
轨距(mm)		+2 −2	+4 −2	+6 −4	+8 −6
水平(mm)		3	5	8	10
高低(mm)		3	5	8	11
轨向(mm)		3	4	7	9
三角坑(扭曲)(mm)	缓和曲线	3	4	6	8
	直线和圆曲线	3	4	6	8

注:①轨向偏差和高低偏差为10 m及以下弦测量的最大矢度值;
②三角坑偏差不含曲线超高顺坡造成的扭曲量,检查三角坑时基长为6.25 m,但在延长18m的距离内无超过表列的三角坑。

《铁路客运专线技术管理办法(试行)》规定:正线轨道几何尺寸静态允许偏差标准如表6—5和表6—6所示。

表6—5　有砟轨道静态几何尺寸允许偏差

	高低、轨向			水平	扭曲	轨距	轨距变化率
幅值	2 mm	2 mm/5 m	10 mm/150 m	2 mm	2 mm	±1 mm	1/1 500
备注	弦长10 m	基长30 m	基长300 m	—	基长3 m	—	—

表6—6　无砟轨道静态几何尺寸允许偏差

	高低、轨向			水平	扭曲	轨距	轨距变化率
幅值	2 mm	2 mm/8a	10 mm/240a	2 mm	2 mm	±1 mm	1/1 500
备注	弦长10 m	基长48a	基长480a	—	基长3 m	—	—

注:a为扣件节点间距(m)。

（二）线路综合维修验收评分标准

线路综合维修验收采取评分办法，评分标准如表6—7的规定。满分为100分，100～85分为优良，85（不含）～60分为合格，60分以下为失格。失格线路整修复验后，在60分及以上者为合格。

表6—7　线路综合维修验收评分标准

项目	内容	编号	扣分条件		抽验数量	单位	扣分（分）	说明
			正线及到发线	其他站线				
轨道几何尺寸	轨距、水平、三角坑	1	超过作业验收标准允许偏差	同左	连续检测100 m	处	4	选择质量较差地段，有曲线时检测一个曲线的正矢，曲线正矢过作业验收标准允许偏差每处扣4分
		2	超过经常保养标准允许偏差	同左		处	41	
		3	允许速度大于120 km/h线路轨距变化率大于1‰，其他线路大于2‰（不含规定的递减率）	轨距变化率大于3‰（不含规定的递减率）		处	2	
	轨向、高低	4	超过作业验收标准允许偏差	同左	全面查看重点检测	处	4	
		5	超过经常保养标准允许偏差	同左		处	41	
钢轨	接头错牙	6	轨面及内侧错牙大于1 mm	轨面及内侧错牙大于2 mm	全面查看重点检测	处	4	错牙大于3 mm时扣41分
	接头相对	7	直线偏差大于40 mm，曲线偏差大于40 mm加缩短量一半	直线偏差大于60 mm，曲线偏差大于60 mm加缩短量一半	全面查看重点检测	处	4	轨缝在调整轨缝轨温限制范围以内检查
	轨缝	8	连续瞎缝或大于构造轨缝，普通绝缘接头轨缝小于6 mm	同左	全面查看重点检测	处	8	
		9	轨端肥边大于2 mm	同左	全面查看重点检测	处	8	含胶接绝缘钢轨
	焊缝	10	新焊接的焊缝符合《钢轨焊接技术条件》（TB/T1632.1～TB/T1632.4）的标准；原焊缝打磨后，应符合《修规》第4.10.1条的钢轨打磨作业验收标准		全面检测	处	8	
轨枕	位置	11	位置、间距偏差或偏斜大于50 mm	位置、间距偏差或偏斜大于60 mm	全面查看重点检测	处	1	枕上或枕下离缝大于2 mm者为吊板，枕下暗吊板不明显者，可拔起道钉或松开扣件查看
	失效	12	接头或焊缝处失效，其他处连续失效	同左	全面查看重点检测	处	8	
	修理	13	应修混凝土枕未修，木枕应削平及劈裂者未修	同左	全面查看	根	1	
	吊板率	14	大于8%	大于12%	连续检测50头	每增加1%	2	

续上表

项目	内容	编号	扣分条件：正线及到发线	扣分条件：其他站线	抽验数量	单位	扣分（分）	说明
联结零件	接头螺栓	15	缺少/松动或扭矩不符合规定	缺少、松动或扭矩不符合规定	全面查看，抽测4个接头扭矩	个	16/2	
	铁垫板、胶垫	16	铁垫板和橡胶垫板、橡胶垫片缺少	同左	连续查看100头	块	2	
		17	橡胶垫板或橡胶垫片失效超过8%	橡胶垫板或橡胶垫片失效超过16%	连续查看，检测100头	每增1%	1	
	道钉、扣件	18	道钉、扣件缺少	道钉、扣件缺少	连续查看100头	个	2	一组扣件的零件不全，按缺少一个计算
		19	道钉浮离或扣板（轨距挡板）前、后离缝大于2 mm者，超过8%	道钉浮离或扣板（轨距挡板）前、后离缝大于2 mm者，超过12%	连续检测50个	每增2%	1	
		20	扣件扭矩（扣压力）不符合规定或弹条扣件中部前端下颚离缝大于1 mm者，超过8%	扣件扭矩（扣压力）不符合规定或弹条扣件中部前端下颚离缝大于1 mm者，超过12%	连续检测50个	每增1%	1	
轨道加强设备	轨距杆、轨撑	21	缺损或松动	缺损或松动	全面查看，重点检测	根、个	2	区间正线无视测桩或观测桩不起作用按爬行超限计算；站内线路爬行检查道岔及绝缘接头前后
	防爬设备	22	防爬器缺损、松动或离缝大于2 mm	防爬器缺损、松动或离缝大于2 mm	连续查看，检测50个	个	2	
		23	支撑缺损、失效、尺寸不全标准	支撑缺损、失效、尺寸不全标准	连续查看，检测50个	个	1	
	线路爬行	24	普通线路爬行量大于20 mm，无缝线路位移观测无记录	普通线路爬行量大于20 mm，无缝线路位移观测无记录	全面检测	km	41	
道床	脏污	25	枕盒或边坡清筛深度不足，清筛不洁/翻浆冒浆	同左	全面查看，重点扒开道床检查	每10 m/孔	2/41	按工务段下达的计划验收
	尺寸	26	Ⅰ型混凝土枕中部道床凹下尺寸不符合《修规》第3.2.2条规定	同左	连续查看，检测100 m	每10 m	1	
	外观	27	道床断面不符合标准、不均匀、不整齐、有杂草	道床断面不符合标准、不均匀、不整齐、有杂草	全面查看	每10 m	1	
路基	路肩	28	不平整、有反坡、有大草	不平整	全面查看	每20 m	1	单侧计算
	排水	29	侧沟未疏通或弃土不符合规定	侧沟未疏通或弃土不符合规定	全面查看	每10 m	2	
道口	铺面	30	不平整、松动	不平整、松动	查看检测	块	4	
	轮缘槽	31	尺寸不符合《修规》第3.11.5条规定	同左	查看检测	处	16	
	护桩	32	缺损、歪斜	缺损、歪斜	全面查看	个	2	
标志标记	标志	33	缺损、歪斜、字迹不清	缺损、歪斜、字迹不清	全面查看	个	2	
	标记	34	钢轨上各种标记不齐全，位置不对，不清晰或错误	同左	全面查看	处	1	

二、道岔维修标准

(一)道岔轨道静态几何尺寸允许偏差

道岔轨道静态几何尺寸允许偏差管理值见表6—8。

表6—8　道岔轨道静态几何尺寸允许偏差管理值

项　目		v_{max} >160 km/h 正线			160 km/h≥ v_{max} > 120 km/h 正线			v_{max} ≤120 km/h 正线及到发线			其他站线		
		作业验收	经常保养	临时补修	作业验收	经常保养	临时补修	作业验收	经常保养	临时补修	作业验收	经常保养	临时补修
轨　距(mm)		+2 −2	+4 −2	+5 −2	+3 −2	+4 −2	+6 −2	+3 −2	+5 −3	+6 −3	+3 −2	+5 −3	+6 −3
水　平(mm)		3	5	7	4	5	8	4	6	9	6	8	10
高　低(mm)		3	5	7	4	5	8	4	6	9	6	8	10
轨　向(mm)	直线	3	4	6	4	5	8	4	6	9	6	8	10
	支距	2	3	4	2	3	4	2	3	4	2	3	4
三角坑(扭曲)(mm)		3	4	6	4	6	8	4	6	9	5	8	10

注:①支距偏差为现场支距与计算支距之差;
②导曲线下股高于上股的限值:作业验收为0,经常保养为2 mm,临时补修为3 mm;
③三角坑偏差不含曲线超高顺坡造成的扭曲量,检查三角坑时基长为6.25 m,但在延长18 m的距离内无超过表列的三角坑;
④尖轨尖处轨距的作业验收的允许偏差管理值为±1 mm;
⑤专用线道岔按其他站线道岔办理。

《既有线提速200~250 km/h线桥设备维修规则》规定:道岔轨道静态几何尺寸允许偏差管理值如表6—9所示。

表6—9　道岔轨道静态几何尺寸允许偏差管理值

项　目		作业验收	经常保养	临时补修	限速(160 km/h)
轨　距(mm)		+2 −2	+4 −2	+5 −2	+8 −6
水　平(mm)		3	5	7	10
高　低(mm)		3	5	7	11
轨　向(mm)	直线	3	4	6	9
	支距	2	3	4	—
三角坑(扭曲)(mm)		3	4	6	8

注:①支距偏差为现场支距与计算支距之差;
②导曲线下股高于上股的限值:12号道岔作业验收为2 mm,经常保养为3 mm,临时补修为5 mm;18号及以上道岔作业验收为0,经常保养为2 mm,临时补修为3 mm;
③三角坑偏差不含曲线超高顺坡造成的扭曲量,检查三角坑时基长为6.25 m,但在延长18 m的距离内无超过表列的三角坑;
④尖轨尖处轨距的作业验收的允许偏差管理值为±1 mm。

《铁路客运专线技术管理办法(试行)》规定:正线道岔几何尺寸静态允许偏差标准如表6—10所示。

表6—10 道岔(直向)静态几何尺寸允许偏差

	高 低	轨 向	水 平	扭曲 (基长3 m)	轨 距	轨距变化率
幅值	2 mm	2 mm	2 mm	2 mm	±1 mm	1/500
备注	10 m	10 m	—	—	—	—

对道岔轨道静态几何尺寸允许偏差的规定,在分级与标准划分方面,与对线路的规定是一致的。因道岔在构造上比线路要复杂一些,规定的允许偏差值也比线路小一些。正线道岔轨道静态几何尺寸的允许偏差,是按正线线路允许速度划分的,不是按直向过岔速度划分的。

在用轨道检查车检查线路时,道岔部分的动态管理值与线路是相同的,但不扣除道岔构造设计上的不平顺值,而静态管理只按实际产生的误差值计。

在导曲线未设超高的条件下,特别是在铺设木岔枕的导曲线上,经常保持下股钢轨不高于上股钢轨是很困难的,也无此必要。导曲线下股钢轨略高于上股钢轨时,对行车的平稳性影响甚微。因此,规定的经常保养和临时补修允许偏差,允许下股少量高于上股。

"计算支距"是指标准图或设计图上的支距尺寸。无设计图的非标准道岔,应经过设计计算(不得简算),绘制出平面设计图,按设计图设置支距。

(二)道岔综合维修验收评分标准

道岔综合维修验收采取评分办法,评分标准如表6—11的规定。满分为100分,100~85分为优良,85(不含)~60分以下为合格,60分以下为失格。失格道岔整修复验后,在60分及以上为合格。

表6—11 道岔综合维修验收评分标准

<table>
<tr><th rowspan="2">项目</th><th rowspan="2">内 容</th><th rowspan="2">编号</th><th colspan="2">扣 分 条 件</th><th rowspan="2">抽验数量</th><th rowspan="2">单位</th><th rowspan="2">扣分(分)</th><th rowspan="2">说 明</th></tr>
<tr><th>正线及到发线道岔</th><th>其他站线道岔</th></tr>
<tr><td rowspan="7">轨道几何尺寸</td><td rowspan="2">轨距、水平、支距</td><td>1</td><td>超过作业验收标准允许偏差</td><td>同左</td><td rowspan="2">全面检测</td><td>处</td><td>4</td><td rowspan="4">同时检测两线间距小于5.2 m的连接曲线轨向,用10 m弦测量,连续正矢差超过2 mm,每处扣4分</td></tr>
<tr><td>2</td><td>超过经常保养标准允许偏差</td><td>同左</td><td>处</td><td>41</td></tr>
<tr><td rowspan="2">轨向、高低</td><td>3</td><td>超过作业验收标准允许偏差</td><td>同左</td><td rowspan="2">全面查看
重点检测</td><td>处</td><td>4</td></tr>
<tr><td>4</td><td>超过经常保养标准允许偏差</td><td>同左</td><td>处</td><td>41</td></tr>
<tr><td>查照间隔</td><td>5</td><td>超过允许限度</td><td>超过允许限度</td><td>全面检测</td><td>处</td><td>41</td><td rowspan="3">尖趾距离指可动心轨辙叉长心尖端至叉趾的距离</td></tr>
<tr><td>护背距离</td><td>6</td><td>超过允许限度</td><td>超过允许限度</td><td>全面检测</td><td>处</td><td>41</td></tr>
<tr><td>尖趾距离</td><td>7</td><td>超过允许限度</td><td>超过允许限度</td><td>全面检测</td><td>处</td><td>41</td></tr>
</table>

续上表

项目	内容	编号	扣分条件		抽验数量	单位	扣分（分）	说明
			正线及到发线道岔	其他站线道岔				
钢轨	尖轨、可动心轨靠贴	8	尖轨尖端与基本轨、可动心轨尖端与翼轨不靠贴	同左	全面检测	组	41	不靠贴指二者之间的缝隙大于1 mm
	接头错牙	9	轨顶面或内侧面错牙大于1 mm	同左	全面查看重点检测	处	4	错牙大于3 mm时扣41分
	轨缝	10	连续瞎缝或大于构造轨缝，普通绝缘接头轨缝小于6 mm	同左	全面查看重点检测	处	8	
		11	轨端肥边大于2 mm	同左	全面查看重点检测	处	8	含胶接绝缘钢轨
岔枕	位置	12	位置或间距偏差大于40 mm（钢轨为20 mm）	位置或间距偏差大于50 mm	全面查看重点检测	处	2	枕上或枕下离缝大于2 mm者为吊板，枕下暗吊板可根据道床与岔枕间状态判断，不明显者可扒开道床查看
	失效	13	接头处失效，其他处连续失效	同左	全面查看重点检测	处	8	
	修理	14	应修混凝土岔枕未修，木岔枕应削平及劈裂未修	同左	全面查看	根	2	
	吊板率	15	大于8%（钢轨不得有空吊）	大于12%	连续检测50头	块	2	
联结零件	滑床板	16	尖轨、可动心轨与滑床板缝隙大于2 mm	尖轨、可动心轨与滑床板缝隙大于2 mm	连续检测50头	块	2	
		17	滑床板及护轨弹片上反或离缝大于2 mm，销钉离缝大于5 mm	滑床板及护轨弹片上反或离缝大于2 mm，销钉离缝大于5 mm	连续检测50头	块	2	
	螺栓	18	接头、连杆、顶铁、间隔铁及护轨螺栓缺少/顶铁离缝大于2 mm	同左	全面查看	个、块	16/8	
		19	接头螺栓松动或扭矩不合规定，连杆、顶铁、间隔铁及护轨的螺栓松动	同左	查看检测	个、块	2	
		20	心轨凸缘螺栓缺少、松动	心轨凸缘螺栓缺少、松动	查看检测	个	41	

续上表

项目	内容	编号	扣分条件		抽验数量	单位	扣分(分)	说明
			正线及到发线道岔	其他站线道岔				
联结零件	螺栓	21	长心轨与短心轨联结螺栓缺少、松动	同左	查看检测	个	41	
		22	其他各种螺栓缺少、松动	其他各种螺栓缺少、松动	查看检测	个	1	
	铁垫板	23	铁垫板或橡胶垫板、橡胶垫片缺少	同左	连续查看 50 块	块	2	
	胶垫	24	橡胶垫板或橡胶垫片失效超过 8%	橡胶垫板或橡胶垫片失效超过 12%	连续查看 50 个	每增 1%	1	
	道钉扣件	25	道钉、扣件缺少	道钉、扣件缺少	连续查看 50 个	个	2	一组扣件的零件不全,按缺少一个计算
		26	扣件扭矩(扣压力)不符合规定或弹条扣件中部前端下颚离缝大于 1 mm 者,超过 8%	扣件扭矩(扣压力)不符合规定或弹条扣件中部前端下颚离缝大于 1 mm 者,超过 12%	连续查看,检测 50 个	每增 1%	1	
轨道加强设备	轨撑、轨距杆	27	转辙或辙叉部分轨撑离缝大于 2 mm,在其他部分轨撑或轨距杆缺损、松动	同左	查看检测	个、根	2	轨撑离缝系指轨撑与轨头下颚或轨撑与垫板挡肩之间的间隙
	防爬设备	28	防爬器缺损、松动或离缝大于 2 mm,支撑缺损、失效、尺寸不符合标准	同左	查看检测	个	2	
	爬行	29	道岔两尖轨尖端相差量大于 20 mm、无缝道岔位移无观测记录	同左	检测	组	41	
道床	脏污	30	枕盒内或边坡道床不洁/翻浆冒泥	同左	全面查看,重点扒开检查	组/孔	6/41	
	外观	31	道床断面不符合标准、不均匀、不整齐、有杂草	道床断面不符合标准、不均匀、不整齐、有杂草	全面查看	组	4	
路基	路肩	32	不平整、有反坡、有大草	不平整、有反坡、有大草	全面查看	组	2	
	排水	33	侧沟未疏通或弃土未清理	同左	全面查看	组	4	

续上表

项目	内容	编号	扣分条件		抽验数量	单位	扣分(分)	说明
			正线及到发线道岔	其他站线道岔				
标志标记	标志	34	警冲标损坏或不清晰	同左	查看检测	组	8	警冲标缺少或位置不对扣41分
	标记	35	钢轨上各项标记不全,位置不对,不清晰或错误	同左	全面查看	处	1	含钢轨编号、轨距、支距、钢轨伤损等标记

(三)提速道岔维修标准

1. 提速道岔轨道几何尺寸允许偏差

提速道岔各部轨道几何尺寸允许偏差管理值见表6—12。

表6—12　提速道岔各部尺寸允许偏差管理值(mm)

项目		作业验收	经常保养	临时补修
轨距		+3 −2	+4 −2	+6 −2
水平		4	5	8
高低		4	5	8
轨向	直线	4	5	8
	支距	2	3	4
导曲线反超高		0	2	3

注:①查照间隔和护背距离在心轨轨头宽20~30 mm处丈量;
②查照间隔小于1 391 mm和护背距离大于1 348 mm,为临时补修管理值;
③支距偏差为现场支距和计算支距之差。

2. 提速道岔综合维修验收标准

提速道岔综合维修验收标准如表6—13所示。

表6—13　提速道岔综合维修验收评分标准

项目	内容	编号	扣分条件	抽验数量	单位	扣分(分)	说明
轨道几何尺寸	轨距、水平	1	超过验收标准允许偏差	全面检测	处	4	同时检测两线间距小于5.2 m的连接曲线轨向
		2	超过经常保养允许偏差		处	41	
	轨向、高低	3	超过验收标准允许偏差	全面查看重点检测	处	4	
		4	超过经常保养允许偏差		处	41	
	查照间隔	5	超过允许限度	全面检测	处	41	
	护背距离	6	超过允许限度	同上	处	41	
钢轨	接头错牙	7	轨面或内侧错牙≥1 mm	全面查看重点检测	处	4	错牙大于3 mm时扣41分
	轨缝	8	连续瞎缝或达到构造轨缝	同上	处	8	

续上表

项目	内容	编号	扣分条件	抽验数量	单位	扣分(分)	说明
岔枕	位置	9	位置或间距偏差大于40 mm,钢岔枕处大于10 mm	全面查看重点检测	处	2	枕上或枕下离缝大于2 mm者为吊板,枕下暗吊板可根据道床与岔枕间状态判断,不明显者可扒开道床查看
	失效	10	接头处失效,钢岔枕失效,其他处连续失效	同上	处	8	
	修理	11	混凝土岔枕应修未修,木岔枕应削平及劈裂者未修	全面查看	根	2	
	吊板率	12	大于8%	连续检测50头	每增2%	4	
		13	钢枕吊板	全面查看	处	8	
联结零件	尖轨、可动心轨靠贴	14	尖轨尖端与基本轨、可动心轨与翼轨不靠贴	全面检测	组	41	
	滑床板	15	尖轨、可动心轨与滑床板缝隙大于或等于2 mm	同上	块	2	
	连杆、顶铁、间隔铁	16	连杆、顶铁、间隔铁及护轨螺栓缺少	全面查看	块、根	16	
	螺栓	17	连杆、顶铁、间隔铁及护轨螺栓松动,接头螺栓缺少、松动或扭矩不合规定	查看检测	根	2	
	基他螺栓	18	其他各种螺栓缺少、松动	同上	根	1	
	铁垫板	19	铁垫板或胶垫板、胶垫片缺少	连续查看50块	块	2	
	胶垫	20	胶垫板或胶垫片失效超过8%	连续查看,检测50块	每增1%	1	一组扣件的零件不全,按缺少一个计算。弹条扣件亦可检测扭矩
	道钉扣件	21	道钉、扣件缺少	连续查看50块	个	2	
		22	道钉浮离或轨距挡板前后离缝大于2 mm者,弹条中部前端下颚离缝大于1 mm者,超过8%	连续查看检测50块	每增1%	1	
轨道加强设备	轨撑、轨距杆	23	在轨辙或辙叉部分轨撑离缝大于2 mm,在其他部分轨撑或轨距杆缺损、松动	查看检测	个、根	2	轨撑离缝系指轨撑与轨头下颚或轨撑与垫板挡肩之间的间隙
	防爬设备	24	防爬器缺损、松动或离缝大于2 mm,支撑缺损、失效、尺寸不符合标准	同上	个	2	
	爬行	25	爬行量大于20 mm	检测	组	41	测量两尖轨尖端相错量
道床	脏污	26	枕盒内道床不洁或边坡有土垅	全面查看、重点扒开检查	组	6	
	外观	27	不饱满、不均匀、不整齐、有杂草	全面查看	组	4	
路基	路肩	28	不平整、有反坡、有大草	同上	组	2	
	排水	29	侧沟未疏通或弃土不符合规定	同上	组	4	
标志标记	标志	30	警冲标损坏或显示不明	查看检测	组	8	警冲标缺少或位置不对
	标记	31	钢轨上各项标记不全,位置不对,字迹不清	全面查看	处	1	含钢轨编号、轨距、支距、钢轨伤损等标记

三、线路设备大、中修验收标准

(一)线路大、中修验收标准

线路大、中修应按设计文件及表6—14进行验收。主要项目(轨向、高低、线路锁定、道床清筛、捣固质量、路基排水)一次达到标准,可评为“优良”。如有主要项目不符合标准,次要项目漏项或不合格,经整修后复验达到标准,评为“合格”。

表6—14　线路大、中修验收标准

顺序	项　目	质　量　标　准
1	轨　距	(1)符合作业验收标准 (2)允许速度大于120 km/h线路轨距变化率不得大于1‰,其他线路不得大于2‰
2	水　平	符合作业验收标准
3	轨　向	(1)直线远视顺直,符合作业验收标准 (2)曲线方向圆顺,曲线正矢符合作业验收标准 (3)曲线始、终端不得有反弯或"鹅头"
4	高　低	(1)目视平顺,符合作业验收标准 (2)轨顶标高与设计标高误差不得大于20 mm
5	三角坑	符合作业验收标准
6	捣　固	(1)捣固、夯拍要均匀 (2)空吊板:无连续空吊板;连续检查50头,正线、到发线不得超过8%,其他站线不得超过12%
7	路基及排水	(1)路肩平整,无大草,并有向外流水横坡 (2)侧沟排水畅通 (3)符合设计要求
8	道　床	(1)清筛洁净,道砟中粒径小于25 mm的颗粒质量不得大于5% (2)清筛深度达到设计要求 (3)道床密实、符合设计断面,边坡整齐
9	轨　枕	(1)位置方正、均匀,间距和偏斜误差不超过40 mm (2)无失效,无严重伤损 (3)混凝土宽枕间距和偏斜误差均不得超过30 mm
10	扣　件	(1)混凝土枕 ①螺旋道钉无损坏,丝扣及螺杆全面涂油 ②弹条扣件的弹条中部前端下颚应靠贴轨距挡板(离缝不大于1 mm)或螺栓扭矩为120～150 N·m,Ⅲ型扣件扣压力为11～13.2 kN ③扣件位置正确,平贴轨底,顶紧挡肩,扣板歪斜及不密贴大于2 mm者不得超过6% ④橡胶垫板、胶垫片及衬垫无缺少、损坏,歪斜者不得超过8%(连续检查100头) (2)木枕 ①垫板歪斜及不密贴者不得超过6%(连续检查100头) ②道钉浮离或螺纹道钉未拧紧不得超过8%(连续检查100头)
11	(一)新钢轨及配件	(1)钢轨无硬弯,接头轨面及内侧错牙不得超过1 mm (2)接头相错:直线不得超过20 mm;曲线不得超过20 mm加缩短轨缩短量的一半 (3)轨缝每千米总误差:25 m钢轨不超过±80 mm (4)接头螺栓涂油,扭矩达到标准

续上表

顺序	项目	质量标准
11	(二)再用轨及配件	(1)钢轨无硬弯,接头轨面及内铡错牙不得超过 1 mm (2)接头相错:直线不得超过 40 mm;曲线不得超过 40 mm 加缩短轨缩短量的一半 (3)轨缝每千米总误差:25 m 钢轨不超过 80 mm,12.5 m 钢轨不超过 160 mm (4)接头螺栓涂油,扭矩达到标准
	(三)无缝线路钢轨及配件	(1)轨条端头位移不得大于 20 mm,固定区位移不得大于 5 mm (2)缓冲区接头相错不得大于 40 mm (3)焊缝质量符合《钢轨焊接技术条件》(TB/T1632.1 ~ TB/T1632.4)的要求 (4)联合接头位置符合《修规》第 3 · 10 · 10 条的规定 (5)在设计锁定轨温上、下限范围内,缓冲区接头轨缝与设计轨缝相比,误差不得大于 2 mm (6)锁定轨温应符合设计要求 (7)缓冲区接头螺栓涂油,采用 10.9 级螺栓,螺栓扭矩 900 ~ 1 100 N · m
12	防爬设备	(1)安装齐全,无失效 (2)普通线路爬行量不得超过 20 mm
13	道口	(1)木枕地段铺面下全为新木枕 (2)铺面平整牢固,轮缘槽符合标准 (3)两侧平台平整 (4)排水设施良好
14	线路外观	(1)标志齐全、正确,字迹清晰 (2)钢轨上的标记齐全、正确、清晰 (3)弃土清除干净 (4)无散失道砟
15	旧料回收	旧料如数回收,运至指定地点,堆码整齐,并按规定移交

(二)更换新道岔验收标准

成组更换新道岔应按设计文件及表 6—15 进行验收。主要项目(轨向、高低、道床清筛和捣固质量、尖轨、可动心轨、辙叉与护轨状态、道岔锁定轨温)一次达到标准,可评为“优良”。如有主要项目不符合标准,次要项目漏项或不合格,经整修后复验达到标准,评为“合格”。

表 6—15 更换新道岔验收标准

顺序	项目	质量标准
1	轨距	(1)符合作业验收标准 (2)允许速度大于 120 km/h 线路轨距变化率不得大于 1‰,其他线路不得大于 2‰(不含构造轨距加宽顺坡)
2	水平	符合作业验收标准,导曲线内股不得高于外股
3	轨向	(1)直线远视顺直,符合作业验收标准 (2)导曲线支距符合作业验收标准 (3)连接曲线用 10 m 弦量,连续正矢差不得超过 2 mm
4	高低	符合作业验收标准
5	道床	道床密实、洁净,道砟中粒径小于 25 mm 的颗粒质量不得大于 5%,符合设计断面,边坡整齐
6	岔枕	(1)间距误差不超过 20 mm,配置符合要求 (2)无失效,无失修 (3)无连续空吊板;连续检查 50 头,空吊板不得超过 6% (4)混凝土岔枕符合标准

续上表

顺序	项　目	质　量　标　准
7	基本轨、导轨	钢轨无硬弯,钢轨接头轨面及内侧错牙不得超过 1 mm
8	尖　轨	(1)尖轨竖切部分与基本轨密贴 (2)尖轨动程符合设计要求
9	轨　缝	平均轨缝误差不得大于 3 mm,绝缘接头不得小于 6 mm
10	转辙联结零件	(1)连接杆不得脱节、松动,销子齐全、有效 (2)滑床板平直并与尖轨密贴,每侧不密贴的不得超过 1 块 (3)轨撑与钢轨不密贴,每侧不超过 1 个
11	辙叉与护轨	(1)查照间隔不得小于 1 391 mm (2)护背距离不得大于 1 348 mm (3)可动心轨竖切部分与翼轨密贴 (4)可动心轨动程符合设计要求 (5)可动心轨辙叉尖趾距离误差在允许误差范围内
12	其他联结零件	(1)螺栓齐全,无松动,扭矩符合要求,涂油 (2)道钉浮离不得超过 8% (3)铁垫板及橡胶垫板、胶垫片齐全,歪斜的不得超过 6% (4)扣件齐全、密靠,离缝不得超过 6%
13	防爬设备	齐全、有效,尖轨与基本轨、尖轨与尖轨间的相错量不得超过 10 mm
14	焊　缝	位置符合设计要求,焊缝质量符合《钢轨焊接技术条件》(TB/T1632. 1 ~ TB/T1632. 4)的要求
15	锁定轨温	锁定轨温符合设计文件要求
16	位移观测桩	埋设齐全、牢靠,观测标记清楚
17	无缝道岔位移	不得大于 5 mm
18	外　观	(1)道岔钢轨编号,各部尺寸用油漆标记正确,字迹清晰 (2)旧料收集干净

(三)无缝线路铺设验收标准

铺设无缝线路工程,应按设计文件及表 6—16 进行验收。

表 6—16　无缝线路铺设验收标准

序号	项　目	要　求
1	锁定轨温	轨条始、终端落槽时的轨温均在设计锁定轨温范围内,同一单元轨条左、右两股锁定轨温差不得大于 5 ℃;跨区间或全区间无缝线路相邻单元轨条的锁定轨温差不得大于 10 ℃
2	轨条轨端相错量	轨条轨端相错量不得超过 40 mm
3	联合接头	符合设计要求
4	位移观测桩	埋设齐全、牢靠,观测标记清楚
5	无缝线路位移量	铺设后 5 天内观测,伸缩区两端不得大于 20 mm,固定区不得大于 5 mm
6	钢轨硬弯	校直后用 1 m 直尺测量,允许速度大于 120 km/h 的线路,其矢度不超过 0. 3 mm,其他地段矢度不得超过 0. 5 mm,
7	缓冲区钢轨接头	轨顶面及内侧面要求平齐,误差不得超过 1 mm
8	缓冲区轨缝	与设计轨缝相比,误差不得大于 2 mm(设计锁定轨温范围内)
9	缓冲区钢轨接头螺栓	使用 M24 的 10. 9 级螺栓,数量齐全,涂油,扭矩应保持在 900 ~ 1 100 N · m,扭矩不足者不得超过 8%

续上表

序号	项　目	要　　求
10	扣　件	轨距挡板，挡板座顶严、密靠、压紧，不密贴（缝隙大于 2 mm）的数量不超过 6%（连续检查 100 头），且无连续失效；弹条扣件的弹条中部前端下颚应靠贴轨距挡板（离缝不大于 1 mm）或螺栓扭矩为 120 ~ 150 N · m，Ⅲ型扣件扣压力为 11 ~ 13.2 kN，不符合标准的不超过 8%（连续检查 100 头），且无连续失效；胶垫无缺损，歪斜量大于 5 mm 者不超过 8%（连续检查 100 头），螺栓涂油
11	轨枕位置	轨枕方正、均匀，其误差不超过 40 mm
12	道　床	道床断面符合规定
13	焊接接头	焊缝质量符合《钢轨焊接技术条件》（TB/T1632.1 ~ TB/T1632.4）的要求
14	线路几何状态	符合作业验收标准

验收其他线路设备大修工程时，应参照线路大、中修进行质量评定。具体验收标准由铁路局自定。

四、线路设备修理验收办法

（一）线路、道岔综合维修验收单位

（1）对综合维修进度和验收数量，实行按月统计管理。普通线路正线的验收单位一般为 1 km，无缝线路可为 1 个单元轨条。为有利于各月综合维修的安排与平衡，如线路当月不足 1 km（或 1 千几百米），或无缝线路单元轨条较长，当月不能完成 1 个单元轨条时，皆可验收。为统计管理方便，可计算至百米或十米。

（2）站线为一股道。

（3）道岔为一组。

（二）线路设备大修验收单位

（1）线路大、中修正线为千米（始终点不是千米时，可按实际长度合并验收），站线为一股道。

（2）铺设无缝线路为一个区间（包括相衔接的普通线路），特殊情况为一段。

（3）其他各项线路设备大修由铁路局确定。

（三）大型养路机械施工作业验收

（1）大型养路机械施工作业验收主要项目包括清筛、起道、拨道、捣固、动力稳定和钢轨打磨。

（2）大型养路机械施工作业应采用静态和动态相结合的验收办法，以其中最差成绩作为该千米线路的验收结果。

①静态验收——使用大型养路机械施工作业时，工务机械段应及时提供大型养路机械记录仪的检查记录数据，并与工务段共同随同大机检查，发现失格处所应立即组织返工。返工后仍有 4 处及以上达不到作业验收标准、2 处及以上达不到保养标准或无法返工的（每处长度不超过 5 m，超过 5 m 按 2 处计），判该千米线路为失格，并于当日填写验收记录。

②动态验收——使用大型养路机械施工作业后 15 日内，铁路局轨检车进行动态检查评定。

③静态与动态检查合格，大型养路机械作业项目齐全，质量优良，施工作业质量评为优良；大型养路机械作业项目不全，质量合格，施工作业质量评为合格。

(四)竣工交验资料

1. 线路大、中修

(1)施工日期;

(2)主要材料使用数量表;

(3)竣工后的线路平纵断面图;

(4)钢轨配轨表(其中包括钢轨的钢种、熔炼炉号、生产厂、淬火厂、出厂年月等资料);

(5)无缝线路的锁定轨温及应力放散资料;

(6)隐蔽工程记录;

(7)其他有关技术资料;

(以下为铺设无缝线路工程需备齐的资料)

(8)无缝线路布置图、观测桩位置;

(9)位移观测记录;

(10)工地焊接、探伤及外观检查记录;

(11)钢轨编号和焊接编号表、现场胶接绝缘接头记录;

(12)应力放散记录;

(13)厂焊单位及出厂时间。

2. 其他各项线路设备大修

(1)施工日期、时间;

(2)主要工程数量表;

(3)隐蔽工程记录;

(4)其他有关技术资料。

如因季节影响,无缝线路不能在工程交验前按设计锁定轨温锁定线路时,应先组织交验,再适时组织应力放散。

(五)线路设备大修验收组织和程序

线路大修每完成3~5 km(铺设无缝线路为一个区间),经施工单位自验并做好记录,及时向铁路局提请验收。铁路局应及时组织施工单位和设备接管单位,按照设计文件及有关验收标准进行验收。

验收其他工程时,应参照线路大修进行质量评定。具体验收办法由铁路局确定。

(六)综合维修地段作业项目验收办法

机械化维修车间(工区)完成综合维修后,应及时进行自验并做好记录,报请线路车间初验。线路车间应及时组织初验并做好记录,报请工务段组织验收。工务段应及时组织验收。

当月经常保养地段的作业项目由工区自验、车间初验、工务段最后验收。具体验收办法由铁路局规定。

(1)机械化维修车间、机械化工区或养路工区,在综合维修作业中由作业者自检,作业当日由班组回检。自检和回检执行各单项技术作业标准(作业标准高于验收标准),以作业标准保证验收标准。一段线路的综合维修作业,需要经过若干天,在行车条件下会有不同程度的变化,在报请验收前要进行自验。检查应做的项目是否已全部做完,设备零配件是否齐全和已修好,轨道几何尺寸是否符合标准,并对有缺点和不足之处找细整修。在认为按各项标准已达到不扣分的程度，再报请线路车间初验。

(2)线路车间在初验时，首先应确认质量达到可验收的程度，否则应在补做和整修后再进行初验。初验时按规定的项目、内容和抽验数量进行检查，并在验收记录上记载质量情况，初验达到标准后报请工务段验收。

(3)工务段最后验收时，要全面进行查看，有重点地检测，如与初验结果基本相符，可按初验结果评定质量。如有些项目出入较大，则对这些项目重新抽样检查评分，修改原记录，按重新评分结果评定质量。验收中发现的个别需要整修处所，应提出事后整修要求，由维修单位负责整修好。

第四节　线路设备检查及质量评定

线路设备检查是养路工作“检查、计划、作业、验收”四个环节中最基本、最重要的环节，它是制定线路维修计划和研究分析病害的依据。

为掌握设备状态，提高设备质量，确保行车安全，必须对线路进行经常性的检查。

根据线路变形的特点，线路检查基本上分为静态检查和动态检查两种形式。

静态检查——线路处于静止状态，其各部分已经发生的永久变形和内部伤损，通过仪器、工具及目测等检查方法确定其变形程度或伤损状况。静态检查项目比较全面，检查的条件也较充分，它是线路经常检查中最主要的一种。

动态检查——在机车、车辆的动力作用下，线路发生弹性变形，这种弹性变形的大小是不固定的，它随列车的速度、重量的不同而改变，通过轨道检查车来检查，它可以反映弹性变形和永久变形的叠加状态。添乘机车、客车尾部凭借人的经验感觉也能确定线路病害的种类、晃车及危及行车的程度，也起一定的检查作用。

上述两种检查方法互相配合，就可以较全面地掌握线路状态。

一、线路静态检查

设有检查监控车间的工务段，应由检查监控车间有计划地对工务段管辖线路设备进行月度周期性检查，线路车间参加月度周期性检查并负责检查监控车间检查内容以外的检查工作。

未设检查监控车间的工务段，应由线路车间组织检查监控工区有计划地对线路车间管辖线路设备进行月度周期性检查，组织线路工区参加月度周期性检查并进行检查监控工区检查内容以外的检查工作。

(1)线路设备检查内容及检查周期：

①对正线线路和道岔，每月应检查 2 次（当月有轨检车检查线路可减少 1 次）；对其他线路和道岔，每月应检查 1 次。检查时，对轨距、水平、三角坑应全面检查、记录；对轨向、高低及设备其他状态，应全面查看，重点检查，对伤损钢轨、夹板和焊缝应同时检查。

②对曲线正矢，每季至少应结合线路检查全面检查 1 次，并填写记录。同时对线路高低和直线轨向，用弦线重点检查，重点记录。

③对无缝线路轨条位移情况，每月观测 1 次，并填写记录。发现观测桩处累计位移量大于

10 mm 时(不含长轨条两端观测桩),应及时上报工务段查明原因,采取相应措施。

对普通线路爬行情况,每季至少应检查 1 次,爬行量大于 20 mm 时应安排计划整正。

④对钢轨焊接接头的表面质量及平直度,每半年应检查 1 次。

⑤对严重线路病害地段和薄弱处所,应经常检查。

线路工区每月进行两次线路检查,一次为重点检查,一次为“三全”检查。

“三全”检查是指全员、全线、全面检查。

(2)工务段长、副段长、指导主任、检查监控车间主任、线路车间主任和线路工长应定期检查线路、道岔和其他线路设备,并重点检查薄弱处所,具体办法由铁路局规定。

(3)检查结果应认真分析,对超过临时补修管理值的处所应及时处理。

(4)应积极采用轨道检查仪检查线路,提高线路静态检查质量,加强线路设备状态分析,指导线路养修工作。

二、线路动态检查

(一)线路动态检查有关规定

(1)轨道检查车的检查,是线路动态质量检查的主要手段。线路动态不平顺是指线路不平顺的动态质量反映,主要通过轨道检查车进行检测。通过轨道检查车的检查,了解和掌握线路局部不平顺(峰值管理)和线路区段整体不平顺(均值管理)的动态质量,用以指导线路养护维修工作。

(2)轨检车对线路局部不平顺(峰值管理)检查评定标准

①检查评定项目:轨距、水平、高低(波长 1.5 ~ 42 m)、轨向(波长 1.5 ~ 42 m)、高低(波长 1.5 ~ 70 m)、轨向(波长 1.5 ~ 70 m)、三角坑、车体垂向振动加速度、横向(水平)振动加速度、轨距变化率、曲率变化率和车体横向(水平)加速度变化率等。

②各项偏差等级划分及扣分标准:偏差等级一般分为四级。Ⅰ级为保养标准,每处扣 1 分;Ⅱ级为舒适度标准,每处扣 5 分;Ⅲ级为临时补修标准,每处扣 100 分;Ⅳ级为限速标准,每处扣 301 分。

③各级允许偏差管理值见表 6—17。

表 6—17 轨道动态质量允许偏差管理值

项目	200 km/h ≥ v_{max} > 160 km/h 正线				160 km/h ≥ v_{max} > 120 km/h 正线				v_{max} ≤ 120 km/h 正线			
	Ⅰ级	Ⅱ级	Ⅲ级	Ⅳ级	Ⅰ级	Ⅱ级	Ⅲ级	Ⅳ级	Ⅰ级	Ⅱ级	Ⅲ级	Ⅳ级
轨距(mm)	+4 −3	+8 −4	+12 −6	+15 −8	+6 −4	+10 −7	+15 −8	+20 −10	+8 −6	+12 −8	+20 −10	+24 −12
水平(mm)	5	8	12	14	6	10	14	18	8	12	18	22
高低(mm)	5	8	12	15	6	10	15	20	8	12	20	24
轨向(mm)	5	7	10	12	5	8	12	16	8	10	16	20
扭曲(三角坑)(mm)(基长 2.4 m)	4	6	9	12	5	8	12	14	8	10	14	16
车体垂向加速度(g)	0.10	0.15	0.20	0.25	0.10	0.15	0.20	0.25	0.10	0.15	0.20	0.25
车体横向加速度(g)	0.06	0.09	0.15	0.20	0.06	0.09	0.15	0.20	0.06	0.09	0.15	0.20

注：①表中各种偏差限值为实际幅值的半峰值；
②高低、轨向不平顺按实际值评定；
③水平限值不含曲线上按规定设置的超高值及超高顺坡量；
④三角坑限值包含缓和曲线超高顺坡造成的扭曲量；
⑤固定型辙叉的有害空间部分不检查轨距、轨向，其他检查项目及检查标准与线路相同。

《既有线提速 200 ~ 250 km/h 线桥设备维修规则》规定：轨道动态质量允许偏差管理值如表 6—18 所示。

表 6—18　轨道动态质量允许偏差管理值

项　目			$200\ km/h \leqslant v_{max} \leqslant 250\ km/h$			
			Ⅰ级	Ⅱ级	Ⅲ级	Ⅳ级
轨　距(mm)			+4 −3	+6 −4	+8 −6	+12 −8
水　平(mm)			5	8	10	13
三角坑(基长 2.5 m)(mm)			4	6	8	10
波长 1.5 ~ 42 m		高　低(mm)	5	8	11	14
		轨　向(mm)	5	7	8	10
舒适性指标	等速检测	车体垂向加速度(g)	0.10	0.15	0.20	0.25
		车体横向加速度(g)	0.06	0.09	0.15	0.20
	160 km/h 检测	车体垂向加速度(g)	0.06	0.09	0.12	0.16
		车体横向加速度(g)	0.06	0.09	0.15	0.20
	波长 1.5 ~ 70 m	高低(mm)	6	10	15	
		轨向(mm)	6	8	12	
	轨距变化率(基长 2.5 m)(‰)		1.0	1.2		
	曲率变化率(基长 18 m)($1/m^2 \times 10^{-6}$)		1.2	1.5		
	车体横向加速度变化率(基长 18 m)(m/s^3)		0.8			

注：①高低和轨向偏差为计算零线到波峰的幅值；
②水平限值不包括曲线按规定设置的超高值及超高顺坡量；
③三角坑限值包含缓和曲线超高顺坡造成的扭曲量；
④车体垂向加速度采用 20 Hz 低通滤波，车体横向加速度采用 10 Hz 低通滤波；加速度等速检测速度应在 $v_{max} \pm 10\% v_{max}$ 范围内。

④线路动态评定标准：

a. 线路动态评定以千米为单位；

b. 每千米扣分总数为各级、各项偏差扣分总和；

c. 每千米线路动态评定标准：

优良——扣分总数在 50 分及以内；

合格——扣分总数在 51 ~ 300 分；

失格——扣分总数在 300 分以上。

⑤轨检车检查结果应分线、分段汇入轨检车线路评分统计报告表中，于每季末报铁道部。

(3)线路区段整体不平顺(均值管理)的动态质量用轨道质量指数(TQI)的管理值，如表 6—19 所示。TQI 超过管理值的线路，应有计划地安排维修或保养。

表 6—19 轨道质量指数(TQI)管理值

项目		高 低	轨 向	轨 距	水 平	三角坑	TQI
管理值	v_{max}≤160 km/h	2.5×2	2.2×2	1.6	1.9	2.1	15.0
	200 km/h≥ v_{max} >160 km/h	1.5×2	1.6×2	1.1	1.3	1.4	10.0

《既有线提速 200～250 km/h 线桥设备维修规则》规定:轨道质量指数(TQI)管理值如表 6—20 所示。

表 6—20 轨道质量指数(TQI)管理值

项目		高 低	轨 向	轨 距	水 平	三角坑	TQI
200 km/h≤v_{max}≤250 km/h	波长范围为 1.5～42 m	1.3×2	1.2×2	0.7	1.9	1.1	8.0
	波长范围为 1.5～70 m	2.8×2	2.0×2				

注:波长范围为 1.5～42 m 的单项标准差单元区段计算长度 200 m,波长范围为 1.5～70 m 的单项标准差单元区段计算长度 200 m。

按照单元轨道区段质量状态,选择单项参数或综合指数 TQI,由大到小顺序排列,质量较差的区段应尽早安排整修,以改善线路质量状态。

(4)检测周期根据运量和线路状态确定。

①铁道部轨道检查车,对允许速度大于 120 km/h 的线路及其他主要繁忙干线进行定期检查。

②铁路局轨道检查车,对允许速度大于 120 km/h 的线路每月检查不少于 2 遍(含铁道部轨道检查车检查),对年通过总重不小于 80 Mt 的正线每 15～30 天检查 1 遍,对年通过总重为 25～80 Mt 以内的正线每月检查 1 遍,对年通过总重小于 25 Mt 的正线每季检查 1 遍,对状态较差的线路可适当增加检查遍数。

(5)检测报告:

①铁道部轨道检查车检测中发现的问题,应及时通知有关单位,检查后及时将检测报告提交有关单位,每季末(或年底)向铁道部提报季度(或年度)检测、分析报告(含轨检车线路评分报告统计表)。

②铁路局轨道检查车检测中发现的问题,应立即通知工务段,检查后向有关单位通报检查结果,每月上旬(或年初)向铁道部提报上月(或上年度)检查、分析报告(含轨检车线路评分报告统计表)。

(6)对线路区段整体不平顺(均值管理)动态质量指标——轨道质量指数(TQI)超过管理值的线路,应有计划地安排维修或保养。

(7)工务段(或由工务段通知管内施工的责任单位)应对轨检车查出的Ⅲ级超限处所及时处理,对查出的Ⅳ级超限处所立即限制行车速度并及时处理。

(8)应重视以下轨道不平顺的判别,并及时处理:

①周期性连续三波及多波的轨道不平顺中,幅值为 10 mm 的轨向不平顺、12 mm 的水平不平顺、14 mm 的高低不平顺。

②对于 50 m 范围内有 3 处大于以下幅值的轨道不平顺:12 mm 的轨向不平顺、12 mm 的水平不平顺、16 mm 的高低不平顺。

③轨向、水平逆向复合不平顺。

④速度大于 160 km/h 区段，高低、轨向的波长在 30 m 以上的长波不平顺，当轨道检查车检查其高低幅值达到 11 mm 或轨向幅值达到 8 mm 时。

(9)工务段段长(或副段长)、指导主任和线路车间主任对管内正线每月应用添乘仪至少检查 1 遍。发现超限处所和不良地段，应及时通知线路车间或工区进行整修，并在段添乘仪检查记录簿上登记。

(10)机车轨道动态监测装置对年通过总重不小于 25 Mt 或允许速度大于 120 km/h 的线路每天应至少检查 1 遍。具体使用及管理办法由铁路局规定。

(二)0 号高速综合检测列车简介

轨检车的发展已有一百多年的历史。世界第一辆简易轨检车在 1877 年诞生。我国的轨检车在新中国成立后，尤其是线路提速后，得到了不断发展。

第一代轨检车(1953 年)：铁科院研制开发的机械式轨检车。

第二代轨检车(1962 年)：简易电气式轨检车。

第三代轨检车(1986 年)：铁科院铁建所研制开发的 GJ-3 型轨检车。

第四代轨检车(1987 ~ 1995 年)：通过引进美国 ENSCO 公司研制开发的 XGJ-1 型轨检车，铁科院铁建所研制开发出 GJ-4 型轨检车。

第五代轨检车(1999 年)：通过引进美国 ImageMap 公司激光摄像技术研制开发的 GJ-5 型轨检车。

第五次提速以后，高速轨检车和综合检测车得到了发展。2007 年，时速 200 km 的高速轨检车下线，采用 GJ-5 型轨检系统。在第六次提速试验中，过渡综合检测列车 CRH2-010A 号成功亮相，采用国产 GJ-4 型轨检系统。2008 年，我国首列高速综合检测列车(0 号综合检测列车)在长春下线，最高检测速度 250 km/h，最大牵引功率 5 500 kW，由五动三拖、两个动力单元组成。高速综合检测列车由通信信号检测车、会议车、接触网检测车、数据综合处理车、轨道检测车、餐车、卧铺车和信号检测车 8 辆组成。

0 号高速综合检测列车装备了世界最先进的专用检测系统，可实现对线路轨道、牵引供电、通信信号等基础设施，轮轨和弓网接触状态及列车舒适性指标等进行高速动态时空同步检测，并具有实时数据传输、存储和分析处理功能。

主要检测内容包括：轨道几何，轴箱、构架及车体加速度，轮轨力，接触网几何，弓网动态作用，接触线磨耗和受流参数，GSM-R 和 450 MHz 场强覆盖，轨道电路，应答器信息，车载 ATP 工作状态等。

轨道检测系统由安装在 5 号车上的轨道几何检测设备和安装在 1、5、8 号车上的车辆加速度检测设备组成，具有检测轨距、轨距变化率、轨向、高低、超高、水平、三角坑、曲线半径、曲率变化率，车体横向、垂向和纵向加速度，构架横向和垂向加速度，左右轴箱横向和垂向加速度等功能。

京津城际铁路开通后，0 号高速综合检测列车每 10 天至少执行 1 次基础设施检测任务。随着客运专线的发展，高速综合检测列车将承担更多的检测任务，对于确保高速铁路的运营安全，科学指导养护维修，发挥越来越重要的作用。

三、钢轨检查

(1)铁道部和铁路局钢轨探伤车，对年通过总重不小于 50 Mt 或允许速度大于 120 km/h

的线路每年应至少检查2遍，对年通过总重不小于25 Mt的干线每年应至少检查1遍。特殊地段增加检查遍数由铁路局确定。钢轨探伤车检查的伤损应采用探伤仪进行复核。

(2)铁道部钢轨探伤车检查中发现问题，应及时向有关单位发出通知，并于每月末(或年底)向铁道部提报月度(或年度)检测、分析报告。

铁路局钢轨探伤车检查中发现问题，应立即通知工务段处理，检查后向有关单位通报检查结果。每月上旬(或年初)向铁道部提报上月(或上年度)检查、分析报告。

(3)钢轨探伤检查应实行定期检查制度，依据年通过总重、轨型等条件确定钢轨探伤周期。

①正线、到发线线路和道岔钢轨探伤周期如表6—21。

表6—21　正线、到发线线路和道岔钢轨探伤周期

年通过总重(Mt)	年探伤遍数		
	75 kg/m、60 kg/m	50 kg/m	43 kg/m及以下
≥80	10		
50～80	8	10	
25～50	7	8	9
8～25	6	7	8
<8	5	6	7

注：冬季应缩短探伤间隔时间。

其他站线线路和道岔的钢轨探伤每半年不少于1次。

②下列情况应适当增加探伤次数：

a. 冬季；

b. 在桥梁上、隧道内、小半径曲线、大坡道及钢轨状态不良地段；

c. 伤轨数量出现异常，连续两个探伤周期内都发现疲劳伤损(如核伤、鱼鳞伤、螺孔裂纹、水平裂纹等)地段；

d. 大修换轨初期(75 kg/m、60 kg/m钢轨为累计通过总重50 Mt，50 kg/m钢轨为累计通过总重25 Mt)、超过大修周期地段、钢轨与运量不匹配地段。

③无缝线路和道岔钢轨的焊缝除按规定周期探伤外，应用专用仪器对焊缝全断面探伤，每半年不少于1次。

(4)对钢轨、道岔磨耗情况，每年结合秋检全面检查1次。对因磨耗而接近轻伤和重伤程度的钢轨和道岔，每季应至少组织检查1次。

(5)线路上的伤损钢轨应作标记，如表6—22所示。

表6—22　钢轨伤损标记

伤损种类	伤损范围及标记		说明
	连续伤损	一点伤损	
轻伤	|←△→|	↑△	用白铅油作标记
轻伤有发展	|←△△→|	↑△△	用白铅油作标记
重伤	|←△△△→|	↑△△△	用白铅油作标记

(6)发现重伤钢轨应立即通知线路车间及工务段调度,采取措施及时处理。工务段每月将钢轨探伤进度及结果和其他方法检查发现的钢轨伤损情况经分析后报铁路局。铁路局每月汇总分析后报铁道部(含伤损钢轨月报表)。

四、春秋季检查

(1)每年3~4月由铁路局组织工务段进行一次春季设备检查,检查内容和要求由铁路局根据具体情况规定。

(2)每年9月末以前,按铁道部规定的秋检内容,由铁路局组织工务段进行一次秋季设备检查,并结合设备检查进行线路设备状态评定。铁路局应于10月20日前汇总和分析秋季设备检查结果,并报铁道部。

五、量具检查

(1)铁路轨距尺、支距尺必须按《铁路轨距尺检定规程》(JJG219)和《铁路支距尺检定规程》(JJG(铁道)186)进行检定。经检定符合要求的轨距尺、支距尺,应填写登记表,并在尺身上粘贴合格标签和标注检定日期。不符合要求的或未经检定的轨距尺、支距尺禁止使用。

(2)轨距尺、支距尺检定器是检定轨距尺、支距尺的专用检具,实行铁路局、工务段(大修段)两级管理。

轨距尺、支距尺应工务段(大修段)负责检定,轨距尺检定周期为一个季度,支距尺检定周期为半年。无专用检查的大修段的轨距尺、支距尺应在附近工务段检定。

(3)工务段应备有扭矩扳手检定装置,其误差不得大于1%。

接头螺栓扭矩扳手和扣件扭矩扳手,每年应至少检定1次,允许误差不得大于4%。大修单位的扭矩扳手,应在附近工务段检定。

(4)工务段应备有钢轨温度计检定装置,其误差不大于0.1℃。

钢轨温度计每年应按照《钢轨测温计检定规程》(JJG(铁道)140)的要求至少检定1次。大修单位的钢轨温度计,应在附近工务段检定。

(5)轨道检查仪每季度(或累计运行里程达到1 000 km)应检定一次。

六、线路设备状态评定

(一)评定要求

线路设备状态评定,是对正线线路设备质量基本状态的检查评定,是考核各级线路设备管理工作和线路设备状态改善情况的基本指标。线路设备状态评定结合秋检资料分析,是安排线路大、中维修计划的主要依据。

每年9月份,铁路局应组织工务段结合秋季设备检查,对管内正线全面评定1次。每年10月20日前,由铁路局汇总和分析评定结果,并报铁道部。

(二)评分标准

线路设备状态评定评分标准如表6—23。评定时以千米为单位,满分为100分,100~85为优良,85(不含)~60分为合格,60分以下为失格。

表 6—23 线路设备状态评定评分标准

编号	项目	扣分条件	计算单位	扣分(分)	说明
1	慢行	线路设备不良(不含路基)	处	41	检查时现存慢行处所
2	道床	翻浆冒泥	每延长 10 m	4	
		道床不洁率大于 25%(在枕盒底边向下 100 mm 处取样)	每延长 100 m	8	道床不洁率指通过边长 25 mm 筛孔的颗粒的质量比
3	轨枕	木枕失效率超过 8%	每增 1%	8	
		混凝土枕失效率超过 4%	每增 1%	8	
4	钢轨	一年内新生轻伤钢轨(不含曲线磨耗)	根	2	长轨中两个焊缝间为 1 根
		现存曲线磨耗轻伤钢轨	每延长 100 m	4	按单股计算
		一年内新生重伤钢轨(不含焊缝)	根	20	长轨中两个焊缝间为 1 根
		无缝线路现存重伤钢轨(不含焊缝)	根	20	同上
		无缝线路现存重伤焊缝	个	20	

需要分析的主要问题是：

(1)线路设备状态评定合格率与上一年度对比变化情况及其原因分析；

(2)因综合状态不良而失格和单项失格情况及其原因分析；

(3)为提高线路设备状态评定合格率，尚需对哪些区段采取哪些措施；

(4)需要通过线路大、中维修解决的项目和数量，以及近期安排。

七、线路设备保养质量评定

线路、道岔保养质量评定，是考核线路、道岔养护质量的基本指标，也是安排维修计划的主要依据之一。

正线线路和正线、到发线道岔的保养质量评定应由工务段组织，采用定期抽样的办法进行。具体组织办法由各铁路局制定。

(一)线路保养质量评定评分标准

线路保养质量评定评分标准如表 6—24。评定时以千米为单位，满分为 100 分，100 ~ 85 为优良，85(不含) ~ 60 分为合格，60 分以下为失格。

表 6—24 线路保养质量评定标准

项目	编号	扣分条件	抽查数量	单位	扣分(分)	说明
轨道几何尺寸	1	超过经常保养标准允许偏差	轨距、水平、三角坑连续检测 100 m；轨向、高低全面查看，重点检测	处	4	选择线路质量较差地段检查，曲线正矢全检。曲线正矢超过允许偏差，每处扣 4 分
	2	超过临时补修标准允许偏差		处	41	
	3	允许速度大于 120 km/h 线路轨距变化率大于 1‰，其他线路大于 2‰(不含规定的递减率)		处	2	

续上表

项目	编号	扣分条件	抽查数量	单位	扣分（分）	说明
钢轨	4	钢轨接头顶面或内侧面错牙大于 2 mm	全面查看，重点检测	处	4	错牙大于 3 mm 时，每处扣 41 分
	5	轨缝大于构造轨缝或连续 3 个及以上瞎缝，普通绝缘接头轨缝小于 6 mm	全面查看，重点检测	处	8	轨缝在调整轨缝轨温限制范围以内时检查。“未及时”是指钢轨折断后超过一天未进行临时处理或进入设计锁定轨温季节超过一个月未进行永久处理
	6	轨端肥边大于 2 mm	全面查看，重点检测	处	4	
	7	无缝线路钢轨折断未及时进行临时处理或插入短轨未及时进行永久性处理	全面查看	处	16	
轨枕	8	钢轨接头或焊缝处轨枕失效，其他处轨枕连续失效	全面查看，重点检测	处	6	
	9	每处调高垫板超过 2 块或总厚度超过 10 mm	连续查看，检测 100 头	头	1	使用调高扣件，每头超过 3 块或总厚度超过 25 mm
联结零件	10	铁垫板、橡胶垫板、橡胶垫片、道钉、扣件缺少	连续查看 100 头	块、个	1	一组扣件的零件不全，按缺少一个扣件计算
	11	道钉浮离或扣件前、后离缝大于 2 mm 的超过 12%	连续检测 50 头	每增 2%	1	
	12	扣件扭矩（扣压力）不符合规定或弹条扣件中部前端下颚离缝大于 1 mm 者，超过 12%	同上	每增 1%	1	
	13	接头螺栓缺少/松动或扭矩不符规定	全面查看，抽测 4 个接头扭矩	个	8/2	
防爬设备	14	防爬器、支撑缺损或失效	连续查看，检测防爬器、支撑各 50 个	个	2	
	15	爬行量超过 20 mm，观测桩缺损、失效，无缝线路位移观测无记录	全面检测	km	16	爬行量超过 30 mm 扣 41 分
道床	16	翻浆冒泥 $v_{max}>160$ km/h	全面查看	孔	5	
		翻浆冒泥 160 km/h $\geqslant v_{max}>120$ km/h	全面查看	孔	3	
		翻浆冒泥 $v_{max}\leqslant 120$ km/h	全面查看	孔	1	
	17	肩宽不足、不饱满、有杂草	全面查看	每 20 m	2	单侧计算
路基	18	排水沟未疏通	全面查看	每 10 m	1	单侧计算
	19	路肩冲沟未修补	全面查看	每 10 m	1	单侧计算
	20	路肩有大草	全面查看	每 10 m	1	单侧计算
道口	21	铺面缺损、松动，护桩缺损	同上	块、个	4	
	22	护轨不符合标准	全面检测	处	16	
标志	23	线路标志缺少或不规范、不清晰或错误	全面查看	个	1	

（二）道岔保养质量评定评分标准

道岔保养质量评定评分标准如表 6—25。评定时以组为单位，满分为 100 分，100 ~ 85 为优良,85(不含)~60分为合格,60分以下为失格。

表6—25 道岔保养质量评定标准

项目	编号	扣分条件	抽查数量	单位	扣分(分)	说明
轨道几何尺寸	1	轨距、水平、轨向、支距、高低超过经常保养标准允许偏差	轨距、支距、水平全面检测;轨向、高低全面查看,重点检测	处	4	同时检测线路线间距小于5.2 m的连接曲线,用10 m弦测量,连续正矢差超过4 mm,每处扣4分
	2	轨距、水平、轨向、支距、高低超过临时补修标准允许偏差		处	41	
	3	查照间隔、护背距离、尖趾距离超过允许限度	全面检测	组	41	
钢轨	4	钢轨接头顶面或内侧面错牙大于2 mm	全面查看,重点检测	处	4	错牙大于3 mm时,每处扣4分
	5	存在《修规》第3.9.7条第一、三、五、六项病害之一	同上	组	41	
	6	存在《修规》第3.9.7条第二、四、七项和第3.9.8条病害之一	同上	组	16	
	7	轨缝大于构造轨缝或有连续3个及以上瞎缝,普通绝缘接头轨缝小于6 mm	同上	处	4	
	8	轨端肥边大于2 mm	同上	处	4	含胶接绝缘钢轨
岔枕	9	接头岔枕失效,其他处岔枕连续失效	同上	处	6	
联结零件	10	尖轨、可动心轨与滑床板间缝隙大于2 mm	全面检测	块	2	一组扣件的零件不全,按缺少一个扣件计算
	11	连杆、顶铁、间隔铁及护轨螺栓缺少,顶铁离缝大于2 mm	全面检测	个、块	8	
	12	心轨凸缘螺栓缺少、松动	查看检测	个	41	
	13	长心轨与短心轨联结螺栓缺少/松动	同上	个	41/16	
	14	接头螺栓缺少/松动或扭矩不足	全面查看	个	8/2	
	15	其他螺栓缺少、松动	全面查看	个	1	
	16	垫板、道钉、胶垫、扣件缺少	全面查看	个、块	1	
	17	道钉浮离、扣件扭矩(扣压力)不符合规定或弹条扣件中部前端下颚离缝大于1 mm者、轨距挡板前、后离缝大于2 mm者,不良者超过12%	各连续检测50个	每增1%	1	
轨道加强设备	18	转辙和辙叉部分轨撑离缝大于2 mm,其他部分轨撑或轨距杆损坏、松动	全面查看、检测	个、根	1	
	19	防爬器、支撑缺损或失效	全面查看	个	2	
	20	道岔两尖轨尖端相错量大于20 mm、无缝道岔位移超过10 mm或无观测记录	全面查看	组	16	
道床	21	翻浆冒泥 $v_{max}>160$ km/h	全面查看	孔	5	
		翻浆冒泥 160 km/h $\geq v_{max}>120$ km/h	全面查看	孔	3	
		翻浆冒泥 $v_{max}\leq 120$ km/h	全面查看	孔	1	
	22	肩宽不足,不饱满,有杂草	全面查看	组	4	

续上表

项目	编号	扣 分 条 件	抽 查 数 量	单位	扣分（分）	说 明
警冲标	23	损坏或不清晰	全面查看	组	8	缺少或位置不对，扣41分
标记	24	缺少、不清晰或错误	全面查看	处	1	

（三）提速道岔日常保养质量评定评分标准

提速道岔的日常保养质量评定评分标准如表6—26。

表6—26　提速道岔日常保养质量评定评分标准

项目	编号	扣 分 条 件	抽 查 数 量	单位	扣分（分）	说 明
轨道几何尺寸	1	轨距、水平、轨向、高低超过经常保养允许偏差	轨距、水平全面检测，轨向、高低全面查看，重点检测	处	4	同时检测两线间距小于5.2 m的连接曲线轨向
	2	轨距、水平、轨向、高低超过临时补修允许偏差		处	41	
	3	查照间隔超过允许限度	全面检测	组	41	
	4	护背距离超过允许限度	全面检测	组	41	
钢轨	5	尖轨和基本轨、心轨和翼轨间竖切部分，绝缘接头处轨端肥边大于2 mm	全面检测	跟	16	
	6	接头轨面或内侧错牙≥2 mm	全面查看，重点检测	处	4	错牙大于3 mm时扣41分
	7	存在《修规》第3.9.7条第一、三、四、五项病害之一	同　上	组	41	
	8	存在《修规》第3.9.7条第二、六项和第3.9.8条病害之一	同　上	组	16	
岔枕	9	钢轨接头岔枕失效，其他处混凝土岔枕失效，木枕连续三根及以上失效	同　上	处	6	
联结零件	10	尖轨、可动心轨与滑床板间缝隙大于2 mm	全面检测	块	2	一组扣件的零件不全，按缺少一个扣件计算
	11	连杆、顶铁、间隔铁及护轨螺栓缺少	全面检测	个、块	8	
	12	接头螺栓缺少	全面检测	个	2	
	13	其他螺栓缺少，各种螺栓松动	全面查看，抽测4个接头扭矩	个	1	
	14	铁垫板、道钉、胶垫、扣件缺少	全面查看	个、块	1	
	15	道钉浮离或轨距挡板前、后离缝大于2 mm者，扣件扭矩超出规定范围或弹条中部前端下颚离缝大于1 mm者，超过12%	各连续检测50个	每增1%	1	
轨道加强设备	16	在转辙和辙叉部分轨撑离缝大于2 mm，在其他部分轨撑或轨距杆损坏、松动	查看检测	个、根	1	
	17	防爬器、支撑缺损或失效	全面查看	个	2	
	18	爬行量超过20 mm	全面查看	组	16	测量两尖轨尖端相错量

续上表

项目	编号	扣 分 条 件	抽 查 数 量	单位	扣分(分)	说 明
道床	19	翻浆冒泥	全面查看	孔	2	
	20	肩宽不足,不饱满,杂草多	查 看	组	4	
警冲标	21	损坏或显示不明	查 看	组	8	缺少或位置不对扣41分
标记	22	缺少或字迹不清	查 看	处	1	

(四)经常保养验收办法

线路、道岔保养质量评定,是考核线路、道岔养护工作质量的基本指标,也是安排维修计划的主要依据之一。每季由工务段组织对正线线路和正线、到发线道岔评定1次,采取随机抽样检查办法进行。

每个线路工区抽样检查数量:线路,管辖正线长度10 km及以下者不少于3 km,10 km以上者不少于1/3;道岔,编组站不少于该站正线、到发线道岔组数的1/3,中间站不少于1/2。

第五节　电子平直仪

电子平直仪采用电磁感应原理非接触无损测量,适用于检测各种钢轨运行表面平直度、侧面平直度,能测量钢轨表面的细小波纹,特别适合对无缝线路钢轨焊缝打磨和运行磨损状态的监测,并与以前的数据对比。该设备的便携式电脑可以在检测现场立即显示钢轨表面的平直度绝对数值、最大值、最小值和分布曲线,能把数据储存在便携式电脑中,输出打印报告,作进一步分析评估,有利于建立长期的钢轨平直度数据库,实施动态管理,为行车安全提供保障。

一、电子平直仪的特点

(1)完成测量后,它可以绘制出放大的测量表面的曲线(平直度),给出最大值和最小值及绝对值。

(2)测量过程中,测量探头根据电磁原理沿着测量梁移动,测量检测表面与测量梁之间的距离。

(3)采用非接触无损测量的方法测量磁性金属表面的几何形状。

(4)轨道测量完成后进行必要的轨道维修,完成后可再次进行测量,具有新获得的结果能够和前一次的结果进行比较功能。

(5)可将测量数据传送存储到计算机上。

(6)仪器可用于直道、弯道和过渡弯道处的行车面和导向面的检测。

(7)通过测试块上的测量可定期完成对测量梁的检测。

(8)手提箱能够方便仪器和它的附件搬运。

(9)一般配有内部温度计,能够检测测量梁的温度。检测值在测量程序中可以读取。如果这个温度超出规定的限度，测量程序会阻止测量的进行。

二、电子平直仪的组成

电子平直仪通常由计算机连接器、测量梁、测量定位块、测量梁手柄、可更换的电池包等组成，如图6—1所示。

图6—1　1 m 电子平直度测量仪

1. 测 量 梁

测量梁一般带探头和移动探头机械，测量梁从设计上防止灰尘和湿气进入移动机械和探头中（如测量梁表面覆盖树脂玻璃等材料）。

2. 测量定位装置

通过调节测量定位装置，保证测量梁在合适的位置上，实现对各种类型钢轨的平直度测量。

3. 测量梁手柄

在运输和测量过程中，手柄能保证在任何位置安全拿取和定位测量梁。

4. 可更换电池包

电池一般安装在测量梁内，拧开防尘保护盖后可将内部电池组取出。

三、电子平直仪的主要规格

电子平直仪有1 m、15 m、50 m等规格，现场一般采用1 m长电子平直仪对钢轨平直度进行测量。以下是1 m电子平直仪的主要规格：

输入电压：220 V，输出电压：12 V 和 24 V

基准长度：1 000 mm

测量精度：±0.02 mm

测量探头可视范围：10 mm

测量时间：6 s

测量梁重量：5 kg

测量梁尺寸：1 340 mm × 100 mm × 120 mm

电池测量时间:最少 300 次测量/电池

操作环境温度: -5 ~ +50 ℃

操作轨温度: -20 ~ +60 ℃

四、电子平直仪的操作程序与要领

现结合现场常用的电子平直仪进行操作介绍。

(1) 把计算机连接器连接到测量仪,有直接连接和无线连接两种模式。

(2) 按 ON/ESC 键打开计算机连接器和电子平直仪。

(3)使用←、→键搜索测量程序图标,图 6—2 所示是一种英文计算机连接器,使用↑、↓键搜索要使用的数据文件。

(4)若想打开一个新数据文件,在操作系统中按 MENU 键,选择 FILE/NEW,如图 6—3 所示。在给出文件名和地址后,这个程序立即启动并检查常用的参数。

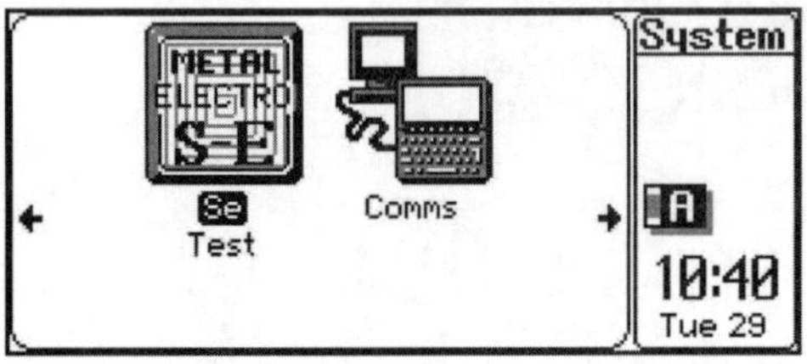

图 6—2　图标窗口

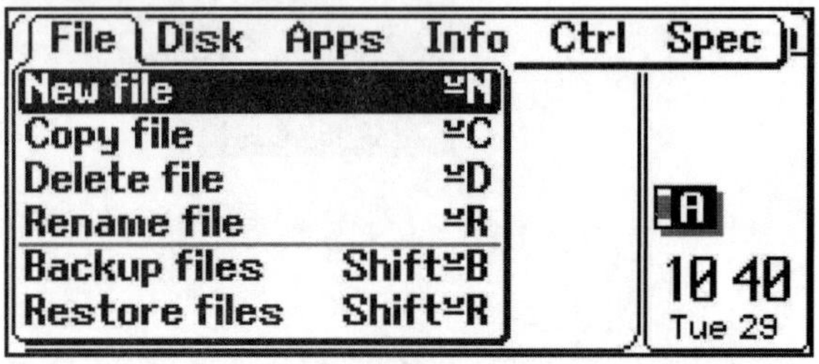

图 6—3　FILE/NEW 菜单窗口

(5) 将平直仪放在钢轨上(图 6—4),用箭头标记的中线应和被测的焊接头或截面的中心对齐,但距离支撑点 20 mm 处的钢轨表面不能有剥落和短距的波纹,否则会影响测量结果。然后按 MESURING/START 或 M 键,输入测量参数,如图 6—5 所示。

行驶面　　导向面

图 6—4　测量面的正确放置图示

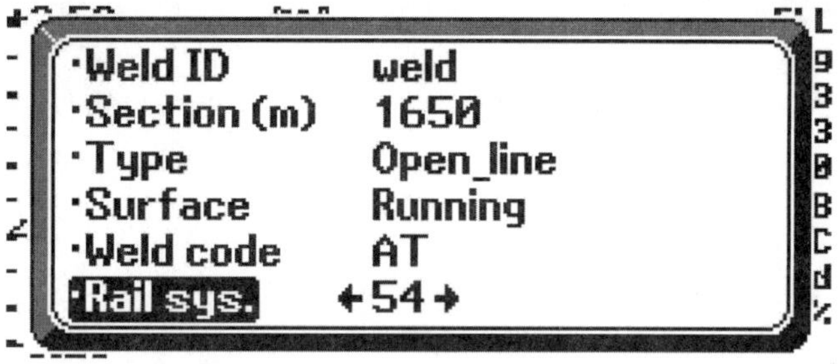

图 6—5 参数数据窗口

测量精度将在温度骤变的情况下产生偏差,比如在 20 ℃的环境下将仪器直接放置于测 0 ℃的钢轨上。因此,在温差大的情况下,先将仪器在测量环境温度中至少放置 15 ~ 30 min 后再开始测量。

(6)数据应包括三个对话框,若没有空的清单使用,那么有两个对话框。在最后一个对话框之后测量开始。

(7)经过计算后测量结果出现,通过 MEASURING/SAVE 或热键保存。

(8)在每个测量点重复步骤(5),(6),(7)。

(9)完成所有测量后,通过 FILE/EXIT 或 X 键退出程序,按 OFF 键关闭 WA。

五、安全注意事项

(1)计算机电力不足或未关闭计算机就取下备用电池会导致全部测量数据的丢失。

(2)为了避免出现故障、意外事故或电击,不要把测量仪器放在潮湿的地方。

(3)在带电的钢结构上进行测量,例如在轨道的绝缘接头部位,应使用绝缘平直仪。

(4)为了维持仪器的测量精度,应防止测量梁受到机械撞击和高温的作用。

(5)如测量梁损坏或弯曲,或表面覆盖层破损或损坏,或产生任何的变形,应立即停止测量,并送厂商修理。

(6)测量梁只能放在手提箱里进行运输。置放在测量面时不要将其倾斜。

(7)不能打开仪器或不能打开计算机连接器时,可能没有电。

(8)屏幕过热会造成屏幕变黑。

(9) 建议每六个月进行 1 次校准。每月或每 1 000 次测量后使用测试块。

(10)要确认此测量仪器是由受过专门培训的技术人员来使用。

第六节 线路轨道检查仪

线路轨道检查仪主要用于铁路轨道静态几何参数的检测及分析(包括轨距、轨距变化率、水平、10 m 的轨向和 20 m 弦长的正矢、10 m 弦长的高低、里程、三角坑),自带的微型计算机系统可在测量的同时记录轨道的病害和线路标记(如百米标、道口和站台等)。所有检测数据可转录到计算机中做进一步分析,提供轨道缺陷报表指导修理作业,进行线路的质量管理。下面结合目前常用的线路轨检仪进行介绍。

一、分类及型号

线路轨道检查仪按其结构形式分为无弦、单弦、双弦三类。轨检仪型号编制按以下规则进行：

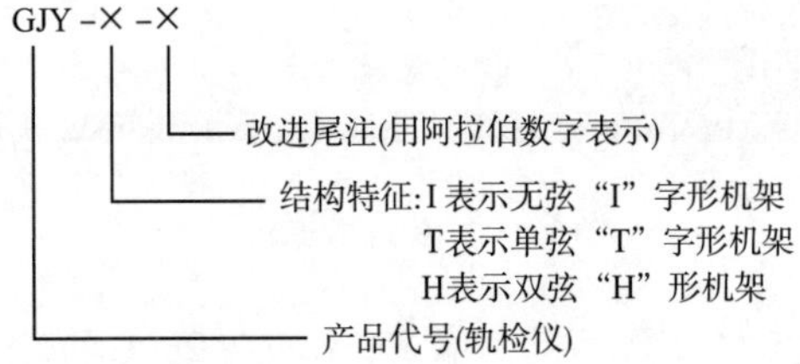

目前国内主要有基于弦测法原理和基于陀螺仪原理的两种类型的线路轨道检查仪，其检测项目及主要性能指标如表 6—27 所示。

表 6—27　检测项目及主要性能指标

序号	技术指标 / 检测项目	测量范围	示值误差	备　注
1	高　低	±50 mm	±1.0 mm	10 m 弦
2	轨　向	±100 mm	±1.0 mm	10 m 弦
3	轨　距	1 410 ~ 1 470 mm	±0.5 mm	
4	水平及超高（含超高调头误差）	±200mm	±0.5 mm （0.3 mm）	
5	三 角 坑	±30 mm	±1.0 mm	2.4 m 基长
6	里　程	0 ~ 9 999 km	±5‰	

线路轨检仪在下列环境条件下应可靠工作：

环境温度：　-20 ℃ ~ +50 ℃
相对湿度：　≤90% RH
海拔：　≤2 500 m
行进速度：　≤8 km/h
电源容量：　可连续工作时间不少于 8 h
质量：　≤42 kg

二、结构组成

线路轨道检查仪包括检测机械装置、数据采集系统（微型计算机控制检测系统以下简称控制面板）及分析处理软件三大部分，如图 6—6 所示。

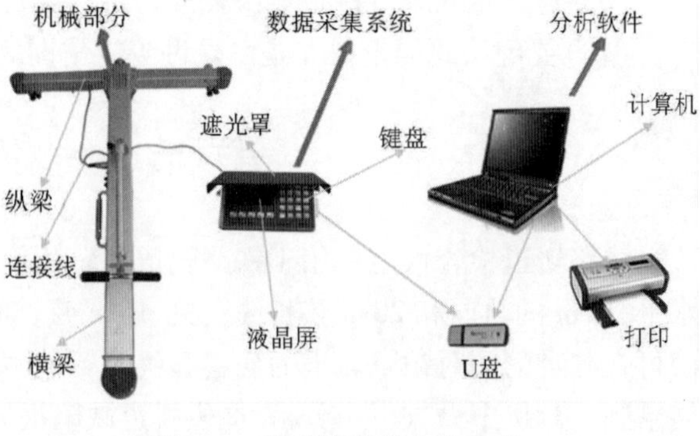

图 6—6　线路轨道检查仪组成

三、线路检查操作程序

(一)上道前的准备及数据采集

(1)为保证测量的准确,每次使用前建议使用标定台将仪器标定一次。

(2)仪器的组装:

①检查所有必备物件是否齐全(检测仪、控制面板、数据线、电源线、电池盒),检查机器各部分有无松动现象,重点检查走行部分和测量部分。

②按照仪器各部件组装程序组装轨检仪,并插上各部连接线。

③调整手推架高度。

④将控制面板连接到手推架托架上。

⑤用电源线将电池盒与横梁上的接口相连;用数据线将控制面板、横梁上的航插、纵梁上的航插连接并拧紧。

⑥打开控制面板电源,检查数据线是否接通及显示是否正常。

(3)控制面板资料导入:按系统要求将相应的文件导入到面板中去。(仪器在第一次使用时进行一次资料导入即可)

(二)上道进行轨道检查

(1)两人将线路轨道检查仪抬起,放到轨道上方使横梁右侧的行走轮置于右轨顶面,轻推纵梁使横梁右边弹簧压缩到能将纵梁一边的两个定位轴承能放入钢轨内侧面为止,然后将纵梁上的行走轮置于左轨顶面。右侧弹簧回弹后,左边两个定位轴承与左轨内侧自动贴合。

(2)上道后,准备进行数据采集,匀速地推行仪器。在推行过程中,如需避车,按下"暂停"键,在暂停界面下对方向和高低进行标定,下道避车后在原位置上道继续推行,不影响数据的连续采集。推行中后退可删除已测数据,此种情况也不会影响数据的连续采集。如遇"S"形曲线、道岔,其测量方法如下:

"S"形曲线测量方法:由于该仪器测量的方向、高低为仪器纵梁所在的钢轨(称之为基准轨),线路上测量曲线部分主要要求测量曲线外股的方向(即正矢),因此,该仪器设计成可以在推行中使仪器测量的基准轨改变,而不改变推行方向。测量"S"形曲线时,测量第一个曲线按普通的曲线测量方法测量,在进入下一曲线前的 20 m(尽量大于 20 m)的直线上,将仪器的纵梁换到另一条钢轨上,基准轨换到另一条钢轨。

过道岔的测量方法:为确保在过道岔时(继续原轨道测量)不给里程带来测量误差。在道岔的岔起处按控制盒的"岔起"键,继续推行,在行至岔尖中心处按控制盒的"暂停"键,将仪器抬起平移至另一轨道的相同里程处,再按"暂停"键,显示测量的数据后,继续推行,在行至岔终处按控制盒的"岔终"键,继续推行测量。

(三)下道、装箱、转运

(1)检查仪在自动运行中要防止突然断电导致数据丢失,可在推行过程中按下"ENTER"键保存已测量数据。仪器在自动运行采集数据完毕时,在轨道检查状态按"ESC"键退出,再按"确定"键可将测试数据自动保存在面板内存中;用 U 盘导出检测数据,关机后拔出 U 盘,再将面板正常关机,电池的工作开关置于"空"位后仪器下道。

注意:插拔 U 盘时最好在不带电状态下进行。仪器不工作时需将电源工作开关置于

“空”位或拆下供电电源，否则电池将自动放电。

(2)仪器的拆分：根据仪器拆分程序，将面板、横梁、纵梁、电源、手推架等分别拆分回位，将仪器各表面擦拭干净后装箱(尤其是测量轮和走行轮必须清洁干净)。

(3)在不使用仪器或转移场地时，应将整机装入包装箱(纵梁和横梁分开装箱)后转运，包装箱内应有软质物减振，不能让该机在剧烈振动、强磁辐射的环境下运输。在不使用的情况下，应将仪器上的油污、雨水等拭干净，再装箱，木箱注意防潮。

(4)检测数据处理：将U盘带回或就地用笔记本电脑按数据处理软件将检测数据及时处理、分析及报表打印。

(四)线路检查时注意事项

(1)无论上道或下道，设备搁放到地上时，不得碰撞纵梁侧面的旋转编码器。

(2)测量过程中如遇下道或换道测量，务必按控制盒上面的“暂停”键。

(3)控制盒中安装了液晶屏、单片机系统等，注意防振防冲击。

(4)仪器在走行时不要使用侧向力，走行速度要匀速、适中。过轨缝时注意匀速慢推，不能有猛烈的振动冲击，更不得有野蛮操作。

(5)测量曲线部分时，在曲线前应考虑曲线设置的特征点，注意打曲线特征标记，务必注意选准第1点或曲线起始点及终点。由于该机测量正矢是左轨向，所以推行方向应该与实际测量的方向一致，即纵梁应在曲线部分的上股钢轨，这样分析软件分析的数据才会更准确。

四、指导现场养护

线路轨检仪具备超限实时声响报警功能，在检测线路时能及时通知工区进行线路养护。

线路检查完毕后，通过对检测数据的处理，能生成检测波形图和线路检查、曲线检查、作业验收、日常保养、临时补修等报表。检查人员对检测数据进行分析后，把轨道不良处所及相关报表下发到养路工区，工区根据下发轨道缺陷处所按“先严重后一般原则”到现场检查划撬，进行线路养护。图6—7为生成的检测波形图，图6—8为临时补修报表。

五、安全注意事项

(1)线路轨检仪为精密检测仪器，保养维护过程中应避免撞击和敲打，注意防水、强磁和高温，检测过程中严禁用脚踢着仪器走，在仪器暂停下道时或是拆卸后严禁操作人员坐在仪器上。

(2)长期不用时，应拆除传感器和电源，包装好在干燥环境中保存，远离高温潮湿，避免阳光直射。

(3)轨检仪供电采用的是大容量的锂电池，用户在初次使用时需完全充、放电三次以上，以保证锂电池的使用寿命，不充电时应将充电器和电力供应线分离，不得将充电器与电池连接超过一周以上。

(4)拆装、检修、使用一段时间后，轨检仪器必须经过在检定台上检定试验及标定器上设置各传感器零点。

(5)标定是使各传感器设置在标准位置，简称传感器零位标定，应在标定器上按操作规程进行。

(6)检定是指在仪器定期在标准标定台上按相关规定进行检定。

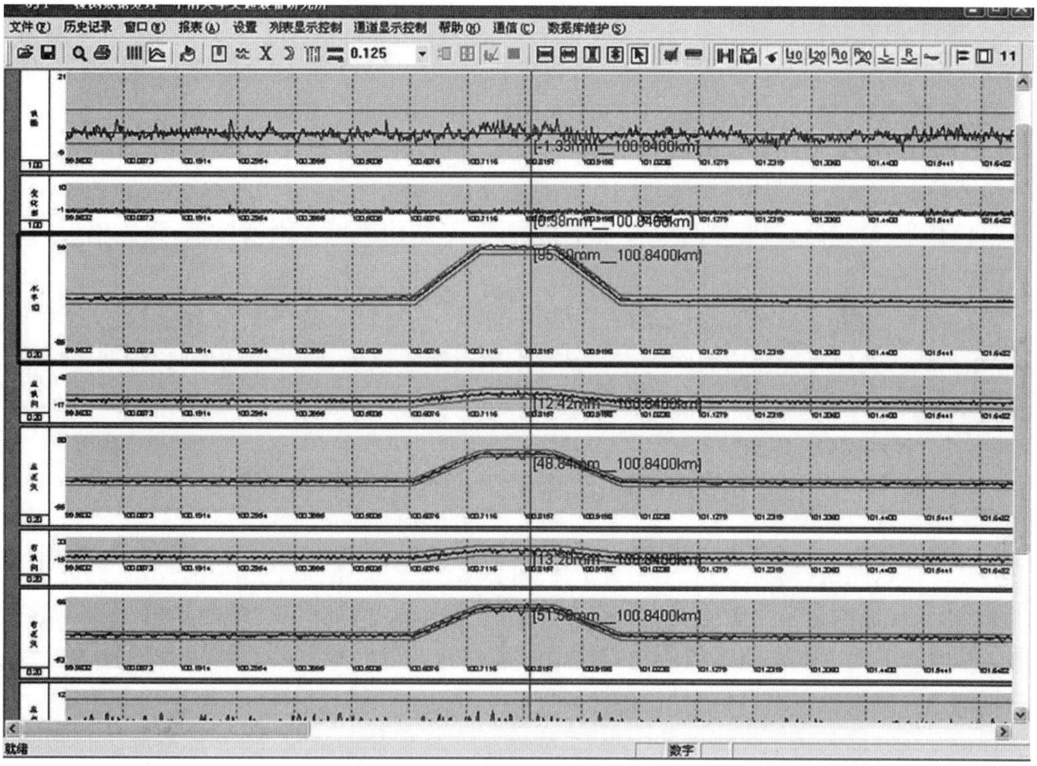

图 6—7　检测波形图

轨检仪临时补修管理值报告

线名:石德　行别:上　检测起点里程:105.8　检测终点里程:99.983　检测人员:赵义　检测日期:00 年 05 月 05 日

标示位置		轨距		水平		三角坑		右高低		右轨向		左高低		左轨向		线路特征	超限病害处理情况(工区填写)				
公里	米	峰值 mm	延长 m	峰值 mm	延长 m	峰值 mm	延长 m	峰值 mm	延长 m	峰值 mm	延长 m	峰值 mm	延长 m	峰值 mm	延长 m		现场复核检查病害情况(作业前)	整修具体地点	整修后结果	整修人	整修日期
100	958.6			9.8	1.6											缓					
100	970.6			9.5	1.2											缓					
101	279.6	−4.5	1.1													直					
101	283.3	−5.4	4.1													直					
101	511.2	−5.8	2.7													直					
104	858.3	−5.3	2.1													直					

图 6—8　临时补修报表

(7)装拆传感器和检修一律在无电状态下进行。

(8)只有专业技术人员才可以安装和维护,非专业人员禁止拆卸本设备。

(9)收藏:整机拆开后分别装入两包装箱内。控制面板和数据线装入小电气箱内。

(10)保养:每天使用后,必须擦拭仪器表面的污物,特别是走行轮、测量轮、导向轮上的污物一定要处理干净。仪器使用1年以上,应考虑设备大修。

(11)搬运:转运时,包装箱内应有软质物减振,不能让该机在剧烈振动、强磁辐射的环境下运输。长途运输时,运输工具应匀速,慢行。

(12)储存:设备应贮存在通风良好、温度 -25 ℃ ~ +55 ℃、空气相对湿度不大于90%、周围无带酸、碱或其他有害介质的库房中。贮存期超过半年以上,应开箱通风;贮存期超过一年,应进行相应的检定和标定。

第七节　客运专线精测网系统介绍

客运专线铁路精密工程测量是相对于传统的铁路工程测量而言。客运专线铁路的平顺性要求非常高,轨道测量精度要达到毫米级,其测量方法、测量精度与传统的铁路工程测量完全不同。适合于客运专线铁路工程测量的技术体系称为客运专线铁路精密工程测量,客运专线铁路精密工程测量控制网简称"精测网"。

客运专线铁路精密工程测量的内容有:线路平面高程控制测量、线下工程施工测量、轨道施工测量、运营维护测量。

一、客运专线精测网特点

1. 传统的铁路工程测量方法

初测:初测导线、初测水准;定测:交点、直线、曲线控制桩(五大桩);线下工程施工测量:以定测控制作为施工测量基准;铺轨测量:穿线法、弦线支距法或偏角法测量。

2. 传统的铁路测量方法的缺点

(1)平面坐标系投影误差大。

(2)不利于采用GPS、RTK、全站仪等新技术采用坐标法定位法进行勘测和施工放线。

(3) 没有采用逐级控制的方法建立施工控制网,线路测量可重复性较差;中线控制桩连续丢失后,很难进行恢复。

(4) 测量精度低:导线测角中误差12.5″、方位角闭合差$25''\sqrt{n}$;全长相对闭合差为1/6 000;施工单位复测经常出现曲线偏角超限;改变设计偏角施工,设计线形被改变。

(5)轨道的铺设不是以控制网为基准按照设计的坐标定位,而是按照线下工程的施工现状采用相对定位进行铺设。由于测量误差的积累,轨道的几何参数与设计参数不一致。

3. 客运专线铁路精密工程测量的特点

(1)确定了客运专线铁路精密工程测量"三网合一"的测量体系:勘测控制网CPⅠ、CPⅡ、准基点;施工控制网CPⅠ、CPⅡ、水准基点、CPⅢ;运营维护控制网CPⅢ、加密维护基桩。勘测控制网、施工控制网、运营维护控制网坐标高程系统的统一;勘测控制网、施工控制网、运营维护控制网起算基准的统一;线下工程施工控制网与轨道施工控制网、运营维护控制网的坐标高程系统和起算基准的统一;勘测控制网、施工控制网、运营维护控制网测量精度的协调统一。

(2)确定了客运专线铁路工程平面控制测量分三级布网的布设原则。

(3)提出了客运专线铁路工程测量平面坐标系统应采用边长投影变形值≤10 mm/km(无砟)/25 mm/km(有砟)的工程独立坐标系。

(4)确定了客运专线铁路轨道必须采用绝对定位与相对定位测量相结合的铺轨测量定位模式。

(5)确定了客运专线无砟轨道铁路工程测量高程控制网的精度等级。

(6)提出了客运专线无砟轨道铁路工程控制测量完成后,应由建设单位组织评估验收的要求,并制定了评估验收内容和要求。

二、客运专线精测网的建立

1. 测量基本工作流程

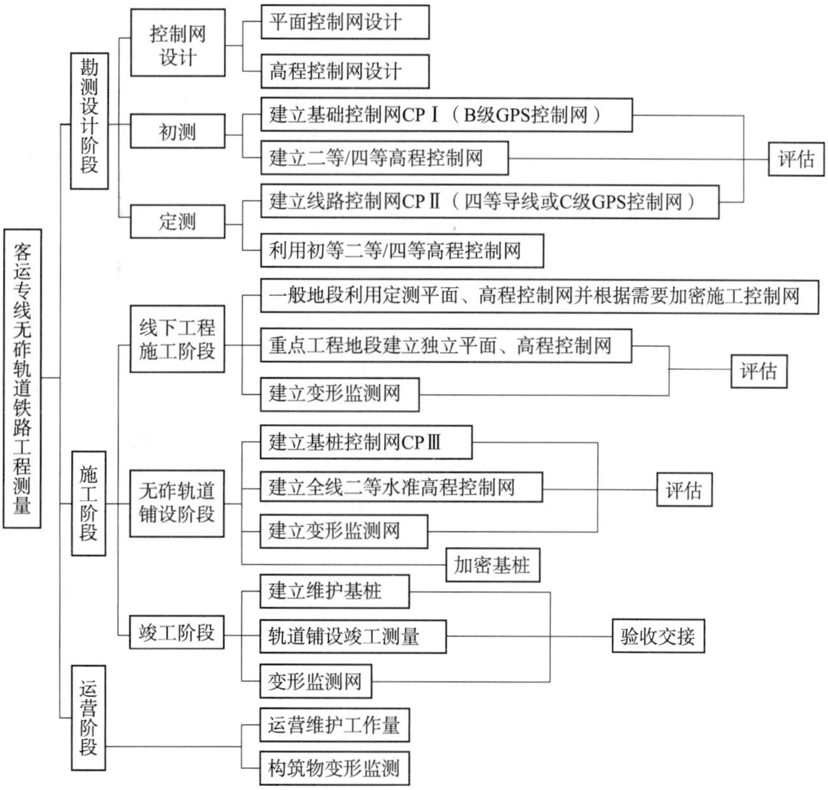

图6—9 测量基本工作流程

2. 平面控制测量

(1)平面控制网布设原则

客运专线无砟轨道铁路工程测量平面控制网按分级布网的原则分三级布设:

第一级:基础平面控制网(CPⅠ),为勘测、施工、运营、维护提供坐标基准;

第二级:线路控制网(CPⅡ),为勘测和施工提供控制基准;

第三级:基桩控制网/施工加密网(CPⅢ),为线下工程、无砟轨道施工和运营维护提供控制基准。

(2)各级平面控制网精度(表6—28)

(3)平面控制网起算基准

①CPⅠ控制网投影长度变形值不应大于10 mm/km;

②CPⅡ控制网应附合到CPⅠ上,并采用固定数据平差;

③当采用导线测量时,CPⅢ控制网应附合到CPⅠ或CPⅡ上,并采用固定数据平差。

表6—28　各级平面控制网应满足的精度

控制点	可重复性测量精度	相对点位精度
CPⅠ	10 mm	$8+D\times10^{-6}$ mm
CPⅡ	15 mm	10 mm
CPⅢ导线测量	6 mm	5 mm
CPⅢ后方交会测量	5 mm	1 mm

当采用后方交会法测量时,CPⅢ控制网应采用独立自由网平差,然后在CPⅠ或CPⅡ中置平。分段附合或置平时相邻段应有足够的重叠,重叠长度应不小于1 km。

(4)各级平面控制网布网要求(表6—29)

表6—29　各级平面控制网布网要求

控制网级别	测量方法	测量等级	点间距	备注
CPⅠ	GPS	B级	≥1 000 m	≤4 km—对点
CPⅡ	GPS	C级	800～1 000 m	
	导线	四等		
CPⅢ	导线	五等	150～200 m	
	后方交会		50～60 m	10～20 m—对点

(5)平面控制测量作业流程

①CPⅠ控制测量:一般在初测时完成,为客运专线无砟轨道铁路工程提供平面基准;

②CPⅡ控制测量:一般在定测时完成,作为客运专线无砟轨道铁路工程施工平面控制网;

③CPⅢ平面控制测量:在施工测量时施测,线下工程施工时作为施工加密平面控制网,铺设无砟轨道时作为无砟轨道铺设基桩控制网。

(6)平面控制测量方法

①GPS测量:用于建立CPⅠ、CPⅡ控制网;

②导线测量:用于建立CPⅡ、CPⅢ平面控制网;

③后方交会网测量:用于建立无砟轨道铺设基桩控制网。

无砟轨道的施工验收标准:平面偏差必须满足2 mm/10 m和10 mm/150 m,即10 m弦长轨向偏差不得大于2 mm,150 m长波轨向偏差不得大于10 mm。

3. 高程控制测量

(1)高程控制网精度(如表6—30)

表 6—30　高程控制网精度

控制点类型	可重复性测量高差限差	相邻点高差限差	水准测量等级
水准基点	$4\sqrt{L}$	$4\sqrt{L}$	二等水准
CPⅢ控制点	$8\sqrt{L}$	$8\sqrt{L}$	精密水准

(2)高程控制网的基准

水准基点控制网以国家一等水准点为起算数据,采用固定数据平差和 1985 国家高程基准;

CPⅢ控制点应附合于水准基点控制网上,采用固定数据平差。

(3)高程控制测量作业流程

①勘测高程控制测量;

②施工高程控制测量;

③无砟轨道铺设基桩高程控制测量。

(4)勘测高程控制测量

《客运专线无砟轨道铁路工程测量暂行规定》(铁建设〔2006〕189 号)第 1.0.7 条规定:"客运专线无砟轨道铁路高程控制网应按二等水准测量精度要求施测。在勘测阶段,不具备二等水准测量条件时,可分两阶段实施,即:勘测阶段按四等水准测量要求施测,线下工程施工完成后,全线再按二等水准测量要求建立水准基点控制网"。

(5) 施工高程控制测量

①施工高程控制网应按二等水准测量要求施测;

②施工加密水准测量应按精密水准测量要求施测。

(6) 无砟轨道铺设基桩高程控制测量

①无砟轨道铺设基桩高程控制测量按精密水准测量精度要求施测;

②精密水准测量起闭于二等水准点,水准路线长度不宜超过 2 km。

4. 线下工程竣工测量

线下竣工测量主要包括线下工程中线贯通测量、路基竣工测量、桥涵竣工测量和隧道竣工测量等。

(1)线下工程中线贯通测量。全线(段)二等水准贯通测量;线下工程线路中线平面测量和高程测量,并贯通全线(段)的里程。

(2) 路基竣工测量。路基竣工测量主要是横断面测量,应在路基沉降稳定后进行。

(3) 桥涵竣工测量。主要有桥梁墩台竣工测量、桥梁中线贯通测量和涵洞竣工测量。

(4) 隧道竣工测量。主要有洞内水准基点测量和隧道净空断面测量。

5. 无砟轨道铺设阶段测量

(1)建立无砟轨道铺设控制网(CPⅢ)

① 平面测量。导线测量每 150 ~ 200 m 一个点,五等导线;后方交会网每 60 ~ 70 m 一对点。

②高程测量。与平面控制点共桩,精密水准测量。

(2)无砟轨道的安装测量

安装测量主要包括加密基桩测量、轨道安装测量、轨道衔接测量和线路整理测量。

(3)轨道铺设竣工测量

竣工测量主要有维护基桩测量和轨道几何形态测量

三、精测网的应用维护

全面建立精测控制网后,要建立完善 CPⅢ桩和加密的钢轨桩横距、高差偏差允许偏差管理值,并按周期对精测网控制点进行测量和复测,建立相应的测量技术台账。

1. 精测控制网应用

按要求对 CPⅢ桩和加密的钢轨桩横距、高差进行测量,国外多以 CPⅢ控制点位架设全站仪配合轨道检查小车进行轨道坐标测量,如图 6—10 所示。

图 6—10　轨道检查小车进行轨道坐标测量

(1)在进行线路大修、线路综合维修、线路综合养护前,设计人员根据线路精确定位系统对作业地段的线路平面、纵断面进行全面测设校核,调整优化线路平纵断面。

(2)线路大修、线路综合维修、线路综合养护作业完成后,当线路经均匀沉降达到稳定(十五天左右)时,应根据设计资料对作业地段线路平面、纵断面进行全面复核,并对线路稳定后平纵断面等作必要的修正,修改技术台账。

(3)在日常线路养护中,应将线路 CPⅢ桩和加密的钢轨桩横距、高差的检查、观测作为线路静态检查的主要项目和内容正常化、制度化,并对测量数据进行分析,对比标准体系,对偏差地段安排成段大型养路机械线路(曲线)养护或日常保养。

2. 精测网维护

由专门单位定期对 CPⅠ和 CPⅡ基准点进行复测和维护。对被破坏、需要增设和沉降地段 CPⅠ和 CPⅡ基准点重新测量,确定平面坐标和高程,并测量轨道控制数据,建立新的技术台账。对轨道观测数据变化较大的观测控制点进行坐标和高程测量,校核、修改线路各测点的台账数据。

目前国内既有线提速线路上也按照客运专线精密网的精度和要求建立了轨道精密控制网,一般利用电气化铁路正线两旁电力线杆及基础设施,埋设可直接进行轨道状态测量的观测控制桩(CPⅡ、CPⅢ)。在既有设施上设置控制及观测桩点,既满足了控制和观测桩点稳固耐用的要求,也符合 CPⅢ采用自由建站后方交会法测量点对布点要求。也可利用正线两旁道岔和曲线的既有钢轨控制桩,做 CPⅢ观测控制点的补充,这样就使得轨道精密控制网正线观测桩的间隔达到直线 55 m 左右点对,曲线小于 20 m,完全能够满足对轨道线路直接控制的需求。同时在电力线杆上埋置的 CPⅢ桩钉设计,既能方便量取至轨道的横距和高差,也考虑到了配以专门设计的支距滑尺保证测点精度,其观测棱镜强制对中的功能设计也是精密控制网进一步拓展应用的关键。

第八节　与路基、桥梁有关的线路技术要求

一、路　　基

(1)路基及排水、防护和加固设备,应符合《铁路路基大修维修规则》的规定,并保持稳固和完好状态。路基面应保持横向排水畅通。

(2)路肩宽度,线路允许速度大于 160 km/h 的地段不得小于 1.0 m;线路允许速度不大于 160 km/h 的地段不得小于 0.8 m;路堑不得小于 0.6 m,电气化铁路、无缝线路和机械化维修作业地段有条件时宜加宽至 1.0 m。

(3)侧沟的深度不得小于 0.6 m(干旱少雨地区或硬质岩石路堑可减少至 0.4 m),底宽不得少于 0.4 m,土质边坡为(1:1)~(1:1.5),沟底纵坡不得小于 2‰,困难地段不小于 1‰。横向盲沟应设于道床陷槽以下。

排水设备应经常进行整修和清理,保持设备完好,流水畅通。清理或开挖出来的泥土等杂物应及时运走,不得弃置于沟边或路堑边坡上。

(4)在路基内埋设电缆时,必须遵守以下规定:

①电缆应从路堤外或路堑顶外通过。如遇过渡经路从路肩或路堤边坡通过时,应进行结构设计,并不得损坏原有排水、防护和加固设备。

②电缆沿路堑顶部埋设时,应在堑顶天沟边 2 m 以外。如无天沟,应在堑顶边 5 m 以外。沿路堤坡脚埋设时,应在路堤坡脚 1 m 以外,有护道时应在护道 1 m 以外。横穿线路时,应用钢管或混凝土管防护,埋入的管顶应低于路基面 0.4 m。

③埋设电缆前,施工单位必须与工务段联系,明确安全措施和责任,并签订协议后方可施工。

④电缆埋设后,必须及时将电缆沟填满、夯实、整平,恢复路基完好状态,并设置明显标志,竣工资料应交工务段备案。

二、桥　　梁

(1)跨度在 30 m 及以上的钢梁,桥上线路应设置上弯度(或称上拱度)。设置时,应特别注意使钢梁两端线路的衔接平顺。

(2)桥上线路中线与梁跨中线的偏差,钢梁不得大于 50 mm,圬工梁不得大于 70 mm。超过规定值时,须进行拨道调整。

(3)明桥面曲线线路外轨超高,可采用以下方法设置:

①在桥枕挖槽限度内调整;

②通过稳定性和应力的检算,可在墩台顶面做成超高;

③垫楔形枕木;

④曲线外侧的桥枕下加垫板,用木螺钉(或螺栓)联结牢固。

(4)大中桥明桥面的钢轨扣件应采用 K 型分开式扣件,以增强桥上线路和稳定,其螺栓的拧紧方法根据设计要求确定。钢轨垫板与桥枕间的防腐胶垫厚度为 4~10 mm。基本轨、护轨、护木、桥枕、钢梁间的联结,应牢固紧密,相互位置正确,整体性良好。

在直线上的桥梁(曲线型伸缩调节器不受此限),尖轨端位置正确。在任何情况下,伸缩调节器处轨距不得超过 1 451 mm,也不得小于 1 433 mm。

(5)下列桥梁应铺设护轨或防脱护轨(铺设防脱护轨时,要执行铁道部有关规定):

①特大桥及大、中桥;

②桥长 10 m 及以上,桥上线路曲线半径小于或等于 600 m,或桥高(轨底至河床最低处)大于 6m 的小桥;

③跨越铁路、重要公路、城市交通要道的立交桥;

④多线桥上的各线按第① ~ ③项办理,但多线框构桥可只在两外侧线路上铺设。

(6)护轨铺设要求:

①钢桥明桥面上护轨一般应采用与基本轨同类型的钢轨;混合桥上明桥面护轨也可采用比基本轨低一级的钢轨。既有线有砟桥上护轨,当位于Ⅲ型混凝土轨枕地段时,应采用比基本轨低一级的钢轨;当位于Ⅱ型混凝土轨枕地段时,应采用比基本轨低一级或低二级的钢轨。新建或改建有砟桥上护轨,应采用与基本轨同类型或低一级的钢轨。

②护轨与基本轨头部间净距:在有砟桥上,其净距为 500 mm,允许误差为 $^{+10}_{-5}$ mm;在钢梁明桥面上,其净距为 200 mm(当基本轨为 60 kg/m 钢轨时为 220 mm),当桥上设有伸缩调节器时,其最大净距可为 320 ~ 350 mm,允许误差为 ±10 mm;在混合桥上,当明桥面长度等于或小于 50 m 时,其净距在明桥面与有砟桥面上均为 500 mm;当明桥面长度大于 50 m 时,在明桥面和有砟桥面上各自采用自身的净距和允许误差,并在明桥面上采用不大于 1.5% 的斜率完成间距变化的过渡。

③护轨顶面不应高出基本轨顶面 5 mm,也不应低于 25 mm。

④对既有护轨与基本轨轨净距不满足要求的有砟桥面,应按《铁路桥隧建筑物修理规则》附录二“铁路桥梁道砟桥面护轨改造方案”进行改造。若桥上为Ⅱ型或Ⅲ型混凝土桥枕,可采用增设外侧带有轨卡的通长铁垫板(Ⅲ型混凝土桥枕可在每隔一根桥枕上增设)的方法(自动闭塞区段铁垫板中间应设绝缘)对护轨进行改造;对Ⅱ型混凝土桥枕,也可采取在既有桥枕上打孔,采用新型扣板式扣件进行改造。若桥上为木枕或Ⅰ型混凝土桥枕,应更换为新Ⅲ型混凝土桥枕。

⑤新建或改建桥梁,当为有砟桥面时,其护轨铺设应采用新Ⅲ型混凝土桥枕。

⑥护轨应伸出桥台挡砟墙以外,直轨部分长度不应小于 6 m,然后弯曲交会于线路中心。弯轨部分沿线路中心线的长度不小于 1.9 m,梭头尖端超出台尾的长度不小于 2.0 m,其顶部应切成不陡于 1:1 的斜面并联结密贴,梭头尖端悬出轨枕的长度不得大于 5 mm,如图 6—11 所示。

⑦对既有明桥面,护轨下可加垫总厚度不大于 30 mm 的垫板。当护轨与基本轨头部间净距为 320 ~ 500 mm 时,护轨下应设普通铁垫板,扣压每股护轨的钩头道钉应在每根木桥枕上靠基本轨一侧钉两个,另一侧钉一个。当净距为 200 mm 或 220 ~ 320 mm 时,护轨下可不加垫铁垫板;垫板厚度在 20 mm 及以下时,应在每隔一根木桥枕上钉两个道钉扣压每股护轨的两侧;垫板厚度超过 20 mm 时,应在每根木桥枕上钉两个道钉扣压每股护轨的两侧。

对既有道砟桥面,当护轨下组装通长铁垫板时,铁垫板下可设厚度不小于 4 mm 的橡胶垫板,固定通长铁垫板的螺栓扭矩不应小于 80 N·m,扣板螺栓的扭矩应为 40 ~ 60 N·m。新型扣板

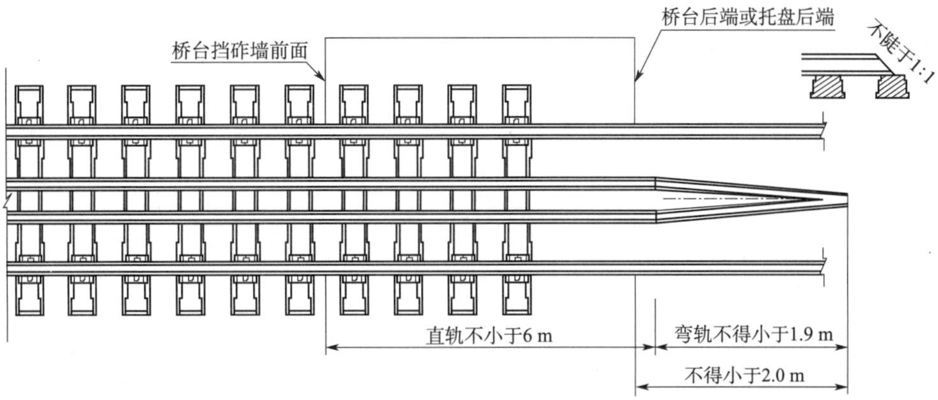

图 6—11 护轨布置图

式扣件螺栓扭矩应为 30 ~ 50 N·m。

⑧自动闭塞区间,护轨应安装绝缘装置。当桥上线路中心设有应答器时,护轨应在应答器处断开。

⑨护轨接头螺栓的螺帽应安装在线路中心一侧,在伸缩调节器处应采用一端带长圆孔的夹板。

⑩护轨爬行严重时,允许安装防爬器。

⑪因道口、道岔或其他因素影响,护轨不能按标准设置时,应经铁路局批准,按特殊情况处理。

护轨的主要作用是机车车辆在桥头或桥上脱轨时,可将脱轨车轮限制在护轨与基本轨之间的轮缘槽内继续顺桥滚出,以免机车车辆向旁偏离撞击桥梁或自桥上掉下而造成严重事故。此外,也有可能已脱轨的机车车辆的车轮重新爬上基本轨。它是桥上重要的安全设备之一。

复习思考题

1. 线路大修的基本任务是什么?
2. 线路大修的目的是什么?
3. 线路大修应贯彻什么原则?
4. 线路大修应具备什么工作条件?
5. 线路大修分为哪几类?
6. 线路中修的任务是什么?
7. 线路中修的目的是什么?
8. 线路中修包括哪些内容?
9. 线路维修的基本任务是什么?
10. 线路维修工作应贯彻什么原则?
11. 线路维修工作有哪些修程(三修)?

12. 线路维修工作如何适应现代化的要求?
13. 什么是线路综合维修?
14. 线路综合维修应达到什么目的?
15. 线路经常保养是什么性质的修理?
16. 线路经常保养应达到什么目的?
17. 线路临时补修是什么性质的维修?
18. 线路、道岔综合维修的基本内容有哪些?
19. 线路、道岔经常保养的基本内容有哪些?
20. 线路、道岔临时补修的基本内容有哪些?
21. 线路维修周期是怎样规定的?
22. 轨道几何尺寸允许偏差,按线路允许速度划分为哪三级?哪三个标准?
23. 对作业验收标准有什么规定和要求?
24. 经常保养标准是指的什么?这个标准的管理目标是什么?
25. 临时补修标准是指的什么?这个标准的管理目标是什么?
26. 线路综合维修验收中,轨道几何尺寸项目中有哪些内容?
27. 线路综合维修验收中对钢轨检查有哪些内容?扣分条件是怎样规定的?
28. 线路综合维修验收中对轨枕检查有哪些内容?扣分条件是怎样规定的?
29. 线路综合维修验收中对联结零件检查有哪些内容?扣分条件是怎样规定的?
30. 提速道岔轨道几何尺寸允许偏差是多少?
31. 提速道岔综合维修验收中对钢轨检查有哪些内容?扣分条件是怎样规定的?
32. 提速道岔线路综合维修验收中对岔枕检查有哪些内容?扣分条件是怎样规定的?
33. 提速道岔线路综合维修验收中对联结零件检查有哪些内容?扣分条件是怎样规定的?
34. 线路大修验收标准中对轨距、水平怎样规定的?
35. 线路大修验收标准中对轨向怎样规定的?
36. 线路大修验收标准中对高低怎样规定的?
37. 线路大修验收标准中对三角坑怎样规定的?
38. 线路大修验收标准中对捣固怎样规定的?
39. 线路大修验收标准中对轨枕扣件怎样规定的?
40. 线路大修验收标准中对无缝线路的钢轨及配件怎样规定的?
41. 更换新道岔线路大修验收时对尖轨是怎样规定的?
42. 无缝线路铺设线路大修验收时对扣件是怎样规定的?
43. 线路、道岔综合维修的验收单位是怎样规定的?
44. 线路、道岔综合维修的验收程序有哪些?
45. 线路检查分为哪两种形式?并解释之。
46. 养路工长线路检查的次数有何要求?
47. 三全检查指的是什么?
48. 线路动态检查评定项目有哪些?

49. 在什么情况下应适当增加探伤次数或缩短探伤周期？
50. 线路设备状态评定需要分析哪些主要内容？
51. 线路、道岔保养质量评定标准是怎样规定的？
52. 线路保养质量评定标准有哪些？
53. 道岔保养质量评定标准有哪些？
54. 提速道岔保养质量评定标准有哪些？
55. 经常保养验收办法是怎样规定的？
56. 电子平直仪的操作程序与要领有哪些？
57. 线路轨道检查仪检测项目有哪些？
58. 客运专线铁路精密工程测量有哪些特点？
59. 桥梁护轨铺设应符合哪些要求？

第七章 施工作业安全与道口

第一节 施工防护

一、施工组织与管理

(一)营业线施工分类

营业线施工系指影响营业线设备稳定、使用和行车安全的各种施工,分为施工作业和维修作业。

1. 施工作业项目

施工作业必须纳入月度施工计划,应利用“施工天窗”进行。

(1)线路及站场设备技术改造,增建双线、新线引入、电气化改造等施工。

(2)跨越、穿越线路、站场,架设、铺设桥梁、人行过道、管道、渡槽和电力线路、通信线路、油气管线等设施的施工。

(3)在线路安全保护区内架设、铺设管道、渡槽和电力线路、通信线路、油气管线等设施的施工。

(4)在规定的安全区域内实施爆破作业,在线路隐蔽工程(含通信、信号、电力电缆径路)上作业,影响路基稳定的各种施工。

(5)在信号、联锁、闭塞、CTC/TDCS、列控、通信等行车设备上的大中修施工作业。

(6)线路大中修,路基、桥隧大修及大型养路机械施工作业,接触网大修作业。

2. 工务维修天窗作业项目

维修作业应利用“维修天窗”进行,作业开始前不需限速,结束后须达到正常放行列车条件。

(1)成段更换伤损钢轨。

(2)更换接头夹板。

(3)更换或整修道岔尖轨、基本轨、辙叉、护轨、扳道器、转辙连接杆、可动心轨道岔辙叉的长心轨、可动心轨凸缘与接头铁联结螺栓。

(4)更换道岔扳道器下长岔枕、可动心轨道岔钢枕及两侧相邻岔枕或辙叉短心轨转向轴处轨枕。

(5)在线路上焊接钢轨。

(6)在线路上使用轨缝调整器调整轨缝而不插入短轨头。

(7)单根抽换轨枕。

(8)使用有碍行车的小型养路机械。

(9)桥梁施工进行试顶需要起动梁身并回落原位。

(10)抬起钢轨,单根抽换桥枕。

(11)拨正支座,支座垫砂浆厚度在 50 mm 及以下时。

(12)有碍行车的隧道内刨冰。

(13)检查桥隧施工所搭的脚手架。

(14)跨越线路上部且有碍行车安全的施工。

(15)清理危石、砍伐危树影响行车安全时。

(16)利用小型爆破开挖侧沟或基坑(限于不影响路基稳定的范围)。

(17)整修道口。

(18)整治钢轨接头错牙、伤损钢轨焊补、小型养路机械打磨等综合项目。

(19)冻结钢轨。

(20)清筛道床、边坡。

(21)成段松开扣件。

(22)夹板螺栓涂油。

(23)成段整治或更换胶垫。

(24)移动桥枕进行钢梁上盖板涂装。

(25)隧道拱顶漏水整治。

(26)隧道衬砌裂损加固。

(27)跨线路转移较重的小型机械等作业。

(28)影响行车的长大桥隧的综合检查。

(29)不破底处理道床翻浆冒泥。

(30)起道量、拨道量不超过 40 mm 的起道和拨道。

(31) 在天窗内可以完成的其他影响行车的维修项目。

(二)营业线施工等级

营业线施工等级分为三级。

1. Ⅰ级施工

(1)繁忙干线封锁 5 小时及以上、干线封锁 6 小时及以上或繁忙干线和干线影响信联闭 8 小时及以上的大型站场改造、新线引入、信联闭改造、电气化改造施工。

(2)繁忙干线和干线大型换梁施工。

(3)繁忙干线和干线封锁 2 小时及以上的大型上跨铁路结构物施工。

2. Ⅱ级施工

(1)繁忙干线封锁正线 3 小时及以上,影响全站(全场)信联闭 4 小时及以上的施工。

(2)干线封锁正线 4 小时及以上,影响全站(全场)信联闭 6 小时及以上的施工。

(3)繁忙干线和干线其他换梁施工。

(4)繁忙干线和干线封锁 2 小时以内的大型上跨铁路结构物施工。

大型养路机械维修、清筛,更换钢轨和轨枕,以及不影响正线行车的更换道岔施工除外。

3. Ⅲ级施工

除Ⅰ级、Ⅱ级施工以外的各类施工。

(三)作业天窗

天窗分为施工天窗和维修天窗。维修天窗原则上应安排在昼间,并满足作业轨温条件。

施工天窗：既有线提速200～250 km/h线桥设备维修，客货分线的客运线路施工天窗不小于240 min，客货共线线路施工天窗不小于180 min；其他线桥大、中修及大型机械作业不应少于180 min。

维修天窗：应根据维修作业需要合理安排。电气化双线不应少于90 min，单线不应少于60 min，非电气化双线不应少于70 min，单线不应少于60 min。

（四）施工管理

多个单位综合利用天窗在同一区间作业时，必须提前确定施工主体单位、明确施工负责人，并制定确保行车和人身安全的措施。

在营业线施工，施工单位必须与工务设备管理单位签订施工协议。

影响道岔或信号使用的施工，必须提前与电务部门联系，填写工电配合通知书。影响超偏载检测装置、通信、客（货）车运行安全监测设备和接触网等设备正常使用的施工，必须与相关设备管理单位联系，由其配合人员负责拆除和恢复各自设备。

工务设备管理单位应派安全监护人员对施工单位的施工作业进行全过程监督，发现质量不合格及施工安全隐患时应责令施工单位立即纠正，填发"施工安全整改通知书"；发现危及行车安全时，必须果断采取限速或封锁线路措施，并责令其停工，填发"营业线施工停工通知书"。

（五）施工负责人

1. 担任施工负责人的条件

进行线路、桥隧等设备施工时，应根据工作内容和影响行车安全的程度，按下列规定指定专人担任施工负责人：

（1）影响路基稳定的开挖路基、建筑物基坑，整治路基病害，加固或改建桥隧建筑物，拆铺便线（桥）和临时架空结构，更换或铺设防水层，整修隧道衬砌等较复杂的大型施工，由段级领导担任。

（2）需办理封锁手续，设置移动停车信号防护，线路开通后需限制列车速度的施工，由职务不低于车间主任的人员担任。

（3）需办理封锁手续，设置移动停车信号防护，线路开通后不限制列车速度的施工，由职务不低于工长的人员担任。

（4）需办理慢行手续，设置移动减速信号防护，限制列车速度的作业，由职务不低于车间主任的人员担任。

（5）设置作业标防护的作业和使用轻型车辆及小车时，由工（班）长担任。

（6）在区间装、卸轨料及砂石料的作业，由职务不低于工长的人员担任。

（7）在特殊情况下，上述作业可由段（队）长指派能胜任的人员担任。

限速地点是否设置专人巡查，由设备管理单位在确保安全的前提下，根据实际情况决定。

2. 施工负责人应遵守的规定

（1）开工前，应有针对性的对全体施工人员（含劳务工）进行安全教育和技术交底。

（2）指派的防护员必须由经过培训考试合格的员工持证上岗。

（3）施工前，应按审定的方案做好各项准备工作，确认信号备品、机具、材料齐全完好，安全关键岗位和配合人员已就位，封锁或慢行命令无差错，防护已设好，各项安全措施已落实，方可发布施工命令。

(4)施工中,应严格按审定的方案作业,随时掌握进度与质量,监督施工人员执行各项安全规定,消除不安全因素,并保持与防护员之间的联系。

(5) 线路开通前,应认真进行质量检查,确认线路设备状态达到放行列车条件、材料机具不侵入限界,并做好记录。

(6)列车通过后,应组织复查整修,确认线路、桥隧等设备质量达到规定要求并做好记录后,方准收工。

二、放行列车时线路状态要求

施工地段放行列车时,轨道静态几何尺寸偏差不得超过经常保养(速度 v_{max} = 120 km/h)允许偏差管理值。列车速度 v_{max} > 45 km/h 时,工务设备状态符合铁路线路、桥隧修理有关规定。列车限速 v_{max} ≤45 km/h 时,线路状态应符合下列要求:

(1)轨枕盒内及轨枕头部道砟不少于1/3。

(2)枕底道砟串实。

(3)轨枕每隔6根可空1根。

(4)道钉或扣件:

①钢轨接头两根轨枕和桥枕上道钉、扣件齐全、有效;

②半径小于或等于800 m的曲线地段,混凝土轨枕可每隔1根拧紧3根,木枕可每隔1根钉紧6根。

③半径大于800 m曲线及直线地段,混凝土轨枕可每隔2根拧紧1根,木枕可每隔1根钉紧1根。

(5)接头螺栓:每个接头至少拧紧4个(每端2个)。

(6)钩螺栓:每隔3根桥枕拧紧1根。

(7)起道(含垫砟)顺坡率不小于200倍。

(8)冻害垫板平台两端的顺坡率不小于200倍。

施工作业过程中,设备管理单位应对封锁前准备、施工中控制、线路开通和逐步提速等关键环节进行监控,对线路开通、速度变更执行施工单位和设备管理单位共同检查签认制度。

施工作业地段线路开通后,列车限速应按速度阶梯逐步提高。

施工作业开通后的限速地段,为逐步提高行车速度,可使用能随时撤出线路的轻便小型机具进行线路整修。线路整修时,必须设驻站联络员、现场防护员和作业地点两端的防护员。

线路大、中修,在封锁施工前 v_{max} ≤45 km/h 的慢行时间内,允许每隔6根轨枕(板结地段4根)挖开1根轨枕底的道砟,但必须保持两侧轨枕底的道砟不松动。

机械清筛,在封锁施工前 v_{max} ≤45 km/h 的慢行时间内,允许移动相邻两根轨枕扩大间距,将道床挖至清筛深度,并使清筛机底梁导槽处钢轨支垫牢固。

在进行钢梁修理或上盖板涂装时,可根据施工需要移动桥枕。但移动后,每根桥枕的钩螺栓、道钉或分开式扣件应齐全、有效,固定枕木的拉条保证枕木间距不变化;移动后的桥枕中心间距不应超过550 mm,个别情况也不得超过600 mm,而接头处桥枕净距不得超过210 mm。如桥枕状态不良,可根据实际情况,采取必要的加固措施或限速运行。行车速度100 km/h以上的区段,桥枕净距大于210 mm的钢梁桥客车限速100 km/h,货车限速60 km/h。施工期间,列车限速不得超过 45 km/h。

故障处理后的放行列车条件由工务段现场负责人决定。

三、防护条件

1. 各项施工作业放行列车条件

安全监督检查人员对封锁施工要根据施工质量，最终确认满足线路放行列车条件后，方可开通线路；线路开通后，对于需要慢行的地段还要对慢行的速度、距离和时间进行检查，督促施工单位进行整修，直到列车恢复常速、线路质量稳定。

设备管理单位要加强对施工的点前准备、点中控制、点后开通、逐步提速等情况的监护工作，实行开通、提速检查签认制度，开通和提速的标准按表 7—1 执行。

表 7—1　各项施工作业放行列车条件

	顺号	项　目	施工条件	作业方式	放行列车条件
一、影响道床路基稳定的施工作业	1	(1)破底清筛 (2)成段更换道床(含道岔) (3)大型养路机械换砟 (4)基床换填 (5)曲线平面改造 (6)一次起道量超过 100 mm (7)一次拨道理超过 150 mm (8)利用小型爆破开挖侧沟或基坑(限于影响路基稳定范围)	封锁施工	大型养路机械捣固、稳定车作业	(1)大型养路机械道岔两捣作业程序，第一列 25 km/h，第二列 60 km/h，第三列 80 km/h，24 小时后恢复常速。 (2)大型养路机械两捣一稳作业程序，第一列 35 km/h，第二列 60 km/h，第三列 80 km/h，24 小时后恢复常速。 (3)大型养路机械三捣两稳作业程序，第一列 60 km/h，第二列 80 km/h，第三列 120 km/h，24 小时后恢复常速。 (4)因设备配备不足、临时故障等原因不能达到捣固、稳定遍数的，应适当降低放行速度，最高不超过 60 km/h。
				小型养路机械捣固	施工期间，当日第一列 25 km/h，第二列 45 km/h，不少于 4 小时，以后限速 60 km/h 至下次封锁前 1 小时。施工结束，开通后第一列 25 km/h，第二列 45 km/h，不少于 12 小时，以后 60 km/h、80 km/h、120 km/h 各不少于 24 小时，其后正常(速度≤120 km/h 线路 80 km/h24 小时后恢复正常)。
				人工捣固	施工期间，当日第一列 15 km/h，第二列 25 km/h，第三列 45 km/h，不少于 4 小时，以后限速 60 km/h 至下次封锁前 1 小时。施工结束，开通后第一列 15 km/h，第二列 25 km/h，第三列 45 km/h，不少于 4 小时，以后 60 km/h、80 km/h、120 km/h 各不少于 24 小时，其后正常。
	2	(1)成组更换道岔 (2)一次起道量超过 40 mm，不超过 100 mm (3)一次拨道量超过 40 mm，不超过 150 mm (4)成段更换轨枕	封锁施工	大型养路机械捣固、稳定车作业	(1)大型养路机械道岔两捣作业程序，第一列 25 km/h，第二列 60 km/h，第三列 80 km/h，24 小时后恢复常速。 (2)大型养路机械两捣一稳作业程序，第一列 35 km/h，第二列 60 km/h，第三列 80 km/h，24 小时后恢复常速。 (3)大型养路机械三捣两稳作业程序，第一列 60 km/h，第二列 80 km/h，第三列 120 km/h，24 小时后恢复常速。 (4)因设备配备不足、临时故障等原因不能达到捣固、稳定遍数的，应适当降低放行速度，最高不超过 60 km/h。
				小型养路机械捣固	施工期间，第一列 25 km/h，第二列 45 km/h，不少于 4 小时，后 60 km/h、80 km/h、120 km/h 各不少于 24 小时，其后正常(速度≤120 km/h 线路 80 km/h 24 小时后恢复正常)。
				人工捣固	开通后第一列 15 km/h，第二列 25 km/h，第三列 45 km/h，不少于 12 小时，以后 60 km/h、80 km/h、120 km/h 各不少于 24 小时，其后正常(速度≤120 km/h 线路 80 km/h 24 小时后恢复正常)。

续上表

	顺号	项　　目	施工条件	放 行 列 车 条 件
二、不影响道床稳定的施工作业	1	(1)成段更换钢轨 (2)无缝线路放散 (3)成段调整轨道,拆开接头并插入短轨头 (4)成段修整轨底坡	封锁施工	开通后第一列 25 km/h,第二列 45 km/h,其后正常。快速地段第一列 25 km/h,第二列 45 km/h,第三列 80 km/h,其后正常。
	2	使用冻害垫板一次总厚度超过 40 mm	封锁施工	开通后第一列 25 km/h,第二列 45 km/h,第三列 60 km/h,其后正常。(快速区段 60 km/h、80 km/h、120 km/h 各一列后恢复正常)
	3	长大隧道宽轨枕垫砟	封锁施工	开通后第一列 25 km/h,第二列 45 km/h,第三列 60 km/h,其后正常
	4	道口大修(若影响道床稳定,比照第一大项办理)	封锁施工	开通后第一列 25 km/h,第二列 60 km/h,其后正常。
	5	隧道整体道床翻修	封锁施工	施工期间速度不超过25km/h,施工结束后第一列 45 km/h,第二列 60 km/h,其后正常。
	6	拆除钢轨,全面更换桥枕	封锁施工	开通后第一列 25 km/h,第二列 45 km/h,第三列 60 km/h,其后正常。(施工期间每日开通后至次日封锁前最高速度不超过 60 km/h)
	7	不拆除钢轨更换桥枕	封锁施工	施工结束后第一列 45 km/h,第二列 60 km/h,第三列 80 km/h,第四列 120 km/h,其后恢复正常。
三、不限速的施工作业	1	成段换轨不超过 100 m	封锁施工	放行列车不限速,特殊情况下由施工负责人决定。
	2	更换绝缘接头夹板	封锁施工	放行车不限速,特殊情况下由施工负责人决定。
	3	更换或整修道岔尖轨、基本轨、辙叉、护轨、长心轨、可动心轨、凸缘与接头胶结螺栓、扳道器转辙连接杆	封锁施工	放行列车不限速,特殊情况下由施工负责人决定。
	4	更换道岔扳道器下长轨枕、可动心轨道岔钢枕及两侧相邻岔枕或辙叉短心轨转轴处轨枕	封锁施工	放行车不限速,特殊情况下由施工负责人决定。
	5	在线路上焊接钢轨	封锁施工	放行列车不限速,特殊情况下由施工负责人决定。
	6	在线路上使用直轨器、平轨机直轨	封锁施工	放行列车不限速,特殊情况下由施工负责人决定。
	7	在线路上使用轨缝调整器调整轨缝而不插入短轨头	封锁施工	放行列车不限速,特殊情况下由施工负责人决定。
	8	快速区单根抽换轨枕	封锁施工	放行列车不限速(但扣件必须齐全、有效),特殊情况下由施工负责人决定。
	9	桥梁施工进行试顶需起动梁身并回落原位	封锁施工	放行列车不限速,特殊情况下由施工负责人决定。
	10	抬起钢轨单根抽换桥枕	封锁施工	放行列车不限速(但钩螺栓至少每隔 1 根桥拧紧 1 根),特殊情况下由施工负责人决定。
	11	有碍行车的隧道内刨冰	封锁施工	放行列车不限速,特殊情况下由施工负责人决定。
	12	隧道施工或检查所搭脚手架	封锁施工	放行列车不限速,特殊情况下由施工负责人决定。

续上表

	顺号	项　目	施工条件	放 行 列 车 条 件
四、桥隧涵的施工作业	1	(1)更换或拨正钢梁、圬工梁 (2)抬高或降低桥梁 (3)拨正支座、更换桥梁支座或支撑垫石砂浆	封锁施工	开通后第一列 25 km/h,第二列 45 km/h,第三列 60 km/h,不少于 24 小时,其后正常。
	2	隧道内增设密井暗管施工	慢行施工	施工期间限速 25 km/h,施工结束后第一列 45 km/h,第二列 60 km/h,其后正常
	3	新建明、棚洞开挖基础	慢行施工	施工期间限速 45 km/h
	4	桥涵顶进及加固线路或拆除加固设备	慢行施工	加固施工:施工期间限速 45 km/h,施工结束后第一列 45 km/h,不少于 12 小时,60 km/h、80 km/h 各不少于 24 小时,后 120 km/h2 小时恢复正常
五、应急处理	1	个别更换重伤钢轨、辙叉或联结零件	封锁施工	按《铁路工务安全规则》有关条款执行。
	2	钢轨、辙叉、尖轨折断后的紧急处理	封锁施工	按《铁路工务安全规则》有关条款执行。
	3	线路发生胀轨的紧急处理	封锁施工	按《铁路工务安全规则》有关条款执行。
六、其他施工作业	1	跨越线路上部且有碍行车安全的施工	封锁施工	放行列车不限速,特殊情况下由施工负责人决定。
	2	电务更换电动转辙机及道岔安装装置	封锁施工	放行列车不限速,特殊情况下由施工负责人决定。
	3	信联闭设备停用施工中的联锁试验	封锁施工	放行列车不限速,特殊情况下由施工负责人决定。
	4	更换钢轨绝缘	封锁施工	放行列车不限速,特殊情况下由施工负责人决定。
	5	新旧接触网线过渡中的接触网大修	封锁施工	放行列车不限速,特殊情况下由施工负责人决定。

注:表内未列出的其他施工作业项目,可由铁路局比照本表类似施工作业确定施工条件和放行列车条件。

在线间距不足 6.5 m 地段进行清筛、成段更换钢轨及轨枕、成组更换道岔、成锚段更换接触网线索作业时,邻线列车应限速 160 km/h 及以下,并按规定进行防护。施工单位在提报施工计划时,应提出邻线限速的条件。铁路局调度所编制施工日计划时,应注明施工地段邻线限速条件,由调度所及时向有关车站、动车组、机务段发布限速调度命令和运行揭示调度命令。

2. 设置移动停车信号不限速条件

下列作业办理封锁施工手续,设置移动停车信号防护,施工封锁完毕放行列车或单机时速度正常,线路允许速度 v_{max} >160 km/h 地段放行列车或单机时首列速度不得超过 160 km/h:

(1)单根更换钢轨;

(2)更换绝缘接头夹板;

(3)更换或整修道岔尖轨、基本轨、辙叉、护轨、扳道器、转辙连接杆、可动心轨道岔辙叉的长心轨、可动心轨凸缘与接头铁联结螺栓;

(4)更换、方正轨枕连续不超过 2 根;

(5)在线路上焊接钢轨,焊补、打磨钢轨(不含手提砂轮打磨机)及整治接头错牙;

(6)在线路上使用直轨器、平轨机调直钢轨;

(7)在线路上使用轨缝调整器调整轨缝而不插入短轨头;

(8)翻修道口铺面(不动基础);

(9)成段清筛枕盒道砟;

(10)成段进行扣件、夹板螺栓涂油;

(11)成段改道、撤垫板、更换铁垫板、更换和整正轨下胶垫;

(12)使用有碍行车的小型养路机械;

(13)大型养路机械维修作业;

(14)清理危石、伐树影响行车安全时;

(15)钢梁上盖板涂装;

(16)安装更换防磨垫板;

(17)更换桥上护轨;

(18)清除隧道衬砌表面烟尘;

(19)隧道拱顶漏水整治;

(20)隧道衬砌裂加固;

(21)清理修补隧道内纵向排水沟;

(22)隧道除冰;

(23)桥梁施工进行试顶需要起动梁身并回落原位;

(24)抬起钢轨,单根抽换桥枕;

(25)拨正支座,支座垫砂浆厚度在 50 mm 及以下时;

(26)桥隧施工或检查所搭的脚手架(不包括可迅速拆装的轻便装置),侵入机车车辆限界的左右及上边各加 150 mm 的范围内时;

(27)跨越线路上部且有碍行车安全的施工;

(28)利用小型爆破开挖侧沟或基坑(限于不影响路基稳定的范围)。

3. 临时封锁施工设置停车手信号防护

下列作业应办理临时封锁施工手续,设置停车手信号防护,施工封锁完毕放行列车或单机时限速与否及限速列车的时间、次数、速度由施工负责人根据具体情况决定:

(1)危及行车安全的突发性灾害的紧急抢修;

(2) 钢轨、辙叉和夹板折断后的紧急处理;

(3) 线路胀轨的紧急处理;

(4) 更换重伤钢轨、辙叉或联结零件;

(5)轨道几何尺寸超过临时补修标准的病害整修;

(6) 更换桥上伸缩调节器(或主要部件);

(7)其他影响行车安全的故障处理。

四、施工防护办法

(一)一般要求

凡影响行车安全的施工及发生线路故障地点,均应设置防护。

施工负责人、防护员,必须携带列车无线调度电话等通信设备。钢轨探伤作业防护员、道口看守员、巡检及看守人员,均应携带列车无线调度电话等通信设备,随时监听列车运行情况。发生异常情况时可直接通报车站值班员或列车司机。

在区间或站内线路、道岔上封锁施工作业时,车站行车室设驻站联络员,施工地点设现场防护员。驻站联络员与车站值班员办理封锁施工手续,使用通信设备向现场防护员传达调度命令,通报列车运行情况。施工现场负责人使用通信设备下达设置或撤除防护、开始或停止施工作业、下道避车等命令。

驻站联络员要随时与现场防护员保持联系。如联系中断，现场防护员应立即通知施工负责人停止作业，必要时将线路恢复到准许放行列车的状态。

如无通信设备，施工负责人与现场防护员按《铁路工务安全规则》规定的听觉、视觉信号进行联系。

(二)区间线路施工使用移动停车信号防护办法

在区间线路上施工时，使用移动停车信号的防护办法如下：

(1)单线区间施工时，如图7—1所示。

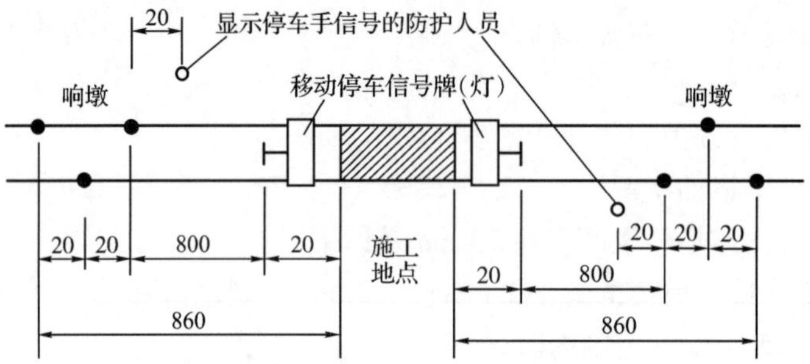

图7—1 (长度单位：m)

(2)双线区间一条线路施工时，如图7—2所示。

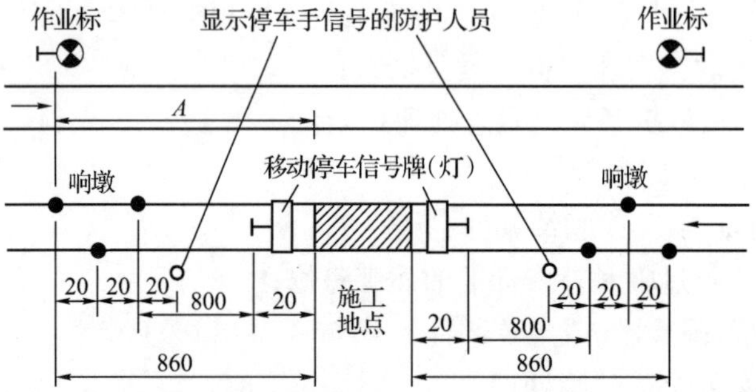

图7—2 (长度单位：m)

(3)双线区间两条线路同时施工时，如图7—3所示。

(4)施工地点在站外，距离进站信号机(站界标)少于860 m时，如图7—4所示。

如车站方面防护距离(自施工地点至最外方第一个响墩间)少于60 m时，可不放置响墩。

现场防护人员应站在距施工地点的第一个响墩内20 m附近，且瞭望条件较好的地点显示停车手信号。响墩放置位置如恰在钢轨接头、道岔、道口、无砟桥上或隧道内时，应将响墩放置位置向外方延伸。在尽头线上施工，施工负责人经与车站值班员联系确认尽头一端无列车、动车时，则尽头一端可不设防护。施工地点与防护人员间瞭望条件不良又无电话联系时，应增设中间防护人员。

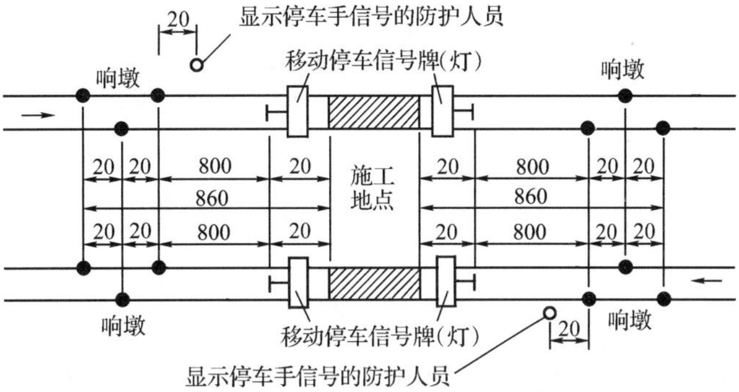

图 7—3　(长度单位:m)

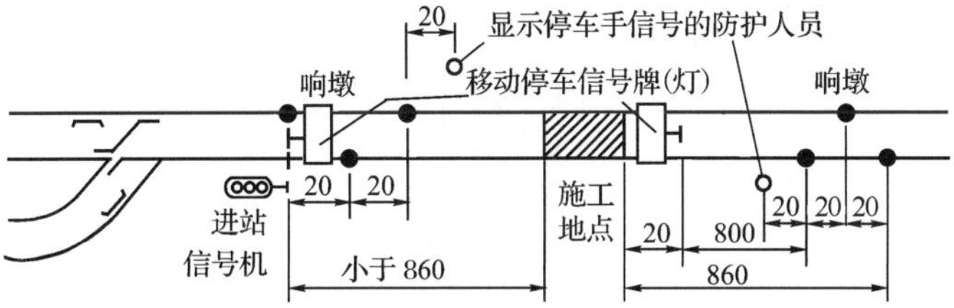

图 7—4　(长度单位:m)

在维修天窗内进行垫板、改道、找小坑、螺栓涂油等频繁移动地点的作业,由现场防护员使用停车手信号防护时,可不设置移动停车信号。

凡用停车信号防护的施工地点,在停车信号撤除后,列车需减低速度通过施工地点时,应按减速信号防护的办法防护。

(三)站内线路或道岔上施工使用移动停车信号防护办法

在站内线路或道岔上施工,使用移动停车信号的防护办法如下:

1. 在站内线路上施工

(1)将施工线路两端道岔扳向不能通往施工地点的位置,并加锁或钉固,可不设置移动停车信号;如不能加锁或钉固时,在施工地点两端各 50 m 处线路中心,设置移动停车信号防护,如图 7—5 所示。

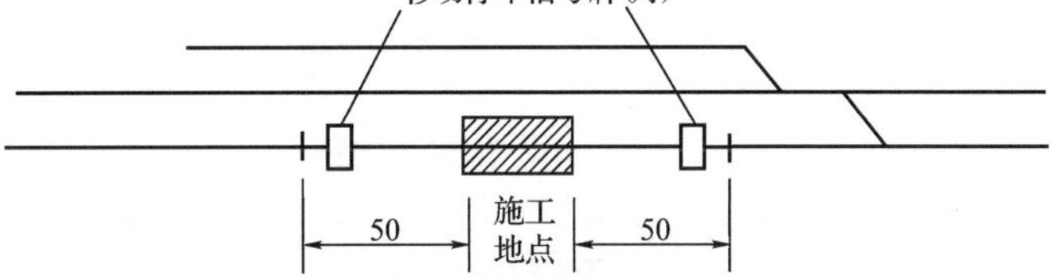

图 7—5　(长度单位:m)

(2)如施工地点距离道岔少于 50 m 时,将该道岔扳向不能通往施工地点的位置,并加锁或钉固;如不能加锁或钉固时,在警冲标相对处线路中心,设置移动停车信号,如图 7—6 所示。

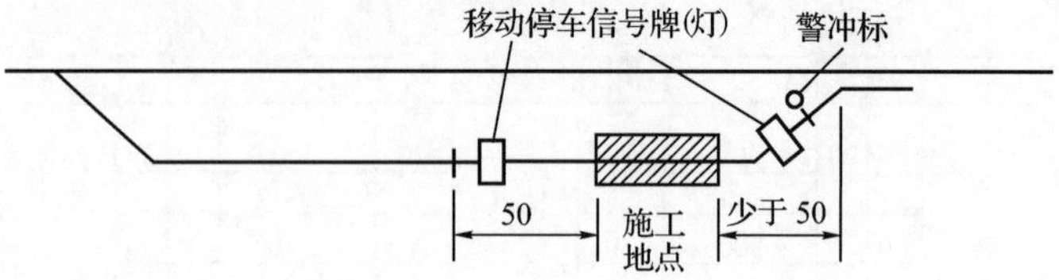

图 7—6 (长度单位:m)

(3)在进站道岔外方线路上施工,对区间方面,以关闭的进站信号机防护;对车站方面,在进站道岔外方基本轨接头处(顺向道岔在警冲标相对处)线路中心,设置移动停车信号防护,如图 7—7 所示。

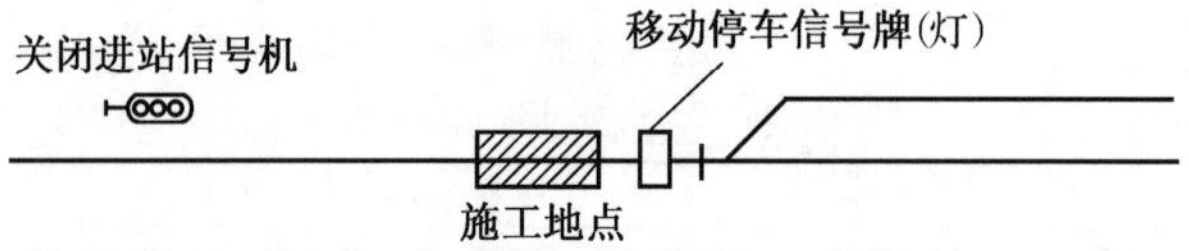

图 7—7

(4)双线区段,在站界标至出站道岔的线路上施工,对区间方面,在站界标相对处线路中心,设置移动停车信号,如图 7—8 所示。对车站方面,按第(3)项的办法防护。

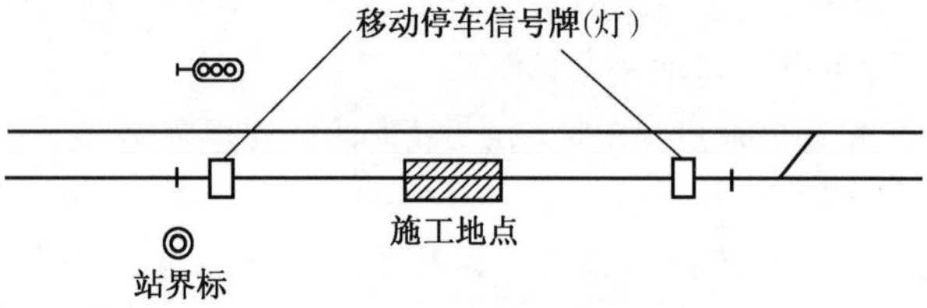

图 7—8

2. 在道岔上(含警冲标至道岔尾部线路)施工

(1)在站内道岔上施工,一端距离施工地段不小于 50 m,另一端两条线路距离施工地段不小于 50 m(距出站信号机不足 50 m 时,为出站信号机处),分别在线路中心,设置移动停车信号,如图 7—9 所示 ;如一端距离外方道岔小于 50 m 时,将道岔扳向不能通往施工地点的位置,并加锁或钉固。

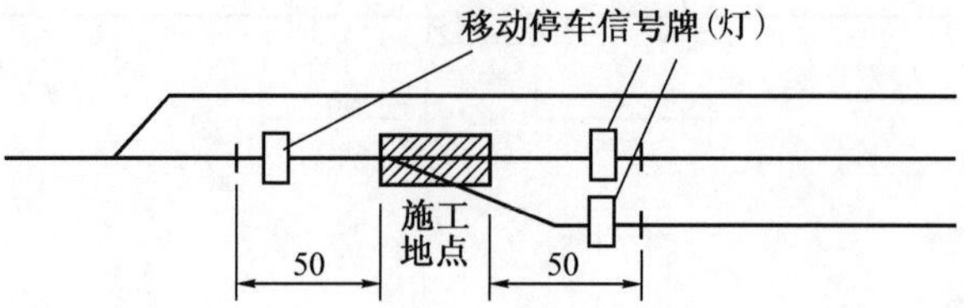

图 7—9 (长度单位:m)

（2）在进站道岔上施工，对区间方面，以关闭的进站信号机防护；对车站方面，在距离施工地段不小于 50 m 线路中心，设置移动停车信号防护；距邻近道岔不足 50 m 时，在临近道岔后基本轨接头处设置移动停车信号，将有关道岔扳向不能通往施工地点的位置，并加锁或钉固，如图 7—10 所示。

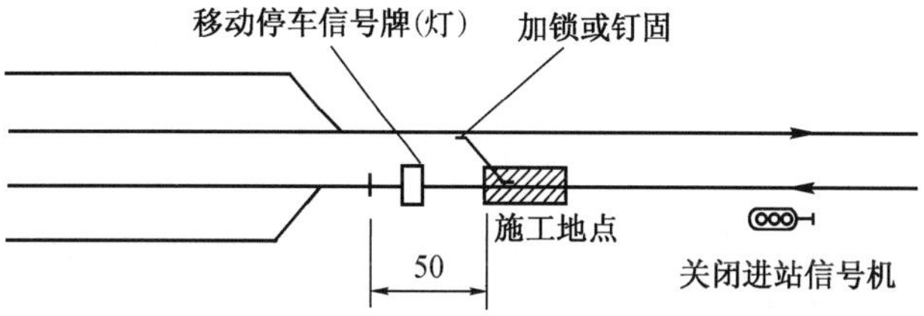

图 7—10 （长度单位：m）

（3）在出站道岔上施工，对区间方面，在站界标相对处线路中心，设置移动停车信号，如图 7—11 所示；对车站方面，按第（2）项的办法防护。

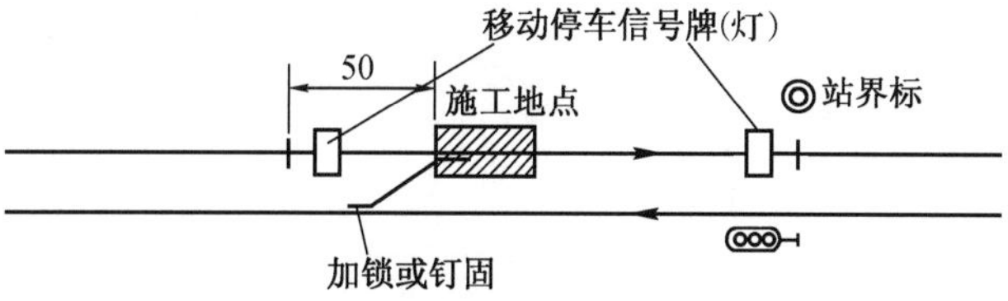

图 7—11 （长度单位：m）

（4）在交分道岔上施工，将有关道岔扳向不能通往施工地点的位置，并加锁或钉固，在施工地点两端不小于 50 m 处线路中心，设置移动停车信号，如图 7—12 所示。

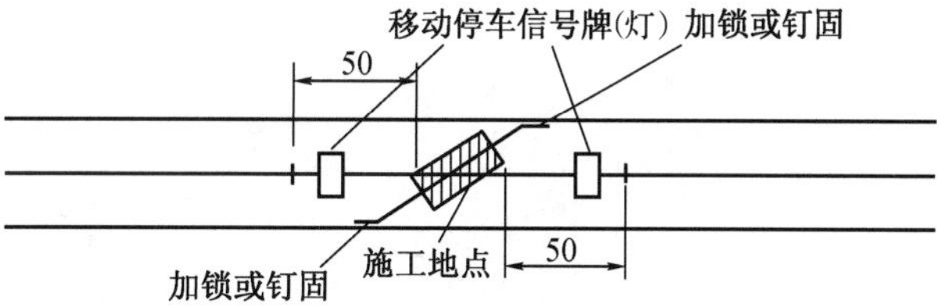

图 7—12 （长度单位：m）

（5）在交叉渡线的一组道岔上施工，一端在菱形中轴相对处线路中心，另一端在距离施工地点不小于 50 m 处线路中心，分别设置移动停车信号，将有关道岔扳向不能通往施工地点的位置，并加锁或钉固，如图 7—13 所示。

（6）在道岔上进行大型养路机械施工时，如延长移动停车信号防护距离后，占用其他道岔时，其他道岔应一并防护。

（四）使用移动减速信号防护

在区间线路、站内线路和道岔上施工时，根据线路速度等级，使用移动减速信号防护，移动

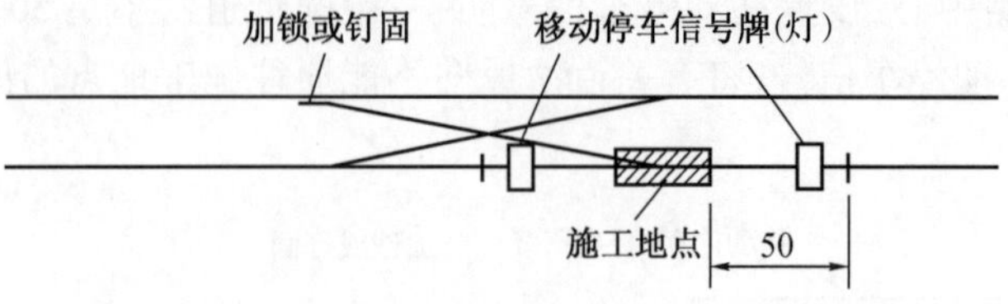

图 7—13 （长度单位:m）

减速信号牌上应标明列车限制速度。120 km/h < v_{max} ≤200 km/h 的线路，在移动减速信号外方增设带 T 字的特殊移动减速信号防护。

1. 在区间线路上施工时，根据线路速度等级使用移动减速信号防护

(1)单线区间施工如图 7—14 所示。

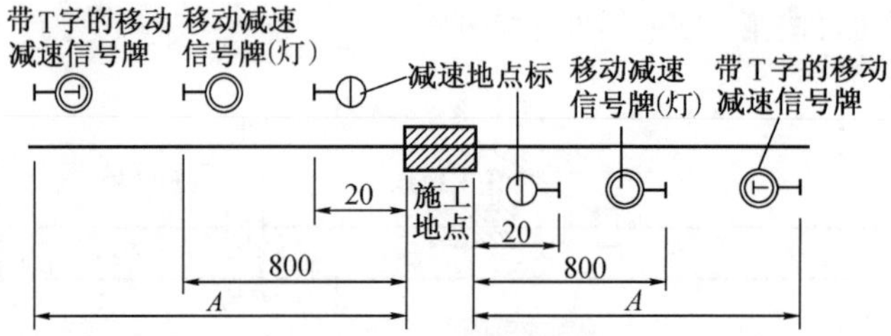

图 7—14 （长度单位:m）

注：图中"A"为不同线路速度等级的列车紧急制动距离，v_{max} ≤120 km/h 时为 800 m；120 km/h < v_{max} ≤160 km/h 时为 1 400 m；160 km/h < v_{max} ≤200 km/h 时为 2 000 m；有行包列车运行的线路，A 不得小于 1 100 m；有 120 km/h 货物列车运行的线路，A 不得小于 1 400 m(以下同)。

(2)双线区间在一条线路上施工时，如图 7—15 所示。

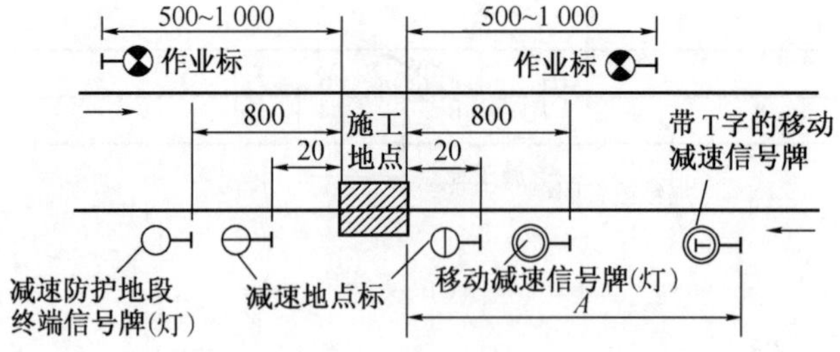

图 7—15 （长度单位:m）

注：限速地段无施工作业不设置作业标。

(3)双线区间两条线路同时施工时，如图 7—16 所示。

(4)施工地点在站外，距离进站信号机(或站界标)小于 800 m 时，如图 7—17 所示。

2. 在站内线路或道岔上施工，使用移动减速信号防护办法

(1)在站内正线线路上施工，如图 7—18 所示。

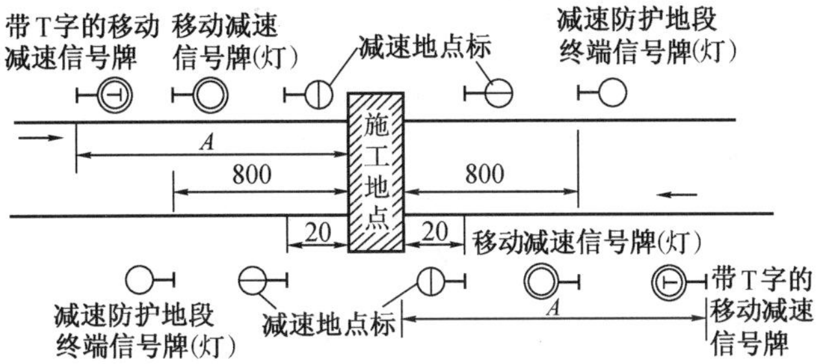

图 7—16　(长度单位:m)

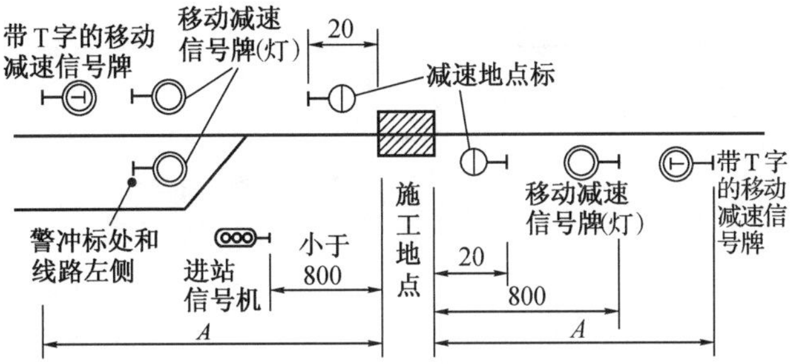

图 7—17　(长度单位:m)

注:(1)当站内正线警冲标距离施工地点小于 800 m 时,按 800 m 设置移动减速信号;

(2)当站内正线警冲标距离施工地点大于或等于 *A* 时,不设置带 T 字的特殊移动减速信号。

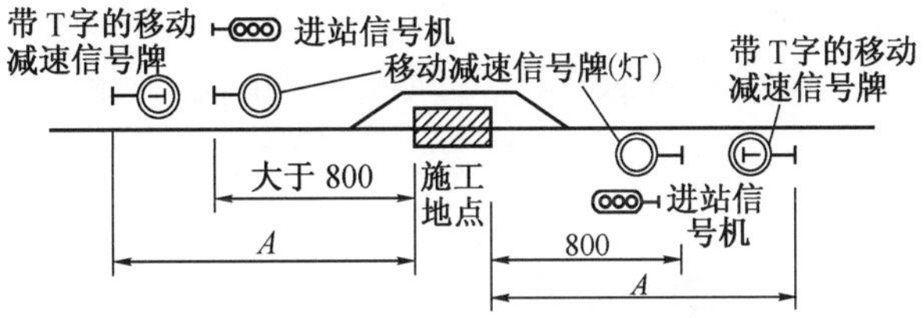

图 7—18　(长度单位:m)

注:当进站信号机距离施工地点大于或等于 *A* 时,不设置带 T 字的特殊移动减速信号。

(2)在站内正线道岔上施工,如图 7—19 所示。

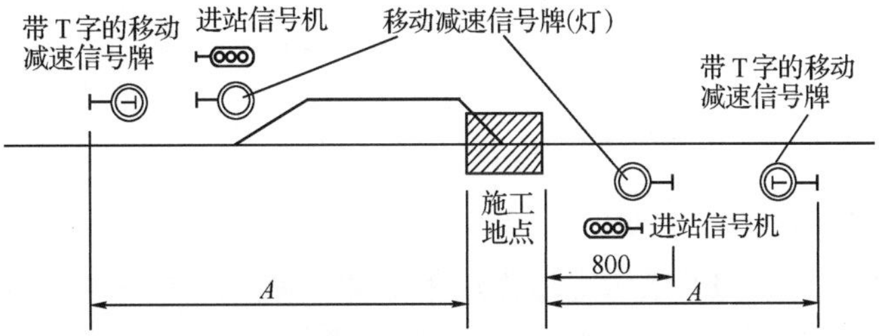

图 7—19　(长度单位:m)

注:当进站信号机距离施工地点大于或等于 *A* 时,不设置带 T 字的特殊移动减速信号。

(3)在站线线路上施工,如图 7—20 所示。

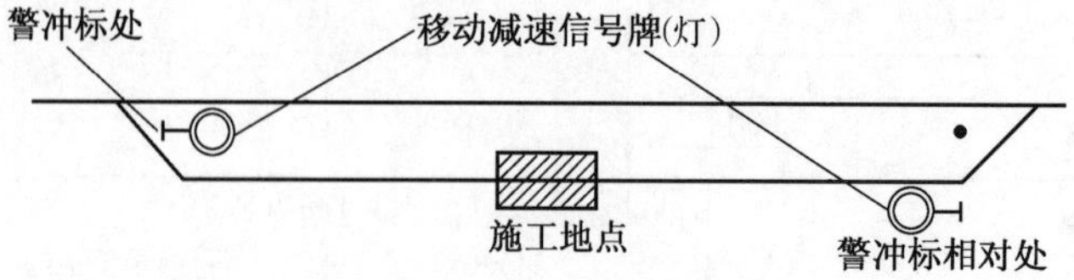

图 7—20 (长度单位:m)

(4)在站线道岔上施工,该道岔中部线路旁设置两面黄色的移动减速信号,如图 7—21 所示。

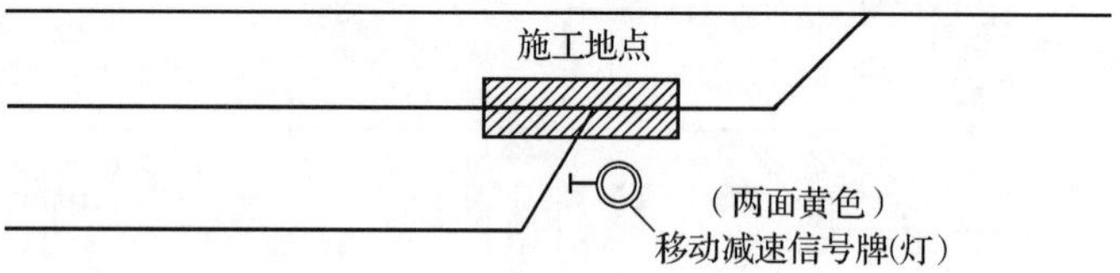

图 7—21 (长度单位:m)

凡线间距离不足规定时,应设置矮型(1 m 高)移动减速信号。

限速时间大于 3 个月的固定限速地段不设置减速标志。

(五)区间线路上使用作业标防护办法

在区间线路上进行不影响行车安全的作业,不需要以停车信号或移动减速信号防护时,应在作业地段两端 500 ~ 1 000 m 处列车运行方向左侧(双线在线路外侧)的路肩上设置作业标,如图 7—22 所示。列车接近该作业标时,司机必须长声鸣笛,注意瞭望。

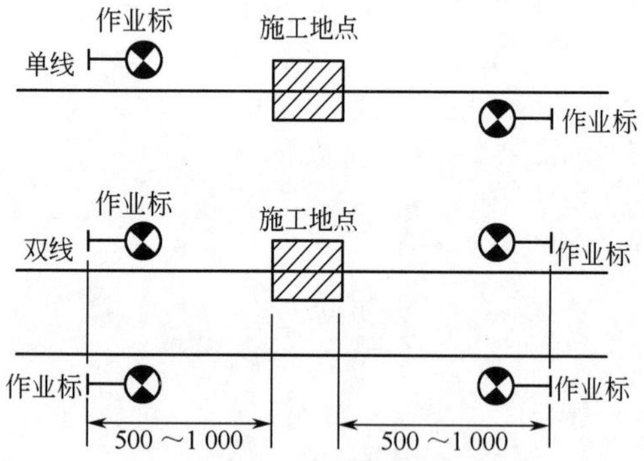

图 7—22 (长度单位:m)

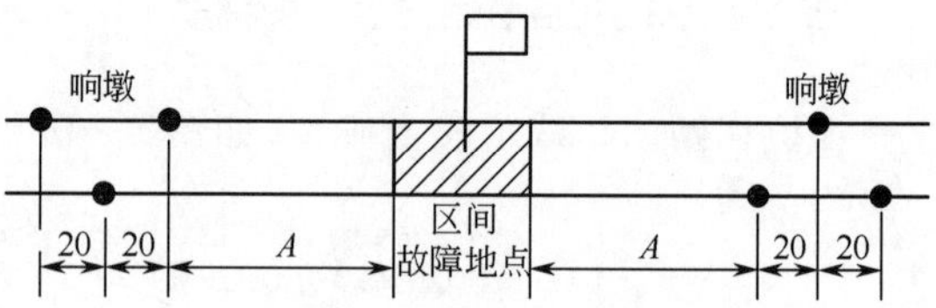

图 7—23 (长度单位:m)

(六)线路发生故障时的防护办法

(1)立即使用列车无线调度电话等通讯设备通知车站或运行列车,并在故障地点设置停车信号,如瞭望困难,遇降雾、暴风雨(雪)、扬沙等恶劣天气或夜间,还应点燃火炬。设有固定信号机时,应先使其显示停车信号。

(2)当确知一端先来车时,应先向该端,再向另一端放置响墩,如图 7—23 所示,然后返回故障地点。

(3)如不知来车方向,应在故障地点注意倾听和瞭望,发现来车,应急速奔向列车,用手信号旗(灯)或徒手显示停车信号,并将响墩放置在能赶到的地点,使列车在故障地点前停车。如瞭望困难,遇降雾、暴风雨(雪)、扬沙等恶劣天气或夜间,发现来车后,奔向列车前,应在故障地点点燃第二支火炬。

站内线路、道岔发生故障时,应立即通知车站值班员采取措施,防止机车、车辆通往该故障地点,同时按《铁路工务安全规则》规定设置停车信号防护。

沿线工务人员发现线路设备故障危及行车安全时,除立即连续发出警报信号和以停车手信号防护外,应采取紧急措施设法修复,并迅速通知就近车站和工务工区;如不能立即修复时,应封锁区间或限制列车运行速度。

有人看守的道口应装设遮断信号机。有人看守的较大桥隧建筑物及可能危及行车安全的坍方落石地点,根据需要装设遮断信号机。遮断信号机距防护地点不得少于50 m。

(七)区间线路上施工,电话联系的程序规定

区间线路上施工,车站驻站联络员与施工现场防护员或施工负责人用电话联系的程序规定如下:

(1)施工负责人应通过驻站联络员与车站值班员保持密切联系,掌握列车运行时刻,设置好防护后方可施工。在作业过程中应密切注意来车"预报"、"确报"等信号。

①预报:车站对施工区间办理闭塞时,驻站联络员应立即向现场防护员发出预报;如系通过列车,则应提前一个车站(即邻站向本站发车时)发出预报。

②确报:车站向施工区间发车时,驻站联络员应立即向现场防护员发出确报。

③施工地点距车站较近或施工条件较复杂,需提前预报、确报时,施工负责人应事先与驻站联络员商定明确,并通知全体防护员及施工人员。

④变更通知:预报、确报有变化时,驻站联络员应向现场防护员发出变更通知。

(2)现场防护员接到驻站联络员发出的预报、确报、变更通知后,均应立即通知施工负责人或按规定信号(用喇叭、信号旗等)向施工负责人重复鸣示,直至对方以相同信号回答时为止。同时应加强警戒,注意瞭望,监视来车与工地情况。如设置有中间联络防护员时,应以上述相同方式准确及时地将信息传达给对方。

(3)驻站联络员与工地防护员应至少每3~5 min联系一次。

(4)驻站联络员应加强与车站值班员的联系,双线区段反方向来车时,驻站联络员要及时通知现场防护员转报施工负责人。

(八)区间线路上施工设置或撤除移动停车信号防护的程序规定

1. 设置移动停车信号

(1)驻站联络员抄录并确认施工封锁调度命令,通知现场施工负责人;

(2)现场施工负责人通知现场防护员按规定在施工地点设置移动停车信号;

(3)按规定设置好移动停车信号后发出施工命令。

2. 撤除移动停车信号

(1)现场施工负责人和设备管理单位监督检查人员,共同检查确认线路已达到放行列车条件;

(2) 通知现场防护员撤除施工地段的移动停车信号;

(3)通知车站开通线路。

五、听觉、视觉信号使用规定

如无线电话联系条件,施工负责人与现场防护员联系的听觉、视觉信号,按表7—2规定执行。

表7—2 听觉、视觉信号表

项目	显示方法		说明
预报信号	下行一长声	—	通知施工负责人,车站已对施工区间办理闭塞
	上行两长声	——	
确报信号	一长两短声	—··	通知施工负责人,车站已向施工区间发车
警报信号	一长三短声	—···	通知施工负责人及全体施工人员,列车已经接近
停车信号	连续短声 红色信号	……	无停车信号时,白天两臂高举向两侧急剧摇动,夜间用灯光或火光上下急剧摇动
取消信号	两长一短声	——·	通知施工负责人,刚刚发过的预报(或确报)信号已予取消
设置防护	一短一长声	·—	(1)施工负责人鸣示一短一长声,并高举红旗作圆形转动,指示防护员设置停车防护 (2)防护员设好响墩防护后以同样方式回报施工负责人
撤消防护	一长一短声	—·	(1)施工负责人指示防护员撤除停车防护 (2)防护员撤除停车防护后用同样方法回报施工负责人

注:听觉信号,长声为3 s,短声为1 s,音响音隔为1 s,重复鸣示时须间隔5 s。

凡上道进行设备检查时,必须设现场防护员。在线路允许速度 v_{max} >120 km/h 区段进行设备检查时,应避开速度大于120 km/h 的列车;无法避开时,必须增设驻站联络员,及时通报列车运行情况,并保持每3 min联系一次。

在长大桥梁、隧道及瞭望条件不良地段作业时,应增设防护员;在调车场及驼峰下的线路、道岔群等处所作业时,必须增设驻站联络员,并按规定向车站联系登记。

六、防护信号备品

线桥车间、工区和巡道、巡守小组的防护信号备品数量,应按表7—3规定配备。

表7—3 防护信号备品表

名称	单位	单线			双线		
		车间	工区	巡道、巡守	车间	工区	巡道、巡守
作业标	个		4			6	
停车信号牌	个		2			4	
减速信号牌	个		2			4	
减速地点标	个		2			4	
双面信号灯	盏	1	4	1/人	1	6	1/人

续上表

名称	单位	单线			双线		
		车间	工区	巡道、巡守	车间	工区	巡道、巡守
火炬	只		2	2		4	2
喇叭	个		6	1		6	1
响墩	个		9	6		12	12
红色信号旗	面	2	6	3	2	9	3
黄色信号旗	面	2	6	1	2	6	1
短路铜线(自动闭塞区间)	条		2	1		4	2
无线电话机	台	2	4	2	2	5	2
有线电话机	台	2	4	2	2	4	2
"T"字减速信号牌	个		4			4	

注:(1)巡守人员多人值班时,喇叭、信号灯、信号旗应按实际需要相应增加;
(2)大、中、维修施工队需要的信号用品数据,可根据实际情况规定;
(3)单线有道岔的工区,停车信号应配备3个,并配备双面黄色的减速信号2个;
(4)响墩和火炬,每年至少做一次检定试验,不合格者及时更换;
(5)速度大于120 km/h区段的工区配置带"T"字减速信号;
(6)电气化区段工区,备70 mm^2 回流线,其数据与长度根据需要确定;
(7)无线电话机宜设有列车无线调度电话频点;
(8)动车组须按规定随车配备行车备品:响墩6个、火炬2支、短路铜线1副、红绿白三色手信号灯1盏、红绿信号旗1副、专用止轮器4只、接地线1副、绝缘手套1副、绝缘鞋1双;随车机械师、司机配无线列车调度电话便携台1台。

第二节 电气化铁路知识

一、电气化铁路

(一)电气化铁路及接触网

电气化铁路是运用电力作为牵引动力的铁路。电力牵引是用固定电源的电能,通过电力机车上牵引电动机的旋转和齿轮传动,驱使列车在轨道上前进。

在电气化铁路上,沿着铁路线旁边,架设一排支柱(钢筋混凝土方柱或等径圆支柱),或通过软横跨、硬横跨线路两侧,以一定的悬挂形式将接触线直接架设在铁路线路的上方,铁路上称其为接触网。接触网是电气化铁路的动脉。电力机车顶上的受电弓,就是通过与它接触而获得电能,牵引列车运行的。

(二)电气化铁路区段线路的特点

1. 铁路电气化,给铁路线路的养护维修工作创造了有利的条件

(1)改善了隧道内的工作条件。电力机车不像蒸汽机车有浓烟,有大量未燃烧的煤屑从烟筒喷出,因而避免了隧道内空气的污染,改善了在隧道内特别是长大隧道内的工作条件。

(2)减少了对钢轨及其配件的锈蚀。蒸汽机车由于冒烟、喷气,使隧道内的线路不能经常处于干燥状态,如果隧道通风不良,隧道漏水,造成水浸泡时,就会加速对钢轨的锈蚀。铁路实现电气化后,钢轨锈蚀现象会明显减少。

(3)减轻了对钢轨的震动力。蒸汽机车采用机械传动,由于未被平衡的回转往复运动、部分运动构件的垂直惯性力、过量平衡锤的离心力垂直分力以及主动轮曲拐销上蒸汽压力的垂直分力等作用,使机车簧上、簧下部分产生振动,给钢轨造成了很大的震动力,而电力机车因系用齿轮传动,无需设置均衡块,所以运行时的不平顺性减少了,从而减轻了对钢轨的震动力。

(4)减轻了曲线下股钢轨的压堆程度。电力机车牵引力大、启动稳、加速快,因此即使在大坡道上行驶,上下坡度也比较均衡,曲线超高容易做到与上下行速度相适应,因而使曲线下股钢轨的压堆减轻了。

(5)解决了隧道照明和养路机械化用电的问题。在电力牵引的铁路上,可利用接触网或信号的高压电源,通过变压器作为照明和养护机械化使用的固定电源。

2. 铁路电气化,也给铁路的养护维修带来了一些不利的条件

(1)由于电力机车构造上的特点,钢轨承受的侧压力、纵向水平力和垂直力大大增加了,由此产生了一系列的新问题,如钢轨磨耗和钢轨破损加剧、轨距扩大、轨距杆大量折断、轨道横移和爬行严重等,特别是在高坡小半径曲线地段,这些现象更为突出。

(2)受牵引供电设备和轨道电路的影响,对维修作业的要求高了,起道、拨道和其他一些作业受到了严格的限制。

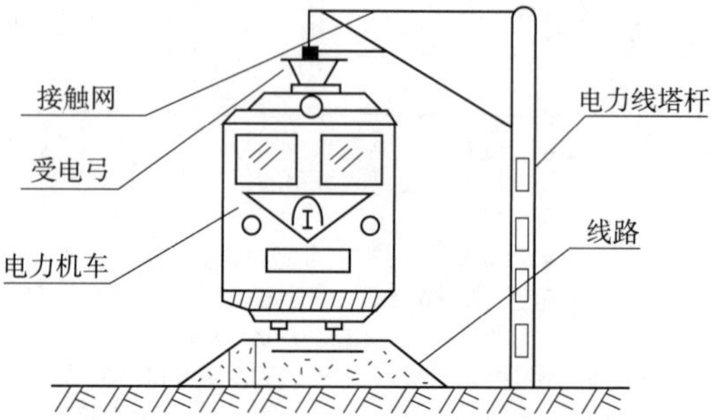

图 7—24　电气化铁路

(3)线路维修是在高压电下进行作业的,因而产生了对保证安全方面的特殊要求。电气化铁路上有电力机车用的电力线塔杆、高压输电线、接触网和受电弓等设备,如图 7—24 所示。

二、电气化铁路线路维修作业

电气化铁路线路因有接触网和轨道电路等设备,进行线路养护维修作业时,各工种必须明确分工、密切配合,以保证行车和施工的安全。工务部门养路工人,不但要熟悉本职业务,还必须了解信号设备及其电气性能。养路工区应经常与信号工区保持联系。养路工具、机具设备,如道尺、撬棍、拨道器、捣固机、扒砟机、轻型轨道车的车轴等必须绝缘,使用前应会同信号工区检查其绝缘性能是否良好。养路工区要掌握各电气集中车站的轨道电路的分布和变动情况,凡进行影响轨道绝缘的任何工作,必须事先与信号工区联系、配合施工。

(一)起　　道

电气化铁路上,为了保证电力机车受电弓不脱开或撞击接触网导线,要求铁路线路水平和前后高低经常保持良好状态,而电力机车因冲击力大,线路又容易发生小坑,因此,养路工区必须经常注意做好起道找小坑等工作。

接触网导线距轨面必须保持一定的距离。接触线最大弛度时距轨面的最高高度为 6 500 mm。最低高度为:

(1)不符合隧道建筑限界图(电力牵引区段)的隧道内为 5 370 mm(5 300 mm 超限货物可停电通过,5 000 mm 超限货物可带电通过),符合隧道建筑限界图(电力牵引区段)的隧道内为

5 700 mm（5 300 mm 超限货物可带电通过）。

（2）一般中间站和区间站为 5 700 mm。

（3）编组站、区段站及配有调车组的中间站为 6 200 mm。如该站已建成的天桥、跨线桥的下方不能满足该高度要求时，经铁道部批准，可降为 5 700 mm。因接触网导线距轨面高度的限制，所以起道高度，特别是曲线调整超高或单股起道时起道的高度，必须限制在一定的范围内。如图 7—25 所示，电力机车受电弓与接触点的移动距离 d 为线路外轨起道高度 h 的 3 ~4 倍。

$$d=\frac{(5\,300\sim 6\,500)h}{1\,500}=(3.6\sim 4.3)h$$

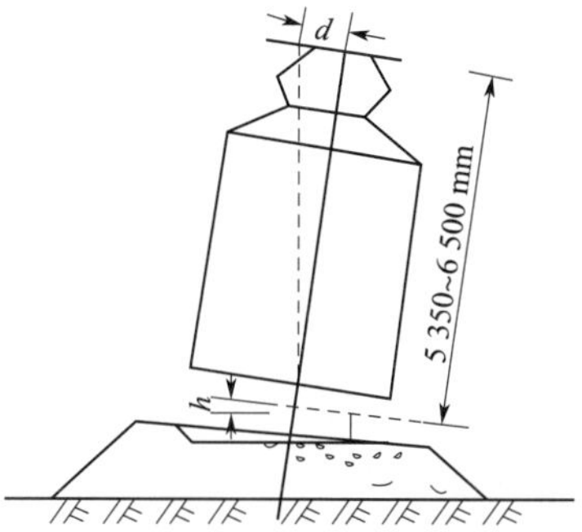

图 7—25　受电弓与接触点的移动距离

为防止电力机车的受电弓与接触网的接触点落在其工作面宽度以外，《铁路工务安全规则》规定，在电气化线路进行起道作业，起高线路单股不得超过限界尺寸线。根据这项规定，铁路局在电气化区段行车办法中，一般要求由供电和工务部门会同在隧道边墙或接触网杆塔内缘，找一红色横线（限界尺寸线），此红线位置为轨面设计标高加 30 mm 的起道预留量（起道高度单股不超过 30 mm），横线上面标明轨面至接触网的规定高度，横线下面标明隧道边墙或杆塔内缘至线路中心的距离。线路维修起道时，轨面高度不得超过此红色横线。如养路工作需要超出上述标准时，须先通知接触网工区，必要时双方配合施工。如因起道、大修或接触网杆塔下沉，双方应会同测定重作标记。在正常情况下，应按《铁路技术管理规程》的规定，供电段段长会同工务段段长对接触网设备限界每年进行一次检查。

（二）拨　　道

电力机车作用于钢轨的水平力大，线路方向容易变化，拨道作业也较多。电气化铁路对拨道量的限制是在不侵入建筑（包括接触网标塔）限界的条件下，线路中心位移不得超过 ±30 mm；一侧拨道量年度累计不得大于 120 mm，并不得侵入限界。超过此标准时，须先通知接触网工区，必要时协同施工。这是因为要保证电力机车受电弓与接触网导线的正常相互作用，也就是要保证直线线路中线与接触网导线的垂直投影相吻合，如超过规定限度，电力机车就有脱弓危险。在车站内拨道时，还应使扼流变压器箱和轨道变压器的引接线不致损坏，信号机、电动转辙器等不致侵入规定的限界尺寸，必要时应与电务工区配合施工。

起道或拨道量超出上述规定时，必须先通知接触网工区予以配合。

（三）改　　道

电力机车作用于钢轨的水平力大，轨距容易变化，为消除轨距误差或变化率超限，做好改道作业很重要。改道时除按单项作业要求作业外，还应注意：

（1）撬棍加装绝缘胶套管，防止改道时撬棍搭在钢轨上造成短路，影响信号正常使用。

（2）安装绝缘轨距杆时，应检查其绝缘程度是否符合要求。在轨距杆多的地方，轨距杆和道砟之间应保持 30 mm 间隙，或将轨距杆的绝缘部件下面的道砟掏空，以防雨水存留，浸泡绝缘件。枕木盒内装有跨轨的信号导线时，不得再安装轨距杆或防爬器。

（3）使用中间绝缘的轨距杆，中间绝缘部分不要拆卸，螺栓如有松动或缺少，应及时配合信号工区补齐和拧紧。安装此类轨距杆时，应平装，使螺帽一面向上，以减少渗水。使用两头绝缘的轨距杆，两头内外卡口铁必须扣紧轨底，螺栓无松动，防止绝缘套管串动；绝缘垫圈每侧应不少于2个。

（四）捣　固

电气化铁路线路上，绝缘接头是薄弱部位，应加强捣固。捣固和扒道砟时，不要损坏通过轨道电流的接续线，车站股道间的跳线在枕木的侧面，捣固时尤其应注意，不使损坏。钢轨底部与道床之间应保持20～30 mm的间隙，以防漏电。道床保持清洁，没有泥土、杂草和矿渣等易导电的材料，并保持排水良好。

（五）桥上作业

在接触网支柱不侵入建筑限界的条件下，桥梁上一侧拨道量年度累计不得大于60 mm，且应满足线路中心与桥梁中心的偏差，钢梁不大于50 mm，圬工梁不大于70 mm。线路允许速度120 km/h以上～200 km/h时，钢梁、圬工梁均不得大于50 mm。

（六）更换钢轨、夹板、道岔

（1）在非自动闭塞的电气化区段上更换钢轨时，应遵守下列规定：

①禁止在同一地点将两股钢轨同时拆下。

②换轨前应在被换钢轨两端轨节间安设一条纵向连接电线，连接电线用截面不小于70 cm^2 的铜线做成，其每端用夹子紧夹到相邻的轨底上，如图7—26所示。该连接线要在换轨作业完毕后方可拆除。

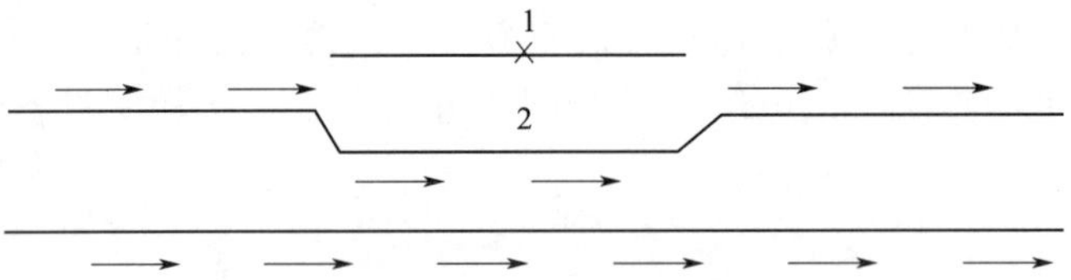

图7—26　单根更换钢轨时防护电线连接图

1—被更换的钢轨；2—纵向连接电线

（2）在自动闭塞的电气化区段上更换钢轨时，应遵守下列规定：

①禁止在同一地点将两股钢轨同时拆下。

②换轨前要在被换钢轨两端的左右轨节间各安设一条横向连接电线（即轨道电路短路线），连接电线用截面70～100 mm^2 的铜线做成，用夹子紧夹到轨底上，如图7—27所示。该电线在换轨完成后方可拆除，否则拨动钢轨将产生火花，可能引起事故。

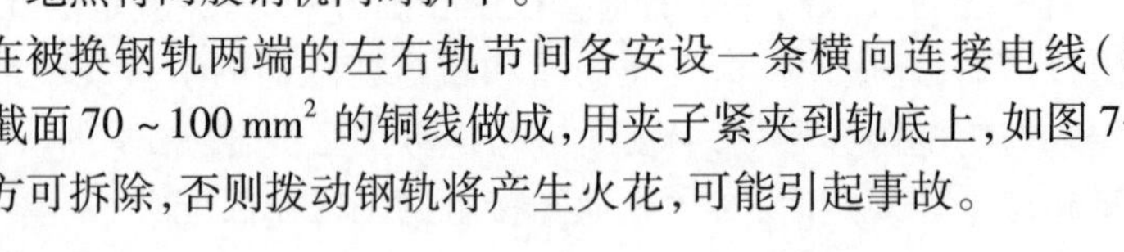

图7—27　单根更换钢轨时防护电线连接图

1—被更换钢轨；2—横向连接线

③在更换轨端绝缘接头的钢轨以前，除用横向导线将被更换钢轨相邻的轨条与相对的轨条连接以外，还应用导线将轨道扼流变压器中间点与被换钢轨相对的钢轨连妥，并断开扼流变

压器上的连接线后，才准更换。

④换轨如需拆开回流线时，必须有供电人员在场紧密配合并负责监护。在未设好可靠的分路电线之前，不得将回流线从钢轨上拆开。拆装回流线的工作，均由供电人员负责完成。

⑤在站内更换钢轨或夹板时，其钢轨连接电线的连接方法，须考虑轨道电路和车站作业的要求。

⑥在电气化区段上，如需要在同一地点将两股钢轨同时拆下时，必须对该供电区段实行线路封闭，不准电力机车行驶。

（七）拉开钢轨调整轨缝

当需拉开钢轨调整轨缝时，要在拉开的轨缝间预先装设临时连接线。临时连接线的长度应使钢轨接头可能拉开 200 mm。

（八）爆破作业

爆破作业有碍接触网及行车安全时，应先停电后作业。

（九）其他维修作业要求

更换钢轨、道岔及其联结零部件，遇有下列情况之一时，须事先通知供电部门采取安全措施后，方准开始作业：

(1)更换带有回流线的钢轨时；

(2)更换牵引变电所岔线和通往岔线线路的钢轨及其主要联结零部件（如夹板、辙叉等）；

(3)在有接触网的线路上，于同一地点同时更换两股钢轨及两股钢轨上的夹板；

(4)更换整组道岔。

更换工作完毕，须经供电人员检查，合乎供电要求后方准撤除安全措施。

三、电气化铁路道岔维修作业

在电气化铁路上进行道岔维修时，必须注意以下事项：

(1)尖轨连接杆、通长垫板和轨距杆都必须绝缘，检查支距用的支距尺也应绝缘。尖轨前装有托架角钢的枕木盒内不要安装轨距杆，在导曲线上的附加绝缘节后面，直股与曲股的钢轨不能互相连通，必须用两头绝缘的轨距杆，以免造成轨道电流短路。

(2)道岔上所有的连接线和跳线，在维修道岔时都不要损坏和碰断。如果折断，尤其是并联道岔轨道电路的道岔连接线（跳线）折断，就不能可靠地检查侧线是否被列车占用。

(3)在道岔区段轨道电路上不能行驶单轨小车，因为车轮压在道岔绝缘上面时，车轮的踏面要传电。同样，使用起道机也不要把起道机底座放在该绝缘接头的底下。否则，就可能和绝缘破损失效一样，破坏轨道电路的工作。

(4)为了使道岔绝缘节良好，要防止道岔钢轨爬行。为了保证转辙器正常工作，应防止基本轨横向移动。基本轨头部不应压堆，轨撑螺栓不要松动，尖轨不要弯曲或凸腰，以免发生与基本轨或滑床板不密贴的病害。

(5)更换辙叉时，要设临时连接线，如图 7—28 所示。

影响信号的其他道岔维修工作，如更换基本轨、尖轨和连接杆等，需同电务工区配合施工。

四、电气化铁路成组更换道岔

电气集中的车站上，将不符合《修规》规定的小号道岔更换为大号道岔时，要增长道岔的

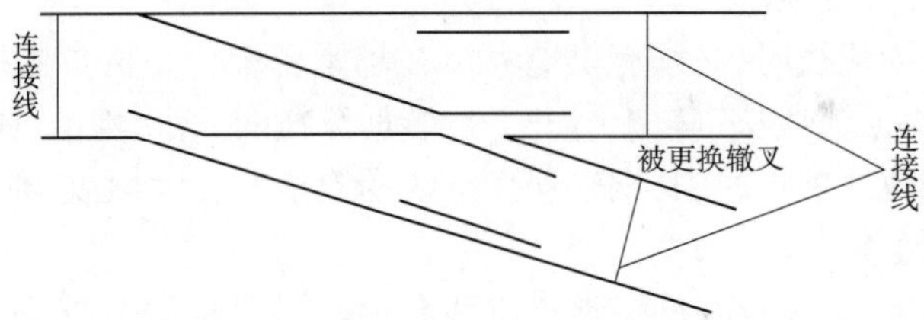

图 7—28　更换辙叉防护电线连接

长度，信号机和接触网的设备也要相应地移动，较非电气集中的车站要增加很多工作量。在更换道岔以前，要配合接触网、信号工区详细调查，并事先做好准备工作，例如定出接触网塔架和信号机移动后的位置，打好基础。如基础需要现场就地灌筑时，要有保养时间，还要延长信号机电缆，以避免因准备不好而延误施工。成组铺设道岔时应注意：

（1）钢轨绝缘位置原则上应设在出站信号机同一坐标处，如图 7—29 所示。

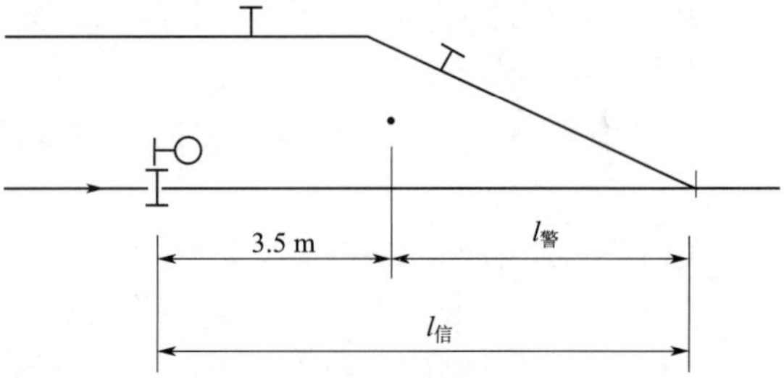

图 7—29　钢轨绝缘位置设置

如信号机位置与现场轨缝位置不一致，为了避免串轨、换轨或锯断钢轨，允许信号机位于钢轨绝缘前方（按发车方向）不大于 1 m 处，或后方适当距离 L 处（图 7—30）。设于警冲标内方的钢轨绝缘，距警冲标不得少于 3.5 m，以保证机车车轮停在该钢轨绝缘内方时，车钩不致越过警冲标。

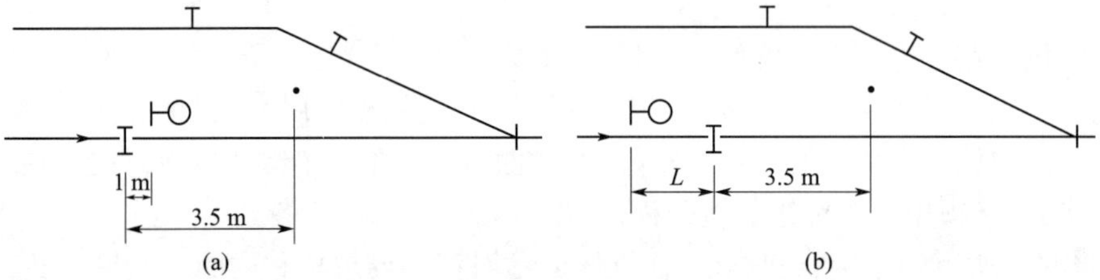

图 7—30　钢轨绝缘位置设置

在确定出站信号机、钢轨绝缘及警冲标的位置时，首先应考虑在不影响到发线有效长的情况下，按现有的钢轨接缝安设绝缘，同时考虑信号机的安设位置，然后再将警冲标移至距钢轨绝缘 3.5 m 处。如按现有的钢轨接缝安设绝缘不能保证到发线的有效长或不宜设置信号机时，则应以插短轨的办法安装绝缘。

（2）铺设道岔时，若轨道电路发生死区间（即两个绝缘节错开时），其长度不得超过 2.5 m。两相邻死区或死区间与相邻轨道电路的间隔各不少于 20 m，如图 7—31 所示。

（3）站内正线、站线衔接时，接触网导线也在这些地方相交，因此当岔心位置移动时，接触网架空定点的位置，也要做相应的移动。一般规定：它在线路上的投影位置在岔心后两股钢轨内侧相距 630 ~ 730 mm 处。

当抽换轨枕、找小坑、改轨距或进行其他养路作业时，对于电气化及信号装置的接地线及

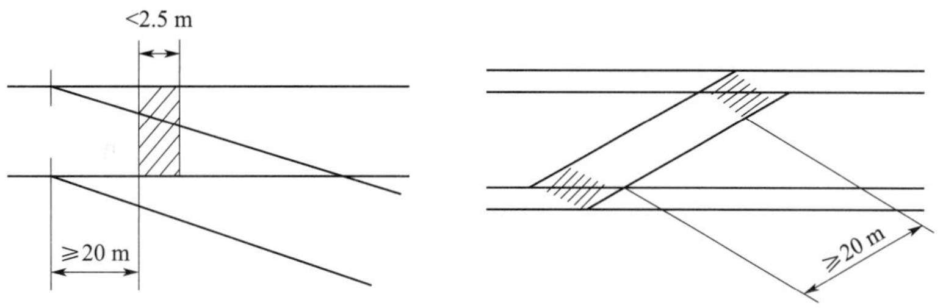

图 7—31 轨道电路死区间

轨端连接线,必须保持其正常连接。如需临时拆除接触网接地线时,施工单位与供电部门密切配合,采取相应的安全措施后方准开工。作业完毕后应及时恢复接地线,紧固螺栓并经供电部门检查合格,方可结束施工。如接地线需焊接时,由供电部门负责完成,但作业时禁止在钢轨上焊接。

五、电气化区段作业有关规定

(1)在电气化区段通过或使用各种车辆、机具设备不得超过机车车辆限界,所有作业人员和工具与接触网必须保持 2 m 以上的距离。

(2)在距离接触网 5 m 范围内使用发电机、空压机、搅拌机等机电设备时,应有良好的接地装置;在可能带电部位,应有"高压危险"的明显标志,并有防护措施。

(3)在电气化区段,各种机械运行车辆不准用水冲洗。

(4)线路大中修及技术改造,需起道或拨道时,施工单位要事先通知供电段、电务段等单位。上述单位应派人到场监护并测量支柱内侧与轨道中心的距离及接触网导线距轨面的高度,使其符合限界及《电气化铁路电气安全规则》的规定。

(5)检查建筑限界时,接触网必须停电。

六、电气化铁路作业注意事项

在电气化铁路上进行桥隧、路基作业,应注意下列事项:

(1)桥隧、路基大维修作业人员所带的工具、材料(包括长杆、导线、塔尺、钢尺、皮尺、花杆)与牵引供电设备的带电部分需保持 2 m 以上距离。

(2)在离接触网带电部分不到 2 m 的建筑物上作业时,必须按规定办理接触网停电申请手续,得到许可停电施工命令,并有接触网工区派人安设临时接地线后,方能施工。

(3)在距离接触网带电部分 2 ~ 4 m 的导线、支柱、房顶及其他建筑物上施工时,接触网可不停电,但须有接触网工或经专门训练的人员在场监护。

(4)与接触网同杆合架的电力线路设备,非电力部门的专职人员禁止攀登作业。

(5)发现接触网断线及其部件损坏或在其上挂有线头、绳索等物时,人员不准与之接触;在接触网检修人员未到达前,应距断线接地处 10 m 以外设置防护,禁止人员进入。

(6)在接触网支柱及接触网带电部分 5 m 范围以内的金属结构均须接地,与接触网相连的支柱及金属结构上,若未装设接地线或接地线已损坏时,禁止人员与之接触。接地线应由接触网工装设。

(7)在电气化铁路区段使用架空索道或绞车时,应先做好调查研究,其钢丝绳(包括晃动量)离接触网带电部分最小距离应大于 5 m,并有接地线。

第三节　专用车辆的使用

一、轻型车辆及小车

轻型车辆是指由随乘人员能随时撤出线路的轻型轨道车及其他非机动轻型车辆。小车是指轨道检查小车、单轨小车、单轨吊轨小车及钢轨探伤小车。

(一)车辆的使用要求

轻型车辆应在昼间封锁施工作业时使用,不按列车办理;在夜间或遇降雾、暴风雨(雪)、扬砂等恶劣天气时,仅限于消除线路故障或执行特殊任务时使用,此时轻型车辆必须有照明及停车信号装置,按列车办理。

小车只准在昼间使用,不按列车办理,可跟随列车后面运行,但在任何情况下,不得影响列车的正常运行,夜间须在封锁施工作业时使用。

使用轻型车辆时,必须取得车站值班员对使用时间的承认,并填发轻型车辆使用书,如表 7—4 所示;如果在区间用电话联系时,双方应分别填写。凡使用轻型车辆,必须保证在承认使用时间内将其撤出线路。

表 7—4　轻型车辆使用书

使用日期	车种	使用区间	上下行别	起讫时间	使用目的	负责人	承认号码	承认站车站值班员
月 日		自　　站 　　公里 至　　站 　　公里		自　时　分 至　时　分				
注意事项								

注:(1)规格为 125 mm×88 mm;

(2)一式两份,负责人及承认站值班员各存一份。

轻型轨道车每年必须全面检修一次,按规定进行车轴探伤。经工务段验收,颁发合格证后,方可使用。

轻型轨道车连挂拖车不得超过两辆,且不得推进运行,并不得与重型轨道车连挂运行。轻型轨道车搭乘人员限乘 6 人(包括司机、助手),拖车每辆限乘 10 人/辆,并应安装栏杆或扶手。

进出站时,轻型车辆应降低运行速度。轻型轨道车过岔速度不得超过 15 km/h,区间运行速度不得超过 45 km/h。遇降雾、暴风雨(雪)、扬沙时应降低运行速度。

轻型车辆及小车在长大隧道、桥梁及线路平、纵断面复杂区间的使用办法,由铁路局规定。

轻型车辆及小车应放置在固定的安全地点并加锁,使用前应进行检查,确认状态良好时方可上道。

（二）使用轻型车辆及小车应具备的条件

（1）需有经使用单位指定的使用负责人。

（2）有足够的人员，能随时将轻型车辆或小车撤出线路。

（3）备有列车无线调度电话等通讯设备及防护信号、列车运行时刻表、钟表。

（4）轻型车辆应有制动装置（其他非机动轻型车辆根据需要安装），并持有年检合格证。牵引拖车时，连挂处应使用自锁插销，拖车必须有专人制动。

（5）在有轨道电路的线路或道岔上运行时，应设置绝缘车轴或绝缘垫。

（三）区间使用轻型车辆的防护办法

（1）在线路上人力推运各种轻型车辆（包括养路、养桥机械等），应派防护人员按《铁路工务安全规则》规定的防护距离处显示停车手信号，随车移动。如瞭望条件不良，应增设中间防护人员。

（2）使用小车，应有专人随车显示停车手信号，并注意瞭望。推行装载较重的单轨小车及在瞭望条件不良区段内推行小车时，应按第（1）项办法防护。

在双线地段，单轨小车应面对来车方向在外股钢轨上推行。

（3）轻型车辆遇特殊情况不能在承认时间内撤出线路，或小车不能随时撤出线路时，应立即用列车无线调度电话等通讯设备迅速通知就近车站或列车司机紧急停车，并按《铁路工务安全规则》规定进行防护。

（4）小车跟随列车后面推行时，距列车尾部不得小于500 m的距离。推行中必须显示停车手信号，并注意瞭望。在双线地段遇有邻线来车时，应暂时将停车手信号收回，待列车过后再行显示。

在车站内使用单轨小车及人力推运的轻型车辆时，必须与车站值班员办理承认手续，并在其前后各50 m处显示停车手信号，随车移动，进行防护。

单轨小车不得在靠站台一侧的钢轨上推行。

二、施工列车

（一）长轨列车运行规定

（1）长轨列车运行按专列办理，如有附挂车辆应挂在尾部。长轨列车不得溜放和通过驼峰线。

（2）运行速度，曲线半径在500 m以下时，限速45 km/h；半径在300 m以下及侧向通过道岔时，限速25 km/h。如在连续同向曲线间运行，应注意内外侧钢轨是否前后串动，视情况适当降速。

长轨车卸轨、收轨速度不应超过5 km/h。

（3）长轨装车时，轨端要平齐，伸出承轨横梁0.5～1 m（山区铁路2.0～2.5 m），短轨不得装在外侧。长轨未加固、锁定，不得开车。

（二）龙门架车及轨排车运行规定

（1）龙门架车及轨排车运行按超限货物运输的有关规定办理，区间运行速度由铁路局视线路条件决定，通过半径300 m以下的曲线及全穿式或半穿式桥梁或隧道，均限速25 km/h。

(2)运用前,应调查运行区段内的建筑接近限界,并采取安全措施。双线地段施工,邻线来车应及时放下工作台踏板,并暂时停止工作。

(3)龙门架车不能进入站台高度大于0.3 m的股道。

(4)木油枕轨排应捆绑牢固,以防运行中滑动。

(5)轨排车运行时,必须指派对安全行车和故障处理有经验的人员押运。

(6)押运员应备有压机、撬棍、铁线、手扳葫芦等工具。

(7)运行前应有施工队长或施工负责人、工长、车长对轨排锁闭捆绑情况进行全面检查合格后,方可通知车长开车。

(8)押运员及车长应携带无线通信设备。运行时,押运员、车长应加强瞭望,发现危及安全的问题,应立即通知司机停车处理;车站停车时,同时检查两侧轨排装载情况,发现问题及时处理。

(三)施工列车进入区间封锁施工地段的规定

(1)施工列车进入封锁区间的行车凭证为调度命令(包括列车车次、运行速度、停车地点、停车时间及到达车站的时刻),施工列车在封锁区间内作业,不得超过调度命令准许的时间。

(2)施工列车到达两端车站后,车站值班员应立即通知施工单位的驻站联络员,说明列车进入施工地段的时间及准许在工地停留的时间等;驻站联络员应立即用电话通知工地施工负责人做好各种准备,并于施工列车到达前在施工地段两端各20 m处设置移动停车信号。施工列车应在移动停车信号牌或在工地防护员显示的停车信号前停车,按照调车办法,在施工负责人的指挥下进入指定地点。

(3)施工列车在封锁区间内停车,装卸作业完毕后,施工负责人应认真检查,确认线路状态良好,卸下的材料及机具等设备堆码稳固无侵入限界,车门已关好,列车无异状,方可发车。

(4)向施工封锁区间开行施工列车,一般每端只准许进入一列,如遇特殊情况需超过时,应按所在铁路局规定的运行办法执行。

(5)在封锁区间内对分解后停放车辆的每一工作地点,必须按规定设置停车信号防护,每个车列必须设置防溜设施。

第四节　材料装卸与堆放

一、材料装卸

材料、工具装载应稳固,不得偏载、超载和超限。装载危险物品时,应有可靠的安全措施。

(一)在区间装卸材料时,装卸车负责人的工作

(1)配备足够的装卸车人员、工具和信号用品。

(2)夜间作业时,配有足够的照明设备。

(3)事先与行车调度员、车站值班员、工务调度员进行联系,确认到达车数、车型及到开时刻。

(4)列车出发前,向卸料人员、司机讲清作业计划、卸车起讫里程、信号联络方法及安全注意事项。

(5)多个车辆卸车时,每辆车上指定专人负责指挥卸车、开关车门、组织检查限界、清理及

做好未卸余料偏载时的整理工作。严禁在区间进行摘挂作业。

(6)卸车时,监督作业人员不得损坏线桥、信号及供电等设备。

(7)对笨重材料(如条石、片石、钢轨、混凝土枕等)禁止边走边卸(长轨车除外)。停车卸料时,车轮附近的材料要指定专人及时清理。每次卸车后开车前要认真检查,确认车门关好、材料堆放稳固、不侵入限界,方可通知司机(车长)开车。

(二)严禁卸车地点

(1)道岔及道岔咽喉区。

(2)无砟桥上(不含卸长钢轨)。

(3)道口。

(4)无底砟的新线、有底砟但未经压道试验的线路上。

(5)有可能损坏信号、超偏载检测装置、通信、客(货)车运行安全监测设备处所。

(6)站台处靠站台一侧。

(7)区间线路的道床有积雪覆盖超过轨面处所。

(8)线路两侧有大量堆积物地段。

(9)双线区间,两线不在同一平面时,向高处一线卸料有可能侵入低线限界的地段。

(10)邻线来车时,靠邻线的一侧。

特殊情况由施工单位制定有针对性的安全措施,报铁路局审批。

(三)使用风动车卸砟应遵守的规定

(1)应对风动卸砟车经常进行检查维修,使风动管路、杆件传动系统及塞门手柄等经常保持正确位置,性能良好。有较大故障时应摘车交车辆段修理。

(2)除卸砟时间外,操作室内各进风塞门(包括储风箱的放风塞门)及操作手柄应处于关闭状态,操纵阀手柄应放在中立位。

(3)卸砟前,各车辆必须充足风。风压不足 0.4 MPa 时,应用手动装置配合操作。卸车顺序应由机车向守车方向逐辆完成,卸砟时不得推进运行,不得突然停车或后退。卸车人员应掌握好车门开度,严禁单侧卸砟,避免道砟成堆或车辆偏载。卸砟完工后,用料单位应及时清理道沿。

(4)卸砟运行速度应控制在 8 ~ 15 km/h。

(5)下列情况严禁卸砟:

①夜间或隧道内照明不足;

②一人同时卸两节车。

非风动卸砟车边走边卸时,应先在卸砟地点停车,停车后发出卸车通知,各车组长打开车门后,确认溜下的石砟不妨碍行车时,再以 5 ~ 10 km/h 速度边走边卸,并及时清理限界内的石砟。

二、材料堆放

(一)靠近线路堆放材料、机具的有关规定

靠近线路堆放材料、机具等,不得侵入建筑限界。道砟、片石、砂子等线桥用料可按图 7—32 堆放。每次卸车后,施工负责人应组织人员全面检查堆放情况,不符合规定或堆放不稳固的应立即整理。

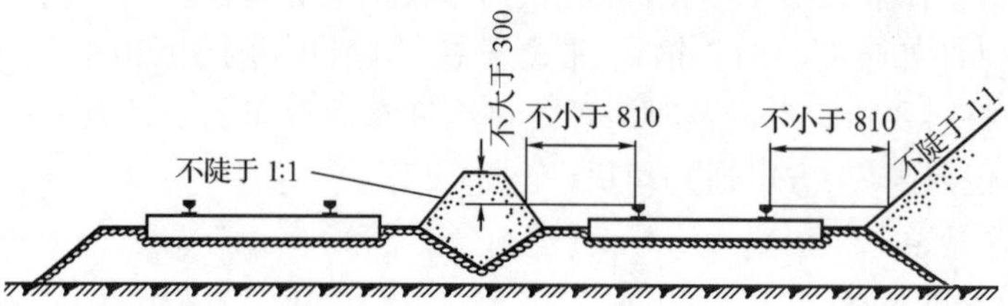

图7—32 （长度单位:mm）

（二）线路上放置钢轨组的规定

（1）普通线路木枕地段，可放在道床肩上或木枕头上，直线地段可放在道心里，如图7—33所示。放在道床肩部时，道砟应事先拉平。放在木枕头上时，两端至少各钉两个道钉，中间适当用道钉卡住。放在道心时，两端应弯向中心并用道钉固定，中间适当用道钉卡住。

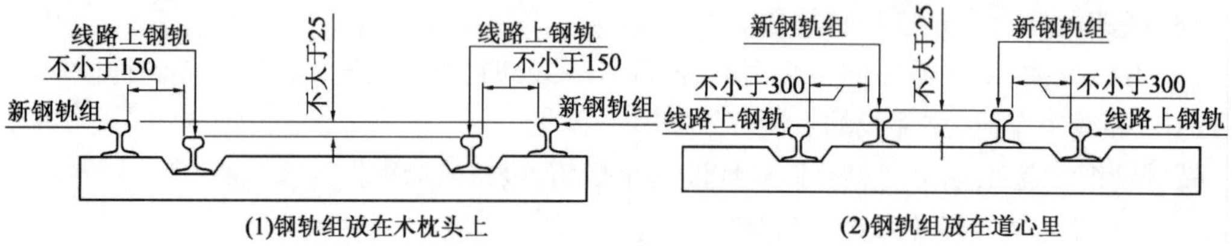

图7—33 （长度单位:mm）

（2）普通线路混凝土枕地段，应放在道床肩上。直线地段也可放在道心里，两端用卡子卡在轨枕上或穿入木枕钉固，如钢轨组较长，中间适当穿入木枕钉固。

（3）换出的钢轨一般应放在道床肩上或路肩上，混凝土枕地段允许临时放在道心。

（4）道口、人行过道及平过道的道路路面上，一般情况下不得放置钢轨。

（三）无缝线路长轨堆放

无缝线路成段更换钢轨时，准备换入的长钢轨应放在道床肩上（无砟桥桥枕上），在桥梁上、道口、人行过道、平过道及信号机附近应有保持稳定和防止连电的措施。

换出的长钢轨当日回收不完时，应放在道床肩上或道心。但道口处、信号机附近不宜存放。每根长钢轨的长度一般不得大于500 m。两根长钢轨的端部要互相错开，用固定卡卡在轨枕上或穿入木枕钉固，中间亦应用固定卡或穿入木枕钉固。对放在道床肩上或道心的长钢轨应派人巡检。

换出的普通钢轨按前面所述办理。

（四）桥梁上堆放材料

在桥梁人行道上堆放重物时，特别是在整孔换铺轨枕或换铺轨排等作业时，必须对桥梁状态进行全面调查，对桥梁结构、承载力和稳定性进行检算。当检算结果不满足有关规范要求时，应采取可靠的加固措施并确认满足要求后，方准作业。在任何情况下，人行道上的竖向静活载不得超过设计标准值（道砟桥面的人行道，距梁中心2.45 m以内为10 kPa，距梁中心2.45 m以外为4 kPa；明桥面为4 kPa）。

路肩堆放的砂石料，用料单位应经常检查、整理，严禁侵入限界。在河沙、石砟、炉渣等松散料堆上，严禁再卸片石等笨重材料。

第五节 人身安全

一、基本要求

各单位应经常对员工进行人身安全教育，组织学习安全规章及有关安全操作技术。员工在任职、提职改职前，必须经过段以上单位教育培训，考试合格。新工人、临时工必须提前进行安全技术教育，并经考试合格，未经安全技术教育或经教育但考试不合格者，不得上道作业。

从事轨道车驾驶、大型养路机械驾驶和操作、钢轨探伤、钢轨焊(熔)接工作及特种设备操作人员，必须经过专业培训、考试合格，取得相应资格，方可上岗。

进行接触粉尘、有毒物品、易燃、易爆物品的作业，使用电器、机械，以及高处作业等，必须按规定使用劳动保护用品。

对易燃、易爆及有毒物品，必须有专人保管，储藏时应与建筑物、烟火及水源隔离；搬运装卸及使用时，应严格按规定程序操作，慎防起火、爆炸和中毒。

野外作业遇雷雨时，作业人员应放下手中的金属器具，迅速到安全处所躲避，严禁在大树下、电杆旁和涵洞内躲藏。酷暑、严寒季节，应采取措施，防止中暑、溺水、冻伤和煤气中毒。

二、避　　车

线路作业和巡检人员，必须熟悉管内线桥设备情况、列车运行速度、密度和各种信号显示方法，并注意瞭望，及时下道避车。

步行上下班时，区间应在路肩或路旁走行。在双线区间，应面迎列车方向；通过桥梁、道口或横越线路时，应做到“一停、二看、三通过”，严禁来车时抢越。在站内如必须走行道心时，应在其前后设专人防护。进路信号辨认不清时，应及时下道避车。

1. 距钢轨头部外侧距离：

(1)$v_{max} \leqslant 120$ km/h 时，一般应满足 2 m；

(2)120 km/h $< v_{max} \leqslant 160$ km/h 时，不小于 2.5 m；

(3)160 km/h $< v_{max}$时，不小于 3.0 m。

2. 本线来车按下列距离下道完毕：

(1)$v_{max} \leqslant 60$ km/h 时，不小于 500 m；

(2)60 km/h $< v_{max} \leqslant 120$ km/h 时，不小于 800 m；

(3)120 km/h $< v_{max} \leqslant 160$ km/h 时，不小于 1 400 m；

(4)160 km/h $< v_{max} \leqslant 200$ km/h 时，不小于 2 000 m；

(5)200 km/h $< v_{max}$时，不小于 3 200 m。

3. 邻线(线间距小于 6.5 m)来车下道规定：

(1)本线不封锁时

①邻线速度 $v_{max} \leqslant 60$ km/h 时，本线可不下道；

②60 km/h < 邻线速度 $v_{max} \leqslant 120$ km/h 时，来车可不下道，但本线必须停止作业；

③邻线速度 v_{max} >120 km/h 时，下道距离不小于 1 400 m；

④瞭望条件不良，邻线来车时本线必须下道。

(2)本线封锁时

①邻线速度 v_{max} ≤120 km/h 时，本线可不下道；

②120 km/h < 邻线速度 v_{max} ≤160 km/h 时，本线可不下道，但本线必须停止作业；

③邻线速度 v_{max} >160 km/h 时，本线必须下道，距离不小于 2 000 m。

4. 在站内其他线路作业，躲避本线列车时，下道距离不小于 500 m；邻线来车时，与正线相邻的站线按第 1 项和第 3 项办理，其他站线可不下道，但必须停止作业。

5. 速度小于 120 km/h 区段，瞭望条件大于 2 000 m 以上时，钢轨探伤小车、轨道检查小车作业，邻线来车可不下道。

6. 人员下道避车时应面向列车认真瞭望，防止列车上的抛落、坠落物或绳索伤人。

7. 人员下道避车的同时，必须将作业机具、材料移出线路，放置、堆码牢固，不得侵入限界，两线间不得停留人员和放置机具、材料。

严禁作业人员跳车、钻车、扒车和由车底下、车钩上传递工具材料。休息时不准坐在钢轨、轨枕头及道床边坡上。绕行停留车辆时其距离应不少于 5 m，并注意车辆动态和邻线上开来的列车。

遇有降雾、暴风雨(雪)、扬沙等恶劣天气影响瞭望时，应停止线上作业和上道检查。必须作业时，应采取特殊安全措施，保证来车之前按规定的距离及时下道。

线路允许速度 v_{max} ≤120 km/h 的区段，遇有降雾、暴风雨(雪)、扬沙等恶劣天气及瞭望困难地段，巡道、巡守人员在路肩上行走，并注意察看线路状态。

线路允许速度 v_{max} >120 km/h 的区段，巡道、巡守人员在路肩上行走，并注意察看线路状态。

三、线桥作业

(一)线路作业

作业前，施工作业负责人和机具使用人员应对机具进行检查，机具状态不良或安全附件失效的机具严禁上线使用。

线路施工作业，必须在符合规定的施工负责人领导下进行。施工负责人应根据人员、作业项目、天气等情况，具体布置安全事项。

大、中、维修施工，作业地段不宜过长，并不得指派单人到防护区段以外的线路上作业。

(1)维修作业严禁使用齿条式起道机。

(2)多人在一起作业时应统一指挥，相互间应保持一定的安全距离，防止工具碰撞伤人。

(3)分组人工捣固时，前后距离应不小于 3 根轨枕，作业人员前脚不得伸出轨枕边缘。多组捣固机械同时捣固时，前后距离应不小于 3 m，走行应保持同步。

(4)使用撬棍拨道时，撬棍应插牢，听从指挥，统一行动，严禁骑压或肩扛撬棍拨道。

(5)改道打道钉时严禁锤击钢轨，不准用捣镐打道钉。分组打道钉时，前后距离应不少于 6 根木枕。在无人行道的桥面上作业时，起钢轨外口道钉，应站在道心内侧并使用专用起钉器或弯头撬棍等特制工具。

(二)桥隧、路基作业

1. 高处及陡坡上作业

在地面 2 m 以上的高处及陡坡上作业，必须戴好安全帽、系好安全带或安全绳，不准穿带钉或易溜滑的鞋。安全带、安全绳每次使用前，使用人必须详细检查，段每半年对安全带、安全绳做一次鉴定。其方法为：

静荷载试验：用静荷载 3 000 N 的力拉 5 min；

冲击试验：固定安全带（绳）一端，用 800 N 重物由 3 m 高处自由坠落悬空而不断。

2. 脚手架搭设

使用脚手架必须满足安全工作的要求。脚手架搭设应配合工程进度，不宜搭设过高。应有专人负责搭拆脚手架安全和日常检查维修工作。搭拆脚手架时，脚手架下不准人员停留或通过。靠近架空电线搭拆脚手架时，应严格按照供电部门的规定留出安全距离（一般动力线 2 m 以上，照明线 1 m 以上）；作业中应时刻注意，防止碰触架空线路。脚手架应搭设牢固，脚手板外伸悬臂，应有专人负责，经常检查整修，不得浮起活动。

脚手架搭设完毕，必须经施工负责人全面检查验收后方能使用。

3. 脚手架尺寸

脚手架的荷载每平方米不得超过 2 700 N，脚手杆间距不应大于 1.5 m（经检算许可者除外）。

制作脚手架的材料必须坚韧耐用，尺寸符合下列规定：

（1）立杆有效部分小头直径：木杆不得小于 70 mm，竹杆不得小于 80 mm。

（2）横杆有效部分小头直径：木杆不得小于 80 mm，主要横杆不得小于 90 mm。

（3）脚手板厚度不得小于 50 mm，两端必须固定在横杆上；斜铺脚手架铺设坡度不得陡于 1:3，并钉防滑木条。脚手板接头应设在撑杆上，不得悬空。高度在 3 m 以上的脚手架，其工作边外侧及斜道两侧应安设挡脚板和 1 m 高的防护栏杆。

（4）采用圆钢弯制成脚手架时，双钩式圆钢直径不得小于 22 mm，单钩式圆钢直径不得小于 25 mm，钢材不得有裂纹、锈蚀等缺陷，并应按规定检查钢钩质量。

（5）钉脚手板铁钉的长度不得小于 100 mm；拆下的护木脚手板及模型板上的铁钉，应及时拔掉或打平。

4. 无人行道桥上拧动螺栓及喷灌作业

在无人行道桥上拧动护木螺栓及钩螺栓时不得向桥外方向使劲。桥面及人行道上，不准有露尖的铁钉。

进行钢梁喷沙除锈、喷漆、喷锌，圬工梁灌化学浆液时应戴防护面具或口罩、护目眼镜及手套。喷砂嘴或喷射嘴不准对着人、车、船；不准带风、带砂修理喷砂设备和更换零件。

桥面上通过的风管、水管必须捆牢，不得侵入限界。

进行桥梁灌筑混凝土作业或其他起重作业时，严禁止用手拨动钢丝绳或起重索。

5. 使用移动作业架作业

使用移动作业架时，特别是移动作业架钩挂在桥梁人行道栏杆上时，应详细检查人行道、托架 U 形螺栓和作业架，同时应对人行道主要控制点的强度和梁体倾覆稳定性进行检算。未经检查或检算及检算结果不符合有关安全规定时，不得上架作业。人员攀登时要扶牢、踩稳。

未设置隔离设备时，禁止双层作业。

6. 临边作业

临边作业应设置防护围栏和安全网。悬空作业应有可靠的安全防护设施。未设置隔离设施的高处作业，人员不得垂直施工。使用移动式梯子时，梯脚应坚实，梯子上端应有固定措施。

安全桩的埋深一般不小于0.75 m，土质山坡不小于1.0 m，必要时适当加深。安全桩距陡坡边缘不得小于3 m。在悬岩陡壁处工作，必要时应打两个安全桩(即护桩)。每次施工前安全桩必须有专人检查，施工中应派人看守，以防安全桩松动而造成人身事故。

安全绳左右移动距离不得大于5 m。安全带、安全绳应挂在牢固的物体上并拴绑牢固，安全桩应一桩一绳。安全绳应一绳一人，严禁在一个物体上拴挂几根安全带或安全绳，严禁一根安全带或安全绳上拴挂几个人。

7. 隧道作业

在封锁时间内进行隧道作业，除按规定防护外，还应编好作业组，进出隧道由小组负责人清点人数；施工结束后，施工负责人进行全面检查，确认设备达到放行列车条件，人员、机具、材料全部撤出限界，方可开通线路。

隧道内的多项目、多台机械同时作业时，必须互相通报作业地点、作业内容。自行机械应低速运行，以免互相碰撞。

8. 开挖建筑物基坑或刷坡

(1)开挖基坑时，边坡的坡度必须按照设计要求，按放好的边坡线从上向下开挖，不得任意放陡坡度，禁止掏底挖土。

(2)遇有滑层、裂纹、浸水等情况，基坑壁必须用撑木支撑或改缓边坡。

(3)靠近基坑上方不得堆土及放置料具等重物，挖出的土石方和施工材料堆放位置应距坑边不小于1 m，高度不超过1.5 m。

(4)在同一坡面的垂直线上，不得上下同时开工，不得在上层挖土时下层运土。

(5)圬工凿除或人工打眼两人配合作业时，应配戴防护眼镜，禁止面对面或戴手套打锤，掌钎时应配戴防护手套。

在隧道内处理松动衬砌、危石及翻修衬砌时，必须有预防塌落伤人的安全措施。

(6)拆除开挖坑支撑应按回填顺序自下而上逐步拆除，拆除高度视坑壁土质而定。

(7)下穿框构顶进挖土作业时，严禁超挖，工作面坡度符合规定，过车时严禁开挖，工作面下严禁站人。

土石方工程开挖作业前，应做好必要的地质、水文和地下设备(如电缆、管道)的调查和勘查工作。

9. 路堑或山体边坡刷方、清石作业

(1)每天开工前应检查坡面有无裂缝及可能坍塌的迹象，危石、危土是否已清除干净。凡可以处理的应立即处理，不能处理且对施工安全有威胁时，施工人员应立即向施工负责人报告进行妥善处理。

(2)开挖土方应自上而下，严禁挖悬空土。

(3)多人同时在坡面上开挖作业时，应大致在同一高度自上而下进行，严禁上下重叠作业。开挖人相互间距不应小于2 m。

(4)进行撬石作业，施工人员站立点必须稳固，不准站在活动的石块上工作。多人同撬一石必须统一指挥。对于可能损坏行车设备、危及行人安全的石块应分解放下，必要时按规定进行防护或封锁施工。

(5)在有可能发生落石的路堑内作业,应戴安全帽。

(6)作业过程中,严禁在危岩边上和边坡脚下休息,严禁将工具任意抛置和放在危岩下面。

(7)在开挖过程中,如发现有瞎炮的殘药、雷管,应及时报告施工负责人,并按瞎炮处理。

10. 水上及下水作业

水上作业应有救生圈、救生衣或救生船等设备。下水作业前,应观测水深及流速,并选派会游泳的人员担当水中作业。其连续工作时间应符合下列规定:

(1)水温在 5 ℃ ~15 ℃时不得超过 1 h。

(2)水温在 16 ℃ ~25 ℃时不得超过 2 h。

冬季需在冰上施工时,施工负责人应针对江河水面宽、深程度及地理条件、作业繁简等情况,制订出安全措施。

桥涵大维修施工作业,遇下列情况不得下水作业:

(1)山区遇山洪暴发时。

(2)平原遇江河水位暴涨时。

水害抢险时,要注意工地和建筑物附近有无冲空、坍塌和其他异状,及时采取安全防护措施。钢轨悬空时,应将轨枕与钢轨联结牢固。

四、搬运与装卸作业

搬运及装卸重物时,应尽量使用机械作业;人力操作时,要统一指挥,动作一致;夜间要有充足的照明。

用滑行钢轨装卸钢梁及其他重型机械设备时,滑行钢轨应支撑牢固,坡度适当,滑行前方禁止站人,后方应有保险缆绳。

装卸长钢轨,钢丝绳与挂钩、固定器等要联结牢固,人员不得站在移动前方和钢丝绳附近。

长轨车运行中,人员须离开轨端 3 m 以外,并禁止在长轨上走动;卸轨时,撬棍不得插入长轨移动方向的横梁后面,前一根长轨通过本车后方能拨动后一根就位,严禁在悬空的长轨下作业,并注意防止长轨尾端落下时摆动伤人。

运料列车开车前,负责人应确认有关人员已上车坐稳方可开车;列车未停稳前,卸车人员不得打开车门及做其他影响安全的准备工作。开车门时,车上人员应离开车门,车下人员不得站在车门下面。

轨道车随乘人员应坐稳扶牢,不准坐在堆放较高的物体上和车体连接处,车未停稳人员不能上下。装载路料、机具的轨道平车不准搭乘人员,确因工作需要乘坐人员时,必须安装围栏及扶手。

单轨小车禁止搭乘人员。

搬运、装卸有毒、有害物品时,必须按规定穿戴防护用品。

换装或搬运钢轨、混凝土枕、辙叉等笨重轨料,应有专人指挥,尽量在平整的地面行走;必须在坑洼不平或在线路上行走时,要注意踏稳踩牢。

整组道岔在既有线上做铺设前的纵向移动时,应由施工负责人统一指挥,合理布置移动轮,平稳移动。轨枕间或移动前方不得站人。

五、防护栅栏和限高架

(一)防护栅栏要求

铁路线路防护栅栏是重要的铁路行车设备,是铁路行车安全的重要屏障。

铁路线路允许速度大于等于 120 km/h 的既有线和客运专线,均需设置栅栏进行封闭。栅栏除具备封闭功能外,还应兼顾与线路的协调、美观。一般地段栅栏顶端和下端纵向平齐(下端距地面不超过 10 cm),与线路走向基本平行。

栅栏的设备管理单位是工务(桥工)段、车务段、直属站,其中工务(桥工)段负责进站信号机以外设备的管理,对存在的栅栏缺口等隐患问题按时限要求及时整治,确保防护功能有效。

因作业需要设置的专用通道,按照"谁使用、谁申请、谁管理"的原则,由使用单位提出申请,经铁路局栅栏设备管理部门批准,办理相关的书面手续后方可设置。各类通道必须设门加锁,由使用单位进行管理。

因施工作业需要临时拆除栅栏时,施工单位必须与公安处和栅栏设备管理单位签订安全协议,办理有关手续,在开口处悬挂警示标志牌,设置临时防护设施,并派专人 24 h 昼夜看守。作业后立即恢复原状,并与设备管理单位办理验收交接手续。

栅栏管理情况,实行月度检查,季度考核站段。

(二)限高架要求

"铁跨公"立交桥涵限高架是确保铁路行车安全的重要附属设施。铁路立交桥(涵)其净空不足 5 m 且通行机动车辆的均应设置限高架。限高架的日常管理由各桥梁车间按各自管辖范围划分到相关桥梁工区管理,应纳入到日常检查、保养、维护范围。

工务人员一旦发现限高架(防抛网)被撞、被盗,应立即通知设备管理单位组织抢修。当限高架被损坏影响公路车辆正常行驶时,要设置防护措施,防止发生交通事故。

第六节 道 口

一、道口设置

(一)道路与铁路的平面交叉

道口指铁路上铺面宽度在 2.5 m 及以上,直接与道路贯通的平面交叉。按看守情况分为"有人看守道口"和"无人看守道口"。

人行过道指铁路上铺面宽度在 2.5 m 以下(城市一般为 0.75 ~ 1.5 m,乡村一般为 0.4 ~ 1.2 m)与道路贯通的平面交叉。人行过道只准通过行人、自行车(较宽的人行过道可通过人力车),不准畜力车及机动车辆通过。

平过道指在车站、货场、专用线内,专为内部作业使用,不直接贯通道路的平面交叉。

(二)道口设置原则

(1)道口应根据铁路沿线交通运输的具体情况合理设置,并优先考虑设置立体交叉。允许速度大于 120 km/h 的线路应采取立体交叉。

(2)在车站内,桥梁、隧道两端及进站信号机外方 100 m 范围内,区间或专用线道岔两端 50 m 范围内,不应设置道口;在铁路曲线地段,尽可能不设置道口;对已设置的道口,应逐步改造或拆除。道口之间的距离不应小于 2 km。

(3)道口宜设置在瞭望条件良好的地点。车辆或行人在距钢轨外侧不小于 50 m 范围内的道路上,线路允许速度不大于 120 km/h 时应能看到两侧各 400 m(双线各 500 m)以外的列车,线路允许速度不大于 100 km/h 时应能看到两侧各 340 m 以外的列车,线路允许速度不大于 80 km/h 时应能看到两侧各 270 m 以外的列车;机车乘务员在 850 m 以外可以看见道口。

(4)设置或拓宽铁路道口、人行过道必须经过铁路管理机构行政许可。道口的拆除和需否看守由铁路局决定。

二、道口铺设规定

(一)道口平面及纵断面

(1)道口铺面宽度应与道路路面的宽度相同,且不应小于 2. 5 m。

(2)铁路线路与各种道路中心线的交叉角应尽可能采用直角。有困难时,其交角应大于 45°。

(3)道口两侧道路的平台长度(从钢轨外侧算起)按表 7—5 数值设置。

表 7—5 道口平台长度(m)

城市道路		公路及厂外道路	乡村道路
通行铰接汽车	通行普通汽车		
20	16	16	10

(4)连接平台的纵坡不大于表 7—6 的数值。

表 7—6 连接平台的纵坡(%)

道路种类		一般	困难
城市道路	通行铰接汽车	2. 5	3. 5
	通行普通汽车	3. 0	5. 0
公路及厂外道路		3. 0	5. 0
乡村道路		3. 0	6. 0

(5)道口铺面可采用钢筋混凝土铺面板或料石。铺面宽度按表 7—7 的规定确定。

表 7—7 道路铺面宽度(m)

城市道路	公路及厂外道路	乡村道路	
		通行机动车	通行非机动车
车行道宽度与人行道宽度之和	路基(面)宽度	4. 5 ~3. 5	2. 5

(6)道口铺面应与钢轨顶面同水平。为防止因钢轨及车轮磨耗而导致路面与车轮接触而发生危险,钢轨外侧路面距钢轨外侧 50 mm 范围内,应较钢轨面低 5 mm。

(二)道口轮缘槽、护轨

护轨轮缘槽宽度,直线上应为 70 ~ 100 mm,曲线内股应为 90 ~ 100 mm;轮缘槽深度应为 45 ~ 60 mm。护轨两端做成喇叭口,距护轨端 300 mm 处弯向线路中心,其终端距钢轨工作边不应小于 150 ~ 180 mm。

三、道口防护设备

(1)道口标志应设在通向道口,距道口最外股钢轨不少于 20 m 处的道路右侧,预告前方有铁路道口。

(2)护桩应设在道口附近的道路两侧(路堑及城市市区内可不设),以防止牲畜绕上铁路或车辆驶出道口。护桩设在公路的两侧,每侧埋设 4 ~ 5 根,第一根护桩距钢轨外侧不小于 2.5 m,护桩间距 1.0 ~ 1.5 m,护桩高出路面 0.8 m,涂有 100 mm 黑白相间的线条。

(3)司机鸣笛标设在铁路上距道口 500 ~ 1 000 m(站内或站内道口两端不设),列车运行方向的左侧的钢轨头部外侧不少于 2 m 处。

(4)道口自动信号机根据需要在通向道口、距道口最外股钢轨 5 m 处的道路右侧设置。

(5)未设道口信号机的无人看守道口,应在安设道口信号机的位置上设置停车让行标志。

(6)有人看守道口,应修建看守房。距最外股钢轨不小于 3 m 处设置带有标志(标志为红色圆牌,有条件的地方夜间可安设红灯)的栏杆或栏门,用以关闭道口。

(7)道口房应备有信号旗、信号灯、响墩火炬、喇叭等防护信号用具,以便正常作业。道口发生故障时,向列车显示停车信号。

(8)交通繁忙或重要的看守道口,应根据需要设置照明设备和联系到车接近道口的电话、电铃或列车接近自动报警等音响设备,自动栏木。必要时设置遮断色灯信号机,其位置距道口不应小于 50 m,遇道口发生故障显示红色灯光。

(9)在电气化铁路上道口通路两侧各距栏杆不少于 5 m 处,应设置限界架,以防通过道口的车辆及装载货物与铁路接触网相撞,限界架高度为 4.5 m。

四、道口的安全管理

(1)道口等级与标准由铁道部规定。道口铺设、拆除及需否看守由铁路局决定。

(2)对道口应加强养护维修,经常保持道口标志和护桩设备完好,铺面平整稳固,护轨轮缘槽尺寸符合规定。道口设备缺损或严重不良时,应及时补充、更换或修理。

(3)有人看守道口的栏杆(门)、照明、无线电话、电话、电铃、自动通知、自动信号、故障报警器、遮断信号等设备,应经常保持完好,发生故障或作用不良时,应及时报告工长或车间主任通知有关单位检修。

(4)道口栏杆(门)以对道路开放为定位。特殊情况下需要以对道路关闭为定位时,须经铁路局批准。间断看守的道口,必须在道口两端公路右侧设置看守间断时间牌。

(5)笨重、巨大的物件和可能破坏铁路设备、干扰行车的物体通过道口时,应采取安全和防护措施,并经线路(道口)工长的许可;在站内还应经车站站长许可;在有轨道电路的区段,还应经信号工长许可;在电气化区段,还应经供电工长许可,并在其协助指导下方可通过。

(6)在电气化铁路上,车辆及其装载物通过时不得触动限界架,活动横板或吊链;装载高度超过 2 m 的货物上严禁坐人。

(7)值班道口看守人员,必须坚守岗位,集中精力,认真瞭望,适时关闭栏杆(门),确认线路无障碍,显示接车信号,列车通过后,确认其他线无车时再开放栏杆(门)。多人看守道口,来车时要执行呼唤应答制，互相协调一致。

(8)有人看守道口的信号、工具、备品数量，按规定配备，缺损时应及时补充、修理或更换。

五、道口的故障处理

(1)有人看守的道口发生故障时，必须按照先防护后处理的原则办理：有道口遮断信号机时，应让其显示红灯，有故障报警器应及时启用，向列车司机或车站发出警报，并在线路故障地点设置防护信号；如为轨道电路区段，可利用短路闸刀或短路铜线短路使信号机显示红灯；有直通车站电话或列车无线调度电话，应先通知车站或列车司机，如有连通相邻道口的电话，可让其代设停车信号防护。如无上述设备或条件时，由铁路局规定具体防护办法。

(2)对扰乱铁路道口交通秩序、损坏道口设备、违反铁路道口通行规定、危害铁路行车安全等行为，应严格按《铁路道口管理暂行规定》处理，其具体实施办法，由各铁路局会同省、自治区、直辖市有关部门制定。

复习思考题

1. 试绘出在允许速度为 120 ~ 160 km/h 的单线区间施工，使用移动停车信号的防护图。
2. 试绘出在允许速度为 120 ~ 160 km/h 的双线区间施工，使用移动停车信号的防护图。
3. 试绘出在允许速度为 120 ~ 160 km/h 的进站道岔上施工，使用移动停车信号的防护图。
4. 试绘出在允许速度为 160 ~ 200 km/h 的单线区间施工，使用移动减速信号的防护图。
5. 试绘出在允许速度为 120 km/h 以下的单线区间施工，使用移动减速信号的防护图。
6. 试绘出在允许速度为 120 ~ 160 km/h 的站内正线线路上施工，使用移动减速信号的防护图。
7. 绘画说明响墩的设置方式。
8. 轻型车辆是指什么？
9. 小车主要是指哪几种？
10. 使用轻型车辆及小车时，必须具备哪些条件？
11. 钢轨组在线路上放置时，应遵守哪些规定？
12. 道口设置的原则有哪些？
13. 道口轮缘槽和护轨尺寸是多少？
14. 叙述道口发生故障时的处理方法。

第八章 养路机械

第一节 液压传动的基本知识

一、液压传动的工作原理

1. 油液的一个极其重要的性质

油液是液压传动系统中最常用的工作介质。油液有许多重要的特性,其中最重要的是压缩性。在液压传动常用的压力范围内,油液的压缩量是极其微小的,近似看作不可压缩。油液若无这一性质,则以油液作为工作介质的液压传动将根本无法成立。

2. 液压传动原理

液压传动原理如图 8—1 所示。

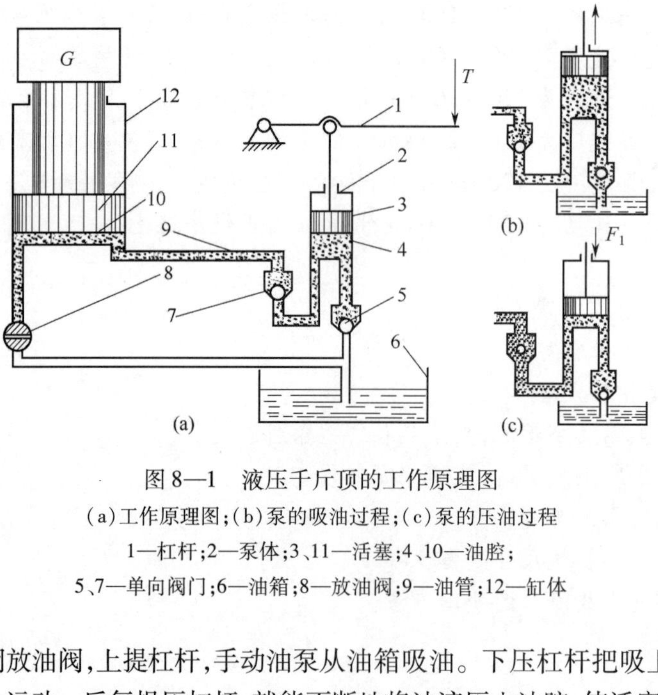

图 8—1 液压千斤顶的工作原理图

(a)工作原理图;(b)泵的吸油过程;(c)泵的压油过程

1—杠杆;2—泵体;3、11—活塞;4、10—油腔;

5、7—单向阀门;6—油箱;8—放油阀;9—油管;12—缸体

工作时,先关闭放油阀,上提杠杆,手动油泵从油箱吸油。下压杠杆把吸上来的油送至油缸油腔,推动活塞向上运动。反复提压杠杆,就能不断地将油液压入油腔,使活塞和重物不断上升。

液压传动的工作原理是以油液作为工作介质,依靠密封容积的变化来传递运动,依靠油液内部的压力来传递动力。能量转换:机械能→液压能→机械能。

3. 液压系统的组成

一般液压系统除油液外,由以下四部分组成:

(1)动力部分(液压泵);

(2)执行部分(液压油缸);

(3)控制部分(各种控制阀);

(4)辅助部分(油管及管接头、油箱、滤油器、密封件)。

二、液压传动基本理论

1. 流　　量

流量是指单位时间内流过管道或液压缸某一截面的油液体积,通常用 Q 表示,即

$$Q=\frac{V}{t}$$

式中　t——时间;

V——油液体积。

2. 平均流速 $\bar{v}$

油液流动时,在同一截面上各点的流速并不相等,可以用平均流速来作近似计算。油液通过管道或液压缸的平均流速可用下式计算:

$$\bar{v}=\frac{Q}{A}$$

式中　A——管道的通流面积或活塞的有效面积(m^2)。

3. 活塞运动速度与流量的关系

(1)活塞的运动速度等于液压缸内的油液的平均流速,即

$$v=\bar{v}=\frac{Q}{A}$$

(2)由上式可以看出,活塞的运动速度仅仅和活塞的有效作用面积 A 及流入油缸内油液的流量 Q 有关,而和压力大小无关。

(3)当活塞的有效作用面积 A 确定后,活塞的运动速度仅仅取决于流入油缸内油液的流量。因此,要改变活塞的运动速度,只需改变进入油缸内油液的流量即可。

4. 液流连续性原理

液流连续性原理如图 8—2 所示。

液流连续性原理:油液流经无分支管时,每一截面上通过的流量一定是相等的,即 $Q_1=Q_2$。根据公式 $\bar{v}=\frac{Q}{A}$ 可得

$$Q_1=A_1\cdot\bar{v}_1,Q_2=\bar{v}_2\cdot A_2$$

故

$$A_1\bar{v}_1=A_2\cdot\bar{v}_2\Rightarrow\frac{\bar{v}_2}{\bar{v}_1}=\frac{A_1}{A_2}$$

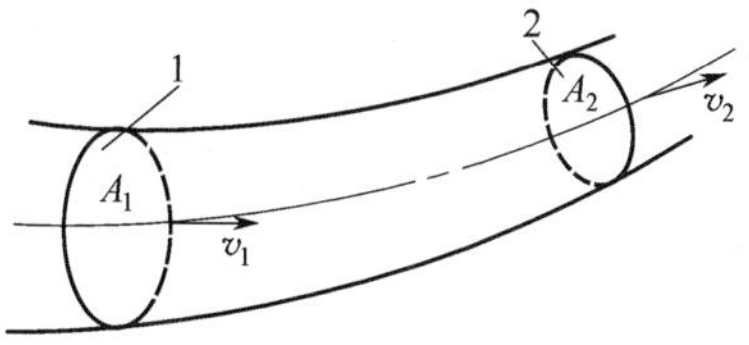

图 8—2　液压连续性原理

这个式子说明,管径细的地方流速大,管径粗的地方流速小。

5. 压力的概念

液体受外力作用形成的压力如图 8—3 所示。

垂直压向单位面积上的力称为压力,用 p 表示。

$$p=\frac{F}{A}$$

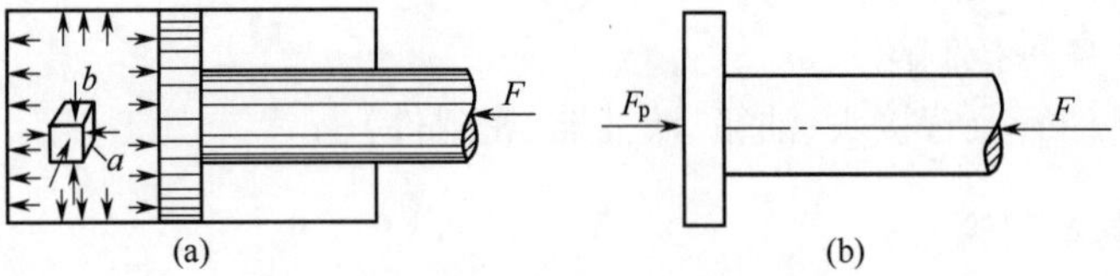

图 8—3 液体受外力作用形成的压力

式中 p——油液的压力(N/m^2);

F——作用在油液表面上的外力(N);

A——油液表面承压面积(m^2);

压力的常用单位还有 MPa,1 MPa = 10^6 Pa。

6. 静压传递原理

在密闭容器中的静止油液,当一处受到压力作用时,这个压力将通过油液传到连通器的任一点上,而且其压力值处处相等。

根据前述液压千斤顶工作原理图有

$p_1 = \frac{F_1}{A_1}, p_2 = \frac{F_2}{A_2}$(下角 1 表示手动油泵处,下角 2 表示油缸处)

根据静压传递原理有 $p_1 = p_2$,则

$$\frac{F_1}{A_1} = \frac{F_2}{A_2} \Rightarrow \frac{F_2}{F_1} = \frac{A_2}{A_1}$$

上式表明,如果 A_2 很大,A_1 很小,则只要在小活塞 1 上施加一个很小的力 F_1,便可获得数值很大的 F_2,用以起重。这就是液压千斤顶用很小的力却能顶起很重物体的道理。

7. 液压传动系统中压力的建立

液压系统中某处油液的压力是由于受到各种形式负载的挤压而产生的;压力的大小取决于负载,并随负载的变化而变化;当某处有几个负载并联时,则压力取决于克服负载的各个压力值中的最小值;压力建立的过程是从无到有,从小到大迅速进行的。

三、液压传动的基本参数

从前述内容看,液压传动的基本参数为流量 Q、平均流速$\bar{v}$、油液压力 p、油缸活塞推力 $F = p \cdot A$ 及功率 P。

液压缸的输出功率为

$$P_{缸} = p_{缸} \cdot Q_{缸}$$

式中 $p_{缸}$——液压缸的工作压力;

$Q_{缸}$——进入液压缸的油液的流量。

液压泵的输出功率为

$$P_{泵} = p_{泵} \cdot Q_{泵}$$

式中 $p_{泵}$——液压泵的工作压力;

$Q_{泵}$——液压泵的输出流量。

四、常用液压元件

液压系统是由液压元件——液压泵、液压缸、液压控制阀及液压辅件等组成。

1. 液 压 泵

应用较多的是手动油泵和外啮合齿轮油泵。

(1)手动油泵(图 8—4)

图 8—4 是手动油泵的工作原理图。我们经常应用的是手动柱塞泵。在各种小型液压养路机械中(如液压起拨道器)采用的都是手动栓塞泵。

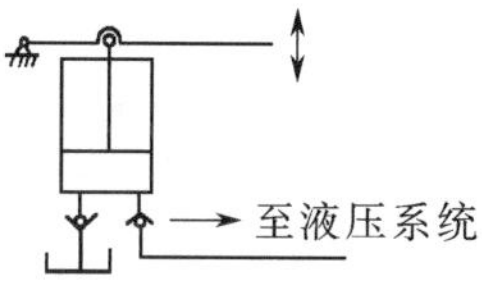

图 8—4　手动油泵

(2)外啮合齿轮油泵

①工作原理如图 8—5 所示。

②齿轮油泵的特点是结构简单、价格低廉、对油液污染不敏感、工作噪声较大、体积小、重量轻、工作可靠。

③齿轮油泵使用时主要注意事项:

a. 齿轮轴不允许反转;

b. 吸油口和压油口不允许反接(压油口小于吸油口);

c. 使用时,齿轮油泵若发出尖叫声,应立即停机。

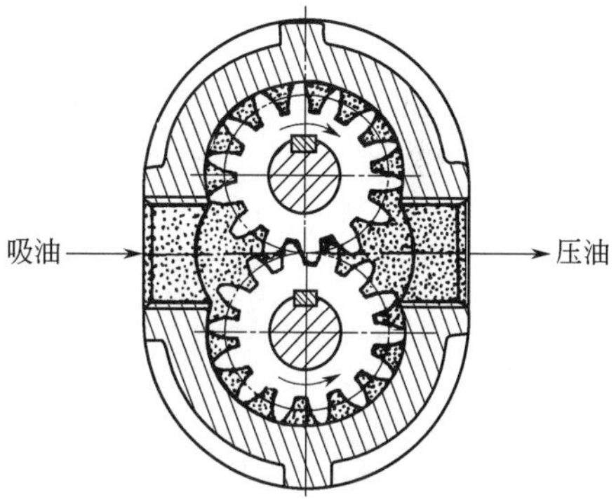

图 8—5　外啮合齿轮泵工作原理图

2. 液 压 缸

应用较多的是单出杆双作用活塞式液压缸和单出杆单作用柱塞式液压缸。

(1)单出杆双作用活塞式液压缸

单出杆双作用活塞式液压缸压力油进入无杆腔,可推动活塞向右运动,如图 8—6 所示。

压力油进入有杆腔,可推动活塞向左运动。向右运动称之为工进,运动速度慢,但推力大;向左运动称之为快退,运动速度快,但作用力小。

XYD-2 型捣固机上的升降油缸和夹实油缸应用的就是单出杆双作用活塞式油缸。

(2)单出杆单作用柱式油缸(图 8—7)

压力油只能进入无杆腔。工作时只存在单方向作用力。结构上不是活塞和活塞杆而是柱塞。

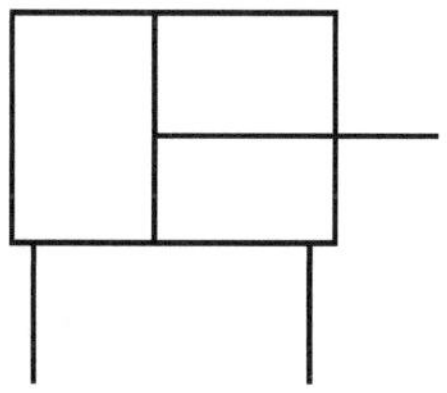
图 8—6　单出杆双作用活塞式液压缸

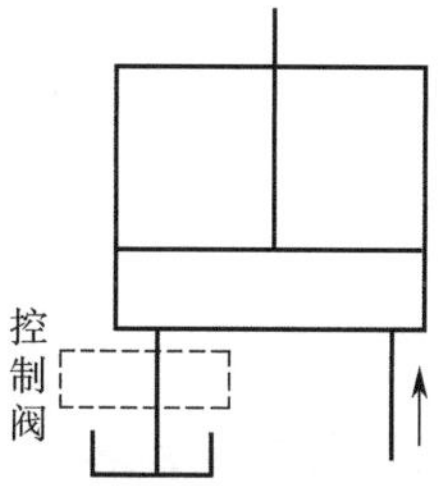

图 8—7　单出杆单作用柱式油缸

常用小型液压养路机具(如起道器、起拨道器、轨缝调整器等)应用的油缸都是单出杆单作用柱塞式油缸。

3. 控 制 阀

(1)单 向 阀

单向阀的作用是只许油液按一个方向流动,不能反向流动。使用图形符号: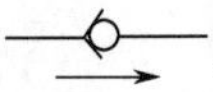。

(2)换 向 阀

换向阀的作用是利用阀芯和阀体相对位置的改变,来控制油液流动方向,接通或关闭油路,从而改变液压系统的工作状态(改变油缸活塞运动方向或锁定油缸)。换向阀种类很多,三位四通换向阀是常用的一种。图形符号: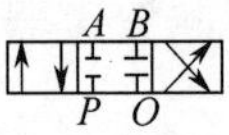

。

XYD-2 型捣固机上的多路换向阀从本质上说是两个三位四通换向阀的组合。

(3)卸 荷 阀

图形符号: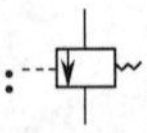。人为控制其开通与关闭。开通时,油缸中的油液可通过卸荷阀流回油箱,完成卸荷,故又可称之为回油阀。

(4)溢 流 阀

溢流阀应用很广,在所有液压传动装置中都须安装溢流阀。它的作用主要有两个方面:一是起溢流和稳压作用;二是起限压保护作用(又称安全阀)。图形符号: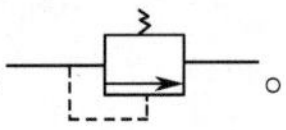。

4. 液压辅件

(1)油　　箱

油箱的作用是储油、散热、分离油中的空气和杂质。

单独做成的油箱,一般要具有油面指示器、滤油器、放油塞、隔板、吸油管和回油管等。

XYD-2 型捣固机就具有单独做成的油箱。

(2)油　　管

油管——
- 塑料油管
- 金属油管——
  - 无缝钢管
  - 紫铜管
- 耐高压橡胶油管

第二节　常用小型液压养路机械

一、液压起拔道器和液压起道器

(一)液压起拨道器

1. 结　　构

液压起拨道器由底盘、底盘两端销轴、拨杆、起道轮、液压传动系统组成。

2. 工作原理(图 8—8)

压力油进入无杆腔→活塞杆外伸→AB 绕 B 沿逆时针方向转动。

A 的轨迹:以 B 为圆心,以 BA 长为半径的一段圆弧。

A 的位移:水平方向位移、铅垂方向位移。

利用A的水平方向位移进行拨道，利用铅垂方向位移进行起道。

3. 液压传动系统（图8—9）

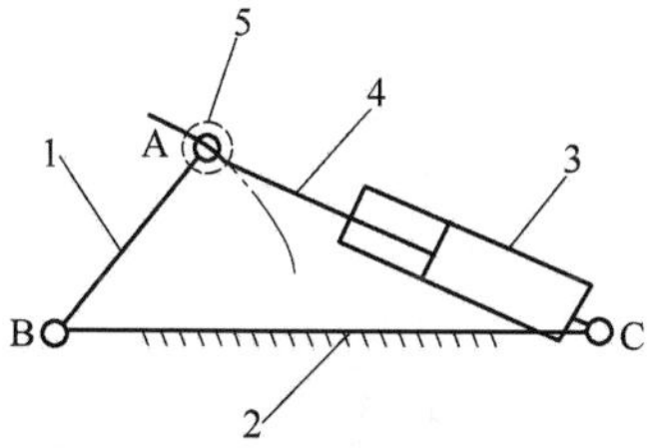

图8—8　液压起拨道器工作原理图

1—拨杆；2—底盘；3—油缸；
4—活塞杆；5—起道轮

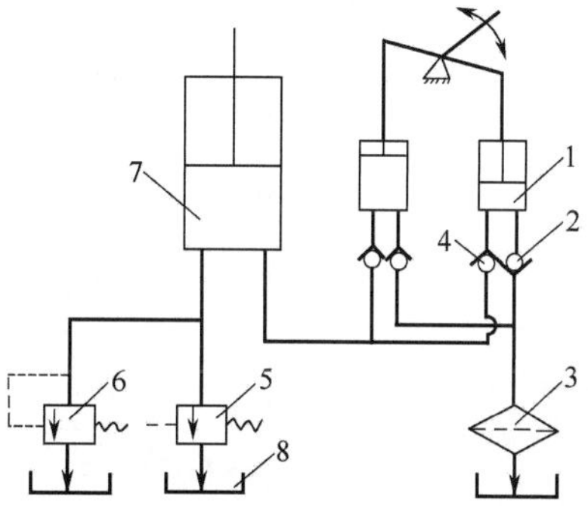

图8—9　起拨道器液压系统图

1— 手动油泵；2—进油阀；3—滤油器；4—出油阀；
5—卸油阀；6—溢流阀；7—液压缸；8—油箱

4. 使　　用

（1）检查油箱内油液是否充足，检查卸荷阀和手动油泵工作是否正常。

（2）起道作业时，起道轮应置于轨底边缘以内。拨道作业时，起道轮侧面卡在轨底边缘外。

（3）底盘放置平稳。

（4）活塞杆不可外伸过多。

5. 保　　养

（1）定期检查液压油是否清洁，并及时更换新油。

（2）更换液压油前，用汽油或柴油将油箱内洗干净。

（3）不工作时，油缸柱塞应全部回缩，防止表面锈蚀。

6. 常见故障、故障原因及排除方法（表8—1）

表8—1　液压起拨道器

项　　目	原　因　分　析	排　除　方　法
一、油缸不工作	1. 溢流阀调压螺栓松动压力过小 2. 卸荷阀弹簧失效 3. 缸后座出油阀和溢流阀不密封 4. 油液杂质多，影响密封 5. 柱塞底部吸油阀压死 6. 吸油孔道部分堵塞吸油量不充足 7. 柱塞泵内存有空气，有空档	1. 调整压力 2. 更换 3. 换钢珠、研阀口 4. 换油、过滤 5. 上提球阀挡片与球阀保持1～1.1 mm 6. 清洗油路 7. 满负按下卸荷阀排放
二、油箱渗油	油箱紧固螺栓松动	及时紧固
三、花键轴窜出	定位卡簧脱落损坏	更换卡簧
四、单泵作业	1. 此泵进油阀不密封钢球被油粘住 2. 与此泵相联的油缸底座出油阀不密封 3. 此泵油路堵塞 4. 此泵传动系统失效 5. 挡片压死钢球吸不进油	1. 急压数次或更换机油 2. 更换球阀 3. 拆卸疏通 4. 检查连杆和销轴 5. 上提挡片保持间距1～1.5 mm

续上表

项　目	原　因　分　析	排　除　方　法
五、液压缸不回原位或回位困难	1. 卸荷阀打不开、阀杆顶针磨损过短或失效 2. 回油孔道被脏物堵塞 3. 活塞在缸体内被杂质研住 4. 阀柄侧面磨损、行程小	1. 更换卸荷阀杆 2. 清洗换油 3. 排除杂物 4. 更换或点焊卸荷阀柄
六、卸荷阀故障	1. 卸荷阀杆进出不灵配合过紧，弹簧压力小 2. 阀杆 O 形圈磨损 3. 阀杆磨损或表面划伤	1. 研阀杆、换弹簧 2. 更换油封 3. 更换阀杆、检查内机
七、密封螺母处渗油	1. 密封螺母油封损坏或松动 2. 花键轴 O 形密封圈损坏	紧固或更换油封
八、起道轮转动不灵	1. 起道轮压陷过重 2. 连接座两支耳变形 3. 销轴损磨过甚	1. 更换起道轮 2. 更换连接座 3. 更换销轴
九、辅件损坏	1. 溢流阀调压过高 2. 中间受载过大 3. 铸件质量不佳，底盘拨杆折断，使用不当，前后销轴螺帽丢失，造成底盘变形占 50%	1. 调压 32×10^6 Pa 2. 按说明书操作 3. 更换或紧扭螺钉

（二）液压起道器

1. 结　　构

液压起道器由底盘、连杆（2 根）、起道杠杆（2 根）、起道轮液压传动系统组成。

2. 工作原理（图 8—10）

压力油进入无杆腔→活塞杆外伸→起道轮上升→起道。

3. 液压传动系统

与液压起拨道器完全相同。

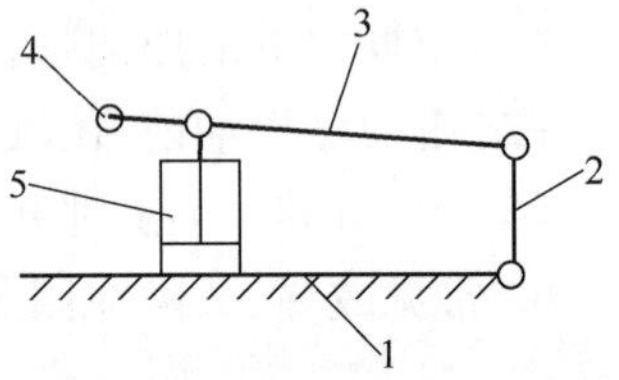

图 8—10　液压起道器工作原理

1—底盘；2—连杆；3—起道杠杆；4—起道轮；5—液压缸

4. 使　　用

（1）检查油液是否清洁、充足。

（2）检查卸荷阀、手动油泵、油缸工作是否正常。

（3）平稳放置底盘，使起道轮顶住钢轨底部。

（4）油缸柱塞不能外伸过多。

5. 保　　养

同液压起拨道器。

6. 常见故障、故障原因及排除方法（表 8—2）

表 8—2　YQD-15 型液压起道器故障及排除方法

故障现象	原　　因	排　除　方　法
扳动手柄，液压缸上升缓慢或不上升（空泵）	1. 液压油不足 2. 卸荷阀未关紧 3. 各阀内（吸油阀、出油阀、溢流阀、卸荷阀）有脏物 4. 滤油网被脏物堵住，油流不畅 5. 溢流阀弹簧压力小或折断	1. 加油 2. 适当旋紧 3. 除去有关阀内脏物 4. 用汽（煤）油将滤油网洗净 5. 调整到额定压力或更换弹簧

续上表

故障现象	原　　因	排　除　方　法
起道力不足(达不到额定压力)	1. 溢流阀弹簧松驰 2. 出油阀、卸荷阀、溢流阀内有微小脏物造成泄油 3. 油缸、柱栓泵密封圈磨损 4. 柱塞或泵套有较大磨损 5. 泵套铜垫不密封	1. 调整溢流阀弹簧至额定压力 2. 清除有关阀内脏物 3. 更换磨损密封圈 4. 更换磨损泵套或柱塞 5. 取出铜垫退火,然后将泵套旋紧
液压缸卸油严重	1. 密封圈磨损 2. 液压缸或活塞杆严重磨损	1. 更换密封圈 2. 更换液压缸或活塞杆

二、液压直轨器

1. 结　　构

液压直轨器由铸钢本体、2 只手抓把、左边固定支点为手控制能转动的凸轮、液压传动系统组成。

2. 工作原理(图 8—11)

压力油不断进入油腔→活塞杆外伸→强迫钢轨变形。

3. 液压传动系统

与液压起拨道器基本相同,需要指出的是手动油泵只有一个。特别要强调指出的是,有两个卸荷阀,其中一个为常用卸荷阀,另一个为常备卸荷阀,其目的是保证安全。

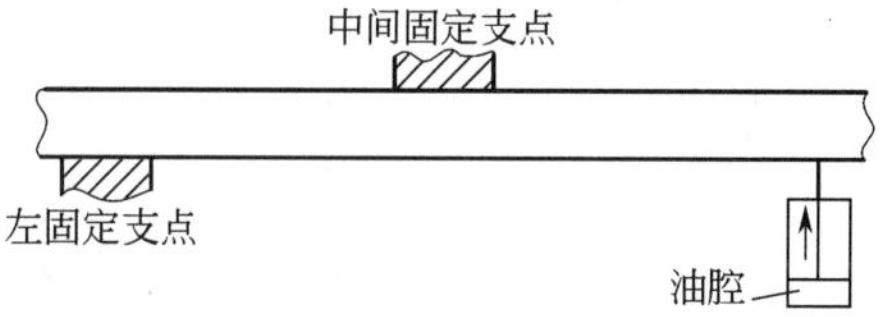

图 8—11　液压直轨器工作原理图

4. 使　　用

(1)检查油箱中油量的多少,补充或更换油液。

(2)关闭卸荷阀→扳动手动油泵手柄→看活塞杆是否外伸→打开卸荷阀→看活塞杆是否能正常复住。

(3)检查三个支点(两个固定支点和一个活动支点)与钢轨接触情况(左边凸轮支点可以进行调整)。

(4)关闭卸荷阀,扳动手动油泵手柄即可进行直轨或弯轨作业。作业时,要考虑钢轨的弹性变形的恢复余量。

5. 保　　养

参阅液压起拨道器。

6. 常见故障、故障原因及排除方法

故障主要是液压系统故障。请参阅液压起拨道器部分相关内容。

三、液压轨缝调整器

1. 结　　构

液压轨缝调整器由走行轮(2 个)、斜铁式夹轨器(2 套)、左机体、右机体、回位弹簧、控制夹轨器装置的手把(2 个)、液压传动系统组成。

2. 工作原理

(1)拉轨原理(图8—12)

夹轨器把左、右机体分别和左右钢轨牢固连接→压力油不断进入油缸油腔→活塞杆外伸→左右机体远离→左右钢轨远离→如图所示的轨缝加大。

(2)夹轨器夹松轨原理(图8—13)

活动斜铁向右位移⇒夹轨;活动斜铁向左位移⇒松轨。

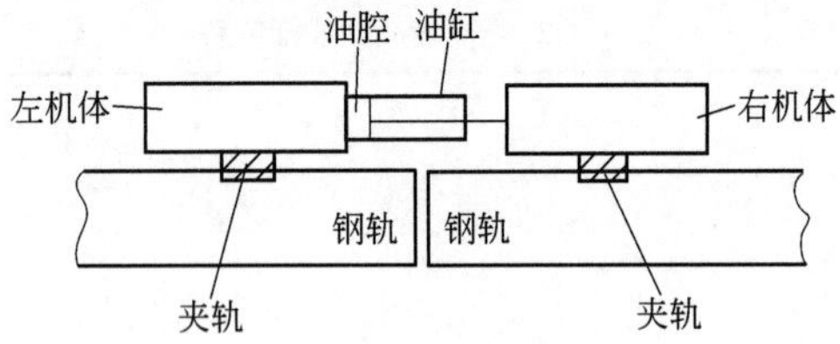

图8—12 液压轨缝调整器工作原理图

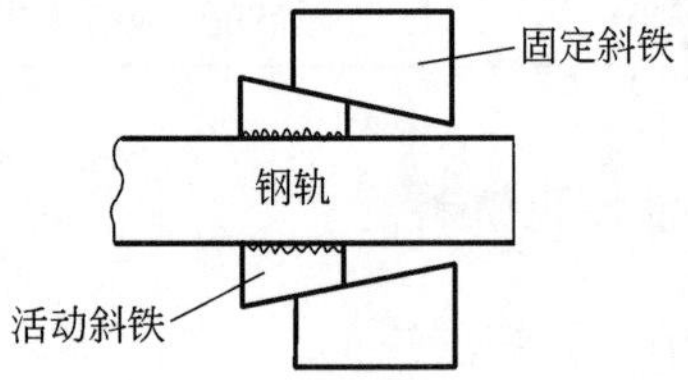

图8—13 夹轨器夹松轨原理图

3. 液压传动系统

液压传动原理与液压起拨道器是一样的。主要有手动油泵4只和油缸2只;如图8—14所示。

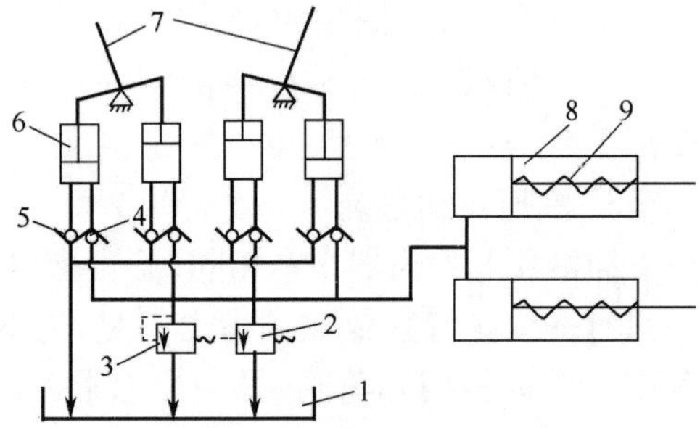

图8—14 轨缝调整器液压系统图

1—油箱;2—卸油阀;3—溢流阀;4—出油阀;5—吸油阀;6—手动油泵;7—操作杆;8—液压缸;9—回位弹簧

4. 使　　用

(1)检查油箱中的油液是否符合要求。

(2)关闭卸荷阀,扳动油泵手柄,看油缸活塞杆外伸是否正常,打开卸荷阀,看油缸活塞杆回位是否正常。

(3)扳动夹轨装置,检查其夹松轨是否正常。

(4)进行轨缝调整作业。

5. 保　　养

(1)经常检查维护夹轨装置。

(2)检查保养走行轮。

(3)注意回位弹簧工作是否有效。

(4)定期清洗油箱,更换液压油。

6. 常见故障、故障原因及排除方法

故障主要还是液压系统的故障。这部分内容请参阅液压起拨道器相关内容。

四、液压方枕器(图8—15)

(1)对混凝土轨枕推力板为图所示的斜板。

(2)油缸一只,手动油泵一只。

(3)油缸有回位弹簧装置。

(4)液压传动原理与液压起拨道器同。

(5)使用时方枕器放置要求位置正确、

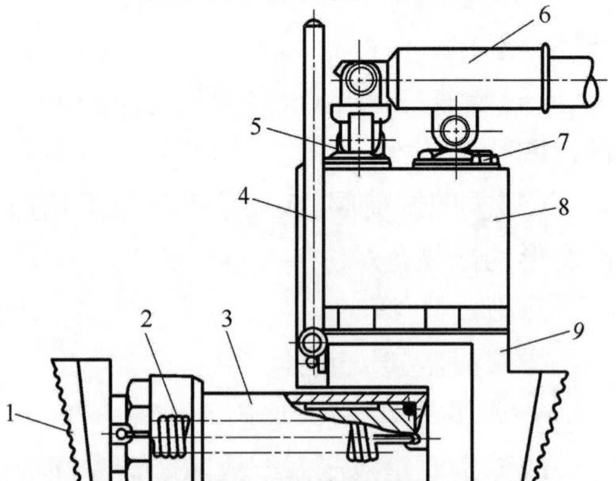

图8—15 液压方枕器结构

1—推力板;2—回位弹簧;3—驱动油缸;4—手提梁;5—卸荷阀;6—手柄插座;7—加油口螺塞;8—油箱;9—底座

平稳。

（6）活塞杆外伸量不宜过大。

（7）主要故障仍是发生于液压传动系统。

第三节　小型捣固机械

一、XYD-2 型液压捣固机

1. 用　　途

XYD-2 型液压捣固机，适用于线路维修养护的捣固作业，是我国目前机械养路作用的主要机械之一。

2. 结　　构

XYD-2 液压捣固机由动力（电动机或柴油机）、机械传动系统、液压传动系统、底架、振动装置、捣固装置、走行架、下道架八大部分组成。

3. 工作原理

液压捣固机是以电动机或柴油机、汽油机动为动力，通过三角皮带带动振动轴高速旋转，使振动轴两端的偏心角铁块随之高速旋转产生振动，由振动架传递到捣镐上，使捣镐振动。同时，电动机通过三角皮带带动齿轮油泵旋转，油液产生压力，使压力油经过多路换向阀，分配给升降和夹实油缸，从而使捣镐升降和张合，将道砟振捣密实。

4. 主要技术参数

振动频率为 67 Hz；最大下插力为 14 000 N；最大夹实力为 6 600 N × 2；下插深度为 70 mm（轨枕底面以下）；工作效率为 240 根/h；液压系统的工作压力为 3.5 ~ 4.5 MPa；主机质量为 300 kg（不含动力）。

5. 捣固方法

（1）上道。每台捣固机有一人操作，另一人作辅助工作，操作者在确认施工负责人发出上道信号后，与辅助人员协作，二人一起推机上道。

（2）捣固。按下插→夹实→张开→提升→转移的顺序进行作业。

①下插。捣固机定位，使镐板在轨枕前后和钢轨左右的距离均匀，操纵换向阀，使镐板垂直下插，并注意镐板不碰撞钢轨、轨枕及联结零件。下插遇到阻力时，可使镐板边下插边作张合动作。镐板应下插至其上缘位于轨枕面下 30 ~ 40 mm。

②夹实。镐板下插到位后即开始操纵换向阀夹实镐板。当镐板夹至行程终了以后，应夹持 2 ~ 3 s。夹实次数因撬、因地而定。一般情况下，小腰（3 根轨枕）夹 1 次，大腰夹 2 次，接头（轨缝两侧各 2 根轨枕）夹 2 ~ 3 次。

③提升。每捣完一根轨枕后，操纵换向阀使镐板上升。

④转移。当镐板上升至轨枕面及联结零件以上时，即可推移捣固机至下一根捣固轨枕。转移时应注意镐板不得碰撞钢轨、轨枕及其联结零件。

（3）下道。操纵换向阀将镐板提升至最高位置，与辅助人员协作将捣固机推下线路，然后将镐板降至最低位置，将夹实油缸活塞全部压至缸筒内，将捣固机固定。

（4）捣固结束后应对捣固机进行保养、擦拭，并罩上机套，绑牢捆紧。

6. 使用主要注意事项

液压捣固机的动力部分(内燃机或电动机)的使用保养注意事项参阅有关产品说明书。液压捣固机使用注意事项如下:

(1)上道使用前

①检查各部件是否完整无缺;

②检查各部紧固件有无松动或失效;

③检查油箱中的油量,不足时加油至略高于油面线;

④向滑动部件加注润滑油;

⑤检查并试验手压泵作用是否良好;

⑥检查插头、插座和电源线是否完好,有无漏电情况(动力为电动机时);

⑦经检查和修理后,确认各部状态良好,方准上道试机。

(2)使 用 中

①在使用中观察各部运转是否正常,有无杂音和异响,部件有无松动、脱落、漏油现象;

②注意有关部位的温升情况,若发现电动机温升超过 60 ℃,内燃机油温超过 80 ℃,振动轴承超过 50 ℃,各部销、轴超过 70 ℃时应立即停机下道,检查原因,待温度降低后再继续上道作业;

③注意夹轨钳是否有效,走行轮是否正常,防止走行轮脱轨;

④在夹实道砟时,有无严重抬道现象;

⑤勿使镐头碰撞轨枕或扣件螺栓;

⑥如有异常,需要修理时,必须停机下道修理,以保证行车安全。

(3)下 道 时

①关闭捣固机电源,下道时两人应密切配合,动作协调迅速,推机平稳,用力适度,防止捣固机翻倒或脱轨;

②下道后应定位插好安全插销。

7. 更换损坏的零部件

(1)更换镐板

①卸下螺栓:先卸夹实油缸螺栓,后卸同步连杆螺栓,最后卸振动架脐上螺栓;

②退大小尼龙套:取下镐板,用专用工具退下大小尼龙套;

③打入大尼龙套:取来新镐板,用铁块垫在大尼龙套上,将其打入镐板圆孔内;

④上紧螺栓:安装新镐板,拧紧振动架脐上螺栓后,用专用工具把同步杆、夹实油缸螺栓眼孔对准扶牢,打入小尼龙套,然后一手用死口扳手卡住螺母,另一手用扳手拧螺栓头,使其拧紧。

(2)更换夹实缸密封圈

①更换活塞密封圈

a. 先松开大圆螺母(备帽),后卸缸帽;

b. 抽取活塞杆,换上密封圈;

c. 将活塞杆插入缸内,拧紧缸帽和备帽;

d. 拧紧夹实油缸螺栓,安装好高压油管。

②更换缸盖密封圈

a. 卸下活塞杆头的小圆螺母，取下钢止垫、活塞、缸盖；

b. 在缸盖内换上新密封圈；

c. 将缸帽套入缸盖上，再一并穿入活塞杆上；

d. 安好活塞，垫上钢止垫，拧紧小圆螺母；

e. 将活塞杆插入钢筒内，拧紧缸帽和备帽；

f. 拧紧夹实油缸螺栓，安装好高压油管。

8. 日常保养的主要内容

(1)擦净各部件上的灰尘和油污。

(2)检查并拧紧各部联结螺栓，检查拧紧管接头螺母，消除液压系统外泄漏。

(3)检查三角皮带的技术状态及松紧程度，调整或更换皮带。

(4)检查油箱内的贮油量，不足时应加足。

(5)检查滑动部件并加注润滑油脂。

(6)检查焊缝有无裂纹，发现裂纹时应及时焊补，对振动部位的裂纹应在裂纹根部钻 5 ~ 10 mm 的孔后再焊补。

(7)检查电机、电开关、插头(座)、电气线路状态，保证绝缘及接触良好。

(8)检查手压泵、安全销、夹轨钳及吊链、走行及下道器是否齐全、正常，动作是否灵活等，必要时进行修理。

(9)检查镐头磨损情况，如超限及时焊补或更换。

(10)收工前，应检查各运转部位(电机、销、轴、油泵、振动轴等)温升是否正常，盖好防雨罩，拆下走行架，放在安全位置。

日常保养后要求达到下列标准：机械外观整洁，无油污、泥垢。紧固件无松动、无缺损，润滑部位有油，液压系统无泄漏，油箱油面标记正常，夹实油缸活塞杆无外露，三角皮带张紧度合适，插头、插座接触良好，夹轨钳状态良好，吊链无张口、无脱落，工作后停机时各部运转部位温升不超过 50 ℃。

9. 常见故障及排除(表 8—3)

表 8—3　液压捣固机常见故障及排除方法

故障现象	产生原因	排除方法
1. 油泵不出油	1. 油泵转向不对 2. 油箱油面过低 3. 滤油器、吸油管或出油口堵塞 4. 吸油管路或油泵密封严重漏气	1. 将油泵反向 2. 油面高度加至规定要求 3. 清洗堵塞部位 4. 消除漏气部位
2. 液压系统压力过低	1. 溢流阀调定压力过低 2. 溢流阀调压失灵 3. 换向阀各位置内漏严重 4. 油泵严重磨损	1. 重新调高压力 2. 检查及修理失灵部件 3. 修理或更换损坏失效零件 4. 修理或更换油泵
3. 油缸动作无力或不动作	1. 油缸内漏严重 2. 液压油不足 3. 各阀线内有杂物 4. 高压胶管破损漏油 5. 接头处漏油	1. 更换 O 形密封圈或其他损坏零件 2. 加足至规定油面高度 3. 清除杂物 4. 更换高压胶管 5. 修理或更换接头

续上表

故障现象	产生原因	排除方法
4. 油缸爬行	1. 液压系统混入空气 2. 油缸精度差 3. 两导柱弯曲变形	1. 油面低时加油,消除吸油管、油泵密封漏气部位 2. 修配或更换 3. 矫直或更换
5. 夹实缸不同步	1. 两侧捣固镐销套、螺母松紧不均匀 2. 两侧油缸内部摩擦阻力不等同 3. 单侧油缸内漏严重 4. 单侧油路堵塞或阻力大	1. 调整两侧螺母松紧 2. 调换阻力相等的油缸 3. 检修或更换 4 清洗或修理、调换
6. 工作机构升起后严重自行下降	1. 升降油缸内漏严重 2. 换向阀中位内漏超过规定值 3. 油管、油管接头或缸盖渗漏	1. 更换密封圈或其他损坏零件 2. 修配或更换 3. 消除渗漏部位
7. 手压泵不出油或排量小	1. 油稠 2. 活塞与缸壁密封不严 3. 吸、排油口单向阀密封不严 4. 吸油管或滤油网堵塞	1. 按规定换油 2. 更换 3. 清洗、修整或更换 4. 清洗
8. 捣固作业时噪声大	1. 镐板套间隙大 2. 夹实缸、同步杆、尼龙套间隙大 3. 紧固件松动或脱落 4. 零部件性能异常	1. 更换 2. 更换 3. 检查并补缺拧紧 4. 检查、修理或更换
9. 振动轴轴承温升超限	1. 润滑不良 2. 轴承磨耗超限 3. 轴承间隙改变 4. 框架或振动轴疲劳变形	1. 加注润滑脂 2. 更换 3. 重新调整 4. 复或更换
10. 三角皮带容易脱落	1. 张紧轮张力过小,皮带过松 2. 两皮带轮槽不在同一平面	1. 重新调整 2. 调整两皮带轮槽于同一平面
11. 三角皮带磨损快	1. 皮带过紧或过松引起打滑发热 2. 皮带轮槽不在同一平面 3. 皮带与张紧轮缘摩擦	1. 重新调整皮带松紧度 2. 调整皮带轮槽于同一平面 3. 调整张紧轮位置
12. 夹轨装置作用不良	1. 钳口磨损超限 2. 开口过大或过小	1. 更换钳口铁 2. 调整钳尾销孔

二、DG-150 型高频软插电动捣固机

1. 用　　途

从本质上来说,DG-150 型高频软插电动捣固机可密实轨枕下的道砟,可用于道床石砟捣固、道岔捣固、提速线路捣固,是一种新型铁路养护机械。

2. 特　　点

该捣固机体积不大,重量较轻,上下道方便,不必封锁线路即可利用列车间隔时间作业,特别适用于桥上、道岔、山区狭窄地段的作业。该机激振力大,作业质量好,作业效率高,作业时振动大、噪声大、操作者劳动强度高,要注意保证人身安全、施工安全、行车安全。

3. 结　　构

(1)走行架部分

①小号角钢和槽钢焊接而成的架子;

②走行架下面有 4 个钢轨走行轮可在钢轨上走行,每根钢轨上两个走行轮;

③走行架上有 4 根手把,便于人力上下道。

(2)电动机部分(2 台/走行架)

①电动机为双轴输出式;

②两轴端装有推键式防倒转装置——可保证与轴端连接的软轴转动方向正确;

③电机上装有组合开关——接通和断开电源;

④走行架上装有控制电机转向的开关。

(3)软轴组件(4 个/台)

①钢丝软轴;

②软轴插头(工作时插入电机轴孔内);

③软轴接头(与振动棒内的滚锥连接)。

(4)软管组件(4 个/台)

①软管;

②联结接头(工作时,插入电机机头孔内);

③软管接头(与振捣棒棒壳联结)。

(5)振捣棒组件(4 个/台)

镐头、铆钉、镐体、棒壳、滚锥、滚道、油封、轴承。

(6)减振手把(4 个/台)

手把、弹簧、橡胶护套与软管前端连接。

4. 工作原理

电动机——防倒装置——单向驱动软轴——带动滚锥——滚锥沿滚道作纯滚动的自转和公转运动——使棒壳产生强烈振动——镐体、镐头⇒道砟密实。所应用的是振动密实法。

5. 主要技术参数

电源:50 Hz 交流三相 380 V;电机功率:1.5 kW/台;电机转速:2 850 r/min;振动频率:150 Hz;振幅:1.25 mm;最大激振率:4 kN;生产效率:180 ~ 240 根/(组·h);振捣棒直径:50 mm;软轴直径:13 mm;软管直径:46 mm;质量:100 kg/台。

6. 使　　用

(1)确定电机转向是否正确。正对着电机蓝色机头方向看,顺时针方向旋转为正确。如不正确,扳动倒顺开关。

(2)电机机头上的连接手柄旋至正上方,把软轴插头插入电机轴内孔,软管连接头插入机头孔中,扳下连接手柄。

(3)作业时机械位置如图 8—16 所示。

捣固时握住减振手把斜向插入,勿使镐头碰击钢轨、轨枕、扣件。

(4)下道应行动迅速。关掉电机开关,将棒插入走行架中的插棒处,四人持抬把将机械抬出至界限以外(与电源同侧)。

(5)每捣固 3 km 以后松开减振手把,与软管连接的紧固螺母旋转 180°后再重新拧紧,以改善软管的受力状态。

(6)使用结束后机械存放于干燥场所,软管、软管存放时应呈直线状态。

7. 安全事项

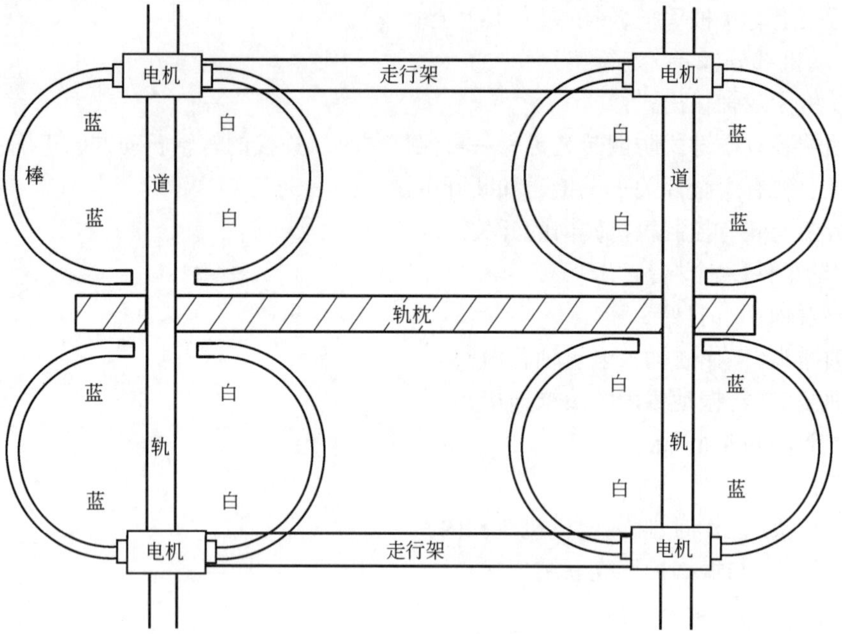

图 8—16　捣固机作业时机械位置图

(1)检查电机绝缘是否良好,检查捣固机各处是否有损坏,各连接部位是否松动。

(2)准备好配电设备,即带有额定容量保险丝的隔离开关和漏电保护器。

(3)禁止使用裸线或破损电线。

(4)操作人员须穿绝缘鞋。

(5)捣固机的接线、电机以生故障须由电工完成。

8. 维护保养

(1)软轴软管组件使用 100 h 后应将软轴清洗一次晾后干涂上一层 3 号复合钙基脂;电动机使用 500 h 后应拆下轴承清洗、晾干,涂上润滑脂重新装好;电机轴前端的防道装置须经常上油,保持推键摆动自如,工作可靠。

(2)振捣棒中的轴承油封是易损件,应及时更换。

(3)若发生软轴转动而棒头振动无力,拆开棒体,清除棒壳内的粉尘、油污、水分,用汽油洗,晾干后重新组装。

(4)软轴或软管在接头处断裂,可切去一部分重新安装后使用。

第四节　其 他 机 械

一、机动螺栓扳手

机动螺栓扳手主要有单头电动螺栓扳手和以内燃机为动力的双头螺栓扳手。

其优点是:工作效率高,螺栓紧固的松紧程度一致,能够大大地降低工人的劳动强度。

其工作原理是:紧固至达到要求时,端面弹簧齿形离合器能自动退出、分离,造成空转打滑。

二、钢轨钻孔机

1. 结　　构

(1)动力:可以采用电动机,也可以采用小型汽油机。

(2)卡具:卡具是钻孔机的定位装置,通过卡具将钻孔机固定在钢轨上。

(3)钻孔部分:钻头及驱动钻头转动的转轴、转轴支座导杆、手动进给装置。

2. 使　　用

(1)应将钻头刃部打磨锋利。

(2)确定准确的钻孔位置。

(3)手动进给应缓慢、均匀。

(4)钻孔时应不间断供给冷却液。

三、钢轨切割机

1. 结　　构

(1)动力:小型汽油机。

(2)卡具:是锯轨机的定位装置,能限制锯轨机沿钢轨方向错位,防止损坏锯片。

(3)切割部分:砂轮切割锯片。

2. 使　　用

(1)要保证卡具牢固地卡住钢轨。

(2)砂轮锯片切割钢轨应用力均匀、缓慢,快锯断时应减轻锯片对钢轨的压力。

(3)根据实际情况及时更换砂轮锯片。

四、RR16MS 型道岔打磨车

1. 作业功能

RR16MS 型道岔打磨车是一种功能全面的打磨车,该车既可打磨 9、12、18、30、38 号道岔,又可打磨区间线路。同线路打磨车相比,它具有控制精确可靠、作业灵活高效等优点。

2. 系统结构

该车全长 21.9 m,车高 4.14 m,总重 88 t,由动力及动力传动系统、作业机构、测量系统、控制系统和其他辅助系统组成。

(1)动力及动力传动系统

配备 542 kW 的卡特皮勒发动机一台,提供整车运行动力,发动机带动 420 kVA 的发电机给作业机构和各工作系统供电。

(2)作业机构

由车体下装配的两部打磨小车共 16 个打磨电机及电机动作机构、挡火系统、集尘系统、小车升降系统等部分组成。

(3)测量系统

打磨车配备一套波磨测量系统 DLM4-OC 和两套便携式横向轮廓测量装置。波磨测量系统的测量速度为 2 ~ 10 km/h,取样间隔 5 mm,最大输出范围(短波波幅) -0.8 ~ +0.8 mm, 波长范围 30 ~ 300 mm，测量精度可达 ±0.01 mm。

(4)控制系统

该车的控制系统由两套运行控制计算机(触摸屏)、两套打磨控制计算机(触摸屏)和一套作业控制 SAIA 计算机(PLC)组成。其中 SAIA 计算机由一台主机(MASTER)和三台从机(SLAVE)构成。主机负责与运行控制计算机和作业控制计算机之间的通讯和逻辑控制，从机 A 和 B 分别控制两台打磨小车，从机 C 控制作业按钮和指示灯的输入输出。

该车能实现自动打磨作业，在第一、二遍设置完打磨电机的起降点后，机器能自动控制车辆走行速度、每个打磨电机的角度、功率和起降点，也可以光自动控制车辆速度、手动控制打磨电机的起降，从而大幅降低操作人员的劳动强度。

(5)其他辅助系统

其他辅助系统是指挡火系统、集尘系统和消防系统。

挡火系统：最靠近电机的是可升降的、带冷却功能的防火挡板。该挡板内部是空心的，作业时循环的冷却水带走热量，使挡板始终处于相当较低的温度，这样打磨产生的火化碰到挡板时就会直接掉落到线路上而不会堆积在挡板上，从而延长挡板使用寿命并减轻保养的工作量。在该挡板外还有一层由金属片组成的挡片层和由柔性防火布做成的防火帘，由于这两层都是柔性的，可以放至较低的位置，这样既有良好的挡火性能又不会碰坏线路两侧的其他设备。

集尘装置：随机配备两套集尘装置，能吸走打磨时产生的绝大部分火星及粉尘，在减少环境污染的同时减轻消防压力。

消防系统：配置可容纳 4 t 消防水的水箱及两套消防系统，可彻底消灭火灾隐患。

3. 工作原理

两部打磨小车每部小车有 8 个打磨电机。其中 1 号小车的前 4 个电机配备了特殊的薄砂轮，专门打磨钢轨内侧大角度(−5° ~ −70°)，称为特殊单元，电机功率为 11 kW；后 4 个及 2 号小车的 8 个电机配备普通砂轮，只打磨钢轨顶面(−15° ~ +15°)，称为普通单元，电机功率为 15 kW。打磨电机的角度和压力均由计算机控制。计算机可以存储 100 种打磨模式，每种模式包含了 16 个电机的角度和功率。操作手只需选择模式号，计算机将自动调节各电机到预定的参数。

RR16MS 型道岔打磨车之所以能打道岔，就是因为有 4 个特殊单元的电机。特殊单元设计非常巧妙，配备的砂轮也很薄，只有 27 mm 厚，并且在作业时电机提升的距离只有 5 ~ 8 mm，这样就可以保证砂轮不论时在打磨还是不打磨时都不会碰到护轮轨或翼轨，从而实现打磨道岔的功能。

4. 主要技术性能

最大自行速度为 100 km/h。能两个方向作业，作业的最大速度为 10 km/h。打磨电机的最小功率 15 kW(15 kW ×12，11 kW ×4)。特殊打磨单元专门打磨钢轨内侧，偏转范围(外侧 −5° ~ 内侧 −70°)；普通打磨单元打磨钢轨顶面(外侧 −15° ~ 内侧 +15°)。打磨电机摆角的精度误差为 ±0.05°。

五、边坡清筛机

1. 用　途

用于清筛道床边坡的石砟。

2. 结　　构

边坡清筛机主要由成型链挖掘机构、清筛回填装置和走行部分构成。

3. 工作原理

成型链上的耙齿将石砟及污物带入清筛回填装置的筛槽内。筛槽侧面有许多筛孔，合乎粒度大小的石砟不可能从筛孔漏出，被耙齿带动沿筛槽运动，被带出筛槽后回填到道床的边坡上。而进入筛槽内的污物及碎砟，由于小于筛孔在移动惯性的作用下，通过筛槽上的筛孔而漏到接板上，沿着接灰板被排落在路肩上。

六、小型枕底清筛机

1. 用　　途

可以对轨枕下部和边坡的所有石砟进行清筛。

2. 结　　构

主要由挖掘机构、清筛机构、回填机构、走行机构、升降机构和操作系统六部分组成。

3. 日常保养

(1)擦净各部件的灰尘和油污。

(2)检查并拧紧各部螺栓。

(3)检查各电源插座接触情况，保证良好接触。在绝缘部位，保证绝缘良好。

(4)检查筛带、回填带的松紧程度。

(5)检查挖掘机构减速箱及走行变速箱的贮油量。

(6)给机组各部位润滑。

(7)检查筛箱和主梁连接部位有无裂纹，发现裂纹及时焊接。

(8)检查电机、各轴及轴承座等温度是否正常，并采取相应措施。

七、大型养路机械

大型养路机械作业前，施工负责人应掌握施工地段的线路设备状态，摸清线路坡度、曲线、道口、桥梁、隧道及信号设备等位置及状况，制订出相应的安全措施及注意事项，下达各机械车执行。

(一)大型养路机械编组挂运或施工作业应遵守的规定

大型养路机械编组挂运或进行施工作业时，应由一名车队长统一领导、全面指挥。

(1)各机械车联挂运行前，必须连接风管，试风试闸，锁定工作装置，确认正常后方可运行，其牵引辆数不应超出大型养路机械技术性能允许范围，并应尽量将功率大、轴距大或较重的机械编排在前部。

(2)机械车连挂运行时，由第一位车担当本务机，正副司机应认真执行有关行车规定，做到"彻底瞭望，确认信号，高声呼唤，手比眼看"，确保各机械车操作同步，谨慎驾驶不超速；遇有降雾、暴风雨(雪)、扬沙等恶劣天气时，应降低速度运行。

(3)各机械车按规定排列顺序作业时，需保持不小于 10 m 的安全间距。放下和收起稳定装置时，应选择线路平直地点；清筛车、配砟整形车在双线地段放下工作装置时，应和防护员取得联系，确认邻线无来车时方准下架；在线间距不足 4.2 m 的双线区段作业时，配砟整形车靠邻线一侧的犁板禁止作业。

(4)大型养路机械无火回送或远距离转移施工地点时,须编在守车前位,无守车时为列车尾部。编挂在列车尾部时须经车辆部门进行技术检查。禁止大型养路机械溜放、通过驼峰和作为动力对货物列车进行调车作业。

(5)大型养路机械押车人员在列车运行时,须在驾驶室内关好车门,身体不得探出车外,并注意倾听走行系统有无异响,动车时观察是否缓解。发现问题用无线电话及时通知押车负责人,以便采取应急措施。

在电气化铁路区段,押车人员不得登上车顶,停车检查时要避免与接触网支柱及其附近金属结构物接触。遇接触网断线或其他接触网附件损坏时,所有人员不得接近,并与其保持10 m以上的距离。

(二)大型养路机械施工作业中应注意的事项

(1)清筛机在作业中应注意信号机及其附属设备等障碍物,以防刮碰。

(2)捣固车在圬工桥面作业时,必须事先拆除护轨,测定轨枕底下石砟厚度。如厚度不足150 mm时,不得进行捣固。

(3)配砟整形车在电气化区段作业,接近接触网支柱时,应停车收回侧犁,通过后再行作业;在道心内有障碍物时,应及时提起中心犁。

(4)在线路水平严重不良地段,严禁进行稳定作业。

(5)在技术状态不良的桥梁上,严禁进行稳定作业。桥梁上的稳定作业应严格控制,必须在桥梁上进行稳定作业时,要制定安全措施。稳定装置要在桥台外起振、停振;作业中设备管理单位要随时观测桥梁状态,遇异常时应通知稳定车停止作业。

(6)遇到不能作业的道口、道岔及桥梁时,应及时收起有碍部分的作业装置,通过后再作业。

(7)在无缝线路或电气化区段作业,应遵守《铁路工务安全规则》中无缝线路、电气化养路机械作业铁路的有关安全技术规定。

(三)大型养路机械施工作业其他安全事项

(1)大型养路机械作业时,应按有关规定做好施工防护。

(2)大型养路机械驶入施工封锁地段,必须严格遵守《铁路工务安全规则》的规定。各机械车在封锁区间独自运行时,续行间隔不得少于300 m,速度不得超过40 km/h,并应做好随时停车的准备。

(3)大型养路机械维修施工封锁前的准备作业和线路开通后的整理作业若有碍行车安全时,应办理施工慢行手续。

(4)在夜间施工作业时,大型养路机械及施工现场必须有充足的照明。

(5)大型养路机械均应配备列车无线调度电话、无线电话等通信设施及灭火器具、防护信号用品,按机组配备复轨器,并经常保持完好;缺少或损坏时,应及时补充或修复。

(6)机组人员对油箱和油路部位应经常进行检查,防止漏油,在车上和车下检修作业中禁止吸烟。

(7)大型机械在线间距小于6.5 m地段进行清筛、铺轨排作业,邻线通过列车速度不应超过120 km/h。

(8)自带动力走行的中型养路机械作业,可参照大型养路机械作业规定执行。

(四)大型养路机械维修作业要求

(1)使用大型养路机械进行线路维修作业时,应组织捣固车、动力稳定车、配砟整形车联合施工。

(2)使用大型养路机械在无缝线路地段作业,封锁线路应避开高温时段。

(3)捣固车一次起道量不宜超过 50 mm,起道量超过 50 mm 时应分两次起道捣固;一次拨道量不宜超过 80 mm,曲线地段上挑、下压量应接近。每次作业后应进行道床动力稳定。

(4)使用大型养路机械进行线路维修前,工务段应向施工单位提供有关线路技术资料。大型养路机械在作业中应根据上述资料作好起道、拨道、捣固和夯拍工作。大型养路机械作业前,工务段应补充道砟、更换伤损胶垫和撤除作业地段的调高垫板、道口铺面、有砟桥上护轨等工作。

(5)为保证捣固作业质量,步进式捣固车捣固频率每分钟不得超过 18 次,连续式捣固车捣固频率每分钟不得超过 22 次。对桥头、道口、钢轨接头 4 根轨枕等薄弱处所,应按照工务段标记增加捣固次数。

(6)大型养路机械在无缝线路地段作业时,作业轨温条件为:

①一次起道量小于 30 mm,一次拨道量小于 10 mm 时,作业轨温不应超过实际锁定轨温 ±20 ℃;

②一次起道量小于 31 ~ 50 mm,一次拨道量小于 11 ~ 20 mm 时,作业轨温不得超过实际锁定轨温 -20 ℃ ~ +15 ℃。

(7)在高温季节作业时,作业中机组人员应监视线路状况,发现胀轨迹象应立即停止作业。

(五)各种大型养路机械的主要性能

1. RM80 型全断面枕底清筛机

(1)用途:清筛道床轨枕下的道砟及边坡的道砟。

(2)组成:RM80 型全断面枕底清筛机由动力装置、车体、转向器工作装置和操纵控制系统等组成。

(3)工作原理:清筛机作业时,机器在线路轨道上低速行驶,通过穿过轨排下部,呈五边形封闭的挖掘链,靠扒指将道砟挖起并经导槽提升到筛分装置上。脏污道砟通过振动筛的筛分后,符合标准的清洁道砟,经道砟溜槽、导板及回填输送带回填到线路上;碎砟及污土经主污土输送带回转污土输送带输送到线路两侧或卸到污土车上。

(4)主要技术性能:生产率为 650 m^3/h;柴油机功率为 2 ×348 kW;机械质量为 88 t;长度为 31 346 mm;挖掘深度(轨面下)为 1 000 mm。

2. 捣 固 车

(1)用途:可进行起拨道、抄平、石砟捣固、肩部石砟的夯实作业。线路捣固车常用 08-32 型步进式捣固车及 09-32 型连续式走行捣固车。08-275 型为道岔捣固车。

08-32 型捣固车共有 32 只捣镐,可同时捣固两根轨枕。另有两块夯拍板,可以夯实肩部道砟。

(2)组成:08-32 型捣固车主要由转向架、专用车体、前后司机室、捣固装置、夯实装置、起拨道装置、检测装置、液压系统、电气系统、气动系统、动力及动力传动系统、操纵装置等组成。

(3)工作原理:从本质上说,08-32 型捣固车为振动夹实式捣固机械,密实轨枕下的道砟应用振动力和夹实力。密实肩部道砟应用的是振动密实法。

(4)主要技术参数:作业效率为 1 000 ~ 1 300 m/h;最大起道量为 150 mm;最大拨道量为 ±150 mm;捣固深度为 570 mm(由轨顶向下);柴油机功率为 235 kW。

3. 配砟整形车

(1)用途:可对道床进行抛砟、配砟、整形和清扫轨面等工作。

(2)组成:主要由发动机、传动装置、制动系统、制动系统、走行装置、液压系统、清扫装置、中犁、侧犁、车架、牵引缓冲装置、电气操纵系统及驾驶室组成。

(3)工作原理:由中犁和侧犁完成道床的配砟及整形作业,使作业后的道床布砟均匀,并按线路的技术要求使道床断面成形。清扫装置将作业过程中残留于轨枕及扣件上的道砟清扫干净,并收集后通过输送带移向道床边坡,达到线路外观整齐、美观。

(4)主要技术参数:作业运行速度为 12 km/h 以下;每侧最大作业宽度为 3. 3 m(由轨道中心起);外形尺寸为 13 508 mm × 3 025 mm × 3 900 mm;总质量为 28 t。

4. 动力稳定车

(1)用途:能够迅速地提高线路的横向阻力和道床的稳定性。

(2)组成:WD320 型动力稳定车主要由动力与走行传动系统、稳定装置、主动与从动转向架、车架与顶棚、前后司机室、空调与采暖设备、单弦与双弦测量系统、液压系统、电气系统、制动系统、气动系统和车钩缓冲装置等十二部分组成。

(3)工作原理:激振器使轨排产生水平振动的同时,再由稳定装置的垂直油缸对每条钢轨自动地施加必要的压力,轨道在水平振动力和垂直下压力的共同作用下,道砟重新排列达到密实,并使轨道有控制的均匀下沉。

(4)主要技术参数:作业走行速度为 25 km/h 以下;外形尺寸为 18 942 mm × 2 700 mm × 3 970 mm;总质量为 60 t。

5. GTC 钢轨探伤车

(1)用途:可对线路上的钢轨内部伤损进行探伤。

(2)组成:探伤车由一辆动力车和一辆从动车(检测车)组成,动车为整车提供运行及作业所需的动力。从动车上装有探伤系统,是钢轨探伤的主要部分。

(3)工作原理:其探伤系统进一步分为机械子系统和电子、计算机子系统两大部分。

机械子系统是一个探伤小车,它包括超声波轮式探头及液压气动控制系统。该子系统承担对钢轨发射、接收超声波信号的工作。

电子、计算机子系统实际是一套钢轨缺陷检测及判定装置。它主要由各台超声波信号处理计算机和显示器等组成。该子系统承担对来自钢轨的超声波信号进行加工处理的工作,并将处理结果(是否构成钢轨缺陷)以图形显示,硬盘再以储存、打印等形式告知探伤操作人员,即相当于一套高速实时数据采集和处理系统。

(4)主要技术参数:最高运行速度为 100 km/h,最高探伤速度为 40 km/h。

6. PGM-48 型钢轨打磨列车

(1)用途:可对钢轨的波浪磨耗和轨廓变形进行综合修正,从而提高列车运行稳定性,减少列车的冲击载荷,延长机车车辆和钢轨等设备的使用寿命。

(2)组成:共由三节车组成,两端为动力车,中间为从动车。

动力和动力传动系统:提供整车运行和作业动力(包括机械、液压、气动、电气等形式的动力)。

工作装置:由打磨小车及安装在其上的磨头(含砂轮和电机)组成,是打磨作业的执行机构。

打磨控制系统:是一套繁杂的电子、计算机系统,它根据事先编制的程序对每一磨头发出指令,并借助机械、液压、气动、电气装置操纵磨头实现规定的磨头偏转角度及打磨功率等要求,同时对系统进行各种监控。

波浪磨耗及轨廓测量系统:是一套精密的测量系统,可对波浪磨耗及轨廓变形进行精确测量、记录、显示,用以根据测量结果预先指导打磨工艺方案的制定和评价打磨作业的质量。

(3)工作原理:钢轨打磨小车每台车均有工作装置——打磨小车。每节打磨小车装有8个磨头,6个打磨小车共有48个磨头。每一侧钢轨有24个磨头,受电子、计算机系统控制,每一磨头可沿钢轨横向左右移动0~50 mm,另外可向钢轨内侧偏转0~50°,向钢轨外侧偏转0~40°,磨头同时沿旋转中心方向受到一向下的可调液压油缸压力,作业时电机带动砂轮高速旋转并对钢轨进行打磨。依靠这些参数的组合运用并结合不同的打磨遍数,即可完成预定的打磨效果。

(4)主要技术参数:运行速度为80 km/h,打磨作业速度为1.6~16 km/h,磨头横向移动范围为±50 mm,磨头角度偏转范围为+40°~-45°。

复习思考题

1. 液压系统由哪几部分组成?
2. 油缸活塞的运动速度与流量具有怎样的关系?
3. 什么是液流的连续性原理?由该原理可以得出怎样的结论?
4. 什么是静压传递原理?液压千斤顶为什么可以在施加很小力的情况下顶起很重的重物?
5. 通常用哪两种结构类型的油缸?
6. 单向阀的作用是什么?
7. 溢流阀的作用是什么?
8. 画图并结合图形简要说明液压起拨道器的工作原理。
9. 画出液压起拨道器液压系统图。
10. 试叙述液压起拨道器油缸不工作的各种原因及排除方法。
11. 液压起道器起道力不足有哪些原因?简述排除方法。
12. 液压直轨器为什么要设置两个卸荷阀?
13. 用图表示液压轨缝调整器夹轨装置的工作原理。
14. YD-2捣固机的用途是什么?

15. YD-2 捣固机由哪几部分组成？
16. 简述液压捣固机的工作原理。
17. XYD-2 捣固机的使用主要注意事项有哪些？
18. XYD-2 捣固机日常保养主要包括哪些内容？
19. DG150 振捣棒有哪些特点。
20. DG150 振捣棒主要由哪几部分组成？
21. 简述 DG150 的工作原理。
22. 简述 DG150 的使用方法。
23. DG150 的安全事项主要内容是什么？
24. DG150 的维护保养的内容是什么？
25. 简述 08-32 型捣固车的用途。
26. 简述捣固车的工作原理。
27. 配砟整形车的用途是什么？
28. 动力稳定车的用途是什么？

职业技能

初 级 工

一、使用简易测量工具测量线路横断面

(一)作业(操作)方法和步骤

使用工具:钢卷尺、轨距尺、弦线、垂球。

1. 将轨距尺一端放置在路肩上,使轨距尺气泡居中,保持轨距尺水平。
2. 轨距尺另一端挂上弦线,可使轨距尺底面系绳处至垂球尖端垂直长度为 1 m。
3. 使垂球自然垂直,且尖端恰好接触路基边坡。
4. 用钢卷尺量取从路肩外边缘与轨距尺重合处至垂球尖端的斜边距离 L_0。
5. 计算路基坡角 $\alpha = \arcsin(1/L_0)$。
6. 用钢卷尺量出路基边坡长度 L_1,计算路基边坡高度 $H_1 = L_1 \times (1/L_0)$。
7. 用钢卷尺量出道床顶面宽度 a 和路肩宽度 b。
8. 将轨距尺一端放置在道床顶面上,使轨距尺气泡居中,保持轨距尺水平。
9. 轨距尺另一端挂上弦线,调节弦线长度,使垂球自然垂直,且尖端恰好接触路肩。
10. 用钢卷尺量取从轨距尺底面系绳处至垂球尖端的垂直距离,即道床高度 H_2。
11. 量取道床顶面边缘与轨距尺底面重合处至垂球尖端的斜边距离,即道床边坡长 L_2。
12. 计算道床坡角 $\beta = \arcsin(H_2/L_2)$。

(二)质量标准

1. 轨距尺气泡居中,误差不超过 ±1 mm。
2. 弦线要自然垂直,垂球尖端恰好接触路基边坡,无倾斜。
3. 各部分长度测量误差不超过 ±3 mm。
4. 计算无错误。

(三)安全注意事项

1. 有来车时按规定及时下道避车。
2. 若邻线有来车,应停止作业,加强瞭望。

二、小型机械捣固

(一)作业(操作)方法和步骤

1. 捣固机检查并试运转:

(1)检查机械是否良好,并拧紧松动的紧固件。

(2)检查油箱及振动油腔中存油是否充足,润滑状态是否良好。

(3)检查液压泵手柄是否灵活、有效。

(4)检查液压系统是否正常,如有泄油,应予消除。

(5)检查下道架是否良好、牢固。

(6)检查电气开关及电气绝缘是否良好,并启动捣固机试运转3~5 min,检查电机各部温升是否正常。

2. 上道:操作者在确认施工负责人发出上道作业信号后,方准推机上道。每台捣固机由1人操作,另1人做辅助工作。

3. 捣固:捣固时,要对位准、下插稳、夹实快,按下插—夹实—张开—提升—转移的顺序进行作业。

(1)下插:捣固机要定位,镐板在轨枕前后和钢轨前后的距离要均匀,并垂直下插,不得撞击钢轨、轨枕及联结零件。下插要稳,遇阻力时应边下插边略作张合动作。镐板上缘应插到轨枕底面下30~40 mm。

(2)夹实:在镐板下插到位后即开始夹实。夹实时,镐板夹到行程终了以后,应持续夹实3~5 s。夹实次数应按起道量、道床状态确定。一般情况下,小腰(三根)夹一次,大腰夹两次,接头(接缝两侧各2~3根)夹2~3次。

(3)提升:每捣完一根轨枕后,两台捣固机要同时提升镐板,严禁镐板在夹实状态下提升。

(4)转移:动作要迅速,做到边升镐边推移捣固机,走圆弧形,并不得碰撞轨枕及零件。两台捣固机应同起、同落、同时转移推进,动作一致,保持平稳。操作中用耳听、眼看、鼻闻、手摸的方法即听机器有无异常音响,看捣固位置和各部件状态,闻机械各摩擦、电缆等有无异味,摸电机、油泵、振动轴温升变化。若发现异常情况,应提升、断电、下道处理。

4. 下道:应先将镐板提到最高位置,由辅助人员协助推下线路。下道后,应将镐板降到最低位置,并将夹实油缸活塞全部压在缸筒之内,把捣固机固定好。

5. 捣固结束后,要检查水平、高低和空吊板情况,检查捣固质量。收工前应对捣固机进行保养和擦拭,并罩上机套,绑牢捆紧并上锁。

(二)质量标准

按照《修规》第6.2.1条规定办理。

(三)安全注意事项

1. 应备足石砟,要防止盲目起高道而造成缺砟。

2. 在无缝线路地段及电气化铁路区段进行起道作业时,应满足《铁路工务安全规则》(以下简称《安规》)和《修规》的相关规定。

三、线路施工防护作业

(一)作业(操作)方法和步骤

1. 驻站联络员

(1)准备工作

①检查通话设备是否良好。

②点名时,掌握施工计划,记清施工作业项目的分工等内容和注意事项。

③带齐通话设备、施工计划、记录本、笔和钟表,了解施工要求和防护范围。

(2)防护作业

①到达行车室(信号楼),安装好通话设备,与工地防护员、施工负责人试通话校对时间(以行车室钟表为标准)。

②按施工作业要求及时办理施工作业登记手续。在进行施工作业登记和施工联系时,不得影响和中断通话防护。

③询问并记录各项目、防护员到达时间和防护地点。

④向车站值班员了解列车运行情况,掌握列车运行情况后,向施工负责人、工地防护员预、确报行车车次、站名、时间。站内施工作业,应确报列车进路及影响施工的调车作业。通话防护必须执行复诵制度。

⑤预报:车站对施工区间办理闭塞时,应立即向工地防护员发出预报。如是通过列车,则应提前一个车站(即邻站向车站发车时)发出预报。在开行特殊旅客列车的区段,旅客列车车次前加 D、Z、C、T、K、Y 等字母,预报时不得省略。

⑥确报:要根据列车的种类、施工作业项目、使用机具的类型以及施工地点的位置等不同情况,提前向工地防护员确报。

⑦变更:预、确报有变化时,应向工地防护员发出变更通知。

⑧根据列车调度命令和施工负责人的指示,向工地防护员传达限速、封锁、开通、恢复正常等施工命令,并通知有关防护员设置或撤除减速、停车等防护信号。

⑨当与工地呼叫不通(或通话故障)而有列车进入施工区间时,应立即与车站值班员或行车调度员联系,要求行车调度员或车站值班员向机车乘务员发警告,要求对该地点密切注意,发现异常立即停车。

(3)作业完毕

①施工作业完毕,根据施工负责人的指示,办理登记的销记手续(封锁施工登记应在线路开通时销记),向车站值班员提出申请施工人员返回的运行时间,并通知工程车(或轨道车)司机、车长。

②工程车(轨道车)给点后,通知施工负责人和施工作业人员返回。

③撤除通话设备,离开行车室(信号楼)。

④参加收工班会后,进行安全小结,了解次日工作安排。

⑤对使用的报话机要执行特种通讯设备的有关规定,妥善保管,并做好隔日充电准备工作。

2. 设置限速(停车)信号防护员

(1)准备作业

①检查通话设备、防护用品是否状态良好、设备齐全。

②点名时,应记清施工作业地点及施工负责人布置的防护注意事项。

③与施工负责人、工地防护员确定联系方法。

④携带用品:通话设备(电话机、电线、挂线杆或报话机)、手信号旗(红黄色各一面)、信号灯(红黄色灯,昼间可不带)一个、移动减速信号牌和作业标(标、牌携带数量根据施工防护条件需要确定)、开通特殊旅客列车区段需带特殊列车移动减速信号牌、响墩六只、记录本一本、

双色笔一支、钟表一个。

(2)防护作业

①确定限速(停车)信号设置地点,应选择通视良好的岗点,装好通话设备。与施工负责人、驻站联络员、工地防护员试验通话(或按确定的联系方法联系)。

②认真倾听驻站联络员通话防护内容并做好记录。坚守岗位,加强瞭望,确认无列车后通知施工负责人。工地防护员可上道作业,并插好作业标。当有来车时,应立即向工地防护员、施工负责人确报,通知下道。

③接到驻站联络员下达的运输调度限速命令后,按规定迅速放置减速信号,并及时向驻站联络员汇报。

④接到驻站联络员下达的运输调度工务施工封锁命令后,按规定要求设置停车信号,并及时向驻站联络员汇报,然后返回规定地点。若有施工列车需进入封锁施工地点时,必须先征得施工负责人同意,方可临时撤除停车防护信号放行,并向乘务员交待有关安全事项。待施工列车通过后,仍应按章设置停车防护信号。当施工列车返回车站时,再临时撤除停车防护。待施工列车通过后,再按规定设置停车防护。

⑤接施工负责人或驻站联络员线路开通或限速取消的命令时,应认真核对,然后撤除停车或减速信号。

(3)施工作业完毕

①接到施工负责人施工作业完毕的通知后,撤除防护信号标志(昼夜减速信号除外,但要确认显示的限速值),撤除通话设备。

②带通话设备、防护用品与施工作业人员集中返回。

③作业完毕后,进行安全小结。

3. 工地防护员

(1)准备作业

①点名时,应掌握施工作业防护项目、作业地点及施工负责人布置的防护注意事项。

②检查通话设备、防护用品是否状态良好、设备齐全。

③携带用品:通话设备(电话、电线、挂线杆或报话机)、手信号旗(红黄色各一面)、信号灯(红黄色灯,昼间可不带)一个、移动停车信号牌和减速地点标(标、牌及数量根据施工防护条件需要确定)、喇叭(或口笛)一个、记录簿一本、双色笔一支、钟表一个。

④与限速(停车)信号防护员、中间联络员确定联系方法。

⑤随施工作业人员去施工现场。

(2)防护作业

①到达工地后,应在施工地点来车方向端,选择通视良好的地点装好通话设备,与驻站联络员、限速防护员(中间联络员)试验通话或确定联系方法。

②向驻站联络员、限速防护员报告防护项目、防护地点,了解列车运行情况,并向施工负责人报告。

③准确掌握列车运行情况,并确认当时无来车时方可同意作业人员上道作业。

④接驻站联络员列车预报后,复诵车次、时间、站名、线别,以防止误听,并做好记录,吹响喇叭(或口笛),通知作业人员做下道准备。

⑤接驻站联络员列车确报或限速防护员(中间联络员)确报列车接近时,要复诵确认,同时吹响喇叭(或口笛),通知作业人员下道。当列车已到达作业地点规定下道的距离之内,作业人员仍未下道时,应吹响喇叭(或口笛)连续短声警告。如可能危及行车和人身安全时,应立即显示停车手信号,待危险因素消除后及时撤除停车信号。

⑥作业人员、机具下道后,应认真检查机具是否侵入限界和人员避车位置是否妥当。若发现不安全因素,应立即要求纠正。列车通过工地后要做好记录,与驻站联络员、限速防护员(中间联络员)联系,确认无来车后方许恢复作业。

⑦接到驻站联络员的限速或封锁施工命令后,与慢行防护员互相联络,按章设置减速或停车信号。

⑧接到驻站联络员的开通或取消限速命令后,与慢行防护员联络,及时撤除停车或减速信号。

⑨在施工作业期间,必须坚守岗位,加强瞭望,准确及时预、确报来车,确保作业人员、机具及时下道。协助施工负责人检查作业状况,发现违章作业和危及行车安全的不良现象,应要求作业人员纠正,并向施工负责人汇报。

⑩使用电话通讯防护,当需转移时,必须在开始作业前或机具人员下道后进行,并须征得施工负责人同意,同时通知驻站联络员。若通话设备发生故障,联系中断,应立即要求停止作业,人员、机具迅速下道。

(3)施工作业完毕

①经施工负责人检查线桥设备状态,确认符合放行列车条件后,方能撤除防护(昼夜限速但要确认显示的限速值)。

②通知驻站联络员施工结束,申请施工人员返回运行时间。

③撤除通话设备,随施工人员返回。

④参加收工班后会,进行安全小结。

4. 中间联络员

(1)准备作业

①点名时,掌握作业项目、地点及施工负责人布置的防护注意事项。

②检查通话设备(根据条件和需要配备)及防护用品是否状态良好、设备齐全。

③与施工负责人、工地防护员确定联系方法。

④携带用品为通话设备(同上),需要时备带杆大红旗一面、黄、红色手信号旗各一面、喇叭(或口笛)一个、记录本1本、双色笔一支、钟表一个。

(2)防护作业

①在施工作业的来车方向端,选择恰当(或由施工负责人指定)通视良好的位置。装好通话设备,然后与施工负责人、驻站联络员、工地防护员试通话,按确定的联系方法进行联系。

②有通话设备时,向驻站联络员报告防护地点。当接到驻站联络员可以上道的作业通知时,要复诵确认,且做好记录。在认真瞭望确认无来车后,通知工地防护员可以上道作业。无通话设备时,选择施工负责人和作业人员都能看到的位置竖起大红旗,吹响喇叭(或口笛)一短一长声,表示可以上道作业。

③驻站联络员确报或发现来车,应立即通知工地防护员。

④当列车接近时应发出警报信号,立即通知作业人员、机具下道。

⑤列车通过作业地点后,与驻站联络员联系(有通话设备时),认真瞭望,确认无来车后,通知工地防护员可上道作业。

⑥在施工作业期间,必须坚守岗位,加强瞭望,准确、及时显示上道作业和下道避车的防护信号,确保作业人员、机具及时下道。

(3)施工作业完毕

①接到施工负责人作业完毕的通知后,方能撤除防护与作业人员一起返回。

②参加收工班后会,进行安全小结。

(二)质量标准

1. 工地防护员在工作期间必须做到坚守岗位,集中思想,认真瞭望,不得与他人闲谈或看书报,不兼做其他工作。

2. 驻站联络员必须经常与车站值班员联系,勤看车站行车控制台的信号显示和列车进路,勤看行车记录,密切注意各项行车命令的发布,切实掌握列车运行情况,并及时、准确地向施工负责人和工地防护员预、确报区间闭塞和列车开车的时分。

3. 驻站联络员与工地防护员互相通话时,必须保持每3 min联系一次并执行复诵制度,防止误听,并正确记录通话内容。为强化对旅客列车的安全保障意识,在预、确报旅客列车时,应冠以“客车”二字,记录时用红笔填写。

4. 工地防护员在作业开始时、作业结束时以及防护转移时,均应及时通知驻站联络员。

(三)安全注意事项

1. 驻站联络员在去行车室(信号楼)需穿越站场股道时,应严格执行“一站、二看、三通过”的规定,严禁钻车、爬车及来车时抢越。

2. 工地防护员在线路上行走时应走在路肩上,严禁在道心行走。来车时,当 $120\ \text{km/h} < v_{max} \leq 160\ \text{km/h}$ 时,应在离线路不小于2.5 m处避车;$v_{max} > 160\ \text{km/h}$ 时,应在离线路不小于3.0 m处避车,且面向来车方向注意观察,以防止车上绳索和落物伤人。

3. 设置的各类防护信号标(牌)不得侵入限界(停车信号除外),并应放置牢固。

四、使用撬棍或拨道器拨道作业

(一)作业(操作)方法和步骤

1. 准备作业

(1)确定基准股:直线地段如两股方向误差不大时,一般以顺里程方向的左股为基准股;如一股方向好,则以方向较好的一股为基准股;曲线地段应以上股为基准股。

(2)曲线地段应事先调查现场正矢,并计算拨道量。

(3)拨道量大或道床特别坚实时,应在拨道前将轨枕头外的道砟挖开一些,当拨量大于20 mm时还需先进行荒拨。拨道量不大时,用镐尖将轨枕头外的道砟刨松即可。曲线上有“鹅头”时,应先将“鹅头”消除。

(4)轨缝大小不均,如有连续瞎缝或大缝,曲线地段向外拨而轨缝过大,向内拨而轨缝过小,要计算其影响量,预先做好调整,消除瞎缝,以防胀轨跑道。

(5)轨枕盒内设有防爬支撑而拨道量又较大时,应扒开靠防爬支撑拨动方向侧的道砟,必要时可松开防爬器及防爬支撑。

2. 拨 道

拨道作业可使用撬棍、拨道器。

(1)拨道由工班长或技术熟练工人担任指挥。指挥者距拨道人员一般不少于 50 m(拨大甩弯时,距离以 100 m 左右为宜),两腿跨在方向较好的一股钢轨(曲线为上股)。指挥者以手势指挥拨道。

①拨接头:两手握拳高举头上相碰,各一个接头,则两拳向碰两次。

②拨大腰:两手高举,食拇指张开作大圆弧状。

③拨小腰:两手放胸前,食拇指张开作小圆弧状。

④交叉拨动:两手在胸腹前交叉。

⑤用力拨:两手下垂,在体前向拨道方向快速用力摆动。

⑥向左拨或向右拨:向哪一边拨动,就用哪一边的手臂侧向平伸。

⑦往前去或往回来:右手或左手张开举起与头齐,手心向外作推动动作为往前去,手心向内作召唤动作为往回来。

⑧暂停:两手左右平伸。

⑨作业结束:右或左手在头部前方自上而下划圆圈。

(2)点撬:为了正确确定撬位,指挥者所站这股钢轨最前面拿撬棍的人,要用撬棍在钢轨上点撬;当往回倒撬时,则由靠指挥着方向的第一人点撬。

(3)撬棍拨道:

①拨道人员分为两组,每人一根撬棍分别在两股钢轨上拨道。如在曲线拨道,上股可多设人,下股可少设人。在人员分配上,应将力气大的人放在标准股中间,把反应快、动作熟练的工人放在标准股前方点撬,返撬时可由后方工人点撬。

②准备插撬棍时,上手握在撬棍嘴端,下手握在撬棍重心处,双脚站立在道床上,按拨道方向,前脚距钢轨底约 250 mm,两脚相距 300 ~ 400 mm,呈 60°角。如图 1 所示。

③插入撬棍时,上身稍往前倾,斜插入钢轨底面下道床内,与道床面成 45° ~ 60°角,插入深度不少于 200 mm,并轻试,看是否插牢。

④拨道时,上手握在撬棍嘴一端,另一手相距 200 ~ 300 mm 握住撬棍,腰要直,前膝弯曲,身体向拨道方向倾斜 10° ~ 20°角,目视指挥者,一人喊口号,按指挥者手势进行拨道。如拨小弯时,撬棍要插正、集中,防止插偏或撬位过长,以防拨道量一头够一头不够或中央够两头过多,造成反撬。如拨大甩弯时,要一撬接着一撬往前倒,每撬中间可隔三四个轨枕空,但接头一定要插撬,每一撬距离要插匀,否则反撬就多。

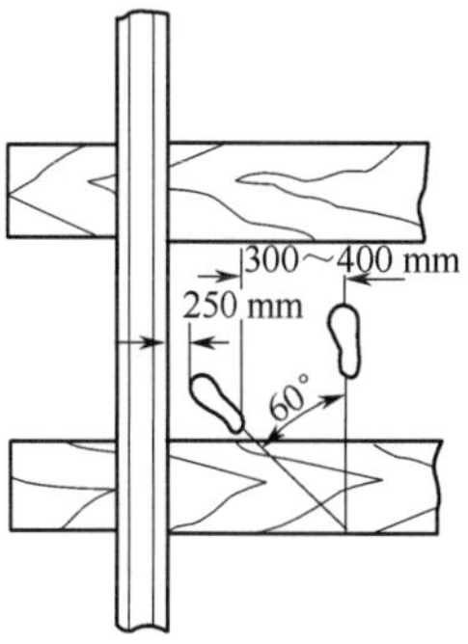

图 1　撬棍拨道脚站位置

拨道人员每人持一根撬棍,分成左右或上下股两组。曲线地段上股可多设几人,直线地段前边可多设几人。插撬棍前,上手握在撬棍嘴的一端,另一手握在撬棍的重心附近。两脚站在道床上,按拨动方向,前脚距钢轨底约 250 mm,两脚相距 300 ~ 400 mm,成 60°角。开始插撬棍时,上身稍向前倾,将撬棍斜插到钢轨底下,撬棍的垂直深度不少于200 mm,并与道床面成45°~60°角,插入后要轻试一下。拨道时,上手握在撬棍嘴一端,另一手相距200~300 mm握住撬棍,直腰,前膝弯曲。身体向拨道方向倾斜10°~20°角,注视指挥者,一人喊口令,按指挥者手势要求进行拨道。拨小弯时,一般集中拨一撬;拨大弯时,要一撬一撬往前倒,每撬间隔3~4根轨枕。

(4)使用拨道器拨道:应使用三台拨道器。拨动方向一股钢轨放置两台拨道器,另一股钢轨放置一台拨道器,两台拨道器之间相距2~3根轨枕,成V字形摆放。开始拨道时,三人应同时根据指挥者的手势拨动钢轨。为防止拨后来车钢轨回复,要适当预留回弹量,一般预留5~6 mm。曲线拨道,一般应由曲线两端向中间拨。拨道后要把轨枕后端离缝的石砟夯实,回填石砟并安装好防爬器及防爬支撑。

(二)质量标准

1. 大方向直顺,无漫弯。小方向用10 m弦量,其误差不超过允许范围。

2. 曲线正矢符合要求且无"鹅头"、"反弯"。

3. 由于拨道引起的轨缝、水平、道床发生变化或产生空吊板等必须按标准恢复。

(三)安全注意事项

在无缝线路地段及电气化铁路区段进行起道作业时,应满足《安规》、《修规》相关规定要求。

五、线路起道作业

(一)作业(操作)方法和步骤

1. 校对量具。

2. 检查划撬:划出撬头、撬尾并划出轻重捣、低接头、拱腰、空吊板等处所,用约定的符号表示。

3. 打浮离道钉或拧紧扣件螺栓,消除空吊板。

4. 确定标准股:直线上以水平高的一股为标准股,普遍起道时以左股为标准股,曲线地段则以下股为标准股,以免因反超高而造成下股落道或上股超高不足的缺点。

5. 看道:看道者俯身在标准股上距起道机20~30 m处,看轨头外侧下颚水平线,以三点确定一线的方法,根据前标准点和后标准点起平中间点。

6. 放置起道机:拿起道机的人要密切注视看道者的指挥,正确放置起道机,动作要敏捷。全起全捣时,起道机一般在接头中间放置一次,两端距接头5~8根轨枕处各放置一次,并顺次向前;重起全捣或重起重捣时,陡坑在坑底处放置一次,漫坑则要放置2~3次。起道机必须放平放稳,直线放在钢轨里口,曲线上股放在外口,曲线下股放在里口;接头处应放在接头中间孔(铝热接头、绝缘接头除外)。

7. 打塞(砸撬):当轨道起到要求的高度后,打塞者在钢轨外侧轨下枕底处,将道砟串实,禁止打顶门塞,确保撤出起道机后轨道不回落。在混凝土枕地段起道时,应将起道机两侧轨枕底道砟串实。

8. 起道找平:先起标准股,然后再用水平轨距尺找平另一股。轨距尺要尽可能靠近起道机。找平曲线外股时,按超高量垫上超高板。看道者回看纵向水平,视高低情况补撬。

9. 复查补撬:两股起平后,看道者在前一节钢轨回看纵向长平,视高低情况补撬。对于拱腰或死坑,应在钢轨上作加强捣固或减弱捣固的符号(加强“++”、减弱“--”)。

(二)质量标准

1. 起道用的轨距尺、超高板应经常校对,保证精确无误。

2. 起道者必须随时注意看道者的手势或口令,使起道量适当。

3. 起道作业收工时,顺坡率应满足:允许速度不大于 120 km/h 的线路不应大于 2.0‰,允许速度为 120 km/h(不含)至 160 km/h 的线路不应大于 1.0‰,允许速度大于 160 km/h 的线路不应大于 0.8‰。

(三)安全注意事项

1. 起道机手必须熟悉起道机性能和操作方法,严格执行有关安全规定。起道机走行小车必须随起道机同时下道。

2. 看道者要切实掌握列车间隔时间,尽量做到起好捣完,减少重复作业。

3. 起道量的确定应考虑现有石砟量,要防止盲目起高道而造成缺砟。

4. 在无缝线路地段及电气化铁路区段进行起道作业时,应满足《安规》、《修规》相关规定要求。

六、混凝土枕线路改道作业

(一)作业(操作)方法和步骤

1. 确定标准股与划撬:直线以方向好的一股为标准股,改正对面股;曲线以外股为标准股,改正里股。同时改正小方向时,先改正标准股,根据轨距及变化率,在需改动处划好撬,并将实量轨距写在轨底,然后改正对面股。

2. 卸扣件及整修螺杆:如扣件螺杆歪斜、丝扣滑牙失效,要进行整修。螺杆歪斜可用长扳手的套管(或专用空心管)插入螺杆,缓缓用力扳正,滑牙、死牙要用套丝扳手再整理一遍。

3. 改正轨距和方向:使用轨距调整器调整到理想位置。有轨距杆的地段同时把轨距杆调整好。

4. 调整零配件:用调整挡板(或扣板)挡板座号码(里外股对调或上下翻转)的办法拨轨调好钢轨位置。

5. 装扣件:按顺序装上扣件,使各部分的零配件相互靠贴。

6. 紧扣件:如轨距由大改小,可先拧外侧轨枕螺栓,再拧内侧轨枕螺栓;反之,则先拧内侧轨枕螺栓,再拧外侧轨枕螺栓。

7. 回检:先检查轨距和扣板弹条状态是否符合标准,再用长扳手复紧螺栓,使扭力矩达到标准。

(二)质量标准

1. 改道后的轨距、轨距变化率不得大于该地段轨道几何尺寸允许偏差管理值的作业验收标准。

2. 胶垫、挡板座、扣板、弹条等零部件安装位置要正、靠、密。扣板与轨底及轨枕挡肩离缝不大于 2 mm。

3. 改道必须兼顾小方向。

4. 补充和更换损坏零部件。

5. 改动轨距，要以调整零部件为主、加垫三角铁块片为辅的方法，三角铁片数量不得超过 1 片，轨枕位置不正确影响改道质量的，应方枕或串动轨枕。

6. 由于改道造成的方向不良，要及时拨好。

（三）安全注意事项

1. 轨道电路地段，要防止工具、材料联电造成事故，绝缘接头的扣板或铁座不能与中间扣板等混用。

2. 无缝线路区段要按章作业，严禁蛮干。

七、道岔改道作业

（一）作业（操作）方法和步骤

1. 检查与确定工作量

（1）以直股的外股、导曲线上股为标准股，在道岔范围内全面检查轨距、支距、辙叉位置、曲股及岔后渡线方向。

（2）若转辙部分的轨距状态不良时，应查明原因。需改动时，必须由电务部门进行配合。

（3）检查钢轨和接头状态，如钢轨是否有肥边、硬弯，接头是否错牙等。

（4）检查各部轮缘槽宽度是否符合规定，动程、开程、框架尺寸是否符合规定，尖轨与基本轨是否密贴。

（5）检查防爬设备、轨距杆和各部联结螺栓是否松动、失效。

（6）先改正直股标准股方向，如直股轨距好，两股钢轨同时存在单一方向，应先进行拨道。

（7）按标准检查直股轨距，划出改道撬，改好直股轨距。

（8）逐点检查导曲线支距，并改正不良支距。

（9）检查和改正导曲线部分轨距和递减率。

（10）在改正查照间隔和护背距离偏差前，要先把不符合标准的护轨轮缘槽宽度调整好。

2. 混凝土岔枕提速道岔改道

（1）卸扣件：松下螺母，卸下平垫圈、弹条、轨距块。

（2）调整轨距、支距：用轨距调整器将轨距、支距调整到标准状态。

（3）调整轨距块：钢轨到位后，固定其位置是由轨距块卡紧钢轨底边来实现的，在改道时应采用轨距块翻转或里外口调换轨距块的办法保证改道质量。

（4）整正垫板和胶垫：改动整正铁垫板，复紧铁垫板和岔枕间的紧固螺栓，同时整正歪斜胶垫。

（5）装扣件：按顺序装上零配件。

（6）拧紧螺栓：轨距由大改小时，应先拧紧外侧螺栓，反之则先拧紧内侧螺栓。

（7）复查、回检：复查轨距及支距，达到要求后用扳手复拧紧螺栓。

（8）转辙部分轨距改动：

①如转辙部分轨距大，一般其框架尺寸也大，方向往外鼓出，就要先把框架尺寸改正，一般

把方向较差的一股基本轨改进来,轨距过大时需同时改动两股基本轨。

②轨距改正量较小只需改单股时,要先查看滑床台与轨底边是否有缝隙,要选择缝隙较宽的一股进行改道,外侧的轨距块一定要有可调整量。而对个别无缝隙的轨枕则应先进行串枕(方枕),获得在改道范围内的缝隙宽度后再进行改道。改道后如方向不好,可再拨正轨向。

③如混凝土岔枕垫板螺栓孔存在一定的误差,造成改道后轨距仍偏大,说明原设计的轨距块已不适用,可改换特殊型号的轨距块来满足现场要求。

④轨距小时要全面检查,综合分析原因。先检查框架尺寸,再看尖轨与基本轨是否有间隙,进一步查找其间隙的产生原因是属尖轨弯折量问题还是顶铁过长或钢轨有肥边等,根据不同情况分别对待。

⑤提速道岔可动心轨第一拉杆中心处的动程若不足,直、曲股轨距偏小时,应检查辙叉咽喉宽度是否满足设计要求。若超过允许范围,应先进行调整,确保动程和轨距良好。

⑥导曲线部分胶接绝缘接头处的扣件要采用特殊型号扣件联结,轨距块与绝缘夹板的间隙不得少于 5 mm。

(二)质量标准

1. 道岔轨距、支距尺寸必须符合《修规》中作业验收允许偏差管理值的规定。

2. 直股标准股方向顺直,其他部位轨距递减率符合规定。

3. 查照间隔不小于 1 391 mm,护背距离不大于 1 348 mm。

4. 消灭超过 1 mm 的接头错牙,打磨超过 1 mm 的钢轨肥边。

5. 木枕无“八害”道钉;扣件位置正确,与轨底缝隙不大于 1 mm,作用良好,扭力矩符合有关规定。

6. 各螺栓、杆件、零配件、防爬设备等无缺损、失效和不符合标准。

(三)安全注意事项

1. 设有轨道电路区段的道岔改道,支距尺和撬棍一定要有绝缘装置。

2. 在转辙部分和可动心轨部分改道、调整间隔尺寸等应通知电务部门配合。

3. 道钉锤使用前应检查安装是否牢固,锤头不能有肥边,打锤前方不准站人。

4. 在转辙和心轨部分作业,手脚不能伸入其活动范围。如要作业,一定要与车站联系,确定时间,放入安全木,防止挤伤手脚。

八、冻害垫板作业

(一)作业(操作)方法和步骤

1. 准备工作

(1)看线路高低确定基本股,调查好工作量。

(2)选好合适垫板,钻好道钉孔。

(3)清除冰雪。

(4)敲打道钉及松开防爬器。

(5)撒布长道钉、木片及木垫板,削平木枕。

(6)有三个道钉地段预先起掉里口第三个道钉。

2. 基本作业

(1)两股同时起钉或冒钉,起钉人员要保持间距2~3根木枕。起钉时允许一处连续起下5个枕木头上的道钉。其他连续冒起的道钉,不得超过10个枕木头,冒起道钉的高度以能插进垫板为宜,最高不能高出应垫垫板厚度15 mm。

(2)插入压机撬起钢轨,垫上安全木楔,两股同时往前进行。

(3)用钩或锛子抽出铁垫板,插入道钉孔木片时,要与枕木面齐平,否则打道钉时会挤坏木垫板。

(4)按整治方法垫人冻害垫板及铁垫板。

(5)看好轨距,每股打入2个道钉。打道钉时锤把要平,不能推打、搂打道钉,否则会打裂垫板。

3. 整理作业

(1)修理、更换不良垫板及道钉。

(2)按安全道钉钉法打齐安全道钉及补齐第三个道钉。

(3)打紧浮起道钉及松动的防爬器。

(4)检查工作质量。

(5)整理材料及转移。

(二)质量标准

1. 严格按《修规》第4.11.1条做好线路道岔顺坡工作。

2. 顺垫板重叠使用不得超过2块,总厚度不得超过15 mm,横垫板重叠使用不得超过3块,较厚的垫板应该放在下层。

3. 冻害回落时,应及时撤出或调整冻害垫板,做好顺坡,保持轨道几何尺寸在经常保养允许偏差限度以内。

(三)注意事项

1. 冻害上胀时,直线上先垫冻起较高一股钢轨,然后按照水平和轨距把另一股钢轨垫好改好,曲线上先垫外股后垫里股。

2. 冻害回落时,直线上先撤较少的一股钢轨,曲线上则必须先辙里股。

3. 施工时要使用安全木楔。安全木楔要由专人使用,在插入(或撤掉)轨底前要执行呼喊应答制度,确认安全后才能撬起或落下钢轨,以保证人身安全。

4. 列车通过前,枕一端(里外口)至少要钉紧两面3个道钉,撬起道钉需打紧,轨底必须与全部垫板密贴。

5. 在顺坡地段,后垫的一股钢轨上的冻起高度不要高出先垫的一股钢轨。如果有连续冻起或交错冻起时,可根据具体情况,在两顺坡中间做成一段较长的平台。

九、整正轨缝

(一)作业(操作)方法和步骤

1. 调查准备:根据轨缝串动情况确定作业方法。

(1)轨缝不均匀,连续三个以上瞎缝,绝缘接头轨缝小于6 mm或大于构造轨缝,个别接头错差,用不拆开接头的方法进行调整。

(2)线路发生爬行,接头错差超限,轨缝设置不当,每千米总误差 12.5 m 轨超过 160 mm,25 m 轨超过 80 mm,用拆开接头的方法整正轨缝。

2. 安排计划:计算出每根钢轨串动量和串动方向,作出分段作业安排,需要插入短轨时应准备钢轨。

3. 松开配件:打松防爬器,松开轨距杆,冒起道钉,松动扣件,拧松接头螺栓和松动夹板(若插入短轨要拧紧接头螺栓)。

4. 串动钢轨:按计划串动钢轨,使用液压轨缝调整器时,25 m 钢轨每次串动 1 根,12.5 m 钢轨每次串动不超过 2 根。

5. 紧固配件:拧紧接头螺栓,压打道钉和拧紧扣件螺栓,安装防爬器,上紧轨距杆。

6. 回检整修:按作业标准检查,对不合格处所进行整修。通过列车后,复拧螺栓并找细整修。

(二)质量标准

1. 轨缝均匀,无瞎缝,无大轨缝。

2. 接头应相对,正线及到发线直线误差不超过 40 mm,曲线不超过 40 mm 加缩短量的一半,其他站线及专用线直线误差不超过 60 mm,曲线不超过 60 mm 加缩短量的一半。相错式曲线接头相错不少于 3 m。

3. 接头螺栓扭力矩按《修规》规定执行。

4. 因调整轨缝引起的有关项目的变动,要符合各单项技术作业标准。

(三)安全注意事项

1. 按规定设置防护。

2. 使用液压轨缝调整器时,须先使油缸活塞伸出 30 mm 的预留量,然后再卡紧轨头串轨,以防来车时撤不下来。

3. 前后工序要衔接紧凑,距离要短,保证在来车前按规定条件恢复线路。

4. 来车时要执行《安规》第 3.2.3 条的规定。

十、小型打磨机打磨钢轨肥边

(一)作业(操作)方法和步骤

1. 检查机械是否良好,并拧紧松动的紧固件。

2. 检查油箱及振动油腔中存油是否充足,润滑状态是否良好。

3. 检查电气开关及电气绝缘是否良好,并试运转 3 ~ 5 min,检查电机各部温升是否正常。

4. 抬机上道,装上砂轮,发动汽油机。

5. 一人负责推动打磨机,控制打磨机的平衡,使砂轮能磨及钢轨的肥边部位。另一人负责操纵旋转螺杆控制打磨砂轮片的垂直和水平移动。

6. 打磨时砂轮片应对准钢轨肥边部位,要控制一定的打磨量,应先少后多,由厚到薄,要防止打磨过量。

(二)质量标准

应符合《修规》相关规定。

（三）安全注意事项

1. 按规定设置防护。
2. 砂轮机前后不允许站人，以免伤人。
3. 按规定穿戴防护用品。
4. 注意来车及时下道，工具不要侵限。
5. 使用电动打磨机时，应使用漏电保护装置。

十一、整治钢轨错牙

（一）作业（操作）方法和步骤

作业以两人配合为宜。作业人员应携带轨距尺、1 m 直钢尺、扳手、钢丝刷、毛刷、道钉锤、三角铁垫片、油料、螺栓、垫圈等。

1. 测量错牙接头及其前后的轨缝，以判断是否需进行轨缝调整。
2. 检查钢轨接头错牙量。
3. 锁定钢轨：拧紧前后两节钢轨的扣件，打紧防爬器。
4. 卸下接头两根轨枕扣件。
5. 卸下接头螺栓和夹板。
6. 对螺栓、夹板和钢轨涂油。
7. 根据接头错牙量的大小，选择适当厚度的垫圈（垫片），垫于夹板与钢轨之间，或垫于低错轨端的夹板与钢轨之间。
8. 安装夹板和接头螺栓，并拧紧接头螺栓。
9. 若接头错牙仍未完全消除，则应拆开接头，调整垫圈（三角铁垫片）的厚度重新垫入。
10. 检查轨距、水平。若轨距、水平误差超限，应进行改道和捣固。
11. 安装接头两根轨枕的扣件，并拧紧。

（二）质量标准

1. 接头上下、左右错牙不大于 1 mm。
2. 接头螺栓扭力矩、接头扣件螺栓扭力矩应符合有关规定。

（三）安全注意事项

1. 须先办理临时封锁手续。
2. 拆卸夹板应适当考虑轨温的影响，避免在轨温过高或过低时作业。
3. 拆卸螺栓时，严禁用手触摸螺栓孔。

十二、内燃钢轨钻孔机钻孔

（一）作业（操作）方法和步骤

1. 检查钻孔机：机油、汽油、动力机温是否正常，各紧固件、钻头是否紧固。
2. 将定位架调整到与钢轨类型相匹配。
3. 发动机器，运转 30 s，观察机械运转是否正常，冷却水水路是否畅通。

4. 用角尺、直钢尺在钢轨腹部中和轴上准确划出各螺孔位置(用定位架配合钻孔时应划出轨端位置)。线上夹板加固时,第一螺孔至轨端尺寸应加 4 mm。

5. 钻孔机上架扶正、紧固。

6. 发动钻孔机,接通冷却剂。

7. 钻孔:钻孔时应严格控制进钻速度,待完全钻通后方可退出。关闭油门开关,急速撤出,转移钻孔机钻另一螺孔,至最后一孔。

8. 停机,将钻孔机撤出。

9. 复查各螺孔位置。

10. 倒棱:用倒棱器对所钻螺孔逐孔倒棱。

11. 清扫铁屑。

(二)质量标准

1. 螺栓孔孔径允许误差为 $^{+1.0}_{0}$ mm。

2. 螺栓孔壁粗糙度 R_a 值为 25 μm。

3. 螺栓位置(中心螺栓孔中心位置上下、接头螺栓孔至轨端距离、两相邻螺栓孔中心距离)允许误差为 ±1.0 mm。

4. 螺栓孔倒棱,倒角为 0.8 mm×45°~1.5 mm×45°。

(三)安全注意事项

1. 按规定穿戴和使用防护用品。

2. 线上钻孔时,应按规定设置防护。

3. 不得“带病”使用机械,线上作业发生故障时应及时停机下道检修。

4. 在线路上使用小型养路机械时,应由线路工长担任施工负责人。各种小型养路机械的操作人员,必须经技术业务培训并考试合格,由段批准后方可上岗。

十三、内燃钢轨锯轨机锯轨

(一)作业(操作)方法和步骤

1. 检查锯轨机:机油、汽油、动力机温是否正常,各紧固件、砂轮片是否紧固。

2. 发动机器,运转 30 s,观察机械运转是否正常。

3. 在钢轨轨头顶面准确划出切割位置。

4. 轨道电路和电气化区段线上锯轨前,应在被换钢轨两端轨节间纵向安设一条截面不小于 70 mm^2 的铜导线。导线两端用夹子牢固夹持在相邻的轨底上,该连接线在换轨作业完毕后方可拆除。

5. 锯轨机上轨,扶正并紧固。

6. 发动锯轨机。锯轨时,应严格控制锯轨速度,待全断面垂直锯断后方可退出。

7. 停机,将锯轨机撤出。

8. 复查切割位置。

9. 用砂轮机或锉刀将轨头、轨底“毛刺”清除,并对轨头切割端倒角。

10. 清扫铁屑。

(二)质量标准

1. 截锯时必须切除轻、重伤部分,核伤钢轨不得截锯再用。

2. 用乙炔切割的再用轨,切口与锯口的距离不得少于 100 mm。

3. 原来由 25 m 轨焊接的长轨,可切割成 24 ~ 24.5 m 轨,中间不应有焊接接头。

4. 原来由不足 25 m 轨焊接的长轨或截除擦伤、裂纹、变形部分的长轨,可切割成 25 m 轨,保留一处焊接接头,但焊接接头离钢轨端部不少于 4.5 m。

5. 长轨切割成的钢轨,不得有铝热焊接头。

6. 切割长钢轨时,应尽量做到焊接接头在同一部位,相差不超过 ±50 mm。

7. 截锯再用轨允许偏差:

①长度:12.5 m 以上钢轨为 ±10 mm; 12.5 m 以下钢轨为 ±6 mm。

②钢轨端面的斜度(水平、垂直方向)不应大于 1.0 mm,轨头部分不应大于 0.5 mm。

(三)安全注意事项

1. 按规定穿戴和使用防护用品。

2. 切割机周围不能站人,防止碎片伤人。

3. 线上切轨时,应按规定设置防护。

4. 不得"带病"使用机械,线上作业发生故障时应及时停机下道检修。

5. 在线路上使用小型养路机械时,应由线路工长担任施工负责人。各种小型养路机械的操作人员,必须经技术业务培训并考试合格,由段批准后方可上岗。

十四、失效轨枕鉴定

(一)作业(操作)方法和步骤

1. 混凝土枕(含混凝土宽枕、混凝土岔枕及短轨枕)失效鉴定方法如下:

(1)观察轨枕是否有折断裂痕。

(2)纵向通裂,用塞尺、直尺测量:挡肩顶角处缝宽大于 1.5 mm;纵向水平裂缝基本贯通(缝宽大于 0.5 mm)。

(3)横裂(或斜裂)接近环状裂纹,用塞尺、直尺测量:残余裂缝宽度超过 0.5 mm 或长度超过 2/3 枕高。

(4)挡肩破损,接近失去支承能力(破损长度超过挡肩长度的 1/2)。

(5)轨枕有严重掉块现象。

2. 木枕(含木岔枕)失效鉴定方法如下:

(1)腐朽失去承压能力,内空,钉孔腐朽无处改孔,不能持钉。

(2)折断或拼接的接合部分离,不能保持轨距。

(3)机械磨损,经削平或除去腐朽木质后,允许速度大于 120 km/h 的线路,其厚度不足 140 mm,其他线路不足 100 mm。

(4)劈裂(无法捆扎)或其他伤损,不能承压、持钉。

(二)质量标准

应符合《修规》第 3.3.8 条规定标准。

(三)安全注意事项

1. 来车时按规定及时下道避车。

2. 若邻线有来车,应停止作业,加强瞭望。

十五、混凝土件锚固

(一) 作业(操作)方法和步骤

1. 锚固材料及其技术条件

(1)硫磺:Ⅱ ~ Ⅲ级工业用硫磺,纯度为95% 以上,配制前打成均匀碎块。如受潮,应在配制前干燥。

(2)水泥:普通硅酸盐水泥,不低于42.5 级。如有结块,配制前要过筛。

(3)砂子:天然级配中粗砂,粒径不大于2 mm。配制前过筛、洗净、烘干。

(4)石蜡:一般工业用石蜡,配制前要打成碎块。

(5)各种材料都不得混有杂物。

2. 成分配合比

锚固料由硫磺、水泥、砂子和石蜡配制而成,其配合比应根据气候和材料技术条件,在以下规定的重量配合比范围试验选定其用量:

硫磺 : 水泥 : 砂子 : 石蜡 =1 : (0.3 ~0.6) : (1 ~1.5) : (0.01 ~0.03)

配制成的溶液应较稠,其流动度以不影响灌注为宜。

3. 熔制工艺

(1)根据作业量,按配合比分别称量各种材料的一次熔制量。

(2)先将砂子放入锅内,炒拌加热至100 ℃ ~120 ℃,再将水泥放入锅内搅拌加热至130 ℃左右,最后将硫磺和石蜡放入锅内,继续加热搅拌,使熔液混合均匀,由稀变稠成胶凝状时(温度约为160 ℃左右)即可使用。

在熔制过程中,为防止燃烧,宜用小火加热熔化。加热时要注意观测,当熔液开始呈现暗红色时,即将锅端开搅拌,等块状的熔融物全部熔化后,再将锅端到炉上加热搅拌至呈胶凝状为止。

4. 锚固工艺

(1)卸下轨枕扣件:用扳手卸下螺帽、扣板、铁座和小胶垫,并集中存放在适当地方。

(2)退钉:在线路上修理钉孔或更换螺纹道钉时,至少要相隔两根轨枕才能卸下一个螺钉。用长柄扳手或活口扳手将螺纹道钉卸下。如遇螺纹道钉折断,可用烧热的空心烫孔器或喷灯将断钉周围原有的硫磺锚固物烧化,并用小铁勺取出熔融物和折断的螺纹道钉。

(3)清孔:交替使用两个实心的烫孔器清孔,要尽量扩大下面的孔径,使钉孔清理后恢复原有的喇叭形,同时需注意防止烧坏大胶垫,必要时可将大胶垫移入轨底。

(4)堵孔:用粗砂将孔底封死并捣实,钉孔有效深度不得小于160 mm。

(5)熔制硫磺熔融物。

(6)灌孔:用灌浆勺将硫磺熔融物均匀地注入钉孔内,要注意不宜灌注太满,浆液距钉孔顶面10 mm 左右即可。

(7)安设锚固架:将锚固架安放在钉孔顶面,使铁座的后斜面紧靠轨枕挡肩,左右对正,以控制螺纹道钉位置。

(8)插钉:手持螺纹道钉,顺着锚固架的钉孔中心,左右旋转慢慢地垂直插入,使其方盘落在锚固架上,钉杆紧靠锚固架的半圆周壁。待硫磺熔融物凝固后,撤除锚固架。

(9)修理钉孔面:用平铲铲除溢出孔外的硫磺熔融物,使台面平整、洁净,并将铲下的熔融物收拾好,以备回锅再用。

(10)上扣件:将螺纹道钉杆涂上油,安装好小胶垫、铁座、扣板、弹簧垫圈,上紧螺帽。夏季修理钉孔或更换螺纹道钉时,由于轨枕温度较高,硫磺熔融物凝固较慢,不宜立即上扣件。

(二)质量标准

1. 螺纹道钉中心距离为 214 mm,误差不大于 ±1 mm。

2. 螺纹道钉垂直插入,无俯、仰、歪、斜;螺纹道钉方(圆)盘底距承轨台面:使用扣板式扣件时高出 5 ~ 8 mm,使用弹条式扣件时高出 0 ~ 2 mm。

3. 锚固后砂浆饱满,无凹下积水现象。

(三)安全注意事项

1. 熔制硫磺锚固材料时,应戴好防护用品,人员应站在上风口操作。火源要设在离开钢轨 5 m 以外的下风口方向,但人员应站在上风口操作。

2. 熔制硫磺锚固材料应控制火力,温度不得超过 180 ℃。

3. 硫磺为易燃物,不得近火存放,配制熔液时不得先放硫磺。

4. 熔制地点与锚固地点距离不宜太远。

5. 向轨枕锚孔灌注熔液时,应使用专用器具,要端稳、灌准、适量,防止溅洒烫伤。

十六、普通单开道岔检查

(一)作业(操作)方法和步骤

1. 准备作业

检查和校正工具:检查轨距尺、支距尺和检验卡是否有效,使轨距、水平检测误差不大于 ±1 mm。

2. 基本作业

(1)确定道岔直、曲标准股:在检查水平时,直股以直外股为标准股,导曲线以外股为标准股。标准股较高时记为"+"号,反之为"-"号。

(2)目视道岔方向和高低:站在道岔外约 30 ~ 50 m 左右处,面向道岔,先看道岔方向,后看道岔前后高低,必要时可用弦线测量。如有超限或其他危及行车安全处所,应填写在检查记录簿补修栏内。

(3)按顺序检查道岔的轨距、水平:用轨距尺在规定的部位逐处检查,先检查轨距,后检查水平。将各部位几何尺寸误差值记录在检查记录簿轨距、水平栏内。在道岔检查的过程中,应随时注意检查其他可能危及行车安全的病害,以及钢轨、尖轨、辙叉、夹板伤损情况。如有超限或其他危及行车安全的病害,应填写在检查记录簿补修栏内。检查顺序如图 2 所示和表 1 所列。

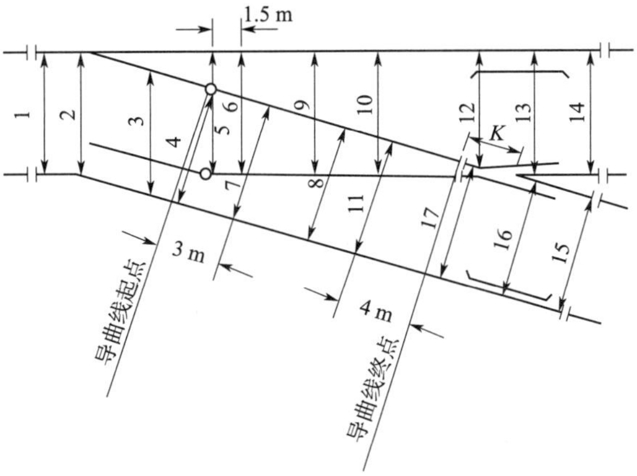

图2　单开道岔检查位置

表1　普通单开道岔检查顺序

序　号	检　查　地　点	说　　明
1	尖轨前顺坡终点	
2	尖轨尖端	
3	尖轨中部	
4	尖轨跟端曲股	
5	尖轨跟端直股	
6	直股前部	距尖轨跟端1.5 m
7	导曲线前部	距导曲线起点3 m
8	导曲线中部	
9	直股中部	
10	直股后部	
11	导曲线后部	距导曲线终点4 m
12	辙叉直股前	
13	辙叉直股中	同时量查照间隔和护背距离
14	辙叉直股后	
15	辙叉曲股后	
16	辙叉曲股中	同时量查照间隔和护背距离
17	辙叉曲股前	或在导曲线终点

(4)检查支距:可由两人协作配合。在规定的支距检查点上,用支距尺检查支距值,填写在检查记录簿导曲线支距栏中。如有超限,还应填写在检查记录簿补修栏内。

(5)检查道岔爬行:用方尺在基本轨前接头处检查两接头的相错量,用方尺在尖轨尖端或尖轨跟端检查尖轨的直角相错量,并填写在检查记录簿记事栏内。如有相错量超过20 mm,还应填写在检查记录簿补修栏内。

(6)检查岔后连接曲线正矢:用10 m弦线(另安排两人拉弦线)和直钢尺,在外股钢轨踏面下 16 mm 处，测量连接曲线正矢。如有超限，应填写在检查记录簿补修栏内。

(7)检查道岔各主要部位的有关尺寸，包括尖轨的动程和开程、尖轨尖及竖切部分的密贴情况、尖轨跟端间隔铁尺寸、辙叉部位轮缘槽宽度、辙叉前后开口尺寸等，并由此分析轨距、方向等超限原因。

(二)质量标准

1. 检查项目和部位必须完整，无遗漏，检查位置必须准确，要将超限处所查出来，记录准确无误。在轨距递减、递增变化点检查部位，按规定位置偏差不得超过 100 mm。支距检查部位的位置偏差不得超过 10 mm。

2. 检查数据值正确：轨距、水平、高低、方向、支距、正矢测量误差不得超过 ±1 mm。

3. 检查顺序规范、合理，位置正确。

4. 对超限处所的范围判定正确。

5. 准确判断各种病害产生原因、作业位置、工作项目、工作量。

(三)安全注意事项

1. 检查转辙部位时，要防止尖轨突然扳动、挤伤手脚和轨距尺。

2. 有来车时，应按有关规定及时下道避车。邻线有来车时应停止工作，加强瞭望。

3. 发现危及行车安全的危险处所，及时处理。

十七、提速道岔检查

(一) 作业(操作)方法和步骤

1. 几何状态检查

(1)轨距、水平、高低、方向、支距根据《修规》的标准执行，进行归类分级控制及工作量汇总，按轻重缓急分别对待。

(2)按要求检查各部位几何尺寸，并填写于道岔检查记录本中。检查前要注意：

①尖轨、可动心轨均没有堆高，处在同一水平上。

②道岔的辙叉角度不变。

③检查方法与普通道岔基本相同。在道岔开通直向时，道岔检查 24 处，道岔开通侧向时能检查 25 处(多一处“1391”和“1348”)，全组道岔共为 28 处(加尖轨 3 处，计 31 处)，如表 2 所示。

表 2　12 号可动心轨提速道岔检查位置

编　号	检　查　部　位	说　　明
1	尖轨前顺坡终点	第 1 号岔轨
2	尖轨尖端	第 5 号岔轨
3	尖轨中前部	第 12 号岔枕。曲尖轨轨头宽 35 mm 处，距离尖端 4 069 mm
4	尖轨中部	第 16 号岔枕。曲尖轨轨头刨切起点，距离尖端 6 171 mm
5	尖轨中后部	第 21 号岔枕
6	尖轨跟端直股	第 28 号岔枕
7	导曲线直股前部	第 37 号岔枕

续上表

编 号	检 查 部 位	说 明
8	导曲线直股后部	第 46 号岔枕
9	可动心轨辙叉直股前部	第 51 号岔枕
10	直股长心轨尖端	第 55 号岔枕(可动心轨第一牵引点)
11	直股长心轨中部	第 59 号岔枕(可动心轨第二牵引点)
12	直股长心轨中后部	第 65 号岔枕
13	直股长心轨跟端	第 72 号岔枕
14	叉跟基本轨跟端	第 72 号岔枕
15	叉跟基本轨尖端	第 65 号岔枕
16	短心轨中部	第 59 号岔枕,心轨开通曲股时丈量
17	可动心轨辙叉心轨尖端	第 55 号岔枕,心轨开通曲股时丈量,同时量护背距离
18	可动心轨辙叉短心轨中部	第 51 号岔枕,心轨开通曲股时丈量
19	导曲部分曲股后部	第 46 号岔枕
20	导曲部分曲股前部	第 37 号岔枕
21	尖轨跟端曲股	第 28 号岔枕
22	尖轨中后部曲股	第 21 号岔枕,尖轨开通曲股时丈量
23	尖轨中部曲股	第 16 号岔枕,尖轨开通曲股时丈量
24	尖轨前部曲股	第 12 号岔枕,开通曲股时丈量

④道岔直向轨距均为 1 435 mm,侧向轨距构造加宽按道岔定型图办理。

其他号码的提速道岔检查按道岔定型图办理。

2. 技术状态检查

(1)检查道岔爬行量是否超标和接近超标。检查方法:首先看基本轨前接头是否对正;其次看尖轨是否串动;第三看限位器前后缝隙相差量,如限位器一端的缝隙小于 0.5 mm,就得及时调整轨缝;第四是量直、曲股叉跟接头的爬行量,其爬行后果将直接影响道岔的正常使用。

(2)检查道岔心轨连接铁螺栓是否松动。随着使用时间的延长,其防松效果会不断降低,松动的频率也会增加,要加强日常的检查和处理。

(3)检查滑床板侧面销钉的安装方向。转辙器钢枕滑床台处的销钉应由外往里装,避免松动碰卡电务表示杆件,影响道岔转换。

(4)道岔范围内采用Ⅲ型弹条分开式扣件,其力矩应保持在 80 ~ 160 N·m。发现松动、失效、缺少应及时拧紧、更换、补充。

(5)检查尖轨与基本轨、心轨与翼轨是否有缝隙,其轨腰处顶铁是否有间隙或顶铁顶得过紧。

3. 其他设备状态检查

(1)道床是否整洁、饱满,夯拍结实,边坡整齐,路基宽敞平整,无外高内低。

(2)岔枕有否失效。位置歪斜或间隔误差,钢岔枕不超过 10 mm,其他岔枕不超过 20 mm。

橡胶垫板位置无歪斜、外露。

(3)检查钢轨有无损伤。尖轨与基本轨、心轨与翼轨竖切部分肥边不超过 1.5 mm。

(4)尖轨、心轨处滑床板工作台磨耗是否超过 2 mm 或有否沟槽，有否脱焊或断裂、尖轨(心轨)顶铁离缝或顶死现象。

(5)护轨与 H 形分开式轨撑间是否有缝隙，调整插片不能有松动跑出，防止侵入机车车辆限界。

(6)检查绝缘接头状态，扣件与绝缘夹板的间隙应不少于 5 mm。

(7)检查警冲标和道岔位移观测桩是否完好、准确。

(8)查看岔枕空吊情况，特别是接头、尖轨尖端、辙叉心部位和钢岔枕是否有空吊和暗坑存在。

(二)质量标准

1. 检查项目和部位必须齐全，检查位置正确，记录准确。轨距检查位置偏差不超过100 mm，支距检查位置偏差不超过 10 mm。

2. 检查数据正确。轨距、水平、高低、轨向、支距、外矢距等检测误差不大于 ±1 mm。

3. 检查顺序规范。

4. 对超限范围圈划正确。

5. 发现危及行车安全的病害情况与部位记录清楚。

6. 准确判断各种病害产生的原因，合理确定整治作业部位、作业项目和工作量。

(三)安全注意事项

1. 检查转辙部位及小尖轨时，注意尖轨扳动，防止挤压手脚或轨距尺。

2. 有来车时，按规定及时下道避车。若邻线有来车，应停止作业，加强瞭望。

十八、单根更换混凝土枕

(一) 作业(操作)方法和步骤

1. 布枕：把新枕运到更换的地点，曲线散布在下股，复线放在线路外侧或妥当的位置。

2. 拆除障碍物：先确定“开门”的位置，将影响作业的防爬设备及轨距杆等拆下或移开。

3. 扒砟：扒开轨枕一端的石砟(开门)，然后再扒出一侧轨枕盒内和轨枕底下的道砟，扒开深度以能抽出、穿入轨枕为准，并适当扒出另一侧轨枕盒内靠近轨枕的道砟，以防抽换轨枕时道砟流动。

4. 卸扣件：用扳手松开螺帽，卸下弹簧垫圈扣板、铁座、小胶垫，用撬棍撬起钢轨，撤除大胶垫及木垫片。

5. 抽出旧枕：用撬棍将旧枕横向拨入扒好的石砟槽内，拨出(或用绳索拉出)旧枕，顺放在路肩上。

6. 整平道床：新枕位置的道床略深、略宽于旧枕，线路中心处不能高于两端。

7. 穿入新枕：用混凝土枕抬钳将混凝土枕抬到“门口”，再用绳索和撬棍穿入新枕，用撬棍横拨到位。

8. 安装扣件：先放好大胶垫，将新枕抬起，螺杆涂油，再按零配件的安装顺序装上，放正位置,检查轨距,上紧扣件。

9. 捣固:适量回填道砟后,将轨枕底串满,再进行八面镐捣固。

10. 安装防爬设备和轨距杆。

11. 回检找细:全面检查,整修不良处所,复紧扣件,列车通过后进行第二遍捣固,回填石砟,整理好道床。

12. 回收旧料:收集废旧材料,把旧枕放到临时存放地点堆码整齐。

13. 按质量要求进行回检。

(二)质量标准

1. 运搬和更换时防止损坏轨枕及螺杆。

2. 补充和更换缺少、失修零配件,扣件扭力矩要达到标准。

3. 新枕位置要正确,必须与轨道中心垂直,间距偏差及歪斜不超过规定。

4. 轨道几何尺寸应符合《修规》作业验收标准。换枕后3~5天应再养护捣固一遍。

(三)安全注意事项

1. 在抬运混凝土枕前要认真检查扛棒和绳索是否牢固,动作要协调,防止扭伤腰和砸伤脚。

2. 新旧轨枕在搬运和更换中,材料、工机具存放位置要妥当,不得侵入限界。

3. 在轨道电路地段作业,撬棍要有绝缘套管,绝缘接头处的扣件不准与其他部位混用。放置能导电的工、机具时,不能同时压在两端引入线等部位。

4. 新枕穿入前,枕下石砟要按规定扒清,准备要充分,来车时不要抢,防止新枕螺杆卡住轨底,造成不安全因素。

十九、道口看守作业

(一) 作业(操作)方法和步骤

1. 交 接 班

接班人必须保证足够睡眠,精神饱满,衣帽整齐,不得饮酒,提前15 min到达岗位。交班人应交清上级有关安全提示和当班时的安全情况、丞待处理的问题以及工具、信号、备品和设备等。接班人应清点数量,检查设备,确认无误,并在交接簿上签字。

2. 班中作业

(1)坚持瞭望:要集中精神,认真瞭望列车和监视,车马、行人不得阻碍道口,天气恶劣或行人车辆过多时双人值班,一人要坚持室外瞭望,加强电话联系。同巡道工及维修人员联系、联控,并在联控本上登记。

(2)接转通知:接到电铃、电话来车通知或发现列车开来,应手持拢起的信号旗(夜间手持信号灯)立即出岗。有电话、电铃的,应转告相邻道口,双人看守的道口要复诵、复示。

(3)疏通道口:出岗后,利用接车间隙,宣传安全知识,疏通道口行人、车辆,并用喇叭下行吹一长声、上行吹两长声,通报有关人员。

(4)适当落杆:

①落杆应做到"一看、二确认、三关闭",即看行人、车辆通行情况,确认落杆时机,分上、下

行的道口先落进口杆。

②多人看守道口应分工明确，自动栏木应固定专人操纵，执行呼唤制度，并互对信号，防止错开或错关。

③车站附近道口，对开来的机车或列车是否通过道口不能确认时，应关闭栏木。

(5)检查设备：列车到达前，要确认道口铺面、轮缘槽、线路（道口两端 50 m 范围内）有无影响行车安全的障碍。

(6)迎接列车：确认道口、线路无障碍后，要站在栏木终端接车，并注意防止行人、自行车钻入栏木，抢越道口。列车接近道口时，道口工面向来车方向。列车运行状态良好时，白天手举拢起黄旗，夜间手提白色信号灯迎接列车。

(7)观察运行：列车通过道口时，要远看装载、近看走行，观察列车运行状态，及时发现影响行车安全的障碍。

(8)送出列车：列车通过道口后无异状，白天手举拢起的黄旗，夜间手提白色信号灯。如发现危及行车安全时，立即显示停车信号，并及时设法通知车站或司机停车。

(9)确认抬杆：列车通过后，要确认电铃、电话无通知，本线和邻线无列车开来方可起杆。分上、下行的道口先开出口栏杆，再开进口栏杆。

(10)疏导车辆：起杆后，组织行人、车辆有秩序地通过道口。

3. 道口小补修

道口工应清扫轮缘槽，平整道口铺面，定期对栏杆或栏门转动设备涂润滑油，清理道口排水设备，保持道口和附近线路整洁。

(二)质量标准

1. 精神饱满，服装整齐。

2. 信号显示姿势正确。

3. 起杆动作稳。

4. 栏木落下距路面 1 ~ 1.2 m，起杆后距公路边缘垂直高度大于 3.5 m。

(三)安全注意事项

1. 信号防护备品和工具备品齐全。

2. 正确使用（或显示）信号。

3. 无其他不安全因素。

二十、道口故障防护及处理

(一)作业（操作）方法和步骤

道口发生故障时，应按先防护、后处理的顺序进行。

1. 防护：首先发出警报信号（一长三短声），并将固定信号显示为停车信号。若无固定信号时，在道口预备插杆位置上设好停车信号（夜间或雾天应点燃火炬）。若确知一端先来车时，应先向该端，再至另一端的指定地点设置响墩，然后返回故障地点；若不能确认来车方向时，应在故障地点用喇叭连续发出警报信号，并注意倾听和瞭望列车，发现列车时应急速奔向列车，显示停车信号，并把响墩下到能赶到的最远地点。

2. 通告：通告车站停止放行列车，或通告相邻道口代设防护。

3. 关闭：关闭栏木。

4. 处理：如机动车在道口上灭火，可用道口备用的钢丝绳，请通过道口的机动车协助拉出道口。如畜力车牲畜在护轮轨处夹蹄时，先将牲畜解套分开，把畜力车推出道口外方，再用道钉锤向护轮轨喇叭口方向轻打牲畜蹄，使其脱离护轮轨。其他未叙述到的，应灵活机动地进行处理。

5. 撤除：故障排除后，再撤除防护信号。

（二）质量标准

1. 吹警报信号间隔：长声为 3 s，短声为 1 s。

2. 在故障地点显示停车信号（包括使用短路铜线或短路闸刀）。

3. 响墩位置设置正确（允许误差为 ±1 m）。

4. 距故障地点边缘往外设置的响墩距离 800 m（允许误差为 ±2 m）。

5. 通告车站或相邻道口。

6. 适时关闭栏杆。

7. 故障处理方法正确。

（三）安全注意事项

1. 停车信号设置稳妥。

2. 设响墩时无摔倒或伤手脚。

3. 无其他不安全因素。

二十一、捣镐或手提电镐捣固作业

（一）作业（操作）方法和步骤

1. 捣镐捣固作业

捣镐由两人组成一组镐，一人在钢轨外侧，一人在钢轨内侧，也可多组镐同时作业。作业人员应携带道镐 1 把、四齿耙 1 把、铁锹 1 把。

（1）扒 镐 窝

在扒镐窝前，应先将轨枕盒的道砟扒出半槽。扒砟时应尽量扒出大石砟，剩下小石砟（粒径一般小于 30 mm）作为捣固用砟，以免大石砟堵门。石砟扒出半槽后，开始先扒右手镐窝，扒出的石砟堆在轨枕盒里对面的左手镐窝处，开始打右手镐，如图 3 所示。

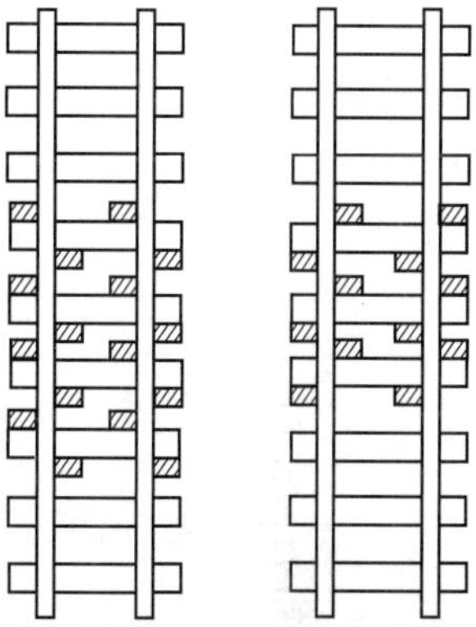

图 3　扒镐窝位置

扒镐窝时应满足下列要求：

①长度：自轨底中心向两侧各扒 400 ~ 500 mm，同时轨底应扒清、扒透，以免石砟飞起伤人。

②深度：视起道量而定。不起道捣固时，一般扒至轨枕底以下 10 ~ 20 mm；起道 10 mm 左右时，扒至与轨枕底平；起道超过 10 mm 时，在轨枕侧面应留有适当的道砟。

③宽度：扒至距待捣固的轨枕侧面约100 mm，如图4所示。

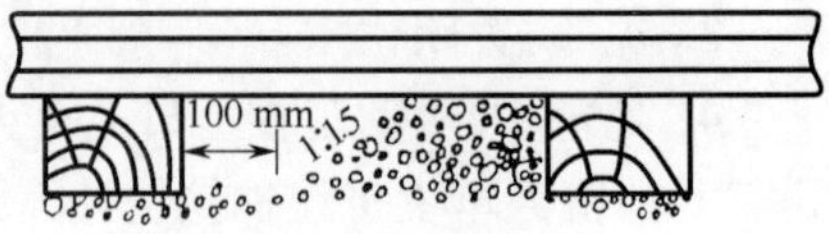

图4　扒道床宽度

(2)打右手镐

①脚站位置和打镐角度如图5所示。

打右手镐时，右脚站在轨枕面上，距钢轨中心约400 mm，脚尖不得伸出轨枕边，与钢轨成15°角。左脚站在轨枕盒中，距轨底约50～100 mm，两脚跟相距约250 mm，并成70°角。捣轨底时，镐头向轨底倾斜与钢轨成30°角。捣其他部位时，镐头与轨枕侧面成90°角。

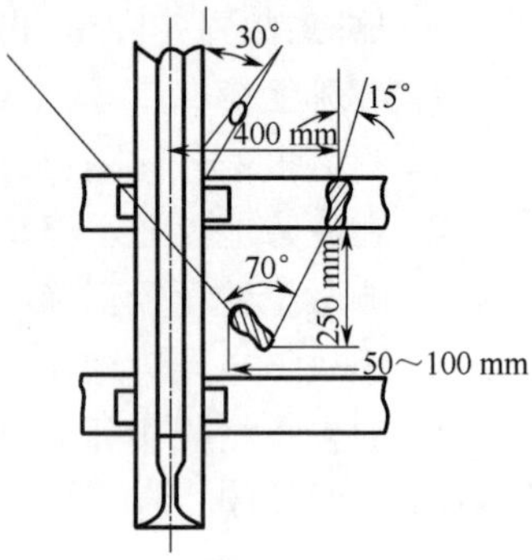

图5　捣固脚站位置

举镐时，左手紧握镐把末端，右手握在镐把中部偏下约3/5处，镐稍向外向后倾斜，与人的中心线成15°角，左手举在胸前第二个纽扣处，右手举到与人耳成垂直，此时身体直立，挺胸抬头，目视前方，身体重心在后脚上。落镐时，用力速打，身体重心由后脚移向前脚，腰部随镐下弯，目视落镐点，当镐头打到石砟时，右手同时向左手移动至100 mm处，双手用力握住镐把，防止镐头摆动，使镐把与地面成40°～50°角，并用力向后带镐，将石砟闷住，如图6所示。

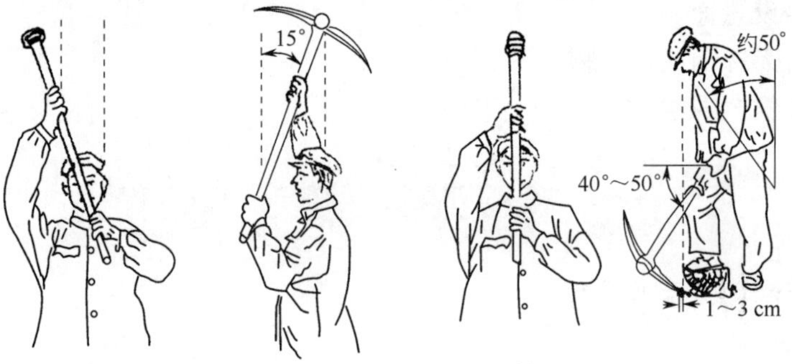

图6　捣固姿势

②落镐位置和角度

木枕地段第一排镐，落在距轨枕底边10～20 mm处；第二排镐，适当填些石砟，落在距轨枕底边20～30 mm处。混凝土枕地段，第一排镐应落在距轨枕底边20 mm处，第二排镐应落在距轨枕底边30 mm处，镐头应低于枕底20～30 mm，捣固后枕底石砟应打成阶梯状，如图7所示。

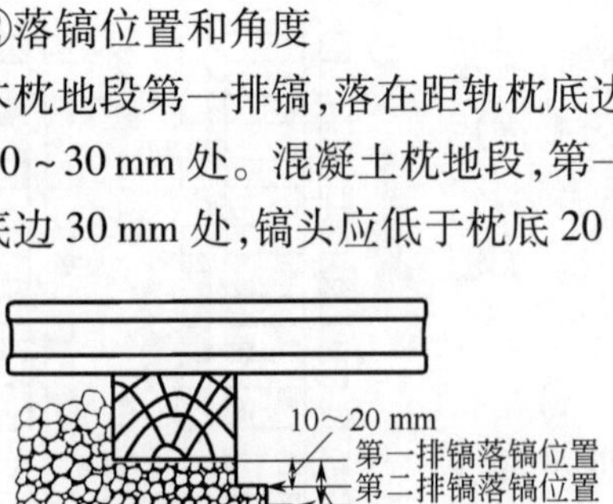

图7　落镐位置

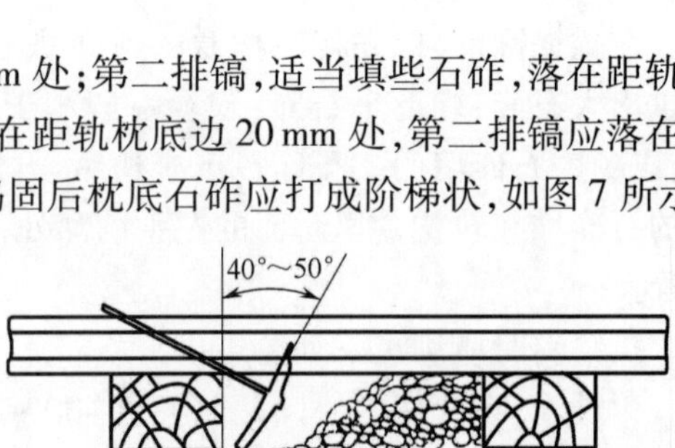

图8　落镐角度

在进行综合维修时，一般起道量在40 mm以内。因此，在打第一排镐时，落镐角度较陡，镐头与轨枕侧面约成40°角。镐头向侧下方打入，将石砟打入轨枕底深处，使枕底原有石砟被挤向上翻起。第二排镐落镐角度增大至45°角，将枕底及附近石砟挤严和打紧，如图8所示。

③排镐顺序及打镐数量

自钢轨中心起向两侧400～460 mm为捣固范围。排镐应先由轨底向外，再由外向轨底。混凝土枕中部500～600 mm长度范围内，严禁捣固或串实，防止轨枕中部受力，产生负弯矩造成轨枕断裂。镐头标准宽度为70 mm，因此木枕应排6个镐位，混凝土枕应排7个镐位，每镐约有4 mm重叠。

捣固一般由坑两头向中间捣，或由小腰向接头捣。

木枕打镐数量由起道量确定。当起道量为0～5 mm时，打16镐；起道量为6～14 mm时，打18镐；起道量为15～20 mm时，打20镐；起道量超过20 mm时，打22镐。混凝土枕一般打20～30镐。坑头、坑尾、小腰处适当减镐，坑底、接头处适当加镐，如图9和图10所示。

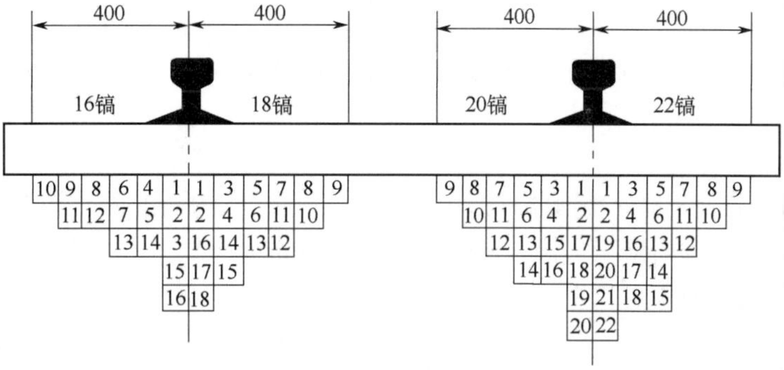

图9　木枕打镐数量

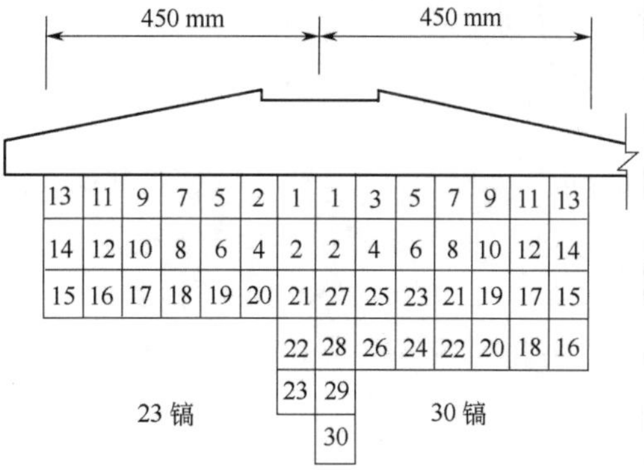

图10　混凝土枕打镐数量

2. 手提电镐捣固作业

(1)扒 道 床

一般起道量在20 mm以下时，扒出轨枕盒内1/2石砟；起道量超出20 mm时，扒出轨枕盒内1/3石砟；如石砟清洁，能插入捣固镐或起道量超过30 mm时，也可不扒石砟。

(2)捣固姿势

两脚站在被捣固轨枕前或后的两根相邻轨枕上，成80°～85°角，前脚距钢轨约400 mm，并与之平行，后脚尖向着钢轨，身体垂直，两手紧握手把。捣固时，首先使电镐与轨枕垂线成45°角，以后逐渐增大，到结束时为80°角。在捣固中，还必须将电镐沿中心线向四周摆动和左右倾斜约20°，这样可使镐头进入道床，提高捣固质量，如图11所示。

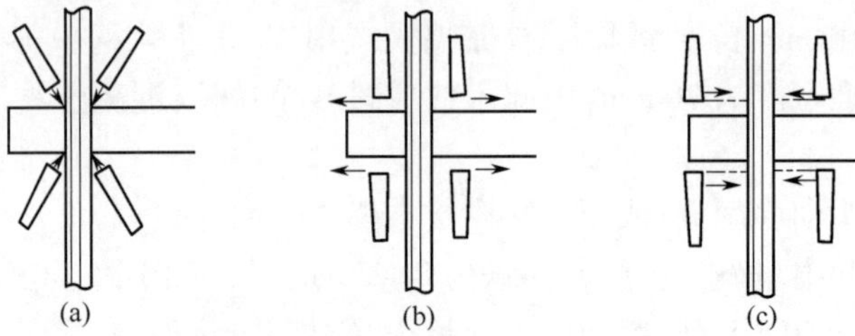

图11　电镐捣固

(3)捣固顺序

为加强轨底，先将镐头放在轨底处捣固，以后再向两边移动进行捣固，最后再向轨底中间方向捣固。

(4)捣固时间

捣固时间与起道量有关。起道量在20 mm以下，一般为40 s，混凝土枕地段接头4根或坑底每根轨枕捣固45 s，每面排三个镐位；起道量在20～40 mm时，一般为55 s，每面排四个镐位。轨底应适当延长捣固时间。

(二)质量标准

1. 捣固范围为自钢轨中心线向外各400～450 mm。每个轨枕头应打四面镐。

2. 轨枕间捣固强度要均衡，钢轨与铁垫板应密贴，缝隙不得超过2 mm，正线、到发线空吊板不得超过8%，其他站线不得超过12%。

3. 道床回填饱满、平整、密实。

(三)安全注意事项

1. 道镐捣固时，两组镐在同一根轨枕上捣固时，钢轨内侧两人要注意防止两镐相碰伤人。两组镐在同一股钢轨上捣固时，前后间隔距离不得少于3根轨枕。捣固时注意石砟飞起伤人。

2. 手提电镐捣固时，四个镐或八个镐在捣固时必须做到四一致：下镐位置一致，都捣固同一位置的镐位；下镐角度一致，镐板与地平面成40°～45°角；下镐动作一致；捣固时间一致，一起下镐，一起转移。

二十二、线路垫板作业

垫板作业主要适用于混凝土枕和混凝土宽枕线路，前者一般仅适用于经常保养和临时补修。垫板通常采用层压木板，也可采用橡胶垫板或竹垫板。

(一)作业(操作)方法和步骤

1. 准备作业——调查工作量。

(1)选择标准股和划撬。在起道作业前，进行重点起道时，不论直线或曲线，起道者应先俯身观测坑洼，要在较高处丈量水平，然后以水平高的一股为标准股。起道地段要查明坑洼位置,准确划好每撬的始终点或确定起道量。同时,要将钢轨拱起、低接头、死坑、空吊板等查明并划上符号,以便指导捣固作业。

(2)测量标准股垫高量,用目视找出坑洼起止点,然后用弦线测量或目视估测每根轨枕的轨面低洼值,并估计轨枕空吊板量值。

实际垫高量 = 低洼量 + 轨枕空吊板量 + 弦线下垂量

2. 基本作业——一般由 5~6 人按流水作业方法进行。

(1)先垫标准股,后垫对面股。

(2)确定对面股的垫高量,一般采用两种方法:一种方法是标准股垫好后,用道尺测量对面股的水平误差,加上空吊板量,即为对面股的垫高量;另一种方法是先测量标准股的垫高量,然后测量水平,根据标准股的垫高量与对面股的水平差,确定对面股的垫高量,即

对面股垫高量 = 标准股低洼量 + 对面股空吊板量 ± 对面股水平差

(标准股高水平加时为“+”,标准股低水平减时为“-”)

3. 松开轨枕螺栓,用起道机抬起钢轨,用小铲铲松胶垫,将木板垫在胶垫上。如发现胶垫损坏时,应予更换。起道时,起道机要放平,做到轻起慢落;曲线垫板时,应先垫上股后垫下股,以防出现反超高。

4. 移正胶垫,按计算垫高量垫入木垫板。

5. 松起道机,落下钢轨。

6. 测量轨距,整理扣件,拧紧轨枕螺栓。当轨距小时,应先紧里口螺栓,反之则先紧外口螺栓。为了不影响轨距顺坡,最好由中间轨枕开始向两侧拧紧轨枕螺栓。

(二)质量标准

1. 调高垫板应垫在轨底与轨下橡胶垫板之间。一般情况下,每处调高垫板不得超过 2 块,总厚度不得超过 10 mm。使用调高扣件的混凝土枕、混凝土宽枕和整体道床,每处调高垫板不得超过 3 块,总厚度不得超过 25 mm。

2. 垫板位置正确,无偏斜、无串动。

3. 扣件应安装密贴。扣板(弹片)扣件扭力矩应达到 80~140 N·m。弹条扣件的弹条中部前端下颚应靠贴轨距挡板或扭矩达到 80~150 N·m。

(三)安全注意事项

抽垫板时,不得将手伸入轨底,以免挤伤手指。

【例题】 在直线地段进行垫板作业,已知标准股低洼量为 8 mm,对面股水平差为 -2 mm,试求对面股垫板量。

【解】 标准股垫板量 = 8 mm,对面股垫板量 = 8 - 2 = 6 mm。

二十三、混凝土宽枕垫砟作业

混凝土宽枕线路起道作业,采用枕下垫砟和枕上垫板相结合的方法。混凝土枕地段在经常保养和临时补修中,可采用捣固与垫板或垫砟与垫板相结合的方法。

(一)作业(操作)方法和步骤

1. 作业工具

枕端液压起道机、垫砟铲(如图12)、量砟筒以及其他扒砟用工具和起道用量具等。

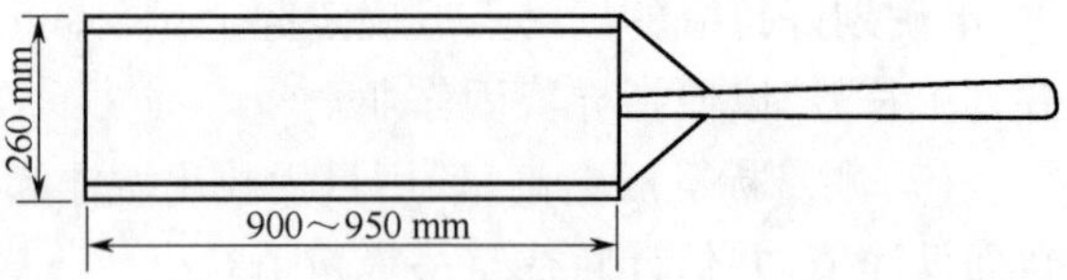

图12　垫砟铲

2. 工作量调查

垫砟起道作业前应先测量线路坑洼，一般以目视确定。在直线上以高股作为基准股，在曲线上以下股作为基准股，俯身于确定的基准股，目视钢轨外侧轨头下颚，在一段适当长度的线路上找出坑洼处及坑洼量，并综合考虑明吊暗坑，确定垫砟量，在板头作出标记。垫砟量计算式如下：

基准股垫砟量 = 轨面下沉量(坑洼量) + 本股吊空深度

对面股垫砟量 = 基准股坑洼量 + 本股吊空深度 ± 两股钢轨水平差

3. 基本作业程序和方法

(1)抽下混凝土宽枕板缝处的嵌条。

(2)扒开板头道砟，扒砟深度要低于板底下20 mm。

(3)扒起道机窝。

(4)起道：因宽枕重量大，而且又连续铺设，所以起道时一般用双机配合双铲一股一股起，垫完一股撬后立即垫对面股的撬。

(5)垫砟：根据确定的垫砟量，用量筒量好，然后均匀地散布在垫砟铲上。起道机抬起轨枕后，将垫砟铲送入轨枕底下。两手握住铲把，后手稍压铲把使铲头微向上翘，然后将铲平稳送入轨枕底下，送到位后用后手将铲朝前一抖，随即向后抽铲，使石砟均匀地铺撒在轨枕下捣固范围内。宽枕每端应垫两次，两次撒下的石砟不宜重叠，也不宜分离。

(6)回填道砟：垫砟结束，经列车碾压轨面回落，经质量回检确认轨面无超限，方可回填道砟。

(7)安装嵌条，清扫板面垃圾。

(二)质量标准

1. 垫砟作业除混凝土宽枕外，一律采用横向垫砟。

2. 线路高低、水平应符合作业验收标准。

(三)安全注意事项

1. 垫砟作业应具备的条件：

(1)混凝土枕、混凝土宽枕线路或混凝土岔枕道岔；

(2)路基稳定，无翻浆；

(3)道床较稳定，局部下沉量较小；

(4)当轨下调高垫板厚度达到10 mm，或连续3根及以上轨枕调高垫板厚度达到8～10 mm，使用调高扣件时，调高垫板厚度达到25 mm；

(5)垫砟起道用石砟采用火成岩材料，粒径为8～20 mm。

2. 垫砟起道时，一次垫入的厚度不得超过20 mm，抬起高度不得超过50 mm，两台起道机要同起同落。垫砟作业每撬长度不得超过6根轨枕，并随垫随填，夯实道床。

3. 作业中来车前一撬垫不完时，应迅速用垫板顺坡，顺坡长度不小于起道高度的200倍，收工时不小于400倍。允许速度大于120 km/h的线路，顺坡长度不小于起道高度的600倍，收工时不小于1 200倍。在延长18 m范围内,不得同时有两组进行垫砟。

4. 无缝线路地段作业的轨温条件,直线或半径不小于600 m的曲线为实际锁定轨温+10 ℃~-15 ℃,半径小于600 m的曲线为实际锁定轨温+5 ℃~-10 ℃。在日常轨温高于实际锁定轨温25 ℃的季节,不宜进行垫砟作业,以防胀轨跑道。

【例题】 在混凝土宽枕线路进行垫砟作业,已知基准股下沉量为9 mm,暗坑量为4 mm,对面股暗坑量为3 mm,两股钢轨水平差为+2 mm,试求基准股和对面股的垫砟量。

【解】 基准股垫砟量=9+4=13 mm,对面股垫砟量=9+3+2=14 mm。

二十四、线路、信号标志的埋设及刷新

(一) 作业(操作)方法和步骤

线路、信号标志的埋设、刷新作业,基本可分为搬运准备、挖坑埋设、油漆刷新三个过程。

1. 搬运准备

(1)调查线路上损坏、缺少的线路、信号标志,打上更换、补设标记。

(2)确定标志搬运方案。采用车载装运或两人合作肩抬。

(3)装运或卸下标志时,应注意轻装轻放,防止损坏。

(4)搬运到位时应考虑将埋入端放置在埋设坑边,但不要影响挖土作业。

2. 挖坑埋设

(1)更换旧标志时,先用铁镐刨松硬土,用铁锹将旧标志四周的土挖去,堆集在坑边。当深度挖至能见到旧标志牌(桩)的底部时,可用手将旧标志摇松,最后用绳套牢,抬出或用手直接拔出,最后再将基坑开挖到埋设要求的深度。

(2)将新标志放入挖好的坑内,用尺丈量距离、高度。若符合要求,即可回填坑土。一人扶正标志,另一人填土。回填坑土时,应注意标志牌的垂直度和朝向。填土应逐层进行,随填随夯,直至达到规定要求的高度。然后整平面土,除净周边杂草。

(3)开挖新坑埋设标志时,应在标准埋设位置处挖好土坑。土坑挖掘深度应根据标志的高度要求确定。然后扶正标志方向,向标志四周填土,边填边夯实。填至规定高度后,再将标志四周填土整平,清除杂物,清扫干净。

3. 油漆刷新

(1)新埋设的标志(或旧标志),应先用钢丝刷将表面的灰土擦拭干净,对标志牌面上的坑洼用较稠的石灰粉涂刷嵌满,对较大的表面孔洞或标志牌边角缺损,可用水泥修补。

(2)调好油漆,在标志面上薄薄地均匀涂刷一遍,稍干后再涂刷一遍,不能一次涂刷过厚,以免油漆起皮。

(3)待底漆完全干燥后,即可用特制模板印制标志牌上的文字、数字和图形。

(二)质量标准

1. 线路标志的埋设,单线按里程方向设在线路左侧。双线区段须另设线路标志时,应设在列车运行方向的左侧。

2. 信号标志设在列车运行方向的左侧。

3. 各种标志(警冲标除外)内侧应距线路中心3.1 m以上。

4. 警冲标应设在会合线路两线间距为 4 m 的起点处中间。有曲线时,应按限界加宽办法加宽;两线间距不足 4 m 时,应设在两线路中心线最大间距的起点处中间。

5. 各种主要线路、信号标志应按里程准确埋设,前后不能出现误差。埋设高度应以《线路及信号标志图集》(叁标线 8007)为准。

6. 标志埋设要垂直、无歪斜、无松动,标志面应正向列车运行方向显示,不得有侧转。

7. 警冲标的埋设高度以两线较高线路的轨枕面为标准,其高度为 300 ~ 350 mm,从上到下的油漆要求红白相间,每节高为 100 mm。

8. 标志在埋设时,注意不要反向或损坏。各种埋设高度低于 1 m 的线路、信号标志,埋设高度误差要求不超过 ± 30 mm;埋设高度高于 1 m 的线路、信号标志,埋设高度误差要求不超过 ± 50 mm,且推摇时无松动。

9. 各种标志埋设完毕后,应认真丈量复核。若有不合标准、松动歪斜及埋设高度、位置、距离不合要求的,或有侵入限界可能的,应一律按标准重新埋设牢固。

10. 各种标志面的底漆、面漆要光滑无毛孔。标志上的字体、字体位置、字体大小应符合要求,禁止采用徒手书写。

(三)安全注意事项

1. 搬运、安放、埋设标志时,要注意防止手脚被碰伤,挖坑时两人应注意配合,确保人身安全。

2. 在线路路肩或道床坡脚处埋设标志,当来车时应停止作业避车,并注意车上散落货物及篷索,以免伤人。

3. 埋设警冲标时,在两线间作业,应派专人负责瞭望防护,来车时要及时撤出两线间到路肩上避车,并注意防止作业工具和堆放的石砟、材料侵入限界。

4. 在雨、雪、大风、大雾等恶劣天气,应禁止作业。

二十五、方正木枕、混凝土枕、岔枕

(一) 作业(操作)方法和步骤

1. 划标记:根据每千米线路配置轨枕的根数和轨枕间距,把枕木位置划在基本股轨头外侧,再用方尺方到另一股钢轨上,并在相应的轨头外侧标上记号。

2. 撤除障碍物:把影响方枕作业的防爬设备和杆件撤除或移开。

3. 扒砟:把轨枕要移动方向的一侧石砟扒离轨枕边。扒开深度应低于轨枕底面 20 mm。如结合起道作业一起进行,可根据起道量适当少扒一些石砟。移动量不超过 20 mm,可不扒砟,仅需用铁镐将轨枕侧面道砟刨松。

4. 松扣件或道钉:为减小方枕时的阻力,先要拧松扣件螺帽或起松道钉,高度要适量,以不影响轨枕移动为准。

5. 方枕:木枕地段可使用撬棍,利用现场支点(如防爬器、木撑等),也可斜插入轨枕底,靠紧枕木边拨动,用木锤敲打;混凝土枕、岔枕地段使用方枕器时,相邻的轨枕扣件要上紧,防止移动;方枕时,应在偏斜较大的一端先方,然后两端同时进行。

6. 打紧道钉,拧紧扣件:为防止轨枕产生新的位移,方枕到位后马上拧紧道钉,拧紧扣件。

7. 安装防爬设备：打紧防爬器，将轨距杆、支距杆恢复到准确位置。

8. 整理：如果轨枕移动量大于 100 mm，应先进行捣固，最后回填整理道床。

（二）质量标准

1. 轨枕间距误差或偏斜，按《修规》标准执行。

2. 铝热焊缝距轨枕边不小于 40 mm，允许速度大于 160 km/h 线路铝热焊缝距轨枕边不小于 100 mm。

3. 禁止用锤或铁镐敲击轨枕。

4. 原先轨枕偏斜量较大时，方枕到位后要检查外侧扣件、道钉是否离缝，否则扣件要重新调整，起出道钉时要加木塞后重新钉好。

（三）安全注意事项

1. 来车时，要及时下道，方枕器同时撤离线路。

2. 作业时，工具、材料和石砟不得侵入限界。

3. 在轨道电路地段作业，当木枕旁有轨距拉杆，铁垫板位置偏在一边，要先把铁垫板位置放正。

4. 在绝缘接头处方枕，要注意联结零件是否符合标准，防止联电。

二十六、安装和更换夹板

（一）作业（操作）方法和步骤

一般作业以两人为一组。作业人员应携带扳手、道钉锤、扁铲、钢丝刷、油刷、油料，木枕地段还应携带改道工具。

1. 接头夹板更换前的准备：卸掉 2、5 位螺栓；对其他 4 个螺栓逐个涂油，加垫垫圈，再重新上紧。钢轨内外口靠轨底各松一个道钉再打紧；其余道钉起掉，道钉孔内插入木片。

2. 起钉、卸螺栓。起掉剩余的道钉，并插入木片，或卸掉轨枕扣件。将接头螺栓卸掉，其顺序为先 1、3 位，后 4、6 位。

3. 卸夹板：用扳手尖端撬出夹板，放在方便的位置。

4. 除锈检查：注意检查轨腹、轨端有无伤损。然后，用扁铲和钢丝刷除去夹板、钢轨端部和螺栓上的铁锈和油污。

5. 涂油：在夹板和钢轨两者接触面上均匀涂油，并将新夹板扣入。

6. 上接头螺栓：用扳手尖端串入夹板螺孔和钢轨螺孔内使其对齐对正，然后穿入全部螺栓，拧紧。紧固螺栓时，直线上钢轨接头 6 孔螺栓，先上紧最外侧两个螺栓，再上紧中间两个螺栓，剩下两个最后上紧。在曲线上，则先紧最外两个螺栓，再上紧次外两个螺栓，最后上紧中间两个螺栓。全部螺栓上紧后应复紧一遍。

7. 钉道钉或上扣件。

（二）质量标准

1. 换入的接头夹板应与钢轨类型一致，技术状态良好。

2. 接头轨面及内侧错牙，正线、到发线不大于 1 mm，其他站线不大于 2 mm。

3. 接头螺栓应齐全，作用良好，缺损时应及时补齐和更换。夹板联结严密，普通线路接头螺栓扭力矩应达到规定值，并保持均匀。扭矩不足时，不得低于规定值 100 N·m 以上。垫圈开口向下。

(三)安全注意事项

1. 来车时,接头至少上足 4 个螺栓(轨缝每侧 2 个),才能放行列车。

2. 安装夹板和螺栓时,严禁用手指穿入螺栓孔内和轨缝内,以免夹伤手指。

3. 个别更换接头夹板按临时封锁线路办理手续。

二十七、安装和更换防爬设备

(一) 作业(操作)方法和步骤

1. 安装防爬器及支撑时,应先扒开安装处的石砟。安装支撑的轨枕如有歪斜,要先方正。

2. 支撑安装在道心时,先在距轨底边缘 35 cm 处划出支撑位置线,然后准确测量和制作支撑,安装于轨枕之间,使其支撑紧固。如系石质支撑,可用木块将其塞紧。

3. 防爬器插好销子,在防爬器与轨枕间加上承力板,防爬支撑断面应不小于 120 cm^2,然后用道钉锤在轨底两侧轮流轻打,直到打紧为止。

4. 清除杂物,回填、平整道床。

(二)质量标准

1. 防爬设备安装位置及数量应符合《修规》的规定。

2. 接头附近 2 根轨枕不宜安装防爬设备。

(三)安全注意事项

作业应纳入维修天窗内进行。

二十八、螺栓涂油

(一) 作业(操作)方法和步骤

1. 准备作业

(1)根据当时轨温情况,认真检查两端轨缝,必要时打紧防爬设备,锁定线路,防止打开接头后轨缝拉大影响联结。

(2)六孔夹板可先卸下第 2 位和第 5 位螺栓。

(3)木枕地段可做好削平,起下 1 个道钉(内外各留一个道钉),并插入木片。

2. 基本作业

(1)用起钉垫起下接头的全部道钉,同时插入木片。混凝土轨枕地段松动螺栓,把扣件板旋转 90°。

(2)卸下其余螺栓并涂油。使用螺丝扳手卸螺栓时,两脚站在被卸螺帽的另一侧,两脚跟相距 300 ~ 400 mm,成 90°角,如图 13 所示。两脚趾踏在夹板边缘的轨枕上,上体前屈,将螺丝扳手嵌入螺帽后,两手握柄用力旋转。使用活口螺丝扳手时,前脚踏在轨枕上,离轨底约 50 mm 左右,后脚踏在后一根轨枕上,离钢轨底约 50 mm 左右。一手持扳手,一手支撑在钢轨面上,并

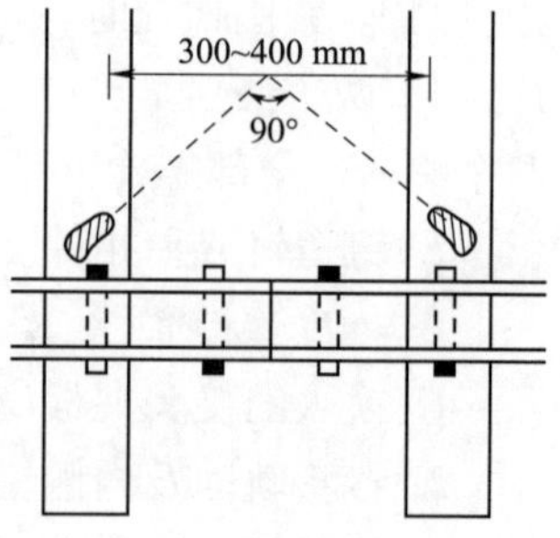

图 13 脚站位置

以手指按在螺栓头部。

(3)用楔形铁打下或用撬棍、扳手把撬出夹板,卸下后先用小铲和钢丝刷子将夹板上下边缘、钢轨头部及螺栓除锈,检查钢轨、夹板无伤损后涂油。

(4)安装夹板、上好螺栓。上夹板要注意里外口是否有磨损或内外调换。上螺栓时,应先用螺丝尖端将两侧夹板串好、对齐,然后再穿入螺栓拧紧。

(5)木枕地段打好内外侧道钉混凝土枕地段摆正扣件,上好螺栓。需更换夹板时,在更换前要先调查轨缝,新螺栓去锈涂油。然后卸下旧螺栓(如旧螺栓卸不下来时,不能用锤击,以免新螺栓穿入后损伤丝扣),穿上新螺栓、套上垫圈、上紧螺栓后,还应把其余的未换的螺栓拧紧,以免受力不均匀。

(二)质量标准

1. 换入的接头夹板与钢轨类型匹配。

2. 各种联结零件应做到数量齐全,夹板与钢轨接触严密。扭力矩符合《修规》第3.5.3条的规定。

3. 夹板与钢轨的接触部分及螺栓的螺纹部分,必须使用20号机油进行涂油。

4. 接头轨面及轨距线内侧错牙,正线及到发线不得大于1 mm,其他线不得大于2 mm。

(三)安全注意事项

1. 来车时,要及时下道,工具同时撤离线路。

2. 来车时按规定上好扣件,才能放行列车。

3. 不伤手脚。

二十九、清筛整理道床

(一) 作业(操作)方法和步骤

1. 清筛:宜采用分段倒筛法,两人为一组,每组间隔至少4根轨枕。清筛方法是:先在轨枕头外开一个豁口扒筛,将清砟倒在后面路肩上,接着扒筛第二个轨枕孔,把清砟回填到第一个轨枕孔。依次前进,循序倒筛。清挖时应做好排水坡。

2. 整理、夯实:筛完一空,回填一空,夯实拍平。

3. 清土:筛出的碎石污土弃置到路肩以外。

4. 转移污土。

5. 整理道床:道床应饱满、均匀、整齐,道砟不足时要及时补充。

(二)质量标准

1. 单线线路:道心筛至枕底下50~100 mm,轨枕头筛至轨枕底下150~200 mm,轨枕头外筛至路基面。

2. 复线线路:两线间轨枕头筛至轨枕下50 mm,线路中心筛至轨枕底下100 mm,外侧轨枕头筛至轨枕底下150~200 mm,轨枕头外筛至路基面;道岔筛至岔枕底下150~200 mm。

3. 清筛后道床断面应符合规定标准,无缝线路要有15 mm的堆高肩砟,道砟不足应及时补充。

4. 无缝线路地段,当预测施工轨温高于原锁定轨温10 ℃以上时,清筛前必须进行应力放散。

5. 清筛用铁丝筛筛孔应不大于15 mm,清筛后用同孔筛子检查,其筛出碎屑按重量计不超过5% 。

6. 雨天及雨后2 ~3 天,不宜进行清筛作业。

(三)安全注意事项

1. 按规定设置防护。

2. 弃土及工具不侵限。

三十、整修排水沟

(一)作业(操作)方法和步骤

1. 拆除原圬工砌体,凿除松动部分,用水清洗干净后再进行补砌。

2. 翻修基础时要夯实地基。

3. 对于冲刷比较严重的部位也可以灌筑混凝土。

4. 完工后用湿润草袋(帘)盖好,浇水养生不少于7 天。

(二)质量标准

1. 水沟排水畅通,护坡、护底无坍塌、无断裂、无渗漏、无潜流。

2. 淤土清理干净,冲刷处所用浆砌片石护底,沉陷处要夯填补平,有足够的排水断面和纵向坡度。

3. 砌筑圬工符合质量标准,冻胀性基础深度应在冻结线0.25 m 以下。

(三)安全注意事项

1. 在离地面2 m 以上的陡坡上施工时,必须戴安全帽、系安全带。

2. 脚手架、梯子等要搭设牢固,有专人负责检查。

3. 凿除圬工片石时,两人作业,严禁对面打锤。

三十一、单轨小车使用

(一) 作业(操作)方法和步骤

1. 小车使用前应进行状态检查,确认小车状态良好。在有轨道电路的线路上或道岔上运行时,应有绝缘车轴。

2. 单轨小车原则上不得在邻近站台的一侧钢轨上推行。

(二)质量标准

1. 区间使用单轨小车最大装载量限制:长12.5 m 钢轨1 根;道砟5 筐;木枕5 根;混凝土枕1 根。

2. 必须严格按《安规》有关要求操作。

3. 单轨小车状态确保良好,符合规定要求。

(三)安全注意事项

1. 使用小车时,负责人应了解列车运行情况,按规定进行防护并保证能在列车到达前撤至线路以外。

2. 使用小车,应有专人随车显示停车手信号,并注意瞭望。推行装载较重的单轨小车时,瞭望条件不良区段内推行小车时,应办理线路封锁手续。

3. 在双线地段,单轨小车应面对来车方向在外股钢轨上推行。

4. 小车跟随列车后面推行时,距离列车尾部不得小于 500 m。推行中必须显示停车手信号,并注意瞭望。在双线地段遇有邻线来车时,应暂时收回停车手信号,待列车通过后再显示。

5. 在车站内使用装载较重的单轨小车,须与车站值班员办理承认手续,并在其前后各 50 m处显示停车手信号,随车移动进行防护。

中 级 工

一、线路抄平作业

(一)作业(操作)方法和步骤

1. 设置测点

根据水准仪类型和操作人员的目测测距,将仪器放置于前后测点中间平坦、通视良好的位置。

2. 置　镜

先将三脚架上的固定螺栓松开,按需要调整脚架长度,将其拧紧;再将三脚架放到平坦宽畅不易滑动的地方,并使三脚架大致水平;然后把水准仪从箱中取出,放在三脚架上,细心地将三脚架的中心螺栓旋入仪器的基座内拧紧。

3. 整　平

(1)粗平:使圆水准器的气泡居中(其方法是转动其中两个定平螺栓,使支架大致水平,即竖轴大致铅垂)。

(2)精平:目视望远镜中管水准影像左、右两侧是否对齐,否则转动微调螺栓,使管水准重叠成形。

4. 瞄　准

(1)首先进行目镜对光,使十字丝清晰。

(2)瞄尺:用镜筒上的准星照准水准尺,当水准尺的影像进入望远镜视线后,将望远镜制动,再进行物镜对光,使水准尺的影像清晰,最后用微动螺栓使十字丝的竖丝靠近水准尺的影像。

(3)清除视差:在瞄准工作做好之后,还要检查是否有十字丝视差存在。十字丝视差存在的原因是目标在望远镜内形成的像没有落在十字丝平面上,它对读数影响很大。清除视差的方法是再进行目镜和物镜对光。

5. 读　数

读取十字丝横丝所截的水准尺的分划数。每次在尺上读出四位读数,先读米、分米、厘米,最后估读毫米,每次读数前应检查管水准是否错开,否则要重新调整。

6. 记录并计算两点高程差

将可读数值记录到标准的记录纸上,用后视读数减去前视读数即可算出两者间的高程差。如要计算前视点的高程,其值等于后视高程加上高程差。

7. 绘制纵断面图

将各点的计算高程按比例标在相应的位置上,然后将各点分别用直线相连,最后注明起讫里程和行别等。

8. 坡度设计

根据线路等级和列车运行速度等技术条件，合理、规范进行坡度设计。

9. 起道量及轨面设计标高

根据坡度设计在相应的里程对应的各点计算出轨面设计标高，同一点的轨面设计标高减去既有轨面标高，正数为起道量，负数为落道量。

10. 打桩起道

在各对应点的道心内设置固定木桩，标出起道量，按起道量进行起道作业。

(二)质量标准

1. 置镜点应尽量保持前后视距离相等。

2. 读取数值时，应随时消除视差，水准尺应垂直。

3. 在烈日下测量时，应打伞遮蔽阳光，防止水准仪曝晒。

4. 复核闭合差，其容许闭合差应小于 $\pm 30\sqrt{L}$ mm。

5. 起道量计算如出现负数即为落道，线路上应尽量避免落道，要对前后起道量进行修正。

(三)安全注意事项

1. 使用仪器时要轻拿轻放，中途转移时要防止仪器被碰撞。

2. 不得用手和粗布擦拭镜头，应用绒布或擦镜纸擦拭。

3. 在线路下部测量，来车时要扶住仪器，防止倾倒，过车后要检查仪器位置，确认对中整平后才能继续测量。

二、成段调整轨缝

(一)作业(操作)方法和步骤

1. 调查轨缝

对作业地段的轨缝做全面调查，方法是使用楔形轨缝尺由轨缝外侧插入，测量每处轨缝值并做好记录。量取时应尽量避开轨端“肥边”，或对轨端肥边事先进行打磨。使用方尺测量两股钢轨直角错差量。接头错差有正负之分。一般以左股钢轨为准，沿着轨号顺编方向，当右股往终端错动时，接头错差量为正，反之为负。

2. 轨缝调整计算

根据预留轨缝计算和两股钢轨轨缝总误差，确定是否调整钢轨长度。如要调整钢轨长度，应选择在非标准长度的一节钢轨，并事先做好换轨准备。

3. 划出串动量

在需要串动的每节钢轨与轨枕间划出标记、串动量和串动方向。

4. 松动扣件

将影响钢轨串动的接头和中间扣件松开少许，打松防爬设备，松动轨撑，松开拉杆等。

5. 串动钢轨

(1)根据计算预留轨缝在串动钢轨前安设相应厚度的轨缝片，控制作业后轨缝量达标。

(2)按计划串动钢轨。使用液压轨缝调整器时，25 m 钢轨每次串动 1 根，12. 5 m 钢轨每次串动不超过2根。

(3)拆开接头调整轨缝时,应有专人携带多种不同长度带轨底的短轨头和长孔夹板跟随,以备应急。

6. 拧紧扣件

按规定拧紧接头螺栓和中间扣件,安装防爬器,上紧拉杆和轨撑螺栓。

7. 回检整修

按作业标准进行检查,对不合格处进行调整,对由串动钢轨时引起的轨枕位置偏斜及时进行方枕,整正接头错牙。通过列车后全面检查轨距,复紧扣件。

(二)质量标准

1. 轨缝应均匀,误差应不大于±2 mm。

2. 接头位置正确,正线及到发线相错量不超过40 mm,曲线不超过40 mm加缩短量的一半,相错式接头相错量不少于3 m。

3. 接头螺栓和中间扣件扭力矩应符合《修规》的有关规定。

4. 防爬设备齐全,无失效,杆件、轨撑无歪斜、无松动。

5. 由调整轨缝引起的有关项目的变动,应满足各单项技术作业标准要求。

(三)安全注意事项

1. 成段调整轨缝时,应严格执行《安规》有关防护的规定。

2. 作业轨温范围:12.5 m钢轨地段,作业时不受轨温限制;25 m钢轨地段,作业时轨温为(T_z+30 ℃)~(T_z-30 ℃)。

3. 预留轨缝计算:普通线路钢轨接头,应根据钢轨长度与钢轨温度预留轨缝。轨缝的标准尺寸按《修规》规定的计算方法计算。

三、成段更换钢轨

(一)作业(操作)方法和步骤

1. 准备工作

(1)配轨:确定换轨范围,分别丈量左右股换轨长度,合理选用换入钢轨,确保钢轨无伤损、硬弯,钢轨断面尺寸和类型符合要求。

(2)放置新轨:将准备换入的钢轨按顺号运送到换轨地点。曲线地段按规定合理设置缩短轨。

(3)连接钢轨组:将钢轨连接成一定长度的钢轨组,并根据轨温和钢轨长度合理设置轨缝。钢轨组长度一般为300~500 m,直线地段可长一点,曲线地段宜短一点。

(4)放置钢轨组:钢轨组可放在道心或枕木头上并进行固定,放置时应严格执行《安规》的有关规定。在高温季节放置的钢轨组,应安排专人定时加强巡查,防止钢轨组侵入限界。

(5)曲线地段放置钢轨组时,应进行曲线空、搭头的计算,尽量避免封锁换轨时钢轨组位移量过大。

2. 封锁前准备

(1)封锁前列车限速时,可按《安规》的相关要求做好相关准备工作。

(2)木枕地段可插入道钉孔木片,混凝土枕地段可将卸下的螺栓涂油。

(3)如换入的钢轨不是同一类型时,应将有关配件分发到各自更换地点。木枕地段可在标准股一侧每相隔五根轨枕事先更换成新垫板。

(4)拆除影响换轨作业的防爬器、拉杆和道口板等。

3. 施工封锁换轨

(1)卸扣件:卸下中间扣件,卸掉与钢轨组对应的接头扣件。

(2)拨出换下的钢轨:将换下的钢轨拨至轨道外侧,在混凝土枕地段,应将钢轨抬起至超过扣件螺栓高度再拨,避免碰伤扣件螺栓。拨出和拨入钢轨都是先标准股,后另一股。

(3)拨入钢轨组:将换入的钢轨组拨至应有位置,并控制预留轨缝,普通线路立即联结接头,上紧螺栓;无缝线路地段要注意预留焊缝,轨缝不符要求时,可用液压匀缝器或拉伸器及时调整到位,加设轨缝片,先上紧一端扣件,固定好钢轨位置。

(4)安装扣件或焊接接头:钢轨到位后,先将其固定,再上好接头夹板或进行接头焊接。中间扣件先上标准股一侧,每隔 5 ~ 6 根轨枕上一组,一人看方向,一人拨正钢轨,其余 1 ~ 2 人将标准股固定,另一股量轨距并安装扣件。

(5)施工结束,如需慢行,应按慢行条件设置防护。依据施工计划,在规定的时间内整修线路,使线路达到正常运行状态。

4. 整理与回收材料

(1)上齐接头和中间扣件。

(2)拨正方向,改正轨距。

(3)更换和修理失效零部件。

(4)回收旧料,清理场地。

(5)补充、刷新标志(如无缝线路长度、轨条编号、锁定轨温、起讫里程等),埋设位移观测桩。

(二)质量标准

1. 换入的钢轨须确认无重伤,钢轨断面应一致,长度应与计划尺寸相符。

2. 轨缝合理,接头错差量需符合《修规》有关规定。

3. 接头错牙在正线及到发线上不超过 1 mm,在站线及专用线上不超过 2 mm;焊缝接头在线路开通前进行钢轨探伤,焊缝平顺度达到要求。

4. 扣件、零部件齐全、有效,扭力矩达标。

5. 轨距、方向、递减率符合《修规》规定。

6. 线路标志清晰、准确、完整。

(三)安全注意事项

1. 施工封锁时一定要确认封锁命令和封锁起讫时间,按《安规》规定设置防护后方能施工。

2. 封锁前各项准备工作不能做过头。

3. 抬运钢轨时,要统一指挥、动作一致,注意不伤手脚。

4. 使用工具要注意前后、左右人员安全。

5. 在轨道电路区段,使用工具、材料时要防止搭电短路,造成红光带。

四、更换道岔尖轨、基本轨、辙叉及护轨

当道岔尖轨、基本轨、辙叉及护轨伤损超过《修规》的规定，伤损无法修理时，应及时更换。

(一)作业(操作)方法和步骤

1. 准备工作

(1)与电务(供电)部门联系，派员配合施工。

(2)检查尖轨、基本轨、辙叉及护轨型号、长度、开向、弯折位置、矢度和刨切量。

(3)检查换入新钢轨件、辙叉各部位的眼孔位置和孔径是否符合要求。

(4)矫正硬弯，除锈涂油，打磨肥边。

(5)逐个拆卸有关联结螺栓、拉杆和道钉，涂油后重新安装复原，并及时更换伤损螺栓。

2. 基本作业

(1)设置防护，办理封锁施工登记，确认施工时间和封锁命令，设置移动停车信号防护。

(2)拆卸接头、拉杆、横杆、轨撑等相关螺栓，卸下夹板。

(3)电务人员将尖轨摇离基本轨，拆掉钢轨连接线和跳线。

(4)起道钉，混凝土枕卸下扣件。

(5)拨出旧轨或辙叉。

(6)拨入新轨或辙叉。

(7)安装夹板，拧紧各部螺栓，打道钉或上扣件。

(8)调整各部间隔尺寸，几何尺寸无Ⅰ级偏差。

(9)配合电务部门和车站进行调试，确认其状态良好。

(10)撤除防护，同时驻站联络员办理销记手续，开通道岔。

3. 回检整理

(1)检查各部尺寸，复紧螺栓，压打道钉，按标准找细整修。

(2)按规定要求串开口销，捆扎和封口，恢复刷新相关标记。

(3)整理料具，清理场地。

(二)质量标准

1. 尖轨无损坏、无拱腰、无扭曲，补强螺栓无缺少、无松动。

2. 钢轨件无损伤、无硬弯，尖轨和曲基本轨弯折位置正确，矢度尺寸符合要求。

3. 开程、动程、尖轨跟轮缘槽符合技术要求。

4. 尖轨在使用状态下，竖切部分与基本轨作用边密贴。

5. 各部几何尺寸达标，联结零件齐全，作用良好，接头轨面和作用边错牙不超过1mm。

(三)安全注意事项

1. 施工封锁时一定要确认封锁命令和封锁起讫时间，按规定设置防护后方能施工。

2. 封锁前各项准备工作不能做过头。

3. 封锁前和开通后，在转辙部分，作业人员要注意防止尖轨扳动和轧伤手脚。

4. 抬运钢轨、辙叉时，要统一指挥、动作一致，注意不伤手脚。

5. 道岔施工，人员集中，使用工具时要注意前后、左右人员安全。

6. 在轨道电路区段,安放工具、材料时要防止搭电短路,造成红光带。

五、矫直钢轨

(一)作业(操作)方法和步骤

1. 直轨器的使用、检查及安置

直轨器的使用应由经过培训合格、操作熟练的正式职工担任。使用前,要检查液压直轨器缸体油面是否满足工作状态要求,缸体与油路间是否漏油,油阀开关作用和柱塞泵推动活塞是否正常、良好,偏心轮调整是否活动自如,弯臂钩有无损伤,外形有无变异等。操作时,安置直轨器要做到垫平、摆正,即偏心轮、弯臂钩和柱塞泵处于同一平面,弯臂钩与直轨器左右横向又在一个平面,安放时须先垫平,防止作业后钢轨扭曲;摆正弯臂钩,对正钢轨矫直位置,钢轨矫直方向与安置弯臂钩朝向一致。

2. 调查硬弯及划撬

鉴别钢轨是否有硬弯,可采用"一看、二查、三量、四照、五判断"的方法。

(1)一看:距钢轨弯曲处 10 ~ 15 m,背向阳光,采取立、蹲、俯三种姿势,反复观察,确认硬弯。

(2)二查:凡用拨道、改道方法不能彻底整治的钢轨弯曲为钢轨硬弯。

(3)三量:在弯曲处用 1 m 直尺测量,矢度大于 0. 5 mm 的为钢轨硬弯。

(4)四照:对照工长检查手册,看轨距、方向变化情况,如变形次数多且有规律,可认定为钢轨硬弯。

(5)五判断:目视确定硬弯的始终点,用拉弦或钢直尺测定硬弯的最大矢度及位置,用油漆或石笔标明范围,用箭头标明矫正方向。

3. 矫直钢轨

(1)松扣件:在硬弯矫直部位松开不超过 5 个枕木头的道钉或扣件,硬弯距接头较近时,应松开接头螺栓。

(2)上直轨器:垫平、摆正直轨器。

(3)矫直:将弯臂钩对正硬弯始点,液压顶放在弯臂钩前端,每隔 200 ~ 250 mm 向前矫直一处。较长的硬弯需多点矫直时,应根据轨温及轨型适当预留回弹量,一般矫直量为硬弯矢度的 1. 6 ~ 1. 9 倍。

(4)撤除直轨器:矫直到位后,要保压 5 ~ 10 s,松开油阀动作要缓和,以确保矫直效果。

(5)拧扣件:先拨正非矫直股方向,然后改正轨距,补齐道钉或扣件,上好接头螺栓。

(二)质量标准

1. 作业后目视钢轨直顺,用 1 m 直尺测量,矢度不大于 0. 5 mm;允许速度大于 120 km/h 地段,矢度不得大于 0. 3 mm。

2. 轨距、轨向和顺坡率符合《修规》中作业验收要求。

3. 安装扣件符合质量要求。

(三)安全及注意事项

1. 直轨作业必须办理封锁施工手续,设置移动停车信号防护。

2. 矫直钢轨作业轨温应高于25℃,调查工作量时要在高温前进行。

3. 铝热焊接头处禁止矫直钢轨作业。

4. 上道前检查机具有无带"病"上道。

5. 直轨器转移时,要注意不碰伤手脚。

六、道岔起道

(一)作业(操作)方法和步骤

1. 作业条件

(1)道岔起道作业,必须设驻站联络员和工地防护员防护。

(2)轨道电路区段,电务人员应到场配合,作业后,工电人员进行调试后才能撤离。

(3)允许速度不超过120 km/h区段,若一次起道量在40 mm及以下,起道作业收工时,顺坡率不大于2.0‰;允许速度大于120 km/h区段,道岔起道作业应在"维修天窗"点内进行,处理晃车和Ⅲ级偏差应申请"故障天窗"并在"故障天窗"点内作业。

(4)起道地段应有足够的石砟。

(5)无缝道岔起道要执行《修规》的规定。

2. 调查工作量及安排作业计划

(1)主要干线的正线道岔须做到抄平打桩起道。

(2)无条件时,也应做到人工提前调查,将道岔及前后线路的各部起道量标记在轨腰上。重点起道时,标好坑洼头尾位置及钢轨低接头、拱腰、空吊板等捣固标记。全面调查技术设备和结构状态,合理安排作业计划。

3. 基本作业

(1)准备:手工捣固时,根据起道量进行扒砟,压打道钉,拧紧扣件,起出影响捣固的防爬木撑。混凝土枕道岔禁止手工捣固,须使用小型捣固机械进行捣固。

(2)指挥起道:全面起道时,按计划起道量结合看轨面进行,先起标准股;重点起道时,指挥起道机放置在指定位置,看道人员一般距起道机不少于20 m,目视标准股钢轨外侧轨头下颚线,用手势指挥起道。

(3)对水平:起标准股和对水平可多机同时起道,既有利于轨面平顺,又节省打塞人员。对水平应力求对平;对特殊部位(如接头、叉心),通过车辆较频繁时,一般视具体情况,水平可作适当调整。

(4)捣固:捣固人员可根据施工负责人画出的重点捣固记号进行加强捣固,一般为接头、杆件、叉心和空吊板等处。

(5)先捣主线,捣好后再将侧线道床扒开捣固。

(二)质量标准

捣固后的水平、高低、三角坑和枕木空吊板率均应满足《修规》有关规定要求。

(三)安全及注意事项

1. 作业中如有来车,非标准股水平必须对平,并提前按起道高度做好顺坡工作。

2. 电气化铁路区段起道量较大时,要注意线路标高,必要时与供电部门联系,配合作业。

3. 轨道电路区段,作业时使用的金属机具、工具不得搭接相邻钢轨和跳线,以防止因短路而影响信号使用。

七、道岔拨道

(一)作业(操作)方法和步骤

1. 调查工作量及安排作业计划

(1)测量调查:由专业测量人员使用经纬仪对道岔与前后线路(包括曲线)进行中线测量,经计算将拨道量标在道岔各对应点上。

(2)精细拨道:将道岔与预先埋设的道岔拨道桩距离拉出,与原先设定的数据进行对照,计算出需要的拨道量。

(3)目视道岔大方向拨道:拨道负责人跨立在标准股上看道指挥。看大方向时,离拨道起终点50~100 m左右看轨面光带;看小方向时,离拨道点25 m左右看钢轨作用边向不动点目测穿直,确认拨道方向,估算拨道量并做好标记。

根据上述某一种调查方法,安排作业计划,组织人员作业。

2. 基本作业

(1)准备:将调查出的拨道量标在相应的位置,两个点距离较远时,中间加点,并做好拨道量的顺坡计算,原则上每5 m设一个测量点,以拨道桩或相邻钢轨为固定参照物,计算出拨道后距离。

(2)扒砟:拨动量超过10 mm时,枕木头石砟要掏松或扒空,清除影响拨道的防爬设备等障碍物,压打道钉,拧紧扣件。

(3)粗拨:拨道负责人站立距离80 m左右,背向阳光,将拨道点与前后不动点的钢轨光带目视穿直,用手势指挥拨道;道岔拨道一般使用3台拨道器,前移方向一股均匀放置2台,另一股放在两台中间的相对处,成“品”字形。拨道器操作手根据负责人的指挥手势同时拨动钢轨,并安排人员丈量道岔拨道量,放撬前先将离缝枕端的石砟夯实。

(4)回检细拨:与粗拨道程序相同,拨道负责人站立距离保持在25m左右,目视钢轨作用边,找小弯拨直,并根据需要预留回弹量。

(5)捣固:拨量较大或拨后影响轨面及水平时,要进行轨面捣固作业。

(6)整平夯实:按要求整理夯拍道床,恢复防爬设备等。

(二)质量标准

1. 目视大方向良好,与前后线路道岔群连接顺直,连接曲线无鹅头和反弯。

2. 拨后轨向、水平容许偏差管理值应满足《修规》第6.2.2条作业验收的要求。

3. 道岔后有连接曲线时,拨道作业结合进行,作业后的有关几何尺寸应符合相关规定。

(三)安全及注意事项

1. 道岔拨道作业,必须设驻站联络员和工地防护员防护。

2. 轨道电路区段,电务人员应到场配合,作业后,工电人员进行调试后才能撤离。

3. 允许速度不超过120 km/h区段,若掌握列车运行情况,可利用列车间隔进行拨道,来车前要做好顺撬,消灭轨向Ⅰ级及以上偏差。

4. 一次拨道量超过 40 mm 时,应办理封锁施工手续,设置移动停车信号防护。

5. 允许速度大于 120 km/h 区段,道岔拨道作业应在“维修天窗”点内进行,处理由轨向引起晃车的临时补修应申请“故障天窗”并在“故障天窗”点内作业。

6. 拨动量较大时,先要考虑线间距和建筑限界。

7. 两股拨道器禁止放在同一孔拨道,放置拨道器位置要避开铝热焊接头、绝缘接头、电务跳线和拉杆等部位。

8. 电气化铁路区段一次拨道量超过 30 mm,必须有供电部门配合。

八、调整道岔各部间隔尺寸

(一)作业(操作)方法和步骤

道岔各部间隔尺寸较多,又因道岔的号码和类型差异,其间隔尺寸的位置、宽度、允许偏差值又不尽相同,调整方法各有差异,有时调整一个部位间隔尺寸需多种方法组合并用,故要看引起间隔尺寸偏差的原因有哪些,再选用针对性的整治措施。

1. 调　　查

主要调查尖轨非工作边与基本轨工作边的最小距离、辙叉心轮缘槽宽度和护轨平直部分轮缘槽宽度;可动心轨提速道岔还须测量辙叉心咽喉尺寸、翼轨与心轨在各对应部位的距离,并将偏差值在现场做出标记。

2. 分　　析

对不同部位的偏差进行分析,查找主要原因,正确判断是作业质量引起的还是设备结构造成的,再制定整治方案,合理安排计划,才能收到理想效果。调整方法大致有垫、磨、直、拨、改、换、拉等多种。

3. 尖轨非工作边与基本轨工作边距离偏小的调查

这一间隔尺寸的量取位置距离较长,影响其间隔尺寸的原因较多。

(1)首先检查转辙部分框架尺寸(必要时每根岔枕进行检查),有误差时,先改正框架。

(2)转辙部分存在轨向、轨距和递减不顺,用拨道和改道结合解决。

(3)尖轨非工作边和基本轨工作边有肥边,采用打磨处理。

(4)检查尖轨连接杆和耳铁尺寸是否有误差。连接杆有误时要更换,误差较小时可调整连接杆与耳铁眼孔或增减耳铁与尖轨连接处的调整插片。

(5)尖轨顶铁磨耗、与基本轨腰部有间隔,采用垫实的办法解决。

(6)尖轨非工作边与基本轨工作边间隔尺寸偏小,两侧开程尺寸偏差较大,使得尖轨与基本轨刨切部分存在缝隙,表现为尖轨“后靠”。判断方法:一看道岔扳动时尖轨中部刨切终点先靠于尖轨头部;二是将尖轨连杆全部卸下,用撬棍拨动尖轨,确认尖轨中部先靠于尖轨头部。“后靠”的原因大致有两种:一是左、右两根尖轨在上道前的弯折位置和矢度不一致;二是侧线进车频繁,对尖轨长期侧向冲击变形。遇到此情况,须办理封锁手续,卸下尖轨,使用直轨器重新矫正。还有一种情况是尖轨非工作边与基本轨工作边的最小距离不在尖轨中部(刨切终点),而在尖轨中后部,说明尖轨中部到尖轨跟端存在矢量(可用弦线测量),这一范围需用直轨器矫直。

4. 护轮轨轮缘槽尺寸一般偏小较多，主要是护轮轨基本轨作用边存在肥边，加之间隔铁长期磨损所引起。其调整方法是打磨肥边、调换磨损严重的间隔铁，或在间隔铁与钢轨腰部间垫调整插片。

5. 辙叉心轮缘槽宽度偏小，一般为翼轨和叉心压溃所引起，应先进行打磨。如打磨后还不能满足要求，必须更换叉心。钢轨组合型叉心轮缘槽偏小时，可办理封锁手续，在叉心与翼轨连接的间隔铁内垫调整插片。

6. 可动心轨辙叉咽喉处的尺寸大部分同样偏小，引起轨距同步偏小，车轮撞击该处钢轨，引起严重侧磨，可在两翼轨咽喉处的间隔铁间垫调整插片，结合改正轨距和轨向解决。

7. 可动心轨辙叉的心轨与直、曲股翼轨在多个指定位置也有间隔尺寸（因道岔号码、类型不同而有差异，按道岔铺设图标注尺寸要求调整）。如左、右两股翼轨相对间隔距离偏小，一是直接影响心轨一动、二动的动程，二是导致此处直、曲股轨距偏小；如翼轨间隔距离偏大，就会影响心轨与翼轨间的密贴，存在缝隙。偏差较大的主要原因：一是翼轨弯折点位置不正、弯折矢度偏大或过小；二是作业未达标，上道前道岔组装时有偏差，上道后又细整不到位。调整方法是：先采用改道作业，调整轨距铁，加垫片；如效果不明显，还要检查岔枕位置，结合方枕作业，以保持改道效果；第三是在各对应位置安装特殊拉杆，既可拉又可撑，一般能收到较理想的效果。如采用上述方法还不能彻底解决问题，则只能申请翼轨下道，重新进行矫正后安装调试。

（二）质量标准

1. 尖轨非工作边与基本轨工作边的最小距离为 65 mm，允许误差为 −2 mm。

2. 辙叉心轮缘槽标准宽度为 46 mm，允许误差为 +3，−1 mm。

3. 护轨平直部分轮缘槽标准宽度为 42 mm。侧向轨距为 1 441 mm 时，侧向轮缘槽标准宽度为 48 mm，允许误差为 +3，−1 mm。

（三）安全注意事项

1. 在有轨道电路区段的道岔转换部位作业，必须事先与电务联系，由电务派员到场配合。

2. 调整道岔间隔尺寸必须设置驻站联络员和工地防护员防护。凡影响行车的作业，都必须严格执行《安规》的相关规定，办理临时封锁手续，按规定时间及时恢复。

3. 在转换部位作业，应严格执行安全措施，掌握列车运行情况，预防因道岔转换轧伤手脚。

九、识读道岔标准图

（一）作业（操作）方法和步骤

1. 铺开道岔图纸，记住图号（有的图号分施工图号和设计图号），确认图纸的标题名称、型号、零配件标注的比例尺寸。

2. 读出道岔全长、中交位置、转辙角、前长、后长的起讫位置及相互关系。

3. 读出导曲线半径、导曲线起讫位置、各点支距、横距。

4. 读出道岔配轨情况及每根钢轨的长度。

5. 读出岔枕根数、长度和岔枕间距。

6. 读出各部间隔尺寸。

7. 读出图中标注编号指的是什么零部件,并按编号查阅明细表,读出该零部件及其数据。

8. 详细阅读设计说明、铺设指南及技术要求,了解道岔设计理念、构造性能和结构,掌握铺设指南中铺设、安装、调试中的顺序和方法,并熟悉技术要求,指导日常养修作业。

(二)质量标准

1. 读图要细致,要仔细区分相似部件的间隔尺寸及尺寸标注的位置,防止读错尺寸或读反尺寸。

2. 左右开道岔系对称制造,读图时要注意自己所读的是左开还是右开。

3. 能应用图纸所列内容进行现场道岔组装、配轨及配置道岔主要零部件,能掌握图纸标明的技术尺寸并进行道岔检查和养修作业。

【例题】 图 14 所示为混凝土枕 60 kg/m 钢轨 12 号单开道岔(专线 4127)铺设图,试读图。

【解】 根据图 14 可知:

1. 道岔中心:直向和曲向线路中心线交点。面对岔尖看曲股:右开道岔。

2. 看道岔具体尺寸

道岔全长 37 907 mm;道岔前长 16 853 mm;道岔后长 21 054 mm。

道岔中心在图中标出。

3. 道岔中心到尖轨尖端为 14 003 mm;尖轨尖端至基本轨轨缝为 2 850 mm;岔中至辙叉理论尖端 17 250 mm;理论尖端至岔后直向基本轨轨缝 3 804 mm。

4. 图中 2 000 为横距,最后点横距为 1 416 mm,合起来为 17 416 mm。各点支距分别为 208、280、364、459、566、685、814、956、1 128、1 223 mm。

导曲线始点和终点在图中标出。

导曲线半径 350 717. 5 mm。

5. 尖轨长 11 300 mm,基本轨长 15 700 mm。

外直股钢轨长为 22 191 mm;内直股钢轨长为 17 812 mm;曲上股钢轨长分别为 9 090、8 756 mm;曲下股钢轨长分别为 9 604、12 500 mm。

6. 轨枕组数为 26 组。每组前一个数字为根数,后一个数字为岔枕长度,如第一组共 8 根,每根长 2. 5 m。岔枕上面的数字为岔枕间距,如尖轨尖端所在间距为 530 mm,往后依次是 615、545…(8 根均为 545 mm,标 8 ×545)。

7. 道岔的辙叉角 $\alpha = 4°45'49''$。

8. 各部轨距:尖轨尖端轨距为 1 437 mm,其他地段轨距为 1 435 mm。

9. 图中其他符号参看图注。

十、整治普通接头钢轨病害

(一)作业(操作)方法和步骤

普通接头钢轨病害的种类较多,钢轨接头错牙和轨端肥边是最主要的两种。

1. 整治钢轨接头错牙

(1)调查错牙接头及其前后的轨缝,以判断是否需要进行轨缝调整。

Ⅰ.道岔主要尺寸(mm)

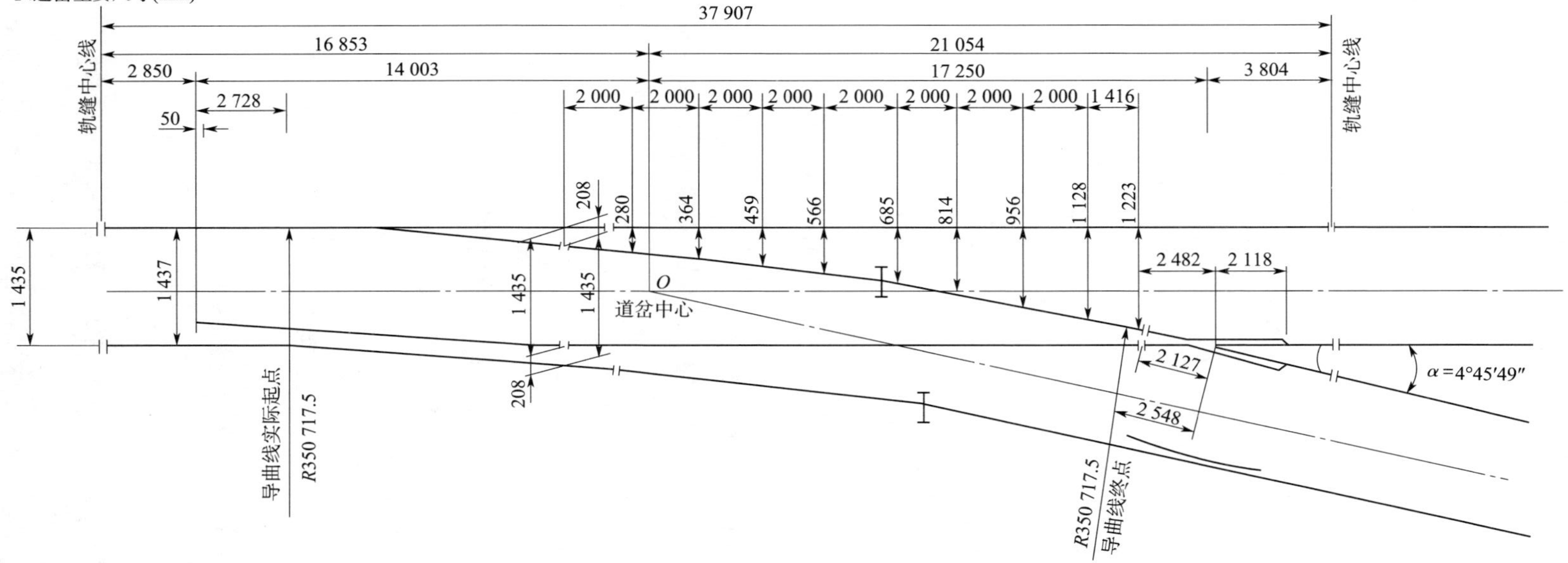

Ⅱ.钢轨长度及轨枕布置

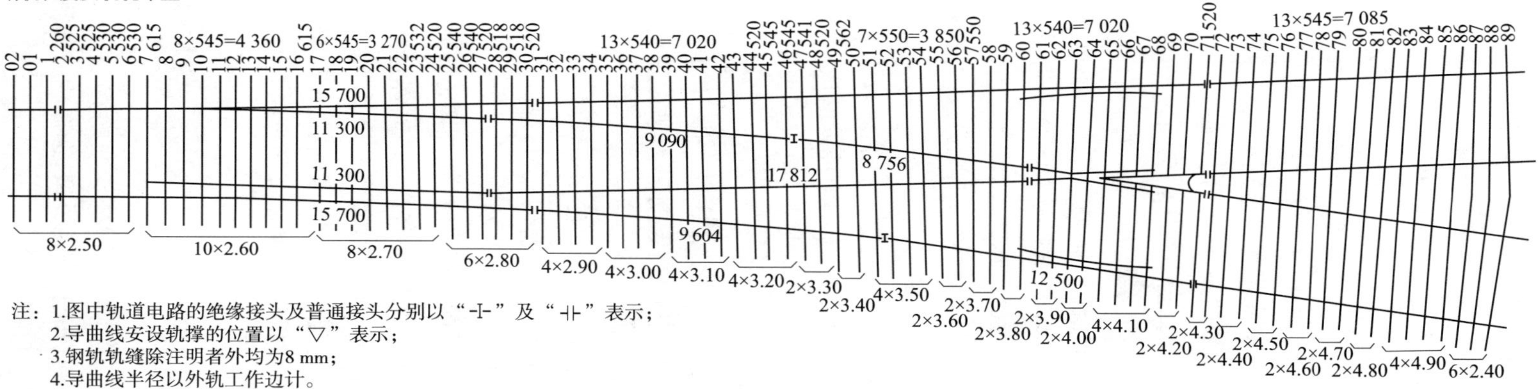

注：1.图中轨道电路的绝缘接头及普通接头分别以“-I-”及“-||-”表示；
2.导曲线安设轨撑的位置以“▽”表示；
3.钢轨轨缝除注明者外均为8 mm；
4.导曲线半径以外轨工作边计。

图 14　道岔铺设平面总图

(2)锁定钢轨,拧紧前后两节钢轨的扣件,打紧防爬设备。

(3)卸下接头两根轨枕扣件。

(4)卸下(松开)接头螺栓和夹板。

(5)对螺栓、夹板和钢轨涂油。

(6)根据接头错牙量的大小,选择适当厚度的三角铁垫片(长420 mm或500 mm),然后在外错轨端外侧夹板与钢轨之间,或在内错轨端的夹板与钢轨之间垫入三角铁垫片(上下错牙同理)。

(7)安装夹板和接头螺栓,并拧紧接头螺栓。

(8)若接头错牙仍未完全消除,则应重新拆开接头,调整三角铁片厚度重新垫入。

(9)检查轨距、水平,消灭偏差。

(10)安装接头两根轨枕和扣件,并拧紧。

2. 打磨轨端肥边

(1)调查轨缝:若轨缝不足10 mm,应适当调大轨缝,以利打磨。

(2)匀缝:松开接头、中间扣件和防爬设备,作匀缝处理。

(3)打磨机试运转。

(4)打磨:沿钢轨轨端肥边开始,接触要轻,用力要均匀,适时调整进轮角度,往复运动,均匀打磨。

(5)观察打磨进度和打磨线条质量,直至轨端肥边彻底磨掉,线条顺直。

(6)倒角:在轨端与轨面处磨成45°夹角,预防轨端肥边快速形成。

(7)调整轨缝:轨缝达到规定要求,兼顾前后轨缝均匀,复紧扣件,锁定钢轨。

(二)质量标准

1. 正线、到发线轨面及内侧错牙不大于1 mm,其他站线不大于2 mm。

2. 作业处的轨距、水平和轨距变化率符合《修规》作业验收标准要求。消灭2 mm及以上的接头空吊板。

3. 接头和中间扣件扭力矩符合规定。

4. 轨端肥边打磨彻底,目视顺直,倒棱清晰。

(三)安全注意事项

1. 必须拆开接头时,须办理临时封锁手续,在规定的时间内恢复线路。

2. 电源开关、插盒及导线要保持状态良好、牢固,配置触保器。

3. 使用砂轮机时操作人员要戴防护镜,穿绝缘鞋。

4. 经常检查砂轮片紧固度,适时更换过薄的砂轮片,以防击碎伤人。

5. 轨端肥边打磨适宜安排在气温较低时作业。打磨绝缘接头,必须执行相应安全措施。

十一、测量钢轨、辙叉磨耗

(一)作业(操作)方法和步骤

1. 判别钢轨磨耗类型,选择相应的测量工具(直尺、卡尺、塞尺、楔形尺或钢轨磨耗测量仪及叉心磨耗测量仪)。

2. 选择钢轨磨耗最大处,垂直磨耗在钢轨顶面宽1/3处(距标准工作边)测量,侧面磨耗在钢轨踏面处(标准断面下 16 mm)测量,波浪形磨耗在轨顶踏面上测量。

3. 高锰钢整铸辙叉垂直磨耗(不含翼轨加高部分)在辙叉心宽 40 mm 断面处测量,可动心轨垂直磨耗在心轨宽 40 mm 断面处测量,翼轨垂直磨耗在可动心轨宽 20 mm 断面对应处测量。

4. 进行侧面磨耗测量,读取磨耗量值。

5. 测量波浪形磨耗,用 1 m 钢直尺侧放在钢轨顶面,在峰谷处加垫塞尺,读取波浪形磨耗值。

6. 根据实测量值,对照《修规》相关标准进行分析判别。

(二)质量标准

1. 按规定位置测量,数据准确。垂直磨耗、侧面磨耗量值误差不超过 1mm,波浪形磨耗量值误差不大于 0. 1 mm。

2. 测量位置、项目与记录数据相符,数据分析处理无误。

3. 在曲线地段测量,每 25 m 各测 1 处上下股垂直磨耗和侧面磨耗,波浪形磨耗测 10 处。

(三)安全注意事项

在线路上作业,必须符合《安规》的有关规定。

高　级　工

一、使用经纬仪校正线路方向

(一)作业(操作)方法和步骤

1. 经纬仪对中和整平

(1)三脚架三条腿应等距离支撑地面,三脚架顶部中心大致位于测点上方,三脚架顶面近似水平。确认三脚架牢固地支撑在地面上。

(2)将仪器放置于三脚架顶部,用一只手把握住仪器,另一只手转动三脚架下方的中心螺旋,直至旋紧。确认仪器已牢固地置于三脚架上。

(3)通过光学对点器进行观察,转动光学对点器目镜,直至看清分划板上的十字丝中心。

(4)观察圆水准器水泡偏离中心的方向,缩短靠近该方向的一条腿,或加长与该方向相对的一条腿,重复调整三脚架,直至圆水准器的气泡居中。检查测站点是否依然位于光学对点器十字丝中心。如有偏差,重复步骤(3)和(4)。

(5)设三脚调整螺旋为 M_1、M_2、M_3,松开经纬仪水平制动钮,转动仪器照准部,使照准部水准器平行于 M_1、M_2 两螺旋的连线,调整 M_1、M_2 螺旋使照准部水准器气泡居中。旋转仪器照准部 90°,使照准部水准器水平垂直于 M_1、M_2 螺旋的连线,调整螺旋 M_3 使水准气泡居中。注意:气泡是朝顺时针旋转螺旋方向移动。

(6)检查测站点是否依然位于光学对点器十字丝中心。如还有少量偏差,轻轻地放松中心螺旋,通过光学对点器的目镜,用手轻微地在三脚架顶部平面滑动仪器,直到测站标点准确对准于十字丝中心。重新紧固中心螺旋。注意:滑动仪器时,应使仪器底座相对于三脚架顶部平面平行移动,切忌旋转。

(7)再次调整照准部水准器气泡使之在各个方向都处同一位置,确认测站点位于光学对点器十字丝中心。如有偏差,重复步骤(6)和(7)。

2. 中线测量

(1)目视选择一段大方向较好的地段作为测站。根据两已知点延长直线,一般采用经纬仪正倒镜分中法进行中线测量,如图 15 所示。

图 15　中线测量

(2)将经纬仪置于 B 测点。

(3)在 A 点标桩处对点。将测钎尖对准 A 点标桩中心处的铁钉,使测钎垂立于 A 测点。

(4)将经纬仪照准目标 A 测点。

①松开水平和垂直制动螺旋,用照准器照准目标,即立于 A 点的测钎,使其进入视场。

②固定水平和垂直制动螺旋,转动望远镜对光螺旋使目标清晰,转动水平和垂直微动手轮,使十字丝照准目标,即立于 A 测点的测钎尖。

③旋转望远镜目镜,直至十字丝呈像清晰。

(5)测定直线中线方向。

①倒转望远镜沿视线方向定出 C_1 点,在 C_1 点钉入标桩,用铅笔在桩顶标出 C_1 点位。

②以倒镜方法对准后视镜 A 测点。松开照准部制动螺旋,将望远镜水平旋转 180°,沿视线方向定出 C_2 点。

③取 C_1 与 C_2 的中间点 C 为直线中线方向。先用 200 mm 钢直尺量 $C_1 \sim C_2$ 间距离,取其 1/2 的值为 C 点位置。钉入标桩,并在桩顶的 C 点位置钉入铁钉。

(6)设置直线中心桩,用 30 m 钢尺沿直线 AC 方向丈量直线距离,每 25 m 钉设一个中线桩。桩顶面铁钉处表示线路中心位置。对每个标桩用油漆按里程编号。

(7)量取中心桩与线路中心的偏离度,计算拨道量,安排组织拨道。

(8)随着经纬仪功能的不断改进(如全站仪的应用普及和优化),操作起来更加便捷、准确,大大降低了对中整平的时间和难度。

(9)既有线上的中线测量,由于列车密度大、速度快,一般采用"外移"测量法,即将仪器放在线路外侧,将仪器与测点引一条和线路的平行线,从而计算出拨道量。

(二)质量标准

1. 安置仪器,对中误差在 2 mm 以内。

2. 直线中线测量每百米误差不超过 3 mm。

3. 各中线桩钉牢固,位置正确,测点编号清楚。

(三)安全注意事项

1. 使用仪器时要轻拿轻放,中途转移时要防止碰撞。

2. 不得用手和粗布擦拭镜头,应用绒布或擦镜纸擦拭。

3. 在线路下部测量,来车时要扶住仪器,防止倾倒,过车后要检查仪器位置,确认对中整平后才能继续测量。

二、成组更换单开道岔

成组更换单开道岔大致可分为现场更换法和预铺移设法两种。

现场更换法适用于线路密集、地势狭窄、没有存放新道岔空地的道岔施工。预铺移设法适用于有空地的场所。

现场更换法

(一)作业(操作)方法和步骤

1. 前期准备工作

(1)现场调查:确认新旧道岔的型号,调查旧道岔爬行情况,查明前后连接轨的长度、轨缝、磨耗量和渡线长度,施工场地周围环境,有无障碍物,要考虑新道岔铺入后是否会侵入限界。

(2)使用长钢尺采用简易法测定道岔位置,如结合线路改造需要移位时,可使用经纬仪复核道岔位置。

(3)配轨:核对好道岔位置及更换引轨的起终点,同时要考虑道岔前后钢轨接头相错量和串动钢轨的方向,并分别量出新旧道岔长度,再确定道岔前后的配轨长度,然后锯轨、钻眼,锁定线路,防止爬行。更换新道岔时,道岔前后各一对引轨应同时更换成新轨。

(4)协调配合:如整个施工中对车站有什么要求,占用股道和时间,电务的配合,道岔移位对电缆设施的影响,还有通信、照明、广播、电线杆的移位等协调配合。

(5)检查道岔钢轨:新道岔钢轨在自由状态时是否有硬弯,尖轨、基本轨弯折点位置和弯折量是否正确、合理,复核主要配件的数量和规格,防止出现差错。

(6)连接轨组:

①把新道岔的轨件按上、下股分别运放在旧道岔两侧相应的位置,连接成两组。上股组包括直股基本轨、尖轨、外直轨和导曲线上股轨;下股组包括曲股基本轨、尖轨、导曲线下股轨和内直轨。因辙叉较重,可放在适当位置,暂不连接,如图16所示。

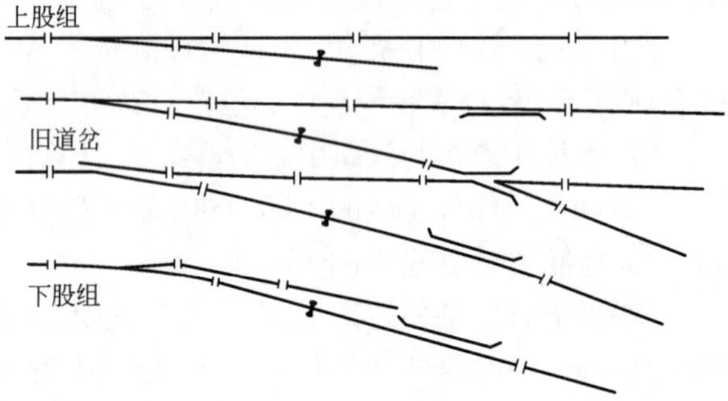

图16　轨组连接

②滑床板除锈打磨后连接到新道岔基本轨相应位置上。

③新道岔钢轨上标出枕木位置、支距点、轨距加宽及递减距离。对支距垫板排队编号。

④同时成组更换岔枕时,将岔枕按长度运到适当位置,按要求进行调头、翻身、编号,划好直股钢轨底边的位置线,并按规定进行捆扎。

⑤更换不同类型的钢轨时,先在道岔直股每隔五根枕木更换一块新垫板,以确保在不更换岔枕的情况下新道岔铺设后的位置准确。

⑥准备工作的检查及施工安排。施工负责人在封锁前几天,对前期准备工作进行检查,对工具、机具、材料、作业人员、运输、后勤和防护工作进行布置和落实,交代施工方法、安全措施和注意事项等。

2. 基本作业

(1)在车站行车设备登记簿内登记,按规定设置防护,根据封锁施工命令设好限速、封锁防护信号。

(2)慢行前的准备

①起道钉:每隔三根枕木起掉一根枕木的道钉,其余道钉试起后复位,每两只螺纹钉中换一只为道钉。

②卸夹板:卸掉夹板上4根以外的螺栓,保持每端钢轨有2根接头螺栓。

③道岔前后钢轨、零部件到位。

④转辙部分需要拆除的螺栓、杆件等要试松,加垫垫圈或更换。

成组更换岔枕时,将枕木盒内石砟按有关规定扒出。

(3)慢行期间的准备

①起钉:枕木隔一起一钉,更换岔枕时起掉所有方向钉。

②拆除轨距杆、支距杆和防爬设备。

③扒砟:按有关规定将枕木盒内剩余的石砟扒出。

④如道岔纵向位移量超过80 mm,岔枕又不同步更换,要做好转辙部位岔枕的方枕工作。

⑤有控制锁的道岔,会同电务做好准备,待电务封锁命令到达后,将道岔钉固,拆除侧股钢轨。

(4)封锁施工

①起掉全部道钉,卸掉联结螺栓,拆除夹板、杆件。

②抬出旧轨,搬运旧叉心、旧岔枕。

③整平道床,新岔枕、垫板到位。

④拨入新轨,合龙门,道岔与线路方向顺直。

⑤钉道:一人负责看方向,先钉外直股,再量支距钉导曲线上股,最后量轨距,钉内直股和导曲线下股。

⑥拨正方向,起平轨面,消除Ⅰ级以上水平超限,分两次回填石砟。

⑦指派专人配合电务调试转辙部分设备。

⑧检查施工地段的方向、水平、轨距、道床和行车标志,符合开通线路条件后,通知防护员撤除停车信号,重新设置限速防护信号,再通知车站开通线路。

(5)施工后慢行

①每通过一趟列车,都要进行一次全面检查,及时消除超限。

②全面复紧螺栓,补齐、打紧道钉,消除空吊板。

③安装杆件和防爬设备,回填整理道床。

④回收旧轨旧料,堆放整齐。

(二)质量标准

1. 道岔及前后线路方向要顺直,各部几何尺寸都要符合《修规》中《更换新道岔验收标准》的要求。

2. 道岔爬行量不超过20 mm,配轨合理,消除接头1 mm以上的错牙。

3. 在更换不同类型的道岔时,对岔后连接曲线的整正必须同时达标。

4. 对原有道岔存在的渡线方向、道岔位置不正等问题,要通过道岔大修进行移位一并解决。有加强设备要求的道岔,必须同时安装齐全。

5. 做到工完料尽,轨料集中堆码存放,零部件收集整理。

(三)安全注意事项

1. 连接轨组必须垫平、放稳、固定,其高度不得高出既有线钢轨顶面25 mm,其距钢轨外侧不得少于150 mm,不得影响道岔扳动转换。

2. 在轨道电路区段进行道岔施工时,电务信号停用前和开通后要防止工具、材料连电短路,影响行车。

3. 准备工作的程度以不影响行车安全为度,各种机具、材料不得侵入限界和邻线。

4. 作业时人多集中,前后左右相互照看,搬运钢轨等重物要一人指挥,作业人员动作一致,注意脚下障碍物,确保人身安全。

5. 在气温变化大的季节施工,配轨时要测量轨温,对道岔更换时的轨温要预测,要考虑钢轨温差伸缩量对轨缝的影响。

6. 防护员要确认慢行、封锁命令的号码和起止时间,执行《安规》的有关规定,正确设置防护。

预铺移设法(适用于木枕道岔、混凝土枕道岔、提速道岔)

(一)作业(操作)方法和步骤

1. 前期准备工作

(1)搭设预铺架

①确定搭设位置:

a. 选择待换道岔一侧或两线间较宽阔的场地,并清理场地,将影响搭台的障碍物,如土堆、旧轨、电杆、围墙、建筑物等拆移搬迁(应事先联系或召开协调会)。

b. 大站场道岔比较集中,两侧又无搭台场地,必须占用运行线时,应与运输部门联系,由上级主管部门进行协调。施工单位需到现场调查,提出占用的股道名称和时间,到时按规定设置防护。

c. 也可以利用已组装并经验收合格的道岔上再重叠组装一组。上下两组道岔应不安排在同一天施工。

②设架台。先整平架台基础,用废旧枕木交叉堆放平整。整组道岔要搭设 7 ~9 个架台,架台枕木垛间距一般为 4 ~7 m,根据道岔不同部位的重量确定具体架台枕木垛位置,并能确保道岔接头位置和全部荷载均匀地分布于各个枕木垛上。架台的高度以较既有线轨面低 300 mm左右为宜。架台的标高基本保持一致,同一架台水平要好,有利于提高道岔组装和调试质量。

③铺设架轨。架轨一般采用 43 kg/m 轨或 50 kg/m 轨,平行既有道岔纵向设置,靠转辙部位设两根平行的架轨,间距为 1.5 m 左右。在道岔中交点之后,应根据道岔的开向再斜放一股架轨,架轨全长一般控制在 45 ~48m 间,保证提速道岔全部承放在架轨上。架轨要求稳固,水平一致。

(2)卸　　料

①吊装岔枕前,台轨上应按岔枕间距进行编号,然后利用吊机将岔枕对号入座,卸到架轨上。

②吊装道岔钢轨时,应注意道岔的开向,利用吊机将道岔钢轨逐根卸到位。或在道岔架轨与平板车间架设滑轨,通过人工起落、绳子拉运和吊机配合,把翼轨、心轨组合体吊移到架轨上。

③零配件可整箱吊装,适时运到组装现场。

(3)线下焊接

提速道岔是全焊接的无缝道岔,为确保焊接轨缝的预留量及轨端平整、对齐,钢轨全部运送到位后,就应进行线下焊接。在焊接过程中,应严格按照焊接工艺要求和操作规程进行。

(4)道岔组装

①轨枕均按 600 mm 间隔布置,可先在道岔直股钢轨上划好枕木位置,按顺序编号,一次到位,并使直股螺孔在一条直线上。

②胶垫、滑床板、垫板按道岔铺设图进行连接。

③将两股基本轨轨端方正，确保道岔前接头相对，然后安装扣件，连接钢轨。轨距块按图配置。待直股方向、曲股支距全部符合要求后，拧紧直股轨枕螺栓。待各部轨距及变化率均符合标准后，再拧紧曲股轨枕螺栓。

④细整并安装钢岔枕。

⑤配合电务人员安装转辙设备并进行调试。

⑥组织线下验收，确认符合上道要求。

2. 封锁前准备

(1)确定道岔中交位置：当上下行道岔渡线方向严重不良时，应对道岔中交进行测量复核，并计算出新道岔中交位置及位移量。移动量和方向事先要与电务联系，考虑电缆长度有无余地，信号设施、电箱位置是否达标。

(2)确定道岔中线方向：若桥梁与线路、道岔与曲线长期存在大方向不良的问题，应建议技术部门进行线、岔、桥的中线测量，确定施工基准线，作为封锁施工时道岔就位的依据。

(3)道岔方向定位准备：复线区段更换道岔，可以以施工的邻线钢轨为参照物，将施工的新、旧道岔(直股)钢轨分成若干段，一般间隔 5 m 设一个测量点，事先把施工道岔到邻线钢轨的相对距离记录下来，作为新道岔拉移就位和拨正道岔方向的依据。这样可克服道岔施工在开通前作业人员集中、目视距离近、拨大方向难的困难。

3. 基本作业

(1)慢行前的准备

①施工人员必须在封锁前 120 min 到达工地，按各自分工带齐工具、材料和备品。

②运输队施工人员到达工地后，轨道车司机做好动车准备，联系时间到工地卸料具，配合回收旧料。若要利用轨道车动力顶送新道岔进行纵向移动，应准备好长顶杆和钢丝绳等。

③新岔起垫组人员布置好滑轨位置，每组道岔 8～9 根，要求布置滑轨合理，并使道岔向线路方向倾斜 3°～5°，以减少道岔的横移拉力。在每组新道岔上系好四根用于拉移道岔的棕绳，系绳位置大致在 11～12、29～30、49～50、71～72 号轨枕间，并均匀地系好 3 条防溜索，再将道岔打起，垫好 16～18 只走行轮。布置滑轨要力求使道岔垂直于原线路，对悬空较长的滑轨必须垫实。在确定第一根滑轨的走向后，其后滑轨两端的间距一定要相等，否则就会卡滑轮，甚至新岔在横移过程中跌落。第一根滑轨除垂直于原线路外，还要检查道岔横移到位后纵向是否到位，距龙门位置是否吻合，否则事先要进行较精确的调整，做到尽量减少纵向移动量。另外还要准备好足够数量的 0.5 m 的短枕木头、16～8 台(套)齿条式起道机并备好一定数量的备用起道机。

该项作业，应根据更换道岔号数的大小、道岔长度的具体情况合理安排人员、机具的配备数量，有条件的可使用新型纵横移施工设备进行。

④旧岔准备组：尖轨组安排 2 人准备螺栓，其余人员全部按分工进行扒砟，各自作业分工范围内的道钉可隔三起一。

(2)慢行期间的准备

①拆除轨距杆、防爬设备。

②扒砟：扒清枕木孔内的石砟和枕木头外的石砟，不得影响道岔滑移和拆除旧岔的抬轨抬

旧枕作业。

③起钉或卸扣件：慢行期间起钉或卸扣件隔一起一，并注意两股钢轨起、卸位置一致。

④接头准备：钢轨接头每端保持两只螺栓，其余螺栓拆除。

⑤螺纹钉的准备：叉心扣件螺栓松卸后再拧紧。以上工作要在 30 mim 内完成。

⑥根据电务信号及车务行车情况，等电务封锁命令下达后，与车站联系将道岔钉固加锁，拆除曲股钢轨，包括当天施工范围内曲股的渡线和站线轨，时间为 20 min。

⑦起垫组起垫新岔，做好拉岔准备，检查道岔滑移通道上有无障碍。

(3)封锁(按更换一组道岔时间 120 min 组织)

①拆除旧道岔：每组道岔施工时一般分为三部分，即转辙部分、导程及辙叉部分、叉后部分，每部分分别由三个小组负责拆除。

a. 起钉拆接头及扣件结束后，组织人员抬钢轨、叉心等。其余人员抬旧枕木。

b. 整平道床基准面，使道床面高度比原枕底道床面低 5 ~ 8 cm。

c. 起垫组连接铺设滑轨并垫实，再检查溜索是否维系牢固。以上工作要在 40 min 内完成。

②新岔就位：作业人员各就各位，做好拉新道岔准备，顺序从道岔基本轨接头开始，第一根绳 10 人，第二根绳 12 人，第三根绳 14 人，第四根绳 17 人。其余人员在道岔外侧推道岔。为控制道岔向下滑移，反方向设置溜索 3 根，每根 2 ~ 4 人，由起落组指定人员负责。起道机手负责检查道岔滑移过程中的滑轮、滑轨接触情况，准备随时调整，处理应急情况。道岔横移到位后，必须看道岔方向与原线路是否吻合。如纵向移动量大，还要垫枕木头和小滑轮，进行纵向位移，使其到位。起垫组多机同步将新岔抬起，抽出滑轮、滑轨后开始落道岔。落岔时，起道机位置距焊缝不少于 1 孔，且必须直、曲股同步落下，注意手脚别插入枕底。最后调整龙门轨缝，连接线路。以上作业时间控制在 40 min 内。

③整理工作：

a. 以原先测得的道岔各测点至邻线钢轨间的相对距离为基础，结合目视，拨正方向。

b. 找平轨面，消除Ⅱ级及以上超限。

c. 五根钢枕和尖轨、心轨部分用草包遮掩。以上工作要求在 20 min 内完成。

d. 当天施工范围的道岔和线路部分作为工程线办理，卸砟车进入该地段进行卸砟作业，每组道岔计划一车花岗岩石砟，来回两次，满足新道岔的换砟要求，时间约为 10 min。

e. 检查施工地段的方向、水平和三角坑，消除Ⅱ级及以上超限，然后回填石砟，清除线路障碍及旧轨料，指派专人配合电务调试。达到开通条件后，撤除停车信号，重新设置限速信号，由施工负责人通知车站开通线路，时间为 10 min。

(4)线路开通后慢行

线路开通后的慢行次数、慢行时间、慢行速度的变更，应根据施工计划确定的内容严格执行。慢行时段，施工人员应抓紧对轨面、方向和水平等几何状态的检查，对每趟列车通过后产生的病害要及时整治，拧紧松动螺栓，平整道床。符合设计和施工要求后，组织有关人员进行验收交接，由当地工区进行保养。消除空吊板，复紧螺栓，确保轨道几何状态良好，整理道床和外观。

(5)恢复正常速度运行

在施工计划规定的慢行起止时间内，使道岔质量尽快达到作业验收标准，撤除慢行防护，恢复正常速度运行。

(二)质量标准

1. 道岔及其前后线路方向要顺直,各部几何尺寸均要符合《修规》中《更换新道岔验收标准》和提速道岔的技术标准。

2. 道岔前后的过渡轨枕数量要符合《修规》要求,当天施工不能达标的要及时安排计划完成。

3. 道岔位置正确,渡线长度合理,方向顺直。更换不同类型的道岔,对岔后连接曲线必须同时整正达标。

4. 道岔爬行量不得超过 20 mm,配轨符合《修规》要求,轨缝合理,消除接头 1 mm 以上的错牙。

5. 在架轨上组装道岔,转辙和心轨部分力争消除方向Ⅰ级以上超限,确保道岔组装和电务调试质量。

(三)安全注意事项

1. 严格一日工作标准化,准备工作不准做过头。

2. 防护员严格执行《安规》规定,加强联系,确认封锁命令和时间,来车时及时通知下道。

3. 搬运钢轨必须听从指挥,动作一致,翻动钢轨时撬棍前严禁站人,钢轨跨越邻线必须通过驻站联络员与车站联系,防止邻线来车或跳信号。

4. 扒砟时不准堆放过高,工具、机具和材料严禁侵入限界。

5. 拆杆件、起道钉等作业,在电务信号停用前和开通后要注意防止工具、材料搭电短路,防止跳信号。

6. 使用捣镐刨道床,短岔枕地段禁止两人在同一孔内一起作业。

7. 搬运枕木要互相配合,动作协调,防止滑落砸伤。

8. 使用起道机起落滑轮,多机作业必须受力均匀,同起同落,严禁"打炮"。

9. 夜间施工,必须安装足够的照明设备,防止意外。电线跨越铁路,要有保护措施。

10. 拉移坡度较大的道岔时,必须增加溜索,放绳时互相协调,快慢一致,防止道岔拉歪跌落。

三、矫整单开道岔尖轨、基本轨弯折量

(一)作业(操作)方法和步骤

1. 垫高放平

将矫整的尖轨或基本轨选择宽敞平坦处,用两个短枕木头或防爬支撑放在适当位置垫高搁平,并用道钉加固,使钢轨处于自由状态。

2. 消除硬弯和漫弯

目视矫整硬弯和漫弯,再用弦绳检测。检测尖轨时,在尖轨非作用边一侧的尖端处用弦绳拉到刨切始点(尖轨中部)无矢度或反弯,再用同样的方法在刨切始点拉到尖轨跟端无矢度;检测基本轨时,可用弦绳从头至尾边量,再在另一侧检验,确认两侧弦绳与钢轨作用边靠紧无缝隙。

3. 确定弯折位置

根据尖轨或基本轨图纸尺寸,用钢尺丈量出各个弯折点的弯折位置和弯折量,并标明弯折方向。

4. 弯　　折

在各弯折点用直轨器进行弯折。直轨器下要垫实放平,尖轨或基本轨要扶正,可用道钉撬

棍插入接头螺孔中扶牢,防止弯折时钢轨倾倒。弯折开始时动作要缓和,中间可逐步加力,接近到位前又要缓和,以防弯过头。弯折时视作业时的温度适当留出一定的回弹量,然后保压2～3 min,松开直轨器时要慢,以防回弹量过大。

5. 尖轨测量

测量尖轨弯折量时,可用"中量"和"边量"两种方法复核校对。"中量"就是在尖轨顶面分别在跟端和刨切始点分中,一人先将弦绳从非作用边侧慢慢向内作水平移动,直至弦绳与刨切始点中心处线条吻合,量出弦绳与尖轨头部非作用边的矢量,读出的矢量再加钢轨头部半宽就是尖轨实际弯折量。再用"边量"复核,即一人将弦绳放在尖轨跟端非作用边的轨头外侧,另一人在尖轨头部拉弦,待弦绳靠到刨切始点非作用边时,读取弯折量,看两种测量方法的数据是否接近。有较大偏差时,说明尖轨直线段有矢量,要重新矫直。

6. 基本轨测量

测量基本轨的弯折量,同样要用"中量"和"边量"复核校对。"中量"的分中位置在中间直线段的两端,测量时基本轨的前端和跟端弯折量要以直线段为基准分别量取,一次量取误差会较大。

7. 回检细弯

弯折矢量不可能一次到位,要多次矫整复测,直至达标。

8. 存　　放

弯折结束后,将尖轨和基本轨放置平稳,禁止侧放,防止因自重发生扭曲或矢量变化。

(二)质量标准

1. 弯折位置偏差不超过2 mm。

2. 弯折量偏差不大于$^{+3}_{\ 0}$ mm。

(三)安全及注意事项

1. 弯折尖轨或基本轨必须固定牢固,防止侧翻伤人。

2. 弯折时轨温低于25°时应采取加温措施,低温时禁止弯折。

四、铺设铁路便线

(一)作业(操作)方法和步骤

1. 根据地形条件选用曲线半径。

2. 计算曲线正矢。

3. 如图17所示,自曲线头1号点向直线方向丈量弦长的一半(10 m),定出0号点。

4. 采用一根20 m的弦线,一端放在0号点,拉紧后向曲线内侧摆动,当1号点处摆动正矢的一半时,在弦线的另一端定出2号点。

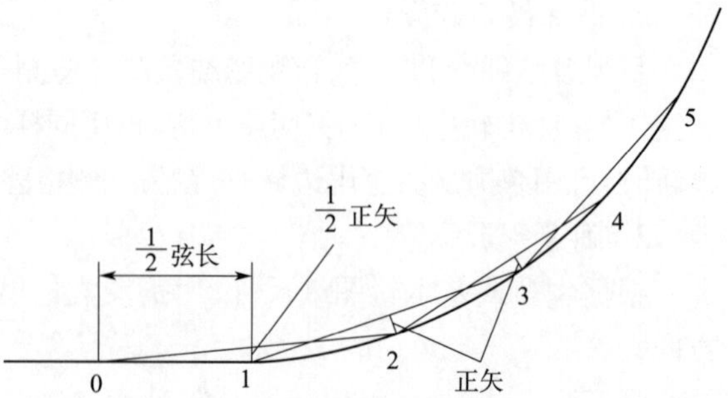

图17　正矢法铺设便线

5. 将弦线的一端移到1号点上,拉

紧后,向曲线内侧摆动,在 2 号点量出 1 个正矢值,在弦线的另一端定出 3 号点。

6. 按上述方法依次定出 4、5、6…各点,直至曲线尾为止。

7. 填筑路基:将基床的淤泥清除,抢修时间紧张时可采用抛片石的办法;表层路基应尽量选择透气性、渗水性较好的黏砂土,也可掺入一定比例的细砂或混砂,分层垫埋压实。

8. 铺枕:在便线路基已形成的基础上,按便线定向、轨枕间距大致摆匀。

9. 架轨:在距枕木头 450 mm 处先钉曲上股,再按轨距钉曲下股。

10. 卸砟:先人工使用箩筐和平板车将就近石砟运到便线,铺好底砟,大致调整好便线几何尺寸,拨接好线路后,可用轨道车推送路料车到便线卸砟。

11. 整道:起道后,先方枕,再捣固,改道、复紧扣件,拨整线路,整理道床。

12. 压道:轨道车或单机以不超过 5 km/h 运行,每通过一列车,都要检查线路变化,及时消除偏差。列车速度可根据便线状态逐步提高。

(二)质量标准

1. 曲线半径:一般条件下为 400 m 及以上,特殊困难条件下不小于 200 m。

2. 反向曲线间最小夹直线长度:一般条件应满足 25 m,困难条件下正线不应短于 20 m,站线不应短于 10 m。

3. 顺坡递减:轨距加宽递减率为 1‰;有缓和曲线时,超高应尽量在缓和曲线内顺完,单圆曲线超高在直线段以不大于 2‰顺坡设置。

4. 轨道几何尺寸要达到相应速度等级的经常保养允许偏差管理值。

(三)安全注意事项

1. 铺设便线所需的钢轨、配件不能达到重伤标准。

2. 路肩满足宽度要求,路堤地段还要有足够的坡度,防止溜塌。

3. 便线开通后,应安排专人巡视、检查,发现线路异常必须采取应急措施。

五、计算和调整曲线超高

(一)作业(操作)方法和步骤

1. 测速:

(1)使用测速仪连续 24 h 测速;

(2)无测速仪时,选择一段固定距离且瞭望条件好的线路,在前端将列车进入时间及时通知(预先统一联络方式)后端掌握秒表人员,实测每次列车行使这段距离的时间,换算成速度。

2. 计算平均速度。按《修规》规定,采用加权平均法计算列车通过曲线的平均速度。

3. 计算超高度:

(1)计算实设超高,根据单线、复线和所采用欠超高和过超高的规定数值,计算出实设超高。

(2)根据计算实设超高,对照《修规》第 3. 7. 4 条曲线超高顺坡规定计算超高顺坡率。如不能满足上述规定要求时,可采用以下两种办法处理:一是调整欠超高和过超高采用的量值,二是延长缓和曲线长度,以满足超高顺坡率。

4. 确定超高值。

5. 在现场每 10 m 一点，标明超高量。

6. 补充石砟：根据超高调整量确定补砟量。

7. 起道：按超高调整量进行起道，调整超高。

8. 回检找细整理。

(二) 质量标准

实设最大超高、未被平衡超高、超高顺坡率均应符合《修规》的规定。

(三) 安全注意事项

1. 无缝线路地段调整超高作业时，严格按无缝线路作业有关规定执行。

2. 电气化线路区段，单股一次起道量超过 30 mm 时，必须先通知供电部门到场配合。

六、道岔维修作业

道岔维修是根据工务段下达的月度综合维修任务，确定道岔综合维修的数量和位置。要选择技术设备状态较差、维修周期偏长，能通过清筛、更新设备、全面调整几何尺寸和整修设备零部件、恢复设备技术状态的道岔进行综合维修。

(一) 作业(操作)方法和步骤

1. 调　　查

(1) 调查项目：处理零星冒浆和道床清筛，道岔爬行量和对方，确定起道量、拨道量和范围，方枕，修理零部件，补充石砟，整修路肩和疏通排水等。

(2) 更换设备：更换达到标准的钢轨件(如基本轨、尖轨、导上轨和叉心等)、岔枕、失修零部件、补充防爬设备等。

2. 编制计划

根据调查出的作业项目和工作量，按工时定额计算出维修人工和材料。

3. 准备作业

(1) 清筛：处理个别冒浆和清筛不洁道床，道床不丰满时要先卸砟和运砟。

(2) 换轨、拉轨：根据计划更换钢轨、叉心作业，结合换轨，拉方道岔，均匀轨缝。

(3) 修理钢轨：打磨钢轨肥边和轨端肥边，矫直钢轨硬弯，调整尖轨和基本轨弯折位置及矢度。

(4) 方枕、换枕，捆扎、削平修理枕木。

(5) 更换零部件：先更换影响基本作业的零部件，如严重磨损失修的滑床板、铁垫板等。

4. 基本作业

(1) 起道捣固：根据调查的起道量和起道范围作业。

(2) 拨道。

(3) 改道：改正轨向、轨距和顺坡，更新和补齐道钉、扣件等，整治接头错牙。

(4) 调整间隔尺寸：调整各部间隔尺寸，结合道岔工、电联整。

(5) 整修防爬设备。

5. 整理作业

(1) 回检找细：对照维修作业验收标准，消灭道岔几何尺寸偏差。

(2)整修零部件,道岔配件涂油。

(3)均匀整理道床,清除杂草,外观整洁。

(4)整修路肩,疏通排水。

(5)补齐标志,刷新标记。

(二)质量标准

道岔维修质量对照《修规》第6.4.6条“道岔综合维修验收评分标准”组织自验,及时纠缺补漏,力争验收质量一次达到优良。

(三)安全注意事项

各单项作业安全要求按《安规》有关规定执行。

七、曲线检查

(一)作业(操作)方法和步骤

1. 上道检查前,先确认检测量具是否规范、合格、有效,检查前先校对水平。

2. 检查曲线头、尾位置,判别是否存在“鹅头”或“反弯”,两端直线段几何尺寸是否有偏差。

3. 确定基准股:水平以曲下股为基准,轨向以曲上股为基准。

4. 检查轨距、水平、轨向、高低、三角坑和递减顺坡率,测量曲线正矢。

5. 检查钢轨磨耗、接头状态、轨枕失效、歪斜、零配件缺损失效,以及接头对方和线路爬行情况。

6. 检查道床、路肩、外观和排水设备,最后看标记和标志是否齐全、准确、清晰。

7. 将检查出来每个项目的数据(包括工作量),填写在指定记录簿相应的位置。

8. 汇总分析:根据曲线状态检查结果,对偏差处所正确判定,认真分析该曲线存在的主要病害及状态质量,需要采取哪些针对性的方法和措施。

(二)质量标准

1. 检查项目和部位齐全、正确,记录规范、清晰。

2. 各项检测数据误差不大于1 mm。

3. 检测熟练,操作规范。

4. 曲线地段拨道要进行绳正法拨道量计算。

5. 发现曲线钢轨顶面光带偏离,曲上股侧磨速率变化大,或曲下股压溃严重,要定期观察和测速,并应及时申请调整超高度或轨底坡。

6. 钢轨磨耗接近轻伤时,要将磨耗地点、股别、长度和磨耗量向车间汇报。磨耗达到轻伤后,要及时向工务段汇报,并定时加强观察、记录和分析。

7. 检查时发现几何尺寸达到“临时补修”和线路设备状态危及行车安全时,要采取果断措施,及时汇报处理。

8. 作业项目和工作量确定合理,主要病害分析有依据,操作方法可行,所采取的措施针对性强。

(三)安全注意事项

按《安规》有关规定执行。

八、铺设及整修道口作业

(一)作业(操作)方法和步骤

1. 铺设准备:

(1)按道口铺设要求备足指定型号的道口板、端木、道口钉、护轨和标桩栏木等。

(2)清筛道床,沟通排水设备。

(3)换枕:更换失效枕木。如铺设底面为平型的道口板,要将道口铺面范围内的混凝土枕全部换成Ⅰ级木枕,并按道口铺设要求设置轨枕间距。整体道床道口按设计图纸要求施工。

(4)换轨:可将 12.50 m 钢轨换成 25.0 m 轨,或将 25.0 m 轨进行纵向位移,消除道口铺面内普通有缝接头。道口铺面过宽时,要进行焊接处理。

(5)线路整校:全面起道捣固,调整几何尺寸,复紧扣件。

2. 铺道口板:根据道口铺设位置和宽度先安放护轨,再铺设道口板,铺面要垫平、挤紧,铺面两头加设端木固定,保证不串动。

3. 清扫:清除护轨垃圾,清扫道口铺面。

4. 封闭:封闭道口两侧前后 50 m 线路,安装道口防护栅栏或砌围墙。

5. 刷新:安装栏木(门),埋设护桩、道口警标和司机鸣笛标,并按规定刷新。

(二)质量标准

1. 道口铺面应平整、稳固,相邻道口板高度相差不超 5 mm,铺面高度不应超过钢轨顶面,钢轨头部外侧 50 mm 范围内,道口铺面应低于轨面 5 mm。

2. 道口范围内,线路几何尺寸无偏差。铺面范围大轨面应高于两端线路 5 mm 左右。

3. 护轨制作应符合《修规》第 3. 11. 5 条的规定。

4. 按规定埋设和刷新各项道口标桩。

5. 其他各项技术要求必须符合道口设计规定。

(三)安全及注意事项

1. 道口作业,必须设置专人防护,铺面作业必须联系时间,防止来车避让不及。

2. 抬运笨重物体,要先检查绳索、杠棒,动作协调,注意不伤手脚。

3. 翻修道口,人员集中,应注意行人和车辆道路安全。

九、道岔工电结合部整治作业

道岔工、电结合部整治是提高道岔日常保养质量、明显降低道岔设备故障的有效作业制度。

(一)作业(操作)方法和步骤

1. 清筛道床,全面调整道岔及其前后线路平纵断面。

2. 拉轨匀缝,消灭道岔爬行,道岔对方。

3. 打磨尖轨、基本轨、叉心肥边和轨端肥边,整治接头错牙。

4. 更换断裂、脱焊和磨耗严重的滑床板,整正压溃、歪斜垫板及胶垫。

5. 配合电务调整尖轨动程。

(1)拨好方向,改正轨距。

(2)调整不符合规格尺寸的连接杆或耳铁。

(3)增减调整插片。

6. 整治尖轨与基本轨不密贴。

(1)检查、调整转辙部分框架尺寸。必要时,计算、检查每根岔枕部位的框架尺寸。

(2)先拨好、改正直股轨向,消除钢轨硬弯。

(3)检查矫正尖轨、基本轨弯折位置和矢度。直线基本轨与尖轨开程尺寸不足时:

①分别检查直向与侧向尖轨与基本轨间的尺寸(每根岔枕测量)。当检查发现两侧尺寸有较大偏差时(一般直向偏小),说明两根尖轨弯折位置和矢度不一致,直股基本轨一侧尖轨弯折矢度偏大。

②联系电务部门,卸下连接杆,拉弦测量。

③联系电务部门,卸下连接杆。尖轨在自由状态下,用道钉撬棍拨动尖轨,发生“后靠”,或经电务使用手摇把摇动尖轨,尖轨“后靠”时有较大“绷”力,手松摇把后,摇把会自动回转数圈。发现以上情况时,一般可判断尖轨矢度过大,要重新调整。

④曲股基本轨在尖轨尖端处弯折矢度偏大,会引起该处轨距小、前基本轨接头轨距大;弯折矢度偏小,其后果相反。目视该处轨向不顺。

⑤曲股基本轨在尖轨尖端处弯折位置的错前落后,会造成该处轨线与尖轨尖端头部顺延性差,引起该处轨距不易保持。

(4)调整连杆尺寸,确保动程、开程尺寸。

(5)检查顶铁离缝或顶得过严。

①顶铁尺寸、型号不符,需调整。

②顶铁位置安装不对,前后角度相反,上、下调面。

③顶铁过紧时,抽掉少量插片或打磨顶铁端部。

④顶铁有间隙,加垫调整插片。

⑤适当调整轨距。

(6)控制轨距、固定轨向。

①更换失效岔枕。

②整修扣件:木岔枕螺纹道钉齐全、有效,作用良好;混凝土岔枕预埋件螺栓无缺少、松动和失效。

③控制道岔转辙部位横移:增设道岔加强设备,如木岔枕增设防横移铁、拉杆和设置钢轨地埋桩等措施控制横移和方向。

(7)整治尖轨跟接头。

①更换严重磨损的尖轨跟端间隔铁和接头螺栓。

②更换严重磨损、脱焊的尖轨跟端大垫板。

③整治尖轨跟端螺孔磨耗,加装套圈,控制尖轨前后串动,保持轨缝。

④整治尖轨跟端错牙。

⑤尖轨跟双头螺栓扭矩适中,不宜过紧,防止扳动尖轨时不同步、不灵活。

(8)可动心轨部位整治。

①固定叉心位置,调整前后开口尺寸,改正轨距。

②垫好咽喉部位宽度,改善长心轨与翼轨轨线的连接顺延。

③配合电务调整心轨动程。

④垫好长、短心轨间隔铁尺寸。

⑤改正直、曲股翼轨间框架尺寸:一般采用拨道、改道和零配件调整来解决,特殊情况要测量翼轨弯折位置和矢度,必要时重新矫整,辅助方正岔枕位置,直、曲股翼轨间加装支距拉杆进行控制。

⑥整正直向、侧向长心轨竖切部分与翼轨间隙;道岔扳动时,短心轨活动灵活、靠贴。

⑦消灭翼轨腰部顶铁与心轨的间隙。

⑧更换断裂、脱焊和磨耗严重滑床板。修理整正压溃、歪斜垫板及胶垫。

⑨消灭空吊板,全面调整几何尺寸。

⑩整治心轨爬行,拧紧扣件,锁定钢轨。

(二)质量标准

1. 轨距、水平、高低、轨向和三角坑符合《修规》道岔静态几何尺寸对应速度区段的作业验收标准。

2. 尖轨、心轨动程按道岔标准图或设计图办理。

3. 基本轨横移不超过2 mm。

4. 自由状态下,尖轨或心轨尖端不密靠不大于0.5 mm,尖轨或心轨与竖切部位不密靠不大于2 mm。

5. 尖轨与基本轨、心轨与翼轨竖切部位肥边不超过1 mm。

6. 结合部钢轨硬弯不大于0.5 mm。

7. 尖轨非工作边与基本轨工作边最小距离不小于63 mm。

8. 绝缘接头轨端肥边不大于2 mm,其轨缝符合规定。

9. 接头错牙:允许行车速度大于120 km/h 区段不超过0.5 mm,120 km/h 及以下区段的正线、到发线道岔不超过1 mm,其他站线道岔不超过2 mm。

10. 尖轨翘头、拱腰或后靠不超过2 mm。

11. 消除尖轨或心轨尖端滑床台连续三块大于1 mm 缝隙和其他部位大于2 mm 缝隙,更换或修理失修磨耗滑床板。

12. 岔枕间距相邻误差或偏差不大于40 mm,转辙部位不大于20 mm,钢岔枕与直股垂线偏差不大于10 mm。

13. 岔枕无吊空、失效,配件无缺少、失效,位置正确。

14. 两尖轨同时爬行量不超过《修规》规定。

15. 顶铁间隙不大于2 mm,也不能顶死。

16. 道岔间隙尺寸符合道岔设计图要求,并保持在允许误差范围。

17. 连杆、顶铁、扣件和螺栓无缺少、松动,扭矩达标。

18. 道床丰满、均匀,无严重不洁和翻浆冒泥;标志齐全,位置正确,标记清晰,外观整洁。

(三)安全注意事项

1. 结合部整治,电务人员必须到现场配合。

2. 进行每项整治作业,严格执行《安规》规定的防护办法。

3. 在活动部位作业,防止道岔扳动挤伤手脚。

4. 使用各种机具设备,应严格按规定办理。

5. 在轨道电路区段,工具、机具避免搭接电路,防止跳信号。

十、断轨(含焊缝)处理

(一)作业(操作)方法和步骤

发现线路钢轨(含焊缝)折断时,应按《安规》规定设置停车信号防护。

1. 紧急处理

(1)当钢轨断缝不大于 50 mm 时,在断缝处上好夹板或臌包夹板,用急救器固定。

(2)焊缝伤损经钻孔加固的要复紧接头螺栓,整治接头错牙。

(3)在断缝前后各 50 m 拧紧扣件,并派人看守,限速 5 km/h 放行列车。

(4)如断缝小于 30 mm 时,放行列车速度为 15 ~ 25 km/h。

(5)一时无法修复,应在轨端钻孔,上好夹板或臌包夹板,拧紧接头螺栓,可适当提高行车速度。

(6)有条件时,在断缝内插入短轨头,断缝处垫实短枕木头。

2. 临时处理

钢轨折损严重或断缝大于 50 mm,以及紧急处理后,不能立即焊接修复时,应进行临时处理。

(1)封锁线路紧急处理后,限速放行列车。

(2)准备工作。

①轨道电路区段,联系电务人员到场配合。

②正线上应插入不短于 6 m(站线不短于 4. 5 m)的同类型钢轨,按规定钻孔,运送到现场。

③当轨温与无缝线路锁定轨温相差超过 15 ℃时,拧紧断缝前后 100 m 扣件,锁定钢轨。

④在断缝两侧轨头非工作边做出标记(标记间距约为 8 m),并准确丈量两标记间的距离、轨温和断缝值,并做好记录。

⑤新轨定位。断缝应尽量处在换入新轨的中部。如遇线路焊缝伤损时,距焊缝不少于 0. 5 m。

⑥如人工进行锯轨、钻孔,可利用列车间隔时间先钻孔,再锯轨,提前做好准备(机械锯轨可将螺孔先钻好),以缩短封锁时间。

(3)基本作业:

①申请时间设置防护,机械锯轨。

②拆卸扣件(接头夹板)。

③移出伤轨。

④拨入新轨。

⑤连接钢轨,用 10. 9 级螺栓紧固接头,拧紧扣件。

⑥撤除防护,开通线路,放行列车速度不得大于 160 km/h。

(4)整理找细,回收旧料。

3. 永久处理

对紧急处理或临时处理的处所,应及时插入短轨进行焊复,恢复无缝线路轨道结构。

(1)采用小型气压焊或移动式接触焊时,插入短轨长度应等于切除钢轨长度加上2倍顶锻量。先焊好一端,焊接另一端时,先张拉钢轨,使断缝两侧标记的距离等于原丈量距离减去断缝值加顶锻量后再焊接。

(2)采用铝热焊时,插入短轨长度等于切除钢轨长度减去2倍预留轨缝值。先焊好一端,焊接另一端时,先张拉钢轨,使断缝两侧标记的距离等于原丈量距离减去断缝值后再焊接。

(3)在线路上焊接时,气温不应低于0℃。放行列车时,焊缝温度应低于300℃。

(4)进行焊复处理时,应保持无缝线路锁定轨温不变,并如实记录两标记间钢轨长度在焊复前后的变化量。

(5)焊复时,如受封锁时间、轨温和气候条件等因素限制,张拉钢轨不到位时,应作详细记录,在轨温适宜时,申请计划,重新焊接,恢复原无缝线路锁定轨温。

(二)质量标准

1. 臌包夹板刨切面(斜面)应朝上,将臌包放置在伤损部位或焊缝中心。

2. 臌包夹板使用急救器时,在其两端各上紧一只急救器,急救器螺栓必须由外向内钩;钻孔上接头螺栓时,必须在夹板两端外侧钻孔,每端各上两只螺栓。每放行一趟列车后,必须检查复拧。

3. 插入钢轨与线路上的钢轨断面尺寸尽量接近,上下偏斜度、高低不平度不超过1 mm,接头错牙不超过1 mm。

4. 锯轨时,应全断面垂直锯断。钢轨钻孔后必须倒棱。

5. 焊缝打磨质量:工作边肥边和焊缝高低,速度超过120 km/h的线路区段,用1 m直尺测量应小于0.3 mm;速度不超过120 km/h的线路区段,要小于0.5 mm。

(三)安全注意事项

1. 计算和丈量钢轨一定要复核,避免差错。

2. 线路上手工锯轨前,要先由电务人员安装钢轨导线后才能开锯。来车前,确保钢轨每端上紧2只夹板螺栓。

3. 锯轨中和锯轨后,应注意检查长轨伸缩,高温时采用两端50~100 m浇水冷却线路,防止夹锯和轨缝预留量变化,应尽量选择轨温与锁定轨温差较小时申请封锁换轨。

4. 焊接接头配轨时,焊缝应放在两轨枕中间。铝热焊缝距轨枕边缘不应小于40 mm,线路允许速度大于160 km/h时不应小于100 mm。

5. 及时做好断轨地点、插入钢轨长度记录,无缝线路地段将有关内容记入长轨条卡片。断轨和处理结果应及时汇报。

十一、胀轨跑道处理

(一)作业(操作)方法和步骤

1. 发现胀轨跑道,应立即通知车站、工区和运行中的列车司机,封锁线路,设置停车信号防护。

2. 作业中发现胀轨预兆时，必须立即停止作业，及时采取应急措施。

3. 无论作业中或作业后，发现线路轨向不良，均用10 m弦测量两股钢轨的轨向偏差。当平均值达到10 mm时，必须设置慢行信号，回填道砟，堆高砟肩，并夯拍道床，按5 km/h速度放行列车。

4. 当两股钢轨的轨向偏差平均达到12 mm时，在轨温不变的情况下，必须设置停车信号防护。

5. 发生胀轨跑道后，应立即采取钢轨降温等紧急措施，有条件时可采取浇水或喷洒液态二氧化碳等办法降低钢轨温度。

6. 无降温条件或降温无效时，应立即截断钢轨（普通线路应拆开钢轨接头）放散应力，整正线路，夯拍道床，首列放行列车速度不超过5 km/h。

7. 对发现胀轨预兆地段，要加强巡查或派专人监视线路变化，直至消除隐患，并尽快恢复线路。

8. 发生胀轨后，必须立即将线路胀轨情况向车间、段汇报。严格执行线路胀轨应急预案，及时组织分析，吸取教训，采取对策。

（二）质量标准

1. 采用浇水降温时，其浇淋长度自胀轨跑道两端各50～70 m，由外向内对两股钢轨同时浇水。

2. 发现胀轨（预兆）经处理线路稳定后，可逐步提高行车速度。在轨温无明显下降前，不得提前撤离看守人员。

3. 截断钢轨应急处理后，必须在24 h内按规定进行临时性或永久性处理。

（三）安全注意事项

1. 当无法确定线路发生胀轨还是发生跑道时，应先设置停车信号防护，再进行应急处理，决不冒险放行列车。

2. 发生胀轨跑道，应先采取降温措施，不得盲目拨道。复线或多线地段，要同时检查线间距，避免影响邻线行车。

技　师

一、用经纬仪确定道岔中心及头、尾位置(道岔铺设施工放样)

(一)作业(操作)方法和步骤

新线铺设以及既有线上铺设或更换不同型号道岔,一般使用经纬仪进行放样。

放样工作的主要内容:在线路上确定道岔中心点桩位,道岔始端、尾端桩位,同时应对道岔连接曲线放样,对交叉和交分道岔还需确定菱形、短轴端桩位。

1. 单开道岔放样

(1)放样主要数据

①道岔全长 L;

②道岔前长 a;

③道岔后长 b;

④道岔转向角 α。

(2)放样步骤(图 18)

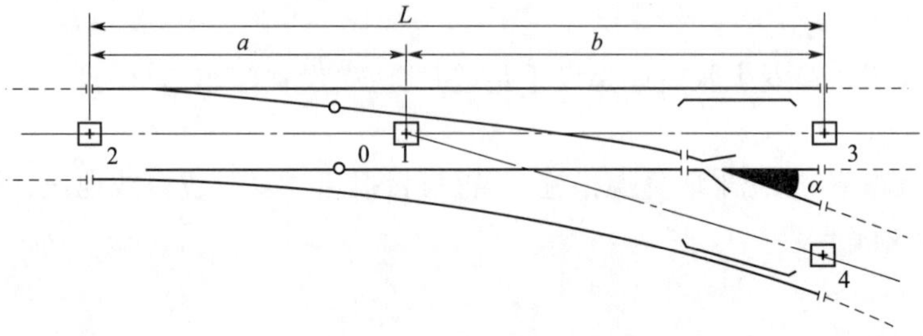

图 18　单开道岔放样示意图

①拨正线路方向。

②以线路中心线的出岔位置或就近钢轨接头作为道岔始端(可沿一股钢轨丈量出道岔前长 a,并从该点钢轨工作边向线路中心方向垂直量取$\frac{S}{2}$),定出道岔中心桩 1。

③在道岔中心桩 1 上安置经纬仪,对中整平仪器后,向道岔始点放直线,从桩 1 沿直线方向丈量道岔前长 a 定出始端桩 2,倒镜放直线,丈量道岔后长 b 定出岔尾桩 3。

④右转 α 角度,在视线上丈量长度 b 定出侧线上岔尾桩 4。

⑤用钢尺复核道岔全长 L 是否正确。

(3)道岔后连接曲线放样

道岔放样的同时,应将道岔后连接曲线放样,如图 19 所示。

①在测定岔尾桩 4 的同时，视线再向前方延伸，并从桩 1 沿视线丈量 T' 长度，定桩 5。

T' 长度可用道岔直股和曲股线间距 D 与转辙角 α 进行计算，则

$$T' = \frac{D}{\sin\alpha} = b + b' + T$$

式中 b' 应大于 6 m，$T = R \cdot \tan\frac{\alpha}{2}$。

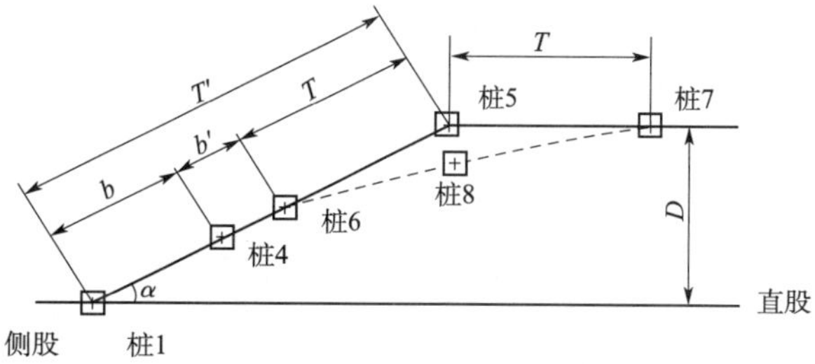

图 19　岔后连接曲线放桩示意图

②将仪器搬移至桩 5 安置，瞄准道岔中心桩 1，从桩 5 向岔心方向丈量曲线切线长 T，定出曲线始点桩 6。

③倒镜后向右（向内侧）转 α 角，使视线在侧股切线方向上。从桩 5 沿切线方向丈量曲线切线长 T，定曲线终点桩 7。

④仪器从切线方向再向右转 $\frac{180° - \alpha}{2}$ 角度。在视线方向上，从桩 5 丈量出曲线外矢距 E，定出中心桩 8。

$$E = \frac{T^2}{2R}$$

2. 直线菱形交叉放样

菱形交叉渡线的放样，首先确定菱形中心桩位，定出长、短轴桩位，再用一般放样方法定四组单开道岔的桩位。

（1）直线菱形交叉放样主要数据（图 20）

①菱形交叉全长 L；

②菱形交叉长轴长 A；

③菱形交叉短轴长 B；

④菱形交叉锐角转辙角 α。

（2）放样步骤

①选定两线交叉位置，定交叉中心点桩 1。

②在桩 1 安置经纬仪，然后用望远镜照准一条线路直线上的点，从桩 1 沿直线方向丈量 L 之半长定桩 2。

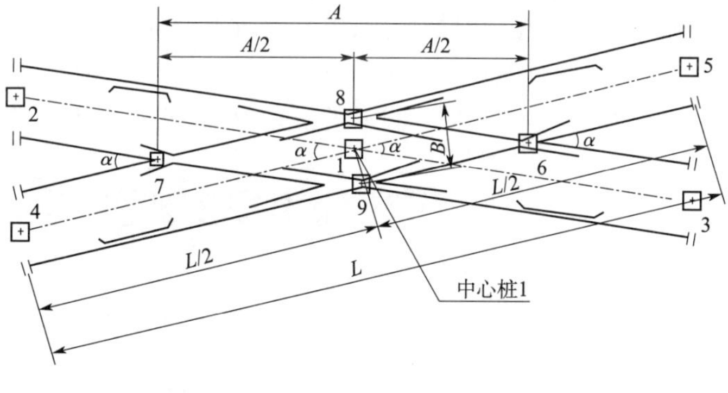

图 20　直线菱形交叉放样示意图

③倒镜后，从桩 1 沿视线方向丈量 L 之半长定桩 3。

④再正镜后视向右转 α 角，从桩 1 沿视线方向上丈量 L 之半长定出桩 4。

⑤再倒镜后，从桩 1 沿倒镜后视线方向丈量 L 之半长定桩 5。

⑥测定长、短轴桩：

a. 将视线从桩 5 向右转 $\frac{\alpha}{2}$ 角使视线在 α 角的平分线上，从桩 1 沿视线方向丈量 A 之半长定桩 6，即长轴端点桩。从桩 1 向反方向延长并丈量 A 之半长定长轴另一端点桩 7。

b. 将视线向右转90°角,即视线垂直于长轴,从桩1沿视线方向丈量B之半长定桩8,反方向丈量B之半长定桩9。

c. 用菱形斜边长L,复核菱形边长度是否正确。

(二)质量标准

1. 记录手簿上应简明记载观测者、记录者、仪器型号、观测时间、天气等,并在备注栏画上草图,原始观测数据应在现场记载,事后一律不能补记或任意涂改。

2. 方向观测结束后,应立即按各方向观测值计算三角形的闭合差。三角形角度闭合差的限值f_w按下式计算:

$$f_w = \pm 2\sqrt{3}m_\beta$$

式中m_β为测量设计所要求的测角中误差。

检查三角形角度闭合差时应注意:三角形角度闭合差的符号(+,-)应大致均匀出现,若一连几个三角形或大多数三角形闭合差都是同一符号,就应该检查一下存在系统误差的问题。因为以上现象不符合偶然误差的特性。另外,多数三角形角度闭合差应该在$m_\beta\sqrt{3}$以内,超过$m_\beta\sqrt{3}$的应是个别三角形。

当三角形角度闭合差检查合格后,按下式计算实际测角的精度:

$$m = \pm\sqrt{\frac{\sum W^2}{3N}}$$

式中　W——各三角形角度闭合差;

　　　N——所测量三角形的个数。

(三)应急处理技能

计算所得的实际测角中误差m应小于设计的测角中误差m_β,即$m < m_\beta$。如果三角形测角中误差超限,在一般情况下,可考虑以下处理办法:

①应对闭合差较大的三角形的相关测站进行重测。

②对闭合差出现同一符号的三角形,部分或全部重测,最后采用闭合的重测成果。

二、铺设交叉渡线(新线铺设)

(一)作业(操作)方法和步骤

1. 准备工作

使用经纬仪对菱形交叉渡线的放样,首先应确定菱形中心桩位,定出长、短轴桩位,再用一般放样方法定四组单开道岔的桩位(放样方法同上)。

2. 铺设施工

(1)平整砟面,一般砟面应低于设计标高50 mm左右。按道岔铺设图,在尼龙绳上用油漆标记出轨枕间隔尺寸及中桩位置,作为轨枕间隔绳。在长轴前后两控制桩间对中、拉紧。按间隔绳上的标记及配置长度摆放岔枕。摆放岔枕时应注意岔枕与长轴垂直并保持左右对称。

(2)分别摆放锐角辙叉、钝角辙叉及连接短轨,并用夹板、螺栓联结组成菱形,以道岔中桩和控制桩调整四组辙叉位置与方向,同时方正岔枕间距,垫入垫板。

(3)由菱形中心桩"O"控制,按图定尺寸先上(钉)中部钝角辙叉范围内扣件,再分别向锐角辙叉方向按递减轨距上（钉)控制扣件及锐角辙叉扣件(钉)。

(4)在初步钉道基础上,用轨距尺对钝角辙叉、锐角辙叉范围的轨距及递减率进行全面检查,经拨改顺直确认各部尺寸符合设计要求后,再将全部扣件上(钉)齐。

(5)在运营线上更换时,宜采取整组预铺,在线路封锁时移入或吊入。

(6)四组单开道岔铺设按单开道岔铺设要求铺设,同时应做好与菱形交叉渡线的连接。

(二)质量标准

1. 轨件吊装上轨道车前,必须复拧扣件,防止零部件松动、脱落、丢失。

2. 搭道岔底架时,垛子基础必须平整、夯实,以防成组道岔塌陷。

3. 预铺成组道岔必须按设计要求进行组装,组装标准按相关规定执行。上道前检查各部尺寸达到预铺作业标准,并由当地线路车间验收签认,验收不达标不准上道。

4. 成组道岔组装完毕后要全面细致检查,各部扣件、螺栓、绝缘装置完好无损。

(三)应急处理技能

单独使用及组成交叉渡线使用的菱形交叉,以组合使用的固定型钝角辙叉、锐角辙叉发生病害较多,其中最常见的病害是"撞尖",即钝角短心轨一侧的尖端被轮缘背撞宽或撞伤,如图21所示。

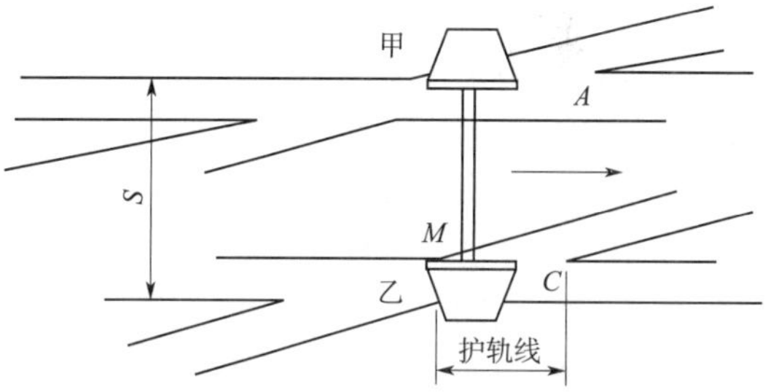

图21　轮缘"撞尖"

1. 撞尖原因

当乙轮离开M点进入"有害空间"时,由于运动方向不再受护轨控制,在横向力作用下轮对要向甲轮方向移动,这时乙轮背面越过M—C的连线(护轨线),便会在C点或A点形成轮缘撞击尖端的现象。轮对之所以向甲轮方向移动,是由于在甲轮一侧轮缘正面与叉心工作边之间有3~21 mm的轮轨(游间),加之钝角辙叉的翼轨未设置加高,车轮进入叉心时甲轮滚动半径逐渐减小,形成两轮不在同一水平上,也增大了轮对向甲轮移动的横向力。

2. 防止措施

(1)交叉渡线中的菱形交叉渡线交叉,对于撞尖较严重的钝角辙叉,可采取加高护轨的办法,目的是推迟轮缘离开M点的时间,使乙轮轮缘进入C点后,再离开M点,从而避免轮缘撞尖端的现象。护轨加高的高度一般为22~25 mm。

(2)必须保持护轨弯折矢度正确,做到棱角明显。磨损较大时,应及时修补,并保持折角上下垂直。

(3)保持两钝角辙叉的相对位置,发生爬行或错位时应及时方正并锁定。对几何尺寸偏差及时整治。

三、200 km　h 新型提速道岔铺设

由于200 km/h提速型道岔有重量大、结构复杂、质量要求高的特点,且在既有线上大量更换还受地形、电化线路等诸多因素限制。因此,在换铺前应因地制宜地制定施工方案。

（一）作业（操作）方法和步骤

1. 道岔铺设位置的确定

在换铺提速道岔前，应事先进行实地勘查，如条件允许，可对原道岔“中交”位置、渡线方向、线间距、岔区纵断面等进行合理的调整，使岔区平、纵断面得到改善。根据调查情况，做好更换道岔施工的组织设计，并在现场定出新岔位的坐标。

（1）如岔后曲股方向不宜变动，则应将旧道岔中交位置作为新道岔中交位置。

（2）当旧道岔前端配轨为 25 m，岔后曲股方向又可作微小变动时，为保持岔前配轨为整轨，可设定新、旧道岔基本轨接头在同一位置，而将道岔中心后移 261 mm。

（3）岔群中的对口道岔，其岔间配轨长度不得短于 50 m，困难地段亦不得短于 33 m。为便于铺设Ⅲ型混凝土枕，配轨长度最好选用 0.6 m 的整倍数。

（4）岔群顺向的道岔，其岔间配轨最好不短于 25 m，这样也便于铺设岔后的长岔枕和短轨枕。

（5）根据线间距复核渡线道岔的中交距离。

（6）正线间的渡线铺设可动心轨道岔时，其线间距应大于 4.8 m。线间距不足 4.8 m 时，渡线道岔的尾部应采用特制的缩短混凝土岔枕。

2. 道岔预铺位置的确定

为了确保道岔铺设质量，减少施工封锁时间，提速型道岔的铺设必须采用线外预铺的方法。线外道岔预铺，应尽可能地在所替换道岔的邻近处横向对位预铺。但由于电气化的开通及站场地形等条件的限制，大部分道岔的预铺均不能横向对位，只能通过横移与纵移相结合的方法来解决。

道岔预铺位置的选定应注意以下几点：

（1）因混凝土岔枕长度为 2.45 ~ 4.8 m，电务转辙机安装长度为枕外 1.12 m，所以预铺场地：长 × 宽应不小于 50 m × 6 m。另外，根据道岔预铺的高度，还需考虑机车限界。

（2）与运输部门协调，可将道岔预铺在咽喉区平行的牵出线、专用线或联络线的线路上，应尽可能利用其纵移，在封闭点内只作横移。如果站内某股道能暂时封闭，作为预铺道岔位置，则可大大减少预铺道岔组装平台的工作量。

（3）计划纵移的道岔预铺位置不宜距既有道岔铺设位置太近，以避免干扰施工。同方向连续纵移的道岔，一般不宜超过 3 组。

（4）预铺位置选定时，要同时考虑道岔纵移长度、线路坡度及电杆、信号机等控制点。

3. 提速道岔的预铺

（1）搭设组装平台

搭设组装平台的总要求是，组装平台要搭设平稳，组装后道岔不侵入限界。搭设组装平台的技术要求如下：

①由于提速道岔重量大，因此平台搭设必须平稳、牢固。既要考虑能承受道岔重量，又要考虑起道机升降道岔时局部受力和人员操作的安全与方便。

②平台必须平整，使预铺的整组道岔大平良好以便电务调试。平台采用再用木枕搭成“井”形枕木垛，平台顶面铺设两根通长的台轨。平台的搭设应兼顾道岔平移时 6 根横向导轨的安装和拆卸。

③平台高度必须适宜,既要考虑道岔起落量不宜太大,又要考虑横移时的坡度和纵移的方便。

(2)轨料装卸运输

①尖轨及基本轨组件、可动心轨辙叉组件,均是细长杆件,运输时应采用不致使其产生变形的运输方式;工件悬出车辆长度不应大于1.8 m;装车时,工件应摆放平整,工件之间应垫以垫层并归类码放。码放高度:尖轨、基本轨组件不超过5层;可动心轨辙叉组件不超过4层;零配件箱体码放不超过2层。

②道岔轨料整车到达后,应采用起重机吊卸方式先用吊车卸下。卸料时,应严格按照装卸要求轻吊、轻放,放置在比较坚实、平整的场地。严禁人工直接从车辆上推下卸货,以防止混凝土岔枕损坏和道岔钢轨变形,影响铺设使用。

③向运输部门提出施工天窗要求,将轨料卸至组装平台上。

④卸料时应注意道岔的朝向、开向不能搞错,以免造成返工。

(3)道岔焊接

铺设无缝道岔并与区间无缝线路焊联成跨区间无缝线路,是快速列车线路结构的需要,它对提高道岔整体强度、减少列车对道岔的冲击力、减少道岔维修工作量可起到很好的效果。

道岔焊接可分为全焊和半焊两种。全焊道岔是指所有钢轨接头都焊接的道岔;半焊道岔是指道岔直股钢轨接头全部焊接,曲股钢轨不全部焊接的道岔。200 km/h提速道岔采用全焊设计。道岔焊接时,应注意不同钢种间焊接工艺的调整。为保证尖轨位置正确和尖轨方正,尖轨根部焊接的顶锻量要准确计划和严格掌握。

为确保无缝道岔焊接质量,焊接时必须严格按作业程序和工艺标准进行。对尖轨和可动心轨辙叉的焊接,要特别注意质量,避免返工。

无缝道岔的焊接在预铺组装时进行,焊接方法有气压焊、铝热焊、粘接、冻结等等,绝缘接头采用胶接接头。

无论是采用小型气压焊还是采用铝热焊,在焊接后,都必须按要求进行打磨,同时对焊缝进行全断面探伤,不合格的焊缝需要返工重焊。打磨机具可使用打磨小车或圆盘式砂轮,不宜采用普通手持砂轮机。

冻结接头一般在不粘接的锰钢辙叉前后接头使用,也有在已铺设的有缝道岔要焊联成无缝道岔,但有的接头不好焊接时采用。

冻结接头轨端设有6~8 mm垫片,靠摩擦阻力将接头冻结,因而所用夹板比普通接头夹板断面大。所用螺栓直径为27 mm,螺栓上紧后的拉力为350 kN。

(4)道岔组装

①将岔枕吊运到平台轨上,按编号顺序摆放,并使直股外侧在一条直线上。将垫板、滑床板、胶垫按照道岔铺设图摆放安装到位。按顺序将道岔钢轨先由转辙部分向后顺序铺设,连接后安装扣件。当直股方向和导曲线支距全部符合标准后,拧紧直股和导曲线上股轨枕螺栓。在各部轨距符合标准后,再拧紧下股轨枕螺栓。同时,配合电务部门安装转换设备和外锁闭装置,并进行调试。

②组装道岔注意事项

A. 道岔的基本轨接头、两尖轨的端头必须方正,以利于转换设备、外锁闭装置的灵活运动。道岔的直股一般应平行于既有道岔直股。铺设岔枕时,先在钢轨直股上画上间隔标志,要求岔枕位置偏差不得超过 10 mm。道岔预铺后，各部尺寸要在轨腰上标写清楚。

B. 岔枕全部垂直于道岔直股方向，除牵引点岔枕间距为 650 mm、与牵引点相邻的两处岔枕间距为 575 mm 外，其余岔枕间距均为 600 mm。摆设岔枕时，不得用撬棍插入岔枕的螺旋钉孔内，以免损坏尼龙套管。

C. 现场预铺要注意检查尖轨与基本轨密贴情况，确认尖轨在轨头刨切范围内与基本轨之间缝隙小于 1 mm，才允许安装电务设备。顶铁顶不到位，或影响尖轨或心轨密贴时，可增加或减少调整片进行调整。

D. 尖轨跟部采用限位器结构。有缝道岔限位器可以限制钢轨爬行，无缝道岔可释放一部分温度力，顶死后可以传递纵向力。在试铺时，要求限位器前后缝隙控制在(7 ± 1.5) mm 范围内。

E. 尖轨、基本轨组件、辙叉组件为装配标态，已在厂内组装调试好；一般情况下，不允许将组件拆卸成零件。特别是可动心轨辙叉组件，如现场铺设时出现岔枕孔与垫板孔不能对正时，应调整岔枕位置，切忌拆卸板件。

F. 道岔采用Ⅲ型弹条，滑床板及护轨采用弹片扣压。

G. 绝缘件必须按规定要求安装，以免引起电务设备故障。

H. 扣件及垫板安装：

a. 垫板设有 1∶40 的轨底坡，安装时注意不能颠倒。

b. 先放好轨下胶垫，再按设计要求在钢轨工作边一侧安放 11 号轨距块；钢轨非工作边一侧安放 9 号轨距块；翼轨内侧自 61 号岔枕起直至辙叉跟端，由于空间有限，均安放 7 号轨距块。要求轨距块不顶住胶垫。个别轨距块不能安装时，可根据轨距要求用 7 号、13 号轨距块调整。

c. 滑床板与护轨垫板安装弹片时，要注意区分弹片的正反面。正面(小斜坡一面)朝上置于台板槽内，将销钉表面涂油后穿入滑床台(或台板)侧面钉孔，用手锤敲击钉头，使其就位。安装转辙器两侧岔枕滑床台的销钉应由外往里装，以免碰上电务表示杆。注意区分销钉的规格。长度为 95 mm 的销钉用于转辙器滑床板，长度为 115 mm 的销钉用于护轨垫板。

d. 混凝土岔枕套管内应涂以黄油，以防螺栓锈蚀。螺栓不得用锤打，以免伤害尼龙套管。螺栓扭矩应达到 250 ~ 300 N·m。当 ϕ30 螺栓未拧紧时，禁止在轨件上作为支点起落道，以防损坏混凝土枕尼龙套管。

③可动心轨辙叉组装铺设要求

A. 可动心轨(长心轨)实际尖端至翼轨趾端距离应为 2 846 mm。

B. 叉跟尖轨尖端与短心轨跟端应密贴。

C. 护轨各间隔尺寸可通过加减调整片来达到要求。

4. 道岔更换

(1)施工准备

①必须做好测量配轨工作。在既有道岔直股工作边每隔 5 ~ 8 m 与邻线量出线间距，并标注于邻线钢轨上，以控制道岔的方向。

②做好机具、材料的准备工作。

③做好对原道岔大螺栓的涂油及失效改锚工作。

④做好对道岔上道前的初验工作。

(2)旧道岔拆除

①人员分工

更换道岔前,要细致组织分工。参加封锁施工的人数,根据工作量大小,每组安排 60 ~ 100 人不等。

②施工条件

a. 根据施工的难易,一般需封锁 140 ~ 150 min(不含道床处理时间),封锁前 60 min 限速 45 km/h,开通后 4 h 限速 45 km/h(其中第一列限速 25 km/h),4 h 后限速 60 km/h、80 km/h、120 km/h 各 24 h。

b. 电务配合施工,自封锁时起至封锁开通后 30 min 停用有关信号。

c. 供电配合施工,封锁时一般需提前 10 min 开始停电。

d. 施工期间重型轨道车进入封锁区段配合施工。

(3)道床处理

提速道岔混凝土岔枕的重量较大,铺设后再清筛道床比较困难。在封锁时间允许的情况下(需增加 40 ~ 60 min),为防止道岔使用过程中出现翻浆冒泥,影响道岔质量,施工中必须认真做好道床换砟工作。

既有道岔道床为石灰岩道床或脏污较为严重的,必须更换道床。在更换道岔之前已更换了部分一级道砟的,当旧岔枕搬走后,可先用扒石砟控制标高,之后整平石砟即可;如果事先未更换一级道砟,则施工时先要将石灰岩道砟清理出去,再换入一级道砟。更换道砟的深度,由新岔枕底向下,有垫层时为 250 mm,无垫层时为 300 mm。每组道岔需更换道砟约 100 ~ 120 m^3。

由于工作量大,占用施工时间长,因而换砟施工时要精心组织,明确旧道砟往哪里运,新道砟从哪里来,要防止新、旧道砟相混。旧道砟清除后,先回填厚 150 mm 左右的新道砟,再整平、夯拍。与此同时,安排人力更换岔后曲股的短岔枕。

(4)道岔纵横移动

由于提速道岔的重量达 60 t 以上,长度达到 43. 2 m 以上,因此整组道岔的纵横移动成为更换道岔的关键。

①移动轮的设计

由于更换道岔采用的工具、机具较多,因此在制作移动轮时,应尽量考虑到横、纵移滑轮的通用性。设计时,将横、纵移滑轮合二为一,横移转纵移时,将滑轮调个方向即可。同时,考虑到滑轮的平稳性,宜采用双轮缘设计。

a. 长度:移动轮的长度以能嵌入两个轮框为基本条件,轮框直径采用 130 mm,外形长度为 320 mm。

b. 宽度:横移时,移动轮要放在被移动道岔的两枕间,因此,其宽度应小于两枕间的净距(300 mm),实际做成 140 mm。

c. 高度:考虑到起落和移动方便,设计为 175 mm。

d. 轮缘深度:移动轮采用双轮缘,轮缘深度取 15 mm。

e. 移动轮承载重量:一组提速道岔的重量常达 60 t 以上,整组预铺时采用 6 ~ 7 根横移轨,每根横移轨上两个移动轮,每组道岔共 12 ~ 14 个移动轮。为安全起见,每个移动轮至少应能承受 8 t 的重量。

②整组道岔横向移动

当预铺条件较好、组装的新道岔正对铺设位置时,可采取整组横向移动的方法横移。施工时,先在新道岔下布置好横向轻型走行轨 6 ~ 8 根,并使其伸到就位道岔的道砟上。为使新道岔横移省力,走行轨面向旧道岔一般设 5% 的下坡。之后,用起道机抬起道岔,上好滑轮小车,使其落到横向走行轨上,系好麻绳 4 ~ 5 根。拉岔就位时,所有人员都要听从施工负责人的指挥,将道岔横向拉到位。拉岔过程中要注意缓慢移动,避免发生道岔偏移,影响就位。

③整组道岔横向—纵向移动

当道岔预铺在路肩上时,先把新道岔横移到纵向走行轨上,拆下横向走行轨,用压机抬起道岔,上好纵向走行滑轮小车,整组道岔即可纵向移动。预铺在路肩上的道岔,一般距铺设位置较远,近的几十米,远的上百米,可先利用原线路钢轨作为纵向走行轨,将整组道岔缓慢、平稳地推拉至铺设位置的前端或后端。与此同时,在拆除旧道岔的道床上摆上木枕,铺好纵向走行轨,并与线路钢轨联结。走行轨要尽量搭得低一些,以便为道岔落道创造条件。这时,新道岔就可沿新铺走行轨纵向移动到设计岔位。

纵移道岔时要注意信号机、电务配线箱等建筑物障碍,特别是新道岔转辙机不得侵入限界。

④整组道岔横向—纵向—横向移动

当多组道岔预铺在路肩上或站内的空地上,咽喉区又有平行的牵出线或专用线,可利用其整组纵向移动道岔时,移至正对新道岔的设计位置。

施工时,将多组新道岔分别横向移到线路上,装上纵向走行滑轮小车,道岔沿牵出线或专用线纵移,把每组道岔推移至正对铺设道岔的位置,再铺上横向走行轨,将道岔横移就位。这种方法比纵移就位可缩短正线施工时间。

5. 道岔下落就位

道岔纵横移动到位后,需要先把道岔适当抬起,将道岔下面的走行小车、走行轨和枕木撤出,再将道岔下落就位。横移道岔下落就位比较容易,纵移道岔下落就位就比较困难,这是更换道岔的又一个关键。纵移道岔下落就位有以下几种方式:

(1)采用起道机下落就位

道岔纵移到位后,先用起道机把道岔少量抬起,将道岔支撑在多个用枕木头搭成的小木垛上,然后撤除小车和纵向走行轨,再分层下落。为防止道岔突然坍落伤人,落岔时要特别强调,起道机必须慢起慢落、同起同落,严禁“放炮”。

(2)采用砂袋下落就位

当新道岔纵移到位后,首先每隔 4 ~ 6 m 垫好砂袋,然后用起道机抬起道岔,撤出走行小车和走行轨,将道岔落在砂袋上,再用撬棍将砂袋捅破,砂子流出,使道岔缓缓落在预定位置。

砂袋高度以两层为宜,下部三个,上部一个,垫其中心,每袋 50 kg。为了弥补横移中产生的纵向误差,可在砂袋上放两块 300 mm × 200 mm 的钢板,钢板抹润滑油,用撬棍捅破道岔移动方向砂袋的一侧,使道岔向预定方向移动、下落。

该方法的优点是:施工方法及使用工具比较简单,施工进度较快,劳动强度较低。其缺点是:砂子散落在道砟上,脏污道床。

6. 道岔联结

道岔落地后,一般只进行少量横纵向拨移,即可与前后钢轨合龙。因某种原因一次不能就位时,则需纠偏。纠偏分横向纠偏和纵向纠偏。

(1)纠偏原则

先横向纠偏,后纵向纠偏。

(2)横向纠偏法

横向纠偏法是指对道岔前后端部与前后引轨端部垂直线路方向的相错量进行纠正的方法。横向纠偏一般用齿条起道机在道岔两端进行横向拨移。

(3)纵向纠偏法

纵向纠偏法是指对道岔线路方向与前后引轨间的相错量进行纠正的方法。纵向纠偏一般有两种方法:

①小撬法(又称蛤蟆跳)——道岔落地后,用齿条式起道机直接从石砟面上打起道岔(起道机作用点在钢轨上),在道岔两边用撬棍统一进行纵向拨移。

②滑轮倒置法——道岔落位后,用起道机把道岔抬起,在两相邻岔枕中间倒放滑轮(滑轮底朝天),滑轮上摆放夹板,两头分别承接两根岔枕,然后松开起道机,集中劳力统一纵推道岔,使道岔纵向到位。

(4)纠偏措施

当新道岔前后引轨均已换铺好时,纠偏措施如下:

①对直接落到砟面的道岔局部进行横向纠偏,使落到砟面的道岔端部与其引轨纵向对好位。

②用起道机抬起道岔排进行纵向纠偏,使道岔纵向到位(若有一个接头未到位,无法上夹板时,待岔排另一部分横向纠偏到位、道岔方向拨好后即刻解决)。

③纵向纠偏到位后,撤除起道机,道岔全部落至石砟面,此时对岔排另一端进行横向纠偏,就位后上好夹板及螺栓。

(5)收尾工作

道岔前后合龙后,上好接头夹板,上好绝缘接头,电务打好连接线。

为保证道岔前后平顺,道岔前后引轨要用一根新钢轨进行过渡。两正线间的渡线一般用胶接绝缘轨;道岔曲股与岔后 50 kg/m 钢轨联结时,用异型轨过渡。

如线路轨枕不是Ⅲ型枕时,道岔各部尺寸包括轨距、水平、高低、方向、支距、各部间隔需用Ⅲ型混凝土枕过渡,两端各铺设 50 根,道岔与道岔间距离在 150 m 以内时,应以Ⅲ型混凝土枕连通,轨枕间隔为 600 mm。

7. 整修调试

道岔连接后,要抓紧时间进行回填石砟、起道捣固、拨道等整修调试工作,使线路尽快达到放行列车条件。

(1)起道捣固

待道岔铺设到正确位置后,立即组织人力回填道砟,进行全部起道捣固。捣固时,要求道砟充足,必须采用手提电捣或捣固棒等机械捣固,禁止用手镐捣固。捣固时,一般先捣固整修叉心、转辙部分,为电务调试争取时间。

(2)拨正方向

道岔起道捣固后,局部方向发生变化时,可用齿条起道机拨道,使道岔方向达到规定要求。

(3)整修配件,清理道床

道岔起道捣固后,对道岔各部配件要全面检查一遍,特别是转辙部分和可动心轨部分,发现脱落、松动的,要抓紧进行整修复拧以确保每个配件处于有效状态。

对捣固、拨道后的道床,要进行一遍均匀整理,使其成为标准断面,并且外观美观。

(4)电务调试

待道岔转辙部分起道整修完毕后,电务调试可与工务工作平行进行。工务配合 1 ~ 2 人。由于道岔预铺时电务已进行了初步调试,上道后的调试工作一般用时 30 ~ 60 min。

(5)各部尺寸检查

在开通线路前,对道岔各部尺寸包括轨距、水平、高低、方向、支距、各部间隔逐项进行检查,并做好记录。对超限处所,组织人力及时进行整修。

8. 开通线路

(1)全面检查线路道岔的轨距、水平、方向,当达到放行列车条件时,撤离有关防护,施工负责人向行调要线路开通命令后开通线路。

(2)慢行期间人员值班及职责

提速道岔开通后,由于道床松软,道岔几何尺寸变化大,因此在整个慢行期间,工程、工务、电务、车务部门均应设专人昼夜值班。施工单位应成立一支 12 人左右的专业巡养组,加强对新铺道岔的检查,根据设备变化情况,及时进行整修,消灭超限处所;尤其要捣固好转辙部位和叉心部位,使其基础尽快稳定;对松动螺栓进行复拧;同时,如有尖轨转换、轨道电路等电务设备故障,要积极配合排除。

(二)铺设技术条件

1. 道岔各部尺寸(包括轨距、水平、高低、方向、支距)必须符合设计要求。

2. 道岔及前后轨枕应按设计规定配置。

3. 各部螺栓、扣件按设计要求达到规定扭力矩。

4. 无缝道岔钢轨焊缝部分要保持平顺,出现凸凹情况应打磨。整修后用 1 m 直尺测量,钢轨顶面上凸不得大于 0. 3 mm,不允许有下凹现象;工作边不直度不得大于 0. 3 mm。

(三)安全注意事项

1. 应按规定设好防护。在封锁前的施工准备中,可采用在封锁前 60 min 内列车慢行的方法,但不得违反列车放行条件的规定。严格作业纪律,准备工作不得做过头。

2. 移动式小型气压焊焊机、电动油泵、钢轨打磨机、氧气瓶、乙炔瓶和联结管路等辅助设备,在焊接作业前均应检测合格,以保证良好使用。

3. 施工方案确定后,及时与车站、电务、园林等相关设备管理部门签订安全协议。

4. 吊卸道岔钢轨及岔枕时,钢轨及岔枕下面严禁站人,防止脱落伤人。

5. 为预铺道岔搭设的枕木垛平台,基础必须牢固。特别是搭在路基边坡上的平台,基础要平稳,以防枕木垛平台倒坍,造成道岔滑移。

6. 封闭线路前的列车慢行阶段,严禁超标准进行施工准备,联结零件、扣件严禁超卸、超松,道床严禁超挖,以免影响线路稳定。

7. 在繁忙复线上施工时,应注意邻线来车和作业安全。新、旧轨料跨越邻线时,应注意防止联电,并加强邻线来车的防护。

8. 安设横(纵)走行轨时,应控制好下坡坡度及导轨方向。移动时,速度应缓慢均匀,设专人监视台车运行,并辅以铁鞋制动,以避免小车脱轨、道岔趴架。

9. 施工时所用机具和堆放的石砟不得侵入邻线限界。

10. 道岔转辙部分和可动心轨部位预铺和施工过程中,应做好与电务人员的配合调试工作,做到尖轨宏观密贴,减少道岔的转换阻力,防止石砟掉进尖轨滑床台上。

11. 道岔施工结束后,及时做好旧料回收及外观整理工作。

12. 道岔铺设上道后的一周内,应加强道床捣固,使道岔状态尽快处于稳定的状态,加强检查和拧紧各紧固螺栓。

13. 道岔铺设应选择在适宜轨温时施工,尽量避免在高温、低温时铺设。

四、250 km/h 客运专线有砟轨道 60 kg/m 钢轨 18 号道岔铺设

(一)作业(操作)方法和步骤

1. 前期准备工作

(1)道岔铺设前,应对参与铺设人员进行专门培训。

(2)道岔可采用原位铺设法铺设。采用预铺移位法铺设时,应采用专用的道岔铺设设备,不得人工推拉就位。

(3)道岔铺设前应用专用样板检查工电接口尺寸,确认无误后铺设道岔。

(4)道岔铺设前,道床底砟最小厚度为 150 mm,允许偏差为 $^{+50}_{\ 0}$mm。

(5)应采用压强不小于 160 kPa 的机械分层碾压,密度不宜小于 1.7 g/cm^3,厚度宜比设计低 30 mm,砟面平整度用 3 m 直尺检查,各方向误差均不应大于 ±5 mm,道岔前后 30 m 范围应作好顺坡并碾压。

2. 组装混凝土岔枕

(1)拉钢弦线控制道岔岔枕直股端螺栓孔在一条直线上,带编号一侧铺设在道岔直股外侧,侧股辙后短岔枕带编号一侧铺设在道岔侧股外侧,岔枕长度和布置见客运专线道岔总布置图。

(2)以第一根岔枕为基准方正岔枕,并与间隔调整配合进行。岔枕方正应采用两把长尺平行放置,按岔枕间距找正。摆放岔枕时应用长尺精调,避免公差积累。

(3)调整时严禁用撬棍插入岔枕套管内撬拨岔枕。

(4)岔枕全部垂直于道岔直股,除牵引点处岔枕间距为 650 mm、与牵引点相邻的两处岔枕间距为 575 mm 外,其他位置岔枕间距为 600 mm。岔枕长度和布置按总布置图配置。

3. 垫板安装

(1)严格按照垫板的标记和施工图中的铺设位置进行安装。

(2)按设计缓冲偏心套要求,安装滑床板和平垫板。

(3)根据轨距要求,调整侧股轨距块和缓冲偏心套,保证轨距。

(4)三孔长垫板的中间孔不安装缓冲调距块。

4. 滚轮滑床板安装标准

(1)在尖轨轨底与滑床台密贴情况下,前一个滚轮应高出滑床台顶面2 mm,后一个滚轮应高出滑床台3 mm。

(2)当尖轨轨底与滑床台顶面存在缝隙时,应增加滚轮高度,保持滚轮与尖轨轨底的相对位置符合相关要求。

(3)尖轨前端的滚轮高度不应大于其后中间部位的滚轮高度。

(4)在尖轨轨底与滚轮间插入1 mm厚板尺,以三者接触为准,调整滚轮前后位置。

(5)道岔螺栓的扭矩应符合规定。垫板与岔枕的联结螺栓安装时应涂油,安装时严禁锤击。

(6)安装、拆卸扣件必须使用专用工具,不允许敲击装卸。

(7)道床轨顶面应低于轨枕承轨面40 mm。

(8)道床断面应符合设计要求,道床厚度不得小于设计厚度20 mm,道床一侧肩宽允许误差为±20 mm,砟肩堆高不得有负偏差。

(9)铺完道砟以后,要清洁滑床板表面,并检查滚轮。

(10)长短心轨联结螺栓扭矩为600 N·m;限位器、转辙器跟端用间隔铁及翼轨用间隔铁联结螺栓扭矩为1 000 N·m;垫板用M30螺栓扭矩为330~350 N·m。

(二)铺设技术条件

1. 道岔前后与正线连接时,应铺设岔枕或Ⅲ型轨枕(过渡枕),过渡枕上宜安装与道岔或区间同类型的扣件。垫板刚度满足设计规定。过渡枕数量应符合表3规定。

表3　过渡枕数量

直向通过速度(km/h)	$v \leqslant 250$			$250 < v \leqslant 350$		
侧向通过速度(km/h)	80	160	220	80	160	220
道岔直向过渡枕数量(根)	≥60			≥90		
道岔侧向岔后过渡枕数量(根)	≥20	≥40	-	≥20	≥40	≥60

2. 预铺场地应平坦、坚实,无合适的场地时应就近搭建临时专用平台。铺设道岔钢轨件应先直股后侧股,先转辙器后辙叉。

3. 砟面平整度用3 m直尺检查不应大于10 mm,预留起道量不应大于50 mm,道岔前后各30 m范围应作好顺坡并碾压。

4. 道岔及前后线路方向要顺直,各部几何尺寸均要符合250 km/h客运专线有砟轨道60 kg/m钢轨18号道岔铺设验收技术标准。

五、编制Ⅲ级施工组织设计

(一)作业(操作)方法和步骤

1. 负责施工单位(部门)接到正式批准的设计文件后,应立即组织人员了解设计文件的内容,全面掌握施工施工项目、地点、数量、做法和标准。

2. 施工现场勘察：

(1)勘察道床厚度、坡度衔接、道岔类型及轨道与道岔的连接形式、材料的来源、数量、放置地点、运距、施工时占用车站股道和职工生活保障设施等，核实设计与现场有无错误。

(2)如设计和现场有不吻合时，要提请设计人员校正。对已设置的桩点，要全面核对和补齐，确认直线和曲线的拨量正确，各桩点的标高正确。

(3)在进行路基大修时，开工前应测量放样，并在工地附近设立临时水准点，以便于施工中随时检验标高。

(4)校对长大桥隧的限界尺寸、避车台或避车洞的位置和个数等。

3. 根据设计文件和核实资料，按工程件名或批准的施工阶段，编制施工组织设计，作为施工的依据。其主要内容如下：

(1)设备现状；

(2)施工技术条件和技术标准；

(3)工程数量及材料供应；

(4)施工方法、劳动组织、机具使用和施工配合；

(5)按工序编制施工进度图表；

(6)保证施工安全、质量和进度的措施；

(7)施工临时设施；

(8)职工生活的安排。

(二)质量标准

1. 主要作业程序无遗漏，设备现状调查清楚。

2. 施工技术条件和技术标准准确。

3. 工程数量及材料供应明确。

4. 施工方法、劳动组织、机具使用和施工配合安排合理。

5. 编制施工进度有序，保证施工安全、质量和进度的措施有力。

6. 施工临时设施及职工生活的安排适当。

7. 文字简洁、清楚。

(三)应急处理技能

施工组织设计变更或修改，应报请上级主管部门负责人同意，并及时书面通知施工单位。

【典型案例1】 无缝线路应力放散施工组织设计

无缝线路应力放散的施工组织设计

××线××站×行线 K ×× + ××× ~ K ×× + ×××应力放散组织设计

编制：×××　　　审核：×××　　　批准：×××

编制单位(部门)×××××　　　××××年××月××日

根据××安排及线路设备状况，对××线××站×行线 K ×× + ××× ~ K ×× + ×××应力放散施工。

一、设备现状

××站××行××号长轨,××××年铺设,长度:左股××m,右股××m。原锁定轨温:左股××℃,右股××℃。全部在(直线)段。因(维修作业方法不当),使长轨条产生不正常的伸缩,需进行放散,调整锁定轨温。

二、施工技术条件和技术标准

1. 施工日期:××××年××月××日,××时××分~××时××分,封锁××分钟。

2. 封锁地点:×行线K××+×××~K××+×××。

3. 施工条件:

封锁时间为××分钟;封锁前××分钟限速××km/h;开通后××分钟限速××km/h,其中首列限速××km/h,其后限速××km/h至××时××分。重型轨道车进入封锁区段线路配合施工,封锁前××小时占用××站××道。

4. 防护备品及工具、机具准备

施工单位指派专人将以下防护备品、施工机具、工具准备齐全,在施工封锁前一天运送到达施工地点。

防护备品表(略)

工具、机具表(略)

以上工具、机具应根据现场作业需要进行增减。

三、作业程序

施工流程:设置防护—复拧放散前后各50 m线路扣件—慢行时,每隔二轨枕卸一套扣件—封锁时,卸下全部扣件—切轨—轨底垫入滚筒—撞轨(拉伸)—抽出滚筒,丈量轨距、整正胶垫、涂油、上紧扣件—焊接、打磨、探伤—全面复拧扣件,检查线路—撤除防护—放行列车—重新油漆位移观测桩上的标记及长轨资料。

(一)施工准备

1. 封锁前将电容螺栓松开,提前对需要方枕地段进行调查并方枕。

2. 做好标记、编号:每50~100 m在轨底划一标志作为位移观测点,并按放散方向的顺序编号。做好现场分工标记、扣件松紧标记以及安放滚筒、撞轨器放置位置等相关标记。

3. 放散前调查:长轨长度,原锁定轨温、配轨及轨缝情况,绝缘接头与信号机相对位置,道口、桥梁状况,施工范围内有无影响钢轨伸缩的障碍。

4. 根据设计要求准确丈量出锯轨长度并做好标记。

5. 工具、材料运到指定位置。

(二)施工慢行点准备

1. 严格按施工封锁命令下达的限速里程设置慢行防护。

2. 复拧放散前后各50 m线路扣件,扣件隔二卸下一(注意轨枕两端应保持一致),锈死的螺栓用氧气割除。

(三)封锁点内作业

1. 封锁命令下达后,按规定设置施工防护,联系确认接触网停电,并按规定设置70 m^2 连接导线。

2. 重型轨道车根据施工需要进入封锁线路，运行至指定位置。

3. 卸下全部扣件，按设计要求准确丈量出锯轨长度切轨。

4. 放置滚筒：长轨每隔 10 ~ 12 根轨枕轨底垫入滚筒。

5. 撞轨（拉伸）：测量各位移观测点的位移量，当位移量与计算值一致时停止，并注意留出焊缝。

6. 抽出滚筒，改正轨距、整正胶垫、涂油、上扣件。

7. 焊接、打磨、探伤。

8. 全面复拧扣件至规定扭力矩，检查线路。

9. 撤除防护，放行列车。

10. 重新油漆位移观测桩上的标记及长轨资料。

（四）开通后作业

工地防护员按规定接车，在首次列车通过后，及时组织人员全面检查线路，及时消灭轨道几何尺寸偏差，必要时派人添乘机车检查，并做好记录。

（五）作业质量

1. 长轨条总放散量达到计算放散量数值，且沿钢轨全长放散量均匀，确定锁定轨温准确。

2. 轨枕间距均匀，允许速度大于 160 km/h 的线路，铝热焊缝距轨枕边不得小于 100 mm，其他线路不得小于 40 mm。

3. 轨距、扣件螺栓扭力矩符合《修规》要求。

4. 防爬设备安装齐全，作用良好。

5. 位移观测桩齐全，标志准确、明显。

6. 其他由于施工作业造成的轨道几何尺寸偏差符合《修规》要求。

四、节点时分控制

图 22 所示为节点时分控制图。

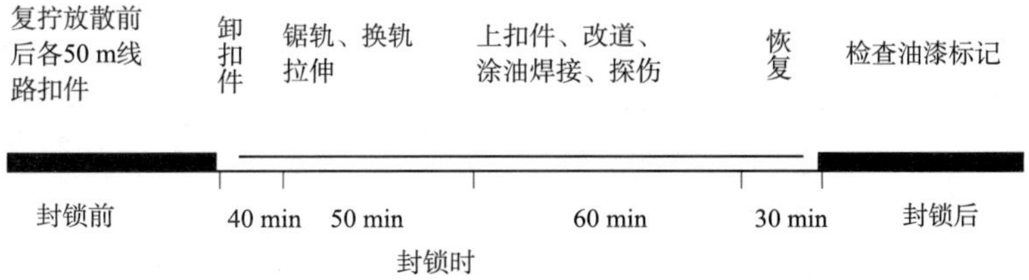

图 22　节点时分控制图

五、施工组织

× ×放散由 × ×车间负责施工。设施工负责人 1 名，负责线路放散施工全面工作。工地设技术员 × ×人，协助施工负责人搞好施工组织、材料计划申请、质量控制、技术资料收集整理归档等工作。具体人员安排如下：

1. 扣件组：× ×人；

2. 撞轨组：× ×人；

3. 拉伸组：× ×人；
4. 锯轨焊接组：× ×人；
5. 改道组：× ×人；
6. 涂油组：× ×人；
7. 探伤组：× ×人；
8. 防护：驻站联络员 2 人，远方防护员 2 人，工地防护员 4 人。

共需人员 × ×人。

六、施工作业控制及安全注意事项

1. 所有参加施工人员上道前必须进行安全教育，了解施工程序，交清安全注意事项。施工前施工负责人必须给工长、带班人员讲解施工程序、施工步骤、安全注意事项、应急处理预案。

2. 施工前一天必须和车站联系商讨具体的轨道车编组及进出施工地段、电务及供电配合、工地联系等具体事宜。

3. 对影响施工作业的电务和信号电缆，要提前通知相关部门进行配合，过轨电缆必须提前探明，并标记清楚。

4. 使用起拨道机、撬棍、拉伸器、撞轨器等机具作业时必须轻拿轻放，听从工班负责人统一指挥，动作协调一致，防止伤人。起道机必须统一指挥，同起同落，严禁打快机落轨。

5. 施工所使用的齿条起道机、液压起拨道机、发电机具、拉伸设备等机具，施工前必须检查调试，确保使用良好，所有机具严禁带病作业。

6. 严格按规定设置施工防护，慢行里程必须和施工调度命令一致。

7. 驻站联络员必须加强同施工负责人及工地、远方防护员的联系，及时通报列车运行情况以及向施工负责人准确传达施工封锁、开通命令，执行密码联控制度。

8. 工地防护员要时刻注意人身、行车安全，负责通知施工作业人员下道避车，同时将机具带到规定的安全距离以外，防止机具、材料侵限。下道避车位置由施工负责人统一指定，施工负责人及带班人员要重点控制两线间作业人员，本、邻线来车时及时下道避车。

9. 施工负责人必须随时掌握施工进度，检查作业质量，及时处理施工中所遇到的问题。开通前必须确认线路达到放行列车的条件，料具无侵限。

10. 线路开通后，必须及时整修线路，消灭超限处所。

11. 施工期间重型轨道车进入封锁线路配合施工，轨道车司机必须和施工负责人及驻站联络员加强联系，确认信号，加强瞭望，确保安全。

12. 现场施工技术人员要严把施工质量关，做好隐蔽工程记录，认真填写《工程日志》，同时协助施工负责人做好材料计划的申请和技术资料收集工作。

13. 夜间工地必须配备照明设备，养护作业必须安排驻站联络员，作业人员要密切掌握本、邻线行车状况，及时下道避车。

14. 所有施工人员乘坐交通工具，必须严格遵守交通安全规则，汽车停稳方准上下。接送民工上下班必须有职工带车。

七、应急预案

1. 拉伸、焊接或探伤中发现伤损不能保证安全时，必须采取插入短轨方式进行临时处理，必要时申请降低行车速度,确保行车安全。

2. 加强对夜间照明设备的检修,施工期间应有备用设备一套,防止照明设备故障。

八、施工配合

线路应力放散涉及的配合单位较多,应提前××天通知运输、电务、供电等部门给予支持和配合。

××段

××年×月×日

【典型案例2】 更换单开道岔施工设计

更换单开道岔施工设计

××线××站××号道岔大修施工组织设计

编制:××× 审核:××× 批准:×××

编制单位(部门)××××× ××××年××月××日

根据××安排及线路设备状况,对×××线×行××站的××线××组超周期道岔进行成组更换,同步清筛施工。

一、设备现状

1. ××站××行××号道岔为××××年更换的××型道岔,超大修周期,结构老化,扣件锈蚀严重,轨道几何尺寸难以保持。为适应线路快速重载需要,根据××大修计划,进行成组更换,同步进行机械清筛换床。

2. 由于受现场地形条件的限制,××号新道岔预铺在××站××部××道××侧,××号道岔预铺位置距离施工地点约×米。

3. 根据施工现场具体情况,旧××号道岔采取现场散拆,新道岔封锁前××(方法)移至××道,封锁点内××(方法)移至××道,利用××(方法)移动就位。道床采用××(方法)清筛,点内××(方法)补砟。

二、施工技术条件和技术标准

1. 施工日期:××××年××月××日××时××分~××时××分,封锁××分钟。

2. 封锁地点:××站××线K××~K××,包括××站内××道及××号道岔。

3. 施工条件:封锁时间××分钟,封锁前××分钟限速××km/h,开通后××分钟限速××km/h,其中首列限速××km/h,其后限速××km/h至××时××分,大修××(如道岔经大机捣固)后,限速××km/h,××小时后恢复常速。重型轨道车进入封锁线路配合施工,重型轨道车附挂风动道砟车按《行规》第101条规定办理。封锁前××小时占用××站××道,纵横移新道岔至封锁结束后××小时开通。封锁前××小时钉闭××道岔开通××(直向),拆除××。××号道岔至××渡线封锁结束后××小时开通。

三、施工准备

1. 道岔预铺

道岔预铺根据现场情况，在××站××部位进行，保持与原道岔线路平行，禁止预铺超限。

(1)轨件吊装上轨道车前，必须复拧扣件，防止零部件松动、脱落、丢失。

(2)搭道岔底架时，垛子基础必须平整、夯实，以防成组道岔塌陷。

(3)预铺成组道岔必须按设计要求进行组装，组装标准按相关规定执行。上道前检查各部尺寸达到预铺作业标准，并由当地线路车间验收签认，验收不达标不准上道。

(4)成组道岔组装完毕后要全面细致检查，各部扣件、螺栓、绝缘装置完好无损，并经电务工区人员检测合格。

2. 准确测量既有道岔标高和位置

(略)

3. 防护备品及工具、机具准备

施工单位指派专人将以下防护备品、施工机具、工具准备齐全，在施工封锁前一天运送到达施工地点。

防护备品表(略)

工具、机具表(略)

以上工具、机具应根据现场作业需要进行增减。

4. 施工车辆

(1)重型轨道车2组(分别配备轨道吊及路用平板)，每组道岔需一组轨道车配合施工。

(2)挖掘机4台(55、60型)，按每个施工点更换××组配备，更换1组道岔需2台挖掘机，挖掘机用路用平板运输。

(3)风动石砟车××辆，每组道岔需补充道砟××方，根据每个车站更换道岔的数量，风动石砟车于封锁前1天附挂至施工车站，由重型轨道车进行编组，封锁点内补砟。

四、作业程序

根据××站××号道岔的现场条件，采用旧道岔散拆，新道岔××(方法)移就位的施工方案。

施工流程：设置防护—轨道车进入封锁区间线路—切轨—拆除钢轨—挖掘机拆除岔枕—挖掘机清筛道床—回填整平道床—铺设纵跑轨—新岔纵移就位—拨道—合龙门—老K车补砟—起道捣固—检查线路—撤除防护—开通线路。

道岔更换完毕后，申请封锁天窗进行钢轨焊接和道岔大机捣固，其后线路逐步恢复常速，一周后对大修道岔进行大机复捣。

(一)封锁前一天准备

1. 根据施工具体情况，利用重型轨道车对老K车及装载挖掘机的路用平板进行编组。××号道岔编组：老K车—轨道车+挖掘机—轨道吊车—平板车—轨道吊车—轨道车。

2. 对板结地段的道床边坡进行逐孔倒筛，预卸一定数量道砟。

3. 旧道岔扣件准备，逐个螺栓松动并复紧，对锈蚀严重松不动的螺栓进行标记。

4. 新道岔卸高行程起道机，穿入横跑轨，滑轮车、枕木头运输到位。

5. 每××米标记线间距，测量轨面标高。

6. 新道岔前后配轨对位，联结零件准备齐全，新岔做焊接及胶接准备。

7. 对道岔位置及尺寸进行复核，确定切口位置及配轨长度。

（二）施工慢行点准备

1. 严格按施工封锁命令下达的限速里程设置慢行防护。

2. 扒除枕盒内的道砟平枕底，扒开枕头道砟平枕底。

3. 扣件隔二松一，锈死的螺栓用氧气割除。

4. 起新道岔，横跑轨垫走行轮。

5. 按规定钉闭道岔，联系明确，拆除侧向钢轨。

6. 用水准仪测量各标记点轨面标高。

7. 轨道车加强联系，做好施工准备。

（三）封锁点内作业

1. 封锁命令下达后，按规定设置施工防护，联系确认接触网停电，并设置“两横一纵”导线。

2. 重型轨道车根据施工需要进入封锁线路，运行至指定位置。

3. 切轨，松扣件，人工拆除钢轨至指定位置。

4. 搭下道架，挖掘机从路用平板下至作业地点，挖除轨枕至指定地点，扒除洁净道砟放在边坡备用，挖除泥砟，清筛至规定深度，用水准仪进行抄平控制。清筛结束后，挖掘机用边坡洁净道砟回填道床，人工整平，抄平控制回填道床厚度。回填好后，利用挖掘机拉纵跑道轨，并进行连接。挖掘机返回路用平板。

5. 在拆除旧岔、清筛道床的同时，新道岔连接横跑道轨，横移至正线，抽除横跑道轨，换纵向走行轮（单边轮），由重型轨道车整体推移新道岔至施工地点外方等候，通过××道岔后将走行轮更换为双边轮。

6. 纵向跑道轨铺设完毕后，由重型轨道车推移新道岔就位，用道岔液压高行程起道机将道岔升起，抽除走行轮，翻过来垫在岔枕下（道岔拨道用），在岔枕下垫枕木头，架空新道岔，用轨道车抽除纵向跑道轨。落架子，逐步抽除枕木头，拉线间距拨道，拨正道岔大方向。在岔口用拉伸器纵移道岔，合龙门，安装快速夹具。

7. 液压高行程起道机推运至指定地点，由轨道吊车吊装至路用平板上。

8. 重型轨道车牵引老K车卸砟后撤出施工地段，返回站内股道。联系电务打齐连接线，拆除“两横一纵”导线，通知供电部门送电，电务关门调试。

9. 回填道砟，起道捣固，检查线路。

10. 撤除停车防护，设置移动减速信号防护，开通线路。

（四）开通后作业

1. 工地防护员按规定接车，在首次列车通过后，及时组织人员全面整修道岔，消灭轨道几何尺寸偏差，必要时派人添机车检查，并做好记录。

2. 经施工负责人检查无Ⅱ级以上偏差，交由养护班养护，施工班工长和养护班工长要按规定认真填写交接记录。

3. 养护班接收线路后，严格按大中修线路养护办法检查养护线路，及时消灭偏差处所，安排大机对道岔进行捣固。

（五）作业质量

1. 道岔各部几何尺寸符合《修规》要求。

2. 轨枕间距均匀，允许速度大于160 km/h的线路，铝热焊缝距轨枕边不得小于100 mm，其他线路不得小于 40 mm。

3. 道砟均匀饱满，旧料、弃土清理彻底。
4. 标志、标记齐全、准确、明显。

五、施工网络图及示意图

图 23 和图 24 为施工网络图及示意图。

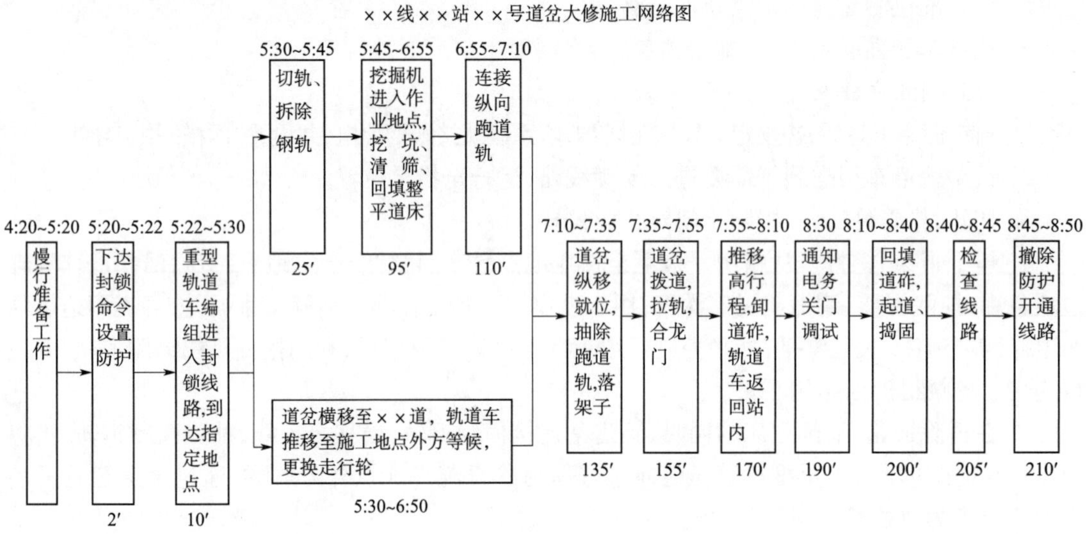

图 23　施工网络图

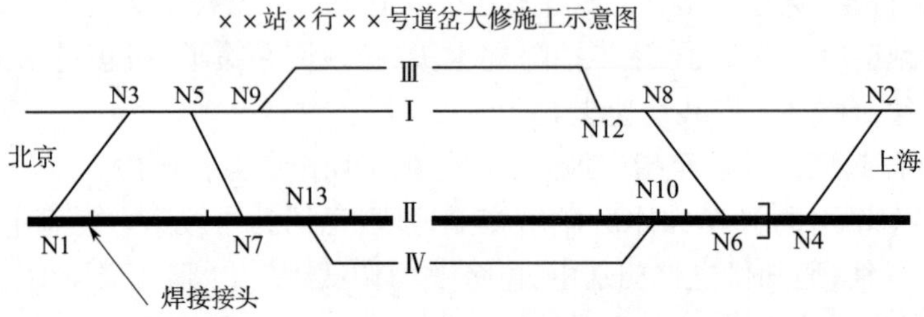

图 24　施工示意图

六、施工组织

××道岔由××车间负责施工。每组道岔设施工负责人 1 名，负责道岔大修施工全面工作。工地设技术员××人，协助施工负责人搞好施工组织、材料计划申请、道岔定位、配轨、清筛深度及回填厚度控制、技术资料收集整理归档等工作。具体人员安排如下：

1. 道床准备：××人；
2. 拆除扣件：××人；
3. 拆除钢轨：××人；
4. 指挥挖掘机：××人；
5. 横移新道岔：××人；
6. 整平道床：××人；

7. 铺设跑道轨：××人；
8. 起落道岔：××人；
9. 起拨道、捣固：××人；
10. 设备养护班组××个，××人，负责道岔检查养护，夜间巡查；
11. 防护：驻站联络员2人，远方防护员2人，工地防护员4人。
共需人员××人。

七、施工作业控制及安全注意事项

1. 所有参加施工人员上道前必须进行安全教育，了解施工程序，交代安全注意事项。施工前施工负责人必须给工长、带班人员讲解施工程序、施工步骤、安全注意事项、应急处理预案。每天施工结束后，必须召开由工班长、带班人员参加的碰头会，总结当日施工中存在的问题，商讨解决方案。工班长、带班人员次日点名时必须布置给参加施工的人员。

2. 施工前一天必须和车站联系商讨具体的轨道车编组及进出施工地段、电务及供电配合、工地联系等具体事宜。

3. 对影响施工作业的电务和信号电缆，要提前通知相关部门进行配合，过轨电缆必须提前探明，并标记清楚。

4. 使用起拨道机、撬棍、拉伸器、撞轨器等机具作业时必须轻拿轻放，听从工班负责人统一指挥，动作协调一致，防止伤人。起道机必须统一指挥，同起同落，严禁打快机落道岔。

5. 施工负责人必须对次日施工地段进行调查，如电务设备影响等问题必须提前安排人员联系。站内施工，电务设备、电缆较多，必须提前搞清电务设备状况及电缆走向。施工中，电务电缆处所必须交代正式职工和施工民工，不能挖断电缆，影响行车。施工时，特别是慢行点做准备及开通后整修线路阶段，要注意工具不能连电，尤其在道岔极性绝缘附近更要注意，以防工具连电造成红光带，影响行车。

6. 施工所使用的齿条起道机、液压起拨道机、发电机具、捣固机具，施工前必须检查调试，确保使用良好，所有机具严禁带病作业。

7. 严格按规定设置施工防护，慢行里程必须和施工调度命令一致。

8. 驻站联络员必须加强同施工负责人及工地、远方防护员的联系，及时通报列车运行情况以及向施工负责人准确传达施工封锁、开通命令，执行密码联控制度。

9. 工地防护员及带班职工要时刻注意人身、行车安全，负责通知施工作业人员下道避车，同时将机具带到规定的安全距离以外，防止机具、材料侵限。下道避车位置由施工负责人统一指定，施工负责人及带班职工要重点控制两线间作业人员，本、邻线来车时及时下道。

10. 施工负责人必须随时掌握施工进度，检查作业质量，及时处理施工中所遇到的问题。开通前必须确认线路达到放行列车的条件，料具无侵限。

11. 线路开通后，必须及时整修线路，消灭超限处所，均匀道砟，粗整线路，清理弃土，铲除外高内低。在施工负责人的组织下，施工地段经养护班检查无Ⅱ级以上偏差后，施工班同养护班按规定办理交接手续，认真填写线路交接单。养护班应加强对施工后线路的检查和保养，要严格按照大中修线路养护办法24小时不间断检查线路的轨道几何尺寸，尤其是施工地段和未施工地段的结合部，及时消灭Ⅱ级以上偏差，做到有检查、有记录、有消灭、有签认。

12. 施工期间重型轨道车进入封锁线路配合施工,轨道车司机必须和施工负责人及驻站联络员加强联系,确认信号,加强瞭望,确保安全。施工作业人员要注意轨道车运行,及时下道避车。配合轨道车作业人员要注意安全,车停稳方准上下,要听从带班职工和轨道车司机的指挥。

13. 现场施工技术人员要严把施工质量关,做好隐蔽工程记录,认真填写《工程日志》,同时协助施工负责人做好材料计划的申请和技术资料收集整理归档等工作。

14. 工地必须配备照明设备,夜间养护作业必须安排人员驻站,夜间作业人员要密切掌握本、邻线行车状况,及时下道避车。

15. 挖掘机作业必须有专人指挥,线间距小于6.5 m 地段,邻线来车时,挖掘机必须停止作业。必须确认接触网停电以后,挖掘机才能发动,挖掘机上下路用平板必须有专人指挥,下道架要安放稳固,确保安全。挖掘机在运输过程中,必须安放牢固,并采取加固措施。

16. 加强挖掘机的检查和保养,确保作业中工作状态良好。

17. 所有施工人员乘坐交通工具,必须严格遵守交通安全规则,汽车停稳方准上下。接送民工上下班必须有职工带车。

八、应急预案

1. 必须配备足够的小型捣固机具,发电机必须有 1 台备用。如发生小型捣固机具故障,必须马上采用手工捣固,及时恢复线路。加强对夜间照明设备的检修,施工期间有 1 套备用,防止照明设备故障。

2. 保养班必须加强对线路的养护,发生晃车等不良现象时必须立即上报并组织消灭,必要时申请降低行车速度,确保行车安全。

3. 加强对轨道车、风动石砟车的检修,确保工作状态良好。

4. 加强对挖掘机的检修,如在施工中发生挖掘机故障,立即将故障挖掘机移出限界以外,另一台挖掘机恢复道床。工地要配备挖掘机履带等配件,以便发生故障时能及时抢修。

5. 因焊接或其他原因造成不能正常连接时,应采取插入短轨的方法进行临时处理。

九、施工配合

成组更换道岔,同步进行道床机械清筛,使用的施工车辆及机具较多,涉及的配合单位较多,提前××天通知运输、电务、供电等部门给予支持和配合。

××段

××××年××月××日

六、无缝线路应力放散与调整

(一)作业(操作)方法和步骤

应力放散就是在设计锁定轨温范围内,将无缝线路全长扣件、防爬器等全部松开,让它自由伸缩,把钢轨内部的温度应力全部放散掉,然后再重新锁定线路。应力放散改变了长钢轨原来的长度,也改变了锁定轨温。应力调整是指不改变长钢轨原来的长度,在部分地段钢轨有伸有缩,将应力调整均匀。

1. 应力放散或调整的条件

无缝线路的锁定轨温必须准确、均匀，有下列情况之一者，必须做好放散或调整：

(1)实际锁定轨温不在设计锁定轨温范围以内，或左右股长轨条的实际锁定轨温相差超过5℃。

(2)锁定轨温不清楚或不准确。

(3)跨区间和全区间无缝线路的两相邻单元轨条的锁定轨温差超过5℃，同一区间内单元轨条的最低、最高锁定轨温相差10℃。

(4)铺设或维修作业方法不当，使长轨条产生不正常的伸缩。

(5)固定区和无缝道岔出现严重的不均匀位移。

(6)夏季线路轨向严重不良，碎弯多。

(7)通过测试，发现温度力分布严重不匀。

(8)因处理线路故障或施工改变了原锁定轨温。

(9)低温铺设长轨条时，拉伸不到位或拉伸不均匀。

2. 应力放散的方法

无缝线路应力放散可采用滚筒配合撞轨法或滚筒结合拉伸配合撞轨法。放散时要求做到：总放散量要够，沿钢轨全长放散要匀，最后锁定轨温要准。同时要求结合放散应力，整治线路爬行。

(1)滚筒配合撞轨

滚筒配合撞轨放散方法是指在接近设计锁定轨温的条件下，松开扣件和防爬器，长钢轨下每隔10～15 m垫入滚筒，配合以适当撞轨，使长钢轨正常伸缩。当达到预定锁定轨温时，立即取下滚筒，重新锁定线路。这种放散法的优点是放散较彻底，均匀性好，可以较准确地确定锁定轨温。

(2)滚筒结合拉伸配合撞轨法

滚筒结合拉伸配合撞轨法是指在轨温比较低的条件下，在利用滚筒放散的同时，用拉伸器拉伸并配合以适当撞轨，但原锁定轨温不清楚或不准确时，必须在滚筒放散的基础上，通过计算后再用拉伸器拉伸。

应力放散前，应先调整缓冲区轨缝，并根据计算更换配轨，上紧全部扣件后，方能固定拉伸器进行拉伸。

3. 应力调整的方法

无缝线路应力调整(不改变长钢轨长度)，可在比较接近实际锁定轨温的条件下，采用列车碾压法。

列车碾压法是指在调整地段，适当松动扣件和防爬器，利用列车碾压振动和轨温变化，也可辅以适当撞轨，将温度应力调整均匀。利用列车碾压方法，比较简单易行，主要适用于部分调整。利用列车碾压，需要在限速不超过25 km/h的条件下进行。

无缝线路应力放散和调整施工前，应制订施工计划及安全措施，组织人力，备齐料具，充分作好施工准备。

4. 计算放散量、锯轨量

(1)计算放散量

长钢轨的放散量按下列自由伸缩公式计算：

$$\Delta l = \alpha \cdot L(T_{sh} - T_{sy})$$

式中 Δl——长钢轨放散量(mm)；

α——钢轨钢线膨胀系数，$\alpha = 0.0118$ mm/(m·℃)；

L——需要放散应力的长钢轨长度(m)；

T_{sh}——放散后的锁定温度(℃)；

T_{sy}——原锁定轨温(℃)。

【例题】 某无缝线路长钢轨长为3 600 m，原锁定轨温为13 ℃，计划放散轨温为23 ℃，求放散量。

【解】 根据条件 $L = 3\,600$ m，$T_{sy} = 13$ ℃，$T_{sh} = 23$ ℃，则

$$\Delta l = \alpha \cdot L(T_{sh} - T_{sy}) = 0.0118 \times 3\,600 \times (23 - 13) = 424.8(\text{mm})$$

(2)确定预留轨缝

缓冲区长轨端的预留轨缝按前面计算方法确定。

(3)计算锯轨量

$$K = \Delta l + \sum a - \sum b$$

式中 K——锯轨量(mm)；

Δl——放散量(mm)；

$\sum a$——放散后缓冲区预留轨缝总和(mm)；

$\sum b$——放散前缓冲区预留轨缝总和(mm)。

5. 应力放散步骤

(1)进行现场调查，特别注意锁定轨温是否有变化、线路是否有爬行、轨缝有无不正常变化等情况。

(2)确定放散轨温及放散方法，计算放散量、缓冲区预留轨缝、锯轨量。

(3)准备机具，组织施工，消除阻止钢轨移动的障碍物，做好放散前的一切准备工作。

(4)设置临时观测点，随时掌握长钢轨的应力放散情况。通常每100 m设置一个观测点，其观测点伸缩量为

$$\Delta l_n = \frac{\Delta l}{N} \cdot n$$

式中 Δl_n——某观测点钢轨计算伸缩量(mm)；

Δl——计划放散量(mm)；

N——设立观测点数；

n——某观测点号数($n = 1, 2, 3\cdots$)。

(5)放散时按规定设好防护信号，封锁线路，在缓冲区换入预先锯好的短轨，匀好轨缝。轨缝大于50 mm者插入小轨头，允许列车慢行通过。

(6)放散时，顺列车方向的无缝线路始端伸缩区防爬器不动，松开始端固定区正向防爬器。待通过列车，钢轨移动后，再松开终点固定区和伸缩区的正反向防爬器，混凝土轨枕地段也按此顺序松开扣件，以便满足放散均匀的要求。

(7)通常应在实际放散量较计划值小5～10 mm时，即锁定线路，因此时扣件及防爬设备尚不密贴，通过几次列车后，还将稍有伸长。通过第一次列车后可再次上紧扣件及防爬器，并

在翌日锁定轨温范围内再最后全面上紧一次。

(8)放散时如发现长轨前一段伸缩量大,后一段即靠锁定端方向不动或伸缩量很小的现象,则可适当地将前一段的一部分正反防爬器打紧,并检查、清除影响钢轨放散的障碍。如这样还放散不出来,可用木锤敲击钢轨或撞轨的方法加速钢轨的伸缩。

(9)锁定线路后,要匀好调节区轨缝,改正爬行观测桩标志及锁定轨温。

6. 应力放散注意事项

(1)放散要考虑线路爬行导致锁定轨温的变化值。

【例题】 某段无缝线路长1 000 m,18 ℃锁定,顺向爬行量30 mm(在长轨端处测量),求轨温变化度数。

【解】 $\text{轨温变化度数}=\dfrac{\text{爬行量}}{\text{长轨长度}\times 0.0118}=\dfrac{30}{1000\times 0.0118}=2.5\ ℃$

所以,实际锁定轨温 = 18 ℃ − 2.5 ℃ = 15.5 ℃,应按此锁定轨温计算放散量。

(2)历年断轨后焊复时断裂缝未取出者应加入总放散量之中。

(3)以长度控制放散,可以适当提高轨温5 ℃~10 ℃,以便于克服扣件阻力,如气温偏低可变更施工计划。

(4)放散工作要结合根治病害,如解决长钢轨接头相错等病害。

(5)应力放散工作由车间调查并提出计划,工务段审批,车间主任组织施工,工务段派人协助指导。

(6)应力放散符合设计规定后,应按实际锁定轨温修改有关技术资料,修正位移观测标记。

(二)安全注意事项

在慢行作业施工中,松扣件时禁止松开过多,以防施工中胀轨跑道。

七、人字形或海参形复轨器使用安装与使用

(一)作业(操作)方法和步骤

适用范围:车辆发生轻微脱线时,使用复轨器进行起复。

复轨器(通称道爬子)主要有海参形(图25)和人字形(图26)两种。

1. 海参形复轨器

海参形复轨器,体小轻便,适合于脱线车辆车轮距离钢轨较近的起复工作。

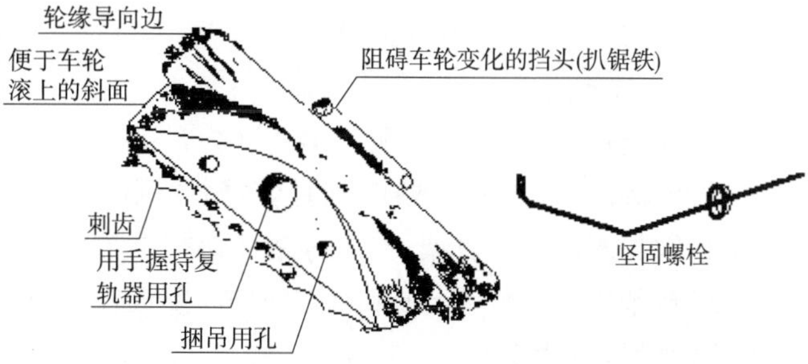

图25 海参形复轨器

海参形复轨器使用方法:

(1)内外侧复轨器必须摆齐;

(2)外侧复轨器要与钢轨密贴,内侧复轨器与钢轨间要留出30~40 mm间隙,以使轮缘通过。

2. 人字形复轨器

人字形复轨器,适用于脱线车辆车轮距离钢轨较远的起复工作。

人字形复轨器使用方法:

(1)两复轨器必须摆放一致,并要注意分开左右;

(2)为防止复轨器滑动、变位压翻,在复轨器前端底部与轨面接触部分垫上棉纱,紧固顶螺栓,尾部打牢串销使之牢固稳定;

(3)复轨器稳定后,在脱线车轮的前方铺垫道砟,以免损坏轨枕和防止车轮变动方向。

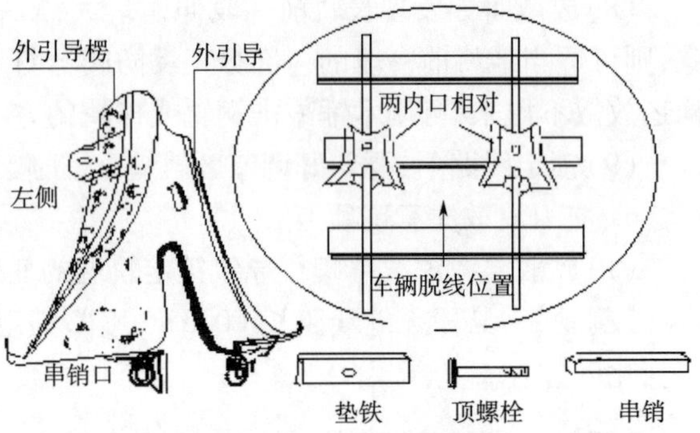

图26 人字形复轨器

(4)在混凝土枕上使用人字形复轨器时,需在复轨器尾部与混凝土枕间加垫带斜度的铁垫板(内外各一块)或另穿入木枕。

(二)质量标准

1. 海参形复轨器必须牢固稳定在枕木上(刺齿刺入枕木侧面),木枕下部如有空隙时,要把枕木下面用道砟垫实;在混凝土枕上稳定海参形复轨器时,可另穿入木枕。

2. 枕木腐朽或空串时,应先整修加固再稳定复轨。

3. 使用人字形复轨器,在拉复前应在复轨器的引导楞内侧(车轮轧复面)涂上润滑油。

4. 拉复速度应缓慢。

5. 禁止在钢轨接头附近摆放复轨器,遇轨撑要拆除。

(三)应急处理技能

使用人字形复轨器起复,当脱线车轮距钢轨超过250 mm或机车脱线于道岔附近时,应采取辅助措施使用引导短轨、改铺一段线路或利用辙叉尖和护轨复轨。

八、板式无砟轨道施工作业

(一)作业(操作)方法和步骤

1. 板下基础施工

(1)在线路中心线上,各测量出宽度为2 880 mm的基础范围,凿毛桥面,清洗干净,并将无砟梁预留钢筋头加以处理或在桥面钻孔预埋钢筋。

(2)绑扎基础钢筋骨架,并放好钢筋保护层垫块。

(3)按基础设计位置与标高支立模板,模板外侧可与防护墙撑联,内侧可采用对拉或支撑形式,以确保模板稳定。

(4)在伸缩缝处固定好20 mm厚的沥青板,确保固定牢固,防止沥青板上浮。

(5)检查合格后及时灌筑基础混凝土。混凝土灌筑采用机械振捣,振捣密实后抹平。

(6)在基础混凝土拆模后24 h,进行凸形挡台的施工。在混凝土未达到设计强度之前,严禁各种车辆在底座上通行。

2. 凸形挡台施工

(1)准备好凸形挡台施工用模板、混凝土原材料、基准器底座等。

(2)测定凸形挡台模板、基准器底座的位置。曲线地段测量定位时,要考虑偏角,纵坡地段应考虑高差及纵向距离偏差。

(3)量校准后,支立凸形挡台模板,模板安装的偏差应符合要求。

(4)调整好模板内桥面预埋的与凸形挡台连接钢筋的位置。

(5)测量控制方法:圆形钢模,厚6 mm,加强肋。对中调平,使其距离的偏差与线路中心线的偏差均小于±2 mm。灌筑混凝土并捣固,以确保其位置准确。

(6)凸形挡台混凝土灌筑

①混凝土的灌筑、振捣应采用插入式振捣器。

②挡台施工达到设计标高后,表面须抹平。

③在凸形挡台表面安设基准器,并按规范要求精确测定基准器上的基准点位置,为轨道板的铺设作准备。

3. 轨道状态调整

(1)轨道板准确定位、CA砂浆灌注、无缝线路铺设完成后,轨道几何形位的精细调整是保证板式轨道达到线路铺设精度的一个关键过程。

(2)轨道状态调整时,应先确定一股钢轨的方向和高低,以此股钢轨为基准,确定另一股钢轨状态。线路的轨距、方向通过不同规格的扣件和轨距块进行调整。

(3)线路的高低、水平通过铁垫板下预制的调高垫板以及铁垫板上的充填式垫板进行调整。

(4)秦沈客运专线双何特大桥板式轨道范围内采用的弹性分开式扣件(弹条Ⅱ型扣件)的设计参数,其扣件最大调高量为30 mm,其中轨下允许最大调高量为10 mm,铁垫板下为20 mm。

(5)充填式垫板(无级调高垫板)的允填厚度以4~6 mm左右为宜,超出部分应在铁垫板下垫入预制的调高垫板。

(6)在插入充填式垫板注入袋之前,必须在扣件节点之间的轨底下按一定间距插入调整垫块。调整垫块由两部分组成。一为基准垫块,其尺寸根据钢轨类型、轨底与轨道板顶面的设计高度、轨底坡的大小确定。在基准垫块的基础上,再配置微调垫块,微调垫块的厚度规格可分为0.5 mm、1 mm、2 mm、4 mm等级。

(二)质量标准

1. 桥上无砟轨道铺设精度标准(静态)(如表4所示)

表4 桥上无砟轨道铺设精度标准(静态)

项 目	高 低(mm)	轨 向(mm)	水 平(mm)	轨 距(mm)
幅 值	2	2	1	+1,-2
波长(m)	管理波长10 m			

2. 凸形挡台模板安装偏差(如表5所示)

表5　凸形挡台模板安装偏差

序　号	项　　目	允　许　偏　差(mm)
1	圆形挡台模板的直径	±2
2	半圆形挡台模板的半径	±1
3	挡台中心偏离线路中心	±1
4	挡台中心间距	±2
5	侧模放线高度	±2

(三)应急处理技能

1. 基础下沉(Bögl 板)

当基础沉降较大,扣件校正量不能满足要求时,Bögl 板式无砟轨道可以重新调整轨道的高程,调高量达几十毫米。

具体作法是:首先用索锯将轨道板与 CA 砂浆层分开,然后使用调高设备(如千斤顶)将轨道板抬起并精确定位。将由此而产生的板下空隙的周围进行密封,最后进行灌浆。由于灌浆层在较短的时间内即可固化,因此校正工作完成几个小时后,列车即可通行,对行车干扰较小。CA 砂浆损坏时,也可采用这种修补方法。

2. 板式轨道伤损形式及判定标准

(1)CA 砂浆:轨道板下侧——缺损、间隙、裂纹;凸起周围——压坏、间隙、裂纹。

(2)轨道板:裂纹,缺损、折损,PC 钢棒填埋部分损伤,敷设垫圈部分损伤。

(3)凸起:裂纹,缺损、折损。

(4)平板垫:错位。

板式轨道伤损形式及判定标准如表 6 所示。

表6　板式轨道伤损形式及判定标准

损　伤　部　分		等　级	判　定　标　准	备　注
轨道平板	裂　纹	A	$b \geq 0.2$ mm	b—裂纹宽度
		B	0.2 mm $> b \geq 0.1$ mm	
		C	0.1 mm $> b \geq 0.05$ mm	
	缺　损 折　损	A	钢筋露出、缺损	
		B	钢筋露出、折损	
		C	生锈	
CAM	缺　损	A	$a \geq 10$ mm	a—缺损宽度
		B	10 mm $> a \geq 5$ mm	
		C	5 mm $> a \geq 2$ mm	
	间　隙	A	$t \geq 0.2$ mm	t—间隙
		B	0.2 mm $> t \geq 0.1$ mm	
		C	0.1 mm $> t \geq 0.06$ mm	

续上表

损伤部分		等级	判定标准	备注
凸起混凝土	裂纹	A	$b \geqslant 0.2$ mm	b—裂纹宽度
		B	0.2 mm > $b \geqslant 0.1$ mm	
		C	0.1 mm > $b \geqslant 0.05$ mm	
	缺损 折损	A	钢筋露出、缺损	
		B	钢筋露出、折损	
		C	生锈	
凸起部分 CAM	间隙	A	$t \geqslant 5$ mm	t—间隙
		B	5 mm > $t \geqslant 3$ mm	
		C	3 mm > $t \geqslant 2$ mm	
	缺损 折损	A	$h \geqslant 5$ mm	h—深度
		B	5 mm > $h \geqslant 3$ mm	
		C	3 mm > $h \geqslant 2$ mm	
备注	判定等级	A	A—迅速进行修补	
		B	B—计划性修补	
		C	C—引起注意(记录台账中)	

3. 轨道填充层劣化

轨道填充层发生因冰冻而产生劣化时,可使用玻璃纤维垫增强 CA 砂浆进行修补。施工在夜间的列车运行间隙进行。模板是在最初列车通过之前除去。

4. 地脚螺栓维修方法

(1)当地脚部分发生损伤后,螺栓将产生轴力拨出。一般在夜间作业间隙进行施工,采用在短时间产生必要的强度以及耐久性的经济的修补方法。

(2)修补方法

使用比埋设垫圈稍大的孔径对混凝土穿孔,直到地脚板的上面为止,在地脚板保留的状态下,将具有螺纹部分的新地脚部分通过树脂固定。对于新地脚部件的材质,可以考虑树脂、钢管或者陶瓷等。通过强度或者施工性能等试验后,确认了具有短时间下的粘接强度、保持螺栓轴向力性能、电气绝缘性能以及经济性能的钢管地脚最为优秀。根据实施现场试验后 1 年半的跟踪调查结果,没有发现问题。

5. 碱—骨料反应

(1)碱—骨料反应是指 CA 砂浆中的成分发生化学反应,使混凝土产生过度膨胀而产生裂纹的现象。如果这些裂纹继续发展,水分将从裂纹处侵入,导致钢筋生锈。

(2)解决措施:

①裂纹宽度为 0.5 mm 以上时,从防止雨水侵入(钢筋防锈)的角度考虑,使用延伸能力以及水蒸气透过性较高的有机系材料(硅酮树脂系或者弹性型聚合物水泥系)进行修补。

②对于 0.5 mm 以下的裂纹,从抑制碱—骨料反应的角度考虑,使用无机系材料(水性硅烷)进行修补。

6. 轨道几何尺寸的调整

(1)对于轨道几何尺寸的偏差,小的调整量由扣件系统来完成。

(2)若出现较大调整时,先用切割工具将轨道板与底层分开,然后用千斤顶和支承螺栓将轨道板抬高并定位在合适位置,用嵌缝材料涂抹在轨道板与底层之间的周围间隙,确保注入的树脂或 CA 砂浆等充填料不流出,等到充填料满足硬度达到要求后,列车才可通行。

高 级 技 师

一、设置线路竖曲线

(一)作业(操作)方法和步骤

铁路线路所包含的坡度除平坡外,还有上坡和下坡。所谓坡度,即铁路线路的高程变化率,用千分率表示,就是每1 000 m水平距离高程上升或下降的数值,通常用符号“+、-、0”依次表示上坡、下坡和平坡。

在进行纵断面设计时,相邻两坡段的交点叫变坡点。两变坡点之间的水平距离叫坡段长度。

线路大、中修时,应改善线路坡度。如既有线路坡度超过限度坡度且改善困难时,可保持原状。

1. 圆曲线形竖曲线计算

(1)竖曲线的切线长

$$T_v = R_v \times \tan\frac{\alpha}{2} = \frac{R_v}{2} \times \tan\alpha = \frac{R_v}{2} \times \Delta i‰ = \frac{R_v}{2\,000}\Delta i \ (\text{m})$$

式中 T_v——竖曲线的切线长(m);

R_v——竖曲线半径(m);

α——竖曲线转角(°);

$\Delta i‰$——相邻坡段的坡度代数差(‰),

$$\Delta i = |i_2 - i_1|$$

当 $R = 20\,000$ m 时 $T_v = 10 \cdot \Delta i$

当 $R = 15\,000$ m 时 $T_v = 7.5 \cdot \Delta i$

当 $R = 10\,000$ m 时 $T_v = 5 \cdot \Delta i$

当 $R = 5\,000$ m 时 $T_v = 2.5 \cdot \Delta i$

(2)竖曲线的曲线长

$$C \approx 2T_v$$

(3)竖曲线的纵距

竖曲线的纵距即竖曲线上任意点与切线上相邻点的标高差,用 y 表示。

$$y = \frac{x^2}{2R_v}$$

式中 y——竖曲线的纵距(m);

x——竖曲线上任意点距竖曲线始点或终点的距离(m)。

(4)竖曲线标高

$$H = H_p \pm y$$

式中　H——竖曲线标高(m)；

H_p——计算点坡度线标高，如图 27 中 N 点标高。

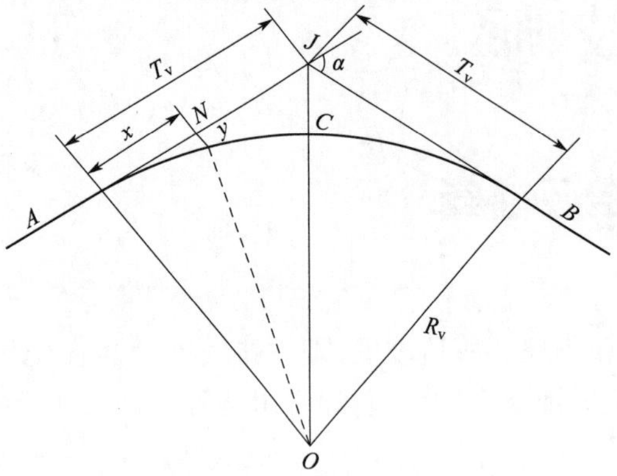

图 27　竖曲线

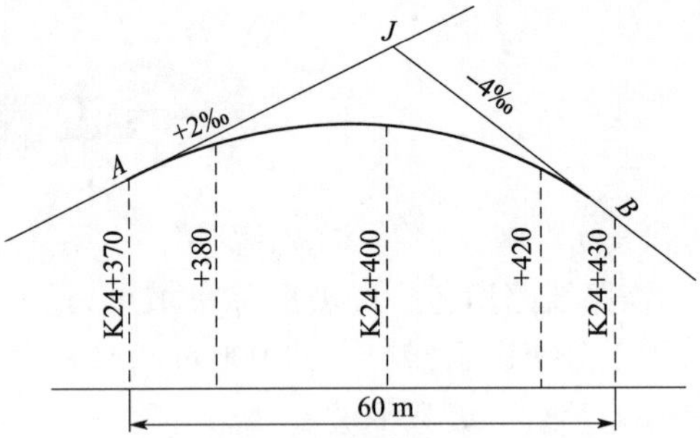

图 28　圆曲线形竖曲线

【例题】　某 I 级铁路，有一圆曲线形竖曲线，如图 28 所示，竖曲线中点里程为 K24 +400，标高为 65.7 m，上坡 $i_1 = +2‰$，下坡 $i_2 = -4‰$，试计算竖曲线上每 20 m 点的标高。

【解】

①计算 Δi

$$\Delta i = \Delta i_1 - \Delta i_2 = 2 - (-4) = 6‰$$

②竖曲线的切线长

$$T_v = 5 \cdot \Delta i = 5 \times 6 = 30 \text{ m}$$

③竖曲线的曲线长

$$C \approx 2T_v = 2 \times 30 = 60 \text{ m}$$

④竖曲线的坡度线标高、纵距、标高计算(表 7)。

表 7　竖曲线标高计算表

里　程	横距 x (m)	坡度线标高 H_p (m)	纵距 y (m)	竖曲线标高 H (m)	附　注
K24 +370	0	65.640	0.000	65.640	曲线始点
+380	10	65.660	0.005	65.655	
+400	30	65.700	0.045	65.655	曲线中点
+420	10	65.620	0.005	65.615	
K24 +430	0	65.580	0.000	65.580	曲线终点

2. 抛物线形竖曲线计算

(1)竖曲线的长度

$$C = \frac{\Delta i}{\gamma} \times 20(\text{m})$$

式中　Δi——相邻坡段坡度的代数差(‰)；

γ——每 20 m 长度的变坡率(‰)。

(2)竖曲线的切线长

$$T_v = \frac{C}{2}(\text{m})$$

(3)竖曲线的纵距

$$y = \frac{\gamma x^2}{40\,000}(\text{m})$$

以上公式中字母含义与圆曲线形竖曲线相同。

【例题】 已知相邻坡段之坡度如图 29 所示,Ⅰ级铁路,若采用抛物线形竖曲线,试计算竖曲线长、切线长、纵距及标高。

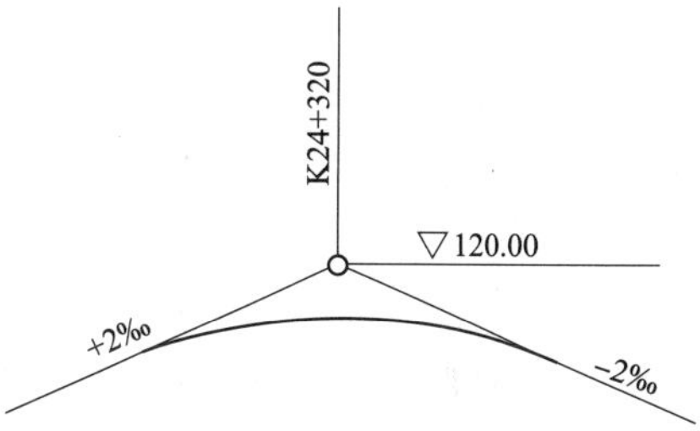

图 29 抛物线形竖曲线

【解】

①$\gamma = 1‰$

②计算 $\Delta i = 2 - (-2) = 4‰$

③曲线长 $C = \frac{\Delta i}{\gamma} \times 20 = \frac{4}{1} \times 20 = 80(\text{m})$

④切线长 $T_v = \frac{C}{2} = \frac{80}{2} = 40(\text{m})$

⑤竖曲线纵距及标高计算(表 8)。

表 8 竖曲线纵距及标高计算

里 程	横距 x (m)	坡度线标高 H_p (m)	纵距 y (m)	竖曲线标高 H (m)	附 注
K24 +280	0	119.92	0.00	119.92	曲线始点
+300	20	119.96	0.01	119.95	
+320	40	120.00	0.04	119.96	曲线中点
+340	20	119.96	0.01	119.95	
K24 +360	0	119.92	0.00	119.92	曲线终点

(二)质量标准

1. 线路大、中修纵断面设计,应符合下列规定:

(1)应设计长坡段。

$250\ \text{km/h} \geqslant v_{允许} > 200\ \text{km/h}$ 的线路最小坡段长度不应小于 800 m,特别困难条件下最小坡段长度不应小于 600 m,且不得连续使用;$200\ \text{km/h} \geqslant v_{允许} > 160\ \text{km/h}$ 的线路最小坡段长度不应小于 600 m,特别困难条件下最小坡度长度不应小于 400 m;其他线路坡段长度不应小于该区段到发线有效长度的一半,个别困难地段也不应小于 200 m。最小坡段长度不宜连续使用两个以上。

(2)相邻坡段的连接应按原线路标准设计为抛物线形或圆曲线形竖曲线。

①$v_{允许} \leqslant 160\ \text{km/h}$ 的线路,采用抛物线形竖曲线时,若相邻坡段的坡度代数差大于 2‰,应设置竖曲线。20 m 范围内竖曲线的变坡率,凸形不应大于 1‰,凹形不应大于 0.5‰。采用圆

曲线形竖曲线时，若相邻坡段的坡度代数差大于 3‰，应设置竖曲线。竖曲线半径应为 20 000 ~ 10 000 m，困难地段不应小于 5 000 m。

②160 km/h < $v_{允许}$ ≤200 km/h 的线路坡度代数差大于等于 1‰，应设置圆曲线型竖曲线，竖曲线半径不应小于 15 000 m，且长度不应小于 25 m；250 km/h ≥ $v_{允许}$ > 200 km/h 的线路，竖曲线半径不应小于 20 000 m。

(3) 在电气化铁路区段进行线路设备大修时，为了改善既有线路坡度，应适当调整接触网高度。

(4) 两线路中心距不大于 5 m 时，其轨面标高应设计为同一水平，困难地段高度差可不大于 300 mm，但易被雪埋地段的轨面标高差不应大于 150 mm，道口处不应大于 100 mm。

(5) 大修地段与非大修地段的连接顺坡，应设在大修地段以外。其顺坡率为：允许速度不大于 120 km/h 的线路不应大于 2.0‰，允许速度为 120 km/h（不含）~ 160 km/h 的线路不应大于 1.0‰，允许速度大于 160 km/h 的线路不应大于 0.8‰。

(6) 竖曲线不得与竖曲线、缓和曲线重叠，不得侵入道岔及无砟桥梁上。

2.《铁路客运专线技术管理办法（试行）》规定：

(1) 区间正线的最大坡度不大于 20‰，特殊困难条件下不大于 30‰；动车组走行线最大坡度不大于 35‰。

(2) 最小坡段长度，300 km/h 区段一般不小于 1 200 m，困难条件下不小于 900 m；350 km/h 区段一般不小于 2 000 m，困难条件下不小于 900 m。一般条件的最小坡段长度不宜连续采用，困难条件下的最小坡段长度不得连续采用。

(3) 正线相邻坡段的坡度代数差大于或等于 1‰时，应采用圆曲线形竖曲线连接。最小竖曲线半径为 25 000 m，最大竖曲线半径不应大于 30 000 m。最小竖曲线长度不得小于 25 m。

(4) 竖曲线（变坡点）与缓和曲线、道岔、钢轨伸缩调节器均不得重叠设置，竖曲线与平面圆曲线不宜重叠设置。

(5) 站坪宜设在平道上，且到发线有效长度范围内宜采用一个坡段。

二、利用 S 弯变更线间距

(一) 作业（操作）方法和步骤

复线地段利用反向单圆曲线将线间距扩大（缩小）时，应根据地形条件及列车运行条件，选择适合的圆曲线长度和夹直线长度。采用反向曲线变更线间距不设缓和曲线时，应满足《修规》第 3.7.5 条的规定。圆曲线应按《修规》的规定设置超高和加宽。

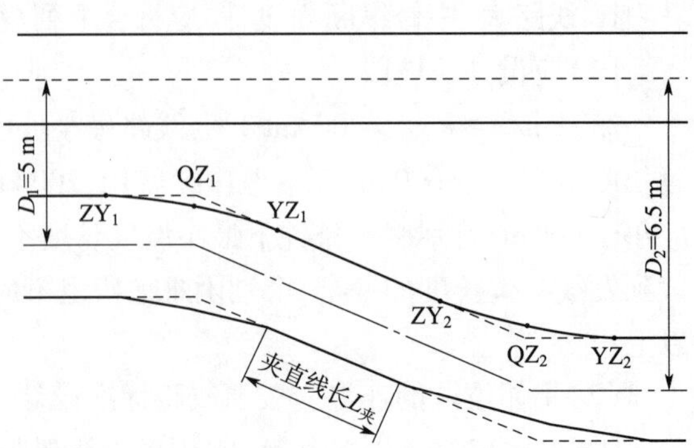

图 30　反向曲线

【例题一】 如图 30 所示，复线地段利用反向单圆曲线将线间距扩大到 6.5 m，已知线间距 $D = 5.0$ m，设计要求，两曲线半径均为 $R = 4\,000$ m，曲线长 $L = 42.20$ m，试算：

(1) 反向曲线 ZY_1、QZ_1、YZ_1，ZY_2、QZ_2、YZ_2 各点相对应的两线路中心的垂直距离

（支距）；

（2）夹直线长度 $L_{夹}$。

【解】

（1）因曲线所对应的圆心角为 $\varphi=\frac{L}{R}\times\frac{180}{\pi}=\frac{42.2}{4000}\times\frac{180}{\pi}=0.60447$，故各点支距为

$D(ZY_1)=5\ m$

$D(QZ_1)=5+R\left(1-\cos\frac{\varphi}{2}\right)=5+4000\times\left(1-\cos\frac{0.60447}{2}\right)=5.045\ m$

$D(YZ_1)=5+R(1-\cos\varphi)=5+4000\times(1-\cos0.60447)=5.180\ m$

$D(ZY_2)=6.5-R(1-\cos\varphi)=6.5-4000\times(1-\cos0.60447)=6.320\ m$

$D(QZ_2)=6.5-R\left(1-\cos\frac{\varphi}{2}\right)=6.5-4000\times\left(1-\cos\frac{0.60447}{2}\right)=6.455\ m$

$D(YZ_2)=6.5\ m$

（2）夹直线长度

交点 QZ_1 至交点 QZ_2 长度 $L_{斜}=\frac{D_2-D_1}{\sin\varphi}=\frac{6.5-5}{\sin0.60447}=142.2\ m$

曲线切线长 $T=(R+0.75)\tan\frac{\varphi}{2}=(4000+0.15)\tan\frac{0.60447}{2}=21.1\ m$

夹直线长 $L_{夹}=L_{斜}-2T=142.2-2\times21.1=100\ m$

【例题二】 如图 31 所示，在两条平行的线路上铺设两组都为 60 kg/m 钢轨的 12 号与 9 号单开道岔单渡线，由于道岔辙叉角不同，渡线需设单圆曲线连接，已知线间距 $D=7.5\ m$，连接曲线两切线交点 JD 与 9 号道岔岔后线路的垂直距离为 4 m，设计曲线半径 $R=1\,000\ m$，试算：

（1）连接曲线长度；

（2）检算两岔后夹直线长度是否符合《修规》要求。

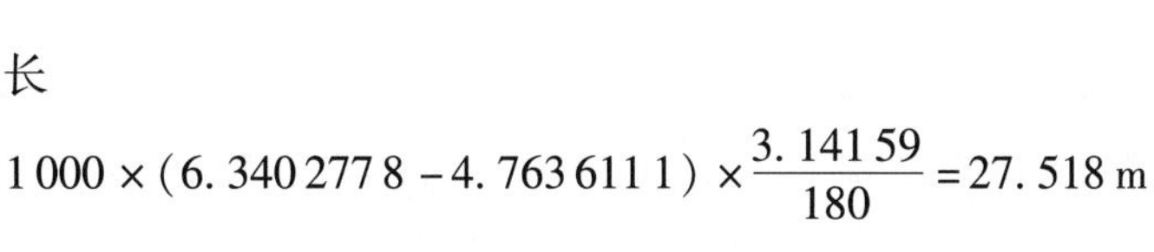

图 31　两条平行的线路上铺设两组道岔

【解】

（1）连接曲线长

$L_c=R\times\Delta\alpha=1000\times(6.3402778-4.7636111)\times\frac{3.14159}{180}=27.518\ m$

（2）$T=R\tan\frac{\alpha_1-\alpha_2}{2}=1000\times0.01375988=13.759\ m$

$L_{j1}=\frac{7.5-4}{\sin4.7636111}-13.759-19962=8.425\ m>7.5\ m$（符合《修规》一般情况下的规定）

$$L_{j2}=\frac{4}{\sin 6.340\,277\,8}-13.759-15.009=7.453\ \text{m}>6\ \text{m}$$（符合《修规》困难条件下的规定）

（二）质量标准

符合《修规》相关规定。

三、旧轨使用、整修技术条件

（一）作业（操作）方法和步骤

1. 表面检查

有以下情况的钢轨应做出标记：

（1）表面伤损超出表9所示要求的钢轨；

（2）检查部门已经标出的轻伤（△）及以上的钢轨及其焊接接头；

（3）铝热焊接头；

（4）螺栓孔和信号孔（需焊接成长轨条时）。

2. 尺寸检查

（1）基本要求

整修前应进行外形尺寸的检查，检查时对旧轨逐根进行全长目测观察。对于磨耗量、轨底边缘厚度和轨腰厚度明显变化的地方进行测量，测量前应对所测部位进行除锈。

（2）磨耗量、轨底边缘厚度和轨腰厚度测量

①磨耗检查

应测量每根钢轨的磨耗，每隔10 m测量一点。垂直磨耗在钢轨顶面宽1/3处（距标准工作边）测量，侧面磨耗在钢轨踏面（按标准断面）下16 mm处测量。

②轨底边缘厚度检查

应用游标卡尺逐根对钢轨轨底边缘厚度进行检查，每隔10 m选目测最薄处进行测量，任一点的测量值均应达到表9的要求。

③轨腰厚度检查

应用游标卡尺逐根对钢轨轨腰厚度进行检查，每隔10 m选目测最薄处进行测量，任一点的测量值均应达到表9的要求。

3. 探伤检查

对于准备做有孔轨的螺栓孔应进行探伤，如有裂纹螺栓孔应予以切除。

（二）质量标准

1. 旧轨的分类

旧轨分为报废轨和再用轨两类。

再用轨是指经钢轨管理部门确认，不需整修或经过整修后再次使用的旧轨。经整修后的旧轨称为整修轨。

报废轨是指不能再用的旧轨。

2. 再用轨的分类

再用轨分为四级，如表9所示。

表9　再用轨分类

伤损项目		伤损限值							
		一　级		二级(整修前)		三级(整修前)		四　级	
		60 kg/m	50 kg/m	60 kg/m	50 kg/m	60 kg/m	50 kg/m	60 kg/m	50 kg/m
磨耗*	垂直磨耗(mm)	<3	<3	<4	<4	<6	<5.5	<9	<8
	侧面磨耗(mm)	<5	<5	<10	<10	<13	<11	<14	<12
	波浪磨耗谷深(mm)	<0.1	<0.1	<1.0	<1.0	<0.5	<0.5	<0.5	<0.5
锈蚀	轨底边缘剩余厚度(mm)	≥9	≥8	≥9	≥8	≥7	≥6	≥6	≥5
	轨腰剩余厚度(mm)	≥14	≥14	≥14	≥14	≥13	≥11	≥12	≥10
	轨腰和轨底圆弧过渡处单面蚀坑深度(mm)	<4	<4	<4	<4	<5	<5	<5	<5
	轨头下颚透锈裂纹	无		无		无		无	
剥离掉块深度和长度(mm)		深度<0.5;长度<5		深度<1.5;长度不限		深度<2.5;长度<15		深度<3.0;长度<15	
表面擦伤深度(mm)		<0.5		<1.5		<1.5		<2.0	
剥离裂纹深度(mm)		0		<1.5		<1.5		<2.0	
轨距挡板卡痕深度(mm)		<3.0		<3.0		<3.5		<4.0	
低头及压堆(mm/m)		≤0.5		<1.5		<1.5		≤2.0	
一侧肥边(mm)		≤1.0		≤3.0		≤2.0		≤3.0	
伤损程度		无轻重伤		无轻重伤		无轻重伤		无轻重伤	

注:* 对于经整修后用于速度小于80 km/h的线路的整修轨,磨耗限值可适当放宽。
二级再用轨适于进行综合整修,三级再用轨适于进行一般整修。

一级再用轨:表面状态良好,无伤损或只有轻微伤损,不经整修即可再用的旧轨。

二级再用轨:表面状态略差于一级再用轨,但可以通过综合整修(即对轨头进行铣削加工)使其状态得以恢复再用的旧轨。

三级再用轨:表面状态介于二级再用轨和四级再用轨之间,通过一般整修(即不需对轨头进行铣削加工)后可以在次一级线路再用的旧轨。

四级再用轨:表面状态已接近轻伤标准,通过整修已无法恢复良好表面状态,换下后不经整修直接在次要站线再用的旧轨。

钢轨的累计通过总重为550~700 Mt时,宜作为二级再用轨进行综合整修。

3. 再用轨的使用条件

不需整修的一级和四级再用轨以及经综合整修和一般整修后的二级和三级再用轨的使用按表10执行。不需整修的一级再用轨、未经综合整修的二级再用轨和未经一般整修的三级再用轨可降级使用。

表 10　再用轨使用条件

再用轨分类		使用条件		
级别	轨型	速度(km/h)	年通过总重(Mt)	说明
一级	60 kg/m	≤120	≤50	同一类型同等长度的再用轨应连续使用不短于 0.5 km
	50 kg/m	≤100	≤30	
二级	60 kg/m	≤120	≤50	
	50 kg/m	≤100	≤30	
三级	60 kg/m	≤100	≤30	
	50 kg/m	≤100	≤30	
四级	60 kg/m			可成段使用于次要站线;每股道应使用同一类型和长度的再用轨,特殊情况下长度应不超过两种
	50 kg/m			

4. 整修技术要求

(1)去除工作边肥边:将工作边肥边逐一清除。

(2)锯切旧轨:

①钢轨锯切时,锯切点离标记处应不小于 100 mm。

②若轨端是用火焰切割的,该轨端应予以锯除,锯切点离轨端应不小于 100 mm。

③锯切旧的长轨条时,锯切点离保留焊缝的距离应不小于 4.5 m。

④长度小于 9 m 的钢轨不再锯切使用。

(3)钢轨矫直:钢轨应进行矫直,消除钢轨的硬弯、上拱和低头等。

(4)整修轨焊接:①铣削后钢轨高度和宽度相差分别在 0.5mm 以内的同批钢轨允许焊接,相同工作边对焊。

②同批钢轨应集中焊接。

③整修轨焊接按 TB/T 1632.1 ~ TB/T 1632.4 执行。

(5)轨头铣削:

①轨头铣削应去除踏面表面裂纹、擦伤、鞍形磨耗、波浪磨耗、肥边等各类伤损。

②钢轨踏面和工作边的几何形状按同一轨型新轨的轨头轮廓加工。

③经铣削后的轨顶面(包括轨顶面圆弧面)在全长范围内应呈现连续的切削光带。整修轨高度与新轨高度差应不大于 6 mm。对于经整修后用于速度小于 80 km/h 的线路的整修轨,其整修高度要求可适当放宽。

(6)加工定尺轨和缩短轨:

①定尺轨和缩短轨锯切长度、端面斜度、螺栓孔直径、螺栓孔位置和允许偏差按照 TB/T 2344—2003 执行。螺栓孔及轨端应予以倒棱,倒棱尺寸按照 TB/T 2344—2003 执行。

②定尺轨和缩短轨上最多允许保留一个焊接接头,其焊缝中心距轨端应不小于 4.5 m。

③定尺轨和缩短轨的轨端需进行淬火处理时,其技术要求应符合 TB/T 2344—2003 的有关规定。

5. 整修轨检验

(1)整修轨应从轨头对钢轨全长及旧焊缝进行疲劳缺陷的超声波探伤,对新焊缝按 TB/T

1632.1～TB/T 1632.4 的规定进行全断面的超声波探伤。

(2)整修轨焊接接头的检验按照 TB/T 1632.1～TB/T 1632.4 的规定执行,60 kg/m 整修轨焊接检验要求按 50 kg/m 焊接接头标准执行。

(3)应对定尺轨和缩短轨的螺栓孔进行外观质量检查,检查按 TB/T 2344—2003 中有关规定执行。

(三)注意事项

1. 工厂应提供产品合格证,注明该批钢轨的钢种、型号、长度、根数、钢轨高度和整修厂家名称。

2. 在距轨端 0.5～1 m 非工作边轨腰处用红底白字标明钢种、整修年月和钢轨长度。

3. 应根据整修轨高度的不同,标识清楚,分别存放。

4. 定尺轨和缩短轨应采取平排列方式,分类码放。多层存放时,层间垫物应平直,上下位置对齐,防止钢轨因受力不均而变形。

四、动检车(轨检车)波形图判读及其应用

动检车(轨检车)波形资料具有直观性,可以直观地反映出各主要检测项目超限幅值的大小及病害分布状况。通过波形资料可以准确定位病害位置,分析病害原因。波形资料可以同时反映线路中某一点的高低、水平、方向、轨距等几何状态,能直观地反映各几何尺寸偏差对水平加速度和垂直加速度的影响。利用波形资料可以最大限度地避免出现动检车(轨检车)三级偏差,在最短时间内了解线路状态,对重点工作的安排具有较强的指导性意义。

动态波形资料和日常静态检查有机结合,将会大大增强对设备的监控能力。

(一)作业(操作)方法和步骤

1. 检测项目及说明

检测项目包括高低(左右)、轨向(左右)、轨距、轨距变化率、水平(超高)、曲率、曲率变化率、水平加速度、水平加速度变化率、垂直加速度。

(1)高　　低

高低指左(右)股钢轨顶面沿轨道纵向的凹凸不平。动检车(轨检车)检测的高低分为左高低和右高低。

动检车(轨检车)检测的不平顺分为短波不平顺和长波不平顺两种。短波不平顺检测基长为 1.5～42 m,长波不平顺检测基长为 1.5～70 m。

波形图中零线以上为高、零线以下为低,如图 32 所示。

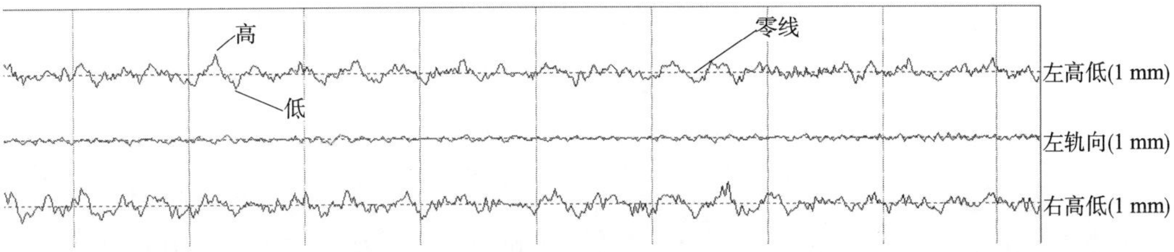

图 32　高低波形图例

(2)轨　　向

轨向指左(或)右股钢轨轨距测量点平面位置沿轨道纵向的横向凹凸不平。轨检车(动检车)检测的轨向分为左轨向和右轨向。

轨检车(动检车)检测的不平顺分为短波不平顺(0～42 m)和长波不平顺(0～70 m)。

轨向向左(列车运行方向)凸出为正(前提是轨检车正方向行驶,否则相反)。

轨向和后述曲率有直接的对应关系,如图33所示。

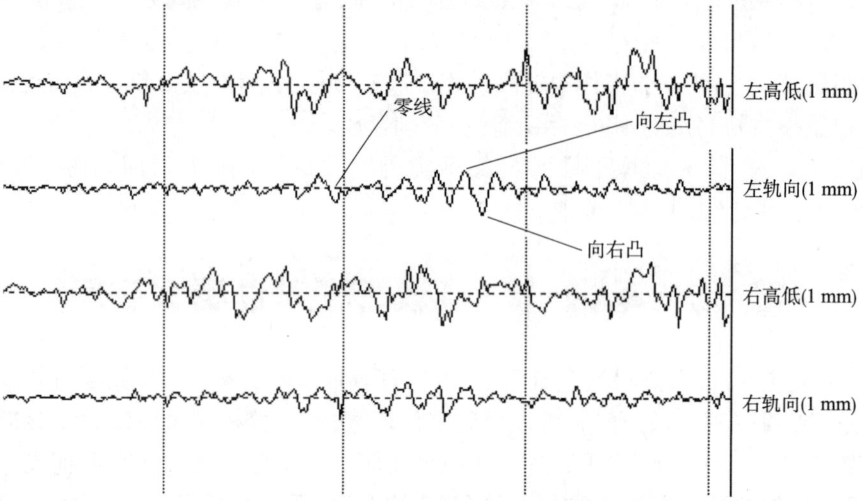

图33　轨向波形图例

(3)轨　　距

轨距指左、右股钢轨工作面下16 mm范围内的距离。

轨距的检测受侧磨的影响,有时在波形图中会检测出假轨距,这就要求将波形图纸和现场实际结合起来分析,否则就容易得出错误结论。

当轨检车检测到固定辙叉的有害空间时,会打印出一个假轨距和一个假轨向(可动心轨道岔不存在这个问题),如图34所示。

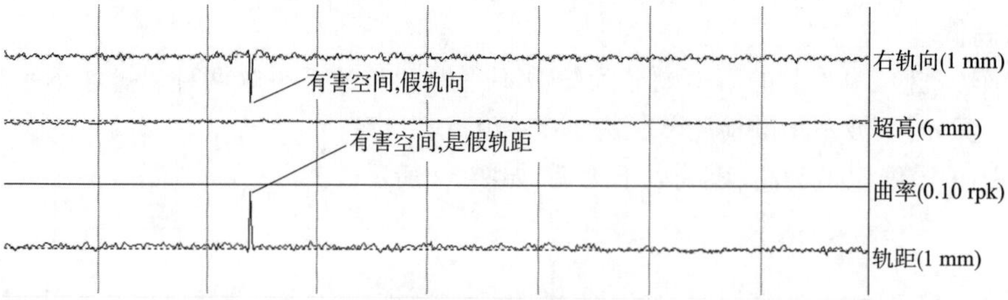

图34　轨距波形图例

(4)轨距变化率

动检车(轨检车)检测的轨距变化率是以2.5 m的基长内轨距测量差值与基长的比值。

轨距变化率基长的确定是以0.25 m的长度向前推进检测的,也就是说轨距变化率的检测是跳跃式的,每跳一步是0.25 m。轨距变化率是换算值,波形图上没有显示。

从扣分比例来看,轨距变化率偏差本身不是重点,而由其造成的小轨向不良才是重点。

(5)水平(超高)

水平指同一轨道断面内左、右股钢轨顶面的高差。曲线上的水平称为超高。

超高以左股为基准股,左股高为正,在零线以上(前提是轨检车顺方向行驶,动检车经常有逆方向行驶的情况,此时与上述正好相反),如图35所示。

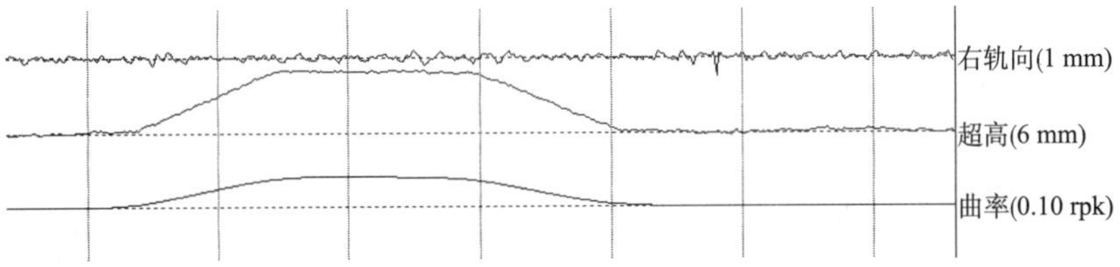

图35 水平(超高)波形图例

(6)三 角 坑

三角坑指一定间距(2.5 m基长)的两组水平差。

动检车(轨检车)检测三角坑就是检测轨道的平面性,三角坑值大就有可能使车辆轮对呈三点接触、一点悬空的状态,对车辆转向架造成悬空状态,当三角坑足够大时(如大于轮缘高度时),在其他综合因素作用下,轮对就可能脱轨。

三角坑三级偏差是现阶段动检车(轨检车)三、四级偏差出分主要项目之一,如图36所示。

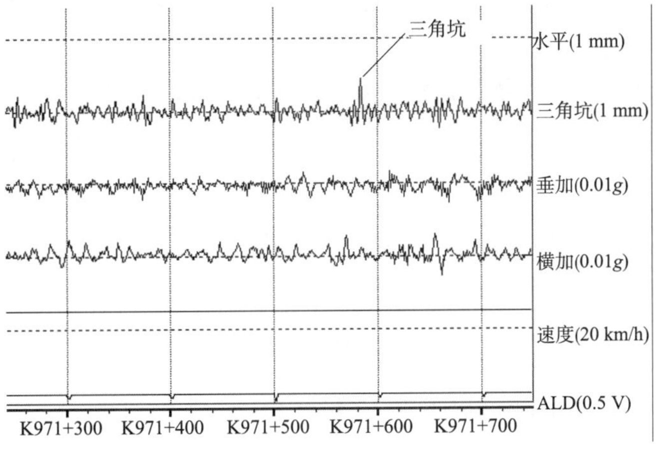

图36 三角坑图例

(7)曲 率

曲率为一定弦长(L)曲线轨道对应的圆心角α(曲率可以简单地定义为半径的倒数,即曲率$=1/R$)。

曲率本来是针对曲线来说的,但是往往会看到曲率出现在直线段。如果波形显示直线段有曲率,则必然有矢度,也就必然有方向,说明此处存在碎弯、小方向或轨距递减不好。

轨检车通过曲线时,测量轨检车每通过30 m后车体方向角的变化值,计算出轨检车通过

30 m 后的相应圆心角的变化值。

根据曲率能正确判断曲线正矢连续差和曲线的圆顺度。

$$正矢 = 50 \times 曲率$$

如某曲线曲率为 0.38，则正矢 = 50 × 0.38 = 19 mm，如图 37 所示。

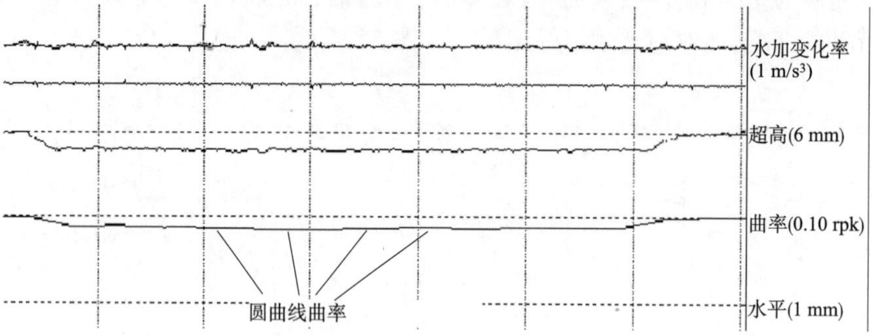

图 37　圆曲线上曲率图例

由上图可以知道：

如果曲率定义成半径的倒数（$1/R$），那么圆曲线部分的曲率就是一个固定值。图例为某曲线线路，半径为 4 km，其曲率是一个固定值 1/4 = 0.25。从图上可以很直观地看出来，圆曲线部分并不是一条平直的直线，而是一条中间有很多折点的折线。从电脑上可以量出圆曲线部分最大曲率为 0.29（反算半径为 3 450 m，则正矢为 14.5 mm），最小曲率为 0.20（反算半径为 5 000 m，则正矢为 10 mm），所以可以计算出该曲线圆曲线部分最大、最小正矢差肯定≥4.5 mm（因为测点间可能有方向）。

将这个图上的曲率放大则可更清楚直观地看出其曲率变化，如图 38 所示。

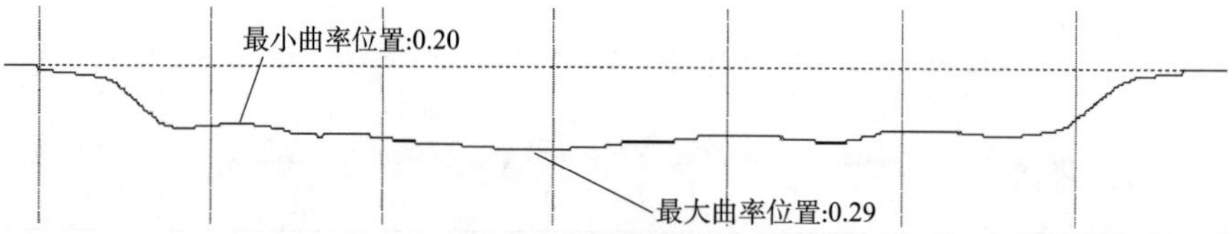

图 38　曲率放大图

直线段上的曲率波形图如图 39 所示。

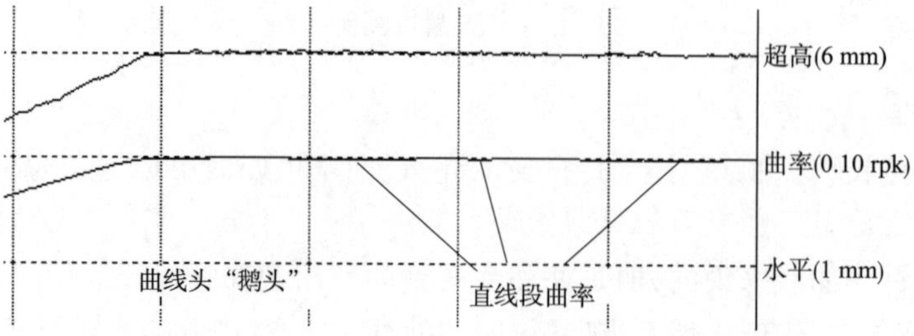

图 39　直线段曲率图例

直线段曲率放大图如图 40 所示。

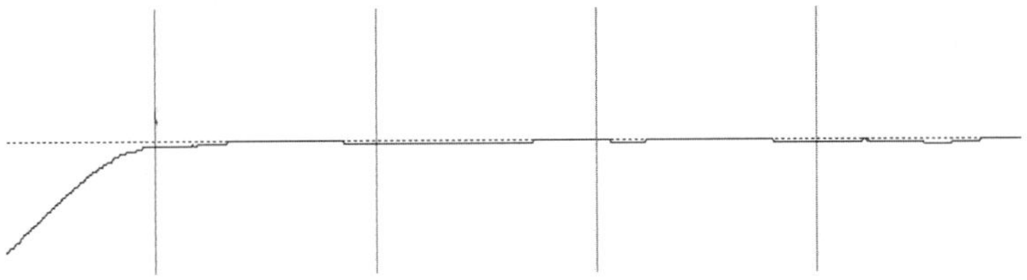

图 40　直线段曲率放大图

(8)曲率变化率

曲率变化率指曲率测量值的差值与基长(基长 18 m)的比值。

曲率变化率的波形通道有突变,说明曲线正矢不好,如图 41 所示。

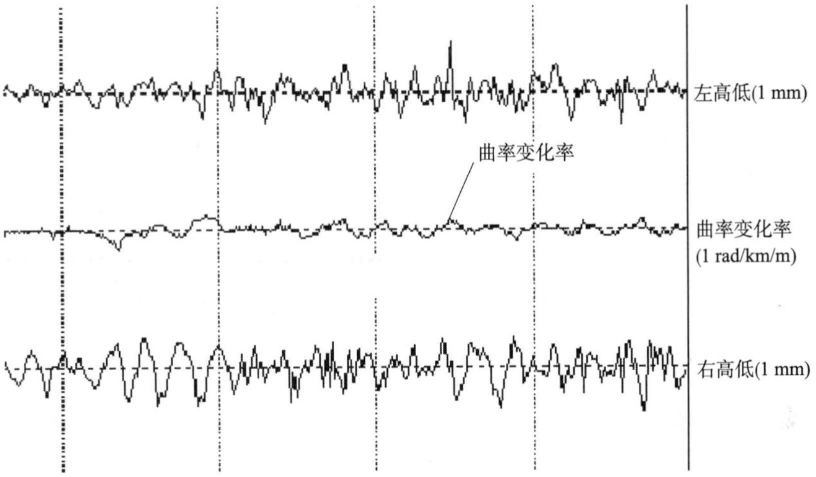

图 41　曲率变化率波形图

(9)水平加速度

水平加速度分为直线段水平加速度和曲线上的水平加速度。直线段上的水平加速度就是水平方向上速度的变化和时间的比值。而在曲线上,存在过超高或欠超高,还要考虑离心加速度。

由公式推导可知:约 15 mm 的欠超高理论上会产生 0.01g 的离心加速度,如果再考虑车体弹簧压缩,理论上会产生 0.012g 的离心加速度。例如某曲线欠超高为 100 mm,则在轨检车波形图上会显示约 0.08g 的未被平衡的离心加速度。这是在曲线完好状态下的理论值。如果曲线存在正矢不良、水平不好、轨距不顺等病害时,水平加速度峰值会叠加(叠加比较复杂),所以欠超高大的曲线更容易出现水平加速度三级偏差。

水平加速度由轮轨相互作用决定,轨道不平顺对其有严重影响。

水平加速度无论是二级偏差还是三级偏差,水平加速度偏差扣分在动检车和轨检车中所占的比例都非常高(动检车约占 30%,轨检车约占 20%),是重点,如图 42 所示。

(10)水平加速度变化率

以 18 m 基长车体水平加速度测量值的差值与车体通过基长所用时间的比值即为水平加

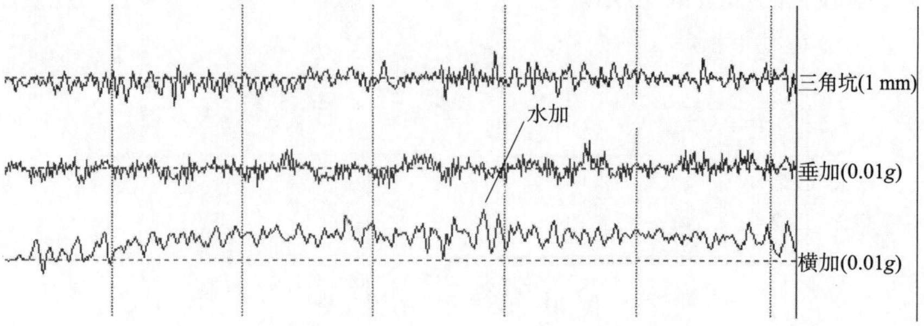

图 42　水平加速度波形图

速度变化率。既然与所用时间有关系,那么与通过速度就有关系。通过速度越快,所用时间就越短,水平加速度变化率就越大。

水平加速度变化受到轨向、高低、速度等综合因素的影响,所以影响水平加速度变化率的因素比较复杂。

水平加速度变化率和人体感觉晃车有关联。

由于水平加速度变化率在波形图中 *X—Y* 轴比例不合适,所以波形图上显示不明显。

(11)垂直加速度

垂直加速度可以简单地定义为垂直方向上速度的变化和所用时间的比值。

引起垂直加速度的原因也很多,高低、水平、三角坑、钢轨病害等都是出现垂直加速度的原因。相对于水平加速度而言,垂直加速度要简单得多,在这里不做详细解释,如图 43 所示。

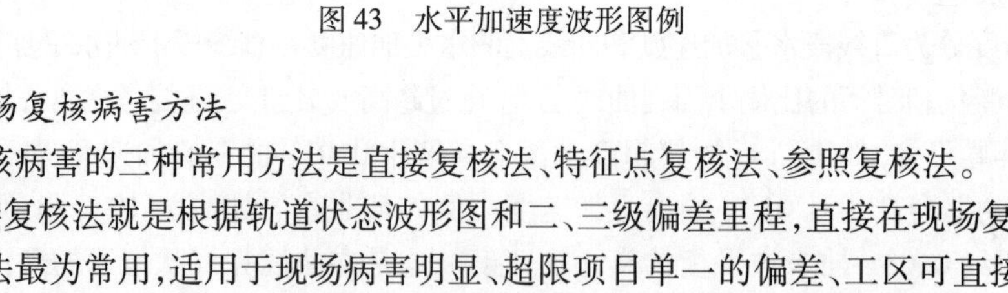

图 43　水平加速度波形图例

(二)现场复核病害方法

现场复核病害的三种常用方法是直接复核法、特征点复核法、参照复核法。

(1)直接复核法就是根据轨道状态波形图和二、三级偏差里程,直接在现场复核。

这种方法最为常用,适用于现场病害明显、超限项目单一的偏差、工区可直接按照里程消灭病害(注意:动检车、轨检车偏差里程是有误差的,具体误差值要根据波形图反算才可以准确定位)。

直接复核法的缺点是:如果偏差原因复杂,现场病害不明显,或是病害出现在道岔群或曲线上,无法直接判断时,直接复核法就很难及时找准、找对病因。

(2)特征点复核法是读图中最重要、最实用的一种方法。

轨检车、动检车在检测中会扫描到两钢轨间导电的金属物,并且在波形上会留下特征印记,根据这些特征印记就可准确找出病害并消灭之。

特征点主要包括：道岔、道口、桥梁（钢梁桥）、轨距拉杆、曲线（ZH、HY、YH、HZ 点）等。

各种地面标志在波形图上的特征点如图 44 所示。

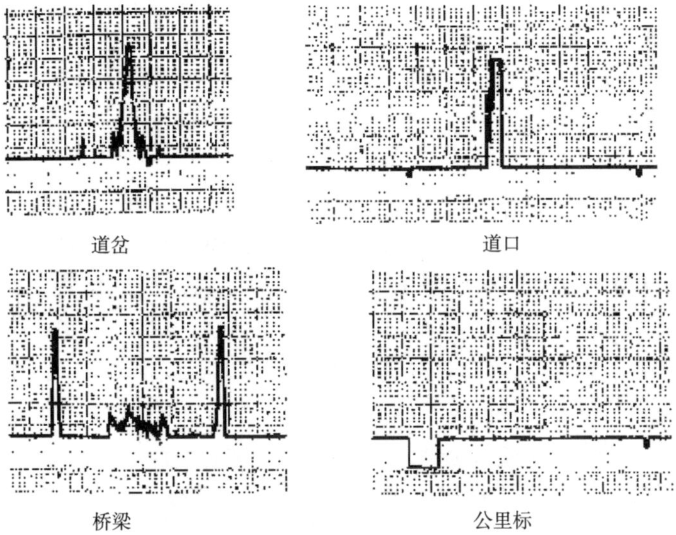

图 44　地面标志在波形图上特征点

以上四种地面标志，道岔、道口、桥梁都是现场实际位置，公里标是每隔 1 km 系统自动打上去的，所以不一定准确。

还有一个重要特征点就是曲线，包括 ZH、HY、YH、HZ 点的位置也是现场的实际位置。

(3)参照复核法就是在现场复核病害时，先找到病害明显的、较大的、比较容易确定的病害点，在波形图上根据病害点之间的相对位置，在地面上查找其他病害。

这种方法应用的前提是：现场至少有 1 处及以上的明显病害可以很容易找到，才能根据此处病害推算到其他处病害的准确里程。如果现场没有明显病害，那么这种方法就很难奏效。这种方法通常用在区间无特征点的线路上。

动检车、轨检车的二、三级偏差里程是有误差的（这种误差不是我们能控制的），不一定能找到病害的准确位置，因此都要借助波形图信息（特征点）来准确定位病害实际里程。

准确定位病害实际里程只是波形图的其中一个作用，它还有更重要重用，就是帮助我们分析病害原因。

五、钢轨打磨（配合钢轨打磨列车作业）

（一）作业（操作）方法和步骤

钢轨打磨内容包括：对线路及道岔上钢轨波浪形磨耗、钢轨肥边、马鞍形磨耗、焊缝凹陷及鱼鳞裂纹等病害，使用打磨列车进行打磨。

1. 打磨前准备作业

(1)调查。打磨前应组织专业人员对需要打磨区段钢轨病害进行全面调查，正确分析判断钢轨病害的类型，对不同类型病害准确划分区段并做出明显标记，分类统计，提出打磨方案，包括打磨遍数和建议打磨模式等。

(2)全面拨正线路方向,改正轨距,矫直钢轨硬弯。

(3)拆除需要打磨钢轨区段的障碍物(如道口、桥面护轨、附属钢轨上车辆探伤设备等),清除线路边杂草及易燃烧物(如木枕等)。

(4)制定安全保障措施,配置一定消防器材,安排专人随车进行防护(灭火)。

(5)设置防护:设驻站联络员 1 人,施工现场设防护员,按规定设置移动停车信号防护。

2. 试 打 磨

安排打磨列车进入需要打磨区段按设计要求进行试打磨 100 m 左右后,对经打磨后的钢轨进行检查分析,并做好记录,对存在的问题提出整改建议并二次进行试打磨至符合设计要求。试打磨时应严格控制打磨量和打磨质量,杜绝对钢轨造成无法修复的伤损。

3. 打　　磨

(1)采用钢轨打磨列车进行预防性打磨和修理打磨时,应与大型养路机械维修捣固配套,安排在捣固作业后进行。

(2)依据试打磨中收集的资料,选择适合的打磨方案,安排打磨。打磨过程中应安排专人随时检查打磨区段钢轨情况,对不能满足要求的及时提出整改建议,尽快安排修复。

(3)对经打磨后的区段应及时改正轨距,并对扣件进行全面复拧。

(二)作业标准

钢轨打磨作业验收按《修规》规定办理。

(三)应急处理技能

(1)打磨中发现钢轨不正常伤损或机械故障,应立即停机检查、处理。

(2)消防器材配置齐全、有效,专人保管、使用,及时清除燃烧或可能引起燃烧物。